# Physica-Lehrbuch

Weitere Bände siehe www.springer.com/series/3174

Werner Sesselmeier • Lothar Funk • Bernd Waas

# Arbeitsmarkttheorien

Eine ökonomisch-juristische Einführung

Dritte, vollständig überarbeitete Auflage

Physica-Verlag

Prof. Dr. Werner Sesselmeier
Universität Koblenz-Landau
Institut für Sozialwissenschaften
Abteilung Wirtschaftswissenschaft
August-Croissant-Str. 5
76829 Landau, Deutschland
sesselmeier@uni-landau.de

Prof. Dr. Bernd Waas
Institut für Arbeitsrecht
Johann Wolfgang Goethe Universität
Grüneburgplatz 1
RuW-Gebäude
60323 Frankfurt am Main, Deutschland
waas@jur.uni-frankfurt.de

Prof. Dr. Lothar Funk
Fachhochschule Düsseldorf
Fachbereich 7 - Wirtschaft
Volkswirtschaftslehre, insbesondere
internationale Wirtschaftsbeziehungen
Universitätsstraße
Gebäude 23.32
40225 Düsseldorf, Deutschland
lothar.funk@fh-duesseldorf.de

ISSN 1431-6870
ISBN 978-3-7908-1789-8        e-ISBN 978-3-7908-1790-4
DOI 10.1007/978-3-7908-1790-4
Springer Heidelberg Dordrecht London New York

Die Deutsche Nationalbibliothek verzeichnet diese Publikation in der Deutschen Nationalbibliografie; detaillierte bibliografische Daten sind im Internet über http://dnb.d-nb.de abrufbar.

© Springer-Verlag Berlin Heidelberg 1990, 1998, 2010
Dieses Werk ist urheberrechtlich geschützt. Die dadurch begründeten Rechte, insbesondere die der Übersetzung, des Nachdrucks, des Vortrags, der Entnahme von Abbildungen und Tabellen, der Funksendung, der Mikroverfilmung oder der Vervielfältigung auf anderen Wegen und der Speicherung in Datenverarbeitungsanlagen, bleiben, auch bei nur auszugsweiser Verwertung, vorbehalten. Eine Vervielfältigung dieses Werkes oder von Teilen dieses Werkes ist auch im Einzelfall nur in den Grenzen der gesetzlichen Bestimmungen des Urheberrechtsgesetzes der Bundesrepublik Deutschland vom 9. September 1965 in der jeweils geltenden Fassung zulässig. Sie ist grundsätzlich vergütungspflichtig. Zuwiderhandlungen unterliegen den Strafbestimmungen des Urheberrechtsgesetzes.
Die Wiedergabe von Gebrauchsnamen, Handelsnamen, Warenbezeichnungen usw. in diesem Werk berechtigt auch ohne besondere Kennzeichnung nicht zu der Annahme, dass solche Namen im Sinne der Warenzeichen- und Markenschutz-Gesetzgebung als frei zu betrachten wären und daher von jedermann benutzt werden dürften.

*Einbandentwurf:* WMXDesign GmbH, Heidelberg

Gedruckt auf säurefreiem Papier

Physica-Verlag und Springer-Verlag sind Teil der Fachverlagsgruppe Springer Science+Business Media (www.springer.com)

# Inhaltsverzeichnis

| | | |
|---|---|---|
| **1** | **Einleitung** | 1 |
| 1.1 | Warum Arbeitsmarkttheorien? | 1 |
| 1.2 | Aufbau und Vorgehensweise | 8 |
| 1.3 | Allgemeine Literatur | 8 |

**Teil I  Empirische und theoretische Grundlagen**

| | | |
|---|---|---|
| **2** | **Stilisierte Fakten zur Arbeitslosigkeit** | 13 |
| 2.1 | Das empirische Erscheinungsbild des deutschen Arbeitsmarkts | 13 |
| 2.2 | Formen der Arbeitslosigkeit | 41 |
| 2.3 | Persistente Arbeitslosigkeit | 46 |
| 2.4 | Grafische Aufbereitung empirischer Zusammenhänge des Arbeitsmarkts | 51 |
| | 2.4.1  Die Beveridge-Kurve | 51 |
| | 2.4.2  Die Phillips-Kurve und die NAIRU | 55 |
| | 2.4.3  Die Lohnkurve | 63 |
| | 2.4.4  Die Okun-Kurve | 64 |
| 2.5 | Neoklassische versus keynesianische bzw. freiwillige versus unfreiwillige Arbeitslosigkeit | 65 |
| 2.6 | Weiterführende Literatur | 71 |
| **3** | **Das neoklassische Standardmodell** | 73 |
| 3.1 | Der Kern der Allgemeinen Gleichgewichtstheorie | 73 |
| 3.2 | Zentrale arbeitsmarktrelevante Theoreme der Neoklassik | 75 |
| | 3.2.1  Das Grenznutzentheorem zur Bestimmung des Arbeitsangebots | 78 |
| | 3.2.2  Das Grenzproduktivitätstheorem zur Bestimmung der Arbeitsnachfrage | 79 |
| | 3.2.3  Die Allokationsfunktion des Lohnsatzes | 80 |
| | 3.2.4  Freiwillige Arbeitslosigkeit | 82 |

3.3 Zur Kritik des neoklassischen Basismodells ................. 84
    3.3.1 Zur Kritik der Arbeitsangebotsfunktion ............... 84
    3.3.2 Zur Kritik der Arbeitsnachfragefunktion .............. 86
    3.3.3 Zur Kritik der Allokationsfunktion des Lohns .......... 87
    3.3.4 Zur Kritik der freiwilligen Arbeitslosigkeit ............. 88
3.4 Die umstrittene Rolle des neoklassischen Basismodells perfekter Märkte – nur Sonderfall oder auch Benchmark? ....... 89
3.5 Weiterführende Literatur ................................ 91

## Teil II Grundlagen des Arbeitsrechts

**4 Basiswissen** ................................................ 95
4.1 Besonderheiten des Arbeitsvertrags ........................ 95
4.2 Rechtsquellen des Arbeitsrechts ........................... 97
4.3 Rechte und Pflichten der Arbeitsvertragsparteien .............. 98
4.4 Arbeitsrechtlicher Kündigungsschutz ....................... 100

**5 Das Recht der Koalitionen** .................................. 103
5.1 Begriff der Koalition ..................................... 103
5.2 Die Koalitionsfreiheit und ihre Schranken .................... 104
    5.2.1 Individuelle Koalitionsfreiheit ....................... 105
    5.2.2 Kollektive Koalitionsfreiheit ........................ 106
5.3 Arbeitgeberverbände und Gewerkschaften ................... 107

**6 Tarifvertragsrecht** ......................................... 109
6.1 Bedeutung und Funktionen von Tarifverträgen ................ 109
    6.1.1 Bedeutung ....................................... 109
    6.1.2 Funktionen ...................................... 110
6.2 Tariffähigkeit und Tarifzuständigkeit ........................ 111
6.3 Rechtsnatur und Inhalt des Tarifvertrags ..................... 114
6.4 Die Tarifgebundenheit ................................... 114
6.5 Die Allgemeinverbindlicherklärung von Tarifverträgen ......... 115
6.6 Die Inbezugnahme von Tarifverträgen im Arbeitsvertrag ........ 116
6.7 Der Geltungsbereich des Tarifvertrags ...................... 116
6.8 Die Wirkung von Tarifnormen ............................. 117

**7 Arbeitskampfrecht** ......................................... 119
7.1 Die Gewährleistung des Arbeitskampfs ...................... 119
7.2 Die Kampfmittel Streik und Aussperrung .................... 120
7.3 Arten des Arbeitskampfs ................................. 120
7.4 Generelle Rechtmäßigkeitsvoraussetzungen .................. 121
    7.4.1 Tarifvertragliche Schranken ........................ 121
    7.4.2 Allgemeine Grundsätze ............................ 122
7.5 Die Schlichtung ......................................... 123

## 8 Betriebsverfassungsrecht ... 125
### 8.1 Grundlagen ... 125
#### 8.1.1 Betriebsräte und Gewerkschaften ... 125
#### 8.1.2 Kooperationsmaxime und Friedenspflicht ... 126
#### 8.1.3 Die Einigungsstelle ... 126
### 8.2 Geltungsbereich der Betriebsverfassung und Rechtsstellung des Betriebsrats ... 127
### 8.3 Mitwirkungs- und Mitbestimmungsrechte des Betriebsrats ... 128
#### 8.3.1 Mitwirkung in personellen Angelegenheiten ... 128
#### 8.3.2 Mitwirkung in sozialen Angelegenheiten ... 129
#### 8.3.3 Mitwirkung in wirtschaftlichen Angelegenheiten ... 130
### 8.4 Betriebsverfassung und Tarifautonomie ... 132

## 9 Mitbestimmung im Unternehmen ... 135
### 9.1 Formen der Unternehmensmitbestimmung ... 135
### 9.2 Zukunftsfragen ... 136

## Teil III Erweiterungen zu den Abläufen am Arbeitsmarkt

## 10 Einführung zu Teil III ... 139

## 11 Humankapitaltheorie ... 145
### 11.1 Darstellung ... 145
### 11.2 Exkurs zur ökonomischen Theorie der Diskriminierung ... 150
### 11.3 Empirische Evidenz und Kritik ... 153
### 11.4 Weiterführende Literatur ... 156

## 12 Suchtheorie ... 157
### 12.1 Das grundlegende suchtheoretische Modell ... 158
### 12.2 Arbeitslosenunterstützung und Suchverhalten ... 161
### 12.3 Kritik ... 165
### 12.4 Erweiterung I: Suchverhalten der Unternehmen ... 168
### 12.5 Erweiterung II: Sortiermodelle ... 169
### 12.6 Arbeitsmarktpolitische Schlussfolgerungen ... 172
### 12.7 Weiterführende Literatur ... 173

## 13 Gewerkschaftstheorien ... 175
### 13.1 Das Monopol-Modell ... 177
### 13.2 Das Modell effizienter Verhandlungen ... 182
### 13.3 Das Medianwählermodell ... 185
### 13.4 Der Exit-Voice-Ansatz ... 189
### 13.5 Die Korporatismusdebatte ... 192
#### 13.5.1 Der Makrokorporatismus ... 193
#### 13.5.2 Der Hump-shape-Ansatz ... 196
#### 13.5.3 Relevanz der Korporatismusansätze ... 197
### 13.6 Weiterführende Literatur ... 203

## Teil IV  Erweiterungen zu den Arbeitsbeziehungen im Unternehmen: Prinzipal-Agent-Ansätze

**14 Einführung zu Teil IV** .................................... 207

**15 Effizienzlohnmodelle** ...................................... 211
    15.1 Grundgedanken der Modelle ........................... 211
    15.2 Der „Gift-Exchange"-Ansatz ........................... 214
    15.3 Der „Adverse-Selection"-Ansatz ........................ 217
    15.4 Der „Labour-Turnover"-Ansatz ......................... 219
    15.5 Der „Shirking"-Ansatz ................................ 220
    15.6 Weitere Instrumente zur Steigerung der Arbeitsleistung ....... 223
        15.6.1 Die Senioritätsentlohnung ...................... 223
        15.6.2 Die Tournamententlohnung ..................... 224
        15.6.3 Die Leistung von Eintrittsgebühren ............... 225
    15.7 Empirische Evidenz .................................. 225
    15.8 Weiterführende Literatur .............................. 229

**16 Insider-Outsider-Ansätze** ................................... 231
    16.1 Darstellung ......................................... 231
    16.2 Empirische Evidenz und Kritik ......................... 236
    16.3 Weiterführende Literatur .............................. 239

**17 Zwischenbilanz** ........................................... 241
    17.1 Abweichungen vom Grundmodell ....................... 241
    17.2 Kritik der neoklassischen Arbeitsmarkttheorie .............. 242
    17.3 Tabellarische Übersicht ............................... 244

## Teil V  Interne Arbeitsmärkte aus transaktionskostentheoretischer Sicht und segmentationstheoretische Überlegungen

**18 Einführung zu Teil V** ...................................... 249
    18.1 Interne Arbeitsmärkte aus transaktionskostentheoretischer Sicht und segmentationstheoretische Überlegungen .......... 249

**19 Interne Arbeitsmärkte und Transaktionskosten** ................ 251
    19.1 Der Transaktionskosten-Ansatz ......................... 252
    19.2 Die Besonderheiten des Arbeitsvertrags ................... 260
    19.3 Die Organisation interner Arbeitsmärkte .................. 262
    19.4 Weiterführende Literatur .............................. 272

**20 Segmentationstheorien** ..................................... 273
    20.1 Konzepte der Arbeitsmarktsegmentation .................. 275
        20.1.1 Primäre und sekundäre Arbeitsmärkte ............. 276
        20.1.2 Interne und externe Arbeitsmärkte ................ 284

|  |  |  |
|---|---|---|
| 20.2 | Fazit | 293 |
| 20.3 | Weiterführende Literatur | 295 |

**Teil VI  Integration der verschiedenen Ansätze in einem einheitlichen makroökonomischen Rahmen**

**21  Das „Konsensmodell"** .................................... 299
    21.1  Hintergrund und zentrale Modellelemente ................. 299
    21.2  Wirtschaftspolitische Modellimplikationen ................ 308
    21.3  Einige kritische Anmerkungen zum Konsensmodell .......... 313
    21.4  Weiterführende Literatur .............................. 317

**Literaturverzeichnis** ........................................... 319

# Kapitel 1
# Einleitung

## 1.1 Warum Arbeitsmarkttheorien?

Der Arbeitsmarkt ist wegen seiner materiellen und sozialen Funktion für praktisch alle Wirtschaftssubjekte der zentrale Markt jeder Volkswirtschaft. Die materielle und immaterielle Wohlfahrtsposition jedes Einzelnen gründet direkt oder indirekt auf der jeweiligen Stellung innerhalb des Arbeitsmarkts. Einkommen und alle davon abgeleiteten Ersatzleistungen basieren auf Erwerbsarbeit. Das Geschehen am Arbeitsmarkt zu verstehen ist deshalb Ziel dieses Buchs. Dabei geht es um die Abläufe am Arbeitsmarkt insgesamt und nicht nur um Erklärungen von Arbeitslosigkeit. Auch wenn Arbeitslosigkeit eben aufgrund der Relevanz des Arbeitsmarkts für den Einzelnen von zentraler Bedeutung ist, erklären die hier vorzustellenden Theorien nicht Arbeitslosigkeit allein, sondern betrachten generell die Interaktionen der Wirtschaftssubjekte am Arbeitsmarkt, als deren Ergebnis auch Arbeitslosigkeit auftreten kann. Damit rückt dieses Problemfeld doch in den Mittelpunkt der Analysen.

Die ökonomische Erklärung von Arbeitslosigkeit kommt dabei einem exemplarischen Streifzug durch die verschiedensten nationalökonomischen Schulen und Lehrmeinungen gleich. Allerdings hängt die Auseinandersetzung über die Ursachen der Arbeitslosigkeit nicht nur vom jeweiligen theoretischen Standpunkt ab, sondern auch vom politisch-ideologischen Weltbild des Betrachters. Unbestritten ist Arbeitslosigkeit das brennende soziale Problem in vielen hoch entwickelten Industriestaaten, insbesondere auch in Deutschland. Aktuell wird das Problem wieder verschärft durch die Folgeeffekte der Finanzmarktkrise, die die jüngst auch in Deutschland wohl strukturell gesunkene Arbeitslosigkeit wieder in die Nähe zweistelliger Bereiche zu heben droht (vgl. Projektgruppe Gemeinschaftsdiagnose 2009, 33). Nicht wenige Länder haben es folglich trotz der vorhandenen Prosperität nicht geschafft, allen Arbeitnehmern – sofern diese arbeiten wollen – die Möglichkeit zu eröffnen, sich durch eigene Arbeit den Lebensunterhalt oder wenigstens Teile davon zu verdienen.

Will man das Problem Arbeitslosigkeit theoretisch angehen, um so aus einer entsprechenden Analyse geeignete Therapievorschläge herleiten zu können, lassen sich zunächst einmal zwei Argumentationsblöcke zur Begründung von Arbeitslosigkeit unterscheiden.

Der eine Block – die (Einkommens- und) *Beschäftigungstheorie* (vgl. Funk 2002a, VI–VIII) – beschreibt und analysiert die Ursachen der Arbeitslosigkeit in einem makroökonomischen Zusammenhang. Unterbeschäftigung entsteht hier durch Ungleichgewichte auf anderen Märkten, die aber auf den Arbeitsmarkt ausstrahlen. Eine derartige Betrachtung vereinfacht jedoch oft allzu grob das Arbeitsmarktgeschehen und kommt als Folge davon zu Therapievorschlägen, die die Eigenheiten des Arbeitsmarktes weitgehend außer acht lassen und deshalb unzureichend bzw. ineffizient sein können, da makroökonomische Arbeitslosigkeit mikroökonomisch mit nicht geräumten Arbeitsmärkten einher geht. Anpassungsprozesse auf der Mikroebene bringen wiederum entsprechende Rückwirkungen auf die gesamtwirtschaftliche Ebene mit sich. Diese Phänomene müssen erklärt werden, damit eine makroökonomisch ausgerichtete Politik auch effektiv ist, d. h., an den richtigen Stellen anknüpft.

Der zweite Argumentationsblock – die *Arbeitsmarkttheorie* – dagegen geht von den Arbeitsmarktbedingungen selbst sowie dem Verhalten der Wirtschaftssubjekte aus und berücksichtigt Kreislaufwirkungen folglich allenfalls rudimentär (vgl. zum Aggregationsproblem Funk 2002a, I). Arbeitsmarkttheorie ist die Auseinandersetzung mit dem Arbeitsmarkt als solchem. Die Vorgehensweise ist mikroökonomisch, d. h. vom individuellen Verhalten der Wirtschaftssubjekte wird auf Gesamtergebnisse am Arbeitsmarkt geschlossen. Die übrigen Märkte bleiben jedoch außer acht. Der hier gewählte Ansatz nimmt daher weitestgehend die von außen auf den Arbeitsmarkt einwirkenden Faktoren als gegeben an, um sich auf die Anpassungsmechanismen auf dem Arbeitsmarkt selbst (z. B. die zeitliche Anpassung des Lohnniveaus und der Lohnstruktur) zu konzentrieren (vgl. auch Klös 1998). Die Arbeitsmarkttheorie als solche gibt es allerdings auch wieder nicht. Wie noch zu zeigen sein wird, existiert vielmehr eine Vielzahl sich teils ergänzender, teils widersprechender Erklärungsansätze auch und gerade unter Berufung auf das gleiche – neoklassische – Paradigma.

An diesem Punkt stellt sich die Frage, welchen Weg der Erklärung man einschlägt. Hier wurde – trotz all seiner Schwächen – dem Weg der mikro-ökonomischen Erklärung von Arbeitsmarktvorgängen der Vorrang gegeben, da dieser Forschungsansatz von hoher Relevanz nicht nur für eine mikroorientierte Politik ist, sondern auch und gerade für makropolitische Entscheidungen eine zentrale Basis liefert. Schließlich liegen realiter mikroökonomische Phänomene vor. Die Makroökonomik stellt hingegen ein Gedankenkonstrukt dar, welches die mikroökonomischen Vorgänge auf der Makroebene abzubilden versucht. Letztlich geht es aber darum, die Bausteine des Arbeitsmarkts zu sammeln, die für ein gesamtwirtschaftliches Totalmodell erforderlich sind, wie es in seinen Grundbausteinen im letzten Kapitel vorgestellt wird.

Damit werden hier in erster Linie arbeitsmarkttheoretische Fragestellungen behandelt. Außer acht bleiben also weitgehend die unterschiedlichsten makroökonomischen, auf Beschäftigungspolitiken abzielenden Ansätze jeglicher (älterer) keynesianischer Richtung (vgl. dazu Funk/Voggenreiter/Wesselmann 2008 und

Funk 2009, 514 ff). Auch wenn es hier angesichts des Fokus auf Arbeitsmarkt*theorien* keine zentrale Rolle spielt, sei noch eine wirtschaftspolitische relevante Unterscheidung erwähnt: Politikbezogen ergibt sich hieraus auch eine Konzentration auf die *Arbeitsmarktpolitik*, die die Ausgleichsfunktion des Arbeitsmarkts mit Maßnahmen unterstützen soll, die direkt am Arbeitsmarkt ansetzen. Arbeitsmarktpolitik ist somit generell mikroökonomischer Natur und zielt auf die Verhaltensbeeinflussung der Individuen ab. Im Gegensatz hierzu werden unter *Beschäftigungspolitik* alle Politikmaßnahmen verstanden, die einen hohen Beschäftigungsstand durch Maßnahmen erreichen wollen, die außerhalb des Arbeitsmarkts ansetzen, also auf den Güter-, Kapital- und Geldmärkten. Beschäftigungspolitik ist daher vor allem makroökonomisch ausgerichtet und wird bis auf ausgewählte, hier relevante Aspekte ausgeblendet. Hieraus kann jedoch keinesfalls gefolgert werden, dass Mehrbeschäftigung nur durch Beschäftigungspolitik, nicht aber durch Arbeitsmarktpolitik erzielt werden kann. Dies würde die vielfältigen – positiven wie negativen – Anreizwirkungen der Arbeitsmarktpolitik und deren Möglichkeiten verkennen, die Arbeitslosigkeit nachhaltig zu senken und die Erwerbstätigkeit zu erhöhen (vgl. Sesselmeier 2006, 218 ff und Bogedan/Sesselmeier/Bothfeld 2009).

Daneben werden auch etliche spezielle Probleme und Erscheinungen des Arbeitsmarktes wie etwa Phänomene technologischer oder demografischer Arbeitslosigkeit weitgehend ausgeblendet. Dennoch ein kurzer Hinweis hierauf: Gerade die vor einigen Jahren intensiv geführte Diskussion um den Zusammenhang von Demographie und Arbeitslosigkeit zeigt in exemplarischer Weise die Notwendigkeit mikroökonomischer Fragestellungen. Denn die Hypothese, dass Arbeitslosigkeit durch geburtenstarke Jahrgänge oder eine hohe Zuwanderung – als Unterfälle demografischer Entwicklungen – bedingt sei, muss durch die weitergehende Frage ergänzt werden, warum der Arbeitsmarkt in manchen Situationen in der Lage ist, dieses zusätzliche Arbeitsangebot zu integrieren, während das in anderen Situationen nicht gelingt (vgl. Funk/Optendrenk 1996, Funk/Janßen/Lesch 2005 sowie Funk/Klös/Schäfer/Allen 2007).

Wie bereits angedeutet, kann eine Trennung zwischen Mikro- und Makrobetrachtung in praxi nicht strikt durchgehalten werden. Dies beruht zum einen darauf, dass mit den mikroökonomischen Erklärungsansätzen makroökonomische Arbeitslosigkeit erklärt werden soll, und zum anderen wird versucht, wie im abschließenden Kapitel rudimentär gezeigt werden wird, Arbeitslosigkeit in einem makroökonomischen Modell, bestehend aus Faktor- und Gütermärkten mit jeweiliger Mikrofundierung, zu erklären.

Die Arbeitsmarkttheorien haben folgende Aufgaben zu erfüllen: Zum einen versuchen sie das Verhalten von Arbeitnehmern und Unternehmern aus ökonomischer Sicht zu erklären, um damit die Mikrovorgänge am Arbeitsmarkt offen zu legen. Zum anderen versuchen sie – darauf aufbauend – die Ursachen von Arbeitslosigkeit am Arbeitsmarkt selbst zu erforschen.

Dabei gehen sie natürlich von einer bestimmten, historisch entstandenen Art von Arbeitslosigkeit aus, die stark mit der Existenz von Fabriken, privaten Unternehmungen und abhängiger Industriearbeit verbunden ist. Erst durch diese Form der Organisation von Arbeit (und Leben) generiert sich die Dichotomie von

Erwerbsarbeit und Nichtarbeit. Beschäftigungen außerhalb der lohnabhängigen Erwerbsarbeit interessieren in diesem spezifischen sozioökonomischen Umfeld nur am Rande (etwa im Zusammenhang mit Schwarzarbeit) nicht. Arbeitslosigkeit bedeutet in einer solchen Umwelt dann auch immer einen Verlust an ökonomischem und sozialem Status. Die Erklärung von Arbeitslosigkeit mit Hilfe weitgehend allgemeingültiger mikroökonomischer Ansätze hängt also entscheidend von der historischen Entwicklung der Arbeitsorganisation ab. Dies bedeutet auch, dass zur Zeit weitgehend anerkannte Analysen und Diagnosen aufgrund der prognostizierten und seit einiger Zeit in ihren Ansätzen bereits zu beobachtenden Reorganisation der Erwerbsarbeit unter den Stichworten atypische Beschäftigungsverhältnisse, Telearbeitsplätze, ‚neue' Selbstständigkeit verstanden als Selbstständige ohne abhängig Beschäftigte usw. zukünftig anders bewertet werden könnten (vgl. Boockmann u. a. 2006, Fischer u. a. 2007, 73 ff, Funk 2005 und Sesselmeier 2008a).

Die arbeitsmarkttheoretische Diskussion ist auch für Studierende – und nicht nur für diese – kaum mehr überschaubar, da:

- sie in nahezu allen wissenschaftlichen Zeitschriften geführt wird,
- dabei meist nur auf bestimmte Modellerweiterungen oder Modellspezifikationen rekurriert wird,
- die vorhandenen Überblicksaufsätze bisweilen nur einen kleinen Teil der hier vorgestellten Theorien behandeln und
- die Diskussion sich manchmal weniger am Sachargument als an der mathematisch-modelltheoretischen Darstellung entzündet.

Ziel dieses Buchs ist es, dem Leser einen einführenden ökonomischen und in dieser Auflage erstmals auch juristischen Überblick zu verschaffen und ihn zu motivieren, mit Hilfe der angegebenen Literatur den einen oder anderen Ansatz zu vertiefen.

Bei der ökonomischen Darstellung wurde nahezu gänzlich auf eine – an sich übliche – mathematisch-modelltheoretische Präsentation verzichtet, damit sich der Leser voll auf die inhaltliche Argumentation konzentrieren kann, die ja auch arbeitsmarkt- und beschäftigungspolitisch entscheidend ist; die mathematische Form dient in diesem Buch meist nur der Darstellung, nicht jedoch der Argumentation als solcher. Dies setzt natürlich beim Leser gewisse Grundkenntnisse der mikroökonomischen Theorie voraus, zum anderen erleichtert es ihm auch das Verständnis der modelltheoretischen Struktur bei der Vertiefung eines Ansatzes, wenn er die Sachargumente bereits kennt.

Daneben ermöglicht es aber auch dem mit der mikroökonomischen Arbeitsweise weniger vertrauten Leser – gemeint ist bei dieser vereinfachenden, aber besser lesbaren Schreibweise naturgemäß immer auch die Leserin – ein unbefangeneres Herangehen an die einzelnen Theorien, da er sich nicht mit für ihn unverständlichen Modellen befassen muss.

Die rechtswissenschaftliche Darstellung erfolgt zweigeteilt: einerseits in flexibel eingestreuten praxisnahen Anmerkungen und Kästen, die juristisches und ökonomisches Denken an jeweils passenden Stellen miteinander verzahnen, andererseits in einer systematischen Kurzeinführung in die zentralen Fragen des ökonomisch relevanten Arbeitsrechts nach der Darstellung des neoklassischen Grundmodells.

## 1.1 Warum Arbeitsmarkttheorien?

Zur Beleuchtung aktueller Arbeitsmarktthemen aus ökonomischer Sicht hat das neue Lehrbuchautorenteam in der dritten Auflage zudem Kästen mit wirtschaftspolitischen Anwendungsbeispielen und weiterführenden ökonomischen Hintergründen eingefügt. Deren Lektüre ist zum Verständnis des Basistexts in der Regel nicht erforderlich (auch wenn die Schaubilder kapitelweise durchlaufend nummeriert werden). Diese Kästen sind aber hilfreich für das Verständnis darüber hinausgehender Zusammenhänge. Zunächst erfolgt nun ein Ausblick auf die Methoden des modernen Arbeitsmarktökonomen.

---

**Kasten 1.1   Über das ökonomische Grundwissen hinaus: Aktuelle Tendenzen der Arbeitsmarktökonomie**

Das vorliegende Lehrbuch beschränkt sich auf einen einführenden, generalistischen Überblick in die theoretischen Grundlagen der Arbeitsmarktökonomie, der durch die vor allem für Praktiker und die Politik wichtige juristische Perspektive ergänzt wird. Arbeitsmarktökonomie wird hierbei verstanden als die Analyse der Determinanten von Wahlhandlungen in Bezug auf Beschäftigung und Löhne sowie der weiteren Beziehungen und Bedingungen von Beschäftigung eines Einzelnen oder einer Gruppe von Arbeitnehmern. Professionelle akademische Arbeitsökonomen und Forscher an wissenschaftlichen Instituten sind mittlerweile jedoch vor allem empirisch ausgerichtet, arbeiten immer häufiger weltweit zusammen, publizieren vornehmlich in englischer Sprache und sind häufig extrem spezialisiert (vgl. hierzu Hyclak u. a. 2005, Kap. 1 und Freeman 2007).

Die allgemeine wirtschaftstheoretische Methode der Mainstream-Ökonomen hat regelmäßig drei Elemente: (1) Sammlung und Analyse von Daten zur Identifizierung von Zusammenhängen und von Trends, (2) ökonomische Theorieanwendung und Herausarbeitung von Ursache-Wirkungs-Beziehungen sowie von politischen Vorschlägen, (3) empirische Tests der Modellvorhersagen, die sich aus der theoretischen Analyse ergeben, und zur Evaluation der Wirkungen ergriffener wirtschaftspolitischer Maßnahmen. Einige Merkmale unterscheiden die moderne Arbeitsmarktökonomie jedoch in gewissem Maße von ökonomischen Analysen anderer wirtschaftswissenschaftlicher Teildisziplinen:

*1. Empirie:* Datensammlung und -analyse ist ein vergleichsweise wichtigerer Aspekt der Arbeit von Arbeitsmarktökonomen als von Volkswirten in anderen ökonomischen Teilbereichen. In vielen Gebieten der Volkswirtschaftslehre gehören die Volkswirte zu den wichtigsten Vertretern ihres Fachs, die hauptsächlich an Erweiterungen und Anwendungen der ökonomischen Wirtschaftstheorie arbeiten – ohne ausgefeilte empirische Tests zu verwenden. In der Arbeitsmarktökonomie zeichnen sich die meisten führenden Ökonomen dadurch aus, dass sie auch wichtige Erkenntnisgewinne auf empirischem Gebiet beigetragen haben. Daher ist es für Studierende, die später auf diesem

Gebiet arbeiten möchten, zentral, auch Kenntnisse der Ökonometrie zu erwerben – folgerichtig beinhalten US-Lehrbücher der Arbeitsmarktökonomie mittlerweile fast ausnahmslos bereits Einführungen in die Ökonometrie (z. B. Borjas 2007[4], Hyclak u. a. 2005, Kaufman/Hotchkiss 2005[7]).

2. *Institutionelle Faktoren:* Die Arbeitsmarktökonomie ist aufgrund der verhältnismäßig größeren Besonderheiten stärker durch institutionelle Faktoren geprägt als viele andere Bereiche der ökonomischen Theorie. Dabei wird der Institutionenbegriff weit gefasst und beinhaltet politische und ökonomische Institutionen, aber auch gesellschaftliche Einstellungen und verfestigte Normen. Wenn etwa Regierungen das Arbeitsmarktverhalten und damit auch die Arbeitsmarktergebnisse direkt rechtlich beeinflussen (beispielsweise über gesetzliche nationale Mindestlöhne), so sind institutionelle Einflüsse der Politik offensichtlich. Auch im Falle lobbyistischer Beeinflussung ist dies regelmäßig auf politischer Ebene der Fall. So versuchen etwa Arbeitgeberverbände und Gewerkschaften, politische Institutionen und deren Entscheidungen zu Gunsten der von ihnen repräsentierten Gruppen zu lenken. Auch ökonomische Institutionen wie Unternehmen ersetzen innerhalb der Organisation in mehr oder weniger großem Umfang Marktkräfte durch Hierarchie und explizite oder implizite Regeln. Interne Arbeitsmärkte, die später noch ausführlich behandelt werden, werden nur zum Teil durch Marktbedingungen beeinflusst – insbesondere bei den Einstiegspositionen. Gesellschaftliche Normen und Einstellungen haben ebenfalls wesentlichen Einfluss. Hierauf deutet nicht zuletzt die in zahlreichen Ländern vielfach offensichtlich erscheinende Diskriminierung nach Nationalitäten oder Hautfarbe hin sowie die Überrepräsentierung von Frauen in bestimmten, eher niedrig entlohnten Arbeitsmarktsegmenten. Dies ist auch Folge gesellschaftlicher Normen, die den Status und die Aufstiegsmöglichkeiten verschiedener Gruppen in einer Gesellschaft erheblich mitbestimmen. Wenn informelle Regeln und Einstellungen stark genug wirken, verzichtet ein Teil der Beschäftigten auf die Möglichkeit, auf einem anderen Arbeitsplatz höhere Entlohnungen zu erzielen, um diesen gesellschaftlichen Erwartungen zu entsprechen. Das bedeutet auch, dass sich die wettbewerblichen Arbeitsmarktbedingungen nur teilweise in der beobachteten Arbeitsmarktperformanz und den Chancen widerspiegeln, die sich prinzipiell hieraus für die verschiedenen Gruppen ergeben. Die andere Seite der Medaille ist aber dann auch, dass sich gerade der Teil der Beschäftigten, der sich stark an Marktanreizen ausrichtet, finanziell sogar tendenziell besser stellt als bei einer rein wettbewerblichen Lösung, in der die genannten gesellschaftlichen Regeln keine Rolle spielen würden.

3. *Internationaler Fokus:* Zudem hat seit einiger Zeit die Bedeutung internationaler arbeitsmarktrelevanter Vergleiche erheblich zugenommen (etwa in Form von Benchmarking), möglicherweise auf diesem Feld stärker als in anderen. Weil unterschiedliche Länder verschiedene rechtliche Hintergründe und differierende institutionelle Strukturen haben, können Länder vergleichende

## 1.1 Warum Arbeitsmarkttheorien?

Studien sehr hilfreich bei der Herausarbeitung der relativen Bedeutung dieser Einflussfaktoren auf Änderungen der Arbeitslosigkeit, der Beschäftigung und der Lohnstruktur sein. Auch kann sich der Arbeitsmarkteinfluss der verschiedenen Megatrends (Funk 2005, IW 2008, Sesselmeier 2008a) – etwa Globalisierung oder Wandel zur Dienstleistungsgesellschaft – von Land zu Land unterscheiden. Derartige Studien – gerade auch durch supranational agierende Institutionen wie OECD, Internationaler Währungsfonds oder die Europäische Union – haben vor allem seit Anfang der 1990er Jahre sehr stark an Bedeutung gewonnen.

*Jüngste Entwicklungen:* Laut Richard Freeman's (2007) Fünfjahresüberblick (2002–2006) zu aktuellen Tendenzen der Arbeitsmarktökonomie haben Feldstudien und Laborexperimente in jüngerer Zeit zunehmend an Bedeutung gewonnen, um verschiedene Formen ökonomischen Verhaltens bzw. Reaktionen auf Anreizänderungen zu testen. Dabei haben sich laut Freeman erhebliche Fortschritte etwa in Bezug auf die genauere Erfassung komplexer Arbeitsangebotsreaktionen auf Anreize und ihre Änderungen ergeben: „Yes, incentives matter, but studies have found that their impact can vary between groups, depend on peer effects and on diverse behavioral issues that the simplest models of rational optimization miss." Der bekannte US-Arbeitsmarktökonom fügt hinzu: „We know more about how institutions behave, though there clearly remains much more to be learned through the combination of cross-country analyses, case investigations, econometrics, and the whole panopoly of tools that we have come to rely on to attack problems" (Freeman 2007, 3). Als Trend in der Produktion arbeitsökonomischen Wissens zeichnet sich zudem vor allem ab, dass es – aus welchen Gründen auch immer – häufiger als früher auch zu Koautorschaften von zwei oder mehr Autoren zu kommen scheint, die aus verschiedenen Ländern kommen und nicht selten in verschiedenen Teildisziplinen der Ökonomie oder anderen Sozialwissenschaften forschen (z. B. Finanzwissenschaft, Betriebswirtschaftslehre, Soziologie und zusätzlich auch Psychologie).

Schließlich wird dem Leser durch gezielte Literaturhinweise die Möglichkeit zu weiterführender Information eröffnet.

Anzustrebendes Lernziel dieses Buchs soll weiterhin die Erkenntnis eines unbekannten Ökonomen sein:

> We are still confused, but on a higher level.

An dieser Stelle sei abschließend noch dem früheren Koautor, Gregor Blauermel, für die Mitarbeit an den ersten beiden Auflagen des Buchs gedankt. Er ist nach der zweiten Auflage aus dem Autorenteam ausgeschieden. Neben den Volkswirten Prof. Dr. Werner Sesselmeier von der Universität Koblenz-Landau und Prof. Dr. Lothar Funk, Fachhochschule Düsseldorf, gehört nun auch der Arbeitsrechtler Prof. Dr. Bernd Waas von der Johann-Wolfgang-Goethe-Universität Frankfurt dem Autorenteam der dritten Auflage an.

## 1.2 Aufbau und Vorgehensweise

Vor der Erklärung des Arbeitsmarktgeschehens bietet es sich an, verschiedene empirische Entwicklungen und Zusammenhänge am Arbeitsmarkt darzustellen und einige in der Wirtschaftstheorie und -politik gebräuchliche Begriffe zu erläutern; dies geschieht in Kap. 2. Kapitel 3 dient der Präsentation des grundlegenden neoklassischen Arbeitsmarktmodells; zwar wird dieses Modell aufgrund seiner Restriktionen nicht mehr für die Forschung, sondern nur noch in Lehrbüchern und Überblicksbeiträgen verwendet, doch leiten sich alle weiteren Erklärungsansätze aus der Kritik bzw. Erweiterung dieses Standardmodells ab. Eine kurze Darstellung dieses Modells erscheint folglich gerechtfertigt und zielführend, nicht zuletzt, um hiervon ausgehend bereits die Basis für das Integrationsmodell am Ende legen zu können. Im Anschluss erfolgt eine Kurzeinführung in die aus arbeitsmarkttheoretischer Perspektive wichtigsten Aspekte des Arbeitsrechts. Der Aufbereitung der verschiedenen Theorien dienen die folgenden Kapitel, wobei zunächst jeweils die theoretischen Zusammenhänge betrachtet werden und anschließend nach der empirischen Evidenz und den arbeitsmarktpolitischen Konsequenzen dieser Modelle gefragt wird. Jedes Kapitel wird durch ergänzende Kästen mit juristischen oder ökonomischen Zusatzinformationen abgerundet und schließt mit einigen gezielten Literaturhinweisen.

Der hier gewählte Lehrbuchansatz versucht eine ausgewogene Darstellung der traditionellen Arbeitsmarkttheorien in größerer dogmengeschichtlicher Breite als vielfach in der ökonomischen Literatur zu geben, indem die verschiedenen Hauptpositionen des neoklassischen Ansatzes und der institutionalistischen Denkschule, deren methodologische Grundlagen, die wirtschaftspolitischen Implikationen und die am jeweiligen Ansatz geübte Kritik werturteilsfrei gegenübergestellt werden. Dies verdeutlicht, warum sich aus konkurrierenden methodologischen Herangehensweisen und Modellen auch differierende wirtschaftspolitische Schlussfolgerungen ergeben. Die Kontroversen zwischen beiden Denkschulen stimulierten die Diskussion der letzten Jahrzehnte und haben bisher nicht zu einem endgültigen Konsens geführt, auch wenn in jüngerer Zeit eine unübersehbare Konvergenz der Positionen zu konstatieren ist. Sie hat sich nicht nur in einer zunehmenden Annäherung bei der Methodologie, sondern auch beim modernen Standardmodell zur Analyse des Arbeitsmarkts niedergeschlagen, wie am Schluss des Buchs deutlich werden wird. Denn das letzte Kapitel dient der Zusammenführung der verschiedenen mikroökonomischen Ansätze mit wesentlicher Berücksichtigung institutioneller Einflüsse in einem makroökonomischen Rahmen. Der Band schließt mit einem umfassenden, wenn auch verständlicherweise nicht vollständigen Literaturverzeichnis zu den hier präsentierten Arbeitsmarkttheorien.

## 1.3 Allgemeine Literatur

Aus der Vielzahl angelsächsischer Lehrbücher und der entsprechend nach wie vor recht geringen Zahl deutscher Lehrbücher sind zur Vertiefung zu nennen Franz (2006[6]) und Wagner/Jahn (2004[2]). Diese deutschsprachigen Lehrbücher sind

## 1.3 Allgemeine Literatur

zwar gut lesbar, aber auf technisch anspruchsvollem Niveau. Weiter zu nennen sind Keller (2008[7]), Lampert/Althammer (2007[8]), Zerche/Schönig/Klingenberger (2000), Boeri/van Ours (2008), Borjas (2007[4]), Cahuc/Zylberberg (2004), Hyclak/Johnes/Thornton (2005), Kaufman/Hotchkiss (2005[7]), Schmid (2000), Schmid/von Dosky/Braumann (1996), Smith (2003[2]) und Wolff (2009[2]). Diese Bücher haben ihren jeweiligen empirisch-institutionellen Schwerpunkt in der Bundesrepublik Deutschland, der Schweiz, den USA und Großbritannien sowie im Vergleich der Länder der Europäischen Union und der OECD insgesamt. Dabei stellen die Werke von Keller sowie Lampert und Althammer den Bezug sozialpolitischer Fragestellungen für die Begründung der Ziele der Arbeitsmarkt(ordnungs)politik her und erläutern die zentralen Träger der Arbeitsmarktpolitik. Wolff stellt den Zusammenhang zwischen Arbeitsmarkt, Armut und Einkommensverteilung in den Vordergrund. Personalökonomische Werke mit starker mikroökonomischer Orientierung liefern Backes-Gellner/Lazear/Wolff (2001) und Sadowski (2002). Eine prägnante personalwirtschaftliche Einführung mit starken volkswirtschaftlichen Verbindungen präsentiert Bräutigam (2004). Der ebenfalls wichtige Beitrag der Arbeitsmarktsoziologie besteht unter anderem darin zu zeigen, „dass für die Analyse der Funktionsweise moderner Arbeitsmärkte deren Verknüpfung mit anderen gesellschaftlichen Teilbereichen wie dem Bildungssystem, den Familien oder den Werten und Normen beachtet werden muss" (Abraham/Hinz 2005a, 13). Die moderne Arbeitsmarktsoziologie demonstriert dabei, dass Arbeitsmarktforschung zunehmend ein interdisziplinäres Unterfangen geworden ist, bei dem – wie in der Ökonomie – von der perfekten Marktlösung als Referenzfall ausgegangen wird. Nach dieser heute dominierenden Methode führen auch soziologische Einflüsse „nicht zu einer grundsätzlichen Aufhebung der Marktlogik für den Tausch von Lohn gegen Arbeit, wohl aber zu teilweise erheblichen Abweichungen vom Modell des ‚perfekten' Markts" (Abraham/Hinz 2005a, 13). Die Thematisierung dieser Besonderheiten durch verschiedene Sozialwissenschaften können hierbei fruchtbare Ergänzungen der ökonomischen Arbeitsmarkttheorie sein.

Aktuelle Themen zu beschäftigungsrelevanten Reformen in Deutschland und Lehren des Auslands behandeln vor allem Eichhorst/Thode/Winter (2004) sowie Allmendinger/Eichhorst/Walwei (2005) und Möller/Walwei (2009). Wichtige Aspekte des Wandels der industriellen Arbeitsbeziehungen unter geänderten weltweiten Rahmenbedingungen, die hier nur kursorisch vorgestellt werden können, behandeln Lesch (2004) und Schnabel (2003). Speziell den Zusammenhang zwischen rechtlicher und ökonomischer Analyse des Tarifrechts stellt Lesch (2006, 2008c) her. Eine praxisorientierte Einführung in das Arbeitsrecht für Wirtschaftswissenschaftler stellt Lipperheide (2005) zur Verfügung.

Als volkswirtschaftliche Fachzeitschriften und Schriftenreihen mit arbeitsmarkttheoretischen und arbeitsmarktpolitischen Schwerpunkten sind insbesondere zu nennen:

- Beiträge aus der Arbeitsmarkt- und Berufsforschung, jetzt: IAB-Bibliothek
- Bundesagentur für Arbeit: Arbeitsmarkt 2005 (ANBA Sondernummer vom 30.8.2006), Nürnberg (jährlich)
- European Commission: Employment in Europe, Luxembourg (jährlich)

- Industrial and Labor Relations Review
- International Journal of Comparative Labor Law and Industrial Relations
- International Labor Review
- IZA Discussion Paper Series (häufig erscheinende Diskussionspapierreihe von Forschern aus verschiedenen Staaten zu Arbeitsmarkt bezogenen Themen in verschiedenen Ländern bzw. Länder vergleichend des Instituts Zukunft der Arbeit in Bonn)
- Journal of Labor Economics
- Journal of Labour Research
- Labour Economics
- LABOUR
- OECD: OECD Employment Outlook, Paris (jährlich im Juli)
- Sachverständigenrat zu Begutachtung der gesamtwirtschaftlichen Entwicklung: Jahresgutachten, Wiesbaden (jährlich)
- Sozialer Fortschritt
- WSI-Mitteilungen
- Zeitschrift für Arbeitsmarktforschung (bis 2003: Mitteilungen aus der Arbeitsmarkt- und Berufsforschung).

# Teil I
# Empirische und theoretische Grundlagen

# Kapitel 2
# Stilisierte Fakten zur Arbeitslosigkeit

In diesem Kapitel ist zunächst zu klären, wovon die Rede ist, wenn man das Arbeitsangebot und die Arbeitsnachfrage sowie deren Zusammenspiel am Arbeitsmarkt betrachtet. Dazu wird nach einigen Begriffsklärungen als erstes die langfristige Arbeitsmarktentwicklung mit Hilfe einiger Kennzahlen aufgezeigt. Anschließend werden Kategorien der Arbeitslosigkeit, wie sie in der wirtschaftspolitischen Diskussion zu finden sind, diskutiert. Daran schließt sich die Betrachtung verschiedener – stärker theoretisch orientierter – grafischer Zusammenhänge an. Zuletzt wird auf die theoretisch wie politisch relevante Dichotomie freiwilliger versus unfreiwilliger Arbeitslosigkeit eingegangen.

## 2.1 Das empirische Erscheinungsbild des deutschen Arbeitsmarkts

Zur Betrachtung der empirischen Entwicklung des Arbeitsmarkts sind die eher abstrak-ten Begriffe Arbeitsangebot, Arbeitsnachfrage und auch der Arbeitslosigkeit zu definieren bzw. zu konkretisieren.

Dann erfolgen einige terminologische Vorbemerkungen, um arbeitsmarktrelevante Begriffe zu erklären. Ausgangspunkt ist dabei die Einteilung der Wohnbevölkerung in Erwerbspersonen und Nicht-Erwerbspersonen.

- Erwerbsfähige: Alle Menschen in Deutschland zwischen 15 und 65 Jahren, die in der Lage sind, einer Erwerbstätigkeit nachzugehen, also alle, die arbeiten können, unabhängig davon, ob sie das wollen. Es ist zu berücksichtigen, dass die Nicht-Erwerbspersonen durchaus auch erwerbsfähige Menschen umfassen, die in der Lage wären, einer Erwerbstätigkeit nachzugehen, dies aber nicht tun.
- Erwerbspersonen: Alle Personen mit ständigem Sitz im Inland, die als abhängig Beschäftigte oder Selbstständige und mitarbeitende Familienangehörige eine auf Einkommenserwerb ausgerichtete Tätigkeit ausüben (Erwerbstätige) oder suchen (Erwerbslose).

- Erwerbsquote: Prozentualer Anteil der Erwerbspersonen an der Gesamtbevölkerung oder prozentualer Anteil der Erwerbspersonen an den 15- bis unter 65-Jährigen.
- Erwerbstätige: Zahl der Erwerbspersonen, die tatsächlich arbeiten. Dabei ist der Ertrag dieser Tätigkeit für den Lebensunterhalt ebenso wenig maßgeblich wie die tatsächlich geleistete oder vertragsmäßig zu leistende Arbeitszeit.
- Arbeitslose: All jene Personen im Alter von 15 bis 74 Jahren, die weder einer abhängigen Beschäftigung noch einer selbstständigen Beschäftigung nachgehen; unterschiedliche Messkonzepte hierfür sind Erwerbslosigkeit und registrierte Arbeitslosigkeit (vgl. im Einzelnen Sauermann 2005).
- Erwerbslose: Personen ohne Erwerbstätigkeit, die sich in den letzten vier Wochen aktiv um eine Arbeitsstelle bemüht haben und innerhalb von zwei Wochen für die Aufnahme einer Tätigkeit zur Verfügung stehen. Es ist hierbei unerheblich, ob sie bei einer Arbeitsagentur auch als arbeitslos gemeldet sind. Hierin enthalten sein können beispielsweise auch Schüler, Studierende und Rentner.
- Erwerbslosenquote: Anteil der Erwerbslosen an den Erwerbspersonen.
- Registrierte Arbeitslose: Erwerbspersonen, die sich bei der Bundesagentur für Arbeit arbeitslos gemeldet haben. Um zu dieser Gruppe zu gehören, muss man die folgenden weiteren Merkmale aufweisen (Statistisches Bundesamt 2007, 74; BA 2006a, 28):

  - wohnhaft in der Bundesrepublik Deutschland,
  - beschäftigungslos oder eine geringfügige Tätigkeit von weniger als 15 Wochenstunden,
  - Anstreben eines versicherungspflichtigen, mindestens 15 Stunden wöchentlich umfassenden Beschäftigungsverhältnisses von mehr als sieben Kalendertagen,
  - der Arbeitsvermittlung in eine Beschäftigung oder eine Maßnahme der aktiven Arbeitsmarktpolitik sofort zur Verfügung stehen,
  - nicht eine Person, die keine Erwerbstätigkeit ausüben darf oder kann (z. B. nicht Gefängnisinsassen, Ausländer ohne Arbeitserlaubnis oder Personen, die erwerbsunfähig erkrankt sind),
  - nicht im Bildungssystem, in Altersrente sowie nicht Wehr- und Zivildienstleistender und
  - nicht Teilnehmer an Maßnahmen der aktiven Arbeitsmarktpolitik.
- Arbeitslosenquote: Prozentualer Anteil der bei der BA registrierten Arbeitslosen an den Erwerbspersonen oder in Formelform:

$$\text{Arbeitslosenquote} = \frac{\text{Arbeitslose}}{\text{Arbeitslose} + \text{Erwerbstätige}}$$

Dabei publiziert die Bundesagentur für Arbeit ihre Quoten der registrierten Arbeitslosigkeit monatlich in zwei Abgrenzungen, einmal bezogen auf alle zivilen Erwerbspersonen und zum anderen bezogen nur auf abhängig Beschäftigte (Angestellte, Arbeiter und Beamte). Im Zentrum der Debatte steht meist die erste

## 2.1 Das empirische Erscheinungsbild des deutschen Arbeitsmarkts

**Tab 2.1** Durchschnittliche jährliche Arbeitslosigkeit in Deutschland

| Arbeitslosigkeit im Jahr | Westdeutschland | | Ostdeutschland | | Insgesamt | |
|---|---|---|---|---|---|---|
| | Arbeitslose in 1000 | Arbeitslose in Prozent der zivilen Erwerbspersonen | Arbeitslose in 1000 | Arbeitslose in Prozent der zivilen Erwerbspersonen | Arbeitslose in 1000 | Arbeitslose in Prozent der zivilen Erwerbspersonen |
| 1991 | 1596 | | 1006 | | 2602 | |
| 1992 | 1699 | | 1279 | | 2979 | 7,7 |
| 1993 | 2149 | | 1270 | | 3419 | 8,9 |
| 1994 | 2426 | 8,1 | 1272 | 14,8 | 3698 | 9,6 |
| 1995 | 2427 | 8,1 | 1185 | 13,9 | 3612 | 9,4 |
| 1996 | 2646 | 8,9 | 1319 | 15,5 | 3965 | 10,4 |
| 1997 | 2870 | 9,6 | 1514 | 17,7 | 4384 | 11,4 |
| 1998 | 2752 | 9,2 | 1529 | 17,8 | 4281 | 11,1 |
| 1999 | 2605 | 8,6 | 1496 | 17,3 | 4100 | 10,5 |
| 2000 | 2382 | 7,6 | 1509 | 17,1 | 3890 | 9,6 |
| 2001 | 2320 | 7,2 | 1532 | 17,3 | 3853 | 9,4 |
| 2002 | 2498 | 7,6 | 1563 | 17,7 | 4061 | 9,8 |
| 2003 | 2753 | 8,4 | 1624 | 18,5 | 4377 | 10,5 |
| 2004 | 2783 | 8,5 | 1599 | 18,4 | 4381 | 10,6 |
| 2005 | 3247 | 9,9 | 1614 | 18,7 | 4861 | 11,7 |
| 2006 | 3007 | 9,1 | 1480 | 17,3 | 4487 | 10,8 |
| 2007 | 2486 | 7,5 | 1291 | 15,1 | 3776 | 9,0 |

Quelle: Schäfer (2009, 2) basierend auf Daten der Bundesagentur für Arbeit

Quote, die in der Regel um etwa einen Prozentpunkt niedriger liegt, weil dort die Selbstständigen berücksichtigt werden. Tabelle 2.1 gibt einen ersten Überblick zur Entwicklung der absoluten Zahlen der registrierten Arbeitslosigkeit und zur Arbeitslosenquote bezogen auf die zivilen Erwerbspersonen zwischen 1991 und 2007. Angefügt sei hier noch ergänzend, dass im Oktober 2008 erstmals seit 1992 weniger als 3 Mio. Personen als arbeitslos registriert waren (vgl. Otto 2009, 62). Bisweilen wird zudem noch eine Arbeitslosenquote berechnet, die auf die sozialversicherungspflichtigen Personen bezogen wird (vgl. Schäfer 2009, 3). Letztere sind nur eine Teilmenge der abhängig Beschäftigten, da Beamte und geringfügig Beschäftigte nicht der Sozialversicherungspflicht unterliegen. Bei der Betrachtung dieser Quoten registrierter Arbeitslosigkeit ergeben sich verschiedene Interpretationsprobleme. Da etwa der Arbeitslosenstatus auch dann erhalten bleiben kann, wenn die arbeitslose Person bis zu 15 Stunden in der Woche arbeitet, taucht sie folglich im Nenner der Quote doppelt auf, da sie auch als erwerbstätig eingestuft wird. Auch verwendet die Bundesagentur im Nenner nicht die Erwerbstätigenzahl aus der Erwerbstätigenrechnung des Statistischen Bundesamts, sondern eine einmal jährlich aktualisierte Größe aus verschiedenen Quellen, so dass sich hier deutliche Abweichungen zu der in der Volkswirtschaftlichen Gesamtrechnung ausgewiesenen Erwerbstätigenzahl ergeben können (vgl. ergänzend Kasten 2.1).

**Kasten 2.1  Wirtschaftspolitische Anwendung: Arbeitslosenquote ist nicht gleich Arbeitslosenquote**

Eine große Schwierigkeit bei der Erfassung von Arbeitslosigkeit besteht darin, dass Arbeitslose und auch Erwerbstätige verschieden definiert und ermittelt werden können (Schäfer 2004, 8 sowie 2009, 2 f; der Kasten basiert hierauf und auf Funk 2007c). Für Deutschland werden seit 2005 monatlich vier Statistiken veröffentlicht, die Auskunft über das Ausmaß der „Arbeitslosigkeit" geben sollen. Die Bundesagentur für Arbeit (BA) veröffentlicht die beiden Statistiken der registrierten Arbeitslosigkeit, die aber nicht mit den Erwerbslosenquoten der Internationalen Arbeitsorganisation (International Labour Organisation, ILO) vergleichbar ist. Das Statistische Bundesamt ermittelt diese Erwerbslosenstatistik für Deutschland („ILO/EU-Arbeitskräfteerhebung"), die nach einheitlichen Kriterien auch in vielen anderen Ländern erhoben wird. Sie ist ebenfalls in den Monatsberichten der BA enthalten. Hinzu kommt noch eine von der OECD monatlich veröffentlichte Erwerbslosenquote nach ILO-Definition, die aber von der in Deutschland errechneten leicht abweicht, weil jeweils unterschiedliche Datenquellen für den Nenner zugrunde gelegt werden.

Tabelle 2.2 gibt einen internationalen Überblick zu den standardisierten Arbeitslosenquoten für die Jahre 1997 und 2007 und den Anteil der Langzeitarbeitslosigkeit, die länger als ein Jahr andauert. Spätestens seit der deutschen Wiedervereinigung zählte Deutschland ebenfalls zu den beschäftigungspolitischen Problemländern Europas. Auch wenn Deutschland im dargestellten Jahrzehnt Boden gutgemacht hat, ist die standardisierte Arbeitslosigkeit noch vergleichsweise hoch. Zumindest aber konnte der Rückstand zu den erfolgreicheren Ländern wie etwa Dänemark, Niederlande oder Großbritannien bei diesem Indikator etwas verkürzt werden. Im Vergleich zum Durchschnitt der EU-Länder bis Mai 2004 vor der Osterweiterung (EU-15), die nennenswerte Erfolge beim Abbau der offen ausgewiesenen Arbeitslosigkeit hatten, hat sich jedoch die Lage bis 2007 nicht verbessert, da Deutschland einen geringeren Abbau in Prozentpunkten zu verzeichnen hatte. Im Herbst 2008 hatte Deutschland im Zuge des weiteren Beschäftigungsaufschwungs dann aber diese Lücke weitgehend schließen können. Tabelle 2.2 zeigt auch, dass Deutschland zu diesem Zeitpunkt keineswegs alle Probleme gelöst hatte, da 2007 der Anteil der Langzeitarbeitslosen mit einer Dauer der Arbeitslosigkeit von mehr als einem Jahr bei annähernd 57% besonders hoch lag und Deutschland folglich im Vergleich zu anderen Ländern auf einem hinteren Platz lag. In Staaten wie den USA, Kanada, Dänemark oder Schweden lag die Langzeitarbeitslosigkeit zu diesem Zeitpunkt und auch im Trend erheblich niedriger. Dies ist vorteilhaft, denn eine lange Dauer der Arbeitslosigkeit führt unter anderem zu dem Problem, dass die Betroffenen weitgehend unabhängig von ihrer formalen Qualifikation häufig nur noch für wenig produktive Tätigkeiten im Niedriglohnsektor

**Tab. 2.2** Entwicklung der standardisierten Arbeitslosenraten bezogen auf die zivilen Erwerbspersonen im Vergleich ausgewählter OECD- Länder zwischen 1997 und 2007 sowie der Langzeitarbeitslosigkeit (mehr als 1 Jahr) im Jahr 2007

| Land | Jahr | | | |
|---|---|---|---|---|
| | Arbeitslosigkeit in % 1997 | Arbeitslosigkeit in % 2007 | Differenz in Prozentpunkten | Langzeitarbeitslosigkeit in Prozent der Arbeitslosigkeit 2007 |
| Polen | 10,9 | 9,6 | −1,3 | 45,9 |
| Deutschland | 9,4 | 8,4 | −1,0 | 56,6 |
| Spanien | 16,6 | 8,3 | −8,3 | 27,6 |
| Frankreich | 11,4 | 8,3 | −3,1 | 42,2 (2006) |
| Belgien | 9,2 | 7,5 | −1,7 | 50,0 |
| Europaische Union (EU-15) | 9,8 | 7,0 | −2,8 | 42,3 |
| Finnland | 12,7 | 6,9 | −5,8 | 23,0 |
| Italien | 11,2 | 6,1 | −5,1 | 49,9 |
| Schweden | 9,9 | 6,1 | −3,8 | 13,0 |
| Vereinigtes Konigreich | 6,8 | 5,3 | −1,5 | 24,7 |
| Tschechien | 4,8 | 5,3 | +0,5 | 53,4 |
| Irland | 9,9 | 4,6 | −5,3 | 30,3 |
| Osterreich | 4,4 | 4,4 | 0,0 | 26,8 |
| Danemark | 5,2 | 3,8 | −1,4 | 18,2 |
| Niederlande | 4,9 | 3,2 | −1,7 | 41,7 |

Quelle: OECD (2008, 335 und 355)

einsetzbar sind, da sie nach und nach ihre früheren berufsspezifischen und generellen Fähigkeiten verlieren und sich neue Arbeitsplatzanforderungen entwickeln, denen sie zunehmend weniger gerecht werden können. „Werden Kenntnisse nicht durch ‚training on the job' ständig auf dem Laufenden gehalten, zieht die technische und organisatorische Entwicklung am Kenntnisstand der Arbeitslosen vorbei und entwertet das Know-how der Betroffenen" (Schäfer 2009, 21).

Insgesamt sind die international vergleichbaren Quoten, die seit 2007 über repräsentative Bevölkerungsstichproben im Rahmen des ‚Mikrozensus' (1-Prozent-Stichprobe der deutschen Haushalte) unterjährig erhoben werden, im Fall Deutschlands deutlich geringer als die von der BA vorgelegten Zahlen der registrierten Arbeitslosenquote. So berechnete die BA für den April 2007 Arbeitslosenquoten auf Basis der abhängigen Erwerbspersonen von 10,7% und auf der Grundlage aller Erwerbspersonen von 9,5%. Gleichzeitig betrug die Arbeitslosigkeit auf Mikrozensus-Basis nur 8,5% (vgl. Schäfer 2009, 4). Diese Differenzen liegen auch daran, dass die Unterschiede zwischen den

Arbeitslosen der BA und den Erwerbslosen beträchtlich sind (BA 2006, 5 f und 30 ff). Einerseits zählen, wie bereits erwähnt, beispielsweise Arbeitslose, die eine Tätigkeit mit weniger als 15 Wochenstunden gegen Entgelt ausüben, nach ILO-Definition nicht als Erwerbslose sondern als Erwerbstätige. Andererseits können nicht bei den Arbeitsagenturen registrierte Arbeitssuchende erwerbslos sein – etwa weil sie von der Arbeitsagentur keinen Vermittlungserfolg erwarten bzw. keine Ansprüche auf Lohnersatzleistungen besitzen. Schließlich kann aber bei der BA-Zahl auch nicht ausgeschlossen werden, dass ein Teil der von den Arbeitsagenturen erfassten Arbeitslosen nur wegen der Lohnersatzleistungen registriert sind, jedoch faktisch dem Arbeitsmarkt aktuell nicht zur Verfügung stehen (Winker 2007, 76). Allerdings haben die bei Erwerbslosenstatistiken angewandten Befragungen auch eine gewisse Fehleranfälligkeit (z. B. falsche Antworten, Nichterfassung von Teilnehmern an arbeitsmarktpolitischen Maßnahmen als erwerbslos, wenn diese angeben, dass sie zur Zeit keine Arbeit suchen bzw. nicht verfügbar sind; Erhebungsprobleme sowie statistische Fehler von Hochrechnungen), so dass beide Verfahren Vor- und Nachteile haben (vgl. Sauermann 2005, 107; Konle-Seidl 2008, 49). Es gilt aber zu bedenken, dass die Definition nach ILO-Standards die Zahl der arbeitssuchenden Arbeitslosen insofern besser abbilden kann als die BA-Definition, als die ILO-Befragung nicht mit Sanktionen (z. B. Entzug von Arbeitslosengeld) verbunden ist, so dass die Wahrscheinlichkeit einer ehrlichen Beantwortung recht hoch ist (Schäfer 2004, 2009, 3).

Wichtig ist ebenfalls noch zu beachten, dass es außerhalb der vorgestellten Erfassungsmöglichkeiten amtlicher Arbeitslosenquoten noch eine erhebliche Dunkelziffer von Menschen gibt, die arbeiten möchten, aber keine Stelle finden. Um das zugrunde liegende ökonomische Problem noch treffender zu beschreiben, versucht die Schätzung der *Stillen Reserve* im engeren Sinn die prinzipiell arbeitswilligen Personen zu erfassen, die sich aktuell dem Arbeitsmarkt nicht mehr zur Verfügung stellen und sich auch nicht arbeitslos melden. Das Institut für Arbeitsmarkt- und Berufsforschung schätzt sie für 2007 auf rund 0,58 Mio. Personen. Ökonomisch dazu zu rechnen sind im Rahmen einer weiteren Erfassung zudem Menschen, die sich in bestimmten Maßnahmen aktiver Arbeitsmarktpolitik bzw. Weiterbildung befinden oder im Vorruhestand, der Folge von Arbeitslosigkeit ist. Diese Zahl betrug 2007 rund 0,78 Mio. Die gesamte Stille Reserve schätzt das IAB für 2007 somit auf 1,4 Mio. Menschen (vgl. Konle-Seidl 2008, 50). Der Sachverständigenrat zur Begutachtung der gesamtwirtschaftlichen Entwicklung (SVR) schätzt jährlich die so genannte ‚verdeckte Arbeitslosigkeit' und errechnete dabei für 2007 im Schnitt 1,266 Mio. Personen und für 2008 1,187 Mio. (vgl. SVR 2008, 269). Dabei werden zu den verdeckt Arbeitslosen subventioniert Beschäftigte und Teilnehmer an arbeitsmarktpolitischen Maßnahmen gezählt. „Trotz unterschiedlicher Konzepte entspricht die Größenordnung der vom IAB berechneten Stillen Reserve in etwa der verdeckten Arbeitslosigkeit

**Tab. 2.3** Offene und verdeckte Unterbeschäftigung in Deutschland

| | Jahr | | | |
|---|---|---|---|---|
| | 2004 | 2005 | 2006 | 2007 |
| Insgesamt | 14,1 | 14,8 | 14,2 | 12,9 |
| Arbeitslose | 7,5 | 8,3 | 7,8 | 6,6 |
| Teilnehmer an arbeitsmarktpolitischen Maßnahmen | 3,5 | 3,5 | 3,5 | 3,4 |
| Empfänger von Erwerbsunfähigkeitsrente | 3,1 | 3,0 | 2,9 | 2,9 |

Quelle: Schneider/Eichhorst (2008, 8)
Anteil der offenen und verdeckten Unterbeschäftigung an der Bevölkerung zwischen 15 und 64 Jahren in Prozent in Deutschland von 2004 bis 2007

des Sachverständigenrats" (Konle-Seidl 2008, 50). Darüber hinaus gehend gibt es auch Versuche, Unterbeschäftigung in Bezug auf die geleisteten und gewünschten Arbeitsstunden zu erfassen, also die Frage zu beantworten, wie viel Prozent der Erwerbstätigen weniger Stunden beschäftigt waren als von ihnen gewünscht wurde – erste Schätzungen veranschlagten dies mit rund 12% im Jahr 2005 (Winker 2007, 77).

Sowohl das SVR- wie auch das IAB-Konzept zeigen nicht nur einen Rückgang der registrierten Arbeitslosen zwischen 2005 und 2008, sondern auch eine deutliche Verminderung der weiter gefassten Unterbeschäftigung im zweistelligen Prozentbereich. „Der starke Rückgang der Arbeitslosigkeit seit 2006 kann folglich nicht auf ‚statistische Tricks' zurückgeführt werden" (Konle-Seidl 2008, 50). Diesen Befund bestätigen auch Schneider/Eichhorst (2008, 8) bei der Berücksichtigung von verdeckten Arten der Arbeitslosigkeit in Form von arbeitsmarktpolitischen Maßnahmen, Erwerbsunfähigkeit, Frühverrentungsprogrammen und ähnlichem, wie die Tab. 2.3 verdeutlicht: „Bemerkenswert ist …, dass der Abbau der Arbeitslosigkeit in Deutschland seit 2005 nicht mit einer Ausweitung der arbeitsmarktpolitischen Maßnahmen oder einer Lastenverschiebung in andere soziale Sicherungssysteme erkauft wurde."

Erwähnenswert ist auch noch Folgendes: Bei der Berücksichtigung eines erweiterten Unterbeschäftigungsbegriffs in einigen oben oft unter Bezug auf die offen ausgewiesene Arbeitslosigkeit als besonders beschäftigungspolitisch vorbildlich herausgestellten Ländern sind die Erfolge oft geringer als vermutet. „Die vermeintlichen Arbeitsmarkterfolge der Niederlande und Dänemarks werden … erheblich relativiert, da deren niedrige Anteile von offener Arbeitslosigkeit offensichtlich durch ein hohes Ausmaß von Personen in Erwerbsunfähigkeitsrente erkauft werden" (Schneider/Eichhorst 2008, 8). Bei den vier hier betrachteten Ländern summierten sich 2006 die Quoten von offener und verdeckter Arbeitslosigkeit nur im Vereinigten Königreich (10,1%) auf einen geringeren Wert als in Deutschland (14,2%), während sie sich trotz geringerer

**Tab. 2.4** Offene und verdeckte Unterbeschäftigung im Vergleich ausgewählter Länder

| Unterbeschäftigung | Land | | | |
|---|---|---|---|---|
| | Dänemark | Deutschland | Niederlande | Vereinigtes Königreich |
| Insgesamt | 14,6 | 14,2 | 15,1 | 10,1 |
| Arbeitslose | 3,2 | 7,8 | 3,3 | 4,0 |
| Teilnehmer an arbeitsmarktpolitischen Maßnahmen | 4,2 | 3,5 | 3,1 | 0,2 |
| Empfänger von Erwerbsunfähigkeitsrente | 7,2 | 2,9 | 8,7 | 5,9 |

Quelle: Schneider/Eichhorst (2008, 7)
Anteil der offenen und verdeckten Unterbeschäftigung an der Bevölkerung zwischen 15 und 64 Jahren in Prozent im Jahr 2006 in ausgewählten Ländern der Europäischen Union

offener Arbeitslosigkeit als in Deutschland auf 14,6% in Dänemark und auf 15,1% in den Niederlanden beliefen, wie die obige Tab. 2.4 zeigt.

- Stille Reserve: Prinzipiell Arbeitswillige, die keine Beschäftigung haben und aus den verschiedensten Gründen nicht in der Arbeitslosenstatistik erscheinen. Einige ziehen sich vom Arbeitsmarkt zurück, da sie keine Chancen für sich sehen und von der öffentlichen Arbeitsvermittlung nichts erwarten (Stille Reserve im engeren Sinn). Andere werden vorzeitig zum Rentner oder nehmen an von den Arbeitsämtern geförderten arbeitsmarktpolitischen Vollzeit-Maßnahmen wie einer beruflichen Weiterbildung teil (Stille Reserve im weiteren Sinn). Beschäftigte in Arbeitsgelegenheiten (so genannten Ein-Euro-Jobs), Strukturanpassungs- oder Arbeitsbeschaffungsmaßnahmen, Teilnehmer an Beschäftigung schaffenden Infrastrukturmaßnahmen werden nicht zur Stillen Reserver gezählt, da sie statistisch als Erwerbstätigkeit erfasst werden (vgl. zusätzlich Kasten 2.1). Tabelle 2.5 gibt einen Überblick zur quantitativen Entwicklung dieser arbeitsmarktpolitischen Maßnahmen in Form von öffentlich geförderter Beschäftigung und verdeutlicht deren Bedeutungsverschiebung im Zeitablauf. Es zeigt sich eine Abnahme vor allem bei den staatlich geschaffenen Arbeitsbeschaffungsmaßnahmen, da sie Fehlanreize zur Aufnahme einer Erwerbstätigkeit im regulären Arbeitsmarkt setzten. Auch die im Rahmen der Strukturreformen am Arbeitsmarkt (vgl. Kasten 2.2) eingeführten und prinzipiell gerechtfertigten staatlich geförderten Arbeitsgelegenheiten für Arbeitslosengeld-II-Empfänger, die heute den Großteil der Maßnahmen ausmachen, werden oft nicht so eingesetzt, dass sie zu optimalen Eingliederungseffekten führen. Hiermit soll mit einem staatlich finanzierten Mehrbedarfsaufwand getestet werden, ob jemand überhaupt arbeiten will. „Doch für diese Rolle müssten sie an jene Arbeitslosen vergeben werden, deren Arbeitsbereitschaft von den Fallmanagern der Arbeitsagentur in Zweifel gezogen werden.

**Tab. 2.5** Teilnehmerzahlen an arbeitsmarktpolitischen Maßnahmenprogrammen im Jahresdurchschnitt

|  | Arbeitsbeschaffungsmaßnahmen (ABM) | Strukturanpassungsmaßnahmen | 1-Euro-Jobs | Beschäftigung schaffende Infrastrukturmaßnahmen |
|---|---|---|---|---|
| 1991 | 281 750 | | | |
| 1992 | 464 175 | | | |
| 1993 | 279 922 | 22 486 | | |
| 1994 | 252 725 | 87 680 | | |
| 1995 | 273 189 | 108 561 | | |
| 1996 | 261 529 | 92 518 | | |
| 1997 | 209 397 | 88 486 | | |
| 1998 | 216 223 | 57 172 | | |
| 1999 | 230 626 | 59 180 | | |
| 2000 | 216 090 | 61 511 | | |
| 2001 | 176 664 | 57 659 | | |
| 2002 | 132 778 | 58 898 | | 620 |
| 2003 | 95 802 | 45 962 | | 1607 |
| 2004 | 85 169 | 30 487 | | 1842 |
| 2005 | 47 782 | 13 115 | 201 207 | 965 |
| 2006 | 43 720 | 6099 | 293 114 | 590 |
| 2007 | 40 504 | 1956 | 321 626 | 684 |

Quelle: Schäfer (2009, 45)

Tatsächlich ist das Gegenteil der Fall: 1-Euro-Jobs erhalten in der Regel die Hilfeempfänger, die sich darauf beworben haben. Deren Arbeitsbereitschaft steht aber gar nicht in Frage" (Schäfer 2009, 44). Dennoch bestätigt die obige Tabelle, dass per Saldo eine Ausdehnung der aktiven Arbeitsmarktpolitik nicht verantwortlich für die bis Ende 2008 günstigere Beschäftigungsentwicklung gemacht werden kann: „Die arbeitsmarktpolitischen Instrumente spielten angesichts der günstigen Arbeitsmarktentwicklung eine untergeordnete Rolle" (Otto 2009, 62).

- Erwerbspersonenpotenzial als Arbeitskräfteangebot: Summe aus Erwerbspersonen und stiller Reserve. Dabei sind in der Praxis verschiedene zeitliche Abgrenzungen und statistische Erfassungsfehler zu berücksichtigen.

Daraus folgt:

|   | Erwerbstätige |
|---|---|
| + | Erwerbslose |
| = | Erwerbspersonen |
| + | Stille Reserve |
| = | Erwerbspersonenpotenzial. |

**Kasten 2.2  Wirtschaftspolitische Anwendung: Strukturreformen am Arbeitsmarkt – Hartz-Gesetze & Co.**

Der frühere Vorstand von Volkswagen, Peter Hartz, hat wichtigen Strukturreformen des Arbeitsmarkts seinen Namen gegeben, weil er der Vorsitzende der von der Regierung eingesetzten Kommission „Moderne Dienstleistungen am Arbeitsmarkt" war (vgl. zum Folgenden Heinemann 2007). Die Kommission hatte im Sommer 2002 ihren Bericht zur Verbesserung der Arbeitsmarktpolitik vorgelegt. Auf dieser Basis und durch Empfehlungen weiterer Experten wurden im Bundestag vier Gesetze „für moderne Dienstleistungen am Arbeitsmarkt" – ‚Hartz I' bis ‚Hartz IV' – verabschiedet und sind zwischen Anfang 2003 und 2005 in Kraft getreten. Sie stehen tendenziell für einen forcierten Wechsel von einer passiv-fürsorgenden hin zu einer aktivierenden Sozial- und Arbeitsmarktpolitik. Hierdurch sollte die verfestigte Arbeitslosigkeit in Deutschland abgebaut und die Beschäftigungsintensität des Wachstums erhöht werden (vgl. Schneider/Eichhorst 2008, 11).

‚Hartz I' (in Kraft seit Anfang 2003):

- Einrichtung von so genannten Personal-Service-Agenturen zur Förderung der Zeitarbeit;
- Verschärfung der Zumutbarkeitsregeln bei Arbeitsplatzangeboten.

‚Hartz II' (in Kraft seit Anfang 2003):

- Einführung von Existenzgründungszuschüssen (‚Ich-AG', die zwischenzeitlich durch den ‚Gründungszuschuss' ersetzt worden ist);
- Umgestaltung der geringfügigen Beschäftigung (‚Mini'- und ‚Midi-Jobs').

‚Hartz III' (in Kraft seit Anfang 2004):

- Umbau der früheren ‚Bundesanstalt für Arbeit' zur ‚Bundesagentur für Arbeit', die eine stärkere Dienstleistungsorientierung bewirken und zur besseren Aktivierung der Arbeitslosen führen soll.

‚Hartz IV' (in Kraft seit Anfang 2005):

- Verkürzung der Bezugsdauer des Arbeitslosengeldes (seitdem Arbeitslosengeld I bzw. ‚ALG I') auf maximal ein Jahr bzw. 18 Monate für Arbeitslose über 55 Jahre. Das ALG I ist eine unabhängig von sonstigem Einkommen oder Vermögen gezahlte Versicherungsleistung der Bundesagentur für Arbeit.
- Zusammenlegung von statusabhängiger Arbeitslosenhilfe und der bedarfsgeprüften Sozialhilfe zum ‚Arbeitslosengeld II' für Menschen, die erwerbsfähig sind. Die Zahlung von ALG II ist eine steuerfinanzierte Sozialleistung und ist damit an eine Bedürftigkeitsprüfung geknüpft. Oberhalb bestimmter Freibeträge sind folglich nur erwerbsfähige Arbeitslose ohne anderes Einkommen oder Vermögen berechtigt.

Es sei hier auch auf die Akzeptanzprobleme und Widerstände gegen diese Aktivierungsstrategie verwiesen. „Von den Betroffenen wird die Aktivierung als Wohlfahrtsverlust empfunden, was sie gemessen am früheren Zustand auch ist. Darüber hinaus wird das Gerechtigkeitsempfinden verletzt, wenn beispielsweise ältere Arbeitnehmer realisieren müssen, dass ihnen Frühverrentungsmöglichkeiten vorenthalten werden, die Vorgängergenerationen noch zur Verfügung standen" (Schneider/Eichhorst 2008, 12; vgl. Eichhorst/Sesselmeier/Yollu-Tok 2008). Vergessen wird bei einer solchen Sichtweise, „dass die Referenz für soziale Gerechtigkeit nicht in einem sozialen Sicherungssystem bestehen kann, das mittel- und langfristig nicht überlebensfähig ist" (ebenda). Denn die Einführung dieser Reformen erfolgte gerade vor dem Hintergrund, dass viele wissenschaftliche Analysen das vorherige System angesichts etwa der Herausforderungen durch Globalisierung, zunehmende Bedeutung von Dienstleistungstätigkeiten, demografischen Wandel etc. als nicht zukunftsfähig ansahen. Künftig wäre daher ohne diese Reformen ein noch erheblich größerer Umsteuerungsbedarf mit noch geringerer gesellschaftlicher Akzeptanz erforderlich gewesen (vgl. zu einem ersten Zwischenstand der Evaluation von Hartz I-III den Überblick bei Funk 2007b, siehe zur Akzeptanzproblematik Yollu-Tok 2009).

Dennoch führte die infolge der Reformen resultierende Gerechtigkeitsdebatte unter anderem dazu, dass die Regierung nach und nach einige Reformen zur Aktivierung des Arbeitsmarkts wieder zurückgenommen hat. So wurde das ALG I für Ältere wieder auf 2 Jahre verlängert (vgl. Tabelle unten), zusätzliche Formen subventionierter Beschäftigung wurden eingeführt und die Zahl der von allgemeinverbindlichen Mindestlöhnen erfassten Branchen wurde über die Bauwirtschaft hinaus erhöht (Tab. 2.6).

Wie aber ist die wissenschaftliche Einschätzung des besonders strittigen Hartz IV-Reform? Zwischen 2004 und 2009 haben gesetzesbegleitend rund 100 Arbeitsmarktforscher aus renommierten Forschungsinstituten die Wirkungen dieser im Rahmen des Sozialgesetzbuchs II – SGB II – niedergeleg-

**Tab. 2.6** Maximale Bezugsdauer des Arbeitslosengelds I in Monaten für Empfänger ab ... Jahren

| Zeitraum der Gültigkeit | Alter | | | | | | | | | |
|---|---|---|---|---|---|---|---|---|---|---|
| | 42 | 44 | 45 | 47 | 49 | 50 | 52 | 54 | 55 | 57 | 58 |
| bis 1985 | 12 | 12 | 12 | 12 | 12 | 12 | 12 | 12 | 12 | 12 |
| 1985 | 12 | 12 | 12 | 12 | 18 | 18 | 18 | 18 | 18 | 18 |
| 1986 bis 1987 | 12 | 16 | 16 | 16 | 20 | 20 | 20 | 24 | 24 | 24 |
| 1987 bis 1997 | 18 | 20 | 20 | 20 | 26 | 26 | 26 | 32 | 32 | 32 |
| 1997 bis 2006 | 12 | 12 | 18 | 22 | 22 | 22 | 26 | 26 | 26 | 32 | 32 |
| 2006 bis 2007 | 12 | 12 | 12 | 12 | 12 | 12 | 12 | 18 | 18 | 18 |
| ab 2008 | 12 | 12 | 12 | 12 | 12 | 15 | 15 | 15 | 18 | 18 | 24 |

Quelle: Schäfer (2009, 30)

ten Reform evaluiert und damit „einen wichtigen Beitrag zur Versachlichung der kontroversen Debatte um die größte Arbeitsmarktreform in der bundesdeutschen Geschichte geleistet" (Walwei/Koch 2009). Zentrale Befunde sind unter anderem (vgl. auch Walwei/Koch 2009):

- dass die äußerst kontrovers diskutierten Effekte auf die Armutsquote durch das ALG II insgesamt nur niedrig waren, auch wenn es – politisch gewollt und aus ökonomischen Anreizgesichtspunkten großteils erforderlich – finanzielle Verlierer besonders unter den früheren Arbeitslosenhilfeempfängern gab. Materielle Gewinner waren aber viele ehemalige Sozialhilfeempfänger und verdeckt Arme, die nun finanziell besser gestellt sind.
- der ebenfalls sehr umstrittene Aktivierungseinsatz hat mit zu den ökonomisch notwendigen Verhaltensänderungen wie einer höheren Konzessionsbereitschaft der Arbeitslosen beigetragen, was auch in einer höheren Beschäftigung dieser Gruppen mündete. So nahm die Zahl der ALG-II-Bezieher ohne Beschäftigung von November 2007 bis November 2008 um rund 260 000 oder gut 11% auf 2,1 Mio. deutlich ab (vgl. Schäfer 2009, 12).
- die im Wesentlichen aus der Arbeitslosenversicherung auch für die ALG II-Empfänger übernommenen arbeitsmarktpolitischen Maßnahmen erweisen sich als durchaus wirksam, wenngleich hier auch zu differenzieren ist. „Den arbeitsmarktnäheren unter den Arbeitslosengeld-II-Beziehern kann mit Lohnkostenzuschüssen oder betrieblichen Trainingsmaßnahmen durchaus zu einem neuen Beschäftigungsverhältnis verholfen werden, und sie können sich damit nicht selten ganz aus dem Leistungsbezug befreien" (Walwei/Koch 2009). Allerdings wurde auch deutlich, dass recht häufig vielfältige zusätzliche Hilfen erforderlich sein können, da die Probleme dieser Gruppen außer in geringen Qualifikationen, in mangelnden Arbeitsanreizen, im Verlust grundlegender sozialer Kompetenzen wie der Fähigkeit, pünktlich bei der Arbeit zu erscheinen, und auch in für die Beschäftigung schwierigen Lebensumständen (Entmutigung, fehlende Kinderbetreuung, Schulden- oder Suchtprobleme etc.) liegen.
- Da Betreuung vor allem dann wirkt, wenn sie auf den Einzelnen abgestimmt ist, stellt sich derzeit die Frage, welche Organisationsform am ehesten für die Betreuung im SGB II geeignet ist. Dabei geht es vor allem um den Vergleich der Erfolge der ‚Argen' – Arbeitsgemeinschaften aus Arbeitsagenturen und kommunalen Stellen – mit denen der 69 Optionskommunen, die ihre ALG-II-Empfänger ohne Beteiligung der Arbeitsagenturen in den Arbeitsmarkt integrieren. Da nach den Forschungsbefunden vor allem die individuelle Betreuung noch nicht oft genug gelingt, konstatieren Walwei/Koch (2009): „Bei allen Modellen der Aufgabenwahrnehmung gibt es noch viel Luft nach oben." Hier wird es allein deswegen zu weiteren Reformen kommen, da dem Gesetzgeber richterlich aufgetragen ist, bis Ende 2010 die Organisationsformen stärker zu vereinheitlichen.

## 2.1 Das empirische Erscheinungsbild des deutschen Arbeitsmarkts

Das entsprechende Pendant der Arbeitsnachfrageseite ist der Bedarf an Arbeitskräften, der sich aus der Summe von Erwerbstätigen und offenen Stellen ergibt. Die folgende Übersicht stellt die wichtigsten Zusammenhänge mit den Zahlen für das Jahr 2007 noch einmal dar. Ausgangspunkt sind dabei alle Personen im erwerbsfähigen Alter zwischen 15 und 65 Jahren: das so genannte Erwerbspersonenpotenzial von knapp 55 Mio. Menschen. Faktisch steht dem Arbeitsmarkt aber nur ein Teil hiervon zur Verfügung – etwa 44,5 Mio., da die übrigen sich noch in Ausbildung befinden, bereits in Rente gegangen sind oder zum Beispiel aus familiären oder Gesundheitsgründen nicht dem Arbeitsangebot zuzurechnen sind. Neben den Erwerbspersonen (rd. 43,3 Mio.) beträgt die geschätzte Stille Reserve etwa 1,2 bis 1,4 Mio. Die letztgenannten Personen stehen zwar prinzipiell auch dem Arbeitsmarkt zur Verfügung, sind aber dennoch weder als erwerbstätig (rd. 39,8 Mio.) noch als erwerbslos (rd. 3,6 Mio.) erfasst. Aber: „Die Existenz der ‚stillen Reserve' wird immer dann deutlich, wenn bei zunehmender Nachfrage nach Arbeitskräften die Arbeitslosigkeit weniger sinkt als die Beschäftigungszahl steigt!" (Heise 2005, 151). Die Zahl der Erwerbstätigen umfasste 2007 ca. 39,8 Mio., die sich aus rd. 35,3 Mio. abhängig Beschäftigten und 4,5 Mio. Selbstständigen zusammensetzen.

Die Arbeitskräftenachfrage speiste sich 2007 aus etwa 39,8 Mio. besetzten Stellen und rd. 0,62 Mio. bei den Arbeitsagenturen gemeldeten offenen Stellen. Die tatsächliche Anzahl offener Stellen lässt sich hingegen nur schätzen. Dies geschieht mit dem so genannten Einschaltungsgrad, der das Verhältnis der über die Arbeitsagenturen vermittelten Stellen zu allen neu besetzten Stellen angibt. Der mit der Konjunktur und den Vermittlungsbemühungen bzw. den damit verbundenen, von den Arbeitgebern erwarteten Erfolgen schwankende Einschaltungsgrad lag 1989 bei etwa 40% und wurde danach zunächst eher etwas niedriger eingeschätzt (vgl. Winker 2007, 77 f) und stieg dann wieder an. Im Jahr 2007 dürften den etwa 3,6 Mio. erwerbslosen Arbeitssuchenden etwa schätzungsweise 1,2 Mio. tatsächlich offene Stellen gegenüber gestanden haben (vgl. Schäfer 2009, 8). Die Abb. 2.1 fasst die Zusammenhänge noch einmal schematisch zusammen.

Aus ökonomischer Perspektive lassen sich demnach Arbeitsangebot und Arbeitsnachfrage folgendermaßen definieren (vgl. Weise u. a. 2005, 370, 378), wobei die Begriffe einmal entweder enger (nur abhängige Beschäftigte) und einmal weiter gefasst werden (alle Erwerbstätige):

- Arbeitsangebot = (abhängig) Erwerbstätige + arbeitslose Arbeitssuchende (davon ein großer – nur schwer exakt messbarer – Teil von registrierten Arbeitslosen, der kurzfristig Arbeit sucht, plus die Stille Reserve) bzw. Erwerbslose
- Arbeitsnachfrage = (abhängig) Erwerbstätige + den Arbeitsagenturen gemeldete offene Stellen + sonstige offene Stellen

Um die jeweilige Arbeitsmarktsituation analysieren zu können und Maßnahmen zur Bekämpfung von Erwerbs- und Arbeitslosigkeit in Bezug auf ihre Wirksamkeit zu prüfen, sind historische wie auch aktuelle statistische Angaben, die nach relevanten Merkmalen gegliedert sind, eine wichtige Voraussetzung. Aufgrund der unterschiedlichen Zeitreihen und der wegen der verschiedenen Gesellschaftssysteme kaum möglichen Vergleichbarkeit wird bis 1990 in der nun sehr gerafften Darstellung nur

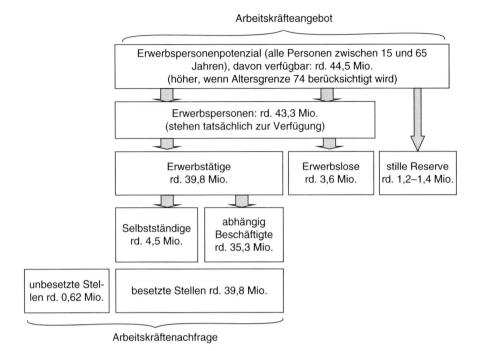

**Abb. 2.1** Schematischer Überblick zu Arbeitsangebot und -nachfrage in Deutschland im Jahr 2007. (Quelle: Eigene Erstellung in Anlehnung an BA 2006a, 13; SVR 2008, 269 – Zahlen gerundet)

die langfristige Entwicklung des westdeutschen Arbeitsmarkts aufgezeigt. Ab 1991 sind die Zahlen von Deutschland insgesamt der Bezugsrahmen.

Mit dem ersten Ölpreisschock 1973 bis 1975 folgte der Einbruch bei den Erwerbstätigenzahlen. Die Anzahl der Erwerbspersonen blieb bis Anfang der 1980er Jahre hingegen relativ konstant. Seit 1976 stieg die Zahl der Erwerbspersonen in Westdeutschland um rund vier Millionen Personen an, während der Anstieg der Erwerbstätigenzahl um etwa 1,5 Mio. dahinter zurück blieb. Die starke Zunahme des Arbeitskräfteangebots – nicht aber der Arbeitslosigkeit – in den 1980er Jahren kann sowohl mit demografischen Faktoren als auch mit einem veränderten Erwerbsverhalten erklärt werden (vgl. Knappe 1997, 507 ff und umfassend als Gesamtüberblick Althammer 2002).

Die demografische Entwicklung in Westdeutschland und die Anzahl der Zuwanderungen in das Bundesgebiet haben einen Anstieg der Wohnbevölkerung im erwerbsfähigen Alter verursacht. Zum einen sind im Laufe der 1980er Jahre die geburtenstarken Jahrgänge in den Arbeitsmarkt eingetreten, zum anderen sind die ausgehenden 1980er und die beginnenden 1990er Jahre durch millionenfache Zuwanderung von Aus- und Übersiedlern sowie von Ausländern gekennzeichnet.

Aber selbst bei einer konstanten erwerbsfähigen Bevölkerung führen Verhaltensänderungen zu Variationen des Arbeitsangebots. In Westdeutschland hat sich einerseits durch verlängerte Schul- und Ausbildungszeiten sowie frühere Renteneintritte das Arbeitsangebot trendmäßig verringert. Andererseits resultiert ein nicht unbeträchtlicher Gegeneffekt aus der im Trend gestiegenen Frauenerwerbsbeteiligung. Frauen bilden auch den größten Anteil an der Stillen Reserve, die bei verbesserter Wirtschaftslage wieder auf den Arbeitsmarkt strömt. In Westdeutschland traten zwischen 1979 und 1989 „zusätzlich 924 000 Frauen mehr auf den Arbeitsmarkt, während längere Ausbildungszeiten und frühere Verrentung bei den Männern die Erwerbsbeteiligung senkte und zu 290 000 Erwerbstätigen weniger führte" (Rudolph 1992, 150). Zunächst werden nun wichtige Arbeitsmarkttrends nach der Wiedervereinigung bis etwa zur Mitte dieses Jahrzehnts als eine Art Zäsur beschrieben, da sich die Arbeitsmarktperformanz in der Folgezeit bis Ende 2008 grundlegend verbessert hat, wie dann im Anschluss herausgearbeitet wird.

Die Differenz aus Erwerbspersonen und Erwerbstätigen ergibt, wie erläutert, die Zahl der Erwerbslosen, die von der Zahl der registrierten Arbeitslosen zu unterscheiden ist (vgl. zu den folgenden Abschnitten Statistisches Bundesamt 2006, 85 ff). Durch die Wiedervereinigung kam es 1991 in der Bundesrepublik Deutschland zu einem schubartigen Anstieg der Erwerbspersonen, auf rund 40,6 Mio., von denen knapp 2 Mio. erwerbslos waren (Erwerbslosenquote = 4,9%). Im Jahr 2005 zeigte sich mit 42,6 Mio. Erwerbspersonen eine deutliche Zunahme dieser Zahl im Vergleich zu 1991 bei einer nur leichten Erhöhung der Zahl der Erwerbstätigen um 8 000 Personen. Entsprechend hatte der Bestand an Erwerbslosen um gut 1,9 Mio. zugenommen. Lebten 1991 noch rund 44,5% der Bewohner in Deutschland von ihrer eigenen Erwerbstätigkeit, so waren es 2004 nur noch gut 39%. Dies ist jedoch nicht nur Folge der höheren Erwerbs- bzw. Arbeitslosigkeit, sondern auch bedingt durch eine Verschiebung der Altersstruktur. Zwischen 1991 und 2004 ist vor allem der Anteil derjenigen Personen in Deutschland, die Renten oder Pensionen beziehen, um rund 4,5 Prozentpunkte auf etwa 23% gestiegen. Auch hier zeigen sich demografische Faktoren, die als wesentliches Element zwar mitberücksichtigt werden müssen. Es wäre jedoch missverständlich, hierin die alleinige Ursache dieser Entwicklung zu sehen. Denn gleichzeitig sind parallel Frühverrentung und Vorruhestand vor Erreichen des Regelrentenalters erheblich forciert worden (vgl. Funk 2004).

Im Ergebnis ist sogar die Erwerbsquote als Anteil der Erwerbspersonen an der Gesamtbevölkerung leicht gesunken, die 2004 mit 48,5% 0,8 Prozentpunkte niedriger als 1991 lag. Diese Entwicklung ging einher mit einer stärkeren weiblichen Beteiligung am Erwerbsleben. Die Erwerbsquote der Frauen war 2004 mit 42,3% – bei jeweils deutlichen Unterschieden je nach Altersgruppe – um rund 2 Prozentpunkte höher als Anfang der 1990er Jahre, die der Männer fiel parallel von ca. 59 auf rund 55%. Grundsätzlich lag dabei der Anteil der Erwerbspersonen unter den Frauen in den neuen Ländern und Berlin-Ost – in allen Altersgruppen – deutlich höher als in den alten Bundesländern, während die Erwerbsbeteiligung der Männer im Osten mit 57% Mitte des Jahrzehnts kaum höher war als im Westen mit knapp 55%. Zwischen 2004 und 2007 hat sich allerdings die Erwerbstätigkeit in Deutschland aufgrund einer erheblich verbesserten Arbeitsmarktlage deutlich erholt, wie Tab. 2.7 zeigt. Die Erwerbstätigkeit ist um annähernd eine Million gestiegen und hat im Juli 2008 sogar einen Spitzenwert von 40,3 Mio. erreicht. Als Folge der

**Tab. 2.7** Entwicklung der Erwerbstätigen in Tausend in Deutschland

| | Westdeutschland | Ostdeutschland | Insgesamt |
|---|---|---|---|
| 1970 | 26 589 | | |
| 1975 | 26 248 | | |
| 1980 | 27 420 | | |
| 1985 | 27 608 | | |
| 1990 | 30 409 | | |
| 1991 | 31 261 | 7 360 | 38 621 |
| 1992 | 31 559 | 6 500 | 38 059 |
| 1993 | 31 215 | 6 340 | 37 555 |
| 1994 | 31 030 | 6 486 | 37 516 |
| 1995 | 30 994 | 6 607 | 37 601 |
| 1996 | 30 950 | 6 548 | 37 498 |
| 1997 | 31 002 | 6 461 | 37 463 |
| 1998 | 31 440 | 6 471 | 37 911 |
| 1999 | 31 941 | 6 483 | 38 424 |
| 2000 | 32 704 | 6 440 | 39 144 |
| 2001 | 32 975 | 6 341 | 39 316 |
| 2002 | 32 856 | 6 240 | 39 096 |
| 2003 | 32 561 | 6 165 | 38 726 |
| 2004 | 32 704 | 6 176 | 38 880 |
| 2005 | 32 718 | 6 128 | 38 846 |
| 2006 | 32 921 | 6 167 | 39 088 |
| 2007 | 33 485 | 6 283 | 39 768 |

Quelle: Schäfer (2009, S. 5 f) basierend auf Ursprungsdaten des Statistischen Bundesamts und des Arbeitskreis „Erwerbstätigenrechnung des Bundes und der Länder"; 1991 bis 2006: Berlin nach früherer Verteilung West- bzw. Ostdeutschland zugeordnet

gesamtwirtschaftlichen Wirkungen der Finanzkrise dürfte dieser Wert jedoch wieder nennenswert unterschritten werden.

Bezogen auf die Erwerbstätigkeit nach Wirtschaftsbereichen kam es im beständigen Strukturwandel seit Anfang der 1950er Jahre zu wesentlichen Verschiebungen (vgl. Beckert 2007, 458 f; IW 2008; Sesselmeier 2008). Während in der Hochphase der Industriegesellschaft zwischen der zweiten Hälfte des 19. Jahrhunderts bis etwa 1960 der Produktions- oder Sekundärsektor volkswirtschaftlich und für die Beschäftigung der wichtigste Bereich der Wirtschaft war, hat er seitdem deutlich an Bedeutung verloren. Auch im industriestarken Deutschland verlor er in Bezug auf die Beschäftigung seit den 1970er Jahren an Bedeutung, wenn auch weniger als etwa in den USA oder in Großbritannien. Seitdem spielen Dienstleistungen des Tertiärbereichs für die Beschäftigung die bei Weitem wichtigste Rolle, wie Tab. 2.8 verdeutlicht. Der Primärsektor, also vor allem die Landwirtschaft, in dem noch 1950 mehr als jeder fünfte Erwerbstätige gearbeitet hat, spielt in Deutschland wie in allen hochindustrialisierten Ländern heute nur noch eine sehr untergeordnete Rolle für die Beschäftigung.

Eine statistische Untergliederung nach Tätigkeitsbereichen statt sektoral, würde eine noch um mehr als zehn Prozentpunkte höhere Dienstleistungsbeschäftigung in Deutschland ausweisen als in der Tabelle, da auch im Produzierenden Gewer-

**Tab. 2.8** Erwerbstätige in Deutschland nach Wirtschaftsbereichen zwischen 1950 und 2005 im Vergleich

| Sektoren | Jahr | | | |
|---|---|---|---|---|
| | 1950 | 1970 | 1991 | 2005 |
| Primärer Sektor | 22,1 | 9,1 | 4,2 | 2,3 |
| Sekundärer Sektor | 44,7 | 49,4 | 41,0 | 36,2 |
| Tertiärer Sektor | 33,2 | 41,5 | 54,8 | 71,5 |

Quelle: Statistisches Bundesamt (2006, 92) und Bach u. a. (2009b, 47); 1950, 1970 = früheres Bundesgebiet; 2004 = wiedervereinigtes Deutschland

be vielfältige Dienstleistungstätigkeiten wie Büroarbeiten oder Wartungsarbeiten anfallen, die jedoch in der Tabelle dem Sekundärsektor zugerechnet werden. Der sich historisch zeigende Prozess der Tertiarisierung, der sich auch künftig fortsetzen wird (vgl. Bach u. a. 2009b, 47 f), verändert die Arbeitswelt erheblich, weil im nach Qualifikationsanforderungen sehr differenzierten Dienstleistungsbereich oft andere Qualifikationen (etwa kommunikativer Art) verlangt werden und die Arbeitstätigkeiten häufig anders als in der Industrie organisiert sind.

Im Gefolge dieses Wandels haben sich auch viele Berufe und Berufsbereiche und die Struktur der Erwerbstätigen nach der Stellung im Beruf in der Periode seit 1950 deutlich verändert, wie Tab. 2.9 aufzeigt.

Besonders auffällig sind die Verdreifachung des Anteils der Angestellten auf rund 51% im Jahr 2004 und der gravierende Rückgang des Anteils der mithelfenden Familienangehörigen und der Selbstständigen sowie der Arbeiter. Die Bedeutungsabnahme der letzteren dürfte sich vor allem aus geänderten Produktions- und Fertigungsverfahren ergeben haben. Die anderen Faktoren hängen mit dem sektoralen Strukturwandel zusammen: „So stehen dem expandierenden Dienstleistungssektor mit seinem hohen Anteil an Angestellten schrumpfende Branchen wie die Landwirtschaft gegenüber, die sich durch einen hohen Anteil an Selbstständigen und mithelfenden Familienangehörigen auszeichnet" (Statistisches Bundesamt 2006, 94). Darüber hinaus ist zu beachten, dass der Anteil der Selbstständigen nach einem erheblichen Rückgang zwischen Ende der 1950er und Ende der 1980er erst seit der Wiedervereinigung wieder an Bedeutung gewonnen hat – vor allem durch die zunehmende Zahl der Selbstständigen ohne abhängig Beschäftigte (vgl. auch Kasten 2.3).

**Tab. 2.9** Erwerbstätige nach Stellung im Beruf im früheren Bundesgebiet in Prozent

| Stellung im Beruf | Jahr | |
|---|---|---|
| | 1950 | 2004 |
| Angestellte | 16,5 | 51,2 |
| Arbeiter | 48,8 | 29,9 |
| Selbstständige | 15,6 | 11,0 |
| Beamte | 4,1 | 6,6 |
| Mithelfende Familienangehörige | 14,9 | 1,3 |

Quelle: Statistisches Bundesamt (2006, 94)

**Kasten 2.3 Wirtschaftspolitische Anwendung: Wandel der Erwerbsformen vor 2005 und danach**

Im Hinblick auf die Effekte des Wandels der Erwerbsformen hin zu flexibleren Beschäftigungsverhältnissen wie Teilzeit, Zeitarbeit, befristete Zeitarbeit und Selbstständigkeit und zu Lasten des Normalarbeitsverhältnisses (sozialversicherungspflichtige Vollzeitbeschäftigung) erweist sich das Jahr 2005 als eine gewisse Zäsur. Man musste für den Wandel der Erwerbsformen bis zu diesem Zeitpunkt daher konstatieren: „Die Zusatzbeschäftigungseffekte halten sich in engen Grenzen" (Walwei 2006).
Denn während die flexiblen Beschäftigungsformen zwischen 1994 und 2004 erheblich an Gewicht gewannen (Anstieg der Zahl der Teilzeitbeschäftigten um 4,5 Mio., der Selbstständigen um 500 000, der Zeitarbeitnehmer um rund 300 000 und der befristet Beschäftigten um knapp 200 000.), hatte das Normalarbeitsverhältnis deutlich an Gewicht verloren. Die Zahl der Vollzeitbeschäftigten sank um 2,7 Mio. auf 23,7 Mio. Ulrich Walwei stellte weiter fest: „Besonders dramatisch ist die Talfahrt der sozialversicherungspflichtigen Beschäftigung. Seit der Wiedervereinigung hat sie um ein Achtel abgenommen, während die Gesamtzahl der Erwerbstätigen in etwa gleich geblieben ist." Das Institut der deutschen Wirtschaft Köln ergänzt: „Allein zwischen 2001 und 2005 wurden über 1,6 Mio. sozialversicherungspflichtige Jobs gestrichen. Die Zahl der Erwerbstätigen sank dagegen nur um knapp 700 000, weil die geringfügige Beschäftigung gestiegen ist (vgl. Schäfer 2009, 15).
Hierfür gab es Ursachen, die im Strukturwandel lagen, etwa die steigende Bedeutung von Dienstleistungsbeschäftigung, die oft einen flexibleren Arbeitseinsatz erfordert sowie heterogenere Präferenzen der Beschäftigten, etwa aufgrund der gestiegenen Frauenerwerbsbeteiligung (vgl. hierzu ausführlich IW 2008). Es gab aber auch regulatorische Gründe: „Die Politik hat zum Wandel der Erwerbsformen beigetragen, da sie einerseits das Standardarbeitsverhältnis bewahren wollte, andererseits aber die von den Unternehmen gewünschte höhere Flexibilität durch mehr Vielfalt bei den Erwerbsformen zugelassen hat" (Walwei 2006).
Zwischen 2005 und 2007/2008 haben sich die Fakten allerdings deutlich gewandelt: Nicht nur die Erwerbstätigkeit, sondern ebenfalls die sozialversicherungspflichtige Beschäftigung ist deutlich gestiegen, wie die folgende Tab. 2.10 verdeutlicht. Demnach sind zwischen März 2006 und März 2008 rund 1,3 Mio. zusätzliche sozialversicherungspflichtige Beschäftigungsverhältnisse entstanden, von denen rund 800 000 Vollzeitarbeitsplätze sind, während im Aufschwung 1999/2000 fast ausschließlich zusätzliche Teilzeitjobs, vor allem geringfügiger Art, entstanden sind.
Letztlich ist die Beschäftigungsintensität des Wirtschaftswachstums in den Jahren 2006/2007 mit 2,2% wesentlich größer gewesen als 1999/2000 mit 1,2% (Bach u. a. 2007, 37). Die beiden IAB-Forscher fassen zusammen: „Die

## 2.1 Das empirische Erscheinungsbild des deutschen Arbeitsmarkts

**Tab. 2.10** Änderung der sozialversicherungspflichtigen Beschäftigten in 1000 zwischen 2005 und 2008

|  | Vollzeit | Teilzeit | Insgesamt |
|---|---|---|---|
| März 2005 | 21 688 | 4 300 | 25 988 |
| Juni 2005 | 21 802 | 4 365 | 26 167 |
| September 2005 | 22 174 | 4 381 | 26 555 |
| Dezember 2005 | 21 784 | 4 410 | 26 194 |
| März 2006 | 21 494 | 4 432 | 25 926 |
| Juni 2006 | 21 815 | 4 530 | 26 345 |
| September 2006 | 22 292 | 4 568 | 26 860 |
| Dezember 2006 | 22 007 | 4 618 | 26 625 |
| März 2007 | 21 925 | 4 667 | 26 592 |
| Juni 2007 | 22 070 | 4 773 | 26 855 |
| September 2007 | 22 581 | 4 834 | 27 427 |
| Dezember 2007 | 22 352 | 4 861 | 27 224 |
| März 2008 | 22 304 | 4 909 | 27 225 |

Quelle: Schäfer (2009, 16), basierend auf Daten der Bundesagentur für Arbeit

Schwelle, ab der mehr Beschäftigung entsteht, ist offensichtlich gesunken. Zum einen dürfte das Vertrauen in einen nachhaltigen Wirtschaftsaufschwung heute größer als in den Jahren 1999/2000 sein. Dazu haben die moderate Tarifpolitik der vergangenen Jahre sowie Flexibilisierungen und Deregulierungen beigetragen. Zum anderen sind offene Stellen heute leichter zu besetzen, weil die Arbeitslosen infolge der Arbeitsmarktreformen stärker gefordert werden. Sie müssen sich intensiver um einen Job bemühen und machen bei der Einstellung auch mehr Zugeständnisse an den Arbeitgeber" (Bach u. a. 2007, 37).

Zwischen 2004 und 2008 hat sich die Zeitarbeit auf knapp 795 000 im Jahresdurchschnitt annähernd von knapp 400 000 verdoppelt (vgl. Tab. 2.11). Ihr Anteil an allen Beschäftigten ist seitdem von knapp 1 auf rund 2% gestiegen, hat also an Bedeutung gewonnen. Er ist jedoch im internationalen Vergleich nach wie vor gering. Gerade im Aufschwung nach 2005 hat die Zeitarbeit insbesondere bei der Vollzeit erheblich zur Gesamtentwicklung der Beschäftigung beigetragen, allerdings mit abnehmender Tendenz. Insgesamt sind knapp ein Viertel der neu geschaffenen Arbeitsplätze Zeitarbeitsstellen (vgl. Schäfer 2009, 18).

Die Einordnung von Zeit- bzw. Leiharbeit als Erwerbsform bleibt jedoch nicht unumstritten. Während die eine Seite betont, dass Leiharbeit zunehmend den Charakter eines Normalarbeitsverhältnisses habe, weil für Zeitarbeitnehmer im Prinzip die gleichen Bedingungen wie für Arbeitnehmer anderer Branchen gelten würden (vgl. Schäfer 2009, 18 f), stellt die andere Seite die existierenden Differenzen der Zeitarbeiter zum traditionellen Normalarbeitsverhältnis in den Vordergrund, auch wenn diese sozialversichert sind und im

**Tab. 2.11** Entwicklung der Zahl der Zeitarbeitnehmer

| Jahr | Zahl | Jahr | Zahl |
|------|------|------|------|
| 1973 | 34 379 | 1991 | 133 734 |
| 1974 | 19 380 | 1992 | 140 579 |
| 1975 | 11 805 | 1993 | 121 400 |
| 1976 | 16 858 | 1994 | 138 451 |
| 1977 | 21 186 | 1995 | 176 185 |
| 1978 | 26 408 | 1996 | 177 935 |
| 1979 | 36 318 | 1997 | 212 664 |
| 1980 | 47 021 | 1998 | 252 895 |
| 1981 | 43 058 | 1999 | 286 394 |
| 1982 | 29 117 | 2000 | 339 022 |
| 1983 | 25 702 | 2001 | 357 264 |
| 1984 | 32 976 | 2002 | 326 295 |
| 1985 | 48 707 | 2003 | 327 331 |
| 1986 | 70 376 | 2004 | 399 789 |
| 1987 | 73 083 | 2005 | 453 389 |
| 1988 | 87 743 | 2006 | 598 284 |
| 1989 | 104 930 | 2007 | 731 152 |
| 1990 | 123 378 | 2008 | 794 363 |

Quelle: Schäfer (2009, 19 f.) basierend auf Daten der Bundesagentur für Arbeit; Stand jeweils Juni; bis 1990 nur Westdeutschland

Prinzip den gleichen arbeitsrechtlichen Mindestbestimmungen unterliegen: „Leiharbeiter sind bei Entleihbetrieben beschäftigt und unterliegen den meist günstigeren Tarifverträgen der Entleihbetriebe. Betriebliche Zusatzleistungen, die für die Stammbelegschaft gelten, wie Urlaubs- und Weihnachtsgeld oder eine betriebliche Altersversorgung, müssen dementsprechend nicht gezahlt werden" (Bellmann/Fischer/Hohendanner 2009, 380). Allerdings ist auch zugunsten dieser Beschäftigungsform unter anderem zu berücksichtigen: „Die Mehrheit der Leiharbeitnehmer war vor Aufnahme der Tätigkeit bis zu einem Jahr nicht beschäftigt" (Bellmann/Fischer/Hohendanner 2009, 380). Ähnliche Gründe wie bei Leiharbeit werden zur Erklärung der Ausweitung der geringfügig Beschäftigten auf rund 7 Mio. im Jahr 2008 (4,8 Mio. davon nur geringfügig entlohnt; vgl. SVR 2008, 269) angeführt, etwa da die proportionalen Arbeitskosten pro Stunde geringer ausfallen als bei sozialversicherungspflichtig Beschäftigten oder kurzfristiger Personalbedarf (vgl. Bellmann/Fischer/Hohendanner 2009, 380).

Auch die oft als atypisch eingeordnete Beschäftigungsform ‚befristeter Arbeitsvertrag' hatte lange Zeit einen relativ stabilen, wenn auch antizyklisch schwankenden, Anteil am Bestand aller Arbeitnehmer (vgl. Bach/Spitznagel 2007, 39). Relativierend war aber schon immer zu dieser Beschäftigungsform zu sagen: „Die Frage, wie viele der befristeten Arbeitsverhältnisse ‚prekär' sind oder eine Brückenfunktion erfüllen, ist allerdings nicht zu beantworten"

(ebenda). Denn einmal sind vor allem Berufsanfänger betroffen, zum anderen gerade die höher Qualifizierten. Ende der 1990er Jahre waren rund 40% der befristet Beschäftigten ein Jahr später in einer unbefristeten Anstellung beim selben oder einem anderen Arbeitgeber zu finden (vgl. Bach/Spitznagel 2007, 39). Der Anteil befristeter Neueinstellung an allen Einstellungen hat sich bis 2006 auf 43% erhöht, gleichzeitig ist die Übernahmequote jedoch auf 45% im selben Betrieb gestiegen, was positiv einzuschätzen ist (Bellmann/Fischer/ Hohendanner 2009, 380).
Neben dem Wandel der Erwerbsformen trägt auch die durch Einstellungen und Entlassungen bedingte Fluktuation zur Dynamik auf dem Arbeitsmarkt bei. Vor 2005 zeigte der deutsche Arbeitsmarkt einen Rückgang der Bewegungen durch Personaleinstellungen und –abgänge. Danach stieg die Arbeitsmarktdynamik jedoch wieder bis Ende 2008 in gesamtwirtschaftlich wünschenswerter Weise. „Zum einen ist das Mehr an Bewegung nicht durch ein Mehr an Abgängen entstanden, sondern durch höhere Einstellungsraten. Zum anderen hat bei den Abgängen der Anteil von Kündigungen seitens der Arbeitnehmer und damit die freiwillige Mobilität zugenommen" (Bellmann/Fischer/Hohendanner 2009, 361 und den gesamten Beitrag zu dieser Thematik sowie für die Grundbegriffe zur Arbeitsmarktdynamik Koch/Czogalla/Ehret 2008, 291).

Weitere bereits angesprochene Indikatoren, die jedoch besonders im Blickpunkt der Öffentlichkeit stehen und daher hier nochmals genauer betrachtet werden sollen, sind Zahl und Quote der registrierten Arbeitslosen. Die Gründe hierfür liegen auf der Hand (vgl. Klump 2006, 258 f; Statistisches Bundesamt 2006, 96 f):

- Arbeitslosigkeit ist für die Betroffenen ein schwer wiegendes persönliches Problem. Die Arbeitslosen müssen deutlich fühlbare Einkommensausfälle hinnehmen. Während produktive Arbeit Selbstbestätigung und die Möglichkeit zu persönlicher Entfaltung bietet, schließt Arbeitslosigkeit Individuen faktisch von ökonomischen und gesellschaftlichen Entscheidungsprozessen aus.
  - Unter Effizienzgesichtspunkten bedeutet Arbeitslosigkeit eine Verschwendung der volkswirtschaftlichen Ressource Arbeit. Die Finanzlage der öffentlichen Haushalte verschlechtert sich durch geringere Einnahmen und höhere Ausgaben. Nach Schätzungen des Instituts für Arbeitsmarkt- und Berufsforschung verursachte die Arbeitslosigkeit 2004 gesamtfiskalische Kosten von rund 92 Mrd. Euro, die sich auch bei der verbesserten Arbeitsmarktlage 2007 noch auf knapp 68 Mrd. Euro beliefen (Bach/Spitznagel 2008, 4). Hiervon waren 52% Ausgaben, in erster Linie für Arbeitslosengeld I und Arbeitslosengeld II und 48% resultierten aus Mindereinnahmen vorwiegend bei Steuern und Sozialbeiträgen (vgl. Bach/Spitznagel 2008, 1). Zudem entsteht auch volkswirtschaftlicher Schaden durch die Inaktivität der Betroffenen, wie das Institut der deutschen Wirtschaft Köln betont: „Würden alle Arbeitslosen mit durchschnittlicher Wertschöpfung arbeiten,

könnte das Bruttoinlandsprodukt um rund 250 Mrd. Euro höher sein. Dazu kommt ein nicht zu quantifizierender Schaden durch Humankapitalverluste", da vor allem Langzeitarbeitslose, die mehr als ein Jahr registriert arbeitslos sind, verlieren nach und nach ihre berufsspezifischen Fähigkeiten (vgl. Schäfer 2009, 21).
- Arbeitslosigkeit ist auch ansonsten eine große gesellschaftliche Herausforderung durch ihre sozialen und politischen Wirkungen. Wachsende Ungleichheit der personellen Einkommensverteilung kann Folge des durch sie bedingten Einkommensausfalls sein, die politische Stabilität eines Lands kann möglicherweise leiden, wie etwa im Gefolge der Weltwirtschaftskrise Ende der 1920er Jahre.

Tabelle 2.12 verdeutlicht grob die Entwicklung der Arbeitslosenquote in Deutschland seit 1950 und stellt ihr die Zahl der offenen Stellen gegenüber (vgl. zur Deutung der Lage seit dieser Zeit auch Schmid 2006, 184 ff und ab Anfang der 1960er Jahre Hinrichs/Schäfer 2006). Denn Vollbeschäftigung ist in der Realität nicht mit völliger Beseitigung von Arbeitslosigkeit gleichzusetzen, da stellenwechselbedingte und saisonale Arbeitslosigkeit nie ganz vermeidbar sind. Daher wird üblicherweise – außerhalb von einfachsten modelltheoretischen Betrachtungen – von einem

**Tab. 2.12** Registrierte Arbeitslose, offene Stellen und Arbeitslosenquoten in Westdeutschland 1950 bis 1990 und in Deutschland 1991 bis 2007

| Jahresdurchschnitt | Registrierte Arbeitslose | Offene Stellen | Arbeitslosenquoten |
|---|---|---|---|
| | 1 000 | | |
| 1950 | 1 868,5 | 118,5 | 11,0 |
| 1960 | 270,7 | 465,1 | 1,3 |
| 1970 | 148,8 | 794,8 | 0,7 |
| 1980 | 888,9 | 308,3 | 3,8 |
| 1990 | 1 883,1 | 313,6 | 7,2 |
| 1991 | 2 602,2 | 362,8 | 7,3 |
| 1995 | 3 611,9 | 321,3 | 10,4 |
| 1997 | 4 384,5 | 337,1 | 12,7 |
| 2000 | 3 889,7 | 515,4 | 10,7 |
| 2001 | 3 852,6 | 507,1 | 10,3 |
| 2002 | 4 061,3 | 452,0 | 10,8 |
| 2003 | 4 376,8 | 354,8 | 11,6 |
| 2004 | 4 381,3 | 285,6 | 11,7 |
| 2005 | 4 860,7 | 413,1 | 13,0 |
| 2006 | 4 487 | 564 | 12,0 |
| 2007 | 3 776 | 621 | 10,1 |

Quelle: Statistisches Bundesamt (2006, 99) und Koch/Czogalla/Ehret (2008, 286). Sowohl bei den Arbeitslosen als auch bei den Zahlen für offene Stellen handelt es sich nur um Personen, die sich bei der öffentlichen Arbeitsvermittlung gemeldet haben bzw. um unbesetzte Stellen, die bei Arbeitsamt bzw. Arbeitsagentur gemeldet sind. Die Arbeitslosenquoten sind auf abhängige zivile Erwerbspersonen bezogen. 1950 bis 1990 Ergebnisse für das frühere Bundesgebiet mit West-Berlin

## 2.1 Das empirische Erscheinungsbild des deutschen Arbeitsmarkts

Zustand der Vollbeschäftigung gesprochen, so lange die Zahl der offenen Stellen nicht von der Zahl der Arbeitslosen überstiegen wird.[1] Anders gewendet: Gesamtwirtschaftliche Arbeitslosigkeit liegt demnach in der Theorie vor, wenn die Zahl der Arbeitslosen die der offenen Stellen übersteigt.

Anfang der 1960er Jahre war hiernach in Westdeutschland Vollbeschäftigung gegeben. 1960 etwa lag die Zahl der gemeldeten offenen Stellen um mehr als 190.000 über der der Arbeitslosen, 1970 war dies sogar noch deutlicher der Fall. Mit Ausnahme der Jahre 1967/1968, in denen die Arbeitslosigkeit bis knapp über 2% anstieg, zeichnete sich der Arbeitsmarkt der 1960er Jahre durch eine hohe Erwerbsstabilität mit Arbeitslosenquoten deutlich unter einem Prozent aus. Seit 1974 liegt jedoch die jahresdurchschnittliche Zahl der registrierten Arbeitslosen erheblich über der Anzahl offener Stellen – selbst wenn man die geschätzten tasächlichen Zahlen unterstellt. Die weitere Entwicklung in Westdeutschland, Ostdeutschland und Deutschland insgesamt fasst das Statistische Bundesamt (2006, 97–99) prägnant zusammen:

„Mit Ausnahmen in den Jahren 1978 bis 1980 überschreitet die Arbeitslosenzahl seit 1975 die 1-Millionen-Grenze. Im Jahr 1983 waren erstmals sogar mehr als 2 Mio. Menschen als arbeitslos registriert. Lediglich in den Jahren 1990 bis 1992 lag die Arbeitslosenzahl im Zug der positiven Impulse durch die Wiedervereinigung noch einmal unter der ‚2-Millionen-Marke'. Mit 2,87 Mio. Arbeitslosen im Jahresdurchschnitt 1997 erreichte die Arbeitslosenzahl in Westdeutschland einen vorläufigen Höchststand. …. 1998 trat eine leichte Besserung auf dem Arbeitsmarkt im Westen Deutschlands ein, die sich bis zum Jahr 2001 fortsetzte. Die Zahl der registrierten Arbeitslosen sank in diesem Zeitraum auf 2,32 Mio. … Ein neuerlicher Anstieg der Zahl der registrierten Arbeitslosen im Jahr 2005 ist allerdings im Wesentlichen durch statistische Effekte der Zusammenlegung von Arbeitslosenhilfe und Sozialhilfe (‚Hartz-IV-Effekt')[2] geprägt. Im Jahresdurchschnitt 2005 waren 3,25 Mio. Personen arbeitslos gemeldet; 464 000 mehr als ein Jahr zuvor. Von diesen können ca. 350 000 mit dem so genannten Hartz-IV-Effekt erklärt werden. … Die hohe Arbeitslosigkeit in den neuen Ländern und Berlin-Ost rührte hauptsächlich von der Anpassung der Wirtschaftsstruktur her, wodurch zunächst mehr Arbeitskräfte freigesetzt als neu eingestellt wurden. … Die Zahl der registrierten

---

[1] Diese Situation ging lange Zeit einher mit einer Lage am Arbeitsmarkt, bei der die volkswirtschaftliche Arbeitslosenquote nicht mehr als 2–3% ausmachte (was in vielen Ländern auch in der offiziellen Definition von Vollbeschäftigung seinen Niederschlag fand). Es ist ein stilisiertes Faktum, dass diese geringen Niveaus der Arbeitslosigkeit auch in günstigsten konunkturellen Lagen heute in der Regel nicht mehr erzielt werden, sondern allenfalls eine Quote von etwa 4% (vgl. Sørenson u. 2005, 327), unter anderem da wegen der größeren beruflichen Heterogenität die Stellensuche schwieriger geworden ist. Häufig wird daher heute dieses Niveau der Arbeitslosigkeit politisch als Vollbeschäftigung definiert.

[2] So genanntes Viertes Gesetz für moderne Dienstleistungen am Arbeitsmarkt – Hartz IV – von 2003: Zusammenlegung von Arbeitslosenhilfe und Sozialhilfe für erwerbsfähige Personen zum Arbeitslosengeld II grundsätzlich in Höhe der bisherigen Sozialhilfeniveaus bei weitgehender Pauschalierung der Leistungen ab 2005 (gleichzeitig wurde die früher einkommensbezogen gezahlte Arbeitslosenhilfe für länger als ein Jahr Arbeitslose abgeschafft (vgl. Kasten 2.2 im Text für genauere Hintergründe und Breyer/Buchholz 2007, 255 ff; Deutsche Bundesbank 2006).

Arbeitslosen in Ostdeutschland beträgt [seit 1997] im Jahresdurchschnitt zwischen 1,50 und 1,62 Mio. Personen. … Die Zahl der als arbeitslos registrierten Personen [in Deutschland insgesamt] schwankt seit 1992 zwischen knapp 3 Mio. und gut 4 Mio. Der bisherige Höchststand im Durchschnitt des Jahrs 1997 (4,38 Mio.) wurde ebenfalls durch den Hartz-IV-Effekt im Jahr 2005 übertroffen. Jahresdurchschnittlich wurden rund 4,86 Mio. registrierte Arbeitslose gezählt."

Abbildung 2.3 zeigt die Zusammenhänge nochmals für die Arbeitslosenquoten in (West-)Deutschland: Mitte der 1970er, Anfang der 1980er und Anfang sowie Mitte der 1990er Jahre erfolgte ein Anstieg der Arbeitslosenquote in mehreren Schüben. Die Zeitperioden von 1976–1980, 1983–1988 und 1997–2001 waren durch ein weitgehendes Beharrungsvermögen der Arbeitslosigkeit gekennzeichnet; die Arbeitslosenquoten sanken nur allmählich und blieben über den Ausgangswerten vor den jeweiligen Schüben. „Seit dem Jahr 1993 hat die Arbeitslosenquote für Deutschland im Jahresdurchschnitt … einen zweistelligen Wert nicht mehr unterschritten. Die bisherigen Höchststände in den Jahren 1997 und 1998 von 12,7 bzw. 12,3 % wurden durch die Zusammenlegung von Arbeitslosen- und Sozialhilfe ab 2005 noch übertroffen. So lag die Arbeitslosenquote in Deutschland im Jahresdurchschnitt 2005 bei 13 %" (Statistisches Bundesamt 2006, 98).

Dabei belief sich die Arbeitslosenquote in Ostdeutschland zwischen 1997 und 2005 sogar auf Werte zwischen 18,5 und 20,5 %. Ab 2006 zeichnete sich jedoch eine Verbesserung der Arbeitsmarktlage sowohl in Bezug auf Arbeitslosigkeit, Zahl der offenen Stellen und Erwerbstätigkeit ab (vgl. Bach u. a. 2007; Boss u. a. 2007). Die sich anschließende Entwicklung erfüllte die Hoffnung, dass erstmals das mittelfristige Entwicklungsmuster durchbrochen wurde, nach dem die Arbeitslosigkeit seit Mitte der 1970er Jahre in Deutschland von einem Konjunktureinbruch zum nächsten ‚treppenförmig' angestiegen ist und in den dazwischen liegenden Aufschwung- und Boomphasen kaum zurückging. Im Aufschwung zwischen 2005 und 2008 ist die Arbeitslosigkeit nicht nur auf das Niveau des Aufschwungs der Jahre 1999/2000 gefallen, sondern ist darüber hinaus gesunken (vgl. Schäfer 2009, 1). Die Abb. 2.2 zeigt grafisch die ‚treppenförmige' Entwicklung der Arbeitslosigkeit mit Bezug zu den zivilen Erwerbspersonen.

Betrachtet man neben den jährlichen Bestandsgrößen im Zeitablauf die Bewegungen (Stromgrößen) am Arbeitsmarkt, so ergeben sich weitere interessante Einblicke. Eine Kennziffer, die die Fluktuation in Abhängigkeit zu der bestehenden Arbeitslosigkeit berechnet, ist die Fluktuationsrate bzw. der Fluktuationsquotient. Er wird als das arithmetische Mittel der über ein Jahr kumulierten bzw. addierten Zu- und Abgänge in Relation zum doppelten Jahresdurchschnittsbestand an Arbeitslosen berechnet. Dabei ist zu beachten, dass nicht alle Personen einer Fluktuation in die Arbeitslosigkeit bzw. aus ihr heraus unterliegen (vgl. hierzu Dietz 2006, 5; Willke 2006, 45 ff). Personen, die über längere Zeit arbeitslos sind, erhöhen unter sonst gleichen Bedingungen den Bestand an Arbeitslosen, verändern aber nicht das arithmetische Mittel der kumulierten Zu- und Abgänge: Die Fluktuationsrate fällt. Eine niedrige Rate bedeutet also, dass wenig Bewegung auf dem Arbeitsmarkt herrscht, und dass sich die Arbeitslosigkeit daher primär aus Fällen mit jeweils langer Dauer ergeben muss.

2.1 Das empirische Erscheinungsbild des deutschen Arbeitsmarkts

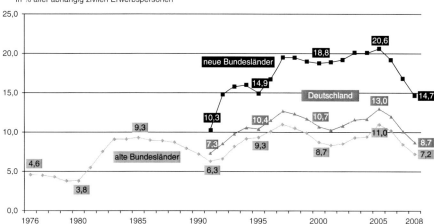

**Abb. 2.2** Entwicklung der Arbeitslosenquoten ab 1975 für Westdeutschland (Ostdeutschland ab 1991). (Quelle: sozialpolitik-aktuell.de; Bundesagentur für Arbeit (2009), Der Arbeits- und Ausbildungsmarkt in Deutschland. Dezember und Jahr 2008, Nürnberg)

Mit anderen Worten: Die Zahl der Arbeitslosen ist also eine Bestandsgröße. Sie besagt nur etwas über die Situation am Arbeitsmarkt zu einem bestimmten Zeitpunkt, aber nichts über die innerhalb eines bestimmten Zeitraums ablaufenden Prozesse. Aus ihr lässt sich also nicht ablesen, in welchem Umfang es Bewegungen auf dem Arbeitsmarkt im Hinblick auf Zugänge in die und Abgänge aus der Arbeitslosigkeit gegeben hat. Sie allein ermöglicht folglich keine Aussage darüber, welche Dynamik auf dem Arbeitsmarkt – bedingt etwa durch die geografische und qualifikatorische Mobilitätsbereitschaft der Arbeitnehmer und die Aktivitäten der Arbeitsvermittlung – beispielsweise auch hinter einer unveränderten Quote stecken kann. Betrachtet man aber neben den reinen Bestandsgrößen auch die Stromgrößen, etwa die innerhalb eines Jahrs von der Beschäftigung in die Arbeitslosigkeit wechselnden Personen und die gleichzeitig von der Arbeitslosigkeit in die Beschäftigung gelangenden, so lässt sich dies gut illustrieren. Ein Beispiel ist das Jahr 1994, in dem in Westdeutschland bei fast stagnierender Zahl von 2,45 Mio. registrierten Arbeitslosen jeweils rund 4,3 Mio. Zu- und Abgänge zu verzeichnen waren. Die entsprechenden Zahlen für Deutschland insgesamt waren: 3,7 Mio. registrierte Arbeitslose bei jeweils ca. 6 Mio. Zu- und Abgängen (vgl. SVR 2003, 535).

Die Daten zeigen, dass der deutsche Arbeitsmarkt trotz aller Probleme sicherlich nicht ‚verknöchert' ist. Vielmehr deuten sie auf eine recht große Dynamik hin, die unter anderem auf die geografische und qualifikatorische Mobilität der Arbeitnehmer und die Aktivitäten der Arbeitsvermittlung zurückzuführen ist.

Um es noch einmal schematisch mit dem Bild der ‚Sanduhr' (vgl. Abb. 2.3) auszudrücken, so kann der Arbeitslosenbestand symbolisiert werden als eine Größe,

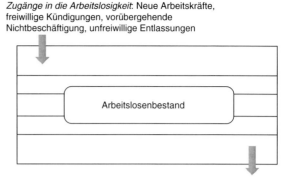

**Abb. 2.3** Strom- und Bestandsgrößen am Arbeitsmarkt. (Quelle: Eigene Erstellung in Anlehnung an Heise 2005)

die sich aus Zugängen in und Abgängen aus der Arbeitslosigkeit zusammensetzt (vgl. Heise 2005, 153 f). Dieses Bild verdeutlicht, dass sich hinter Bestandsgrößen wie Arbeitslosenzahlen (oder – quoten) sehr verschiedene Problemlagen verbergen können: „Ein Arbeitslosenbestand von 4 Mio. etwa kann gleichermaßen bedeuten, dass 4 Mio. Individuen für genau 1 Jahr arbeitslos sind (dann hätten wir einen absolut statischen Arbeitsmarkt bzw. zumindest einen monolithischen Block an Arbeitslosigkeit) oder aber dass 8 Mio. Menschen jeweils ein halbes Jahr arbeitslos waren oder 16 Mio. Menschen jeweils 3 Monate, etc. Hinter der Arbeitslosenzahl (und entsprechend der Arbeitslosenquote) können sich also sehr unterschiedliche dynamische Arbeitsmärkte verbergen – zwar deutet eine hohe Arbeitslosigkeit immer an, dass Ressourcen vergeudet werden, aber die soziale Problematik mag ungleich kleiner sein, wenn Viele kurzzeitig von Arbeitslosigkeit betroffen sind, als wenn Wenige langzeitig oder gar dauerhaft betroffen sind" (Heise 2005, 153). Hieraus ergibt sich die Schlussfolgerung, dass zusätzlich zur Arbeitslosenquote auch die Durchschnittsdauer der Arbeitslosigkeit zu berücksichtigen ist. Empirisch zeigt sich, dass die durchschnittliche Dauer der Arbeitslosigkeit zwischen Mitte der 1970er Jahre bis zum Aufschwung ab 2005 erheblich gestiegen ist. „Dies beinhaltet, dass die Chance eines Arbeitslosen, innerhalb einer bestimmten Frist wieder einen Arbeitsplatz zu finden, in den letzten Jahrzehnten erheblich gesunken ist. Das Problem der Arbeitslosigkeit in Deutschland liegt daher weniger in einem zunehmenden Verlust an Arbeitsplätzen als vielmehr in der abnehmenden Fähigkeit des Arbeitsmarkts, Arbeit Suchende in den Arbeitsprozess zu integrieren" (Apolte 2007). Die Arbeitsmarktdynamik hat sich allerdings ab 2005 wieder deutlich in eine positivere Richtung gewendet (vgl. Kasten 2.3).

Neben den Bewegungen am Arbeitsmarkt ist also auch die Entwicklung der Arbeitslosigkeitsdauer von Interesse (vgl. Rudolph 1992). Der jährliche Durchschnitt der Arbeitslosendauer ist in der ersten Hälfte der 1980er Jahre von 15,5 Wochen im Jahr 1980 auf den Höchstwert von knapp 33 Wochen 1985 angestiegen. In den folgenden Jahren blieben Arbeitslose durchschnittlich etwa 30 Wochen arbeitslos. Erst aufgrund der verbesserten gesamtwirtschaftlichen Lage verringerte sich der Durchschnittswert im Jahre 1990 auf 27,5 Wochen. In den ersten 10 Monaten 1994 war die durchschnittliche Dauer der Arbeitslosigkeit in Westdeutschland mit 26,5 um 5,5 Wochen länger als im Vorjahreszeitraum (SVR 1994, 130; vgl. auch Bogai u. a. 1994, 74; Walter 1995, 181). In den Jahren 2004 und 2005 betrug die Dauer der Arbeitslosigkeit in Deutschland rund 39 Wochen, was auf die oben erwähnte weiter gestiegene Brisanz des Problems hinweist, bevor sie anschließend wieder gesunken ist. Mitte dieses Jahrzehnts waren rund 1,8 Mio. Personen registriert langzeitarbeitslos, was einem Anteil an allen Arbeitslosen von ca. 38% mit Bezug auf die abhängigen Beschäftigten entsprach und im Anschluss noch leicht stieg (vgl. Statistisches Bundesamt 2006, 100, 104 sowie Schäfer 2009, 11). Als Folge dieser Definition wird auch der Anteil der Langzeitarbeitslosigkeit an allen Arbeitslosen unterschätzt, der in Deutschland 2004 bei 51,8% lag und 2007 sogar bei über 57% (vgl. SVR 2006b, 9 und grundsätzlich zur Problematik Karr 1997 sowie Schmid 2000, 109).

Bisher nicht dargestellt haben wir weitere Strukturmerkmale der Arbeitslosigkeit, die ebenfalls statistisch erfasst werden, hier aber nur relativ kurz referiert werden sollen (vgl. Statistisches Bundesamt 2006, 100 ff; Schäfer 2009, 11 f).

- Insbesondere sind verschiedene Personengruppen auch in unterschiedlichem Maße von (Langzeit-)Arbeitslosigkeit betroffen. Beispielsweise ist die Arbeitslosenquote für Männer höher als für Frauen, ausländische Erwerbspersonen und Menschen ab 50 Jahren sind vergleichsweise stärker von Arbeitslosigkeit betroffen als Deutsche und jüngere Personen. Besonders auffällig ist der klare Zusammenhang zwischen Arbeitslosenquote und Grad der Qualifizierung: Stufenweise haben sich im Zeitablauf die Problemlagen weniger qualifizierter Personen in Bezug auf die Betroffenheit durch Arbeitslosigkeit deutlich vergrößert, wie Tab. 2.13 zeigt.
- Kurzarbeit bedeutet ebenfalls zumindest ‚Teilzeit'-Arbeitslosigkeit, die durch die generelle registrierte Arbeitslosigkeit nicht erfasst wird. Nach sehr hohen Kurzarbeiterzahlen Mitte der 1970er Jahre (Jahresdurchschnitt 1975: 773 000), in der ersten Hälfte der 1980er Jahre (1983: 675 000) und Mitte der 1990er Jahre (1993: 948 000) reduzierte sie sich in den Folgejahren erheblich und schwankte seitdem zwischen 86 000 und 280 000. Im Zuge der aktuellen Finanzkrise

**Tab. 2.13** Arbeitslosenquote nach Qualifikation

| Arbeitslosenquoten[1] | Jahr | | | | |
|---|---|---|---|---|---|
| | 1991 | 1995 | 1997 | 2000 | 2005 |
| Ohne Ausbildung | 14,5 | 21,9 | 26,9 | 22,2 | 26,0 |
| Lehr- und Fachschulabschluss | 5,6 | 7,4 | 9,3 | 8,1 | 9,7 |
| Hoch- und Fachhochschulabschluss | 4,0 | 4,0 | 4,0 | 2,9 | 4,1 |
| Zum Vergleich: Arbeitslosenquoten insgesamt | 6,9 | 9,3 | 11,3 | 9,6 | 11,8 |

Quelle: Reinberg/Hummel (2007, 30)
[1] Arbeitslosenquoten bezogen auf die Erwerbspersonen gleicher Qualifikation in Prozent

umfasst sie rezessionsbedingt und durch eine politisch erhöhte Nutzungsdauer auf maximal 24 Monate rund 1,4 Mio. Menschen (vgl. Sesselmeier u. a. 2009).

- Die regionalen Unterschiede der Arbeitslosigkeit sind vor allem seit der Wiedervereinigung beträchtlich und schwankten etwa im Jahr 2004 zwischen den Landkreisen mit niedrigster und dem mit höchster Arbeitslosigkeit zwischen 4,4% (Eichstätt in Bayern) und 31,4% (Uecker-Randow in Mecklenburg-Vorpommern). Im Jahr 2007 schwankten die Quoten zwischen 2,6 im bayerischen Freising und 18,3% in Sangerhausen im Sachsen-Anhalt (vgl. Schäfer 2009, 14).
- Die internationalen Differenzen der standardisierten Arbeitslosenquoten in Prozent der Erwerbspersonen sind zudem beträchtlich und schwankten 2007 erheblich. Dabei fällt ebenfalls auf, dass (West-)Deutschland längerfristig im Ländervergleich von Volkswirtschaften mit ähnlichem Entwicklungsstand den Bestand seiner Arbeitsplätze bzw. die Erwerbstätigkeit als Anteil an der Wohnbevölkerung nur vergleichsweise wenig ausgeweitet hat (vgl. Knappe 1997, 504). Der Sachverständigenrat zur Begutachtung der gesamtwirtschaftlichen Entwicklung

**Tab. 2.14** Arbeitslosigkeit unter Geringqualifizierten und die Bedeutung der Langzeitarbeitslosigkeit im internationalen Vergleich für das Jahr 2004 in Prozent

| Land | Geringqualifizierte[1] (Alter 25–64 Jahre) | | Gesamtbevölkerung (Alter 15–64 Jahre) | | |
|---|---|---|---|---|---|
| | Arbeitslosenquote[2] | Erwerbsquote | Langzeitarbeitslose (Quote)[3] | Arbeitslosenquote[4] | Erwerbsquote[5] |
| Deutschland | 20,5 | 48,6 | 51,8 | 9,5 | 73,1 |
| Belgien | 11,7 | 49,4 | 49,6 | 8,4 | 60,5 |
| Dänemark | 7,8 | 62,0 | 22,6 | 5,5 | 80,6 |
| Frankreich | 12,1 | 59,6 | 41,6 | 9,6 | 69,8 |
| Irland | 6,4 | 57,2 | 34,3 | 4,5 | 69,8 |
| Italien | 7,8 | 51,6 | 49,7 | 8,0 | 63,4 |
| Japan | 6,7 | 66,5 | 33,7 | 4,7 | 78,1 |
| Niederlande | 5,7 | 59,0 | 32,5 | 4,6 | 72,0 |
| Österreich | 7,8 | 52,2 | 27,6 | 4,9 | 70,8 |
| Schweden | 6,5 | 67,0 | 18,9 | 6,4 | 77,1 |
| Spanien | 7,3 | 57,5 | 37,7 | 10,6 | 68,8 |
| Vereinigtes Königreich | 6,6 | 53,0 | 21,4 | 4,7 | 72,7 |
| USA | 10,5 | 56,5 | 12,7 | 5,5 | 71,2 |

Quelle: SVR (2006b, 9)
[1] Geringqualifizierte sind Personen mit einem Abschluss, der nach international vergleichbare Klassifikation niedriger als die Sekundarstufe II einzustufen ist
[2] Anteil der arbeitslosen/erwerbstätigen Geringqualifizierten an allen Geringqualifizierten jeweils im Alter von 25 bis 64 Jahren
[3] Anteil der Langzeitarbeitslosen – also Personen mit einer Dauer der Arbeitslosigkeit von mindestens einem Jahr – an allen Arbeitslosen
[4] Anteil der Arbeitslosen an allen Erwerbspersonen
[5] Anteil der Erwerbstätigen an der Gesamtbevölkerung im erwerbstätigen Alter von 15 bis 64 Jahren

hat 2006 ein Sondergutachten vorgelegt, in dem er sowohl die besondere Betroffenheit der Personen ohne berufliche Qualifikation und der Langzeitarbeitslosen aus nationaler Sicht als auch im internationalen Vergleich herausgestellt hat (vgl. SVR 2006b; Deutsche Bundesbank 2007). Während die Arbeitslosenquote der Geringqualifizierten 2004 überdurchschnittlich war, lag die Erwerbsquote dieser Personen am niedrigsten unter den in Tab. 2.14 gegenübergestellten vergleichbaren Ländern. Der Anteil der Langzeitarbeitslosen ist im Vergleich der betrachteten Länder hingegen in Deutschland der höchste.

## 2.2 Formen der Arbeitslosigkeit

Einer Diskussion verschiedener arbeitsmarkttheoretischer Theorien zur Erklärung von Arbeitslosigkeit hat zunächst eine Klärung des Begriffs Arbeitslosigkeit voranzugehen. Dies ist deshalb notwendig, weil es *die* Arbeitslosigkeit nicht gibt und – daraus folgend – Maßnahmen gegen die konstatierte Arbeitslosigkeit dann von ihrer jeweiligen Form abhängen.

Wie wir gesehen haben, entsteht Arbeitslosigkeit prinzipiell aus Störungen im Wirtschaftsablauf und beruht in ihrer objektiven Art in volkswirtschaftlicher Sicht auf dem Mangel an Arbeitsgelegenheiten im Verhältnis zu Menge und Art der verfügbaren Arbeitsleistung – zu den jeweils herrschenden inflationsbereinigten Löhnen. Um die Vielschichtigkeit dieses Problems weiter in den Griff zu bekommen, unterscheidet man traditionell in friktionelle, saisonale, konjunkturelle und strukturelle Arbeitslosigkeit. Hierbei bilden die vermuteten Ursachen der Arbeitslosigkeit das Kriterium zur Unterscheidung.

*Friktionelle* oder auch *Fluktuationsarbeitslosigkeit* ist eine temporär unvermeidliche Arbeitslosigkeit, die auf Anpassungsvorgänge am Arbeitsmarkt zurückzuführen ist und bei Stellenwechseln die Zeitspanne zwischen der Aufgabe der alten und dem Beginn einer neuen Tätigkeit charakterisiert. Sie stellt damit einen bestimmten Restbestand an in gewissem Umfang unvermeidbarer Arbeitslosigkeit dar, der selbst in Zeiten der Vollbeschäftigung auftritt, mit dieser also kompatibel sein kann. Dabei kann die Arbeitslosigkeit sowohl durch das Verhalten der Arbeitnehmer, die einen neuen Arbeitsplatz suchen und deshalb kündigen, als auch durch Veränderungen auf der Nachfrageseite, wie etwa Konkurse oder Verzögerungen bei Stellenbesetzungen, hervorgerufen werden. Das Ausmaß dieser Arbeitslosigkeit hängt auch stark von der Effektivität der Arbeitsmarktinstitutionen (z. B. Arbeitsagentur), deren Fähigkeit, Informationen möglichst schnell zu verarbeiten und somit die Arbeitskräfte effizient zu vermitteln, ab.

Friktionelle Arbeitslosigkeit ist meist individuell von kurzer Dauer und volkswirtschaftlich von geringem Umfang, auch wenn sie etwa wegen stärkerer beruflicher Spezialisierungen und damit verbundener komplizierterer Stellensuche in jüngerer Zeit gestiegen sein mag (vgl. Beck 2006, 355). Sie ist in der Regel auch kein beschäftigungspolitisches Problem, da sie eine notwendige Voraussetzung zur optimalen Allokation der Arbeitnehmer ist, weil die Annahme der erstbesten Arbeitsofferte keineswegs volkswirtschaftlich optimal sein muss, wie suchtheoretische Überlegungen zeigen können (vgl. aber zur differenzierteren Einordnung das Kapitel zur Sucharbeitslosigkeit).

*Saisonale Arbeitslosigkeit* entsteht aufgrund jahreszeitlich schwankender natürlicher oder ökonomischer Nachfrage- oder Angebotsbedingungen in einzelnen Sektoren der Volkswirtschaft. Klassische Beispiele hierfür sind die Landwirtschaft, der Bausektor oder die Tourismusbranche. Diese Form der Arbeitslosigkeit kann zwar durch gezielte Hilfen wie etwa das Schlechtwettergeld in der Bauwirtschaft verringert werden, ihre Höhe ist jedoch von der gesamtwirtschaftlichen Situation am Arbeitsmarkt weitgehend unabhängig. In zeitlicher Hinsicht dürfte ihre Dauer im Schnitt höher liegen. Ihre Verringerung erscheint zur volkswirtschaftlichen Produktionssteigerung und zur Verbesserung individueller Einkommenssituationen als erstrebenswert. Von saisonaler Arbeitslosigkeit kann in der späteren theoretischen Diskussion abstrahiert werden (sie kann auch vereinfachend als Teil der friktionellen Komponente der Arbeitslosigkeit interpretiert werden).

Aus beschäftigungspolitischer Sicht relevanter sind vor allem die strukturelle und die konjunkturelle Arbeitslosigkeit.

*Strukturelle Arbeitslosigkeit* stellt einen vieldeutigen und schillernden Sammelbegriff unterschiedlichster Typen von Arbeitslosigkeit dar. Die Ursache hierfür sind Merkmalsdifferenzen zwischen Arbeitsnachfrage und -angebot, die auch zu längerfristiger Arbeitslosigkeit führen können.

Gerade hier muss aber zur besseren Begriffsabklärung zwischen verschiedenen ursächlichen Profildiskrepanzen differenziert werden: Strukturelle Arbeitslosigkeit kann infolge regionaler Verwerfungen entstehen, weil Angebot und Nachfrage sich räumlich nicht mehr entsprechen. Ebenso führt ein sektoraler Strukturwandel – und damit eine Verschiebung der Arbeitskräftenachfrage zwischen den Sektoren – zu struktureller Arbeitslosigkeit. Auch strukturelle Gütermarktdisparitäten und der Wandel in der Alters- und Geschlechtsstruktur des Arbeitsangebots tragen zu dieser spezifischen Form der Arbeitslosigkeit bei. Das gleiche gilt für einen Wandel der Struktur der nachgefragten oder angebotenen Qualifikationen. Schließlich ist strukturelle Arbeitslosigkeit auch ein Ergebnis des technologischen Wandels. Die Einführung neuer Produktionstechnologien führt sowohl zu steigender Arbeitsproduktivität je einzelnen Arbeitnehmer als auch zu steigendem Produktionsausstoß jedes einzelnen Arbeitnehmers. Beides führt zu technologisch ausgelöster Arbeitslosigkeit.[3]

---

[3] Gerade dieses Beispiel zeigt, dass dieser Auslöser von Arbeitslosigkeit gesamtwirtschaftlich mittel- bis längerfristig keineswegs zwangsweise zu erhöhter Unterbeschäftigung führen muss, sondern die Rahmenbedingungen hierüber entscheiden. „Technischer Fortschritt wird nur dann zu einem ‚Jobkiller', wenn er durch die Verteuerung des Faktors Arbeit in eine ausschließlich arbeitssparende Richtung gezwungen wird" (Klös 1990, 14). Bereits 1990 war „unumstritten, dass nur fortschrittsintensive Branchen langfristig Beschäftigungsgewinner sind" (Klös 1990, 14), so dass die Behinderung des technischen Fortschritts beschäftigungspolitisch sicherlich kontraproduktiv wäre.

## 2.2 Formen der Arbeitslosigkeit

‚Neudeutsch' spricht man häufig statt von struktureller auch von qualifikationsbedingter und regionaler Mismatch-Arbeitslosigkeit. Im Gegensatz hierzu liegt ein perfektes Matching „immer dann vor, wenn erstens die Qualifikationsstruktur der Arbeitsanbieter der nachgefragten Qualifikationsstruktur gerade entspricht und wenn zweitens jeder Arbeitsanbieter den zu ihm passenden Arbeitsnachfrager auch findet" (Apolte 2007). Hinzu kommt noch ein motivatorischer Mismatch, wenn es für Arbeitslose nicht attraktiv ist, eine offene und eigentlich passende Stelle anzunehmen, weil gebotene und erwartete Entlohnung für die Arbeit auseinander fallen (vgl. Christensen 2001, 7). Da es in der Regel kein perfektes Matching gibt, setzt sich die in der Realität beobachtbare gesamte Arbeitslosigkeit zusammen aus einem Mismatch-Anteil, bei der die Zahl der Arbeitslosen gleich der der offenen Stellen ist, und einer gesamtwirtschaftlichen ‚Arbeitsplatzmangel-Komponente', die dem Angebotsüberhang an Arbeitslosen, denen keine offen Stelle gegenüber steht, entspricht.

Die zur Entstehung (und Dauerhaftigkeit) struktureller Arbeitslosigkeit notwendige Bedingung ist die Existenz von Lohn- und Preisträgheiten bzw. Immobilitäten des Produktionsfaktors Arbeit, deren mitverursachende Wirkung jedoch nicht immer benannt wird.[4] Soweit diese Arbeitslosigkeit faktisch mit Reallohnrigidität – also einer fehlenden oder ungenügenden Anpassung der Reallöhne der Betroffenen an objektiv geminderte Produktivitäten als Folge des Wandels – einher geht, verhärtet sich das Problem und bewirkt in der Folge häufig Langzeitarbeitslosigkeit mit einer individuellen Dauer von mehr als einem Jahr.

Sinnvoll erscheint es, durch institutionellen Verhärtungen dauerhaft gewordene strukturelle Arbeitslosigkeit (vgl. Funk 1999b) als ‚institutionelle Arbeitslosigkeit' zu bezeichnen. Es ist die Arbeitslosigkeit, „die sich ergibt, weil institutionelle Schranken (z. B. Mindestlöhne) den Strukturwandel erschweren und einen Ausgleich zwischen Angebot und Nachfrage verhindern" (Beck 2006, 314). Oder in der Operationalisierung von Klös (1990, 9, 13), der bereits damals auf eine „Unterschätzung des strukturellen Regimes"[5] hingewiesen hat: „Das Stichwort der institutionellen Arbeitslosigkeit umfasst jene Art der Arbeitslosigkeit, die die Folge der arbeitsmarktrelevanten Normen in Gesetz, Rechtsprechung und Tarifvertrag ist, die

---

[4] Es kann nur dann zu struktureller Arbeitslosigkeit kommen, wenn ein Teil der Arbeitsanbieter nicht über eine am Markt nachgefragte Qualifikationsstruktur verfügt oder immobil ist und wenn gleichzeitig die qualifikatorische oder regionale Lohndifferenzierung unzureichend sind und zu wenig (Wieder-) Beschäftigungsanreize geben. Ist die Lohndifferenzierung genügend ausgeprägt und wird Arbeitslosigkeit auch nicht durch Fehlanreize der Sozialsysteme induziert, so müssten einerseits nicht oder fehlqualifizierte Arbeitslose auf dem Teilarbeitsmarkt für Nichqualifizierte Beschäftigung finden, wenn er funktioniert und zu ein Gleichgewicht hervorbringt. Ist andererseits die regionale Lohndifferenzierung ergänzend genügend hoch ist, dürften Arbeitslose und parallel offene Stellen mit den gleichen Qualifikationsprofilen wie die der Arbeitslosen jeweils nur ein kurzfristiges Problem sein.

[5] Klös (1990, 10) verweist darauf, dass das Forschungsprogramm der „Mikroökonomik der Arbeitslosigkeit" auch zum Ergebnis führen kann, dass sich alle dargestellten Ausprägungen struktureller Arbeitslosigkeit auf eine unzureichende Lohnflexibilität beziehungsweise auf die Behinderung einer markträumenden Preisbildung auf Arbeitsmärkten zurückführen ließen. Dies sieht er als die gemeinsame „strukturelle Klammer" der verschiedenen strukturellen Arbeitslosigkeitsformen.

in ihrer Gesamtheit die Arbeitsmarktverfassung abstecken." Strukturelle, friktionelle und institutionelle Arbeitslosigkeit können wir mit den im Laufe des Buchs vorgenommenen Erweiterungen des in Kap. 3 vorgestellten Basismodells der Arbeitslosigkeit prinzipiell verstehen.

Schließlich ist noch darauf hinzuweisen, dass strukturelle und friktionelle Arbeitslosigkeit üblicherweise auch unter dem Begriff natürliche Arbeitslosigkeit zusammengefasst werden. Dieser in der Makroökonomie lange Zeit und auch heute noch zentrale Begriff wurde von Milton Friedman geprägt und spielt im Konzept der monetaristischen Phillips-Kurve eine zentrale Rolle, die bei der grafischen Aufbereitung empirischer Arbeitsmarktzusammenhänge kurz diskutiert wird.

Konjunkturelle *(oder keynesianische)* Arbeitslosigkeit liegt vor, wenn eine im Verhältnis zu den vorhandenen Produktionsmöglichkeiten unzureichende güterwirtschaftliche Gesamtnachfrage besteht. Kennzeichnend ist, dass sie normalerweise mit dem wiederkehrenden konjunkturellen Aufschwung nach und nach abnehmen und ganz abgebaut werden sollte sowie bei konjunktureller Überbeschäftigung sogar negativ wird, während sie in der Rezessionsphase ansteigt. Sie trifft alle Branchen der Volkswirtschaft in mehr oder weniger ähnlicher Weise. Die Dauer dieser Form der Arbeitslosigkeit lässt sich vorab nicht bestimmen, da sie vom zeitlichen Verlauf und den Ausschlägen des Konjunkturzyklus abhängt. Zu beachten ist auch, dass sie sich z. B. nach längerer Dauer in verhärtete strukturelle Arbeitslosigkeit verwandeln kann, etwa weil die Produktivität der Arbeitslosen wegen im Zeitablauf zunehmender Dequalifikation und steigendem Verlust an Motivation während der Arbeitslosigkeit schneller sinken kann als ihre Lohnforderungen und damit eine Wiedereinstellung aus Arbeitgebersicht unrentabel erscheint. Hinzu kommt, dass sich auch der vorhandene unausgelastete Kapitalstock nach und nach entwertet, wenn ein gesamtwirtschaftlicher Nachfragemangel nicht zügig durch expansive makroökonomische Politikmaßnahmen beseitigt wird (vgl. Bean 2006).

Hinsichtlich dieser Definitionen der Formen von Arbeitslosigkeit bestehen meist kaum Unterschiede zwischen verschiedenen Autoren oder Denkschulen. Schwierigkeiten entstehen erst bei der Suche nach den Ursachen einer bereits gegebenen Arbeitslosigkeit. Dies ist insbesondere deshalb problematisch, weil unterschiedliche Arbeitslosigkeitstypen gleichzeitig vorhanden sein können und „je länger zudem die allgemeine Beschäftigungskrise anhält, umso schwieriger dürfte es werden, entsprechende Quantifizierungen und Abgrenzungen überhaupt noch vorzunehmen" (Lärm 1982, 35). Oft sind also die einzelnen Arten von Arbeitslosigkeit nicht sauber trennbar. Es wurde bereits erwähnt, dass durchaus eine Form der Arbeitslosigkeit nach gewisser Zeit in eine andere Form umschlagen kann, etwa weil sich konjunkturelle Arbeitslosigkeit zu struktureller verfestigt. Dies ist dann besonders problematisch, soweit zur effektiven und effizienten Bekämpfung der Arbeitslosigkeit, ihre exakten Ursachen relevant sind. Teilweise wird jedoch gerade dies bezweifelt und eine Klassifikation der Arbeitslosigkeit, wie gerade gesehen, wird fundamental abgelehnt: „Jedes der Attribute suggeriert bestimmte Ursachenkonstellationen; und die Typologie als ganzes legt die Vermutung nahe, es müsse das Ziel der Forschung sein, ein Kuchendiagramm zu erstellen, das eine anteilsmäßige Zuordnung der beobachtbaren Arbeitslosigkeit auf die verschiedenen Ursachen vornimmt. Obwohl es verschiedene Versuche dieser Art gibt, erscheint uns die ihnen zugrundeliegende

## 2.2 Formen der Arbeitslosigkeit

Denkweise weder für die theoretische noch für die empirische Analyse besonders fruchtbar" (Landmann/Jerger 1999, 43 f).

Dies soll zur begrifflichen Klärung der verschiedenen Formen der Arbeitslosigkeit zunächst genügen, da diese traditionelle Typologie für die folgenden Arbeitsmarkttheorien von geringerer Bedeutung ist. Interessant ist aber dennoch ein Blick auf Versuche, diese Formen der Arbeitslosigkeit empirisch zu erfassen. Längere Zeit zumindest stand die Notwendigkeit einer Umsetzung dieser vier „pragmatischen Ansätze" (Riese 1986, 102) in quantitative Operationalisierungen zur empirischen Konkretisierung der theoretischen Konstrukte außer Frage. Dies erweist sich aber in der Tat als problembehaftet, da sich die verschiedenen Messverfahren bzw. die daraus sich ergebenden Formen der Arbeitslosigkeit nur selten mit ihren theoretischen Äquivalenten decken. Schwierigkeiten bei der Messung von Arbeitslosigkeit ergeben sich u. a. daraus, dass bestimmte notwendige Daten nicht oder nur unzureichend vorhanden sind oder aber auch aus den angesprochenen möglichen Wechselwirkungen zwischen den verschiedenen Formen der Arbeitslosigkeit.

Eine bekannte und grafisch anschauliche Operationalisierung bzw. Komponentenzerlegung stammt etwa vom Institut für Arbeitsmarkt- und Berufsforschung in Nürnberg (vgl. Krieger/Pintar 1977, 99). Dieser Ansatz geht davon aus, dass zwar offene Stellen vorhanden sind, diese aber auf Grund der Merkmalsdifferenzen zwischen den arbeitslosen Arbeitsanbietern und den Stellenanforderungen nicht besetzt werden. Dann kann die so definierte strukturelle Arbeitslosigkeit nicht höher sein als die Anzahl der offenen Stellen. Von dieser Obergrenze für die strukturelle Arbeitslosigkeit ist, dann noch ein Teil als friktionelle Arbeitslosigkeit abzuziehen. Diese friktionelle Komponente wird mit dem im Beobachtungszeitraum tiefsten Stand der Arbeitslosigkeit gleichgesetzt. Die konjunkturelle Arbeitslosigkeit entspricht dann in dieser Perspektive dem Überschuss der Arbeitslosen über die offenen Stellen.

Grafisch lässt sich der Ansatz entsprechend der Abb. 2.4 wie folgt darstellen: Die dünne Linie gibt den Verlauf der Arbeitslosigkeit an, die gestrichelte Linie die

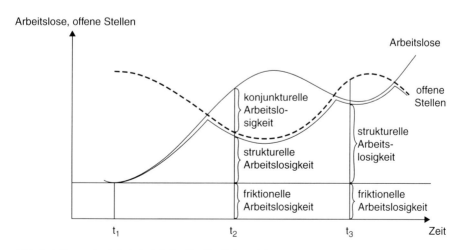

**Abb. 2.4** Typen der Arbeitslosigkeit. (Quelle: Krieger/Pintar 1977, 99)

offenen Stellen. Die dick gezogene Linie entspricht der Summe aus struktureller und friktioneller Arbeitslosigkeit.

Auch der Sachverständigenrat (SVR 1994, 380–391) wendete diese Berechnungsmethode an und zerlegte in seinem Jahresgutachten 1994/1995 die Arbeitslosigkeit des Jahrs 1994 in ihre Komponenten.

Bedenklich am gewählten Verfahren ist allerdings unter anderem, dass auf diese Art und Weise nur etwa die Hälfte der offiziell gemeldeten Arbeitslosigkeit zu kategorisieren ist, was relativ unbefriedigend ist. Darüber hinaus besteht bekanntlich neben erheblichen Messproblemen bei der Erhebung der Zahl offener Stellen die Problematik, dass Unternehmen potenzielle Stellen auch nicht bereit halten bzw. anbieten werden, wenn etwa der Kern der Unterbeschäftigung in einem länger andauernden Angebotsüberhang am Arbeitsmarkt wegen kostenbedingt fehlender Rentabilität einer Beschäftigungsausweitung besteht. Ein grundsätzliches Analyseproblem des Ansatz ergibt sich folglich dann, wenn die Hauptursache der Arbeitslosigkeit nicht darin zu sehen ist, dass vorhandene Arbeitsplätze mangels Güternachfrage, also konjunkturbedingt, unbesetzt bleiben, sondern wenn konjunkturübergreifend der Umfang der Gesamtwirtschaft, die Zahl der Unternehmen und die Zahl der vorgehaltenen Arbeitsplätze sowie der Umfang des investierten Kapitals zu gering sind, was in Deutschland in den letzten Jahrzehnten konstatiert werden kann (vgl. Knappe 1998, 500 f). Fasst man hingegen den Begriff der strukturellen Arbeitslosigkeit weiter als im IAB-Ansatz der 1970er Jahre, wie es bereits bei der Definition des Begriffs geschehen ist, so kann auch ein Überhang der Zahl der Arbeitslosen über die Anzahl offener Stellen als strukturelle bzw. ‚institutionell verhärtete' Arbeitslosigkeit (vgl. zu diesem Begriff Funk 1999b, Kap. 1) gedeutet werden.

Dieser Zusammenhang wird bei der Darstellung der Beveridge-Kurve in Abschn. 2.4 genauer verdeutlicht werden. Das Instrument der Beveridge-Kurve ist derzeit das wohl am meisten genutzte arbeitsmarktpolitische Diagnose-Verfahren, um unterschiedliche Komponenten der gemessenen Arbeitslosigkeit zu identifizieren: „Man kann damit recht zuverlässig Auskunft geben, an welchen Leiden der Arbeitsmarkt krankt und auf welche Ursachen ein Anstieg der Arbeitslosigkeit zurückzuführen ist" (Schmid u. a. $1996^2$, 25).

## 2.3  Persistente Arbeitslosigkeit

Seit den 1970er Jahren hat sich, wie gezeigt, in (West-)Deutschland der Trend verfestigt, „dass mit jedem weiteren Konjunktureinbruch der Sockel der Arbeitslosigkeit deutlich wächst, ohne jedoch nach Eintreten wirtschaftlicher Besserung auf das vorherige Niveau zurückzugehen" (Statistisches Bundesamt 2006, 97). Diese Entwicklung der Arbeitslosigkeit lässt sich wissenschaftlich mit den Begriffen der Persistenz oder Hysterese umschreiben. Der aus dem Griechischen stammende Begriff ‚Hysteresis' bedeutet – wörtlich übersetzt – ein ‚Zurückbleiben'. In der Arbeitsmarktökonomik wird hiermit, vereinfacht ausgedrückt, die Abhängigkeit

## 2.3 Persistente Arbeitslosigkeit

der jeweils betrachteten Arbeitslosenquote von der vorherigen Entwicklung der Arbeitslosigkeit beschrieben. Die Arbeitslosigkeit eines Jahrs beeinflusst damit auch die des nächsten. Prinzipiell sind dabei Hysterese und Persistenz inhaltlich klar zu unterscheiden. Denn unter Hysterese versteht man allgemein die Unfähigkeit eines Systems, nach einer Störung zu einem ursprünglichen Gleichgewichtszustand zurückzukehren, auch wenn die eigentliche Störung bereits abgeklungen ist (Pfadabhängigkeitsthese).

Die hiervon abzugrenzende Persistenz bedeutet hingegen, dass sich nach einer kurzfristigen Störung zwar der ursprüngliche Zustand wieder einstellen wird. Auch wegen möglicherweise wiederholt auftretender Schocks, die die Anpassungskapazitäten jeweils kurzfristig übersteigen, nimmt es jedoch erhebliche Zeit in Anspruch, bis wieder der alte Wert angenommen wird. Nicht selten wird aufgrund des treppenförmigen Anstiegs der Arbeitslosigkeit in Deutschland auf das Vorliegen von Hysterese in Deutschland geschlossen (vgl. Schmid 2000, 110). Dies ist jedoch umstritten (vgl. Lindbeck 2006, 2). Daher soll hier pragmatisch verfahren werden: Da zum ersten Persistenz nur für eine abgeschwächte Form von Hysterese steht, zum zweiten Situationen mit einer nicht ganz vollständigen Pfadabhängigkeit der Arbeitslosigkeit von manchen Autoren ebenfalls eher als Hysterese denn als Persistenz bezeichnet werden und zum dritten die empirische Forschung[6] sowohl von Persistenz als auch von Hysterese für Deutschland spricht, werden die beiden Begriffe im folgenden sehr vereinfachend synonym verwendet (vgl. zur formalen Unterscheidung zum Beispiel Grassinger 1993, 16–19).

Wir wollen das Phänomen nun am Beispiel des Arbeitsmarkts veranschaulichen. Hierauf übertragen bedeutet es, dass die Abläufe vor und nach einem vorübergehenden volkswirtschaftlichen Schock, etwa eine erhebliche Verteuerung wichtiger Produktionsvorleistungen wie Erdöl, infolge der Zeitpfadabhängigkeit nicht auf den gleichen Kurven verlaufen. Nehmen wir an, durch einen Angebots- oder Nachfrageschock steigt die Arbeitslosenquote im Zeitablauf bis zu einem bestimmten Wert an und verharrt dort. In diesem letztem Zeitpunkt verschwinden nun die Ursachen für den Schock wieder vollständig. Zwar sinkt nun die Arbeitslosigkeit, jedoch bewegt sich dieser Rückgang nicht auf dem alten Pfad sondern auf einer höheren Kurve. Es wird schließlich ein neuer Gleichgewichtswert mit höherer Arbeitslosigkeit erreicht. Begründen lässt sich dies etwa damit, dass die durch die erwähnte angebots- oder nachfrageseitige Störung ausgelöste Arbeitslosigkeit bei Betroffenen mit zunehmender Dauer zu einem sukzessiven Verlust der zuvor aufgebauten Qualifikation und eventuell auch Arbeitsmotivation führt. Dies bleibt auch den Arbeitgebern nicht verborgen, die die Dauer der Arbeitslosigkeit als Selektionsinstrument verwenden. Ihnen erscheint es daher rentabler, bei einem Verschwinden der gesamtwirtschaftlichen Störung die Personen zuerst wieder zu beschäftigen, die

---

[6] Ökonometrische Tests kommen mit unterschiedlichen Schätzverfahren bezüglich der empirischen Evidenz von Hysterese oder Persistenz – aufgrund der theoretischen Differenzierung zwischen diesen beiden Begriffen wohl zu erwarten – zu differierenden Resultaten (vgl. beispielsweise Alogoskoufis/Manning 1988a, b; Blanchard/Summers 1986; Coe 1985; Cross 1988; Möller/Völker 1991; Neudorfer et al. 1990).

möglichst kurz arbeitslos gewesen sind, weil sie wahrscheinlich durchschnittlich am ehesten den Arbeitsplatzanforderungen gerecht werden können. In der Folge schließt sich ein Teufelskreis, durch den einmal entstandene Arbeitslosigkeit selbst wieder Ursache weiterer Arbeitslosigkeit wird. Denn die schlechten Arbeitsmarktchancen demotivieren die erfolglosen Stellensuchenden, so dass sie ihre Such- und Weiterbildungsanstrengungen wegen der vermuteten Erfolglosigkeit vermindern. Daher verschlechtern sich ihre Chancen nach und nach noch weiter. Hohe Arbeitslosigkeitsverweildauer wird also zu einem eigenständigen Einstellungshemmnis.

Mit der Einführung hysteretischer Pfadabhängigkeit von Arbeitslosigkeit wird folglich die Vorstellung eines einzigen Arbeitsmarktgleichgewichts aufgegeben (wie es streng genommen im Gegensatz zur Hysterese bei Persistenz gegeben ist, bei der Tendenzen zur Rückkehr zum alten Gleichgewicht nach dem Abklingen der Störung sehr wohl existieren, sich aber aufgrund der Überlagerung durch neue Störungen des Gleichgewichts nur sehr langsam einstellen und eventuell bei turbulentem Strukturwandel und geringer Flexibilität der Arbeitsmärkte nie erreicht werden). Obwohl der die Arbeitslosigkeit verursachende Schock nicht mehr existiert, ist die Arbeitslosigkeit auf einen höheren Gleichgewichtswert eingeschwenkt. Zwar kann diese Arbeitslosigkeit im Grundsatz durch eine expansive Geld- oder Fiskalpolitik bekämpft werden (vgl. Henneberger 2005, 34 f). Dabei darf aber nicht übersehen werden, dass diese Maßnahmen bei elastischem Geldangebot ab einem gewissen Ausmaß mit Sicherheit Preisniveausteigerungen und höhere Inflation zur Folge haben werden, die ebenfalls gesellschaftlich unerwünschte Wirkungen haben. Diese Effekte müssen wiederum über kurz oder lang mit negativen Beschäftigungsfolgen beseitigt werden. Daher muss die Analyse um diesen Aspekt erweitert werden.

Hierzu soll der konkrete Fall eines Systems zur Bestimmung der gleichgewichtigen Arbeitslosenquote betrachtet und Hysterese in diese Konzeption integriert werden. Dabei muss jedoch darauf hingewiesen werden, dass ‚gleichgewichtig' nicht notwendigerweise ‚markträumend' heißt, also ein markträumendes Gleichgewicht in dieser Perspektive nur ein Spezialfall ist (vgl. Biesecker/Kesting 2003, 355). Dem hier verwendeten Gleichgewichtsbegriff liegt hingegen folgende Überlegung zugrunde (vgl. Layard/Nickell/Jackman 1994, 17 ff; Franz 1992b, 11; Flemmig 1995a, 76 f):

Ausgangspunkt ist die Annahme, dass eine stabile Preisentwicklung Konsistenz zwischen der Art und Weise, wie Löhne in Relation zu den Preisen gebildet werden, und der Art und Weise, in der die Preise in Relation zu den Löhnen sich entwickeln, erfordert. Nur wenn die Vorstellungen beider Seiten über den Reallohn übereinstimmen, ist mit einer stabilen Preisniveauentwicklung zu rechnen. Die zentrale Variable, die diese Konsistenz zwischen den Arbeitsmarktparteien herstellen kann, ist die Arbeitslosenquote. Die Preisniveauentwicklung ist folglich nur dann stabil, wenn die Arbeitslosigkeit ihrem Gleichgewichtswert entspricht. Umgekehrt gilt, dass sich bei gegebener Preisniveaustabilität die Arbeitslosigkeit ihrem Gleichgewichtswert annähern wird, der keineswegs mit Vollbeschäftigung einhergehen muss.

Arbeitslosigkeit ist somit der Mechanismus, der unterschiedliche Verteilungsansprüche an das jeweilige Nationaleinkommen miteinander kompatibel machen

## 2.3 Persistente Arbeitslosigkeit

kann. Sind die Ansprüche überzogen, so muss die Arbeitslosigkeit steigen, um die miteinander unvereinbaren Ansprüche an das erwirtschaftete Nationaleinkommen wieder zu reduzieren.

Dreh- und Angelpunkt der Überlegungen ist also, dass es eine gleichgewichtige Arbeitslosenquote geben muss, die mit einer konstanten Inflationsrate verbunden ist. Im Konzept der NAIRU (Non-Accelerating Inflation Rate of Unemployment) – deutsch: inflationsstabile oder inflationsneutrale Arbeitslosenquote – kann die Beschäftigungssituation diese Funktion erfüllen. Denn hier gibt es eine Höhe der Arbeitslosigkeit, die NAIRU, die bei gleichbleibender Inflation keinen Druck auf Preise und Löhne ausübt und gleichzeitig dafür sorgt, dass auch keine Überschussnachfrage nach Arbeitskräften vorliegt, die die Inflation beschleunigt. Es handelt sich um ein Gleichgewicht zwischen Verteilungsansprüchen. Zur Ermittlung der NAIRU errechnet man für jedes Jahr die Differenz zweier zeitlich unmittelbar aufeinander folgender Inflationsraten und setzt diese mit der entsprechenden Arbeitslosenquote des Jahrs in Verbindung. Die NAIRU stellt also die Höhe der Arbeitslosigkeit dar, bei der ein Gleichgewicht zwischen den Verteilungsansprüchen erreicht ist (vgl. für eine einfache Berechnung Hyclak u. a. 2005, 427).

Hysterese kann in diesem Konzept technisch auftreten, wenn die inflationsstabile Arbeitslosenquote nicht nur von den exogenen Bestimmungsgrößen abhängt, die in der ersten Generation empirischer Tests bis Mitte der achtziger Jahre berücksichtigt worden sind Produktivitätsentwicklung, Terms of Trade, Abgabenbelastungen der Lohneinkommen, Lohnersatzquote, Mindestlohnhöhe, sondern auch von der Arbeitslosenquote der Vorperiode.[7] Ökonomisch bedeutet dies, dass durch die Einbeziehung von Hysterese die NAIRU-Schätzungen der aktuellen Arbeitslosenquote mit einer zeitlichen Verzögerung folgen (vgl. Funke 1991, 528 – ein Ergebnis, das die Realität gut abbilden kann, wie die Empirie der NAIRU in Abschn. 2.4.2 zeigen wird).

Das Konzept der NAIRU ist wirtschaftspolitisch vor allem deshalb von Interesse, weil es Hinweise auf vorhandene Spielräume für Politikmaßnahmen liefern kann. Ungleichgewichtig ist die Arbeitslosenquote, die sich ober- oder unterhalb der gleichgewichtigen Rate befindet. „Liegt die tatsächliche Arbeitslosenquote oberhalb der NAIRU, deutet dies … auf eine zu geringe gesamtwirtschaftliche Nachfrage hin. In dieser Situation – aber nur dann – ließe sich Arbeitslosigkeit mit expansiven geld- bzw. fiskalpolitischen Impulsen reduzieren, ohne dass ein Anstieg der Inflationsrate zu erwarten wäre" (Henneberger 2005, 35). Die inflationsstabile Arbeitslosenquote steigt, wenn eine der beiden Arbeitsmarktparteien – Arbeitgeber oder Arbeitnehmer bzw. ihre jeweiligen Vertreter – oder beide höhere Ansprüche an das Nationaleinkommen autonom durchsetzen wollen. Ein solcher Verteilungskampf führt unter sonst gleichen Bedingungen bei konstanter Inflationsrate zu steigender Arbeitslosigkeit: „Diese steigt beispielsweise, weil Gewerkschaften

---

[7] Bei vollständiger Hysterese lässt sich dann keine eindeutige gleichgewichtige Arbeitslosenquote mehr berechnen, was der Definition eines hysteresen Systems entspricht. „Das langfristige Gleichgewicht kann nur bestimmt werden, wenn der Ausgangspunkt und die Entwicklung hin zu diesem Gleichgewicht bekannt sind" (Grassinger 1993, 18).

dauerhaft höhere Reallöhne durchsetzen. Die Inflationsrate bleibt in diesem Prozess nur konstant, wenn die Unternehmen auf entsprechende Anteile am Sozialprodukt [Anm. der Autoren: offiziell umbenannt in Nationaleinkommen] *verzichten*. Ist diese Bereitschaft nicht vorhanden, fragen die Unternehmen weniger Arbeitskräfte nach" (Schmid 2000, 39). Es ist aber zu beachten, dass die Lohnhöhe keine von außen vorgegebene, exogene Größe ist, sondern innerhalb der Arbeitsmarktprozesse selbst determiniert wird, also endogen ist: „Sie ergibt sich aus Interaktionen von Arbeitsanbietern bzw. von den sie vertretenden Gewerkschaften einerseits und den Arbeitsnachfragern bzw. den sie vertretenden Arbeitgeberverbänden andererseits. Deshalb verursacht nicht ‚der Lohn' Arbeitslosigkeit. Dafür verantwortlich sind vielmehr die Determinanten der Lohnansprüche. Eine dieser Determinanten könnte eine höhere Streikbereitschaft der Gewerkschaften sein. Das sich aus dieser Analyse ergebende wirtschaftspolitische Fazit ist nicht eben ermutigend, wenn man sich zum Ziel setzt, die Arbeitslosenquote zu senken" (Schmid 2000, 40). Geld- und fiskalpolitische Maßnahmen sind ungeeignet, wenn die Arbeitslosigkeit ihre Ursache in diesem Problem hat.

Der sinkende Spielraum für derartige Politik spiegelt sich auch in den ansteigenden Werten der NAIRU, die seit den 1980er Jahren in vielen westeuropäischen Ländern gemessen worden sind. Denn: „Die steigenden Werte bedeuten auch, dass sich die NAIRU an die tatsächlich registrierte Arbeitslosenquote annähert. Nach der Logik der NAIRU geht damit auch der Spielraum für expansive Maßnahmen zurück, der theoretisch durch die Spanne zwischen inflationsstabiler und tatsächlicher Arbeitslosenquote abgesteckt wird. Gleichzeitig zeigt eine höhere NAIRU auch an, dass die Reallohnflexibilität in Bezug auf Veränderungen der Arbeitslosigkeit zurückgegangen ist. Umgekehrt: Wären die Löhne flexibler, könnte die inflationsstabile Arbeitslosenquote niedriger ausfallen" (Klös 1990, 20 f). Es ist daher vielmehr vor allem an den institutionellen Bedingungen anzusetzen, die die Lohnbildung bestimmen, wie später ausgeführt werden wird.

Problematisch bei der NAIRU in der wirtschaftspolitischen Anwendung ist allerdings, dass „die Höhe der inflationsstabilen Arbeitslosenquote ... ex ante nicht genau feststellbar" ist. „Ihre Position lässt sich bestenfalls ex post erkennen, wenn die tatsächliche Arbeitslosenquote sich mit ihr nicht deckt, daher mit geldpolitischen Mitteln bekämpft wird und als Folge davon ein Anstieg der Inflationsrate resultiert" (Schmid 2000, 40). Daher hat sie in der Praxis der Geldpolitik etwa bei der Europäischen Zentralbank nur eine ergänzende Analysefunktion (vgl. EZB 2007, 72).

Zwischen Ökonomen ist nicht unumstritten, inwiefern durch Hysterese auf funktionierenden Arbeitsmärkten wirklich eine dauerhaft höhere bzw. treppenförmig steigende gesamtwirtschaftliche Arbeitslosigkeit, wie sie Deutschland kennzeichnet, erklärt werden kann. Denn eine genügende Anpassung der Anspruchsniveaus der Arbeitssuchenden bei Art und Qualität des Arbeitsplatz bzw. des Lohns auf niedrigere Niveaus müsste auf einem funktionsfähigen Arbeitsmarkt mittelfristig eine Wiederbeschäftigung der zeitweise Arbeitslosen ermöglichen. Hysterese lässt sich also auch aus Sicht von Kritikern neoklassisch interpretieren: „Der klassische Kern hysteretischer Arbeitslosigkeit ist dabei, dass normalerweise absolute und relative Dequalifikation zu Lohnabschlägen führen müsste. Sind diese tarifvertraglich nicht zu vereinbaren, so ist auch die Hysteresis der Arbeitslosigkeit selbst eine Folge unzureichender Lohnflexibilität. Für die Richtigkeit dieser Diagnose spricht zum Beispiel, dass in der arbeitsmarktpolitischen Realität an die Stelle einer zureichenden Lohnflexibilität befristete Arbeitsverträge und Lohnkostenzuschüsse bei der Einstellung von Langzeitarbeitslosen treten, um deren Wiedereingliederungschancen zu verbessern. Lohnsubventionen gleichen damit die eigentlich erforderlichen Lohnabschläge aus" (Klös 1990, 18).

## 2.4 Grafische Aufbereitung empirischer Zusammenhänge des Arbeitsmarkts

Das – europäische bzw. vor allem deutsche, französische, italienische, spanische und explizit nicht US-amerikanische – Problem[8] dauerhaft hoher Arbeitslosigkeit (vgl. SVR 2005, 145 ff; Karanassou u. a. 2006, 6 f) kann auch mit verschiedenen anderen Indikatoren gezeigt werden, die hier neben dem grafischen NAIRU-Ansatz noch vorgestellt werden sollen. Wir beschränken uns dabei jedoch auf die Situation Deutschlands (vgl. aber Kasten 3.1 zum US-deutschen Vergleich). Auch wenn keiner dieser Indikatoren frei von Messproblemen ist, so geben sie doch in der gemeinsamen Betrachtung ein relativ deutliches Bild des Arbeitsmarkts wieder.

### 2.4.1 Die Beveridge-Kurve

Die Beveridge-Kurve oder U-V-Kurve – die erstmals 1958 in die Literatur Eingang fand (Dow-Dicks-Mireaux 1958, 5) – beschreibt ein empirisch beobachtbares negatives Verhältnis zwischen der Arbeitslosigkeit (Unemployment) und den offenen Stellen (Vacancies). Um die gesonderten Einflüsse der Erwerbspersonenentwicklung auszuschalten, wird der Zusammenhang empirisch auf der Basis der Arbeitslosenquoten u und den Quoten der offenen Stellen v ausgewiesen. Die Kurve wurde nach dem britischen Nationalökonomen W. H. Lord Beveridge benannt, der 1944 vorgeschlagen hatte, das wirtschaftspolitische Ziel der Vollbeschäftigung als Zustand mit einer gleichen Zahl von offenen Stellen und Arbeitslosen zu definieren, „worin bereits eine frühe Ahnung über eine ständige Koexistenz von Vakanz- und Arbeitslosenbeständen und über eine zunehmende Differenz von Arbeitslosenbeständen und Vakanzbeständen bei zunehmender Arbeitslosigkeit ab dem ‚Vollbe-

---

[8] Auffallend ist, wie in den USA die Arbeitslosenquote in konjunkturellen Abschwüngen 7 bis 10% erreichen kann und in positiven Konjunkturphasen wieder auf 4 bis 5% sinkt. Deutlich schlechtere Ergebnisse kennzeichnen dagegen Westeuropa in den 1980er Jahren und insbesondere die vier genannten Länder auch in der daran anschließenden Phase, während mehreren kleineren Ländern und auch Großbritannien eine deutliche Verringerung der Arbeitslosigkeit in diesem Zeitraum gelungen ist. Vgl. zum deutsch-britischen Arbeitsmarktvergleich Funk (2007a).

**Abb. 2.5** Stilisierte Beveridge-Kurve

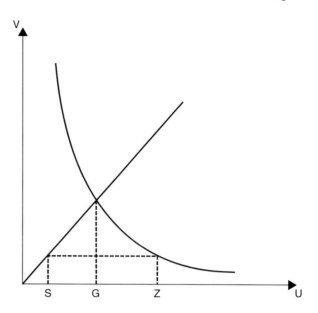

schäftigungsniveau' (U* = V*) zum Ausdruck kommt" (Scherl 2005, 9 f). Thematisiert wird durch die Beveridge-Kurve folglich die Möglichkeit eines gleichzeitigen Auftretens von Überschussnachfrage und Überschussangebot am Arbeitsmarkt. Wie aus Abb. 2.5 zu erkennen ist, verläuft die stilisierte Beveridge-Kurve konvex zum Ursprung.

Der Schnittpunkt der Kurve mit der 45°-Achse stellt die rechnerische Gleichheit offener Stellen mit den friktionell-strukturellen Komponenten der Arbeitslosigkeit dar. Diese Mismatch-Arbeitslosigkeit existiert, weil unter anderem informatorische, technologische, branchen-, berufs- oder regionalspezifische Probleme am Arbeitsmarkt bestehen, die einen Ausgleich von Angebot und Nachfrage behindern. Bei deren weitgehender Beseitigung wäre ‚Vollbeschäftigung', wie sie beim statistischen Überblick definiert worden ist und Deutschland während der 1960er Jahre kennzeichnete (Zahl der offenen Stellen mindestens so groß wie die Zahl der Arbeitslosen bei einem Niveau der gesamtwirtschaftlichen Arbeitslosigkeit von wenigen Prozent), aber prinzipiell möglich. Eine Verschiebung der Beveridge-Kurve nach außen bedeutet eine Verschlechterung der Mismatch-Arbeitslosigkeit, während eine Bewegung auf einer gegebenen Kurve Aussagen über konjunkturelle Erscheinungsmuster bzw. die gesamtwirtschaftliche Arbeitslosigkeitssituation (Überhang der Zahl der Arbeitslosen über die Zahl der offenen Stellen – beide Größen normiert mit der Zahl der Erwerbspersonen) zulässt. Eine Bewegung auf der eingezeichneten Kurve nach links oben, also von der Winkelhalbierenden nach oben weist auf konjunkturelle Überbeschäftigung hin, „weil … in Zeiten einer Hochkonjunktur und der damit einhergehenden Anspannung auf dem Arbeitsmarkt Unternehmen eher bereit sind, Bewerber mit qualifikatorischen Defiziten gleichwohl einzustellen und diese mit Hilfe von Weiterbildungsmaßnahmen auszugleichen zu versuchen" (SVR 2005, 165).

Die in unserem Zusammenhang und auch empirisch bedeutsamere Bewegung auf der eingezeichneten Kurve von G nach Z, also von der Winkelhalbierenden nach unten, zeigt hingegen einen gesamtwirtschaftlichen Anstieg der Arbeitslosigkeit, weil die Arbeitslosigkeit höher als die Zahl der offenen Stellen ist. Damit ist aber noch nicht die Kernfrage geklärt, ob dies Folge mangelnder gesamtwirtschaftlicher Nachfrage am Gütermarkt (konjunkturelle bzw. keynesianische Arbeitslosigkeit) oder überhöhter Reallöhne (so genannte klassische Arbeitslosigkeit) ist. Eine isoliert erfolgende expansive Makropolitik würde beispielsweise bei einer durch zu geringe gesamtwirtschaftliche Nachfrage verursachten Unterbeschäftigung die Arbeitslosigkeit nicht auf das Niveau S, sondern eben nur auf G zurückführen. Umgekehrt bliebe der eigentliche gesamtwirtschaftliche Kern der Arbeitslosigkeit erhalten, wenn alle friktionellen und strukturellen Probleme gelöst wären, was in der Praxis jedoch unrealistisch ist.

Theoretische Grundlagen für den Kurvenverlauf lassen sich nicht einfach bestimmen, da die „statistische Form der UV-Kurve ... sich als hinreichend flexibel (erwies), um alle Modeströmungen der Arbeitsmarkttheorie zu überdauern" (Winter-Ebmer 1992, 131). Dies heißt jedoch gerade nicht, dass die Beveridge-Kurve belanglos wäre; vielmehr muss bei der zugrunde liegenden Modellgestaltung und der Interpretation sehr sorgfältig vorgegangen werden. Hinzu kommt, dass – wie die folgenden Kapitel zeigen werden – die Bestimmungsgründe für Arbeitslosigkeit theoretisch voneinander zu isolieren sind, eine empirisch-ökonometrische Diskriminierung zwischen den einzelnen Erklärungsansätzen jedoch sehr schwer ist. Gleichwohl zeigt die empirische Beveridge-Kurve für Deutschland ein relativ eindeutiges Bild (Abb. 2.6). Dabei ist zu beachten, „dass es sich bei den offenen Stellen nur um die bei den Agenturen für Arbeit gemeldeten unbesetzten Arbeitsplätze handelt, der Einschaltungsgrad der Agenturen für Arbeit bei der Besetzung aller Vakanzen indes im Zeitablauf nicht unbeträchtlich variiert" (SVR 2005, 165).

Zwei Bewegungen sind offensichtlich. So fand einmal eine Bewegung entlang einer stabilen Beveridge-Kurve nach Süd-Osten statt, was auf eine Zunahme gesamtwirtschaftlicher Arbeitslosigkeit hindeutet. Während der Rezessionen Anfang der 70er, 80er und 90er Jahre hat aber auch vor allem eine Rechtsverschiebung stattgefunden, die als eine Zunahme der strukturellen Arbeitslosigkeit zu deuten ist. In den jeweils den Rezessionen folgenden Aufschwüngen drehte sich die Kurve gegen den Uhrzeigersinn. Allerdings ist es relativ schwierig zwischen einer Verschiebung der Beveridge-Kurve und einer Drehung oder Schleifenbewegung um eine gegebene Kurve zu unterscheiden. Begründet werden diese Schleifen mit einer verzögerten Reaktion der Beschäftigungssituation auf Güternachfrageveränderungen. Zu Beginn eines Aufschwungs, wenn die Ausschreibung offener Stellen bereits zunimmt, verharrt die Arbeitslosigkeit zunächst noch auf dem bisherigen Niveau, da zum einen Suchprozesse eine gewisse Zeit in Anspruch nehmen und zum anderen die Unternehmen eine Verfestigung der konjunkturellen Entwicklung abwarten. Analog dazu werden in einem beginnenden Abschwung zunächst keine Stellen mehr ausgeschrieben und erst danach Entlassungen vorgenommen (vgl. Blanchard/Diamond 1989, 47). Prinzipiell scheint somit eine Verschlechterung der Arbeitsmarktsituation im Ansatz der Beveridge-Kurve festzustellen zu sein, die die obige

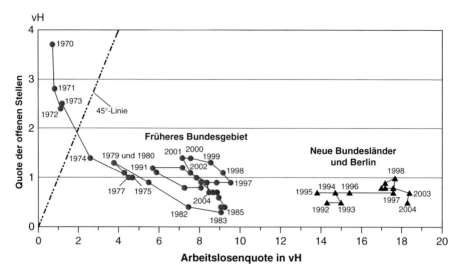

**Abb. 2.6** Empirische Beveridge-Kurve Westdeutschland 1970–2004 und Neue Bundesländer und Berlin (1992–2004). (Quelle: SVR 2005, 166. Anmerkungen: Bis 1990: Offen Stellen/registrierte Arbeitslose in Prozent der abhängigen zivilen Erwerbspersonen; ab 1991: Offene Stellen/registrierte Arbeitslose in Prozent aller zivilen Erwerbspersonen; Früheres Bundesgebiet bis 1990 einschließlich Berlin-West, ab 1991 ohne Berlin)

Charakterisierung der Arbeitslosigkeit als persistent unterstützt, wie besonders der Blick auf das frühere Bundesgebiet zeigt. Denn vergleicht man beispielsweise die Jahre 1980, 1991 und 1999, so ist die Quote der offenen Stellen dort ungefähr gleich hoch, während die Arbeitslosenquote im Zeitablauf deutlich zugenommen und dann sich sogar etwa verdoppelt hat. Klar verdeutlicht dieses Problem auch der Blick auf die neuen Bundesländer mit Berlin, wenn man etwa 1995 und 2003 gegenüberstellt (4 Prozentpunkte höhere Arbeitslosenquote bei gleicher Quote der offenen Stellen). Die Vermittlungseffizienz bzw. der Matching-Prozess haben demgemäß parallel wesentlich an Effizienz eingebüßt. Eine Deutung hierfür könnte sein, dass strukturelle Schocks an Bedeutung gewonnen haben und/oder sich die Suchintensität der Arbeitslosen, etwa wegen einer generöseren Ausgestaltung von Lohnersatzleistungen oder bei der Zumutbarkeit der Annahme von Arbeitsplätzen durch Arbeitslose, verschlechtert hat (vgl. Schmid u. a. 1996, 26–31).

Probleme der theoretischen Fundierung können an dieser Stelle nicht erörtert werden. Sie hängen auch vom zugrunde gelegten Erklärungsansatz ab (vgl. beispielsweise Henning 1999; Scherl 2005). Problematisch ist allerdings auch die Datenbasis für diese Kurve, da die von der Bundesagentur für Arbeit gemeldeten Vakanzen und Arbeitslosen nur einen Teil der jeweiligen Gesamtgrößen widerspiegeln. So liegt der Einschaltgrad der Arbeitsagenturen im Durchschnitt nur bei rund einem Drittel aller Stellenneubesetzungen und schwankt darüber hinaus in Abhängigkeit von der Konjunktur. Eine Korrektur der offiziellen Zahlen um diesen Einschaltgrad hat dafür den Nachteil, dass die Zeitdauer dieser Vakanzen geschätzt werden muss, es aber keine Informationen über diese Dauer abhängig von der Meldung gibt. Ebenso spiegeln die offiziellen Arbeitslosenzahlen, wie gezeigt, nicht die gesamte Höhe wider, da etwa ‚verdeckt' Arbeitslose in Maßnahmen der aktiven Arbeitsmarktpolitik, Kurzarbeiter und Personen aus der Stillen Reserve nicht mitgezählt werden. Andererseits soll die Beveridge-Kurve die dem Arbeitsmarkt zu Verfügung stehenden Arbeitslosen aufzeigen, wozu Teile der Personen in aktiven arbeitsmarktpolitischen Maßnahmen und Kurzarbeiter nicht zählen.

Berücksichtigt man diese Probleme, so kann die Beveridge-Kurve jedoch für die langfristige Entwicklung des Arbeitsmarkts in der Tat einige wertvolle Hinweise geben.

## 2.4.2 Die Phillips-Kurve und die NAIRU

Die Phillips-Kurve findet seit mehr als 50 Jahren eine bis heute große Aufmerksamkeit (vgl. zur aktuellen Debatte, die in einer neuen neoklassischen Synthese den Zusammenhang primär für die Modellierung von Inflationsdynamiken verwendet, Frenkel/Fendel 2005; Akerlof/Shiller 2009, 157 ff). Sie skizziert in ihrer ursprünglichen Version eine Austauschbeziehung zwischen der Wachstumsrate der Nominallöhne (so genannte Lohninflation) und der Arbeitslosenquote und hatte damit bemerkenswerterweise das gleiche Geburtsjahr wie die Beveridge-Kurve, wurde aber „anfänglich schneller berührt" (Scherl 2005, 9). Abbildung 2.7 zeigt den stilisierten Verlauf der Kurve, so wie ihn der englische Ökonometriker Arthur Phillips in einem 1958 erschienenen Aufsatz für Großbritannien im Zeitraum von 1861 bis 1957 feststellen konnte. Lohninflation und Arbeitslosenquote haben darin eine inverse Beziehung, wobei die Kurve ungefähr bei einer Arbeitslosenquote von 6% die Abszisse schneidet, d. h., bei dieser Arbeitslosenquote wären die Nominallöhne stabil.

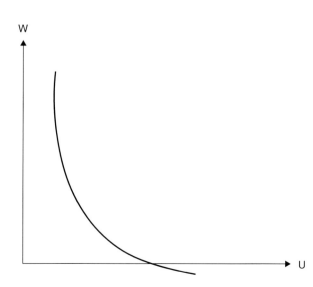

**Abb. 2.7** Originäre Phillipskurve

Bekannt und wirtschaftspolitisch von Bedeutung wurde die Phillips-Kurve in ihrer modifizierten Form nach Paul Samuelson/Robert Solow (1960), die die Lohninflation durch die Preisinflation ersetzten. Dieser inverse Zusammenhang zwischen der Inflationsrate und der Arbeitslosenquote, der auch keynesianisch fundiert werden kann (vgl. Miller/VanHoose 2004, 287 ff und ergänzend Funk/Voggenreiter/Wesselmann 2008) führte dazu, dass die Wirtschaftspolitik annahm, sie könnte zwischen den Kombinationen hohe Inflationsrate und niedrige Arbeitslosenquote sowie niedrige Inflationsrate und hohe Arbeitslosenquote wählen. ‚Mitte-Rechts' Regierungen bevorzugten typischerweise die zweite Kombination, während „Mitte-Links" Regierungen die erste präferierten (vgl. beispielsweise Gordon 1976). Die parallele Existenz von Inflation und Arbeitslosigkeit seit der ersten Ölpreiskrise der 1970er Jahre – bekannt unter dem Begriff der Stagflation – führte jedoch zu einem kritischen Hinterfragen des angeblich stabilen Zusammenhangs von Preis- und Arbeitslosenentwicklung.

Die Kritik an der Phillips-Kurve kam von zwei Seiten und entzündete sich an der Annahme exogener Erwartungen hinsichtlich der Entwicklung der Inflationsrate. Aus dem Lager der Neuen Klassischen Makroökonomie kam auf der Grundlage der Arbeiten von Robert Lucas zu rationalen Erwartungen der Einwand, dass die Wirtschaftssubjekte aufgrund ihrer Kenntnisse und Informationen über die Wirtschaftssituation keine systematischen Fehler in ihrer Erwartungsbildung begingen und langfristig deshalb nur eine senkrechte Phillips-Kurve bestehen könnte.

Diese Kritik wurde ausführlicher von monetaristischer Seite mit den Arbeiten von Milton Friedman (1968) und Edmund S. Phelps (1970) unter Bezug auf das Konzept adaptiver Erwartungen fundiert. Aufgrund der adaptiven Erwartungshaltung passen die Wirtschaftssubjekte ihre Inflationserwartungen an die tatsächliche Entwicklung an und orientieren daran ihre Lohnforderungen, so dass langfristig keine Abweichung von der natürlichen Arbeitslosenquote möglich wäre und im Ergebnis wieder eine senkrechte Phillips-Kurve zu erwarten ist.

Neben den adaptiven Erwartungen ist vor allem die Annahme einer natürlichen Arbeitslosenquote von Relevanz, die nicht-monetärer Natur ist. Friedman (1970, 144) selbst definierte sie folgendermaßen: „Das ‚natürliche Unterbeschäftigungsniveau' ist mit anderen Worten jenes, das sich aus dem Walrasianischen Gleichgewichtssystem ergeben würde, vorausgesetzt, die aktuellen Strukturcharakteristika der Arbeits- und Gütermärkte sind eingebaut, und zwar einschließlich Marktunvollkommenheiten, Zufallsvariabilität von Angebot und Nachfrage, Kosten der Informationsbeschaffung über freie Stellen und Arbeitsreserven, Mobilitätskosten ...."

Es handelt sich also um die friktionelle und Teile der strukturellen Arbeitslosigkeit. Da diese natürliche Rate von realwirtschaftlichen Faktoren abhängt, ist sie in ihrer Höhe zudem nicht, wie der Begriff fälschlicherweise suggerieren könnte naturgegeben, sondern längerfristig veränderbar (vgl. Friedman 1970, 147; Blümle/Patzig 1999, 418). So steigt sie und verschlechtert sich etwa durch eine Verringerung der Vermittlungseffizienz des Arbeitsmarktes. Sie ist jedoch unabhängig von der Inflationsrate und ihrer Veränderung gegeben. Eine Erhöhung der Inflation durch geldpolitische Maßnahmen kann deshalb nur kurzfristig die Arbeitslosigkeit unter ihr natürliches Niveau drücken; sobald die Wirtschaftssubjekte ihre Erwartungen

## 2.4 Grafische Aufbereitung empirischer Zusammenhänge des Arbeitsmarkts

an die tatsächliche Entwicklung angepasst haben, wird die Arbeitslosigkeit wieder auf ihr natürliches Niveau steigen. Folglich ist der ursprünglich negative Phillips-Kurven-Zusammenhang nur kurzfristig, langfristig ist der Verlauf jedoch aus Friedmans monetaristischer Sicht[9] senkrecht. „Friedman bestreitet, dass es so etwas wie ein ‚Menü' zwischen Inflation und Arbeitslosigkeit gibt. Wenn die Regierung versucht, die Beschäftigung dauerhaft über ihr ‚natürliches' Niveau anzuheben, führt dies nur zu ständig steigender Inflation. Umgekehrt geht die Inflationsrate ständig zurück, wenn die Regierung durch Nachfragepolitik die Beschäftigung für längere Zeit unter ihrem ‚natürlichen' Niveau hält. Die Regierung hat nur folgende Auswahl: Wenn sie eine dauerhaft niedrige Arbeitslosenquote will, muss sie in Kauf nehmen, dass sie die Inflation immer mehr beschleunigt. Diese Wahl nennt man ‚Akzelerationismus'. Wenn die Regierung eine hohe Arbeitslosenquote halten will, muss sie eine Verlangsamung der Inflation (und schließlich Deflation) hinnehmen. Diese Wahl nennt man ‚Dezelerationismus'" (Schmid u. a. 1996[2], 132 f). Ein konstantes Unterschreiten der natürlichen Arbeitslosenquote hat also hiernach nicht nur eine hohe, sondern sogar eine sich beschleunigende Inflation zur Folge (vgl. auch Felderer/Homburg 2005[9], 246).

Nach Friedmans Modell ist die Inflation auf der vertikalen Linie parallel zur Inflationsachse über der natürlichen Rate der Arbeitslosigkeit auf der horizontalen Achse der Arbeitslosigkeit (langfristige Phillipskurve) in jedem Punkt jeweils konstant. Dies ist der Grund, warum die natürliche Rate der Arbeitslosigkeit oft auch als NAIRU bezeichnet wird (vgl. Schmid u. a. 1996[2], 140). Abseits dieser vertikalen Phillipskurve liegen die kurzfristigen Ungleichgewichte. Links ist der Akzelerationsbereich, in dem die Beschäftigung zu hoch ist und sich die Inflation beschleunigt. Rechts (im Dezelerationsbereich) herrscht über die natürliche Rate hinausgehende Unterbeschäftigung: die Inflation verlangsamt sich und es kommt schließlich zu Deflation.

Wie gerade gesehen, wird die natürliche Arbeitslosenquote nicht selten mit der weiter oben bereits vorgestellten NAIRU gleichgesetzt. Diese Interpretation ist jedoch unter anderem deshalb umstritten, da die NAIRU vor allem mit Modellen der Neuen Keynesianischen Makroökonomik, die auf systemimmanenten Preis- und Lohnrigiditäten basieren, mikrofundiert wird, während die natürliche Arbeitslosigkeit häufig in der so genannten walrasianischen bzw. markträumenden Modellwelt angesiedelt wird (vgl. allgemein zu dieser Dichotomie Abschn. 2.5 sowie zum Verhältnis von natürlicher Arbeitslosigkeit und NAIRU Winter-Ebmer 1992, 44–59).

Kritiker des zuletzt genannten Punkts verweisen allerdings darauf, dass Friedmans obige Definition explizit die zuletzt genannte Annahme aufgibt und einen unvollkommenen Arbeitsmarkt annimmt, dessen Abweichung vom markträumenden Gleichgewicht – im Sinne von Léon Walras, wie Kap. 3 verdeutlichen wird – sich nicht nur auf Probleme der Vermittlungseffizienz beschränken lassen, wie bisweilen unterstellt wird (vgl. Blümle/Patzig 1999, 417; Gärtner 2006, 161 f; Jerger 2003, 65). Vielmehr lässt sich Friedmans Definition von natürlicher Arbeitslosigkeit –

---

[9] Friedmans Theorie wird Monetarismus genannt, weil er die These vertrat, dass es ohne ein entsprechendes Wachstum der Geldmenge langfristig keine Inflation geben kann.

trotz aller berechtigten empirischen Zweifel daran (vgl. etwa Schmid u. a. 1996, 132 ff) – sehr wohl auch als wegweisender Vorläufer der heutigen makroökonomischen Modelle deuten: „Hier werden im Prinzip die beiden zentralen Elemente der moderneren makroökonomischen Arbeitsmarktforschung bereits benannt: Zum einen ist dies die Berücksichtigung unvollkommener Konkurrenz auf den Güter- und Arbeitsmärkten – was der gemeinsame Nenner der wichtigsten Beiträge zur jüngeren makroökonomischen Arbeitsmarktforschung ist –, und zum anderen ist dies der Bereich von Informationsunvollkommenheiten und Transaktionskosten, die zu einem mismatch über verschiedene Dimensionen zwischen Arbeitsangebot und –nachfrage und damit zu Arbeitslosigkeit führen kann" (Jerger 2003, 60 f).

Beim empirischen Verlauf der Phillips-Kurve für Deutschland, wie er sich in den meisten einführenden Lehrbüchern der Volkswirtschaftslehre findet (vgl. etwa Beck 2006, 324 und siehe Kasten 2.4), zeigt sich zum einen ein ansatzweise eher steiler Verlauf bei mittelfristiger Perspektive und zum anderen eine schrittweise Rechtsverschiebung der kurzfristigen Phillips-Kurve im Zeitablauf. Dies kann als empirische Bestätigung der treppenförmig steigenden Arbeitslosenquote auch im Rahmen der Phillips-Kurve aufgefasst werden und deutet ebenfalls auf eine persistente Entwicklung der Arbeitslosigkeit unabhängig von konjunkturellen Einflüssen hin.

In der arbeitsmarktökonomischen Debatte hat sich mittlerweile weitgehend die NAIRU als Weiterentwicklung der ursprünglichen Phillipskurve durchgesetzt. Diese inflationsstabile bzw. -neutrale Arbeitslosenquote ist, wie gesagt, die Arbeitslosenquote, die mit einer konstanten Inflationsrate vereinbar ist. Wird sie unterschritten, steigt die Inflation, wird sie überschritten, sinkt die Inflation. Grafisch setzt sie die Arbeitslosigkeit zu der Veränderung (statt dem Niveau) der Inflation in Bezug. „Liegt die Arbeitslosenquote auf der Höhe der inflationsstabilen Arbeitslosenquote, bleibt die Inflationsrate auf dem bisherigen Niveau. Gerät in einem Boom die Arbeitslosenquote unter die inflationsstabile Arbeitslosenquote, steigt die Inflationsrate – und zwar so lange, wie die niedrige Arbeitslosigkeit andauert. Wird umgekehrt die inflationsstabile Arbeitslosenquote überschritten, beobachten wir sinkende Inflationsraten" (Beck 2006, 324). Die empirischen Daten für Deutschland zeigen, „dass die inflationsstabile Arbeitslosenquote um 1970 bei unter 1% liegen musste. Die Jahrespunkte 1965–1974 liegen entweder links davon im Bereich von zunehmenden Inflationsraten – oder rechts davon im Bereich von abnehmenden Inflationsraten (Desinflation)" (Beck 2006, 324; vgl. auch Schmid 2000, 37 ff). Bis Anfang der 1980er Jahre vertrug sich eine Arbeitslosenquote von 3% mit einer stabilen Inflationsrate. In der zweiten Hälfte der 1980er Jahre war es eine Arbeitslosenquote von ca. 5%. Durch die Einbeziehung der neuen Bundesländer stieg die NAIRU auf ein höheres Niveau, auch wenn der Zusammenhang etwas verborgener ist (vgl. Abb. 2.8). Der Anstieg der NAIRU in den 1960er bis 1980er Jahre auf das Fünffache und im Anschluss daran sogar darüber ist kompatibel mit dem treppenförmigen Anstieg der deutschen Arbeitslosigkeit und deren Persistenz.

Eine hohe Variabilität der NAIRU zwischen Mitte der 1970er Jahre und dem Ende der 1990er Jahre sowie ein stark paralleler Verlauf zum Anstieg der tatsäch-

## 2.4 Grafische Aufbereitung empirischer Zusammenhänge des Arbeitsmarkts

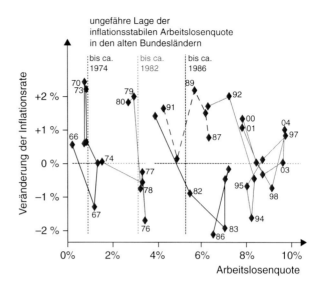

**Abb. 2.8** Empirie der NAIRU in (West-)Deutschland zwischen 1965 und 2004. (Quelle: Beck 2006, 324)

lichen Arbeitslosenquoten sind charakteristisch auch für viele andere westliche Industrieländer, insbesondere in Westeuropa. Dies alles deutet auf eine Verschlechterung der Arbeitsmarktperformanz der betroffenen Länder in diesem Zeitraum hin. Denn: „Die ökonometrisch ermittelten Werte für die inflationsstabile Arbeitslosenquote liefern … eine numerische Richtschnur für den jeweils sozusagen ‚unvermeidlichen' Sockel an gesamtwirtschaftlicher Arbeitslosigkeit, der durch Nachfragebelebung nicht abgebaut werden kann" (Klös 1990, 20).

Die Arbeitsmarktlage einer Reihe von Ländern hat sich jedoch in den letzten Jahren verbessert, was sich auch in entsprechend niedrigeren Schätzungen der NAIRU niederschlägt (vgl. SVR 2005). Auch in Deutschland weisen die jüngeren Entwicklungen auf Erfolge hn, die als ein „deutliches Indiz für das Wirken der Arbeitsmarktreformen der letzten Jahre" (SVR 2008, 284) gedeutet werden können (vgl. dazu auch Kasten 2.4): „Im Zeitraum der letzten drei Jahre …. ist die NAIRU deutlich, das heißt um nicht ganz 2 Prozentpunkte von 10 v. H. auf knapp über 8 v. H. zurückgegangen. Eine vergleichbare Entwicklung konnte im Zeitraum der letzten dreißig Jahre nicht beobachtet werden" (SVR 2008, 284).

**Kasten 2.4 Wirtschaftspolitische Anwendung: Die jüngsten Erfolge am deutschen Arbeitsmarkt im Lichte von Phillips-Kurve und Beveridge-Kurve**

*Hintergrund:* Der größte Teil der Arbeitslosigkeit in Deutschland wurde seit Mitte der siebziger Jahre auch bei guter Konjunktur nicht abgebaut und ist demnach gleichgewichtig. Eine zu niedrige gesamtwirtschaftliche Arbeitslosigkeit, wie sie für Rezessionsphasen typisch ist, genügt folglich als Erklärung für die lange Zeit dauerhaft hohe Arbeitslosigkeit in Deutschland nicht. Daher sind als mögliche Erklärungen für eine persistent hohe Arbeitslosigkeit in den letzten zwei Jahrzehnten Institutionen des Arbeitsmarkts wie das Tarifvertragssystem oder die Lohnersatzleistungen im Zusammenspiel mit makroökonomischen Schocks zentrale Erklärungsgrößen geworden.

Nach diesem Ansatz sind von den *Hartz-Reformen* tendenziell Beschäftigungszunahmen und eine Abnahme der dauerhaft hohen Arbeitslosigkeit zu erwarten. „Positive Wirkungen dürften insbesondere ausgehen von der Verkürzung der Bezugsdauer des Arbeitslosengeld I sowie der Zusammenlegung von Arbeitslosen- und Sozialhilfe zum Arbeitslosengeld II, das zumeist niedriger ist als die frühere Arbeitslosenhilfe" (Bach u. a. 2009b, 50). Hinzu kommt neben einer gewissen Lockerung des Kündigungsschutz, dass Unternehmen leichter Personen befristet oder in Leiharbeit einstellen dürfen, was deren kalkulatorische Einstellungskosten unter sonst gleichen Bedingungen senkt (vgl. Bach u. a. 2009a, 2). Schließlich ist auch noch zu bedenken: „Außer durch Gesetzesänderungen können sich Institutionen auch durch Verhaltensänderungen wichtiger Akteure verändern. Zu einem gewissen Grad handelt es sich dabei um einen endogenen Prozess, etwa eine größere Konzessionsbereitschaft in Tarifverhandlungen aufgrund hoher Arbeitslosigkeit" (Bach u. a. 2009b, 50). Nach der eben vorgestellten Theorie müssten diese seit mehreren Jahren wirksam gewordenen Faktoren zusammen dazu beitragen, dass die inflationsstabile Arbeitslosigkeit gesunken ist.

In der *Empirie* lässt sich dies unter anderem mit Hilfe der beiden im Haupttext vorgestellten makroökonomischen Konzepte analysieren, der Beveridge-Kurve und der Phillips-Kurve, da es zu Abweichungen ihrer Verläufe im Vergleich zu einem normalen Konjunkturzyklus ohne solche angebotsseitigen Reformen kommt.

Der empirische Verlauf der Beveridge-Kurve in Deutschland deutet tatsächlich auf eine verbesserte Matching-Effizienz im Gefolge der Hartz-Reformen hin (vgl. Abb. 2.9): „Im jüngsten Aufschwung aber, besonders in den Jahren 2007 und 2008, hat die Beveridge-Kurve ihr konjunkturelles Muster verlassen und hat sich nach innen verschoben. Bei einer gegebenen Zahl gemeldeter offener Stellen sind nun weniger Menschen arbeitslos als zuvor" (Bach u. a. 2009a, 2; vgl. auch Bach u. a. 2009b, 52).

Falls die Arbeitslosenquote konjunkturell unter das Niveau der gleichgewichtigen Unterbeschäftigung sinkt, nimmt die Verhandlungsmacht der Arbeitnehmer zu, und sie können höhere Lohnforderungen durchsetzen. Die Unternehmen wälzen dann die gestiegenen Löhne teilweise auf die Preise ab, so dass die Inflation steigt. Dies erkennt man an der Abb. 2.10 im Gefolge des Aufschwungs zu Beginn des 21. Jahrhunderts. Dieser Zusammenhang auf einer gegebenen Phillips-Kurve existiert aber nur kurzfristig. Längerfristig kehrt die Arbeitslosigkeit auf ihr gleichgewichtiges Niveau zurück,

2.4 Grafische Aufbereitung empirischer Zusammenhänge des Arbeitsmarkts

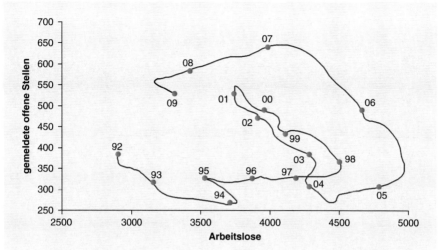

**Abb. 2.9** Empirische Beveridge-Kurve in Deutschland 1992–2009. (Quelle: Bach u. a. 2009b, 51) (Es wurden jedoch akutalisierte Daten des IAB verwendet). Zusammenhang zwischen gemeldeten offenen Stellen und Arbeitslosigkeit (jeweils in Tausend), seit 1992, saisonbereinigte Monatswerte (ohne irreguläre Komponenten)

falls keine institutionellen bzw. strukturellen Änderungen in der Volkswirtschaft vorliegen. Wenn hingegen die Arbeitslosigkeit abnimmt, ohne dass die Inflation ansteigt, verschiebt sich die Phillips-Kurve nach links aufgrund einer verringerten gleichgewichtigen Arbeitslosigkeit. Letztere könnte zum

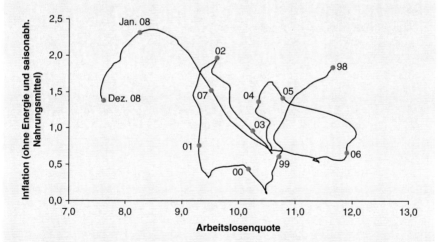

**Abb. 2.10** Empirische Phillips-Kurve in Deutschland 1998–2008. (Quelle: Bach u. a. 2009b, 51) (Es wurden jedoch aktualisierte saisonbereinigte Monatswerte des IAB verwendet). Inflation ist die Veränderung des Verbraucherpreisindex gegenüber Vorjahr (ohne Energie und saisonabhängige Nahrungsmittel)

Teil durch die Strukturreformen am Arbeitsmarkt erklärt werden. Das Institut für Arbeitsmarkt- und Berufsforschung konstatiert daher für den jüngsten Aufschwung für die Zeit zwischen 2006 und 2008: „Die Arbeitslosigkeit ist deutlich stärker zurückgegangen als zur Jahrtausendwende, während die Inflation etwas weniger angestiegen ist als damals. Der Anstieg der Inflation dürfte zudem kaum auf Lohndruck zurückzuführen sein, sondern auf die höhere Mehrwertsteuer. Ende 2007, bei einer wesentlich geringeren Arbeitslosigkeit als zum Tiefststand im Jahr 2001, scheint auch – anders als damals – die Zunahme der Inflation gestoppt zu sein." (Bach u. a. 2009b, 52 und vgl. Abb. 2.10).

*Implikationen und Kritik:* Sowohl die Entwicklung der Beveridge-Kurve als auch der Phillips-Kurve deuten darauf hin, dass die inflationsstabile Arbeitslosigkeit durch die Arbeitsmarktreformen gesenkt wurde und sich die Strukturen als Folge davon geändert haben – auch wenn „die Entwicklung von Arbeitslosigkeit und Inflation Interpretationsspielräume offen" (Bach u. a. 2009b, 52) lässt. Dies wird nun allerdings angesichts der schweren Wirtschaftskrise überdeckt werden durch einen erheblichen Anstieg der rezessionsbedingten Arbeitslosigkeit als Folge des Konjunktureinbruchs (vgl. Bach u. a. 2009a). Obwohl der Arbeitsmarkt für diese schwierige Phase per Saldo besser gerüstet zu sein scheint als vor den Reformen, so greift dies volkswirtschaftlich Ziel führend vor allem erst beim nächsten Aufschwung. Denn die Hartz-Reformen bewirken direkt oder indirekt, dass dann erheblich weniger Wirtschaftswachstum als früher benötigt wird, um eine höhere Beschäftigung zu erzielen, indem Unternehmen anders als zuvor auch unattraktive Stellen leichter besetzen können und die Bewerber zu mehr Kompromissen im Hinblick auf Lohn und Arbeitsbedingungen bereit sind.

Es gibt jedoch auch eine „andere Seite der Medaille", die sich gerade in der Rezession zeigt: „Die Flexibilisierung des Arbeitsmarkts wirkt sich in einigen Bereichen bei Schönwetterlage positiv, im umgekehrten Fall aber negativ aus. Leiharbeit und befristete Beschäftigung beispielsweise zeichnen sich durch eine hohe Konjunkturempfindlichkeit aus" (Möller 2009). Kritiker der Reformen räumen ein, dass die Arbeitslosigkeit im jüngsten Aufschwung ungewöhnlich stark gesunken ist: „Das hat zum einen sicherlich mit der erhöhten Effizienz der Bundesagentur zu tun, die den Druck auf Arbeitslose so verschärft hat, dass mehr Arbeitslose als früher aus der Menge der registrierten Erwerbslosen ausgeschieden sind. … Zum zweiten spielt aber auch die demographisch bedingte Abnahme des Arbeitsangebots eine Rolle" (Horn 2009). Sie bemängeln aber vor allem, „dass die Realeinkommen trotz kräftigen Aufschwungs leicht gesunken sind" und kommen daher zum Urteil: „Die Arbeitsmarktreformen haben den Arbeitslosen wenig gebracht und die Beschäftigten stark geschädigt" (ebenda).

## 2.4.3 Die Lohnkurve

Das Anfang der neunziger Jahre eingeführte Konzept der Lohnkurve rückt die Existenz und die Ursachen interregionaler Lohndifferenziale in den Mittelpunkt des Interesses und beschreibt einen negativen Zusammenhang zwischen dem Lohnsatz und der regionalen Arbeitslosigkeit (siehe Abb. 2.11). Das Konzept hat sich mittlerweile fest in der internationalen Lehrbuchliteratur etabliert (vgl. Borjas 2007[4], 515 ff; Hyclak u. a. 2005, 166 f, 448 ff).

Die Lohnkurve steht in ihrem Verlauf im Gegensatz zur Theorie kompensierender Lohndifferenziale und neoklassischer Migrationserklärungen, die beide einen positiven Zusammenhang zwischen der Lohnhöhe und der Arbeitslosigkeit unterstellen. Hier wird genau der gegenteilige Zusammenhang postuliert, nämlich hohe Löhne bei niedriger regionaler Arbeitslosigkeit. Theoretisch wird dabei auf die Effizienzlohntheorien zurückgegriffen. Hinzukommt, dass die Elastizität des Lohnsatzes bezüglich der Arbeitslosigkeit nicht einen linearen Verlauf aufweist, sondern vielmehr mit steigender Beschäftigungslosigkeit sinkt.

Die von Blanchflower/Oswald (1994) durchgeführten empirischen Untersuchungen für mehrere Länder ergaben für die Arbeitslosigkeitselastizität des Lohnsatzes einen Wert von etwa -0,1, d. h., dass mit einer Verdopplung der Arbeitslosigkeit eine Lohnsatzverringerung von etwa 10 Prozentpunkten einhergeht (Blanchflower/Oswald 1994, 363). Analysen für die Bundesrepublik Deutschland (vgl. beispielsweise Blien 1995; Carstensen 1995; Gerlach/Wagner 1995) kommen zu ähnlichen Werten und bestätigen weitgehend die Arbeiten von Blanchflower und Oswald.

Probleme mit der Lohnkurve ergeben sich auf zwei Ebenen:

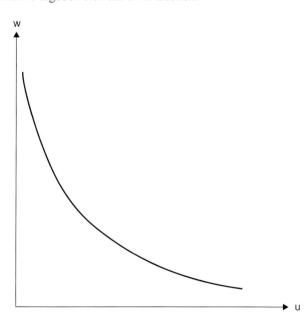

**Abb. 2.11** Lohnkurve

Für die Konstruktion sind als erstes regionale Preisindizes notwendig, die geschätzt werden müssen, da sie in der Regel nicht verfügbar sind. Hinzu kommt, dass Regionaldaten aus administrativ eingeteilten Regionen nicht mit den für die Analyse zweckmäßigen Regionen übereinstimmen müssen, so dass eine Kombination verschiedener Variablen notwendig ist, um abgrenzungsbedingte Fehlerquellen zu vermeiden.

Auch der Ansatz der Lohnkurve ist ein empirischer Beleg für die Persistenzproblematik, da hiernach „labour markets may require a long time to return to equilibrium after a demdand or supply shock" (Hyclak u. a. 2005, 167). Insbesondere zeigt der Verlauf der Lohnkurve, dass der Reallohn um so weniger reagibel auf Arbeitslosigkeit reagiert, je mehr wir uns auf Arbeitsmarktsituationen mit hoher Arbeitslosigkeit zubewegen. Dies ist kompatibel mit einer entscheidenden Schlussfolgerung des später zu behandelnden Insider-Outsider-Modells des Arbeitsmarkts, „that the existence of large numbers of longterm unemployed has little effect on insider wage bargaining power" (Hyclak u. a. 2005, 451).

## *2.4.4 Die Okun-Kurve*

Die Okun-Kurve ist die grafische Gegenüberstellung der gesamtwirtschaftlichen Nutzungsintensitäten von Kapital und Arbeit, konkretisiert durch den Auslastungsgrad der Sachkapazitäten und die Arbeitslosenquote. Die Kurve beruht auf dem so genannten Okunschen Gesetz, benannt nach dem amerikanischen Ökonomen Okun, der in einem 1962 erschienen Aufsatz aufgrund einer Längsschnittuntersuchung einen stabilen, aber nicht proportionalen Zusammenhang zwischen Produktions- und Arbeitslosigkeitsentwicklung herausgefunden hat. Vielmehr folgte aus einer zurückgehenden Arbeitslosigkeit eine überproportional ansteigende Produktion bzw. ein Produktionsrückgang führte nur zu einem unterproportionalen Beschäftigungsabbau (vgl. Landmann/Jerger 1999, 24 ff).

Für diese Anpassungsverzögerungen können drei Argumentationsstränge herangezogen werden (vgl. Klös 1992):

- Die Unternehmen reagieren auf Produktionsschwankungen zunächst mit dem flexiblen Instrument der Arbeitszeitvariation in Form von Überstunden oder Kurzarbeit statt Einstellungen und Entlassungen.
- Die Arbeitsproduktivität schwankt prozyklisch mit der Auslastung.
- Die Arbeitnehmer strömen nicht nur zwischen den Arbeitslosen- und Beschäftigtenpools, sondern auch zwischen der Stillen Reserve oder anderen arbeitsmarktpolitischen Verwendungen hin und her.

Für die grafische Darstellung werden zum einen die Entwicklung der Arbeitslosenquote und zum anderen das Potenzialkonzept des Sachverständigenrats verwendet. Für die Darstellung der Kapitalnutzung wären noch andere Indikatoren möglich, die alle jedoch spezifischer Kritik ausgesetzt sind (vgl. Klös 1992). Der hier nicht wiedergegebene empirische Verlauf der Okun-Kurve bestätigt den inversen

Zusammenhang zwischen Auslastungsgrad und Arbeitslosenquote (vgl. beispielsweise Sieg 2008[2], 184), weist aber auch durch die im Zeitablauf stattgefundene Rechtsverschiebung offensichtlich auf die Persistenzerscheinungen am Arbeitsmarkt hin. Die Anpassungsreaktionen der Arbeitslosenquote an die Kapazitätsentlastung unterscheiden sich nach der Konjunktursituation: Während im Abschwung eine relativ schnelle Erhöhung der Arbeitslosigkeit stattfindet, kommt es in Aufschwungphasen nur zu einer sehr zögerlichen Beschäftigungsreaktion. Dies hat zur Folge, dass gleich hohe Kapazitätsauslastungen über den Beobachtungszeitraum hinweg mit immer höheren Arbeitslosenquoten korrespondieren. Das heißt also: „Voll ausgelastete Sachkapitalkapazitäten garantieren in Westdeutschland keine Vollbeschäftigung des Faktors Arbeit mehr" (Klös 1992, 350). Der internationale Vergleich zeigt zudem, dass ‚Okuns Gesetz' sehr abhängig ist „von den institutionellen Rahmenbedingungen auf den nationalen Arbeitsmärkten" (vgl. Landmann/Jerger 1999, 26).

Auch wenn jede der skizzierten Kurven methodische Mängel aufweist und deshalb in einer Einzelbetrachtung in ihrem jeweiligen Aussagegehalt relativiert werden muss, so zeigen sie in ihrer Gesamtheit doch ein relativ eindeutiges Bild der Arbeitsmarktentwicklung in den alten Bundesländern über die letzten gut 35 Jahre hinweg: Alles in allem muss die Persistenz der Arbeitsmarktentwicklung, sichtbar an dem treppenförmigen Anstieg der Arbeitslosigkeit, akzeptiert werden.

Die Ursachen dieser Entwicklung liegen in einer Vielzahl von Aktionen und Interaktionen am Arbeitsmarkt, die in ihren theoretischen Basen in den folgenden Kapiteln einzeln dargestellt werden. Das Zusammenfügen dieser einzelnen Bausteine erfolgt im letzten Kapitel. Zuvor jedoch muss noch auf eine grundlegende Streitfrage in der Ökonomie eingegangen werden, nämlich auf die Frage, ob die bestehende Arbeitslosigkeit freiwilliger oder unfreiwilliger Natur ist.

## 2.5 Neoklassische versus keynesianische bzw. freiwillige versus unfreiwillige Arbeitslosigkeit

„Sowohl hinsichtlich der Ursachen wie auch der Erscheinungsformen ist Arbeitslosigkeit alles andere als ein ‚homogenes' Phänomen, wenngleich die verschiedenen Arbeitsmarkt- und Beschäftigungstheorien sich überwiegend mit jeweils einer Kategorie von Arbeitslosigkeit auseinandersetzen, so dass im Rahmen dieser Theorien meist der Eindruck entsteht, es gäbe die Arbeitslosigkeit" (Priewe 1984, 254 f).

Mit dieser Aussage ist auch schon das Problem umrissen, das sich aus der theoretischen Modellierung empirischer Beobachtungen ergibt. Für die theoretische Erörterung der Problematik Arbeitslosigkeit ist ein Abrücken von der weiter vorne bereits verwendeten Klassifikation in saisonale, friktionelle, strukturelle und konjunkturelle Arbeitslosigkeit infolge der mangelhaften Übereinstimmung der verschiedenen Theorien zur Erklärung von Arbeitslosigkeit mit den spezifischen empirischen Ausprägungen der Arbeitslosigkeit notwendig.

Zentrale theoretische Dichotomie ist die Frage nach freiwilliger oder un-freiwilliger Arbeitslosigkeit; diese Dichotomie ergibt sich aus der groben Einteilung in die bereits erwähnten Kategorien neoklassische und keynesianische Erklärungsansätze. Sehen erstere die primären Gründe in nicht marktkonformen Reallohnsätzen – woraus sich dann die Frage entwickelt, warum der Lohnanpassungsmechanismus nicht funktioniert –, so führen letztere die Arbeitslosigkeit auf eine zu geringe gesamtwirtschaftliche Nachfrage zurück.

Unterschieden wird also danach, ob die Ursache der Arbeitslosigkeit primär im Verhalten der Arbeitnehmer oder in anderen ökonomischen Ursachen, z. B. auf dem Gütermarkt, zu sehen ist.

Während die keynesianischen Beschäftigungstheorien vorwiegend von unfreiwilliger, konjunktureller, nachfragebedingter Arbeitslosigkeit ausgehen, befassen sich die neoklassischen Theorien überwiegend mit freiwilliger, reallohninduzierter Arbeitslosigkeit. Damit lässt sich die Frage nach freiwilliger oder unfreiwilliger Arbeitslosigkeit auf der Makroebene auch in den alternativen Positionen von Neoklassik und Keynesianismus ausdrücken, so dass hier ebenso von neoklassischer und keynesianischer Arbeitslosigkeit gesprochen werden kann.

Die unterschiedlichen Begründungsmuster sind in erster Linie Folge differierender Einschätzungen von Gleichgewichts- und Stabilitätstendenzen marktwirtschaftlicher Ordnungen in beiden Theorien (siehe hierzu Schettkat 1996).

Wie im nächsten Kapitel gezeigt wird, kann das Modell des Allgemeinen Gleichgewichts, dem zufolge es unter bestimmten Voraussetzungen immer zu einem Gleichgewicht zwischen Angebot und Nachfrage – bezogen auf den Arbeitsmarkt also zu Vollbeschäftigung – kommt, als grundlegend für die neoklassische Sichtweise angesehen werden. Unfreiwillige Arbeitslosigkeit kann aus dieser Perspektive letztlich immer nur Folge überhöhter Reallöhne – verstanden als inflationsbereinigte Summe von direkten Löhnen, Lohnnebenkosten und weiteren, periodisierten Kosten der Regulierung der Arbeit (z. B. wegen eingeschränktem Dispositionsrecht der Unternehmer aufgrund von Kündigungsschutz oder Mitbestimmungsregeln) – sein. Ein funktionierender Arbeitsmarkt entwickelt aber selbst Anpassungskräfte, die zur schnellen Beseitigung dieser Situation und zur Wiederherstellung der Vollbeschäftigung führen.

Konsequenz dieser Denkweise ist, dass es der neoklassischen Theorie zufolge auf Märkten mit vollständiger Konkurrenz (und bei vereinfachter Abstraktion von Systemen sozialer Sicherung) keine dauerhafte, unfreiwillige Arbeitslosigkeit geben kann. Wollen die durch einen beliebigen Umstand arbeitslos gewordenen Individuen tatsächlich arbeiten, so werden die Reallöhne infolge eines Drucks auf die Nominallöhne solange sinken, bis wieder Vollbeschäftigung eintritt. Unfreiwillige Arbeitslosigkeit kann demnach nur durch ein kurzfristiges Ungleichgewicht auf dem Arbeitsmarkt entstehen.

Im Gegensatz hierzu geht die keynesianische Theorie von Unvollkommenheiten auf den Kapital- und Gütermärkten aus. Die auf den Gütermärkten herrschende mangelnde effektive Nachfrage wirkt sich in der Folge auf den Arbeitsmarkt aus, die Arbeitsnachfrage sinkt, und es entsteht Arbeitslosigkeit. Nominallöhne werden als nach unten inflexibel behandelt, der Lohnmechanismus der Neoklassik verliert

## 2.5 Neoklassische versus keynesianische Arbeitslosigkeit

in der keynesianischen Theorie folglich seine markträumende Funktion – es kann zu einem Gleichgewicht bei Unterbeschäftigung kommen. Zudem werden dem Lohnsatz keine wirksamen Mengeneffekte zugeschrieben, Nominallohnsenkungen führen nicht automatisch auch zu Reallohnsenkungen. Damit ist der Staat gefordert, der durch Steigerung der (Güter)Nachfrage für eine höhere Arbeitsnachfrage sorgen muss, um die aufgrund eines Nachfragedefizits entstandene unfreiwillige Arbeitslosigkeit zu beseitigen.

Die Achillesferse der älteren keynesianischen Ansätze war somit die Annahme rigider Reallöhne. Dies machte sich zunächst die Neoklassik zu eigen und entwickelte ihr Forschungsprogramm entlang zweier Fragen:

1. Wer ist für die Lohnstarrheit verantwortlich?
2. Ist diese Lohnstarrheit rational begründbar?

Damit kam es zur „neoklassischen Synthese" mit gleichgewichtigen Güter- und Geldmärkten und einem ungleichgewichtigen Arbeitsmarkt mit nach unten inflexiblen Löhnen. Das Ergebnis war eine Transformation keynesianischer, unfreiwilliger Arbeitslosigkeit „in neoklassisch freiwillige, wobei friktionelle und strukturelle Formen auf mikroökonomischer Ebene und die ‚natürliche' Arbeitslosigkeit auf der Makroebene die entsprechenden Begriffe darstellten" (Lärm 1982, 53). Die neoklassische Synthese gelang aus zwei Gründen relativ einfach. Zum einen gab es keine keynesianische Arbeitsmarkttheorie, da diese aus der makroökonomischen Begründung der Arbeitslosigkeit heraus weder notwendig noch sinnvoll erschien, so dass die Neoklassik den Arbeitsmarkt leicht als Betätigungsfeld für sich reklamieren konnte. Dies wurde ihr zum zweiten dadurch erleichtert, dass Keynes die neoklassische Produktionsfunktion und die neoklassische Grenzproduktivitätstheorie der Arbeitsnachfrage zunächst in seine Analysen übernahm.

Durch eine – wenn man so will – „zweite neoklassische Synthese" auf der Mikroebene in Folge eines Aufsaugens soziologischer bzw. segmentati-onstheoretischer Argumente wurde „der Begriff der unfreiwilligen Arbeitslosigkeit auch für die Arbeitsmarkttheorien praktikabel. Er unterscheidet sich jedoch vom entsprechenden keynesianischen Begriff schon allein dadurch, dass ausschließlich arbeitsmarktbedingte Faktoren, aber keine gütermarktbedingten Konstellationen eine Rolle spielen" (Lärm 1982, 62).

Die neueren neoklassischen Arbeitsmarkttheorien berücksichtigen also die Existenz von Unterbeschäftigungsgleichgewichten und sehen ihre Aufgabe vor allem darin, die rationalen, entscheidungslogischen Grundlagen der für einen Marktausgleich zu hohen Reallöhne zu liefern. Die Begründung von Lohnstarrheiten mittels rationaler Entscheidungskalküle beeinträchtigt nun wieder die Deutung einer daraus folgenden Arbeitslosigkeit als unfreiwillig, da eine freie Entscheidung zwischen mehreren Optionen im Rahmen der neoklassischen Modelle nur als freiwilliges Handeln betrachtet werden kann.

Was ist nun unfreiwillige Arbeitslosigkeit?

Lindbeck/Snower (1985, 49; im Wiederabdruck 2000, 186) bieten eine neoklassische Erklärung an: Unfreiwillige Arbeitslosigkeit liegt immer dann vor, wenn Arbeitnehmer bereit sind, für geringere als die herrschenden Löhne ein Arbeitsverhältnis einzugehen, das sie erfüllen können, und trotzdem keine Stelle finden. Um den interpretativen Spielraum dieser Erklärung einzuschränken, formulieren sie zwei voneinander unabhängige Definitionen für unfreiwillige Arbeitslosigkeit: Die erste definiert Arbeitslosigkeit als privates, die zweite als soziales Phänomen:

1. Arbeitnehmer suchen erfolglos nach Stellen, für die sie in gleicher Weise wie die Stelleninhaber qualifiziert sind, wollen dafür aber auch den gleichen Lohn.
2. Arbeitnehmer suchen erfolglos nach Stellen, obwohl sie bereit sind, auch zu einem unterhalb ihrer potenziellen Produktivität liegenden bzw. unterhalb des aktuell am Markt vorherrschenden Reallohnsatzes zu arbeiten.

Liegt Arbeitslosigkeit als soziales Phänomen vor, so ist dieser Zustand gesellschaftlich ineffizient, da die Arbeitslosen besser gestellt würden, wenn sie Arbeit bekämen, ohne dass andere schlechter gestellt werden. Damit wäre das so genannte ‚Pareto-Kriterium' – keiner kann besser gestellt werden, ohne dass ein anderer schlechter gestellt wird – erfüllt. Voraussetzung hierfür ist allerdings staatliche Intervention.[10]

Franz (1986, 32) beschreibt die Zielsetzung der derzeit diskutierten mikroökonomischen Ansätze wie folgt: „Dass über dem Gleichgewichtsniveau liegende Reallöhne ohne sonstigen Eingriff Arbeitslosigkeit erzeugen, ist bei ‚Neoklassikern' wie bei ‚Keynesianern' unstrittig und grenzt an Trivialität. Das aus theoretischer Sicht eigentlich interessante ist die Beantwortung der Frage, warum denn die Löhne über dem Gleichgewichtslohn liegen können. Wenn dies geklärt ist, dann erhalten wir eine einigermaßen konsistente Theorie der Arbeitslosigkeit: Wir wissen dann, warum Wirtschaftssubjekte eine bestimmte Lohnhöhe wollen, und wir können sagen ob und inwieweit dies neben einem Nachfragedefizit zur Beschäftigungslosigkeit beigetragen hat".

Diese Zuspitzung der Arbeitslosigkeitsdeutung mit Hilfe der drei Begriffspaare freiwillig – unfreiwillig, Neoklassik – Keynesianismus bzw. Mikroökonomie – Makroökonomie hat ihren didaktischen Sinn in der abnehmenden Trennschärfe zwischen diesen beiden Theoriesträngen. Während sich die somit neukeynesianische Theorie bemüht, die in den älteren keynesianischen Ansätzen nur postulierten Lohn- und Preisrigiditäten mikroökonomisch zu fundieren, bemühen

---

[10] Eine weniger an den harten ökonomischen Annahmen orientierte Auffassung von dem, was unfreiwillige Arbeitslosigkeit ist, vertritt Rothschild. Seiner Meinung nach ist „es gar nicht notwendig, auf die Frage einzugehen, ob die Beseitigung von Mindestlöhnen überhaupt zu einer Beschäftigungserhöhung führen würde. (…) Wenn sich die Arbeiter im Laufe der Geschichte einen Schutz gegen drückende Nachteile beim Abschluss des Arbeitskontrakts geschaffen haben, so heißt ‚unfreiwillige Arbeitslosigkeit' selbstverständlich, dass man im Rahmen dieser Gesetze und Institutionen zu arbeiten bereit ist, Arbeit aber nicht finden kann". Damit wird das zumindest für die älteren Ansätze geltende generelle Problem der Neoklassik – die Vernachlässigung der Lebenslage und der Umweltbedingungen der Wirtschaftssubjekte – deutlich. Auch Solow (1986, 33) stellt die Frage, ob die Definition der Dichotomie freiwillig versus unfreiwillig Arbeitslosigkeit nicht eine viel zu enge Begrenzung erfährt. Er beantwortet diese Frage mit einem sehr sarkastischen, aber wohl auch treffenden Vergleich: „I think I once pointed out that, by this standard, all the American soldiers who were killed in Vietnam could be counted as suicides since they could have deserted, emigrated to Canada or shot themselves in the foot, but did not."

## 2.5 Neoklassische versus keynesianische Arbeitslosigkeit

sich die die hier nicht weiter verfolgte Neuklassik und die darauf aufbauende ‚Theorie realer Konjunkturzyklen' nicht walrasianische Gleichgewichte auch mit voll flexiblen Löhnen und Preisen erklären zu können. Die letztgenannten Ansätze unterstellen allerdings, dass außer im Falle institutioneller Arbeitslosigkeit die Unterbeschäftigung aus individueller Perspektive freiwillig ist (vgl. sehr knapp und kritisch Wagner 2003, 308 f; Lipsey/Chrystal 2007[11], 573 ff und für einen Anhänger dieses Forschungsprogramms Barro 2007).[11] Die dennoch zu konstatierende Forschungskonvergenz hat zur Folge, dass die gleichen Theorien, wie sie im Folgenden dargestellt werden, sowohl als neoklassische als auch als keynesianische bezeichnet werden. Vogt (1995, 4) geht sogar so weit, dass er, üblicherweise als neukeynesianisch bezeichnete, makroökonomische Modelle eher als klassisch bezeichnen würde, „weil die Arbeitslosigkeit (gerade auch im Sinne von Keynes) klassisch, nämlich mit einem zu hohen Reallohn, begründet wird". Darüber hinaus könnte man auch argumentieren, dass der Begriff Makroökonomie insofern irreführend ist, als „the development of the New Keynesian Economics has been one of tighter and tighter interweaving and cross fertilization between microeconomic and macroeconomic theory" (Benassi/Chirco/Colombo 1994, 427). Konsequenterweise sprechen diese Autoren nicht von Neuer Keynesianischer Makroökonomie sondern von Neuer Keynesianischer Ökonomie. Das gemeinsame Hauptmerkmal des aktuellen Neukeynesianismus besteht darin zu erklären, warum eine Arbeitsmarktgleichgewicht existieren kann, in dem zum laufenden Lohn ein Überschussangebot an Arbeit (dauerhaft) existieren kann. Ein einheitliches, von allen Vertretern anerkanntes Modell existiert jedoch bisher nicht. Lipsey/Chrystal (2007[11], 575) fassen prägnant den aktuellen Stand zusammen: „We refer to this as the New Keynesian *‚agenda' rather than ‚theory'*, because there are many different theories encompassed by it and it is ongoing. … Many economists working in this area might not accept the label ‚Keynesian'. Indeed, some of the new approaches explain why real wages may be held ‚too high' to generate employment for all those seeking work at the going wage. This used to be called ‚Classical' unemployment. ‚Keynesian' used to be reserved for demand-deficient unemployment. Thus, much of the new work makes these old taxonomies irrelevant."

---

[11] Die Neuklassik und darauf aufbauende Denkschulen sehen auch die konjunkturelle Arbeitslosigkeit eher als ‚Scheinproblem' denn als ein Problem an, da sie in der Regel die Freiwilligkeit dieser Arbeitslosigkeit unterstellen. Dem widerspricht die Empirie jedoch nachhaltig. So zeigen etwa die Ergebnisse der ökonomischen Glücksforschung, dass Arbeitslosigkeit eindeutig „auf die Lebenszufriedenheit fast so schlimm wie die Hilflosigkeit [wirkt], die mit schwerer Pflegebedürftigkeit verbunden ist. Dass Arbeitslosigkeit nachhaltig schmerzt und dauerhafte seelische Narben hinterlässt, ist für viele Menschen keine Überraschung. Für viele Ökonomen jedoch durchaus. Die Chicago-Ökonomen behaupten per Modellannahme ja so gar, dass Arbeitslosigkeit immer freiwillig gewählt sei. Das stimmt aber – und das ist empirisch äußerst solide bewiesen – nicht" (Schupp/Wagner 2007). Dies wird auch dadurch bestätigt, dass Arbeitslosigkeit länderübergreifend meist Ergebnis von Entlassungen durch Arbeitgeber und nicht von freiwilligen arbeitnehmerseitigen Kündigungen ist. Hieraus lässt sich ebenfalls schlussfolgern, dass der Großteil der Arbeitslosen unfreiwillig arbeitslos ist (vgl. Lipsey/Chrystal 2007, 11, 572).

**Kasten 2.5  Wirtschaftspolitische Anwendung: Was ist und welche empirischen Effekte hat moderate Lohnpolitik?**

Lohnpolitik ist beschäftigungsfördernd und moderat, wenn sie – in Situationen der Abweichung von Vollbeschäftigung durch Unterauslastung der Faktors Arbeit – dazu beiträgt, die Beschäftigungschancen der Arbeitslosen zu verbessern (der folgende Text basiert auf Funk 2008b, 73). Aus dem neoklassischen Basismodell des nächsten Kapitels ist herleitbar, „dass die Arbeitsnachfrage der Unternehmen so lange gleich bleibt, wie sich die realen Arbeitskosten im Ausmaß der Wachstumsrate der Arbeitsproduktivität verändern. Daraus folgt, dass zusätzliche Arbeit nur dann nachgefragt wird, wenn die realen Arbeitskosten unterhalb des zusätzlich erzielbaren Produktionsergebnisses, also der Grenzproduktivität, der Arbeit liegen" (Rürup 2006, 23).

Zusätzlich muss in der Praxis zur Berechnung des beschäftigungsfördernden Verteilungsspielraums im Falle eines gesamtwirtschaftlichen Beschäftigungsrückgangs die so genannte Entlassungsproduktivität aus dem statistisch gemessenen Zuwachs der Produktivität eliminiert werden. Es muss also aus der statistisch gemessenen Produktivität der Anteil ihrer Zunahmen herausgenommen werden, der Folge der Freisetzung von Arbeitskräften ist. „Diese beschäftigungsneutrale Wachstumsrate der Arbeitsproduktivität, konkret der Stundenproduktivität, kann mit Hilfe produktionstheoretischer Überlegungen geschätzt oder durch Trendextrapolationen approximiert werden" (Rürup 2006, 23).

Zu beachten ist weiterhin, dass durch Lohnverhandlungen nicht Real-, sondern Nominallöhne festgelegt werden, bei denen es aber immer aus Arbeitnehmersicht auch um einen Ausgleich für erwartete Preissteigerungen geht. Das Wachstum des Verbraucherpreisindex ist hierfür aber der falsche Maßstab. Denn gestiegene Preise durch erhöhte Vorkosten, die zum Beispiel im Falle gestiegener Ölpreise das Ausland verursacht hat, oder als Folge einer erhöhten Mehrwertsteuer, die eine gewollte Umverteilung an den Staat ist, stehen den Unternehmen als Verteilungsmasse an die Arbeitnehmer ohne negative Rückwirkungen auf die Beschäftigung nicht zur Verfügung. Daher erhöht sich der gesamtwirtschaftlich beschäftigungsneutrale Verteilungsspielraum nicht um die Inflationsrate, sondern um den Deflator des Bruttoinlandsprodukts, der in den letzten Jahren regelmäßig niedriger lag. „Dies zu akzeptieren schließt selbstverständlich nicht aus, dass in einzelnen Branchen höhere Abschlüsse vertretbar sind und in Branchen und Unternehmen, denen es gut geht, die Arbeitnehmer situativ am ökonomischen Erfolg beteiligt werden können und sollten" (Rürup 2006, 21 f; vgl. umfassender Lesch 2002). Die Mehrzahl der Studien jüngerer Zeit zeigt, dass eine derartige zurückhaltende Lohnpolitik einen nachhaltigen Beitrag zu einer besseren Arbeitsmarktperformanz leisten kann (vgl. Zika 1999; Lesch 2005, 2007; Stiftung 2007; Boss u. a. 2007).

## 2.6  Weiterführende Literatur

Einen guten Überblick über die Entwicklung der Arbeitslosigkeit in Europa bzw. Deutschland geben neben den in Kap. 1 genannten Werken noch immer Bean (1994) und Elmeskov/MacFarlan (1993). Aktuell sind vor allem Blanchard (2006) und die Gutachten des Sachverständigenrats zur Begutachtung der gesamtwirtschaftlichen Entwicklung zu nennen (www.sachverstaendigenrat-wirtschaft,de). Die Phillippskurven-Diskussion kann vertieft werden anhand von Kugler/Hanusch (1994) und Mankiw/Taylor (2006). Die Lohnkurve wird verständlich bei Blanchflower/Oswald (1994) und Hyclak/Johnes/Thornton (2005) beschrieben. Zur weiteren theoretischen und empirischen Diskussion der Beveridgekurve sei verwiesen auf Buttler/Cramer (1991), Franz (1992a), Schettkat (1992) und Yashiv (2006). Über die Okun-Kurve informieren Klös (1992) und Gärtner (2006).

Die neuere Diskussion über die verschiedensten Strömungen in der (Makro)Ökonomie kann sehr gut mit Hilfe von Flemmig (1995, 11–90), Funk (1999b) und in Kurzfassung Funk/Knappe (1997) sowie Schettkat (1996) und Mankiw (2006) nachvollzogen werden. Snowdon/Vane/Wynarczyk (1994) ergänzen ihren gut lesbaren und nicht-technisch verfassten Überblick durch Interviews mit prominenten Vertretern der jeweiligen Richtungen. Blanchard (2006) und Karanassou/Sala/Snower (2006) stellen relativ intuitiv den aktuellen Stand der (mikrofundierten) makroökonomischen Arbeitsmarktforschung vor.

Nationale und internationale Daten zur Arbeitsmarktentwicklung finden sich vor allem in

- Amtlichen Nachrichten der Bundesagentur für Arbeit (ANBA),
- Fachserien des Statistischen Bundesamts,
- OECD Employment Outlook und Labour Force Statistics (www.oecd.org),
- ILO: Yearbook of Labour Statistics,
- Institut für Arbeitsmarkt- und Berufsforschung (www.iab.de),
- Institut Zukunft der Arbeit (www.iza.org).

# Kapitel 3
# Das neoklassische Standardmodell

## 3.1 Der Kern der Allgemeinen Gleichgewichtstheorie

Volkswirtschaftslehre beschäftigt sich mit der generellen Frage nach der (optimalen) Ressourcenallokation und der Bestimmung von Preisen, Struktur und Niveaus der Produktion in einer Volkswirtschaft. Arbeitsmarktökonomik fokussiert dabei einen speziellen Aspekt dieses Prozesses, die Bestimmung der Löhne und der Beschäftigung bzw. der Arbeitslosigkeit am Arbeitsmarkt sowie die damit verbundene Verteilung der Löhne auf Individuen und Haushalte (und in der funktionellen Verteilungstheorie der gesamten Lohneinkommen als Anteil am Volkseinkommen – Lohnquote – auf den Produktionsfaktor Arbeit).

Arbeitsmarktökonomie und Allgemeine Wirtschaftstheorie sind hierbei konzeptuell und theoretisch eng verknüpft. Auch wenn die Nachfrage nach Arbeit letztlich aus der Güternachfrage abgeleitet wird, nutzen Ökonomen zur Analyse in beiden Fällen als Basistheorie und Ausgangspunkt traditionell die Theorie von Angebot und Nachfrage auf Wettbewerbsmärkten. Dabei führen im Modell Anpassungen der Löhne genau wie Änderungen der Preise auf Gütermärkten in der Regel zu einem Gleichgewicht von Angebot und Nachfrage.

Jedes Arbeitsmarktergebnis ist das Produkt von verschiedenen Einflussfaktoren: den Marktkräften von Angebot und Nachfrage, Institutionen wie beispielsweise Regierungen, Arbeitsmarktverbänden oder Einzelunternehmen und soziologischen Einflüssen (z. B. kultureller oder familiärer Art, etwa gesellschaftliche Normen). Ein Großteil der Kontroversen in der Arbeitsmarktökonomik ergibt sich aus differierenden Positionen über das Ausmaß, in dem Unvollkommenheiten und Mängel beim Marktmechanismus vorliegen und die sich hieraus ergebenden Konsequenzen. Vor diesem Hintergrund ist es möglich, zwischen den beiden traditionell dominierenden Denkschulen der Arbeitsmarktökonomik – Neoklassik und Institutionalismus – zu unterscheiden. Denn sie messen den genannten Determinanten inklusive der Wichtigkeit von Unvollkommenheiten des Marktprozess jeweils unterschiedliches Gewicht bei.

Das entscheidende Merkmal der ursprünglichen Neoklassik besteht darin, von allen institutionellen und soziologischen Einflussfaktoren zu abstrahieren. Sie zielt darauf ab, das Marktgeschehen aus möglichst wenigen Annahmen und einfachen

Modellen zu erklären (Neumann 2002, 273). Charakteristisch für die Neoklassik ist aber ein Spannungsverhältnis zwischen der für wirtschaftspolitische Fragestellungen direkt fruchtbaren „Marshallschen Partialanalyse, in der ökonomische Interdependenzen vernachlässigt werden, und dem Walrasianischen Modell eines generellen ökonomischen Gleichgewichts, das diesen Mangel zwar nicht aufweist, aber den Nachteil hat, nicht unmittelbar auf konkrete, politische Probleme anwendbar zu sein" (Schumann 2002, 203 f; vgl. auch den Kasten zur neoklassischen Analysemethode).

Die Allgemeine Gleichgewichtstheorie von Walras gilt aber dennoch als das zentrale Theorieelement des neoklassischen Paradigmas und wurde als umfassender Ansatz zur Verhaltensbeschreibung des gesamten ökonomischen Systems konzipiert. Obwohl diese Theorie im Wesentlichen gegen Ende des vorletzten Jahrhunderts von Léon Walras formuliert wurde, erhielt sie ihre heutige Form erst zu Beginn der zweiten Hälfte des vorigen Jahrhunderts, als das mathematische Instrumentarium soweit entwickelt worden war, um ihr die jetzt bekannte, axiomatische Form und rigorose Strenge der Argumentation zu verleihen.

Ausgangspunkt jeglicher wirtschaftlicher Aktivität ist das Gedankenkonstrukt eines frei wählenden, tauschenden und rational handelnden homo oeconomicus. Das heißt: Die ökonomischen Handlungen der Individuen ergeben sich aus ihrem Eigeninteresse (Eigennutzaxiom), dem dabei das Konkurrenzprinzip gegenübergestellt wird, damit das Eigeninteresse der einzelnen Wirtschaftssubjekte auch zu einem gesamtwirtschaftlichen Optimum führt.

Der homo oeconomicus besitzt die Fähigkeit, als rational handelndes Individuum aus einer Vielzahl von Alternativen stets jene zu wählen, die in seiner eindeutig definierten Präferenzordnung den höchsten Rang einnimmt. In diesem Zusammenhang spricht man von wohldefinierten Entscheidungssituationen des Wirtschaftssubjekts.

Entscheidungssituationen sind dann wohldefiniert, wenn

- das Wirtschaftssubjekt seine Ziele klar und widerspruchsfrei definieren kann,
- die Ziele faktisch miteinander zu vereinbaren sind,
- dem Wirtschaftssubjekt alle übrigen Entscheidungsfaktoren bekannt sind, wie z. B. die Mittel, mit denen er sein Ziel realisieren will,
- zwischen diesen Mitteln hinsichtlich des anzustrebenden Ziels keine Konflikte bestehen und
- dem Wirtschaftssubjekt eindeutig bekannt ist mit Hilfe welcher Mittel seine Ziele zu erreichen sind.

Diese Annahmen über menschliche Motivations- und Verhaltensweisen können als Folge eines Theorieverständniss gesehen werden, das sich einerseits individualistisch ausrichtet, andererseits einen formalistischen Argumentationsrahmen entwickeln will.

In Anlehnung an Lärm (1982, 68 ff) können nun drei zentrale Aussagen, der so genannte „harte Kern" der Allgemeinen Gleichgewichtstheorie, unterschieden werden:

- Ökonomische Probleme lassen sich grundsätzlich als Entscheidungs- und Optimierungsprobleme (Maximierung unter Restriktionen) behandeln. Jedes Individuum wird hinsichtlich ökonomischer Entscheidungen einen Kosten-Nutzen-Vergleich anstellen, um die Verknüpfung zwischen Eigennutzaxiom und Optimierungskalkül herzustellen. Das Individuum kann dabei über seine Ressourcen frei verfügen und handelt nutzenmaximierend. Maßstab für die Nutzenmaximierung ist das Grenznutzentheorem.
- Alle dezentralen, individuellen Entscheidungen und Handlungen erfolgen über den Preis als Allokationsmechanismus und den Markt als den gedachten Ort des Tauschs. Der Marktpreis als zentraler Steuerungsmechanismus auf allen Märkten bestimmt einerseits das Handeln der Marktteilnehmer; andererseits wird er selbst im Zusammenspiel von Angebot und Nachfrage bestimmt und sorgt für den Ausgleich auf den Märkten im Gesamtsystem. Voraussetzung ist eine Marktordnung, die privates Eigentum, Vertragsfreiheit und freien Marktzugang sichert sowie eine Marktstruktur, die durch vollkommene Konkurrenz, Transparenz und Mobilität der Wirtschaftssubjekte gekennzeichnet ist. Über die Kenntnis des Marktzustands, der durch das Preissystem signalisiert wird, findet eine optimale Allokation der Ressourcen statt. Dabei herrscht Chancengleichheit insofern, als alle Individuen, treten sie nun als Anbieter oder Nachfrager auf, über die gleichen Informationen und vollständige Markttransparenz verfügen. Diese Chancengleichheit bezieht sich allerdings nur auf die Position im Markt, d. h. das Individuum kann frei über seine Ressourcen verfügen und kontrahieren, mit wem es will. Die Anfangsausstattung mit Gütern findet nicht im Markt statt, sondern wird extern bestimmt. Fragen distributiver Gerechtigkeit werden somit nicht berücksichtigt, außer über mögliche Veränderungen der Anfangsausstattung.
- Dem Markt selber ist ein Mechanismus inhärent, mit dessen Hilfe durch Preisnehmerschaft bzw. Mengenanpasserverhalten ein (allgemeiner) Gleichgewichtszustand, der den Zustand optimaler Faktor- und Güterallokation darstellt, erreicht wird.

Die Basis dieser neoklassischen Gleichgewichtsanalyse bildet dabei das Say'sche Theorem. Es besagt in seiner einfachsten Form, dass sich jedes Angebot seine eigene Nachfrage schafft, dass also immer, zumindest mittel- bis langfristig, ein Gleichgewichtszustand erreicht wird.

## 3.2 Zentrale arbeitsmarktrelevante Theoreme der Neoklassik

In diesem ursprünglichen neoklassischen Denkgebäude, das historisch auf die siebziger bis neunziger Jahre des 19. Jahrhunderts zurückgeht, ist der Arbeitsmarkt ein Markt wie jeder andere. Für den Faktor Arbeit gelten im Basismodell, das im Laufe der Zeit allerdings deutlich weiter entwickelt wurde, prinzipiell die gleichen Gesetzmäßigkeiten wie für Waren (vgl. Külp 1994, 16 f.).

Dieser Aspekt ist für das Verständnis neoklassischer Arbeitsmarkttheorie von entscheidender Bedeutung. Für die Neoklassik gibt es zuerst einmal keine Besonderheiten für die Ware Arbeitskraft und ihren Markt. Sie konstruiert keine eigenständige sozioökonomische Beschäftigungstheorie, sondern wendet das Instrumentarium und die Theoreme der Allgemeinen Gleichgewichtstheorie – zumindest zunächst – unverändert auf das spezielle Gut Arbeit an. Insoweit ist die neoklassische Arbeitsmarkttheorie lediglich ein Spezialfall der Allgemeinen Gleichgewichtstheorie, aus der sie direkt abgeleitet wird. Die Betrachtung des Arbeitsmarkts ist also vom Standardmodell des Gütertauschs geprägt. Der Lohn wird als Preis des Produktionsfaktors Arbeit interpretiert und wie alle anderen Preise durch Angebot und Nachfrage bestimmt.

Die Annahmen der Allgemeinen Gleichgewichtstheorie werden somit im Ursprungsmodell als voll auf die Arbeitsmärkte übertragbar angesehen. Damit lassen sich die folgenden institutionellen Prämissen und Verhaltensannahmen für die Akteure auf dem Arbeitsmarkt analog zum neoklassischen Standardmodell des Gütermarkts beschreiben:

- Auf dem Arbeitsmarkt herrscht vollkommene Konkurrenz; es existieren also weder Wettbewerbsbeschränkungen noch Zutrittsbarrieren. Mit dieser Annahme soll Marktmacht ausgeschlossen werden und jedem Wirtschaftssubjekt Aktionsfreiheit für die Verwirklichung seiner ökonomischen Ziele gewährt werden.
- Alle Anbieter auf einem speziellen Arbeitsmarkt sind homogen, d. h. gleich produktiv und substituierbar. Eine Diskriminierung von Arbeitsanbietern existiert a priori nicht.
- Bei den Wirtschaftssubjekten herrscht vollkommene Information (Markttransparenz) über die jetzige und zukünftige Arbeitsmarktsituation. Die Annahme der Markttransparenz umfasst z. B. die Information über Veränderungen der Arbeitssituation, der offenen Stellen, der Lohnsätze usw.
- Die Arbeitsanbieter sind vollkommen mobilitätsfähig und -bereit, d. h. sie wechseln bei veränderten Arbeitsbedingungen dorthin, wo sie bessere Bedingungen finden (sektorale, regionale, qualifikatorische Mobilität).
- Das Modell unterliegt keinerlei Friktionen bzw. Preisrigiditäten; die Löhne sind vollkommen flexibel und passen sich augenblicklich den Knappheitsrelationen an.
- Die Arbeitsnachfrager (Unternehmen) können ihren gewinnmaximalen Output immer absetzen.

Sind diese institutionellen Voraussetzungen gegeben und verhalten sich die Marktteilnehmer ökonomisch rational, dann existiert ein Gleichgewicht zwischen Arbeitsangebot und -nachfrage mit einem gleichgewichtigen Reallohn, bei dem das physische Grenzprodukt der Arbeit in jeder Beschäftigung gleich ist und dem Reallohn entspricht, bzw. – in anderer Formulierung – Wertgrenzprodukt gleich Lohnsatz gilt. Voraussetzung für jede Analyse von Arbeitsangebot und Arbeitsnachfrage sind also das Grenznutzen- und das Grenzproduktivitätstheorem.

Damit sind die zentralen arbeitsmarktrelevanten Theoreme der Neoklassik bereits angesprochen, denn das Gleichgewicht von Arbeitsangebot und -nachfrage impliziert auch, dass jeder Arbeitswillige, also jeder Arbeitsanbieter, auch einen

Nachfrager findet, unfreiwillige Arbeitslosigkeit somit ausgeschlossen ist, wenn der Markt vollständig funktioniert. Dieser Ansatz geht auf das Say'sche Theorem zurück.

**Kasten 3.1  Arbeitsrecht und interne Flexibilität**

Inwieweit erlaubt das deutsche Arbeitsrecht in ausreichendem Umfang interne Flexibilität, also die Anpassung der Arbeitsbedingungen an veränderte Umstände? Die Instrumente hierfür stehen grundsätzlich zur Verfügung. So kann der Arbeitgeber beispielsweise eine Änderungskündigung aussprechen, sein Weisungsrecht gegenüber dem Arbeitnehmer vertraglich erweitern oder bei bestimmten Leistungen einen Freiwilligkeits-, Widerrufs- oder Kündigungsvorbehalt machen. Betrachtet man die einzelnen Flexibilisierungsinstrumente genauer, fallen aber doch weit reichende Beschränkungen ins Auge (Singer 2006). Dies gilt etwa für entsprechende Vertragsklauseln. Denn da diese zumeist nicht individuell ausgehandelt, sondern vom Arbeitgeber vorformuliert werden, sind sie aufgrund des Eingreifens der Regeln über die Kontrolle sog. Allgemeiner Geschäftsbedingungen – im Arbeitsrecht spricht man auch von arbeitsvertraglichen Einheitsregelungen – u. a. daraufhin zu überprüfen, ob sie den Vertragspartner nach Treu und Glauben unangemessen benachteiligten (§ 307 Abs. 1 Bürgerliches Gesetzbuch). Die Vertragsfreiheit der Beteiligten erfährt damit eine weitreichende Beschränkung, was von manchen Arbeitsrechtswissenschaftlern übrigens durchaus kritisch gesehen wird (Zöllner 2006). Ob die Benachteiligung eines Vertragspartners in diesem Sinne „unangemessen" ist, hat der Rechtsanwender im Rahmen einer umfassenden Interessenabwägung zu ermitteln, wobei der gesamte Vertragsinhalt Berücksichtigung finden muss. Darüber hinaus sind aber stets auch sog. Ausübungsgrenzen zu beachten. Das heißt: An die Frage, ob die Klausel überhaupt wirksam vereinbart war, schließt sich in einem zweiten Schritt die Prüfung der Frage an, ob die Ausübung der auf dieser Klausel beruhenden Befugnis den Erfordernissen einer billigen Ermessensausübung entspricht. Das Gesagte lässt sich am Beispiel eines sog. Widerrufsvorbehalts illustrieren, also einer Klausel, die es dem Arbeitgeber ermöglicht, einen einmal entstandenen Anspruch des Arbeitnehmers nachträglich wieder zu beseitigen. Widerrufsvorbehalte finden sich in der Praxis häufig bei über- und außertariflichen Vergütungsleistungen des Arbeitgebers, z. B. Zulagen, Prämien und Gratifikationen. Das Bundesarbeitsgericht hat unlängst entschieden, dass die Vereinbarung eines auf übertarifliche Leistungen bezogenen Widerrufsvorbehalts in einem Formulararbeitsvertrag nur wirksam ist, wenn der widerrufliche Anteil unter 25 bzw. 30% (abhängig von der Art der Verpflichtung des Arbeitgebers) der Gesamtvergütung liegt und der Widerruf nach der Vertragsklausel nicht grundlos soll erfolgen können. Darüber hinaus fordert das

Gericht, dass die widerrufliche Leistung nach Art und Höhe eindeutig ist. Auch muss die Vertragsklausel zumindest die Richtung angeben, aus der der Widerruf möglich sein soll (wirtschaftliche Gründe, Leistung oder Verhalten des Arbeitnehmers). Über diese sog. Angemessenheitskontrolle hinaus findet aber, entsprechend dem eben Gesagten, nach § 315 Bürgerliches Gesetzbuch stets eine sog. Ausübungskontrolle statt (Waas 2008b). So ist der Widerruf einer Leistung beispielsweise unbillig, wenn der Arbeitgeber hiermit auf krankheitsbedingte Ausfallzeiten reagiert. Generell gilt, dass der Widerruf der Leistung, gemessen an deren Zweck, verhältnismäßig sein muss. Das Beispiel des Widerrufsvorbehalts zeigt das Spannungsfeld, in dem sich vertragliche Flexibilisierungsinstrumente befinden: Auf der einen Seite soll (und muss) der Arbeitnehmer auf einen gewissen Kernbestand seiner Rechte vertrauen dürfen; auf der anderen Seite muss der Arbeitgeber in gewissem Umfang die Möglichkeit haben, die bestehenden Rechte und Pflichten an veränderte wirtschaftliche oder betriebliche Gegebenheiten anzupassen. Ob die Rechtsprechung hier stets „die Mitte hält", wird unterschiedlich beurteilt. Dies gilt auch für Kündigungen, die vom Arbeitgeber mit dem Ziel einer Änderung der Arbeitsbedingungen erklärt werden. Die Voraussetzungen, die das Bundesarbeitsgericht etwa hinsichtlich der Zulässigkeit von Änderungskündigungen zur Entgeltabsenkung stellt, werden von nicht wenigen Arbeitsrechtlern als zu restriktiv kritisiert (Löwisch 2003; Stoffels 2002).

### 3.2.1 Das Grenznutzentheorem zur Bestimmung des Arbeitsangebots

Die neoklassische Theorie basiert bezüglich des Arbeitsangebots auf der Nutzentheorie und damit auf der Anwendung des Marginalprinzips. Das handlungsleitende Maximierungspostulat folgt aus dem der Neoklassik immanenten Rationalverhalten.

Das Angebot an Arbeit wird durch das substitutive Verhältnis von Freizeit zu Einkommen bestimmt. Vermehrtes Einkommen bedeutet mehr Arbeit, gleichzeitig sinkt die zur Verfügung stehende Freizeit, und umgekehrt. Arbeit wird utilitaristisch als Arbeitsleid, dem man sich nur zum Zwecke der Einkommenserzielung unterzieht, Freizeit dagegen als Gut mit einem originären Nutzen definiert. Steigt der (Real)lohn, so steigt ceteris paribus auch das Arbeitsangebot, da die Freizeit relativ verteuert wird, d. h. die Opportunitätskosten für den Konsum von Freizeit steigen. Bei niedrigem Lohn ist das Arbeitsangebot gering, da die in entgangenem Einkommen ausgedrückten Kosten der Freizeit gering sind. Arbeitszeit und Freizeit werden neoklassisch als substituierbare Alternativen interpretiert. Das individuell realisierte Arbeitsangebot hängt von der jeweiligen (impliziten) Präferenzstruktur des Individuums ab. Hier liegt aus Sicht mancher Kritiker der Dreh- und Angelpunkt der

## 3.2 Zentrale arbeitsmarktrelevante Theoreme der Neoklassik

gesamten Grenznutzentheorie: „Die Vorstellung, das Anbieterverhalten auf dem Arbeitsmarkt folge der Homo-oeconomicus-Rationalität, ist nur dann haltbar, wenn unterstellt wird, es existiere ein Präferenzfeld, das die Nutzenschätzung von Freizeit und Einkommen eindeutig zum Ausdruck bringt und das im Zeitverlauf konstant ist" (Pfriem 1979, 73). Dies ist wiederum ein generelles Problem der Allgemeinen Gleichgewichtstheorie, das sich auch am Arbeitsmarkt auswirkt. Denn die Bestimmungsfaktoren der individuellen Bedürfnisse sind zumindest aus der ursprünglichen walrasianischen neoklassischen Analyse ausgeblendet und bestimmen sich unabhängig. Sie gehen also auf eine freie Entscheidung des Individuums zurück und unterliegen keinen aufgezwungenen sozialen Einflüssen (Konsumentensouveränität bei gegebenen individuellen, autonomen Präferenzen).

Die genaue Aufteilung zwischen den beiden Gütern ist durch die Marginalbetrachtung möglich: Der zusätzliche Nutzen, der mit der letzten zusätzlichen Arbeitseinheit erreicht wird (ausgedrückt in erzieltem Einkommen), muss gleich dem entgangenen Nutzen der dafür geopferten letzten Einheit Freizeit sein. Ist in einer bestimmten Situation der Grenznutzen der Arbeit höher als der entgangene Grenznutzen der Freizeit, dann wird Freizeit so lange durch Arbeit substituiert, bis die Grenznutzen gleich sind. Somit kann die Arbeitsangebotsfunktion sehr vereinfacht als monoton wachsende Funktion des Reallohns aufgefasst werden. Veränderungen von Bevölkerung, Erwerbsquote oder der individuellen Präferenzen führen zu Verschiebungen der Arbeitsangebotskurve. Institutionelle Schranken, die in der Realität beispielsweise in Form tariflich geregelter Arbeitszeiten bestehen, kennt die Theorie in ihrer Grundform nicht.

Zusammenfassend liegen der Bestimmung der Arbeitsangebotsfunktion folgende Annahmen zugrunde:

- Das Individuum kann seine Arbeitszeit frei bestimmen.
- Es wird eine eindeutige Beziehung zwischen Lohnänderung und Arbeitsangebot unterstellt, wobei mit steigendem Lohnsatz der Grenznutzen der Freizeit sinkt und der des Einkommens steigt.

Somit sind Arbeitsangebotsänderungen Reaktionen auf Lohnsatzänderungen. Dabei wird vereinfachend zugrunde gelegt, dass sich sowohl Arbeitsanbieter als auch Arbeitsnachfrager lediglich als Einkommensmaximierer verhalten.

### 3.2.2 Das Grenzproduktivitätstheorem zur Bestimmung der Arbeitsnachfrage

„Die Nachfrage nach Arbeitskräften ist im Unterschied zum Gütermarkt als eine abgeleitete Größe anzusehen. Tauschvorgänge am Arbeitsmarkt dienen ja nicht konsumtiven, sondern vielmehr produktiven Zwecken …" (Lärm 1982, 76). Der Unternehmer fragt Arbeitskräfte entsprechend ihrer produktiven Leistung nach und orientiert sich dabei am herrschenden Reallohn und am

Gewinnmaximierungskalkül. Die den Unternehmer interessierenden produktiven Zwecke sind in Form der Produktionsfunktion (kurzfristig) fest vorgegeben. Da es dem Unternehmer möglich ist, jede Arbeit-Kapital-Kombination in Abhängigkeit von den relativen Preisen zu realisieren, und der Kapitalbestand als kurzfristig gegeben angesehen wird, hängt die nachgefragte Menge an Arbeit ausschließlich vom Reallohnsatz ab. Ausgangspunkt der Betrachtung ist dann die Gültigkeit des Ertragsgesetz und der daraus abgeleiteten sinkenden Grenzertragskurve, die am Arbeitsmarkt in Form der Grenzproduktivitätskurve realisiert wird. Sie stellt somit die Arbeitsnachfragekurve der Unternehmen dar, für die gilt: mit steigenden Lohnsätzen sinkt ceteris paribus die Arbeitskräftenachfrage und umgekehrt. Bei vollkommener Konkurrenz ist der Unternehmer Preisnehmer, d. h. der Lohn ist gegeben, und jeder Unternehmer kann seine gesamte, gewinnmaximierende Produktion zum gegebenen Marktpreis absetzen.

Unter diesen Bedingungen werden so lange Arbeitnehmer eingestellt, bis der monetäre Grenzertrag des zuletzt eingestellten Arbeitnehmers bzw. dessen Wertgrenzprodukt gleich den Grenzkosten ist, die dem Lohnsatz entsprechen. Ist der Reallohn z. B. höher als der erwirtschaftete Grenzertrag, so folgt aus dem neoklassischen Gewinnmaximierungskalkül, dass die Arbeitsnachfrage ceteris paribus reduziert wird.

Der Gleichgewichtslohnsatz ist dem einzelnen Unternehmen aus der makroökonomischen Variante der Grenzproduktivitätstheorie als extern bestimmtes Datum vorgegeben. Die mikroökonomische Grenzproduktivitätstheorie kann also bei voller Gültigkeit obiger Annahmen die Arbeitsnachfrage, die aufgrund der Produktionsbedingungen weitgehend festgelegt ist, nur unter dem Aspekt vorgegebener Löhne behandeln (vgl. zur formalen Ableitung beispielsweise Funk 2002a, V).

### 3.2.3 Die Allokationsfunktion des Lohnsatzes

Das Zusammenwirken von Arbeitsangebot und -nachfrage wird ceteris paribus durch einen flexiblen Reallohn gesteuert. Ein mengenmäßiges Ungleichgewicht in Form von Arbeitslosigkeit oder Arbeitskräftemangel löst – bedingt durch die Annahmen der vollkommenen Konkurrenz auf beiden Seiten – einen Anpassungsmechanismus aus, bei dem sich zuerst der Reallohn in Richtung Gleichgewichtslohnsatz bewegt und die Akteure darauf ihre Mengenentscheidungen revidieren. Dieser Anpassungsprozess läuft so lange ab, bis ein stabiles und vollbeschäftigungskonformes Gleichgewicht erreicht ist.

In diesem Gleichgewicht gilt, dass

- es beim realen Gleichgewichtslohnsatz keine Arbeitskräfte gibt, die zu gerade diesem Lohnsatz arbeiten möchten, aber keine Arbeit finden;
- es keine Unternehmen gibt, die zu gerade diesem Reallohnsatz Arbeitnehmer suchen, aber keine finden.

Neben dem Ausgleich von Arbeitsangebot und -nachfrage sorgt der Lohnsatz auch für die optimale Allokation der knappen Ressourcen, so dass sich immer die bestmögliche Produktionsform durchsetzt.

> **Kasten 3.2  Über das ökonomische Grundwissen hinaus: Klassische Erweiterungen und Modifizierungen des neoklassischen Basismodells**
>
> Bereits die Klassiker der Nationalökonomie hatten – noch ohne Kenntnis der Grenzproduktivitätstheorie, die erst im Rahmen der Neoklassik in der zweiten Hälfte des 19. Jahrhunderts entstand – erkannt, wie der Arbeitsmarkt und seine Anpassungsprozesse sehr viel realitätsnäher zu interpretieren sind, als es in der bisher vorgestellten engen Auslegung der Grenzproduktivitätstheorie der Fall ist. In der verbalen Analyse des Arbeitsmarkts im Jahre 1776 durch Adam Smith, der als Begründer der Nationalökonomie gilt, können sich Löhne als Folge von Angebots-Nachfrage-Änderungen automatisch anpassen, und die Arbeitnehmer bewegen sich als Folge tendenziell von Berufen oder Regionen des Angebotsüberschuss in solche der Angebotsknappheit. Die Grenzen der ‚natürlichen' Marktkräfte sind definiert nur durch Beschränkungen des Wettbewerbs, die sich durch unvollständige Informationen, eingeschränkte Transferierbarkeit von Qualifikationen und die begrenzte Bereitschaft zur Migration ergeben.
>
> Smith hatte bereits die Prozesse am Arbeitsmarkt ähnlich analysiert, wie es heute aus neoklassischer Perspektive auch vorgeschlagen wird – also nicht eingeschränkt auf eine sehr enge, von sehr restriktiven Annahmen beschränkte Analyse, die nichtmonetäre Aspekte ausklammert (Smith 1976/1776, 111):
>
> „The whole of the advantages and disadvantages of the different employments of labour and stock must, in the same neighborhood, be either perfectly equal or continually tending to equality. If in the same neighbourhood, there was any employment evidently more or less advantageous than the rest, so many people would crowd into it in the one case, and so many would desert it in the other, that its advantages would soon return to the level of other employments."
>
> Aus dem Zitat von Adam Smith ergeben sich zwei Modifikationen der speziellen Grenzproduktivitätstheorie, die sich vollkommen problemlos in die allgemeine Grenzproduktivitätstheorie integrieren lassen.
>
> 1. Die Grenzproduktivitätstheorie ist keineswegs ungültig, wenn die Annahme aufgegeben wird, dass alle Arbeitnehmer vollkommen homogen sind. Es ist offensichtlich, dass sich die Menschen in der Realität bereits in ihren Fähigkeiten deutlich unterscheiden – u. a. durch natürliche Talente und durch die später analysierten Differenzen in Qualifikation und Erfahrungswissen. Daher bietet es sich an, wie bereits durch Adam Smith verbal geschehen, unterschiedliche Teilarbeitsmärkte auch im neoklassischen

Modell anzunehmen. Auf diesen Teilarbeitsmärkten entspricht dann bei Gültigkeit der anderen bisher unterstellten Annahmen der sich jeweils herausbildende Nominallohn dem Gleichgewichtswert des Wertgrenzprodukts, also dem Wert des Grenzprodukts des marginalen Anbieters auf diesem Teilarbeitsmarkt.

2. Ebenfalls realitätsnäher und auch ohne Probleme durch die allgemeine Grenzproduktivitätstheorie erfassbar ist die Aufhebung der bisherigen Annahme vollständig homogener Arbeitsplätze. Auf unterschiedlichen Arbeitsplätzen in den betrachteten Teilarbeitsmärkten sind Löhne oft höher oder niedriger als im Schnitt – je nachdem, wie attraktiv oder unattraktiv die jeweilige Arbeit ist. Beschäftigte mit Arbeitsplätzen, die unangenehmer oder gefährlicher im Vergleich zu Arbeitsplätzen sind, die gleiche Qualifikation und Anstrengung erfordern, verlangen hierfür Kompensation in Form höherer Löhne im Vergleich zu den Beschäftigten, die die c. p, angenehmeren bzw. sichereren Arbeitsplätze haben. Die so genannten kompensierenden Lohndifferenziale zwischen Arbeitsplätzen spiegeln folglich die Tatsache, dass ansonsten homogene Arbeitsplätze sich durch einige physische Eigenschaften unterscheiden können, die ihre Attraktivität mindern (z. B. Lastwagenfahrer mit Gefahrguttransporten im Vergleich zu solchen nur mit ungefährlichen Ladungen) oder erhöhen (z. B. Lohnabschläge für unkündbare Beamte im Vergleich zum kündbaren Angestellten auf ansonsten gleichen Arbeitsplätzen). Trotz dieser Heterogenität ergibt sich für die Grenzproduktivitätstheorie kein Problem, da sie für jeden gegebenen Arbeitsplatz erfüllt sein kann (vgl. Hyclak u. a. 2005, 171 f zur umfassenderen Analyse und zur Darstellung der Divergenzen zwischen klassischer und neoklassischer Lohntheorie Schumann 2002, 179 f).

### 3.2.4 Freiwillige Arbeitslosigkeit

Im idealisierten Marktmodell der Neoklassik führen Konkurrenz und Preismechanismus auf allen Märkten zum Gleichgewicht. Damit ist lediglich die mit Hilfe des Say'schen Theorems aus dem Marktmechanismus heraus erklärbare, kurzfristige friktionelle Arbeitslosigkeit ein Thema für die Theorie. „Say's These war, dass in einem System mit vollständigem Wettbewerb nie allgemeine Überproduktion herrschen könne, allenfalls partielle Überproduktion in einem Sektor bei entsprechendem Nachfrageüberschuss in einem anderen. Mithin produziere ein marktwirtschaftliches System aus sich heraus nicht allgemeine, unfreiwillige Arbeitslosigkeit, höchstens partielle, friktionelle Arbeitslosigkeit" (Priewe 1984, 9).

Da Arbeitslosigkeit wegen des systeminhärenten Gleichgewichtsmechanismus nicht auftreten kann, empirisch aber trotzdem beobachtbar ist, muss der Ungleichgewichtszustand exogen verursacht und – wenn die Marktanpassung nicht langfristig unterbunden wird – nur von kurzer Dauer sein, da sich die Marktakteure dieser exogenen Veränderung anpassen.

Ausgehend vom Grundmodell des Arbeitsmarkts ist die Frage nach den Ursachen von unfreiwilliger Arbeitslosigkeit einfach zu beantworten: Arbeitslosigkeit als Überhang des Arbeitsangebots gegenüber der Arbeitsnachfrage ist nur bei zu hohen Reallöhnen möglich. Was sind aber die Ursachen für zu hohe Reallöhne (verglichen mit dem Gleichgewichtslohnsatz)? Der Theorie folgend, können dies nur exogene Ursachen sein, die das normale Funktionieren des Gleichgewichtsmodells verhindern. Solche Funktionsstörungen können nach den Vorstellungen der Neoklassik vor allem durch institutionelle Regelungen der Gewerkschaften (Tariflöhne) oder des Staats [Mindestlöhne in Form der Erstreckung von Tarifverträgen auf Nichtorganisierte (vgl. insoweit insbes. § 7 Arbeitnehmerentsendegesetz), „echte" gesetzliche Mindestlöhne, Sozialgesetzgebung] verursacht werden. Alle Institutionen, die das soziale System Arbeitsmarkt organisieren und damit zur Verteuerung des Faktors Arbeit führen, sind im neoklassischen Basismodell Ursachen für einen gestörten Preismechanismus (rigide Löhne) und deshalb verantwortlich für die Arbeitslosigkeit.

In einem Reallohn-Beschäftigungs-Diagramm kann unter diesen Annahmen das Arbeitsmarktgleichgewicht als der Schnittpunkt einer steigenden Arbeitsangebotskurve mit einer fallenden Arbeitsnachfragekurve dargestellt werden. Die angebots- und nachfrageseitigen Mengenentscheidungen sind dabei einzig vom Lohnniveau abhängig. Bei $w_1$ liegt im eingezeichneten Umfang unfreiwillige Arbeitslosigkeit vor. Wenn insgesamt ein potenzielles Arbeitsangebot in Höhe von PA zur Verfügung steht, liegt freiwillige Arbeitslosigkeit bei Vollbeschäftigung im Umfang PA-N* vor. Letztere ist so zu interpretieren: Der gleichgewichtige Reallohn $w^*$ ist zu niedrig, um alle Arbeitskräfte zur Aufgabe ihrer Freizeit zu bewegen. Arbeitsanbieter, die auf der Arbeitsangebotskurve oberhalb von $w^*$ liegen, wollen in dieser Sichtweise freiwillig nicht arbeiten (Abb. 3.1).

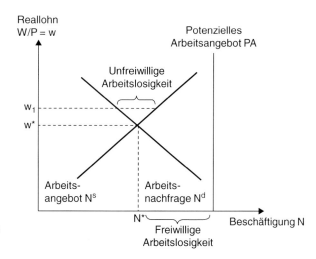

**Abb. 3.1** Das neoklassische Arbeitsmarktmodell

## 3.3 Zur Kritik des neoklassischen Basismodells

Im folgenden Abschnitt sollen die eben vorgestellten arbeitsmarktrelevanten Theoreme der Neoklassik kurz kritisch beleuchtet werden. Da diese Theoreme trotz mancher Modifikation auch in den Erweiterungen des Standardmodells von zentraler Bedeutung sind, ist eine Kritik daran an dieser Stelle auch und gerade in Hinblick auf die folgenden Modellerweiterungen unerlässlich.

Bei der Überprüfung einer Theorie muss auf bestimmte Kriterien geachtet werden. So müssen Theorien, egal ob sie nun empirischer Natur sind oder auf logischen Modellen beruhen, also axiomatischer Natur sind, vollständig und widerspruchsfrei sein. Der wesentliche Unterschied zwischen empirischen und axiomatischen Theorien ist die Falsifizierbarkeit: Eine empirische Theorie muss widerlegbare Aussagen über die Realität enthalten.

Bezüglich der theoretischen Konsistenz gehen wir davon aus, dass die neoklassischen Theoreme über das Arbeitsangebotsverhalten die – abgeleitet aus der Allgemeinen Gleichgewichtstheorie – an sie gestellten Forderungen erfüllen. Somit liegt das Problem hier insbesondere bei der empirischen Überprüfbarkeit der Theorie. Während ein Großteil ihrer Verfechter sie als empirisch und demnach auch wirtschaftspolitisch relevant ansehen, verneinen ihre Gegner dies strikt und lehnen in der Regel auch daraus resultierende wirtschaftspolitische Schlussfolgerungen ab.

Durch die Ableitung der Arbeitsmarkttheoreme aus der Allgemeinen Gleichgewichtstheorie ist die Kritik daran oft grundsätzlicher Natur.

### *3.3.1 Zur Kritik der Arbeitsangebotsfunktion*

Die Kritik an der von der ursprünglichen neoklassischen Theorie formulierten Arbeitsangebotsfunktion greift insbesondere die Aussagen bezüglich des Kurvenverlaufs, der Nutzenfunktion und der Autonomie des Arbeitsangebots auf. Auch hier zeigt sich bereits die Grundsätzlichkeit der Kritik.

- So argumentiert beispielsweise bereits Alfred Marshall (1946[8], 528), dass es prinzipiell verschiedene Arten von Angebotskurven gibt, nämlich einerseits den positiv ansteigenden und andererseits den nach zunächst positiv verlaufender Steigung sich zurückbiegenden Kurventypus. Welchen Verlauf die Angebotskurve eines konkreten Individuums nimmt, hängt nach Marshall davon ab, ob der Einkommens- oder Substitutionseffekt einer Lohnsatzänderung überwiegt, was wiederum aufgrund der individuellen Präferenzen entschieden wird. Betrachtet das Wirtschaftssubjekt Freizeit als ein gegenüber Einkommen superiores Gut, so wird es eine Reallohnerhöhung zugunsten vermehrter Freizeit verwenden (zurückbiegender Kurvenverlauf), betrachtet es Einkommen als superiores Gut, so wird es die Chance vermehrten Verdiensts nutzen („normaler" Kurvenverlauf). Häufig wird auch davon ausgegangen, dass bei sehr niedrigem und sehr hohem Reallohnsatz eines Haushalts bzw. Individuums der Einkommenseffekt

## 3.3 Zur Kritik des neoklassischen Basismodells

überwiegt, bei mittlerem hingegen der Substitutionseffekt Dies führt zu einem „Fragezeichen"-Verlauf (vgl. zur formalen Ableitung zum Beispiel Funk 2002a, II f.). In der Tat existieren Fälle, in denen Arbeitsanbieter zur Sicherung eines bestimmten Mindesteinkommens bei einer Senkung des realen Stundenlohnsatzes mit einer Einschränkung statt mit einer Ausweitung des Arbeitsangebots reagieren (vgl. zu diesem so genannten Konkurrenzparadoxon Weise/Brandes/Eger/Kraft 2005, 381). Aggregiert man jedoch individuelle Arbeitsangebotskurven horizontal, so ergeben sich für Märkte in den relevanten Reallohnbereichen meist steigende Arbeitsangebotsfunktionen (McConnell/Brue/Macpherson 2005[7], 169–171), was allerdings wiederum Kritiker auf den Plan ruft (siehe weiter unten).

- Eine weitergehende Kritik betrifft die Nichtbeobachtbarkeit der Nutzenfunktion des Haushalts und deren Maximierung. So hält z. B. Priewe (1984, 14) das von der Neoklassik postulierte Arbeitsangebotsverhalten der Individuen auf Basis des Ausgleichs von Grenznutzen und Grenzleid der Arbeit für nicht gerechtfertigt, da „weder Grenznutzen noch Grenzleid ... operationalisierbar, sondern introspektiv-subjektivistische Kategorien" seien. Ähnlich argumentieren auch andere Autoren, die das vorausgesetzte starre Präferenzsystem kritisieren: So z. B. Fischer/Heier (1983, 61): „Erstens muss überhaupt ein Präferenzfeld existieren, in dem die Nutzenschätzung von Einkommen und Freizeit eindeutig determiniert ist, und zweitens muss dieses Präferenzfeld auch von einiger Dauer sein" (vgl. auch Lärm 1982, 79; Pfriem 1979, 73 f). Beides erscheint unwahrscheinlich, da auf der einen Seite Einkommen und Freizeit bei weitem nicht die einzigen Determinanten des Arbeitsangebotsverhaltens sind und eine rationale Abschätzung des Nutzens durch zusätzliche Mengen des einen oder anderen nahezu unmöglich ist. Auf der anderen Seite wird das Präferenzfeld bei der geforderten dauernden Flexibilität des Lohnsatz laufend verändert, argumentieren die Kritiker, da die Präferenzen eines Individuums maßgeblich von dessen Einkommenssituation bestimmt würden.
- Auch die vorausgesetzte Flexibilität des Arbeitszeitangebots erscheint in hohem Maße unrealistisch – trotz aller Flexibilisierungen im jüngeren Strukturwandel. Die Arbeitskräfte können auch heute in der Regel ihre Arbeit nicht in beliebig kleinen Portionen am Arbeitsmarkt anbieten, wie es die Theorie postuliert, da dafür die Nachfrage fehlt. Schließlich sind die Arbeitszeiten weithin institutionell vorgegeben, so z. B. durch die staatliche Arbeitszeitgesetzgebung (Arbeitszeitgesetz), Tarifverträge und Betriebsvereinbarungen sowie sowie technische Notwendigkeiten, gesetzliche Vorschriften oder auch Kundenwünsche. Für den einzelnen bleibt oft kaum Spielraum für eine Arbeitszeitgestaltung, die seinen persönlichen Wünschen entspricht (vgl. allerdings § 8 Teilzeit- und Befristungsgesetz, wonach ein Arbeitnehmer unter gewissen Voraussetzungen einen Anspruch auf *Verringerung* seiner vertraglich vereinbarten Arbeitszeit hat, ein vollzeitbeschäftigter Arbeitnehmer also z. B. verlangen kann, in Zukunft nur noch in Teilzeit zu arbeiten; einen, allerdings weitaus „weicheren" Anspruch auf *Verlängerung* der Arbeitszeit enthält § 13 Teilzeit- und Befristungsgesetz). Hinzu kommt, dass die „individuelle Arbeitsangebotsfunktion, deren abhängige

Variable ja vor allem die Dimension Arbeitszeit ist, bisweilen umstandslos auf das gesamtwirtschaftliche Arbeitsangebot übertragen (wird), welches in Bezug auf die Variation mehrdimensional ist (Zahl der Arbeitskräfte, Arbeitszeit, Arbeitsintensität, Qualifikation)" und dadurch – aus Sicht der Kritiker – unreflektiert verallgemeinert werde (Priewe 1984, 15).

Mit den folgenden drei Beispielen soll kurz die Vielschichtigkeit der Arbeitsangebotsproblematik bereits bei diesem Stand der theoretischen Erörterung skizziert werden.

Die im neoklassischen Modell formulierte Autonomie des Arbeitsanbieters in Bezug auf das Arbeitszeitangebot wird durch die Unterscheidung zwischen primary und secondary workers relativiert. Demnach muss die Gruppe der primary workers (im Allgemeinen die erwachsenen Männer und alleinstehenden Frauen im erwerbsfähigen Alter) aus ökonomischen Gründen oder wegen sozialer Rollenentsprechung in der Regel einer normierten Vollzeitbeschäftigung nachgehen. Lediglich die Gruppe der secondary workers, die nicht unmittelbar auf eine Erwerbstätigkeit angewiesen sind (Hausfrauen, Studenten, Jugendliche, Rentner) hat die von der Theorie formulierte freie Bestimmung über die Arbeitszeit.

Diese Unterscheidung würde bedeuten, dass ausgerechnet für die Arbeitnehmergruppe, die den Vorstellungen der arbeitsmarkttheoretischen Diskussionen zu Grunde liegt, ein starres Arbeitsangebotsverhalten zu unterstellen ist. Die empirisch feststellbaren Angebotselastizitäten für unterschiedliche Arbeitnehmergruppen bestätigen dies (vgl. Heidra/van der Ploeg 2002, 176 f).

Unter dem Stichwort additional workers kann eine inverse Abhängigkeit des Anbieterverhaltens von der Nachfrage nach Arbeit in der Weise angenommen werden, dass das Angebot an Arbeit mit abnehmender Nachfrage danach zunimmt. Bei sinkender Nachfrage nach Arbeit wird entweder das Lohnniveau reduziert oder es kommt zu verstärkter (freiwilliger) Arbeitslosigkeit. In beiden Fällen verringern sich die Familieneinkommen. Um diesen Effekt zu kompensieren, drängen bislang nicht erwerbstätige Familienmitglieder auf den Arbeitsmarkt. Die discouraged worker-These behauptet genau den gegenteiligen Effekt wie die additional worker-These. Das Arbeitsangebot fällt mit sinkender Nachfrage, weil ein Teil des Erwerbspersonenpotentials von der Arbeitslosigkeit abgeschreckt wird und deshalb auf alternative Versorgungsmöglichkeiten ausweicht. Beide Effekte, die im Zusammenhang mit der Stillen Reserve diskutiert werden, können gleichzeitig auftreten.

### *3.3.2 Zur Kritik der Arbeitsnachfragefunktion*

Die Kritik der neoklassischen Analyse der Nachfrage nach Arbeit konzentriert sich vor allem auf zwei Punkte. Es sind dies zum ersten die Grenzproduktivitätstheorie als Grundlage der Ableitung einzelwirtschaftlicher Arbeitsnachfrage und zum zweiten die Aggregation dieser einzelwirtschaftlichen Nachfragefunktionen zu einer gesamtwirtschaftlichen Nachfragefunktion:

- Unentbehrliche Argumentationsgrundlage der Grenzproduktivitätstheorie ist die substitutionale Produktionsfunktion der Unternehmung. Empirische Untersuchungen stellten jedoch heraus, dass die industrielle Produktion nicht durch substitutionale, sondern durch limitationale Produktionsfunktionen gekennzeichnet ist, und dass eine Substitution der Faktoren durcheinander bei gleichbleibender Produktionsmenge nicht möglich sei. Diese Kritik konzentriert sich nicht allein auf die Arbeitsnachfragefunktion, sondern ist wieder von grundsätzlicherer Natur, da der ertragsgesetzliche Verlauf der neoklassischen Produktionsfunktion und damit das gesamte marginalistische Gedankengebäude in Frage gestellt wird. Allerdings finden sich ebenfalls stichhaltige Argumente zugunsten nicht-linearer Kurvenverläufe, insbesondere für Situationen, in denen die Produktion kurzfristig über das „normale" Maß hinaus ausgedehnt wird (vgl. Lachmann 2006, 99 f).
- Darüber hinaus lässt sich gegen die mikroökonomische Grenzproduktivitätstheorie noch einwenden, dass die genaue Ermittlung des Grenzprodukts ex ante nicht möglich ist, da die exakten Kenntnisse über die Veränderungen der Produktionsmenge bei Veränderung der einzusetzenden Arbeitskraft um genau eine Einheit unter ceteris-paribus-Bedingungen fehlen. Damit aber ist genau diese ceteris-paribus-Annahme einer Konstanz aller anderen Faktoren und Einflüsse bei Änderung des Arbeitseinsatzes kaum aufrechtzuerhalten.
- Auch die Bestimmung der Gesamtnachfragefunktion ist schwierig, denn die inverse Beziehung von Nachfrage und Reallöhnen setzt voraus, dass zwischen Lohnhöhe und Grenzproduktivität in ihrer makroökonomischen Version keine Beziehung besteht. Diese Annahme ist jedoch realistischerweise nicht zu halten. Mit der Veränderung der Reallöhne und der Beschäftigungsmenge ändern sich im Allgemeinen auch die Struktur und das Volumen der Güternachfrage und damit auch das Güterangebot. Damit mangelt es der Prämisse konstanter Güterpreise bei der Ableitung der Arbeitsnachfragefunktion an Realitätsgehalt.
- Eine wesentlich allgemeinere Kritik greift die unterstellte wohldefinierte Entscheidungssituation im Unternehmen an, die ein harmonisches Bild bezüglich der Zielkongruenz von Arbeitnehmer und Unternehmer zeichnet. Auch dies ist ein Mangel, der die Arbeitsnachfragefunktion verzerrt.

### 3.3.3  Zur Kritik der Allokationsfunktion des Lohns

Der Gleichgewichtslohn im neoklassischen Modell bildet sich durch die Entscheidungen isoliert am Markt auftretender Wirtschaftssubjekte. Die Kritik daran ist wiederum sowohl grundsätzlicher als auch spezifisch arbeitsmarktrelevanter Natur:

- Die Arbeitsmärkte selbst sind weniger durch die für eine funktionierende Allokation der Arbeitskräfte über den Lohnsatz notwendige vollkommene Konkurrenz als durch wenige Marktteilnehmer mit dafür relativ großer Marktmacht (Gewerkschaften, Arbeitgeberverbände, Großunternehmen, Staat) gekennzeichnet.

Dabei ist mit Blick auf die Verhältnisse in Deutschland v. a. zu berücksichtigen, dass hier noch immer der sog. Verbandstarifvertrag (zwischen Arbeitgeberverband und Gewerkschaft) dominiert, wohingegen Tarifverträge zwischen einer Gewerkschaft und einem einzelnen Arbeitgeber (Unternehmen- oder Haustarifvertrag) zwar rechtlich zulässig (vgl. § 2 Abs. 1 Alt. 1 Tarifvertragsgesetz, wonach auch der einzelne Arbeitgeber „tariffähig" ist), rein praktisch gesehen aber verhältnismäßig selten sind. Ebenfalls wird auch noch die Auffassung vertreten, dass der preisvermittelte Gleichgewichtsmechanismus nicht für jeden Markttypus, sondern nur für Märkte, auf denen gegebene Bestände gehandelt werden, die je nach Höhe des Preis den Besitzer wechseln, Gültigkeit hat. Der Arbeitsmarkt kann diesem Typus jedoch nicht zugerechnet werden.
- Da keine Zielkongruenz zwischen Arbeitnehmern und Unternehmen besteht, hat der Lohn neben seiner Allokationsfunktion noch andere – Motivationsfunktion, Distributionsfunktion, Optimalitätsfunktion, Koordinationsfunktion, Informationsfunktion, Markträumungsfunktion (Weise 1985, 258) -, die nicht komplementär zu ersterer sein müssen, diese also be- oder verhindern.
- Schließlich negiert die Ungleichgewichtstheorie generell den neoklassischen Gleichgewichtsgedanken bzw. hält ihn für äußerst imperfekt (vgl. Rothschild 1981; Berthold 1987; Rothengatter/Schaffer 2006, 94 ff.). Sie geht davon aus, dass die Marktteilnehmer ohne genaue Kenntnis der Angebots- und Nachfragebedingungen, also unter Unsicherheit, über die Löhne und Preise entscheiden müssen, zu denen sie ihre Transaktionen tätigen wollen.

Daneben wirken sich auf die Allokationsfunktion des Lohnsatzes auch die beim Arbeitsangebot und der Arbeitsnachfrage angebrachten Kritikpunkte entsprechend aus.

### 3.3.4 Zur Kritik der freiwilligen Arbeitslosigkeit

Durch die Zurückführung aller Entscheidungen und Handlungen auf individuell rationale Verhaltensmuster von Arbeitnehmer und Unternehmer zum einen und die weitgehend festgelegte Arbeitsnachfrage infolge der Produktionsbedingungen zum anderen ist der Grad der Beschäftigung durch das Verhalten der Arbeitsanbieter determiniert und eine auftretende Arbeitslosigkeit freiwillig.

- Hinter dieser aus der neoklassischen Theorie folgenden objektiven Sachaussage verbirgt sich jedoch aus Sicht der Kritiker eine subjektivistische, die Scheinobjektivität obiger Aussage unterstreichende Wertvorstellung, da die Gewinnmaximierungshypothese und die technische Gestalt der Produktionsfunktion, die die Unternehmen quasi zu einem bestimmten Verhalten zwingt, als Norm vorgegeben werden, an der sich der Arbeitsanbieter zu orientieren hat (vgl. beispielsweise Glastetter 1986, 192 ff).
- Als weiterer Kritikpunkt am neoklassischen Basismodell kann die Annahme angeführt werden, dass Arbeitskräfte nicht „Arbeitsplätze schlechthin suchen, sondern solche, die ihren Voraussetzungen ... entsprechen" (Lärm 1982, 89).

Sind solche Arbeitsplätze nicht in ausreichender Zahl vorhanden, so tritt partielle Arbeitslosigkeit auf, die nicht freiwillig ist, den Annahmen der Theorie aber auch nicht widerspricht. Hahn (1980, 288) bezeichnet diese Arbeitskräfte als „unvoluntary unemployed … in their specific skill class".

Arbeitslosigkeit existiert somit als eigene Problemstellung im neoklassischen Basismodell nur rudimentär, wenn alle zugrunde gelegten Annahmen gelten. Sollte trotzdem Unterbeschäftigung auftreten, so kann sie bei vollständig funktionierenden Märkten nur exogen verursacht und von kurzer Dauer sein – oder sie ist freiwillig und damit auch wieder modellkonform. Zugespitzt könnte man sagen, während andere Theorien Arbeitslosigkeit sehen, sie zu erklären und eventuell zu beseitigen versuchen, erhebt sich für die ursprüngliche neoklassische Theorie die Frage, „wie es überhaupt zur Arbeitslosigkeit kommen könne, da es sie ja gar nicht geben dürfte" (Rothschild 1980, 13).

## 3.4 Die umstrittene Rolle des neoklassischen Basismodells perfekter Märkte – nur Sonderfall oder auch Benchmark?

Es ist, wie erwähnt, theoretisch umstritten, welche Funktion das neoklassische Basismodell für die aktuelle Wirtschaftstheorie spielt. Daher werden zu dieser auch für die Wirtschaftspolitik wichtigen Debatte hier die wichtigsten Hintergründe kurz erläutert.

In einem ersten Schritt und unter Ausblendung traditioneller keynesianischer Perspektiven des Arbeitsmarkts (vgl. dazu Kromphardt 2006, 216 ff.) lassen sich die theoretischen Aussagen zum Arbeitsmarkt sehr vereinfacht zwei verschiedenen Denkschulen zuordnen: „Die neoklassische Vorstellung geht von streng ökonomisch-rational agierenden und ihren Nutzen maximierenden Wirtschaftssubjekten aus und betrachtet den Arbeitsmarkt als einen Sonderfall des allgemeinen Marktmodells. Der im Rahmen des Institutionalismus entstandene Segmentationsansatz geht a priori von einer Spaltung des Arbeitsmarkts aus und lehnt die mit dem allgemeinen Marktmodell verknüpften Prämissen ab" (Fassmann/Meusburger 1997, 44).

Um aber Missverständnissen vorzubeugen, ist zu betonen, dass beide Denkschulen – auch die Verfechter des Modells perfekter Märkte – in Bezug auf die folgende Einschätzung tendenziell übereinstimmen: „Das Arbeitsmarktverhalten der Mehrheit der Arbeitnehmer entspricht nur selten dem Bild des rational Handelnden, der auf einem einheitlichen Arbeitsmarkt agiert, über alles informiert, ungebunden und räumlich mobil ist und jederzeit seinen Arbeitsplatz wechselt, wenn damit eine Einkommenserhöhung möglich ist" (Fassmann/Meusburger 1997, 53).

Der Unterschied beider Denkschulen besteht vielmehr darin, dass die in Teil IV genauer dargestellte „institutionalistische" Denkschule gespaltener Arbeitsmärkte das neoklassische Modell perfekter Märkte als einen weitgehend realitätsirrelevanten und daher auch für wirtschaftspolitische Empfehlungen nicht empfehlenswerten, ja sogar gefährlichen, Sonderfall ablehnt, während die Anhänger des neoklassischen Grundmodells die theoretische und wirtschaftspolitische Irrelevanz des Modells nicht nur bestreiten, sondern ihm in mancherlei Hinsicht sogar eine Benchmarkfunktion zubilligen (vgl. etwa Klump 2006, 46). Aus der Perspektive des ökonomischen Mainstreams ist demnach auch heute noch eine Auseinandersetzung mit den Hauptideen der Neoklassik und dessen eben vorgestelltem Basismodell sinnvoll, selbst wenn dieses Grundmodell perfekter Märkte seinen Höhepunkt etwa 1933 mit Pigous Buch The Theory of Unemployment erreicht hatte und später unter anderem den im Kapitel aufgeführten Kritikpunkten ausgesetzt war.

Mehrere Gründe lassen sich hierfür anführen: „Einerseits bietet sie einen einfachen und leicht verständlichen Ausgangspunkt für die Analyse des Arbeitsmarkts. Spätere Theorien können oft als Verfeinerungen des neoklassischen Modells aufgefasst werden. Andererseits zeigt das neoklassische Modell wie ein ‚idealer' Arbeitsmarkt funktionieren müsste. Es hat daher innerhalb der Arbeitsmarktforschung eine wichtige Referenzfunktion bekommen: Durch einen Vergleich mit dem neoklassischen Modell kann man schnell feststellen, welche Idealbedingungen in einem reellen Arbeitsmarkt verletzt sind, und welche fundamentalen Defekte ihn belasten" (Schmid/von Dosky/Braumann 1996, 3 f.).

Für eine solche Sichtweise lassen sich zusätzlich nicht nur didaktische Aspekte anführen (vgl. hierfür und auch für eine Kritik daran Streit 2005, 20–23), sondern auch forschungstheoretische Gründe (vgl. Fritsch/Wein/Ewers 2003, 63 ff.): Einerseits müssen Modelle immer vereinfachen, um die komplexen und vielschichtigen Verhältnisse der Realität analytisch handhabbar zu machen, so dass ein diesbezüglicher Vorwurf nicht weiter hilft. Andererseits sind die spezifischen vereinfachenden Annahmen des Modells perfekter Märkte zur Erklärung und/oder Beurteilung der betrachteten Probleme darauf hin zu untersuchen, ob sie zweckmäßig sind. Zugunsten der diesbezüglichen Zweckmäßigkeit des neoklassischen Basismodells führen dessen Verfechter vor allem zwei Gründe an.

Erstens muss beantwortet werden, ob alternative Ansätze verfügbar sind, die eine bessere Lösung bieten. Dies ist zumindest aus Sicht des ökonomischen Mainstreams nicht der Fall: „Da es bislang nicht gelungen ist, eine Theorie des Markts zu entwickeln, die leistungsfähiger ist als das Modell der vollständigen Konkurrenz, müssen wir mit diesem Modell vorlieb nehmen" (Fritsch/Wein/Ewers 2003, 64). Ergänzend ist anzumerken, dass bei Variation der Annahmen des Arbeitsmarktmodells der vollständigen Konkurrenz keineswegs notwendigerweise qualitativ andere Implikationen auftreten als im neoklassischen Basismodell, wie bisweilen durch Fundamentalkritik am Modell suggeriert wird (vgl. Külp 1994, 30 ff.). Daher und wegen seiner didaktisch guten Handhabbarkeit findet es auch in der wirtschaftspolitisch orientierten Arbeitsmarktforschung nach wie vor oft Anwendung (vgl. neben vielen anderen etwa Breyer/Buchholz 2007, 272–274; Funk 2005; Lesch 2006), wie auch der nachfolgende wirtschaftspolitische Kasten 11.1 zeigt. Diese Vorgehensweise kann aber naturgemäß nur mit Vorsicht betrieben werden. Sie sollte hauptsächlich eine illustrierende Funktion haben und ist durch weitere theoretisch plausible Ergebnisse und empirische Belege abzusichern, um potenzielle Probleme wegen eines zu hohen Abstraktionsniveaus zu vermeiden. Denn möglicherweise werden ansonsten Faktoren vernachlässigt, die auch Ursachen der betrachteten Marktergebnisse sein können. „In diesem Fall kann der Forscher einem Fehlschluss erliegen, da er beispielsweise die Arbeitslosigkeit dem starren Lohnniveau zuschreibt, obwohl hierfür andere, bisher nicht betrachtete Mechanismen verantwortlich sind" (vgl. Hinz/Abraham 2005, 23).

Zweitens ist das Modell auch dann noch hilfreich, wenn dessen Modellprognosen von der Realität abweichen. Denn soweit es zu wesentlich anderen Implikationen in der Realität kommt, als modelltheoretisch zu erwarten wäre, so lassen sich diese als Marktmängel bzw. Marktversagen interpretieren, die das effiziente Zusammenwirken von Anbietern und Nachfragern stören oder sogar verhindern können. Die im Folgenden vorzustellenden mikroökonomischen Weiterentwicklungen und Modifikationen des neoklassischen Basismodells greifen diese Aspekte auf und nähern jeweils das Modell in speziellen Aspekten zweckmäßig der Realität an. Die Ansätze zeigen, warum Unternehmen und Arbeitskräfte ein Interesse daran haben können, einen dem Marktergebnis des neoklassischen Basismodells abweichenden Lohnsatz zu gewähren bzw. zu erhalten (vgl. Külp 1994, 26, 68–76), und geben Hinweise, inwieweit sich hieraus Rechtfertigungen für wirtschaftspolitische Eingriffe des Staats zur Verbesserung der Marktallokation ergeben.

Dabei können wissenschaftliche Aussagen auf der Basis des Wertfreiheitspostulats zur Kosten-Nutzen-Abschätzung solcher staatlichen Eingriffe beitragen. Sie sind aus der Sicht des ökonomischen Mainstreams jedoch nicht allein ausschlaggebend: „Letztlich bedarf es immer einer wertenden Entscheidung, ob man eine Fehlfunktion als gravierend genug ansieht, um ihr mit wirtschaftspolitischen Mitteln entgegenzuwirken" (Fritsch/Wein/Ewers 2003, 67). Diese Werturteile dürften insbesondere davon abhängen, wie man die gesellschaftlichen Nebenfolgen der – außer durch einen allgemeinen Ordnungsrahmen eingeschränkten – unregulierten Marktergebnisse und die erwarteten Nutzen und Kosten von Staatseingriffen einschätzt, die bei wirtschaftspolitischen Entscheidungen zu berücksichtigen sind. Denn die rein partialanalytische Einzelmarktbetrachtung im Sinne Alfred Marshalls lässt unter anderem die Zusammenhänge mit anderen gesellschaftlichen Teilbereichen unberücksichtigt, die jedoch bei wirtschaftspolitischen Eingriffen auch zu beachten sind (vgl. Hinz/Abraham 2005, 22).

Wie das abschließende ökonomische Kapitel zeigen wird, versucht die neuere Arbeitsmarktforschung zur Überwindung der – trotz aller tatsächlich abgelaufenen Tendenzen zur Konvergenz – nach wie vor verbleibenden Gräben zwischen eher neoklassisch und eher institutionalistisch orientierten Wissenschaftlern „to develop a more complete analysis" (Hyclak/Johnes/Thornton 2005, 283) Dieser einheitliche Makrorahmen berücksichtigt unter anlderem sowohl Merkmale des Modells perfekter Märkte als auch zentrale institutionalistische Aspekte.

## 3.5 Weiterführende Literatur

Eine allgemeine Einführung in die Neoklassik und ihre Methodik, allerdings auf teilweise recht hohem mathematischen Niveau gibt Varian (1992$^3$). Mathematisch weniger anspruchsvolle und sehr verständliche Darstellungen der mikroökonomischen Vorgehensweise bieten Pindyck/Rubinfeld (2005$^6$) und Varian (2007$^7$).

Eine Einführung in die neoklassische Arbeitsmarkttheorie mit mathematischer und grafischer Darstellung geben Brinkmann (1999), Holler (1986), Külp (1994³) und Rothschild (1988).

Eine sehr gut lesbare, unformale und verständliche Darstellung der Allgemeinen Gleichgewichtstheorie und ihrer arbeitsmarkttheoretischen Anwendung liefert Lärm (1982). Eine über den rein ökonomischen Aspekt hinausgehende Darstellung stammt von Ehrenberg/Smith (2008¹⁰).

Schließlich kommt eine etwas unkonventionelle und gerade deshalb sehr interessante Darstellung der Arbeitsmarktproblematik von Weise (1985) bzw. in Kurzform von Weise/Brandes/Eger/Kraft (2005⁵).

# Teil II
# Grundlagen des Arbeitsrechts

# Kapitel 4
# Basiswissen

## 4.1 Besonderheiten des Arbeitsvertrags

Der zentrale Gegenstand des Arbeitsrechts ist der Arbeitsvertrag. Dieser ist ein privatrechtlicher Vertrag, sodass beispielsweise Beamte aus dem Anwendungsbereich arbeitsrechtlicher Vorschriften herausfallen. Soll ein Vertrag ein Arbeitsverhältnis begründen, muss er die Leistung von Diensten zum Inhalt haben. Schließlich liegt ein Arbeitsvertrag nur dann vor, wenn es sich um unselbständige Dienste handelt oder, wie man häufig auch formuliert, eine persönliche Abhängigkeit besteht.

Gemeint ist damit in erster Linie, dass der Arbeitnehmer dem Weisungs- bzw. Direktionsrecht des Arbeitgebers unterworfen ist. Darüber hinaus ist der Arbeitnehmer regelmäßig in eine fremdbestimmte Arbeitsorganisation eingegliedert. Das Weisungsrecht des Arbeitgebers gegenüber dem Arbeitnehmer – das allerdings in vielfacher Weise (Treu und Glauben, Mitbestimmungsrechte des Betriebsrats usw.) rechtlich beschränkt wird – ist ein Charakteristikum des Arbeitsvertrags. Zugleich trägt das Bestehen dieses Weisungsrechts dem Umstand Rechnung, dass sich die Reichweite der Verpflichtung des Arbeitnehmers zur Arbeitsleistung bei Abschluss des Arbeitsvertrags unmöglich abschließend bestimmen lässt; in diesem Sinne kann man durchaus von einer (absichtlichen) Vertragslücke sprechen. Die Pflicht, Arbeit zu leisten, bedarf im Lauf der Durchführung des Arbeitsvertrags der Konkretisierung und diese wird gerade dadurch geleistet, dass der Arbeitgeber von seinem Weisungsrecht Gebrauch macht.

Ob im Einzelfall ein Arbeitsvertrag vorliegt oder doch ein „freier Dienstvertrag" (oder ein anderes Rechtsverhältnis), lässt sich nicht immer leicht entscheiden. Vielfach versuchen die Beteiligten auch, die „wahre" Natur ihres Rechtsverhältnisses zu verschleiern („Scheinselbständigkeit", „neue Selbständigkeit"). Rechtlich wird dem u. a. dadurch Rechnung getragen, dass über das Vorliegen eines Arbeitsvertrags objektive Kriterien entscheiden. Abgesehen davon ist die Anwendbarkeit einzelner arbeitsrechtlicher Regelungen u. U. bereits dann eröffnet, wenn eine Person zwar nicht den Weisungen einer anderen Person unterworfen, von dieser aber wirtschaftlich abhängig ist (sog. arbeitnehmerähnliche Personen).

Der Arbeitsvertrag nimmt in vieler Hinsicht eine Sonderstellung gegenüber anderen Verträgen ein. Zunächst stellt das Arbeitsverhältnis – das trifft allerdings auch noch auf eine Reihe anderer Rechtsverhältnisse zu – typischerweise ein Dauerschuldverhältnis dar, das sich, anders als beispielsweise ein Kaufvertrag, nicht in einem einmaligen Leistungsaustausch (im Fall des Kaufvertrags Übergabe und Übereignung der gekauften Sache gegen Zahlung des Kaufpreis) erschöpft. Aus der Dauerhaftigkeit der Rechtsbeziehung folgt u. a. die Notwendigkeit von Erholungsurlaub (geregelt im Bundesurlaubsgesetz und in Tarifverträgen). Auch hat die Dauerhaftigkeit der Bindung des Arbeitnehmers zur Folge, dass er sich regelmäßig der Möglichkeit begibt, selbst unternehmerisch tätig zu werden. Allein schon aus dieser Dimension des Arbeitsvertrags ergibt sich ein besonderes Schutzbedürfnis. Es kommt noch hinzu, dass ein Arbeitnehmer die Pflicht zur Arbeitsleistung grundsätzlich höchstpersönlich zu erfüllen hat (§ 613 S. 1 Bürgerliches Gesetzbuch) und die Arbeitsleistung somit von der Person des Arbeitenden nicht getrennt werden kann.

Das Schutzbedürfnis des Arbeitnehmers wird noch dadurch verstärkt, dass das Arbeitsverhältnis zwar nicht notwendigerweise, aber doch typischerweise, die Existenzgrundlage des Verpflichteten bildet. Dies hat vielfältige Konsequenzen. So ist der Arbeitnehmer z. B. in besonderer Weise auf eine angemessene Vergütung angewiesen, aber etwa auch darauf, dass seine Gesundheit nicht durch die Arbeit beeinträchtigt wird. Überdies muss das Recht durch eine entsprechende Modifizierung der generell geltenden Haftungsregeln dafür Sorge tragen, dass Schäden, die der Arbeitnehmer im Rahmen der Erbringung der Arbeitsleistung beim Arbeitgeber oder Dritten bewirken mag, keine Folgen haben, die seine wirtschaftliche Existenz gefährden. Dementsprechend hat die Rechtsprechung besondere Schranken der Arbeitnehmerhaftung entwickelt. Wer z. B. als Berufskraftfahrer typischerweise Gefahr läuft, andere zu schädigen, haftet somit nur eingeschränkt. Das Risiko eines Arbeitsausfalls muss grundsätzlich der Arbeitgeber tragen, wenn der Arbeitnehmer aus betriebstechnischen Gründen (Bsp.: Stromausfall) nicht beschäftigt werden kann. Darüber hinaus müssen die arbeitsrechtlichen Regeln darauf zielen, dem Arbeitnehmer seinen Arbeitsplatz nach Möglichkeit zu erhalten. Dies geschieht durch entsprechende kündigungsschutzrechtliche Regelungen, aber beispielsweise auch dadurch, dass im Fall der Übertragung eines Betriebs von einem Unternehmer auf einen anderen ein automatischer Übergang des Arbeitsverhältnisses angeordnet wird (vgl. § 613a Abs. 1 S. 1 Bürgerliches Gesetzbuch, wonach, sofern ein „Betrieb oder Betriebsteil durch Rechtsgeschäft auf einen anderen Inhaber über(geht), ... dieser in die Rechte und Pflichten aus den im Zeitpunkt des Übergangs bestehenden Arbeitsverhältnissen ein(tritt)"). Mit anderen Worten: Bleibt der Arbeitsplatz beim neuen Inhaber des Betriebs erhalten, ist er mit dem Arbeitnehmer zu besetzen, der ihn vor dem Betriebsübergang inne hatte. Das Recht zur (betriebsbedingten) Kündigung wird hiervon allerdings nicht berührt.

Ein weiteres Merkmal des Arbeitsverhältnisses bildet das Ungleichgewicht, das regelmäßig zwischen Arbeitgeber und Arbeitnehmer besteht. Dieses äußert sich z. B. darin, dass der Arbeitsvertrag weit überwiegend nicht individuell zwischen den Beteiligten ausgehandelt wird, sondern stattdessen regelmäßig Vertragstexte zum Einsatz kommen, die vom Arbeitgeber vorformuliert werden. Vor allem äußert sich dieses Ungleichgewicht zwischen Arbeitgeber und Arbeitnehmer aber darin, dass der Arbeitnehmer – hiervon war bereits die Rede – bei der Erbringung der Arbeitsleistung den Weisungen des Arbeitgebers unterliegt. Vor diesem Hintergrund sind die vielfältigen Schutzmechanismen zu sehen, die das Arbeitsrecht bereit hält: Gesetzliche Regelungen sollen dem Arbeitnehmer einen gewissen Mindestschutz garantieren, der durch Tarifverträge noch weiter angehoben werden kann; Mitbestimmungsrechte des Betriebsrats sollen in den einzelnen Betrieben für ein Gleichgewicht zwischen Arbeitgeber- und Arbeitnehmerseite sorgen; die Beteiligung von Arbeitnehmervertretern in den Aufsichtsräten großer Unternehmen soll Arbeitnehmern einen gewissen Einfluss auf die Leitung dieser Unternehmen eröffnen.

## 4.2 Rechtsquellen des Arbeitsrechts

Eine Besonderheit des für Arbeitnehmer und Arbeitgeber geltenden Rechts bildet der Umstand, dass es eine Vielzahl von Rechtsquellen gibt, aus denen dieses Recht fließt (Möschel 2002). Zu nennen sind insoweit: Das unmittelbar geltende Recht der EG (als supranationales Recht), das (nationale) Verfassungsrecht, das einfache Gesetzesrecht, Tarifvertragsnormen (Regelungen in Tarifverträgen, die zwischen Gewerkschaften auf der einen und Arbeitgeberverbänden oder einzelnen Arbeitgebern auf der anderen Seite abgeschlossen werden), Normen einer Betriebsvereinbarung (Vereinbarungen zwischen Arbeitgeber und Betriebsrat), arbeitsvertragliche Regelungen sowie das Weisungs- bzw. Direktionsrecht des Arbeitgebers.

Was das Gesetzesrecht anbelangt, so ist dieses im Arbeitsrecht weitgehend zersplittert. Arbeitsrechtliche Regelungen finden sich in einer Vielzahl von Gesetzen: dem Arbeitszeitgesetz, dem Entgeltfortzahlungsgesetz, dem Bundesurlaubsgesetz und dem Kündigungsschutzgesetz, um nur einige wenige zu nennen. Bemühungen, die einzelnen Gesetze in einem einheitlichen Arbeitsvertragsgesetz zusammenzufassen – und ggf. zugleich auch neue Antworten auf drängende Fragen wie Alterung der Gesellschaft und Arbeitslosigkeit zu finden (Preis 2000; 2008; Waas 2007) –, sind bislang gescheitert. Abgesehen davon beruhen viele arbeitsrechtliche Regelungen nicht auf formellen Gesetzen, sondern sind sog. „Richterrecht". Ein Beispiel unter vielen bilden die Regeln zur Arbeitnehmerhaftung: Eine gesetzliche Regelung fehlt. Entwickelt wurden die entsprechenden Regeln gewissermaßen „in Vertretung" des Gesetzgebers von den Gerichten.

Arbeitsvertragliche Regelungen in dem eben genannten Sinn bilden dabei nicht nur die Regelungen des Arbeitsvertrags. Vielmehr stehen auch die Gesamtzusage, der arbeitsrechtliche Gleichbehandlungsgrundsatz sowie die betriebliche Übung auf dieser Ebene. Die Gesamtzusage ist eine an die Belegschaft als Ganze oder einen Teil der Belegschaft gerichtete Erklärung des Arbeitgebers, durch die dieser einen Vorteil, also beispielsweise eine Sonderzuwendung (z. B. eine Weihnachtsgratifikation), verspricht. Zu denken ist dabei etwa an einen entsprechenden Aushang am „schwarzen Brett". Die Gesamtzusage folgt hinsichtlich des Zustandekommens einer vertraglichen Bindung gewissen Sonderregeln. Aus dem arbeitsrechtlichen Gleichbehandlungsgrundsatz, der neben besonderen gesetzlichen Diskriminierungsverboten wegen Geschlecht, Alter usw. steht, ergibt sich gegenüber dem Arbeitgeber das Verbot, Arbeitnehmer ohne sachlichen Grund von Begünstigungen auszunehmen, also beispielsweise bestimmten Arbeitnehmern willkürlich eine Gratifikation vorzuenthalten, oder Arbeitnehmern ohne sachlichen Grund Belastungen aufzuerlegen. Bei der betrieblichen Übung handelt es sich schließlich um die regelmäßige Wiederholung bestimmter Verhaltensweisen des Arbeitgebers, aus denen die Arbeitnehmer schließen dürfen, dass eine bestimmte Leistung auf Dauer gewährt werden soll. So begründet z. B. die dreimalige vorbehaltlose (!) Zahlung einer Weihnachtsgratifikation nach der Rechtsprechung des Bundesarbeitsgerichts regelmäßig einen Rechtsanspruch der Arbeitnehmer auf Weitergewährung. Man kann dies einen „impliziten Kontrakt" nennen. Das Rechtsinstitut der betrieblichen Übung verdient übrigens aus ökonomischer Sicht besonderes Interesse. Es ist ein Beispiel dafür, dass arbeitsrechtliche Regelungen einer größeren Flexibilität der Arbeitsbedingungen häufig nicht nur entgegenstehen, sondern – aus Gründen des Arbeitnehmerschutzes – nicht selten sogar umgekehrt auf eine gewisse Verfestigung von Anspruchspositionen drängen.

Für das Verhältnis der unterschiedlichen Rechtsquellen gilt grundsätzlich das sog. *Rangprinzip*: Der ranghöhere Gestaltungsfaktor beansprucht den Vorrang gegenüber der niederrangigen Rechtsquelle. Das (primäre) EG-Recht verdrängt also das nationale Verfassungsrecht, dieses das einfache Gesetzesrecht usw. Soweit es sich um Normen handelt, also um Gesetze sowie Tarifvertragsnormen und Normen einer Betriebsvereinbarung, ist allerdings zu bedenken, dass diese häufig in gewissem Umfang dispositiv, also „vereinbarungsoffen", und somit gerade nicht zwingend sind. Gesetzliche Vorschriften sind zumeist nur einseitig zwingend, so dass von ihnen nicht zu Lasten, wohl aber zu Gunsten des Arbeitnehmers abgewichen werden kann. Das Rangprinzip wird somit in weitem Umfang vom sog. *Günstigkeitsprinzip* durchbrochen. Dieses ist dem Ziel eines möglichst weit gehenden Arbeitnehmerschutzes verpflichtet. Nach dem Günstigkeitsprinzip geht eine niederrangige Rechtsquelle der ranghöheren vor, wenn sie für den Arbeitnehmer günstigere Rechtsfolgen enthält. Dementsprechend kann z. B. ein Arbeitsvertrag günstigere Regelungen vorsehen als der einschlägige Tarifvertrag. „Volldispositive" Vorschriften sind dagegen verhältnismäßig selten. Noch am häufigsten findet man sog. tarifdispositive Vorschriften, die den – vom Gesetzgeber als besonders sachnah betrachteten – Tarifparteien (allerdings auch nur ihnen) eine Abweichung auch zu Lasten der Arbeitnehmer erlauben; ein Beispiel für eine derartige Norm bildet § 13 Abs. 1 S. 3 Bundesurlaubsgesetz (BUrlG), der den Tarifparteien Abweichungen vom gesetzlichen Urlaubsrecht gestattet, die z. B. den besonderen Bedürfnissen der Beschäftigten in einer bestimmten Branche Rechnung tragen sollen. Allerdings ist es für die Tarifparteien nicht ganz „ungefährlich", wenn sie sich auf derartige Abweichungen vom Gesetz „einlassen" (Waas 2008c).

## 4.3 Rechte und Pflichten der Arbeitsvertragsparteien

Aus dem Arbeitsvertrag ergeben sich für die Beteiligten zwei sog. Hauptpflichten: Der Arbeitnehmer ist zur Erbringung der Arbeitsleistung, der Arbeitgeber ist zur Zahlung eines Entgelts verpflichtet (vgl. § 611 Abs. 1 Bürgerliches Gesetzbuch).

## 4.3 Rechte und Pflichten der Arbeitsvertragsparteien

Das Arbeitsrecht kennt vielfache Regeln zum Schutz des Entgeltanspruchs, v. a. einen weitgehenden Pfändungs- und Insolvenzschutz. Mit diesen Regeln wird berücksichtigt, dass der Arbeitnehmer auf den Erhalt des Arbeitsentgelts regelmäßig in besonderer Weise angewiesen ist.

Was die Pflicht des Arbeitnehmers zur Erbringung der Arbeitsleistung anbelangt, so ist v. a. erwähnenswert, dass das Arbeitsrecht zwar den Grundsatz „Kein Lohn ohne Arbeit" kennt, diesen Grundsatz aber in vielfältiger Weise durchbrochen hat. So bleibt der Vergütungsanspruch bestehen, wenn der Arbeitnehmer für eine kurze Zeit durch einen in seiner Person liegenden Grund ohne sein Verschulden an der Arbeitsleistung verhindert wird (§ 616 S. 1 Bürgerliches Gesetzbuch). Diese Regelung zielt beispielsweise auf den Fall, dass der Arbeitnehmer an der Hochzeit eines Kindes teilnimmt; sein Entgeltanspruch bleibt hiervon unberührt, obwohl er infolge der Nichtleistung der Arbeitsleistung „eigentlich" kein Gehalt „verdient" hat. Eine weitere – und zugleich noch sehr viel bedeutsamere – Durchbrechung des Grundsatzes „Kein Lohn ohne Arbeit" stellt die Verpflichtung zur Entgeltfortzahlung im Krankheitsfall dar. Nach § 3 Abs. 1 S. 1 Entgeltfortzahlungsgesetz (EFZG) hat der Arbeitnehmer einen Entgeltfortzahlungsanspruch gegen den Arbeitgeber für die Dauer von sechs Wochen; die Anspruchshöhe beträgt 100% der regulären Vergütung. Ein Entgelt ohne Arbeitsleistung erhält der Arbeitnehmer schließlich auch im Fall des Erholungsurlaubs, im Rahmen der Entgeltfortzahlung an Feiertagen sowie im Zusammenhang mit dem Mutterschutz.

Neben den Hauptpflichten aus dem Arbeitsvertrag besteht eine Vielzahl weiterer Pflichten (sog. Nebenpflichten). Diese tragen zugleich den Besonderheiten des Arbeitsverhältnisses Rechnung. Nebenpflichten sind zuweilen im Arbeitsvertrag selbst geregelt. Sie ergeben sich aber häufig auch aus dem Gesetz oder aus Tarifverträgen bzw. Betriebsvereinbarungen. Besondere Bedeutung haben – auf Arbeitnehmerseite – die sog. Interessenwahrungs- und Unterlassungspflichten (Treuepflicht) sowie – auf Arbeitgeberseite – die sog. Fürsorgepflicht. Bei diesen Pflichten handelt es sich (z. T. um gesetzliche) Konkretisierungen des Grundsatzes von Treu und Glauben. Danach ist der Arbeitnehmer verpflichtet, alles zu unterlassen, was die Erreichung der arbeitsvertraglichen Ziele gefährdet oder den berechtigten Interessen des Arbeitgebers zuwiderläuft. Und auch der Arbeitgeber ist verpflichtet, die schutzwürdigen Interessen des anderen Vertragsteils zu wahren. Beispiele für Nebenpflichten des Arbeitnehmers sind: Die Verpflichtung zur Überlassung des Arbeitsergebnisses, die Verschwiegenheitspflicht sowie das Wettbewerbs- und Nebentätigkeitsgebot. Beispiele für Nebenpflichten des Arbeitgebers sind: Die Pflicht zur Gewährung von Mutterschutz und Elternurlaub, die Pflicht zum Schutz vor Gesundheitsgefahren, die Pflicht zur Unterlassung von Mobbing sowie die Pflicht zur Unterlassung von Diskriminierungen. Zum Teil sind diese Nebenpflichten spezialgesetzlich normiert. Zum Teil ergeben sie sich aber auch aus allgemeinen Grundsätzen (wie dem von Treu und Glauben), wobei diese Grundsätze dann von den Gerichten konkretisiert werden.

Bei der Ausformung der Nebenpflichten der Arbeitsvertragsparteien spielen somit die Arbeitsgerichte eine wesentliche Rolle. Ganz allgemein gilt aber, wie bereits gesagt, dass das Arbeitsrecht in weitem Umfang Richterrecht darstellt. Ob die

Gerichte dabei die ökonomischen Folgen ihrer Entscheidungen immer ausreichend bedenken, wird unterschiedlich beurteilt, wobei überdies umstritten ist, in welchem Umfang die Rechtsmethodik für eine derartige Folgenabschätzung überhaupt Raum lässt (Klumpp 2007; Fischer 2002). Ganz abgesehen davon wird vielfach beklagt, dass Richterrecht notwendigerweise lückenhaft sei (Richardi 2008). In der Tat ist eine richterliche Entscheidung stets davon abhängig, dass ein Streitfall von den Parteien überhaupt zum Gericht „getragen" wird. Kommt es nicht zu einem Gerichtsverfahren, bleibt die entsprechende Rechtsfrage unbeantwortet.

## 4.4 Arbeitsrechtlicher Kündigungsschutz

Besondere Bedeutung hat im Arbeitsrecht der Schutz des Arbeitnehmers vor Kündigungen des Arbeitgebers. Zu beachten ist in diesem Zusammenhang insbesondere der Kündigungsschutz nach dem Kündigungsschutzgesetz. Doch besteht daneben auch ein sog. besonderer Kündigungsschutz. Dieser greift ein im Fall der Kündigung von Betriebsratsmitgliedern, im Zusammenhang mit Mutterschutz und Elternzeit, bei der Kündigung schwer behinderter Menschen oder anderer besonders geschützter Personengruppen – gerade mit Blick auf diesen Sonderkündigungsschutz werden allerdings vielfach negative beschäftigungspolitische Auswirkungen angenommen (Franz 1994) – sowie im Fall von Massenentlassungen. Erwähnenswert ist auch, dass den Arbeitgeber die gesetzliche Verpflichtung trifft, den Betriebsrat – sofern ein solcher besteht – vor der Kündigung anzuhören (102 Abs. 1 Betriebsverfassungsgesetz).

Den gesetzlichen Kündigungsschutz hat die Rechtsprechung immer weiter ausgebaut. So gelten für alle Kündigungsgründe – das Kündigungsschutzgesetz unterscheidet zwischen personen-, verhaltens- und betriebsbedingten Kündigungen – das sog. Prognoseprinzip, das sog. ultima ratio-Prinzip und, mit gewissen Abstufungen, das Gebot der Interessenabwägung im Einzelfall. Aus dem Prognoseprinzip ergibt sich etwa, dass einem Arbeitnehmer krankheitsbedingt nur dann gekündigt werden kann, wenn auch künftig Beeinträchtigungen des Arbeitsverhältnisses infolge einer Krankheit zu erwarten sind. Aus dem ultima ratio-Prinzip ist demgegenüber zu entnehmen, dass eine Kündigung nur dann wirksam ist, wenn kein milderes Mittel (z. B. eine Abmahnung) zur Verfügung steht. Ausfluss des ultima ratio-Prinzips ist es aber auch, wenn das Gesetz für die Rechtmäßigkeit einer betriebsbedingten Kündigung „dringende betriebliche Erfordernisse" fordert (§ 1 Abs. 2 S. 1 Kündigungsschutzgesetz) und überdies zur Voraussetzung einer wirksamen Kündigung erhebt, dass der Arbeitnehmer nicht an einem anderen Arbeitsplatz in demselben Betrieb oder in einem anderen Betrieb des Unternehmens weiterbeschäftigt werden kann (§ 1 Abs. 2 S. 2 Kündigungsschutzgesetz). Schließlich muss bei jeder Kündigung eine umfassende Interessenabwägung vorgenommen werden. Zu fragen ist daher stets, ob, wie dies das Bundesarbeitsgericht einmal formuliert hat, Gründe vorliegen, die „bei verständiger Würdigung in Abwägung der Interessen der Vertragsparteien und des Betriebs die Kündigung als billigenswert und angemessen erscheinen lassen". Die geschilderten Grundsätze gelten für alle Kündigungsgründe. Nichtsdestoweniger bestehen mit Blick auf die jeweiligen Gründe zur Kündigung gewisse Besonderheiten. So nehmen die Arbeitsgerichte z. B. bei betriebsbedingten Kündigungen wegen der diesen zugrunde liegenden unternehmerischen Entscheidung nur eine eingeschränkte Prüfungskompetenz in Anspruch (Reuter 2004). Über den gesetzlichen Kündigungsschutz hinaus hat die Rechtsprechung – aufbauend auf grundrechtlichen Wertungen und allgemeinen Rechtsprinzipien wie dem von Treu und Glauben – Regeln entwickelt, aus denen sich selbst dann ein gewisser Kündigungsschutz ergibt, wenn sich das entsprechende Arbeitsverhältnis außerhalb des Geltungsbereichs des gesetzlichen Kündigungsschutzes befindet.

# Kapitel 5
# Das Recht der Koalitionen

## 5.1 Begriff der Koalition

Unter Koalitionen versteht man Vereinigungen, in denen sich Arbeitnehmer (in Gewerkschaften) bzw. Arbeitgeber (in Arbeitgeberverbänden) zusammenschließen, um ihre Interessen kollektiv wahrzunehmen. Durch den Abschluss von Tarifverträgen wirken die Koalitionen maßgeblich an der Regelung der Lebens- und Arbeitsbedingungen mit. In diesem Zusammenhang haben sie auch die Befugnis zur Führung von Arbeitskämpfen. Darüber hinaus ist ihre Mitwirkung in einer Vielzahl von Gesetzen vorgesehen. Besonders prominent ist die Beteiligung der Koalitionen an Betriebsverfassung und Unternehmensmitbestimmung. Hinzu kommt beispielsweise die Beteiligung der Koalitionen bei der Berufung von ehrenamtlichen Richtern der Arbeits- und Sozialgerichtsbarkeit. Von diesen rechtlich gesicherten Einflussmöglichkeiten einmal abgesehen handelt es sich bei Koalitionen um machtvolle Interessenvertretungen, die z. B. auch die Gesetzgebung im Bereich des Arbeitsrechts beeinflussen.

Aufgrund der Gewährleistung in Art. 9 Abs. 3 Grundgesetz genießen Koalitionen verfassungsrechtlichen Schutz. Artikel 9 Abs. 3 S. 1 Grundgesetz enthält das Recht, „zur Wahrung und Förderung der Arbeits- und Wirtschaftsbedingungen Vereinigungen zu bilden". Begriffsmerkmale einer Koalition in diesem Sinne sind: Ein freiwilliger privatrechtlicher Zusammenschluss; eine körperschaftliche Struktur; die sog. Gegnerfreiheit und Gegnerunabhängigkeit; die Unabhängigkeit von Dritten sowie eine demokratische Willensbildung.

Besondere Bedeutung hat das Merkmal der Gegnerfreiheit und Gegnerunabhängigkeit. An der Gegnerfreiheit fehlt es bei sog. gemischten Verbänden bzw. „Harmonieverbänden", denen sowohl Arbeitgeber als auch Arbeitnehmer angehören. Ein derart zusammengesetzter Verband bietet keine Gewähr für die wirkungsvolle Durchsetzung der Interessen seiner Mitglieder. Doch geht man bei der Bestimmung der Koalitionseigenschaft noch einen Schritt weiter. Man fordert nämlich nicht nur die Gegnerfreiheit der Vereinigung, sondern auch die

Gegnerunabhängigkeit. Letzteres bedeutet, dass eine Vereinigung, insbesondere in materieller Hinsicht, nicht vom „sozialen Gegenspieler" abhängig sein darf. Letzteres war, historisch gesehen, bei den sog. „gelben Gewerkschaften" der Fall. Wann eine Abhängigkeit vom sozialen Gegenspieler zu bejahen ist, lässt sich nicht immer leicht sagen. Diskutiert wird die Problematik z. B. dann, wenn Tarifverträge vorsehen, dass der Arbeitgeber Gewerkschaftsbeiträge direkt vom Lohn abziehen und an die Gewerkschaft abführen muss. Zuweilen wird aus der Voraussetzung der Gegnerunabhängigkeit zusätzlich auch noch entnommen, eine Koalition müsse auf Arbeitnehmerseite überbetrieblich organisiert sein.

Eine effektive Interessenwahrnehmung setzt indes nicht nur eine gewisse Unabhängigkeit vom „sozialen Gegenspieler", sondern auch Unabhängigkeit von Dritten voraus. Zwar stellt eine bestimmte parteipolitische, weltanschauliche oder konfessionelle Ausrichtung als solche die Koalitionseigenschaft noch nicht in Frage. Zu fordern ist aber, dass keine Abhängigkeit von Dritten (Staat, Kirche oder Partei) besteht. Die Koalitionen sollen die Interessen ihrer Mitglieder wahrnehmen, nicht die Interessen Dritter.

Darüber hinaus müssen die Mitglieder einer Koalition die Möglichkeit haben, unmittelbar oder doch wenigstens mittelbar (durch Wahl von Organmitgliedern auf Zeit) an der verbandlichen Willensbildung mitzuwirken. Auch dieses Erfordernis ist Ausdruck der besonderen Rolle, die Koalitionen bei der Gestaltung der Arbeits- und Wirtschaftsbedingungen zukommt. In der ökonomischen Diskussion des Modells effizienter Verhandlungen findet sich der Vorwurf, dass dabei das „Innenleben" der Gewerkschaften weit gehend ausgeblendet bleibe. Aus juristischer Sicht ließe sich insoweit noch ergänzen, dass die Rechtsprechung zwar, wie gesagt, eine demokratische Organisation verlangt, hierbei aber verhältnismäßig großzügig verfährt, da sie den Verbänden aufgrund der verfassungsrechtlichen Gewährleistung der Koalitionsfreiheit einen Autonomiebereich zugesteht, der staatlicher Einflussnahme grundsätzlich nicht zugänglich ist. Verbände können somit ihr „Innenleben" weit gehend selbst ordnen.

Der Zweck von Koalitionen ist nach Art. 9 Abs. 3 Grundgesetz darauf gerichtet, die Arbeits- und Wirtschaftsbedingungen zu wahren und zu fördern. Das bedeutet v. a., dass eine Koalition die sozialpolitischen Interessen der Arbeitnehmer bzw. Arbeitgeber wahrnehmen muss.

## 5.2 Die Koalitionsfreiheit und ihre Schranken

Geregelt ist die Koalitionsfreiheit, wie gesagt, in Art. 9 Abs. 3 Grundgesetz. Die Bestimmung enthält ein Grundrecht und zwar nicht nur ein solches der Koalition selbst (kollektive Koalitionsfreiheit), sondern auch ein solches jedes einzelnen Arbeitnehmers und Arbeitgebers (individuelle Koalitionsfreiheit). Die Koalitionsfreiheit ist in diesem Sinne, wie man häufig sagt, ein Doppelgrundrecht. Dabei kann man zwei Gewährleistungsbereiche unterscheiden, nämlich einerseits die positive und andererseits die negative Koalitionsfreiheit.

## 5.2.1 Individuelle Koalitionsfreiheit

### 5.2.1.1 Positive Koalitionsfreiheit

Die positive Koalitionsfreiheit enthält, bezogen auf die Koalitionsfreiheit jedes einzelnen, die Befugnis, eine Koalition zu gründen, einer bestehenden Koalition beizutreten und Mitglied einer Koalition zu bleiben. Der Schutz, den das Grundrecht gewährt, richtet sich sowohl gegen den Staat als auch gegen Private, also z. B. den Arbeitgeber. Artikel 9 Abs. 3 S. 2 Grundgesetz bestimmt ausdrücklich, dass „Abreden, die dieses Recht [die Koalitionsfreiheit] einschränken oder zu behindern suchen, ... nichtig (sind)". Verfassungsrechtlich geschützt ist auch das sog. Teilnahmerecht, also – in den Worten des Bundesverfassungsgerichts – das Recht, „an der spezifischen Tätigkeit der Koalitionen in dem Bereich teilzunehmen, der für die Koalition verfassungsrechtlich geschützt ist". Wichtig ist darüber hinaus festzuhalten, dass sich die positive (individuelle) Koalitionsfreiheit auch gegen die Koalition selbst richtet und letztere beispielsweise in ihrer Freiheit beschränkt, ein Mitglied aus dem Verband auszuschließen. Da indes auch die Koalition selbst verfassungsrechtlichen Schutz beanspruchen kann (kollektive Koalitionsfreiheit) kommt es nicht selten zu einer Situation, in der beide Aspekte der Koalitionsfreiheit (der kollektive und der individuelle) gegeneinander abgewogen werden müssen.

### 5.2.1.2 Negative Koalitionsfreiheit

Gewissermaßen die Kehrseite der positiven Koalitionsfreiheit bildet die negative Koalitionsfreiheit. Diese umfasst das Recht des einzelnen, aus einer Koalition auszutreten oder ihr gar von vornherein fernzubleiben. Die Gewährleistung der negativen Koalitionsfreiheit bewahrt den einzelnen auch vor einem unzulässigen Druck auf seine Entschließungsfreiheit. Ob in einem konkreten Fall die negative Koalitionsfreiheit durch eine bestimmte Maßnahme verletzt wird, ist allerdings nicht immer leicht festzustellen. Problematisch sind insoweit beispielsweise sog. Organisations- und Differenzierungsklauseln. Bei einer Organisationsklausel, auch „Absperrklausel" genannt, wird der Arbeitgeber verpflichtet, nur Gewerkschaftsmitglieder zu beschäftigen (sog. closed shop). Derartige Klauseln werden allgemein als verfassungswidrig bewertet. Mit Differenzierungsklauseln soll verhindert werden, dass Nichtmitglieder einer Gewerkschaft, die sog. Außenseiter, dieselben Rechte erhalten wie sie sich für die Gewerkschaftsmitglieder aus dem Tarifvertrag ergeben (sog. Trittbrettfahrerproblematik). Dabei kann dem Arbeitgeber verboten werden, bestimmte tarifliche Vergünstigungen auch den Außenseitern zu gewähren (sog. Tarifausschlussklausel). Denkbar ist auch, dass lediglich für einen gewissen „Abstand" der Gewerkschaftsmitglieder gegenüber den Nichtgewerkschaftsmitgliedern gesorgt werden soll (sog. Spannensicherungsklauseln). Während die erstgenannten Klauseln weithin als unwirksam angesehen werden, hängt die Bewertung der letztgenannten Klauseln i. W. davon ab, ob der den Nichtgewerkschaftsmitgliedern entstehende Nachteil so erheblich ist, dass er als Zwang zum

Gewerkschaftsbeitritt empfunden werden kann. Zuletzt hat das Bundesarbeitsgericht die Diskussion neu belebt, indem es festgestellt hat, dass eine sog. einfache Differenzierungsklausel, durch die in einem Tarifvertrag die Mitgliedschaft in der tarifschließenden Gewerkschaft zum Tatbestandsmerkmal eines Anspruchs auf eine jährliche Sonderzahlung gemacht wurde, tarifrechtlich und verfassungsrechtlich keinen grundsätzlichen Bedenken begegne.

### 5.2.2 Kollektive Koalitionsfreiheit

Das Grundrecht der Koalitionsfreiheit schützt indes nicht nur den einzelnen Arbeitnehmer und Arbeitgeber, sondern auch die Koalition selbst. Geschützt wird überdies nicht nur der Bestand der Koalition, vielmehr ist auch die spezifisch koalitionsgemäße Betätigung verfassungsrechtlich garantiert. Dabei ist die Koalitionsfreiheit nicht von vornherein auf einen bestimmten Bereich (des Unerlässlichen) beschränkt. Vielmehr muss man bei einem möglichen Eingriff in den Gewährleistungsbereich der Koalitionsfreiheit stets fragen, ob diese, wie jedes andere Grundrecht auch, durch Gemeinwohlbelange, verfassungsrechtliche Wertentscheidungen oder entgegenstehende Grundrechte (zu diesen zählt z. B. auch die gleichfalls verfassungsrechtlich geschützte Unternehmerfreiheit, also das „right to manage") eingeschränkt wird. Bei der notwendigen Abwägung geht es im Wesentlichen um die Beantwortung von zwei Fragen: Wie intensiv ist die Beeinträchtigung der Koalitionsfreiheit? Und: Welches Gewicht kommt den entgegenstehenden Rechtsgütern zu?

#### 5.2.2.1 Bestandsgarantie

Was den Schutz des Bestands der Koalition, also die sog. Bestandsgarantie, anbelangt, so lassen sich verschiedene Schutzbereiche unterscheiden: Das Recht auf freie Koalitionsbildung, das Recht auf freien Fortbestand der Koalition, die Garantie der autonomen innerverbandlichen Organisation und das Recht der Mitgliederwerbung. Der erstgenannte Schutzbereich ist z. B. dann betroffen, wenn ein Arbeitgeber einen Bewerber nur dann einstellen will, wenn dieser von einer Initiative zur Bildung einer Gewerkschaft Abstand nimmt. Das Recht auf freien Fortbestand wird dagegen beispielsweise dann berührt, wenn eine konkurrierende Gewerkschaft mit unlauteren Methoden Mitglieder einer anderen Gewerkschaft abzuwerben versucht. In beiden Fällen können der Gewerkschaft selbst Abwehrrechte zustehen. Die Garantie der autonomen innerverbandlichen Organisation umfasst die Freiheit der Satzungsgewalt und die Freiheit der inneren Willensbildung. Was schließlich das Recht der Mitgliederwerbung anbelangt, so geht dieses durchaus weit: So hat das Bundesarbeitsgericht unlängst zwar unterstrichen, dass die Ausübung der nach Art. 9 Abs. 3 Grundgesetz verfassungsrechtlich geschützten Betätigungsfreiheit der Gewerkschaft im Einzelfall durch gleichwertige Belange des Arbeitgebers eingeschränkt sein könne. Nichtsdestotrotz hat es aber in seiner Entscheidung zugleich festgehalten, dass Arbeitgeber von einer tarifzuständigen Gewerkschaft grundsätzlich nicht verlangen können, es zu unterlassen, sich zu Werbe- und Informationszwecken über deren betriebliche E-Mail-Adressen per E-Mail an die Beschäftigten zu wenden.

#### 5.2.2.2 Betätigungsgarantie

Beim Schutz der koalitionsgemäßen Betätigung, also bei der sog. Betätigungsgarantie, geht es v. a. um den Schutz der Tarifautonomie als dem Recht, die Arbeits- und Wirtschaftsbedingungen durch den Abschluss von Tarifverträgen zu fördern. Tarifautonomie bedeutet dabei zweierlei: Zum einen die Garantie des Tarifvertragssystems als solchem (Einrichtungsgarantie). Diese Garantie zielt darauf, dass den Beteiligten ein Tarifvertragssystem zur Verfügung steht, schließt aber eine nähere Ausgestaltung und Begrenzung durch den Gesetzgeber nicht aus. Die notwendige Ausgestaltung des Schutzbereichs der Koalitionsfreiheit hat der Gesetzgeber v. a. mit den Regelungen des Tarifvertragsgesetzes vorgenommen. Die Tarifautonomie umfasst überdies die Garantie eines gewissen Tätigkeitsbereichs, den die Koalitionen eigenverantwortlich ausfüllen können. Dies bedeutet nichts anderes, als dass der Gesetzgeber die Bedingungen herstellen muss, die erforderlich sind, damit von der Tarifautonomie (sinnvoll) Gebrauch gemacht werden kann. In dem Umfang, in dem der Abschluss von Tarifverträgen verfassungsrechtlich garantiert ist, können die Tarifparteien auch das Recht zum Einsatz von Mitteln des Arbeitskampfs beanspruchen. Insoweit ist vielfach von einer sog. Koalitionsmittelgarantie die Rede. Nach der Rechtsprechung des Bundesverfassungsgerichts umfasst die Koalitionsfreiheit jedenfalls auch Arbeitskampfmaßnahmen, soweit sie allgemein erforderlich sind, um die Funktionsfähigkeit der Tarifautonomie zu gewährleisten. Inwieweit dies z. B. für das Arbeitskampfmittel der Aussperrung bejaht werden kann, ist allerdings umstritten.

### 5.3 Arbeitgeberverbände und Gewerkschaften

Der größte Dachverband auf Gewerkschaftsseite ist der Deutsche Gewerkschaftsbund (DGB). Dieser repräsentiert die große Mehrheit aller organisierten Arbeitnehmer in Deutschland. Dem DGB gehören u. a. die IG Metall und die Vereinte Dienstleistungsgewerkschaft e. V. (ver.di) an. Die Mitgliederzahl der DGB-Gewerkschaften ist seit der Wiedervereinigung stetig gesunken. Der Anteil der gewerkschaftlich organisierten Arbeitnehmer an der gesamten Arbeitnehmerschaft, der so genannte Organisationsgrad, beträgt derzeit ca. 25%, wobei man berücksichtigen muss, dass in den Gewerkschaften auch Rentner, Arbeitslose und andere Nichtarbeitnehmer organisiert sind. Der Spitzenverband auf Arbeitgeberseite ist die Bundesvereinigung der Deutschen Arbeitgeberverbände e. V. (BDA). Diese besteht einerseits aus Fachspitzenverbänden (z. B. dem Gesamtverband der metallverarbeitenden Industrie) und andererseits aus Landesverbänden (z. B. der Landesvereinigung der Arbeitgeberverbände Nordrhein-Westfalen).

Die DGB-Gewerkschaften sind nach ihren Satzungen politisch und weltanschaulich neutral (sog. Einheitsgewerkschaften). Organisiert sind sie nach dem sog. Industrieverbandsprinzip. Dies bedeutet, dass die Mitgliedschaft in einer Gewerkschaft allein an der Zugehörigkeit der Arbeitnehmer zu einer bestimmten Branche – und nicht an der Art der Beschäftigung – orientiert ist. Die Ausrichtung am Industrieverbandsprinzip führt dazu, dass, so weit das Prinzip reicht, für einen Betrieb in einer bestimmten Branche auch nur eine Gewerkschaft zuständig ist. Allerdings ist zu berücksichtigen, dass es sich beim Industrieverbandsprinzip nicht um ein Rechtsprinzip handelt. Insbesondere ist das Industrieverbandsprinzip, wie das Bundesarbeitsgericht in einer seiner Entscheidungen ausdrücklich festgestellt hat, „keine Rechtsnorm, die die Satzungsautonomie einer Gewerkschaft beschränkt". Vielmehr handelt es sich um einen reinen Organisationsgrundsatz der im DGB zusammengeschlossenen Gewerkschaften, der im Interesse einer effektiven Gewerkschaftsarbeit sicherstellen soll, dass Arbeitnehmer in einer Branche durch eine einzige DGB-Gewerkschaft vertreten werden. Dies hindert andere Gewerkschaften nicht, sich am Berufsverbandsprinzip zu orientieren. Das Berufsverbandsprinzip, nach dem die Mitglieder einer Gewerkschaft alle denselben Beruf ausüben (oder dieselbe Ausbildung besitzen), ist sogar der ältere Organisationsgrundsatz. Die bekanntesten nach dem Berufsverbandsprinzip organisierten Gewerkschaften sind der Marburger Bund (Vereinigung der angestellten Ärzte), die Vereinigung Cockpit (Vereinigung der Kapitäne, Flugoffiziere und Flugingenieure) sowie die Gewerkschaft der Lokführer (GDL). Zu Spannungen und Verwerfungen kommt es, wenn in einem Betrieb, wie dies zuletzt insbesondere bei der Deutschen Bahn AG zu beobachten war, Gewerkschaften aufeinander treffen, die nach unterschiedlichen Organisationsprinzipien organisiert sind.

# Kapitel 6
# Tarifvertragsrecht

## 6.1 Bedeutung und Funktionen von Tarifverträgen

### *6.1.1 Bedeutung*

Ein zentrales Instrument der Festsetzung von Arbeitsbedingungen ist (nach wie vor) der Tarifvertrag. Im Jahr 2004 wurden fast 40% aller Betriebe (mit knapp 60% aller Beschäftigten) von Verbandstarifverträgen zwischen Gewerkschaften und Arbeitgeberverbänden erfasst. Für ca. 3% aller Betriebe (mit knapp 10% aller Beschäftigten) galten Firmentarifverträge, die zwischen Gewerkschaften und einzelnen Arbeitgebern abgeschlossen werden. Die Lohnfindung ist somit, was verschiedentlich beklagt wird (Möschel 2003), weitgehend zentralisiert.

Allerdings zeigen sich bei näherer Betrachtung deutliche Auflösungserscheinungen. So ist die Entwicklung der Mitgliederzahlen auf Gewerkschaftsseite durch einen stetigen Schwund gekennzeichnet (Fitzenberger/Kohn/Wang 2006; Schnabel/Wagner 2007). Aber auch auf Arbeitgeberseite ist eine „Verbandsflucht" zu beobachten. Mehr und mehr Unternehmen verlassen die zuständigen Arbeitgeberverbände. Verbleiben Arbeitgeber aber in ihrem Verband, wandeln sie ihre bestehende (Voll-)Mitgliedschaft nicht selten in eine sog. OT-Mitgliedschaft um. Dies bedeutet, dass sie zwar Mitglied im Arbeitgeberverband bleiben, an Tarifverträge, die der Verband abschließt, aber nicht gebunden sind. Das Bundesarbeitsgericht erkennt derartige Gestaltungen grundsätzlich an und fordert insoweit nur, dass die Satzung eines Arbeitgeberverbands, der eine Mitgliedschaft ohne Tarifbindung anbietet, eine „klare und eindeutige Trennung der Befugnisse von Mitgliedern mit und solchen ohne Tarifbindung" vorsieht, da ansonsten der „erforderliche Gleichlauf von Verantwortlichkeit und Betroffenheit hinsichtlich tarifpolitischer Entscheidungen" nicht gewahrt sei. Mitglieder eines Arbeitgeberverbands, die an den (späteren) Tarifvertrag gar nicht gebunden sind, sollen auf dessen Inhalt keinen Einfluss nehmen dürfen. In der Literatur wird dieser Standpunkt von manchen kritisiert und eine drohende „Erosion der Koalitionsfreiheit" beklagt (Hensche 2009). Zu den Auflösungserscheinungen zählt auch der Versuch vieler Arbeitgeber, nicht selten unter Beteiligung des Betriebsrats, sog. betriebliche „Bündnisse für Arbeit" zu Stande zu bringen. Die Rechtsprechung hat derartigen „Bündnissen für Arbeit", deren Regelungen von den Bestimmungen des Tarifvertrags abweichen (in vielen Fällen werden tarifliche Ansprüche im Austausch gegen einen befristeten Ausschluss der ordentlichen Kündigung eingeschränkt, wobei typischerweise die Arbeitszeit ohne Lohnausgleich verkürzt oder bei gleich bleibender Vergütung verlängert wird), enge Grenzen gezogen (Ehlers 2008; Waas 2006a). Doch bleibt abzuwarten, ob die Praxis sich über diese Regeln nicht zunehmend hinwegsetzen wird.

Gefahren ergeben sich für die Tarifautonomie auch daraus, dass der Gesetzgeber – auf der Grundlage des zunächst primär auf die Unterbindung von Lohndumping durch ausländische Dienstleistungsunternehmen zielenden Arbeitnehmerentsendegesetzes (Möschel 2005) – Tarifverträge nutzt, um im Wege von deren Erstreckung auf Nichtorganisierte branchenspezifische Mindestlöhne zu schaffen. Manche halten dies für einen Irrweg, der geeignet sei, die Tarifautonomie der Verbände zu untergraben (Willemsen/Sagan 2008).

## 6.1.2 Funktionen

Mit dem Abschluss von Tarifverträgen werden verschiedene Zwecke verfolgt. Geradezu mit Händen zu greifen ist die sog. Schutzfunktion des Tarifvertrags zu Gunsten der Arbeitnehmer. Diese kommt insbesondere darin zum Ausdruck, dass tarifvertraglich geregelte Arbeitsbedingungen von den Arbeitsvertragsparteien grundsätzlich nicht verschlechtert werden dürfen (§ 4 Abs. 3 Tarifvertragsgesetz). Dem Tarifvertrag kommt darüber hinaus eine sog. Ordnungsfunktion zu. Beide Seiten, Arbeitgeber und Arbeitnehmer, können während der Laufzeit des Tarifvertrags grundsätzlich auf den Bestand bestimmter Arbeitsbedingungen vertrauen. Darüber hinaus wird dem Tarifvertrag auch eine gewisse Verteilungsfunktion beigemessen, da die Tarifvertragsparteien in ihren Regelungen regelmäßig auch über die Beteiligung der Arbeitnehmer am Sozialprodukt entscheiden. Zu nennen ist schließlich noch die gerade aus Arbeitgebersicht außerordentlich wichtige Befriedungsfunktion von Tarifverträgen. Während der Laufzeit eines Tarifvertrags ist es den Beteiligten grundsätzlich verboten, Arbeitskämpfe mit dem Ziel einer Änderung der tarifvertraglich geregelten Arbeitsbedingungen zu führen. Ist in einem sog. Entgelttarifvertrag ein bestimmtes Gehalt fixiert, darf die Gewerkschaft während der Laufzeit des Tarifvertrags nicht zu einem Arbeitskampf aufrufen, mit dem ein höheres Gehalt erstritten werden soll.

Im Zusammenhang mit der Schutz- und Ordnungsfunktion des Tarifvertrags steht dessen Kartellwirkung. Diese ergibt sich daraus, dass die Tarifvertragsparteien den Mindestinhalt der Arbeitsbedingungen, sofern sie einen Verbandstarifvertrag abschließen, für Arbeitgeber ebenso wie für Arbeitnehmer einheitlich festsetzen und insoweit den Wettbewerb ausschalten. Für diesen bleibt damit nur noch der Bereich der übertariflich zwischen Arbeitgeber und Arbeitnehmer vereinbarten Arbeitsbedingungen. Diese Kartellwirkung ist in Deutschland sogar außerordentlich stark, da es sich bei den Tarifverträgen, die zwischen den Beteiligten abgeschlossen werden, überwiegend um sog. Flächentarifverträge mit einem ausgedehnten Geltungsbereich handelt. Die Kartellierung des Arbeitsmarkts wird (auch) von manchen Juristen unter Hinweis auf das Wettbewerbsprinzip des Gütermarkts kritisiert (Möschel 2005). Doch ist im Grundsatz nicht daran vorbei zu kommen, dass das einfache Kartellrecht die als Grundrecht gewährleistete Koalitionsfreiheit und damit die Tarifautonomie nicht beschränken kann. Festhalten muss man aber immerhin, dass Art. 9 Abs. 3 Grundgesetz die Regulierungsbefugnis der Tarifparteien auf das Gebiet der Arbeits- und Wirtschaftsbedingungen beschränkt. Dies bedeutet, dass das Wettbewerbsrecht seinen Geltungsanspruch nur hinsichtlich des Arbeitsmarkts und nicht auch hinsichtlich des Gütermarkts zurücknimmt.

## 6.2 Tariffähigkeit und Tarifzuständigkeit

Ein Tarifvertrag kann nicht von jedermann abgeschlossen werden. Voraussetzung ist vielmehr die sog. Tariffähigkeit der Beteiligten. § 2 Abs. 1 Tarifvertragsgesetz bringt dies dadurch zum Ausdruck, dass nur Gewerkschaften, Vereinigungen von Arbeitgebern sowie einzelne Arbeitgeber Tarifvertragsparteien sein können. Dass der Gesetzgeber den Abschluss von Tarifverträgen nicht für jedermann frei gegeben hat, erklärt sich aus der umfassenden Rechtsmacht, die den Tarifparteien zukommt. Diese können nicht nur verbindliche Regelungen für tarifgebundene Dritte treffen, also z. B. über deren Tariflohn bestimmen, sondern spielen auch darüber hinaus eine nicht zu unterschätzende Rolle, da sich der Inhalt von Arbeitsverhältnissen mit nicht tarifgebundenen Personen meist ebenfalls sehr weitgehend am Inhalt der einschlägigen Tarifverträge orientiert. Vor diesem Hintergrund wird verständlich, dass die Möglichkeit zum Abschluss von Tarifverträgen an eine Reihe objektiver Voraussetzungen geknüpft wird. Deren Erfüllung soll sicherstellen, dass die Freiheit zum Abschluss von Tarifverträgen „in den richtigen Händen liegt". Die Kehrseite dieser Bewertung durch den Gesetzgeber ist allerdings, dass das Tarifvertragssystem in der Gefahr der Monopolisierung schwebt (Franzen 2001). Wenn man den Abschluss von Tarifverträgen z. B. für bestimmte Gewerkschaften „reserviert", schließt man andere aus und nimmt ihnen zugleich die Chance, sich durch das Zustandebringen bestimmter tarifvertraglicher Regelungen potentiellen Mitgliedern zu empfehlen.

Die Tariffähigkeit von Verbänden ist nach überwiegender Auffassung in der Arbeitsrechtsliteratur nicht nur von der Koalitionseigenschaft, sondern auch noch von zusätzlichen Voraussetzungen abhängig. Erklären lässt sich dies mit den ganz unterschiedlichen Zwecken der verfassungsrechtlichen Gewährleistung der Koalitionsfreiheit in Art. 9 Abs. 3 Grundgesetz einerseits und der Regelung der Tariffähigkeit in § 2 Abs. 1 Tarifvertragsgesetz andererseits: Während es eine Frage ist, wie man den Bereich des verfassungsrechtlich garantierten Freiraums des einzelnen Arbeitgebers und Arbeitnehmers sowie ihrer jeweiligen Vereinigungen bestimmt, ist es eine ganz andere Frage, von welchen Voraussetzungen man die Teilnahme an der tariflichen Rechtsetzung abhängig macht.

Voraussetzung für die Zuerkennung der Tariffähigkeit ist zunächst die sog. Tarifwilligkeit. Darunter versteht man, dass ein Verband, der die Tariffähigkeit beansprucht, nach seiner Satzung die Bereitschaft zum Abschluss von Tarifverträgen aufweisen muss. Darüber hinaus fordert das Bundesarbeitsgericht, dass ein Verband das geltende Tarifrecht anerkennt, wenn er die Fähigkeit zum Abschluss von Tarifverträgen beansprucht. Dahinter steht die Erwägung, dass die Fähigkeit zum Abschluss von Tarifverträgen nur demjenigen zukommen kann, der auch die insoweit geltenden „Spielregeln" anerkennt.

Nach der früheren Rechtsprechung des Bundesarbeitsgerichts war auch die Bereitschaft zum Führen von Arbeitskämpfen eine Voraussetzung für die Zuerkennung der Tariffähigkeit. Allerdings hat das Bundesverfassungsgericht in einer Entscheidung aus dem Jahre 1964 klargestellt, dass Koalitionen in der Wahl ihrer Mittel frei sind und dementsprechend auch keine „Pflicht zur Kampfbereitschaft" angenommen werden dürfe. Nichtsdestoweniger wird man die Fähigkeit zum Abschluss von Tarifverträgen regelmäßig an die grundsätzliche Bereitschaft zum Führen von Arbeitskämpfen knüpfen müssen. Denn der Inhalt eines Tarifvertrags beruht nun einmal nicht nur auf der Verhandlungskunst der Beteiligten, sondern v. a. darauf, notfalls auch Druck auf die Gegenseite ausüben zu können. Man mag das Führen von Arbeitskämpfen im 21. Jahrhundert für überholt halten. Und in der Tat besteht aller Anlass, darüber nachzudenken, ob es nicht „intelligentere" Mechanismen gibt, die im Rahmen von Tarifverhandlungen zum Einsatz kommen könnten (Rieble 2005). Solange diese nicht gefunden sind, bleibt es aber dabei, dass als Alternative zu einem „kollektiven Betteln" (so das Bundesarbeitsgericht in einer Entscheidung aus dem Jahr 1980) meist nur das Führen eines Arbeitskampfs (oder wenigstens die Drohung damit) zur Verfügung steht, um auf die Abschlussbereitschaft der Gegenseite einzuwirken.

Darüber hinaus gilt – allerdings nur mit Blick auf Gewerkschaften, nicht auch für Arbeitgeberverbände –, dass diese über eine gewisse Leistungs- und Durchsetzungsfähigkeit verfügen müssen. Häufig spricht man auch von der sozialen Mächtigkeit einer Gewerkschaft. Gemeint ist damit, dass Gewerkschaften in der Lage sein müssen, Druck und Gegendruck auf die andere Seite auszuüben. Ob einer konkreten Gewerkschaft die soziale Mächtigkeit zugesprochen werden kann, lässt sich nur aufgrund einer Einzelfallbetrachtung entscheiden. Kriterien sind dabei neben der Mitgliederzahl, das Vorhandensein einer ausreichenden, dauerhaften Organisation sowie eine ausreichende finanzielle Ausstattung. Große Bedeutung kommt regelmäßig auch der Frage zu, ob es einer Koalition in der Vergangenheit gelungen ist, die andere Seite zum Abschluss von Tarifverträgen zu veranlassen. Allerdings muss man stets genau prüfen, ob es sich dabei um „echte" Tarifverträge oder nur um Gefälligkeits- oder Scheintarifverträge gehandelt hat. Ist das letztere der Fall, kann man kaum annehmen, dass die Koalition zukünftig in der Lage sein wird, die Interessen ihrer Mitglieder in Tarifverhandlungen wirksam zu repräsentieren. Ganz im Gegenteil spricht der Abschluss von Gefälligkeitstarifverträgen weit eher dafür, dass ein der Gegenseite genehmer Tarifpartner überhaupt erst künstlich

## 6.2 Tariffähigkeit und Tarifzuständigkeit

„aufgebaut" werden soll. Dasselbe gilt u. U. für sog. Anschlusstarifverträge, bei denen lediglich der Inhalt eines von anderen Koalitionen abgeschlossenen Tarifvertrags übernommen wird, ohne dass man sich die Mühe gemacht hätte, für die Tarifverhandlungen einen eigenständigen Standpunkt zu entwickeln. Festzuhalten bleibt in jedem Fall, dass Gewerkschaften schon aufgrund des rechtlichen Erfordernisses der Leistungs- und Durchsetzungsfähigkeit eine verhältnismäßig große „Marktmacht" zukommt. Dabei rückt die Frage nach der Tariffähigkeit angesichts einer zunehmenden „Aufsplitterung der Verbandsmitgliedschaft" und dem damit einhergehenden Auftreten neuer Akteure mehr und mehr in den Blickpunkt des Interesses. Auch die Gerichte haben sich zunehmend mit dieser Problematik zu beschäftigen. Besondere Bedeutung kommt insoweit der Leiharbeitsbranche zu, da der Gesetzgeber hier die Möglichkeit eröffnet hat, im Wege des Abschlusses von Tarifverträgen von dem gesetzlich fixierten Grundsatz abzuweichen, wonach Leiharbeitnehmern dieselben Arbeitsbedingungen zu gewähren sind, die vergleichbare Arbeitnehmer des Entleihers beanspruchen können. Zusätzliche Bedeutung hat die Frage nach der Tariffähigkeit dadurch erhalten, dass der Gesetzgeber (im Arbeitnehmerentsendegesetz) den Weg für branchenweite Mindestlöhne eröffnet hat und sich dabei gerade des Mittels der Erstreckung bestehender Tarifverträge auf „Außenseiter" bedient. Da in manchen Branchen eigene Mindestlohntarifverträge mit dem Ziel abgeschlossen wurden, den allgemeinverbindlichen Mindestlohntarifvertrag zu „verdrängen", stellt sich insoweit – neben vielen anderen Fragen – auch die Frage der Tariffähigkeit der am Abschluss dieser Tarifverträge beteiligten Verbände.

Tariffähig ist nach § 2 Abs. 1 Tarifvertragsgesetz, neben Gewerkschaften und Arbeitgeberverbänden, auch der einzelne Arbeitgeber. Dies ermöglicht eine betriebsnahe Tarifpolitik. Allerdings ist die Tariffähigkeit dem Arbeitgeber weniger „um seiner selbst" verliehen. Weit eher geht es dabei darum sicherzustellen, dass für Gewerkschaften auch dann potentielle Verhandlungspartner bereit stehen, wenn sich auf der Arbeitgeberseite keine Koalitionen bilden. Um es anders auszudrücken: Arbeitgeber sollen sich auch dann nicht der Aufgabe des Abschlusses von Tarifverträgen entziehen können, wenn sie die Bildung von Arbeitgebervereinigungen (bzw. den Beitritt zu bestehenden Vereinigungen) verweigern.

Neben der Tariffähigkeit ist stets auch die sog. Tarifzuständigkeit zu beachten. Während das Erfordernis der Tariffähigkeit im Tarifvertragsgesetz ausdrücklich angesprochen ist, ergibt sich die Voraussetzung der Tarifzuständigkeit aus ungeschriebenem Recht (d. h. aus allgemeinen Prinzipien). Tarifzuständigkeit bedeutet, dass ein Verband nur innerhalb des in seiner Satzung festgelegten „Geschäftsbereichs" wirksame Tarifverträge abschließen kann. Ist auch nur einer der am Abschluss eines Tarifvertrags beteiligten Verbände in diesem Sinne unzuständig, so ist der Tarifvertrag nichtig. Diese einschneidende Sanktion dient u. a. dem Zweck, Abgrenzungsschwierigkeiten und Kompetenzstreitigkeiten zwischen den Beteiligten zu vermeiden. Besteht nur teilweise eine gemeinsame Tarifzuständigkeit, ist der Tarifvertrag soweit wirksam, wie sich die Tarifzuständigkeiten beider Tarifparteien überschneiden.

## 6.3 Rechtsnatur und Inhalt des Tarifvertrags

Der Tarifvertrag hat eine Doppelnatur: Zunächst ist er ein „normaler" Vertrag in dem Sinn, dass er, wie z. B. der Kauf- oder Werkvertrag, Rechte und Pflichten der Beteiligten begründet. Zu nennen sind insbesondere die sog. Friedenspflicht, die während der Laufzeit des Tarifvertrags Arbeitskampfmaßnahmen weitgehend ausschließt (sie ist dem Tarifvertrag „immanent", muss also nicht eigens vereinbart werden), sowie die Durchführungspflicht, durch die die Tarifvertragsparteien angehalten werden, für die Umsetzung der Regelungen des Tarifvertrags zu sorgen. Weitaus wichtiger als dieser schuldrechtliche Teil des Tarifvertrags ist der normative Teil. Nach § 1 Tarifvertragsgesetz ist es den Tarifvertragsparteien gestattet, Rechtsnormen über den Inhalt, den Abschluss und die Beendigung von Arbeitsverhältnissen sowie betriebliche und betriebsverfassungsrechtliche Fragen aufzustellen. Die wichtigsten – aber beileibe nicht die einzigen – Inhaltsnormen bilden die Regelungen zum Arbeitsentgelt. Aus § 4 Abs. 1 Tarifvertragsgesetz ergibt sich, dass den Rechtsnormen des Tarifvertrags unmittelbare und zwingende Wirkung zukommt. Die „Unmittelbarkeit" der Normwirkung bedeutet nicht mehr und nicht weniger, als dass die Rechtsnormen eines Tarifvertrags, ebenso wie Regelungen des staatlichen Gesetzgebers, unmittelbar auf die betreffenden Arbeitsverhältnisse einwirken. Mit anderen Worten: Ein Tarifvertrag hat hinsichtlich seines normativen Teils die Qualität eines Gesetzes.

## 6.4 Die Tarifgebundenheit

Staatliche Gesetze gelten für jeden, der in den Anwendungsbereich der betreffenden Norm fällt. Demgegenüber gelten Normen des Tarifvertrags nicht für jedermann. Voraussetzung ist vielmehr, dass sich der konkrete Arbeitgeber oder Arbeitnehmer durch Begründung einer Mitgliedschaft in einer der am Tarifvertrag beteiligten Verbände der „Normsetzungsgewalt" der (Verbands-)Tarifparteien unterworfen hat. Zum Ausdruck bringt dies § 3 Abs. 1 Tarifvertragsgesetz. Danach sind im Fall eines Verbandstarifvertrags die Mitglieder der Tarifvertragsparteien tarifgebunden. Im Fall des Firmentarifvertrags ist (selbstverständlich) auch der Arbeitgeber, der selbst Partei des Tarifvertrags ist, tarifgebunden. Die große Mehrzahl der Tarifnormen, nämlich die Inhaltsnormen sowie die Abschluss- und Beendigungsnormen des Tarifvertrags, entfaltet gem. § 4 Abs. 1 S. 1 Tarifvertragsgesetz nur dann ihre Wirkung, wenn sowohl der Arbeitgeber als auch der Arbeitnehmer tarifgebunden ist (und beide in den Geltungsbereich des Tarifvertrags fallen). Dies bedeutet, dass sich ein Arbeitnehmer z. B. nur dann auf ein tarifvertragliches Kündigungsverbot berufen kann, wenn nicht nur sein Arbeitgeber Mitglied des betreffenden Arbeitgeberverbands ist, sondern auch er selbst der am Abschluss des zugrunde liegenden Tarifvertrags beteiligten Gewerkschaft angehört. Nur für Regelungen über betriebliche und betriebsverfassungsrechtliche Fragen gilt etwas anders

(§ 3 Abs. 2 Tarifvertragsgesetz). Hier genügt die Tarifgebundenheit des Arbeitgebers, da sichergestellt werden muss, dass die entsprechenden Regelungen betriebseinheitlich gelten.

## 6.5 Die Allgemeinverbindlicherklärung von Tarifverträgen

Nicht auf die Tarifgebundenheit kommt es an, wenn Normen eines Tarifvertrags für allgemeinverbindlich erklärt wurden (§ 5 Tarifvertragsgesetz). Der Zweck der Allgemeinverbindlicherklärung besteht gerade darin, dass die Normen des Tarifvertrags damit auch die bisher nicht tarifgebundenen Arbeitgeber und Arbeitnehmer erfassen. Mit der Allgemeinverbindlicherklärung wird somit das Fehlen der Tarifgebundenheit durch einen staatlichen Akt ersetzt. Hauptzweck der Allgemeinverbindlicherklärung ist es, innerhalb eines bestimmten Tarifgebiets die nicht organisierten sog. „Außenseiter" und die tarifgebundenen Arbeitnehmer gleichzustellen und damit einen „Unterbietungswettbewerb" zu vermeiden bzw., wie man häufig formuliert, einer „Schmutzkonkurrenz" seitens der nicht organisierten Arbeitnehmer entgegenzuwirken. Die in § 5 Abs. 4 Tarifvertragsgesetz angeordnete Rechtsfolge einer Erstreckung des Tarifvertrags auf Außenseiter ist angesichts der verfassungsrechtlichen Gewährleistung der negativen Koalitionsfreiheit nicht unproblematisch. Immerhin werden damit Arbeitnehmer tarifvertraglichen Regelungen unterworfen, obwohl sie sich bewusst gegen eine Gewerkschaftsmitgliedschaft entschieden haben mögen. Nichtsdestoweniger hat das Bundesverfassungsgericht die Regelung für verfassungsgemäß erklärt und dabei auch auf die verhältnismäßig hohen materiellen Schranken hingewiesen. In der Tat ist für eine Allgemeinverbindlicherklärung grundsätzlich erforderlich, dass die tarifgebundenen Arbeitgeber nicht weniger als 50% der unter den Geltungsbereich des Tarifvertrags fallenden Arbeitnehmer beschäftigen und die Allgemeinverbindlicherklärung des Tarifvertrags zusätzlich im öffentlichen Interesse geboten erscheint. Überdies setzt eine Allgemeinverbindlicherklärung – in formeller Hinsicht – einen entsprechenden Antrag einer Tarifvertragspartei voraus, wobei zusätzlich Einvernehmen mit einem aus Vertretern der Arbeitgeber und Arbeitnehmer bestehenden Ausschuss herzustellen ist.

Erleichtert hat der Gesetzgeber die Erstreckung von Tarifverträgen auf „Außenseiter" im Zusammenhang mit der Schaffung branchenspezifischer Mindestlöhne. Insoweit sieht § 7 Arbeitnehmerentsendegesetz die Möglichkeit vor, durch Rechtsverordnung zu bestimmen, dass die Rechtsnormen eines Tarifvertrags auch auf nichtorganisierte Arbeitgeber und nichtorganisierte Arbeitnehmer Anwendung finden. Anders als im Rahmen der Allgemeinverbindlicherklärung nach § 5 Tarifvertragsgesetz bedarf es dabei nicht der Herbeiführung eines Einvernehmens mit dem Tarifausschuss. Eine „Blockademöglichkeit" dieses Ausschusses sollte gerade ausgeschlossen sein. Die Regelung wirft viele Fragen auf (Sodan/Zimmermann 2009) wie etwa die, welche Kriterien über die Auswahl unter mehreren möglichen Tarifverträgen entscheiden sollen bzw. wie diese zu gewichten sind (vgl. § 7 Abs. 2 u. 3 Arbeitnehmerentsendegesetz), aber auch die, wie sich das Verhältnis zwischen dem "erstreckten" Tarifvertrag zu evtl. anderen Tarifverträgen darstellen soll (vgl. § 8 Abs. 2 Arbeitnehmerentsendegesetz).

## 6.6 Die Inbezugnahme von Tarifverträgen im Arbeitsvertrag

In der Praxis enthalten Arbeitsverträge weit überwiegend sog. Bezugnahmeklauseln, die vom Arbeitgeber i. d. R. vorformuliert sind. Diese sollen eine Gleichstellung der nicht tarifgebundenen, also nicht einer Gewerkschaft angehörenden Arbeitnehmer mit den tarifgebundenen Arbeitnehmern bewirken. Allerdings führt die Inbezugnahme eines Tarifvertrags nicht zu einer Tarifgebundenheit i. S. d. § 3 Abs. 1 Tarifvertragsgesetz. Der entsprechende Tarifvertrag gilt nämlich nicht normativ (gesetzesgleich). Vielmehr wird der Inhalt des Tarifvertrags lediglich auf der arbeitsvertraglichen Ebene in die Vereinbarung zwischen Arbeitgeber und Arbeitnehmer einbezogen. Die tarifvertragliche Regelung erhält somit, rechtlich gesehen, die Qualität einer Regelung im Arbeitsvertrag. Auf den ersten Blick mag nicht ohne weiteres einleuchten, weshalb Arbeitgeber häufig an einer Gleichstellung der Nichtgewerkschaftsmitglieder mit den Gewerkschaftsmitgliedern interessiert sind. Doch muss man sich klar machen, dass unterschiedliche Arbeitsbedingungen innerhalb eines Betriebs nicht lediglich administrative Lasten bewirken (somit vermindert die Inbezugnahme von Tarifverträgen die Transaktionskosten), sondern auch zu Spannungen innerhalb der Belegschaft führen können. Will der Arbeitgeber letzteres vermeiden, wird er sich um eine Vereinheitlichung der Arbeitsbedingungen bemühen, zumal er damit zugleich in der Belegschaft Anreize zur Begründung einer Gewerkschaftsmitgliedschaft beseitigt.

## 6.7 Der Geltungsbereich des Tarifvertrags

Rechtsnormen des Tarifvertrags, die den Inhalt, den Abschluss oder die Beendigung von Arbeitsverhältnissen betreffen, gelten zwischen den beiderseits Tarifgebundenen, die unter den Geltungsbereich des Tarifvertrags fallen (vgl. § 4 Abs. 1 S. 1 Tarifvertragsgesetz). Die Frage nach dem tariflichen Geltungsbereich darf man keinesfalls mit der Frage nach der Tarifgebundenheit verwechseln. Bei der Frage nach der Tarifgebundenheit geht es darum, den Personenkreis zu bestimmen, der äußerstenfalls vom Tarifvertrag erfasst wird. Über diesen Personenkreis bestimmt – in § 3 Tarifvertragsgesetz – das Gesetz. Bei der Frage nach dem Geltungsbereich geht es darum, den Personenkreis zu ermitteln, der in den konkreten Anwendungsbereich eines Tarifvertrags fällt. Über diesen Personenkreis bestimmen ausschließlich die Tarifvertragsparteien selbst.

Der Geltungsbereich eines Tarifvertrags lässt sich nach verschiedenen Kriterien bestimmen. Unterscheiden kann man den zeitlichen, räumlichen, betrieblichen, fachlichen und persönlichen Geltungsbereich. Mit der Festlegung des betrieblichen

Geltungsbereichs beschränken die Tarifparteien die Geltung eines Tarifvertrags regelmäßig auf bestimmte Arten von Betrieben (z. B. Betriebe des Baugewerbes). Entsprechend ihrer Organisation nach dem sog. Industrieverbandsprinzip sehen die Beteiligten regelmäßig vor, dass der Tarifvertrag für alle Betriebe des betreffenden Wirtschaftszweigs gelten soll.

## 6.8  Die Wirkung von Tarifnormen

Tarifnormen wirken nach dem Tarifvertragsgesetz „unmittelbar und zwingend" (vgl. wiederum § 4 Abs. 1 S. 1 Tarifvertragsgesetz). Die unmittelbare und zwingende Wirkung von Tarifnormen bezeichnet man auch als normative Wirkung. Da Tarifnormen (unmittelbar und) zwingend wirken, sind sie für die Betroffenen grundsätzlich unabdingbar, sofern die Tarifvertragsparteien den Tarifvertrag nicht nach § 4 Abs. 3 S. 1 Alt. 1 Tarifvertragsgesetz für abweichende Regelungen „öffnen" (Kohaut/Schnabel 2006). Allerdings sind die Tarifnormen nur einseitig zwingend. Änderungen „nach oben" (zu Gunsten des Arbeitnehmers) bleiben stets möglich. § 4 Abs. 3 S. 1 Alt. 2 TVG bestimmt ausdrücklich, dass (vom Tarifvertrag) „abweichende Vereinbarungen ... zulässig (sind), soweit sie ... eine Änderung der Regelungen zu Gunsten des Arbeitnehmers enthalten". Dies erklärt sich mit der Schutzfunktion des Tarifvertrags. Diese Funktion gebietet es lediglich, Arbeitgebern und Arbeitnehmern den Weg zur Festsetzung von Arbeitsbedingungen zu verbauen, die, verglichen mit dem Tarifvertrag, ungünstiger sind. Demgegenüber sollen die Beteiligten nicht daran gehindert sein, z. B. auf dem Weg einer einzelvertraglichen Abmachung zu besseren Arbeitsbedingungen zu gelangen. Dies bedeutet: Tariflich geregelte Löhne sind Mindestlöhne.

Die Hauptschwierigkeit bei der Anwendung der gesetzlichen Regeln zur zwingenden Wirkung von Tarifnormen liegt bei der Beantwortung der Frage nach der Günstigkeit einer bestimmten Regelung. Insoweit ist auch vieles umstritten. Bei einem Günstigkeitsvergleich muss man i. W. zwei Fragen beantworten: Zum einen die Frage nach dem Vergleichsgegenstand und zum anderen die Frage nach dem Vergleichsmaßstab. Was die erste Frage betrifft, so wird man vom Tarifvertragsgesetz weitgehend im Stich gelassen. Nichtsdestoweniger wird ein Gesamtvergleich, bei dem z. B. der gesamte Inhalt eines Arbeitsvertrags mit dem gesamten Inhalt des Tarifvertrags in Beziehung gesetzt wird, allgemein für unzulässig gehalten. Ein derartiger Vergleich wäre von vornherein nicht praktikabel. Auch würden dabei, so jedenfalls das Bundesarbeitsgericht, „Äpfel mit Birnen" verglichen. Dementsprechend geht das Gericht von einem sog. Sachgruppenvergleich aus. Dabei werden diejenigen vertraglichen Arbeitsbedingungen den Tarifnormen gegenüber gestellt, die mit diesen in einem inneren Zusammenhang stehen. Eine ganz andere Frage ist, welcher Maßstab bei einem Vergleich angelegt werden muss. Auch hierzu lässt sich dem Tarifvertragsgesetz nichts Greifbares entnehmen. Grundsätzlich ist von einem objektiven Maßstab auszugehen. Nach diesem Maßstab kommt es darauf an, wie ein verständiger Arbeitnehmer unter Berücksichtigung der Verkehrsanschauung und der

Grundsätze und Wertungen der Arbeitsrechtsordnung den Arbeitsvertrag einschätzt. Dass grundsätzlich auf einen objektiven Maßstab abgestellt wird, hat i. W. zwei Gründe. Zum einen soll hierdurch gewährleistet werden, dass die Tarifnormen einheitlich gelten. Und zum anderen soll der Arbeitnehmer vor Bedingungen geschützt werden, die nur vermeintlich günstiger sind und die er möglicherweise auch nur auf Druck des Arbeitgebers akzeptiert. Inwieweit ausnahmsweise auf die individuelle Interessenlage des Arbeitnehmers abgestellt werden kann oder sogar muss, ist in der Arbeitsrechtswissenschaft lebhaft umstritten. Hinter dieser Frage verbirgt sich eine Grundsatzproblematik, nämlich die nach der Reichweite der „Autonomie", welche Tarifparteien beanspruchen, die sich mit ihrer Rechtsetzungsmacht zwischen staatliche Gesetzgebung und Privatautonomie, also individuelle Vertragsfreiheit, schieben (Picker 2002, 2009).

# Kapitel 7
# Arbeitskampfrecht

## 7.1 Die Gewährleistung des Arbeitskampfs

Das Instrument, das beim Abschluss von Tarifverträgen „traditionell" zum Einsatz kommt, ist der Arbeitskampf bzw. die Drohung mit einem Arbeitskampf. Daher ist der Arbeitskampf *die* Determinante der Lohnfindung. Artikel 9 Abs. 3 Grundgesetz enthält nicht nur eine Garantie der Tarifautonomie, sondern auch eine Gewährleistung ihrer rechtlichen Vorbedingungen, also eine Garantie der Arbeitskampffreiheit. Der funktionelle Zusammenhang, in dem Tarifautonomie und Arbeitskampffreiheit stehen, führt allerdings zugleich zu einer gewissen Begrenzung der letzteren: Auf der einen Seite ist die Arbeitskampffreiheit verfassungsrechtlich garantiert, so weit die Möglichkeit zum Führen von Arbeitskämpfen für den Bestand und das Funktionieren der Tarifautonomie erforderlich ist. Doch ist der Arbeitskampf auf der anderen Seite eben nur dann rechtmäßig, wenn er sich auf den Abschluss eines Tarifvertrags richtet. Illustrieren lässt sich diese Begrenzung am Beispiel des sog. politischen Streiks, mit dem nicht auf eine bestimmte Regelung der Arbeits- und Wirtschaftsbedingungen hingewirkt, sondern ein politisches Ziel verfolgt wird. Während der politische Streik in vielen ausländischen Rechtsordnungen ohne Weiteres zulässig ist, hält man ihn in Deutschland fast allgemein für rechtswidrig. Das Führen eines politischen Streiks wird nicht als Gebrauch des Instruments des Arbeitskampfs im Rahmen der Tarifautonomie, sondern als Missbrauch dieses Instruments bewertet. Von gewerkschaftlicher Seite wird diese Sichtweise indes zuweilen – nicht zuletzt unter Hinweis auf Regeln des Arbeitsvölkerrechts – kritisiert.

In der Arbeitsrechtswissenschaft wird zunehmend diskutiert, ob Arbeitskämpfe überhaupt noch „zeitgemäß" sind. Dass diese Frage immer häufiger gestellt wird, hat u. a. mit einem gewissen Wandel der ökonomischen und sozialen Verhältnisse zu Gunsten der Arbeitgeber und zu Lasten der Organisationskraft der Gewerkschaften zu tun. Stichworte in diesem Zusammenhang sind: Wachsende volkswirtschaftliche Bedeutung des Dienstleistungssektors, zunehmende Verbreitung atypischer Arbeitsverhältnisse, verstärkte Individualisierung der Arbeitsbeziehungen sowie Aufwertung der Rolle der betrieblichen Interessenvertretungen (Reichold 2005). Für die voraussehbare Zukunft wird bedeutsam sein, wie sich das zunehmende Auftreten sog. Spartengewerkschaften auf das Arbeitskampfgeschehen auswirkt.

In diesem Zusammenhang werden sich für das Arbeitskampfrecht zahlreiche neue Fragen stellen (Greiner 2007).

## 7.2 Die Kampfmittel Streik und Aussperrung

Die Kampfmittel auf Arbeitnehmerseite sind vielfältig. In Betracht kommen insoweit etwa Betriebsbesetzung, Betriebsblockade und Boykott. Doch hat das Bundesarbeitsgericht zuletzt etwa auch sog. „Flash Mob"-Aktionen gebilligt. Bei diesen treffen sich Personen mit dem Ziel der Blockade des Kassenbereichs z. B. einer Einzelhandelsfiliale, um Pfennigartikel zu kaufen, lange Warteschlangen an der Kasse zu „produzieren" oder gar die Einkaufswagen vollzupacken und dann stehenzulassen.

Das wichtigste Kampfmittel auf Arbeitnehmerseite ist aber der Streik. Hierunter versteht man eine kollektive Einstellung der Arbeit, die ohne Einverständnis des Arbeitgebers erfolgt. Das individuelle Streikrecht verleiht dem Arbeitnehmer die Befugnis, das Arbeitsverhältnis einseitig zu suspendieren mit der Folge, dass der Arbeitgeber seinen Anspruch auf die Arbeitsleistung und der Arbeitnehmer seinen Anspruch auf das Arbeitsentgelt verliert. Die Durchführung eines Streiks bestimmt sich nach den Arbeitskampfrichtlinien der Gewerkschaften. In diesen Richtlinien werden sieben Phasen eines Streiks unterschieden: Der Beschluss der Gewerkschaft zur Einleitung eines Streiks; der Beschluss zur Durchführung der Urabstimmung aller Gewerkschaftsmitglieder über den Streik; die Aufforderung an die Mitglieder, an der Urabstimmung teilzunehmen; die Urabstimmung selbst (i. d. R. müssen 75% der an der Abstimmung teilnehmenden Mitglieder den Arbeitskampf billigen); die Genehmigung des Streikbeschlusses durch das zuständige Gewerkschaftsorgan; der Streikbefehl der Gewerkschaft an die Mitglieder sowie die Aufforderung an die Nichtmitglieder, sich am Streik zu beteiligen, sowie die tatsächliche Arbeitsniederlegung.

Das wichtigste Kampfmittel auf Arbeitgeberseite ist die Aussperrung. Darunter versteht man die Ausschließung von der Arbeit, die von einem Arbeitgeber oder mehreren Arbeitgebern planmäßig und ohne Einverständnis der Arbeitnehmer erklärt wird und mit einer Suspendierung der Verpflichtung zur Lohnzahlung einhergeht. In der Praxis wird vom Instrument der Aussperrung indes nur höchst selten Gebrauch gemacht.

## 7.3 Arten des Arbeitskampfs

Abhängig von den Kriterien, die man anlegt, lassen sich begrifflich verschiedene Arten des Arbeitskampfs unterscheiden (ob und inwieweit diese rechtmäßig sind, ist eine andere Frage): Auf den Träger der Arbeitskampfmaßnahme stellt die Unterscheidung zwischen koalitionsgeführten und „wilden" Arbeitskämpfen ab.

Koalitionsgeführte Arbeitskämpfe sind die vom Arbeitgeberverband getragene Aussperrung und der von der Gewerkschaft getragene Streik. Demgegenüber wird der „wilde Streik" nicht von der Gewerkschaft, sondern von einem Kollektiv von Arbeitnehmern erklärt. Um den Adressaten von Arbeitskampfmaßnahmen geht es demgegenüber bei der Unterscheidung von Haupt- und Unterstützungsarbeitskämpfen (Sympathiestreik oder Sympathieaussperrung). Im erstgenannten Fall sollen eigene Tarifforderungen gegen den Kampfgegner durchgesetzt werden. Im letztgenannten Fall geht es nicht um die Erreichung eigener Ziele, sondern vielmehr darum, in einem fremden Arbeitskampf Hilfe zu leisten. Auf die inhaltliche Zielsetzung von Arbeitskampfmaßnahmen stellt die Unterscheidung zwischen tarifvertragsbezogenen und sonstigen Arbeitskämpfen ab. Für die Unterscheidung von Angriffs- und Abwehrarbeitskampf kommt es demgegenüber darauf an, wer den Arbeitskampf eröffnet und insoweit die Initiative ergriffen hat. In der Praxis liegen die Dinge weit überwiegend so, dass der Arbeitskampf mit einem Angriffsstreik eröffnet wird; die Aussperrung ist meist die Antwort des Arbeitgebers auf einen derartigen Streik und demnach eine Abwehraussperrung. Eine Angriffsaussperrung hat es bislang noch nie gegeben. Darüber hinaus ist aber auch umstritten, unter welchen Voraussetzungen sie überhaupt zulässig wäre. Bei der Unterscheidung zwischen Erzwingungs- und Warnarbeitskämpfen wird auf den Zeitpunkt der Auseinandersetzung abgestellt. Ein Erzwingungsarbeitskampf ist dann gegeben, wenn der kollektive Druck nach dem endgültigen Scheitern der Verhandlungen ausgeübt wird. Um einen Warnarbeitskampf handelt es sich demgegenüber dann, wenn die Druckausübung vor dem Scheitern der Verhandlungen erfolgt. Nach der Zahl der Teilnehmer am Arbeitskampfgeschehen lassen sich schließlich unterscheiden der General-, Voll-, Teil- und Schwerpunktstreik bzw. seine Entsprechungen bei der Aussperrung.

## 7.4 Generelle Rechtmäßigkeitsvoraussetzungen

Obwohl der Arbeitskampf verfassungsrechtlich grundsätzlich gewährleistet ist, existieren doch manche rechtliche Beschränkungen der Arbeitskampffreiheit. Zunächst bestehen gewisse tarifrechtliche Grenzen. Sodann ergeben sich gewisse Beschränkungen aus allgemeinen Grundsätzen bzw. deren Konkretisierungen. Schließlich sind besondere Kampfverbote zu beachten, die sich aus ganz verstreut liegenden Normen ergeben können (man denke etwa an den Straftatbestand der Nötigung nach § 240 Strafgesetzbuch).

### *7.4.1 Tarifvertragliche Schranken*

Was die tarifrechtlichen Schranken der Arbeitskampffreiheit anbelangt, so ist daran zu erinnern, dass die Arbeitskampffreiheit den Koalitionen nach Art. 9 Abs. 3

Grundgesetz lediglich als Vorbedingung eines funktionsfähigen Tarifvertragssystems garantiert ist. Der Arbeitskampf ist somit nicht mehr und nicht weniger als ein Hilfsinstrument der Tarifautonomie. Daraus ergeben sich zunächst Anforderungen an die Parteien eines Arbeitskampfs. Da die Arbeitskampffreiheit nur in dem Umfang garantiert ist, in dem der Arbeitskampf den Abschluss eines Tarifvertrags zum Ziel hat, dürfen Arbeitskämpfe nur von und nur gegen Parteien geführt werden, die tariffähig und tarifzuständig sind. Bedeutsam wird die Beschränkung der Arbeitskampffreiheit auf die Tarifvertragsparteien beim sog. „wilden Streik", der eben gerade nicht von einer Gewerkschaft getragen wird. Der Tarifbezug, den ein rechtmäßiger Arbeitskampf aufweisen muss, führt noch zu weiteren Konsequenzen hinsichtlich der Rechtmäßigkeit des Arbeitskampfs: Dieser muss, um rechtmäßig zu sein, auf den Abschluss eines Tarifvertrags gerichtet sein und darüber hinaus muss der Tarifvertrag einen zulässigen Inhalt aufweisen. Da das Kampfziel der Abschluss eines Tarifvertrags sein muss, ist sowohl der politische Arbeitskampf als auch der Demonstrationsarbeitskampf als rechtswidrig zu bewerten. Mit den erstgenannten soll eine Forderung gegenüber einer staatlichen Instanz durchgesetzt werden. Mit dem letztgenannten soll zwar Einfluss auf das Verhalten der Arbeitgeberseite genommen, aber jedenfalls kein Tarifvertrag erkämpft werden. Ebenso wie Demonstrationsarbeitskämpfe sind Arbeitsniederlegungen zu beurteilen, die lediglich Ausdruck einer allgemeinen Betroffenheit sind. Als grundsätzlich zulässig wird demgegenüber vom Bundesarbeitsgericht neuerdings der Unterstützungsarbeitskampf bewertet, der nicht um eigener Tarifziele willen geführt wird, sondern mit dem in einem fremden Arbeitskampf Hilfe geleistet werden soll. Der Arbeitskampf ist darüber hinaus auch kein geeignetes Mittel zur Feststellung oder Durchsetzung einer Rechtslage bzw. Rechtsposition. Die Frage, wie sich eine bestimmte Rechtslage darstellt, müssen die Gerichte beantworten. Sie kann dagegen nicht zum Gegenstand eines Arbeitskampfs und von dessen Ausgang abhängig gemacht werden. Die Durchsetzung einer festgestellten Rechtsposition betrifft demgegenüber das staatliche Gewaltmonopol. Dies bedeutet, dass Rechtspositionen allein mit den Mitteln des staatlichen Zwangsvollstreckungsrechts, aber nicht mit den Mitteln des Arbeitskampfs durchzusetzen sind. Darüber hinaus muss der Arbeitskampf auf den Abschluss eines Tarifvertrags zielen, dessen Inhalt rechtlich zulässig ist (hierzu zählen z. B. auch sog. Tarifsozialpläne). Als Grundsatz lässt sich aufstellen, dass nur das erkämpft werden kann, was auch tarifvertraglich regelbar ist. Tarifrechtliche Grenzen der Arbeitskampffreiheit ergeben sich schließlich auch aus der tarifvertraglichen Friedenspflicht. Ein Arbeitskampf, der eine bestehende Friedenspflicht verletzt, ist tarifvertragswidrig und damit zugleich rechtswidrig.

### 7.4.2 Allgemeine Grundsätze

Ganz abgesehen davon hat die Rechtsprechung aus allgemeinen Grundsätzen Regeln entwickelt, deren Anwendung der Arbeitskampffreiheit der Beteiligten Grenzen zieht. Zu nennen ist insoweit zunächst das Gebot der Kampfparität

(Waffengleichheit). Dieses Gebot beruht auf der Wertung, dass Arbeitskämpfe die gleichgewichtige Regelung der Arbeitsbedingungen in Tarifverträgen gewährleisten sollen und dementsprechend Arbeitskämpfe und Kampfmaßnahmen, denen die entsprechende Eignung oder Erforderlichkeit abgesprochen werden müssen, unzulässig sind. Ein weiterer Grundsatz, aus dem sich Schranken für die Durchführung von Arbeitskämpfen ergeben können, ist der Verhältnismäßigkeitsgrundsatz. Danach ist ein Arbeitskampf erst dann zulässig, wenn die Beteiligten alle zumutbaren Möglichkeiten einer friedlichen Konfliktlösung ausgeschöpft haben. Überdies dürfen Arbeitskampfmaßnahmen nicht außer Verhältnis zum erstrebten Ziel stehen. Aus dem Verhältnismäßigkeitsgrundsatz hat das Bundesarbeitsgericht im Jahre 1980 – in einer Reihe z. T. vehement kritisierter Grundsatzentscheidungen – Schranken für Abwehraussperrungen entwickelt, mit denen Arbeitgeber auf Teil- oder Schwerpunktstreiks reagieren. Dabei ist es seinerzeit so weit gegangen, Aussperrungsquoten festzusetzen, die sich an der Zahl der streikenden Arbeitnehmer orientieren. Neben den Geboten der Kampfparität und der Verhältnismäßigkeit haben die Beteiligten auch das Gebot der fairen Kampfführung zu beachten. Gegen dieses Verbot wird insbesondere dann verstoßen, wenn es eine kampfführende Gewerkschaft ablehnt, an den erforderlichen Notstands- (Garantie einer Mindestversorgung der Bevölkerung z. B. mit Strom oder Wasser) und Erhaltungsmaßnahmen (Gewährleistung der anhaltenden Funktionsfähigkeit der Betriebe) mitzuwirken.

## 7.5 Die Schlichtung

Als Schlichtung bezeichnet man Bemühungen, die auf die Verhinderung oder Beendigung eines Arbeitskampfs gerichtet sind. Dabei ist zwischen der vereinbarten und der staatlichen Schlichtung zu unterscheiden. Die Grundlage der vereinbarten Schlichtung bildet der Tarifvertrag. Dieser kann Bestimmungen enthalten, wonach Streitigkeiten im Wege der Schlichtung ausgeräumt werden sollen. Neben der vereinbarten Schlichtung gibt es die staatliche Schlichtung, die allerdings kaum praktische Bedeutung erlangt hat und überdies – angesichts der verfassungsrechtlichen Gewährleistung der Koalitionsfreiheit in Art. 9 Abs. 3 Grundgesetz – auch nur in sehr engen rechtlichen Grenzen möglich wäre.

# Kapitel 8
# Betriebsverfassungsrecht

## 8.1 Grundlagen

### 8.1.1 Betriebsräte und Gewerkschaften

In vielen ausländischen Rechtsordnungen sind die Gewerkschaften für die Vertretung der Arbeitnehmerinteressen allein zuständig. In Deutschland ist dies anders. Zwar spielen auch hier die Gewerkschaften eine außerordentlich große Rolle. Doch treten neben die Gewerkschaften die sog. Betriebsräte. Der Betriebsrat ist die von der Belegschaft eines Betriebs gewählte Vertretung, die als Repräsentant der Arbeitnehmer des Betriebs deren Mitbestimmungsbefugnisse ausübt. Der Betriebsrat repräsentiert alle Belegschaftsangehörigen, die Gewerkschaft vertritt nur ihre Mitglieder. Der Betriebsrat hat als betriebsverfassungsrechtliches Organ gesetzlich definierte Kompetenzen. Die Interessendurchsetzung erfolgt durch Verhandlung und Abschluss von Vereinbarungen und u. U. auch durch Schlichtung. Maßnahmen des Arbeitskampfs sind ausgeschlossen, wohingegen der Arbeitskampf für Gewerkschaften das Mittel zur Durchsetzung ihrer Interessen ist.

Träger der gesetzlichen Mitwirkungs- und Mitbestimmungsrechte nach dem Betriebsverfassungsgesetz sind nicht die Gewerkschaften, die, wie nicht deutlich genug gesagt werden kann, nur ihre Mitglieder repräsentieren, sondern Betriebsräte, die von der (gesamten) Belegschaft gewählt werden. Dies führt zu einer Zweispurigkeit der Vertretung der Arbeitnehmerinteressen, die es in dieser Form im Ausland zumeist nicht gibt. Der Dualismus der Vertretung von Arbeitnehmerinteressen durch frei gebildete Gewerkschaften einerseits und gesetzlich verfasste Betriebsräte andererseits ist geradezu ein Strukturmerkmal des deutschen Arbeitsrechts (Krause 2009). Diese Besonderheit ist auch zu bedenken, wenn es um die Übertragung von Erkenntnissen etwa der US-Arbeitsmarktökonomik auf die Verhältnisse in Deutschland geht. Eine betriebliche Interessenvertretung im Rahmen einer gesetzlich geregelten Betriebsverfassung ist dort nämlich unbekannt. Vertreter der Interessen der Arbeitnehmer in einem bestimmten Betrieb sind in den USA die Repräsentanten der zuständigen Gewerkschaft und nur diese.

## 8.1.2 Kooperationsmaxime und Friedenspflicht

Mit Blick auf das Verhältnis von Arbeitgeber und Betriebsrat bestimmt das Gesetz, dass diese „unter Beachtung der geltenden Tarifverträge vertrauensvoll und im Zusammenwirken mit den im Betrieb vertretenen Gewerkschaften und Arbeitgebervereinigungen zum Wohl der Arbeitnehmer des Betriebs zusammen(arbeiten)" sollen (§ 2 Abs. 1 Betriebsverfassungsgesetz). Diese sog. Kooperationsmaxime kann man als besondere Ausprägung des allgemeinen Grundsatzes von Treu und Glauben auffassen. Wenn § 2 Abs. 1 ein Zusammenwirken mit den im Betrieb vertretenen Gewerkschaften (eine Gewerkschaft ist in diesem Sinne „im Betrieb vertreten", wenn mindestens ein Mitglied dort beschäftigt ist) und Arbeitgebervereinigungen vorsieht, wird hierdurch kein eigenständiges Recht der Koalitionen begründet, in das betriebliche Geschehen einzugreifen. Umgekehrt sind Gewerkschaften und Arbeitgebervereinigungen nicht zur Zusammenarbeit mit Arbeitgeber und Betriebsrat verpflichtet. Dementsprechend kann eine Gewerkschaft über § 2 Abs. 1 weder in die betriebsverfassungsrechtliche Friedenspflicht genommen (hierzu sogleich mehr), noch z. B. dazu verpflichtet werden, die Interessen von Nichtorganisierten wahrzunehmen.

Über die Kooperationsmaxime des § 2 Abs. 1 Betriebsverfassungsgesetz hinaus bestimmt das Gesetz, dass Arbeitgeber und Betriebsrat „über strittige Fragen mit dem ernsten Willen zur Einigung zu verhandeln und Vorschläge für die Beilegung von Meinungsverschiedenheiten zu machen" haben (§ 74 Abs. 1 S. 2 Betriebsverfassungsgesetz). Zugleich erklärt das Gesetz Maßnahmen des Arbeitskampfs zwischen Arbeitgeber und Betriebsrat für unzulässig (§ 74 Abs. 2 S. 1 Hs. 1 Betriebsverfassungsgesetz). Dies bedeutet nicht mehr und nicht weniger, als dass die Gewährung der weit reichenden Rechte, die der Betriebsrat gegenüber dem Arbeitgeber hat, mit einem Verzicht auf Arbeitskampfmaßnahmen einhergeht. Dies ist auch der Grund dafür, dass viele ausländische Gewerkschaften dem Modell einer „Betriebsverfassung" im Sinne des deutschen Rechts eher skeptisch gegenüber stehen. Allerdings ist der Betriebsrat nur insoweit am Ergreifen von Arbeitskampfmaßnahmen gehindert, als es um eigene Rechte und deren Durchsetzung geht. Vom Verbot des Arbeitskampfs ausgenommen sind nämlich, wie das Gesetz ausdrücklich sagt, „Arbeitskämpfe tariffähiger Parteien" (§ 74 Abs. 2 S. 1 Hs. 2 Betriebsverfassungsgesetz). Zugleich bestimmt § 74 Abs. 3 Betriebsverfassungsgesetz, dass „Arbeitnehmer, die im Rahmen dieses Gesetzes Aufgaben übernehmen, ... hierdurch in der Betätigung für ihre Gewerkschaft nicht beschränkt (werden)".

## 8.1.3 Die Einigungsstelle

Da der Betriebsrat seine Rechte nicht im Wege des Arbeitskampfs durchsetzen kann, sieht das Gesetz einen eigenen Konfliktlösungsmechanismus vor: Zur Beilegung von Meinungsverschiedenheiten zwischen Arbeitgeber und Betriebsrat ist bei Bedarf eine sog. Einigungsstelle zu bilden (§ 76 Abs. 1 S. 1 Betriebsverfassungsgesetz). Die Einigungsstelle ist ihrer Rechtsnatur nach weder Gericht noch staatliche Behörde, sondern „autonomes privatrechtliches Vertragshilfeorgan". Die Einigungsstelle ist, anders ausgedrückt, eine innerbetriebliche Schlichtungsstelle. Doch ist sie häufig auch ein Entscheidungsorgan und zwar dort, wo das Gesetz dem Betriebsrat echte Mitbestimmungsrechte einräumt. Kommt in diesen Fällen eine Einigung zwischen Arbeitgeber und Betriebsrat nicht zu Stande, entscheidet die Einigungsstelle. Das Verfahren vor der Einigungsstelle ist insoweit in dem Sinne „erzwingbar", dass sie bereits auf Antrag einer Seite (Arbeitgeber oder Betriebsrat) tätig wird (vgl. § 76 Abs. 5 S. 1 Betriebsverfassungsgesetz). Die Einigungsstelle besteht aus einem unparteiischen Vorsitzenden – in der Praxis werden zumeist Berufsrichter der Arbeitsgerichtsbarkeit benannt – sowie, in gleicher Zahl, Beisitzern, die von Arbeitgeber und Betriebsrat gestellt werden (§ 76 Abs. 2 Betriebsverfassungsgesetz).

## 8.2 Geltungsbereich der Betriebsverfassung und Rechtsstellung des Betriebsrats

Nach § 1 Abs. 1 S. 1 Betriebsverfassungsgesetz sind in Betrieben mit in der Regel mindestens fünf ständigen wahlberechtigten Arbeitnehmern Betriebsräte zu wählen. Der Schwellenwert für die Errichtung von Betriebsräten ist damit verhältnismäßig niedrig. Nicht übersehen sollte man aber, dass in der Praxis in vielen betriebsratsfähigen Betrieben keine Betriebsräte bestehen.

In kleineren Betrieben (bis 20 wahlberechtigte Arbeitnehmer) besteht der Betriebsrat nur aus einer Person. In größeren Betrieben gehören dem Betriebsrat, abhängig von der Betriebsgröße, 5, 7, 9 oder mehr Mitglieder an. In Betrieben mit zwischen 7001 bis 9000 Arbeitnehmern z. B. besteht der Betriebsrat aus 35 Mitgliedern (§ 9 Betriebsverfassungsgesetz). Betriebsräte werden gewählt. Wahlberechtigt sind alle Arbeitnehmer des Betriebs, die das 18. Lebensjahr vollendet haben (§ 7 S. 1 Betriebsverfassungsgesetz). Auf die Gewerkschaftszugehörigkeit des Arbeitnehmers kommt es nicht an. Dies gilt auch für die Wählbarkeit zum Betriebsrat. Wählbar sind alle Wahlberechtigten, die sechs Monate dem Betrieb angehören (§ 8 Abs. 1 S. 1 Betriebsverfassungsgesetz). Dementsprechend ist streng zwischen Vertretern der Gewerkschaften und Betriebsratsmitgliedern zu unterscheiden. Dass viele Mitglieder eines Betriebsrats zugleich einer Gewerkschaft angehören, steht auf einem anderen Blatt. Die regelmäßige Amtszeit des Betriebsrats beträgt vier Jahre (§ 21 S. 1 Betriebsverfassungsgesetz).

Für die Rechtsstellung der Betriebsratsmitglieder und die Geschäftsführung des Betriebsrats enthält das Betriebsverfassungsgesetz zahlreiche Regelungen. Das Gesetz bestimmt, dass die Mitglieder des Betriebsrats ihr Amt „unentgeltlich als Ehrenamt" führen (§ 37 Abs. 1 Betriebsverfassungsgesetz). Angesichts der Aufgaben, die Betriebsratsmitglieder insbesondere in großen Betrieben zu bewältigen haben, gilt das Ehrenamtsprinzip manchen als antiquiert. Rechtspolitisch wird daher zunehmend eine Professionalisierung der Betriebsratsarbeit gefordert wie sie im Bereich der Unternehmensmitbestimmung schon lange praktiziert wird. Dabei spielt nicht zuletzt auch die Überlegung eine Rolle, dass sich Unternehmen der Gefahr der Strafverfolgung aussetzen, wenn sie – was in der Praxis nicht selten geschieht – eigenständige Systeme der Betriebsratsvergütung praktizieren (Rieble 2008; Fischer 2007). In jedem Fall behalten Betriebsratsmitglieder während ihrer Tätigkeit Anspruch auf ihr regelmäßiges Arbeitsentgelt (§ 37 Abs. 2 Betriebsverfassungsgesetz). Ab einer bestimmten Betriebsgröße sind die Betriebsratsmitglieder von ihrer beruflichen Tätigkeit freizustellen (§ 38 Betriebsverfassungsgesetz). Auch enthält das Gesetz die Regelung, dass der Arbeitgeber die durch die Tätigkeit des Betriebsrats entstehenden Kosten trägt (§ 40 Abs. 1 Betriebsverfassungsgesetz). Die Erhebung und Leistung von Beiträgen der Arbeitnehmer für Zwecke des Betriebsrats ist unzulässig (§ 41 Betriebsverfassungsgesetz).

## 8.3 Mitwirkungs- und Mitbestimmungsrechte des Betriebsrats

### 8.3.1 Mitwirkung in personellen Angelegenheiten

Das deutsche Recht kennt weit reichende Befugnisse von Arbeitnehmervertretern im Betrieb (Kreutz 2001; Reichold 1999). Diese gehen so weit, dass die Arbeitnehmervertreter in bestimmten Bereichen nicht nur Mitwirkungs-, sondern sogar echte Mitbestimmungsrechte haben. Ebenso wie in vielen anderen Rechtsordnungen genießt auch der deutsche Betriebsrat Informations-, Unterrichtungs-, Anhörungs- und Beratungsrechte. Doch geht das deutsche Recht darüber noch hinaus, indem es dem Betriebsrat in vielen Fällen sogar Zustimmungsverweigerungsrechte und Mitbestimmungsrechte zugesteht. Ein Beispiel für ein Zustimmungsverweigerungsrecht bildet § 99 Betriebsverfassungsgesetz, wonach dem Betriebsrat bei sog. personellen Einzelmaßnahmen des Arbeitgebers (z. B. Einstellung und Versetzung) das Recht zusteht, unter bestimmten Voraussetzungen die erforderliche Zustimmung zu verweigern. Verweigert der Betriebsrat seine Zustimmung, so muss der Arbeitgeber beim Arbeitsgericht beantragen, die fehlende Zustimmung zu ersetzen (§ 99 Abs. 4 Betriebsverfassungsgesetz). Der Betriebsrat wiederum kann beim Arbeitsgericht beantragen, dem Arbeitgeber aufzugeben, die personelle Maßnahme rückgängig zu machen, wenn keine Zustimmung vorlag (§ 101 S. 1 Betriebsverfassungsgesetz). Auch bei Kündigungen des Arbeitgebers besteht ein weit reichendes Mitwirkungsrecht des Betriebsrats: Der Betriebsrat ist vor jeder Kündigung zu hören. Dabei hat der Arbeitgeber dem Betriebsrat die Gründe für die Kündigung mitzuteilen. Eine ohne Anhörung des Betriebsrats ausgesprochene Kündigung ist unwirksam (§ 102 Abs. 1 Betriebsverfassungsgesetz). Bei einer geplanten ordentlichen Kündigung hat der Betriebsrat die Möglichkeit, der Kündigung innerhalb einer bestimmten Frist und gestützt auf einen der im Gesetz näher bezeichneten

Widerspruchsgründe ausdrücklich zu widersprechen. Ist der Widerspruch nicht nur frist- und ordnungsgemäß eingelegt, sondern liegt darüber hinaus der behauptete Widerspruchsgrund tatsächlich vor, ist die Kündigung, soweit der Arbeitnehmer dem Kündigungsschutzgesetz unterliegt, ohne Weiteres „sozial ungerechtfertigt", d. h. rechtswidrig (§ 1 Abs. 2 S. 2 Nr. 1 Kündigungsschutzgesetz).

### 8.3.2 *Mitwirkung in sozialen Angelegenheiten*

Doch hat der Betriebsrat nicht nur in personellen Angelegenheiten weit reichende Mitwirkungs- und Mitbestimmungsrechte. Vielmehr bestehen derartige Rechte auch im Bereich der sog. sozialen Angelegenheiten. Diese bilden sogar den Kernbereich der betrieblichen Mitbestimmung. Dies gilt insbesondere für die in § 87 Abs. 1 Betriebsverfassungsgesetz genannten Bereiche, zu denen u. a. Fragen der Ordnung des Betriebs (Nr. 1), des Beginns und des Endes der täglichen Arbeitszeit (Nr. 2), der vorübergehenden Verkürzung oder Verlängerung der betriebsüblichen Arbeitszeit (Nr. 3), der Zeit, des Orts und der Art der Auszahlung der Arbeitsentgelte (Nr. 4), der Aufstellung allgemeiner Urlaubsgrundsätze (Nr. 5) und der Einführung und Anwendung bestimmter technischer Einrichtungen zählen (Nr. 6). In allen in § 87 Abs. 1 Betriebsverfassungsgesetz genannten Fällen der sog. erzwingbaren Mitbestimmung kann eine Regelung nur von Arbeitgeber und Betriebsrat *gemeinsam* getroffen werden, wobei im Fall der Nichteinigung die Einigungsstelle entscheidet. Die Einleitung des Mitbestimmungsverfahrens kann grundsätzlich sowohl vom Arbeitgeber als auch vom Betriebsrat ausgehen. Der Betriebsrat kann also auch von sich aus initiativ werden und vom Arbeitgeber die Regelung einer bestimmten Angelegenheit erzwingen.

Was die Reichweite der nach § 87 Abs. 1 Betriebsverfassungsgesetz bestehenden Mitbestimmungsrechte anbelangt, so ist diese durchaus beachtlich. Überdies entwickelt sich der Katalog der Mitbestimmungsrechte stets weiter. Illustrativ ist insoweit die Mitbestimmung bei der Entlohnung. Insoweit sieht § 87 Abs. 1 Nr. 11 Betriebsverfassungsgesetz ein Recht zur Mitbestimmung bei der „Festsetzung der Akkord- und Prämiensätze und vergleichbarer leistungsbezogener Entgelte, einschließlich der Geldfaktoren" vor. Die damit beschriebenen Mechanismen der Leistungsentlohnung beruhen indes „auf jenem tayloristischen Fabriksystem, das dem Arbeiter eher quantitativ-mechanische Arbeitsergebnisse abverlangte als qualitativ-originäre Leistungen" (Reichold 2002). Dieses System gilt im Wesentlichen als „tot". Stattdessen wird heute auf flache Hierarchien und teilautonome Fertigungsinseln gesetzt. Die Produktivität soll gerade durch Stärkung der Eigenverantwortlichkeit der (teilautonomen) Arbeitsgruppe gesteigert werden. Dem entspricht es, dass der Leistungsentlohnung in zunehmendem Maße „weiche" Kriterien zugrunde gelegt werden (z. B. durch Zielvereinbarungen). Diesem Befund hat der Gesetzgeber vor einigen Jahren Rechnung zu tragen versucht und in § 87 Abs. 1 Nr. 13 Betriebsverfassungsgesetz einen neuen Mitbestimmungstatbestand geschaffen, der eine

Mitbestimmung des Betriebsrats mit Blick auf „Grundsätze über die Durchführung von Gruppenarbeit" vorsieht.

### 8.3.3 *Mitwirkung in wirtschaftlichen Angelegenheiten*

Weniger weitreichend als im Bereich der personellen und sozialen Angelegenheiten sind die Rechte des Betriebsrats, wenn es um wirtschaftliche Angelegenheiten geht. Das Betriebsverfassungsgesetz geht vom Grundsatz der freien unternehmerischen Entscheidung aus und versucht eine Beteiligung des Betriebsrats weitgehend durch Unterrichtungs- und Beratungsrechte sicherzustellen. Ferner bestehen in größeren Unternehmen originäre Unterrichtungsrechte der Arbeitnehmer (§ 110 Betriebsverfassungsgesetz). Eine erzwingbare Mitbestimmung des Betriebsrats erfolgt lediglich bei sog. Sozialplänen.

#### 8.3.3.1 Der Wirtschaftsausschuss

§§ 106 ff. Betriebsverfassungsgesetz regeln die Pflicht des Arbeitgebers zur Unterrichtung des sog. Wirtschaftsausschusses. §§ 111 ff. Betriebsverfassungsgesetz regeln die Mitwirkung des Betriebsrats bei Betriebsänderungen. Die Errichtung eines Wirtschaftsausschusses ist in Unternehmen mit i. d. R. mehr als 100 ständig beschäftigten Arbeitnehmern vorgeschrieben (§ 106 Abs. 1 S 1 Betriebsverfassungsgesetz). Nach § 107 Betriebsverfassungsgesetz besteht der Wirtschaftsausschuss aus mindestens drei und höchstens sieben Mitgliedern. Die Mitglieder werden vom Betriebsrat gewählt. Wählbar sind sämtliche Unternehmensangehörige einschließlich der leitenden Angestellten. In § 106 Abs. 3 Nr. 1 bis 10 sowie § 108 Abs. 5 Betriebsverfassungsgesetz werden in einer beispielhaften, nicht abschließenden Aufzählung die wichtigsten Aufgaben des Wirtschaftsausschusses genannt. Insgesamt kann man sagen, dass eine Beteiligung des Wirtschaftsausschusses in wirtschaftlichen Angelegenheiten immer dann vorzunehmen ist, wenn es sich um Maßnahmen handelt, die über die gewöhnliche Geschäftsführung hinausgehen. Der Katalog der unterrichtungspflichtigen wirtschaftlichen Angelegenheiten in § 106 Abs. 3 Betriebsverfassungsgesetz wurde vor kurzem noch erweitert. Zu unterrichten ist danach auch über die Übernahme des Unternehmens, wenn hiermit der Erwerb der Kontrolle verbunden ist. Durch den ebenfalls neu eingefügten § 109 a Betriebsverfassungsgesetz wird diese Unterrichtungspflicht in Unternehmen, in denen kein Wirtschaftsausschuss besteht, auf den Betriebsrat ausgedehnt.

#### 8.3.3.2 Mitwirkung bei Betriebsänderungen

Bei der Durchführung von sog. Betriebsänderungen muss der Arbeitgeber verschiedene Mitwirkungs- und Mitbestimmungsrechte des Betriebsrats beachten.

## 8.3 Mitwirkungs- und Mitbestimmungsrechte des Betriebsrats

Die entsprechenden Rechte des Betriebsrats bilden den Kern der Mitbestimmung in wirtschaftlichen Angelegenheiten. Nach § 111 S. 3 Betriebsverfassungsgesetz gelten bestimmte dort katalogartig aufgeführte Maßnahmen des Arbeitgebers als „Betriebsänderungen" i. S. d. Gesetzes: Die Einschränkung und Stilllegung des ganzen Betriebs oder von wesentlichen Betriebsteilen (der wichtigste Fall der Betriebseinschränkung ist der Personalabbau), die Verlegung des ganzen Betriebs oder von wesentlichen Betriebsteilen (jede wesentliche Veränderung der örtlichen Lage des Betriebs bzw. von wesentlichen Betriebsteilen, die mit nicht ganz unerheblichen Erschwerungen für die Belegschaft verbunden ist), der Zusammenschluss mit anderen Betrieben oder die Spaltung von Betrieben, grundlegende Änderungen der Betriebsorganisation, des Betriebszwecks oder der Betriebsanlagen sowie die Einführung grundlegend neuer Arbeitsmethoden und Fertigungsverfahren. Kommt es zwischen Arbeitgeber und Betriebsrat zum Streit darüber, ob die geplante Maßnahme Beteiligungsrechte des Betriebsrats nach §§ 111 ff. Betriebsverfassungsgesetz auslöst, kann in einem arbeitsgerichtlichen Beschlussverfahren eine Klärung herbeigeführt werden.

Vor jeder mitbestimmungspflichtigen Betriebsänderung, muss der Arbeitgeber den Betriebsrat nach § 111 Abs. 1 S. 1 Betriebsverfassungsgesetz rechtzeitig und umfassend unterrichten und mit ihm beraten. Gegenstand dieser Beratung ist das Ob, Wann und Wie der Betriebsänderung. Ziel der Beratung ist es, mit dem ernsten Willen der Verständigung (vgl. § 74 Abs. 1 Betriebsverfassungsgesetz) die Interessen des Arbeitgebers an einer wirtschaftlichen Führung des Betriebs mit den Interessen der Arbeitnehmer an der Erhaltung ihrer Arbeitsplätze und Arbeitsbedingungen in Ausgleich zu bringen. Inhalt, Form und Verfahren für diesen sog. Interessenausgleich sind i. W. in § 112 Betriebsverfassungsgesetz geregelt. Den Inhalt eines Interessenausgleichs können die Veränderung der ursprünglich geplanten Betriebsänderung in zeitlicher, qualitativer und quantitativer Hinsicht oder Maßnahmen menschengerechter Arbeitsgestaltung sowie Umschulungs- und Fortbildungsmaßnahmen bilden. In den Interessenausgleich kann aufgenommen werden, was nicht dem Sozialplan (hierzu sogleich) zugeordnet ist. Anders als ein Sozialplan kann ein Interessenausgleich vom Betriebsrat nicht erzwungen werden. Allerdings sieht § 113 Betriebsverfassungsgesetz Sanktionen vor, wenn der Arbeitgeber keinen Interessenausgleich mit dem Betriebsrat versucht hat. Ein indirekter Zwang zum Interessenausgleich besteht also durchaus.

Vor jeder mitbestimmungspflichtigen Betriebsänderung muss der Unternehmer mit dem Betriebsrat einen Sozialplan vereinbaren. Dies bedeutet, dass er eine Einigung über den Ausgleich oder die Milderung der wirtschaftlichen Nachteile herbeiführen muss, die den Arbeitnehmern infolge der geplanten Betriebsänderung entstehen. Gegenstand des Sozialplans ist damit nicht das Ob, Wann und Wie der Betriebsänderung. Diese Fragen regelt der Interessenausgleich. Der Sozialplan knüpft stattdessen an die Folgen der Betriebsänderung an. Diese Folgen soll er für die Betroffenen sozial verträglich gestalten. Die Wirkung des Sozialplans besteht darin, dass er Ansprüche schafft, die vom einzelnen Arbeitnehmer unmittelbar eingeklagt werden können.

Der Sozialplan kann vom Betriebsrat erzwungen werden. Kommt ein freiwilliger Sozialplan – auch durch Vermittlung der Einigungsstelle – nicht zustande, entscheidet die Einigungsstelle nach § 112 Abs. 4 Betriebsverfassungsgesetz verbindlich. Für diese Entscheidung gibt das Gesetz in § 112 Abs. 5 Betriebsverfassungsgesetz gewisse Richtlinien vor. An diesen muss sich die Einigungsstelle orientieren. Sie hat bei ihrer Entscheidung die sozialen Belange der betroffenen Arbeitnehmer und die wirtschaftliche Vertretbarkeit für das Unternehmen zu beachten. Betriebspartner und Einigungsstelle sind in ihrer Entscheidung grundsätzlich frei, welche Nachteile ausgeglichen oder gemildert werden sollen. Typisch ist für Sozialpläne die Begründung von Verpflichtungen des Arbeitgebers zur Zahlung von Abfindungen bei betriebsbedingtem Verlust des Arbeitsplatzes. Üblicherweise wird der Berechnung von Abfindungen entweder ein Punktesystem zugrunde gelegt – Kriterien bilden dabei u. a. das Lebensalter des Arbeitnehmers, die Dauer seiner Betriebszugehörigkeit sowie Unterhaltspflichten – oder die Höhe der Abfindung wird nach einer Formel berechnet, in welche die genannten Kriterien einfließen.

## 8.4 Betriebsverfassung und Tarifautonomie

Bei der Ausübung ihrer nach dem Betriebsverfassungsgesetz bestehenden Rechte schließen Betriebsräte mit dem Arbeitgeber zumeist sog. Betriebsvereinbarungen ab. Betriebsvereinbarungen sind sog. Normenverträge. Ebenso wie Tarifverträge gelten sie unmittelbar und zwingend (§ 77 Abs. 4 S. 1 Betriebsverfassungsgesetz), begründen also unmittelbar Rechte und Pflichten zwischen dem Arbeitgeber und den Arbeitnehmern. Allerdings enthält § 77 Abs. 3 S. 1 Betriebsverfassungsgesetz einen ausdrücklichen Tarifvorbehalt: Arbeitsentgelte und sonstige Arbeitsbedingungen, die durch Tarifvertrag geregelt sind oder üblicherweise geregelt werden, können nicht Gegenstand einer Betriebsvereinbarung sein. Die Vorschrift dient der Sicherung der Funktionsfähigkeit der Tarifautonomie und enthält einen Schutz der Tarifparteien vor einer Aushöhlung ihrer Normsetzungsbefugnis durch „konkurrierende" Normsetzung. Ein Wettbewerb von tariflicher (bzw. tarifüblicher) und betrieblicher Regelung soll ausgeschlossen sein. Die Sozialpartner genießen somit ein Monopol zur Gestaltung der Arbeitsbedingungen.

In welchem Umfang der Tarifvorbehalt verfassungsrechtlich zwingend ist, wird unterschiedlich beurteilt. Rechtspolitisch wird § 77 Abs. 3 Betriebsverfassungsgesetz von vielen kritisiert und als Hindernis für eine stärkere Dezentralisierung der Kollektivverhandlungen angesehen. In jedem Fall gilt: Wer eine Verlagerung der Regelungsbefugnisse auf die betriebliche Ebene will, muss zunächst den Tarifvorbehalt des § 77 Abs. 3 Betriebsverfassungsgesetz (sowie § 5 Abs. 3 Tarifvertragsgesetz, wonach vom Tarifvertrag abweichende Vereinbarungen grundsätzlich unzulässig sind) beseitigen oder zumindest aufweichen (Dieterich/Hanau/Henssler/Oetker/Wank/Wiedemann 2004).

Die Abgrenzung der Zuständigkeiten von Gewerkschaften und Betriebsrat, die in Deutschland vorzunehmen ist, wirft eine ganze Reihe schwieriger Fragen auf.

Rechtsordnungen, die nur die Vertretung der Arbeitnehmerinteressen durch Gewerkschaften kennen, haben diese Schwierigkeiten nicht zu bewältigen. In den Ländern, in denen es zwar – neben den Gewerkschaften – gesetzliche Vertretungsorgane gibt, diese aber, anders als in Deutschland, keine Rechtsetzungsbefugnisse haben, mag es zwar Abgrenzungsschwierigkeiten geben. Doch sind diese dann weitaus weniger drängend.

# Kapitel 9
# Mitbestimmung im Unternehmen

Eine Mitwirkung und Mitbestimmung der Arbeitnehmer findet nicht allein auf der Ebene des Betriebs statt. Vielmehr werden die Arbeitnehmer nach deutschem Recht auch an den Planungs- und Entscheidungsprozessen im Unternehmen beteiligt. Dies geschieht v. a. dadurch, dass die Aufsichtsräte bestimmter Kapitalgesellschaften auch mit Arbeitnehmervertretern zu besetzen sind.

## 9.1 Formen der Unternehmensmitbestimmung

Diese Unternehmensmitbestimmung ist allerdings auf Unternehmen beschränkt, die in bestimmten Rechtsformen betrieben werden. Diese Beschränkung ergibt sich daraus, dass die Unternehmensmitbestimmung im Unterschied zur betrieblichen Mitbestimmung nicht in selbständigen Organen der Belegschaft (Betriebsrat, Gesamtbetriebsrat, Konzernbetriebsrat) erfolgt, sondern in einem (gesellschaftsrechtlichen) Organ des Unternehmens (insbes. dem Aufsichtsrat). Zugleich kommt die Unternehmensmitbestimmung nur bei größeren Unternehmen zum Tragen. So macht z. B. § 1 Abs. 1 Nr. 2 Mitbestimmungsgesetz 1976 die Anwendung des Gesetz davon abhängig, dass das Unternehmen in der Regel mehr als 2000 Arbeitnehmer beschäftigt.

Nach geltendem Recht lassen sich drei Systeme der Unternehmensmitbestimmung unterscheiden: Am wenigsten intensiv ist die Unternehmensmitbestimmung nach dem sog. Drittelbeteiligungsgesetz. Nach dieser Regelung ist lediglich eine Drittelbeteiligung der Arbeitnehmervertreter im Aufsichtsrat vorgesehen. Die intensivste Form der Mitbestimmung ergibt sich auf der Grundlage des Montan-Mitbestimmungsgesetzes 1951. Diese Form der Mitbestimmung ist durch eine paritätische Besetzung des Aufsichtsrats mit Vertretern der Arbeitnehmerseite und der Anteilseignerseite gekennzeichnet, wobei dem Aufsichtsrat ein zusätzliches neutrales Mitglied angehört. Vom Gedanken der Parität geprägt ist schließlich auch die Mitbestimmung nach dem Mitbestimmungsgesetz 1976. Auch hier gehören dem Aufsichtsrat gleich viele Mitglieder der Anteilseigner- und der Arbeitnehmerseite an. Doch kennt das MitbestG, im Unterschied zum Montan-MitbestG, kein neutrales Mitglied.

Das Mitbestimmungsgesetz 1976 erfasst Unternehmen, die in der Rechtsform der Aktiengesellschaft, der Kommanditgesellschaft auf Aktien, der GmbH oder einer Erwerbs- oder Wirtschaftsgenossenschaft organisiert sind und sieht eine grundsätzlich paritätische Beteiligung von Arbeitnehmervertretern im Aufsichtsrat des Unternehmens vor. Ein leichtes Übergewicht der Anteilseigner wird dadurch sichergestellt, dass sich diese bei der Wahl des Aufsichtsratsvorsitzenden durchsetzen können und der Aufsichtsratsvorsitzende, der somit i. d. R. Vertreter der Anteilseigner ist, im Fall einer Stimmengleichheit die Möglichkeit besitzt, bei der Wiederholung der Abstimmung eine zweite Stimme abzugeben und damit die Stimmengleichheit zu überwinden (sog. Stichentscheid, §§ 27 Abs. 2, 29 Abs. 2 Mitbestimmungsgesetz). Eine weitere Besonderheit in diesem Sinne mitbestimmter Unternehmen liegt darin, dass als gleichberechtigtes Mitglied des zur gesetzlichen Vertretung des Unternehmens befugten Organs nach § 33 Abs. 1 S. 1 Mitbestimmungsgesetz (mit Ausnahme bei der KGaA) ein Arbeitsdirektor bestellt wird, der i. W. für Sozial- und Personalfragen zuständig ist.

## 9.2 Zukunftsfragen

Die Unternehmensmitbestimmung ist in Deutschland weitaus stärker ausgeprägt als in den meisten anderen Ländern. Schon aus diesem Grund wird sie auch in der Arbeitsrechtswissenschaft zunehmend kritisch betrachtet. Rechtspolitisch ist die Bewertung der Unternehmensmitbestimmung hochgradig umstritten. Von manchen wird sie als Segen, von manchen als Fluch empfunden (Kraushaar/Berg 2005; Bauer 2009; Klebe 2009). Versuche, das System der Unternehmensmitbestimmung zu reformieren, sind bislang allesamt gescheitert. Dabei steigt der Druck auf die deutsche Unternehmensmitbestimmung stetig. So steht deutschen Unternehmen in der Europäischen Aktiengesellschaft (Societas Europaea) erstmals eine Kapitalgesellschaft offen, die nicht der deutschen Mitbestimmung unterliegt. Gerade aufgrund des flexibleren Mitbestimmungsrechts (Gey/Ziegler 2009) erweist sich die Europäische Aktiengesellschaft in der Praxis zunehmend als ernsthafter Konkurrent für die deutsche Aktiengesellschaft (Henssler 2009). Und auch der Europäische Gerichtshof hat mit einer Reihe von Entscheidungen den Reformdruck erhöht, nachdem das Gericht anerkannt hat, dass ausländische Gesellschaften – unter Beibehaltung ihrer Rechtsform – ihren Verwaltungssitz nach Deutschland verlegen können (vgl. Henssler 2005). Es bleibt daher abzuwarten, ob und wie lange das deutsche Modell der Unternehmensmitbestimmung noch in der überkommenen Form Bestand haben wird.

# Teil III
# Erweiterungen zu den Abläufen am Arbeitsmarkt

# Kapitel 10
# Einführung zu Teil III

Werden die Voraussetzungen des idealtypischen Modells erfüllt, so ist bei flexiblem Reallohnsatz unfreiwillige Arbeitslosigkeit ausgeschlossen. Da neben freiwilliger aber auch unfreiwillige Arbeitslosigkeit in den meisten Volkswirtschaften zu verschiedenen Zeiten ein empirisches Faktum war und ist, muss diese Möglichkeit in den neoklassischen Arbeitsmarktmodellen berücksichtigt werden. So erscheint manchen Beobachtern etwa die nach dem zweiten Weltkrieg bis zu Beginn der siebziger Jahre andauernde Phase der Vollbeschäftigung aus dem Blickwinkel einer längerfristigen, historisierenden Betrachtung als eine Ausnahmesituation (vgl. Lutz 1989[2]).

Die im folgenden vorzustellenden Arbeitsmarkttheorien weichen in einigen Punkten wesentlich von den Prämissen des Basismodells ab. Sie versuchen dadurch eine größere Realitätsannäherung zu erreichen, dass „viele Phänomene, die zuvor als Störungen und Ausnahmen behandelt wurden, zum Gegenstand theoretischer Erklärung geworden" sind (Helberger 1982, 398 f) – nicht zuletzt, um das Phänomen (unfreiwilliger) Arbeitslosigkeit besser im neoklassischen Paradigma erklären zu können.

Insbesondere die Prämissen:

- der Homogenität des Produktionsfaktors Arbeit,
- der vollständigen Information und Markttransparenz,
- der atomistischen Konkurrenz sowie,
- der unendlichen Reaktionsgeschwindigkeit der ökonomischen Verhaltensweisen,

werden modifiziert. Dies erscheint alleine deshalb als angebracht, da die Modellannahmen des neoklassischen Basismodells, wie es im letzten Kapitel vorgestellt worden ist, stärker als an Wettbewerbsmärkten für Güter (mit analogen Annahmen wie am neoklassischen Arbeitsmarkt) in diametralem Gegensatz zu den tatsächlichen Charakteristika steht, die wir in der Realität vorfinden (vgl. Kasten 10.1).

**Kasten 10.1 Über das ökonomische Grundwissen hinaus:
Besonderheiten des Arbeitsmarkts und deren Folgen**

Es existieren mehrere Gründe, warum der Arbeitsmarkt in seiner Struktur und seinen Merkmalen vom Standardmodell des Gütermarkts abweicht. Diese Unterschiede führen sowohl zu Anpassungen der tatsächlichen Abläufe am Arbeitsmarkt und auch von deren Modellbetrachtung, also der theoretischen Arbeitsmarktanalyse. Allerdings ist dies nicht so ungewöhnlich, wie es auf den ersten Blick erscheint. Denn Besonderheiten und damit Abweichungen vom Standardmodell ergeben sich auch nicht selten bei der Analyse spezieller Gütermärkte – etwa bei Bestandsmärkten (z. B. Wohnungen). Aber das Ausmaß der Differenzen zwischen ursprünglichem Standardmodell und Realität am Arbeitsmarkt ist besonders augenfällig. Vor allem fünf Aspekte sind dabei zu betonen (vgl. Kaufman/Hotchkiss 2005; Apolte 2007; Weise u. a. 2005, 366 ff):

**1. Untrennbarkeit der Arbeit an den Anbieter:** Auf den Arbeitsmärkten werden nicht Arbeitskräfte nachgefragt und angeboten, sondern die menschliche Arbeitsleistung, die untrennbar mit ihrem Besitzer verbunden ist. Es werden nur Nutzungs- oder Verfügungsrechte getauscht, indem der Arbeitnehmer einen Teil seiner Verfügungsrechte über sich selbst auf den Arbeitgeber überträgt. Als Folge sind Arbeitsmärkte im Gegensatz zu Gütermärkten fast durchweg untrennbar mit persönlichen Beziehungen zwischen Anbieter und Nachfrager verbunden. Zudem haben die Beschäftigten durchaus auch Präferenzen bezüglich der Arbeitsbedingungen, die bei Produktkäufen auf Gütermärkten erheblich weniger ausgeprägt sind bzw. häufig sogar fehlen, so dass hier der Preis die wichtigste Rolle spielt. Im Gegensatz dazu bestimmt sich der Austausch zwischen Angebot und Nachfrage am Arbeitsmarkt nicht nur über den Preis der Arbeit, den Lohn, sondern auch durch eine Vielzahl weiterer nichtmonetärer bzw. nichtpekuniärer Faktoren, die auf Gütermärkten eine wesentlich geringere Rolle spielen. Diese nichtmonetären Eigenschaften umfassen teils physische Aspekte wie Gefahren am Arbeitsplatz oder dessen Ausstattung bzw. Annehmlichkeiten. Teils sind diese Eigenschaften aber auch sozialer Natur und hängen zusammen mit dem mit einem Arbeitsplatz verbundenen Prestige, dem Geschlecht oder der Rasse der Arbeitskollegen und dem Führungsverhalten und – gebaren des Managements. Fazit: Entscheidungen für die Arbeitsaufnahme durch den Arbeitnehmer und über Einstellungen durch Arbeitgeber hängen von einer Vielzahl komplexer Einflussfaktoren ab, die zwar auch den Lohnsatz beinhalten, aber ebenfalls alle nichtpekuniären Vor- und Nachteile, die mit einem Arbeitsplatz verbunden sind.

**2. Langfristigkeit vieler Arbeitsbeziehungen:** Hohe Transaktionskosten stark fluktuierender Belegschaften und mit ständig schwankenden Löhnen – im Extremfall Tagelöhner – liegen oft weder im Interesse von Arbeitnehmer noch von Arbeitgeber. Aufgrund von Einstellungs- und Anlernkosten sowie sich im

Lauf der Zeit ergebender Lern- und Produktivitätseffekte des Beschäftigten besteht bei Arbeitgebern ein Interesse an stabilen Belegschaften. Gleichzeitig ist es für den einzelnen Arbeitnehmer oft vorteilhaft, sich längerfristig nach einer Anfangsphase des mehrfachen Wechsels zu Beginn der Karriere an einen Unternehmen zu binden.

Die wichtigste Implikation der längerfristigen Arbeitsbeziehung besteht in einer Minderung der Lohnreagibilität und damit auch der Fähigkeit der Löhne, den Arbeitsmarkt bei Angebots-Nachfrage-Konstellationen zu räumen. Der neoklassische Typ des Auktionsmarkts, an dem sich die Preise ständig hieran anpassen, existiert für Güter wie Weizen und manche Finanzprodukte wie Aktien und Bonds. Auf dem Arbeitsmarkt hingegen führt ein Angebotsüberschuss typischerweise nicht zu kurzfristig sinkenden nominalen Löhnen. Wenn Arbeit suchende Menschen ihre Arbeitsleistung für einen niedrigeren als derzeit herrschenden Lohn anbieten, so ist es aus Unternehmenssicht keineswegs immer ratsam, diese Personen einzustellen (weil damit Einstellungs- und Ausbildungskosten sowie Produktivitätsminderungen der bestehenden Belegschaften verbunden sein können, deren Kosten die Erträge möglicherweise überwiegen). Löhne fluktuieren im Schnitt folglich auf Arbeitsmärkten deutlich weniger als Preise auf Gütermärkten und können Ungleichgewichte – besonders Arbeitslosigkeit, wenn hierzu sinkende Löhne nötig sind – deutlich schlechter lösen, da die hiermit verbundenen Transaktionskosten in der Regel deutlich höher als bei den meisten Gütermärkten liegen. Aufgrund der mangelnden Lohnanpassung kann ein Ungleichgewicht zwischen Angebot und Nachfrage relativ lange bestehen bzw. persistent bleiben bevor die Löhne sich genügend anpassen, um wieder ein Gleichgewicht herzustellen. Ausnahme: Auf Arbeitsmärkten mit kurzfristigen Verträgen und vernachlässigenswerten Fluktuationskosten, wie bei Tagelöhnern, besteht eine ähnlich hohe Flexibilität wie an Gütermärkten.

**3. Starke Heterogenität von Arbeitnehmern und Arbeitsplätzen:** Kennzeichnend ist eine extreme Vielfalt in den Merkmalen des gehandelten „Gutes" Arbeit, das deutlich höher als an vielen anderen Märkten liegt, auch als an differenzierten Konsumgütermärkten. Der Grad an Differenzierung in den Charakteristika der Arbeitsplätze und der Arbeitnehmer ist häufig noch deutlich höher (z. B. wegen Unterschieden bei Geschlecht, Ausbildung, Arbeitserfahrung, Motivation oder wegen Differenzen bei Arbeitsplatztypen und Arbeitsplatzanforderungen, Verkehrswegen, Nebenleistungen usw.). Es ergeben sich zwei Konsequenzen für die Funktionsweise des Arbeitsmarkts. Erstens: Das ‚Matching' des Arbeitsmarkts, also das Zusammenfinden von Arbeitsanbietern und –nachfragern, ist funktionell nicht nur von Lohnsätzen determiniert, sondern hängt auch von den vielfältigen Nichtlohncharakteristika ab. Sowohl bei Arbeitnehmer- als auch bei Arbeitgeberentscheidungen spielen folglich nichtpekuniäre Erwägungen eine nicht vernachlässigbare Rolle. Zweitens: Diese Sachverhalte erhöhen die Informationskosten oft signifikant, da die

Notwendigkeiten für Informationserwerb und – bewertung für beide Marktseiten erheblich steigen. Während auf Gütermärkten häufig standardisierte Leistungen/Produkte (häufig mit Garantieversprechen) gehandelt werden, sind bei Beschäftigungsentscheidungen auf beiden Seiten oft nennenswerte Investitionen (also Opportunitätskosten in Form von aufgewendeter Zeit, Anstrengungen usw.) zur Bewertung der vielfältigen nichtpekuniären und schwer messbaren Merkmale erforderlich, die die verschiedenen Arbeitsplätze und Arbeitnehmer differenzieren. Als Folge ist der Tausch auf Arbeitsmärkten teurer und führt zudem auch mit geringerer Wahrscheinlichkeit zu den effizientesten „Matches" zwischen Anbieter und Nachfrager verglichen mit Märkten, wo die gehandelten „Güter" standardisierter sind.

**4. Vielzahl unterschiedlicher Teilarbeitsmärkte:** Die Vielfalt der Arbeitsanbieter und Arbeitsplätze trägt auch zu einem äußerst heterogenen Geschehen auf einer Vielzahl von Teilarbeitsmärkten bei. Auch wenn das Konzept eines einheitlichen nationalen Arbeitsmarkts eine erste analytische Annäherung an das Geschehen am Arbeitsmarkt ist, so liegt in der Realität doch eine Vielzahl an differenzierten Arbeitsmärkten vor, die sich regional, beruflich und in Bezug auf Qualifikation usw. unterscheiden. Es ist offensichtlich, dass bei der Lohnbestimmung z. B. zwischen dem Markt für Handwerker/Maurer, Lehrer und Bankangestellten zu unterscheiden ist, da das Angebot und die Nachfrage für jeden Beruf wahrscheinlich sehr unterschiedlich ist. Auf ähnliche Art und Weise führen regionale Unterschiede zu differierenden Teilarbeitsmärkten – so dürfte sich beispielsweise der Markt für Sekretärinnen in einer Kleinstadt von der in einer Millionenstadt unterscheiden.

Besonders zentral ist aber auch die Erkenntnis, dass die Grenzen zwischen vielen Teilarbeitsmärkten relativ brüchig sind, so dass Beschäftigte als Reaktion auf geänderte Knappheiten bzw. Löhne nicht selten von einem Teilarbeitsmarkt auf einen anderen wechseln können. So kann etwa ein Realschullehrer zum Flugbegleiter werden oder ein Installateur aus Kiel nach Umzug in Stuttgart arbeiten. Diese Bewegungen werden jedoch zunehmend schwieriger, je größer die Disparitäten zwischen Qualifikationen und je größer die Distanzen zwischen den betreffenden Regionen sind. Beispielsweise kann sich ein Landwirt enventuell erfolgreich als Fließbandarbeiter bewerben, eine Bewerbung als Zahnarzt in einer Gemeinschaftspraxis wäre jedoch ohne eine entsprechende Ausbildung zwecklos. Auch kann der oben genannte Flugbegleiter nicht ohne weiteres als Realschullehrer tätig werden, ohne eine adäquate Ausbildung.

**5. Institutionelle Besonderheiten:** Die Besonderheiten des Arbeitsmarkts sind ein wesentlicher Grund für die Entwicklung spezifischer Institutionen auf staatlicher, verbandlicher und betrieblicher Ebene, die das Zusammentreffen der Arbeitskräftenachfrage und des Arbeitskräfteangebots auf dem Arbeitsmarkt regeln, wie bereits der arbeitsrechtliche Überblick deutlich gemacht hat. „Arbeitgeber und Arbeitnehmer haben sich in der Vergangenheit durch politische Einflussnahme in verschiedener Hinsicht Regulierungen des Arbeismarkts erstritten, um sich mit ihrer Hilfe vor den jeweiligen Risiken zu schützen, die mit ihren Aktivitäten auf dem Arbeitsmarkt verbunden sind. Hierdurch ist in praktisch allen Industrieländern ein mehr oder weniger dichtes Regulierungsnetz entstanden, welches in den europäischen Ländern traditionell noch wesentlich engmaschiger geknüpft ist als etwa in den Vereinigten Staaten von Amerika" (Apolte 2007).

Die wohl zentralste Modifikation in den Erweiterungen des neoklassischen Basismodells stellt dabei die Frage der Information dar. Unvollkommene Informationen und asymmetrische Informationsverteilung zwischen den Arbeitsmarktparteien werden neben unterschiedlichen Risikoneigungen und heterogenem Arbeitsangebot (im Sinne der Humankapitaltheorie) zur prinzipiellen Erklärungsgrundlage rigider Lohnsätze.

Schließlich verschiebt sich der Schauplatz der theoretischen Erörterung im Laufe der Entwicklung neuer Erklärungsansätze. Treffen die Interessen von Arbeitnehmer und Unternehmer in der Suchtheorie und der Humankapitaltheorie noch am Arbeitsmarkt zusammen, so wird der Ort der Handlung in den verschiedenen Prinzipal-Agent-Ansätzen in das Unternehmen hinein, an den Arbeitsplatz verlegt.

Auf der Arbeitsangebotsseite von Wirtschaftsakteuren wird allerdings auch im Folgenden von einem einzelnen Arbeitsanbieter ausgegangen. Es wird also weitgehend z. B. von Problemen abstrahiert, die sich aus der Arbeitsangebotsentscheidung eines Haushalts mit mehreren Arbeitnehmern ergeben oder Folge der Existenz von Steuer- oder Transferleistungen sind (vgl. hierzu beispielsweise Franz 2006[6], 19–73; Galler 1996; Radke 1996). Diese Restriktion ergibt sich aus dem Bemühen eines stringenten Aufbaus der modifizierten Erklärungsansätze auf der Grundlage des neoklassischen Basismodells.

Vertreter jüngerer Strömungen stellen die Existenz unfreiwilliger Arbeitslosigkeit in der Regel in den Mittelpunkt. Sie versuchen dies im Rahmen ökonomisch-rationaler Kalküle zu begründen, die dann eben Lohnrigiditäten zur Folge haben. Wenn Lohnrigiditäten dauerhaft sind „und im Rahmen des neoklassischen Paradigmas erklärt werden sollen, dann muss gezeigt werden, dass eine solche Rigidität im ‚rationalen' Interesse irgendwelcher Marktteilnehmer liegt und von ihnen am Markt durchgesetzt werden kann" (Rothschild 1988, 45). Wie wir noch sehen werden, ist es aber genau diese individualistische Begründung, die es nahezu unmöglich macht, Arbeitslosigkeit als unfreiwillig zu charakterisieren.

Franz (1986, 40) bezeichnet die „Kontroverse um die Frage, warum die Löhne nach unten inflexibel sind, als das zentrale mikroökonomische Problem, insbesondere das der mikroökonomischen Arbeitsmarktliteratur".

Diese Fragestellung wird von Lindbeck und Snower (1985, 50 f; 2000, 187 ff) insofern präzisiert, als sie unter Beachtung der von ihnen formulierten Definition unfreiwilliger Arbeitslosigkeit Kriterien formulieren, die bei Beurteilung rivalisierender neoklassischer Ansätze erfüllt werden müssen, um eine makroökonomische Erklärung unfreiwilliger Arbeitslosigkeit zu finden:

- Warum sind die Arbeitslosen nicht gewillt oder nicht fähig, ihre beschäftigten Kollegen zu unterbieten, um eine Beschäftigung zu finden?
- Warum sind Beschäftigte eher bereit entlassen zu werden, als Lohnkürzungen zu akzeptieren?
- Warum verhandeln Gewerkschaften mit den Arbeitgebern häufig nicht simultan über Lohnhöhe und Beschäftigung, obwohl dies gesamtwirtschaftlich und für die beteiligten Akteure auf den ersten Blick vorteilhaft erscheint?
- Warum sind die Unternehmen nicht gewillt oder nicht fähig, die gesamte ökonomische Rente aus von ihnen angebahnten Beschäftigungsverhältnissen abzuschöpfen? Warum zahlen sie beispielsweise manchmal freiwillig mehr als die tariflich vereinbarte Entlohnung?
- Warum sind die Arbeitslosen häufig nicht gewillt oder nicht fähig, sich selbständig zu machen?
- Warum bilden sich nicht Koalitionen zwischen Arbeitgebern und unfreiwillig Arbeitslosen, um hieraus maximale Tauschgewinne bzw. ökonomische Renten zu realisieren?
- Warum sind die Arbeitslosen oft nicht gewillt oder nicht fähig, einen Arbeitsplatz mit ihren beschäftigten Kollegen zu teilen (job sharing)?

Die Antworten auf diese Fragen versuchen die im Folgenden dargestellten Ansätze zu geben. Diese Theorien bewegen sich also vor allem innerhalb des mikroökonomischen Kalküls und wollen modellendogen und entscheidungslogisch begründet Lohnrigiditäten aufzeigen. Der Ansatzpunkt für die Modifikationen des neoklassischen Grundmodells und damit für eine andere Modellierung insbesondere der Arbeitsangebotsseite, aber auch der Arbeitsnachfrageseite kann am Arbeitsmarkt oder im Unternehmen liegen. In den folgenden drei Kapiteln werden mit der Humankapitaltheorie, der Suchtheorie und Gewerkschaftstheorien Erklärungsansätze behandelt, deren Schwerpunkt am Arbeitsmarkt liegt. Gleichwohl können die daraus zu gewinnenden Schlüsse auch Einfluss auf das Verhältnis von Arbeitsangebot und Arbeitsnachfrage im Unternehmen, also am Arbeitsplatz haben, wie auch umgekehrt. Schließlich spielt die Humankapitaltheorie auch für diese Ansätze eine gewichtige Rolle.

# Kapitel 11
# Humankapitaltheorie

## 11.1 Darstellung

Dogmengeschichtlich reichen die Anfänge der Humankapitaltheorie zurück bis zu Adam Smith, bei dem bereits Ideen über eine Analogie von Fähigkeiten und Qualifikationen zu Sachkapital zu finden sind (vgl. Priewe 1984, 74; Scheuer 1987, 74 f). Die moderne Fassung der Humankapitaltheorie wurde zu Beginn der 1960iger Jahre mit Arbeiten von Becker (1964), Mincer (1962), Oi (1962) und Schultz (1961) entwickelt. Ursprüngliche Intention war, mit Hilfe des Humankapitals unterschiedliche Effektivitäten von Sachinvestitionen in Industrie- und Entwicklungsländern zu erklären (vgl. Lärm 1982, 120; Gundlach 1997 sowie die jeweils dort angegebene Literatur). Schließlich wurde sie aber auch zur Erklärung verschiedener realer Phänomene herangezogen, die mit der traditionellen neoklassischen Theorie nur mangelhaft begründet werden konnten. Zu diesen Phänomenen gehörten: geringere Einkommenszuwächse für ältere Arbeitnehmer, inverse Zusammenhänge von Arbeitslosigkeit und beruflichen Qualifikationen, häufigere Arbeitsplatzwechsel bei jüngeren Arbeitnehmern, unterschiedliche Beschäftigungsstabilität nach Berufen, selektive Einstellungs- und Kündigungspraxis der Unternehmen usw. Folglich stellt dieser Ansatz die implizite Grundlage für alle weiteren Erklärungsmuster dar, da diese fast immer Heterogenitäten zwischen den Arbeitnehmern benötigen, welche wiederum häufig auf unterschiedlichen Humankapitalbeständen gründen.

Die Humankapitaltheorie stellt eine Erweiterung des neoklassischen Modells dar, indem „die vorher unrealistischerweise vorausgesetzte Homogenität des Faktors Arbeit in eine eindimensional gefasste Inhomogenität (Menge des investierten Humankapitals) aufgelöst" wird (Freiburghaus/Schmid 1975, 421). Das heißt: Die Verteilung der Arbeitseinkommen wird mit einem durch Ausbildungsinvestitionen differenziertem Arbeitsangebot erklärt.

Der zentrale Begriff der Humankapitalinvestitionen bezeichnet dabei alle Handlungen, die die Produktivität in der Zukunft beeinflussen. Damit stellt das Ausmaß an Humankapital einen Bestand an produktiver Fähigkeit und Können dar, der einen Einkommensstrom zur Folge hat bzw. haben kann. Indem man die Qualifikation als Grundeigenschaft des Menschen in der Produktion begreift, wird die Arbeitskraft zum Investitionsgut, in das zur Verbesserung des Arbeitsvermögens und der Produktivität investiert werden kann.

Der Zusammenhang von Humankapitalinvestition und Arbeitseinkommen wird entsprechend dem üblichen neoklassischen Optimierungsproblem dergestalt gelöst, dass so lange in Humankapital investiert wird, bis die Grenzkosten der Investitionstätigkeit gleich dem Gegenwartswert der sich daraus ergebenden Grenzerträge sind. Es wird also in Analogie zu einer Investitionsentscheidung von einem Ausbildungsmodell ausgegangen. Werden Investitionen in das Humankapital in Form von Ausbildung vorgenommen, so muss sich annahmegemäß die Produktivität des Arbeitsanbieters erhöhen. Nach dem neoklassischen Postulat entspricht der Lohn der Grenzproduktivität der Arbeit. Infolgedessen wird nach erfolgter Produktivitätssteigerung auch ein höherer Lohn realisiert. Die Investitionen ergeben sich als Summe der monetären Ausbildungskosten und zeitlichen Opportunitätskosten in Form von entgangenem bzw. vermindertem Lohn während der Ausbildungsphase und verminderter Freizeit. Wenn nun die Kosten der Ausbildung und die zukünftigen Mehrerträge infolge einer höheren Qualifikation bekannt sind, kann der Investor unter Annahme eines bestimmten Planungshorizonts und eines Marktzinses den Barwert der Investitionen berechnen. Gemäß der Investitionsrechnung ist diejenige Investition die günstigste, die den höchsten Barwert besitzt. Die Beziehung zwischen Investition und späteren höheren Lohnsatz lässt sich grafisch in vereinfachender Weise folgendermaßen darstellen.

Zum Zeitpunkt $t_0$ besitzt ein Arbeitnehmer die Möglichkeit ungelernt eine Tätigkeit zum Lohnsatz $w_0$ aufzunehmen oder alternativ in eine Ausbildung bis $t_1$ zu investieren und dabei nur eine Unterstützungszahlung in Höhe von $w_1$ zu beziehen. Nach Abschluss der Ausbildung in $t_1$ wird er einen Lohnsatz in Höhe von $w_2$ bis zum Arbeitsende in $t_2$ beziehen. Wenn die beiden schraffierten Flächen gleich groß sind, ist der Arbeitnehmer indifferent zwischen den beiden Alternativen und die Entscheidung hängt von der Zeitpräferenz des Arbeitnehmers ab (Abb. 11.1).

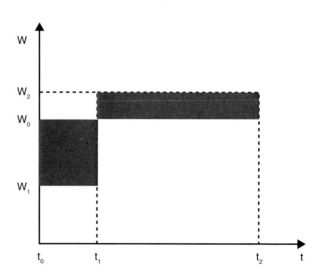

**Abb. 11.1** Humankapitalinvestitionen und Lohnsatz

Das gebildete Humankapital stellt somit einen Wert dar, der sich, wie bei jedem anderen Produktionsmittel auch, durch einzelwirtschaftliche Kalkulation ermitteln lässt und dessen Nutzung vom Unternehmer in Form von Löhnen bezahlt werden muss, zumindest solange der Arbeitnehmer als Investor auftritt. Durch Humankapitalinvestitionen werden die Arbeitnehmer zu „Kapitalisten", weil ihr Wissen einen ökonomischen Wert hat, den sie am Arbeitsmarkt realisieren können. „Labourers have become capitalists not from a diffusion of the ownership of corporation stocks, as folklore would have it, but from the acquisition of knowledge and skill that have economic value." (Schultz 1961, 5).

Mit der Endogenisierung von Bildungs- und Ausbildungsvorgängen in das ökonomische Optimierungskalkül muss auch die Grenzproduktivitätstheorie modifiziert werden. Entsprach bisher im Gleichgewicht der Lohn dem Grenzprodukt der Arbeit, so muss jetzt der diskontierte Gegenwartswert der Erlöse dem diskontierten Gegenwartswert aus Lohn und Ausbildungskosten entsprechen. In der Folge davon muss aber der Lohnsatz nicht mehr gleich dem gegenwärtigen Grenzprodukt sein. Damit erhielt die Grenzproduktivitätstheorie als Lohnniveautheorie mit der Humankapitaltheorie eine Ergänzung zur Lohnstrukturtheorie, abhängig eben von den verschiedenen Investitionen in das Humankapital. Diese Einkommensunterschiede werden also durch die Dauer und die Kosten der Ausbildung bestimmt. Dabei spielt es zunächst keine Rolle, wer als Investor in Humankapital auftritt. Wir gingen bisher vom einzelnen Arbeitsanbieter aus, genau so kommen der Staat und die Unternehmer dafür in Frage.

Werden die Investitionen vom Staat bzw. vom Arbeitsanbieter selbst getragen, so spricht man von schooling, investiert der Unternehmer in „seine" Arbeitnehmer, spricht man von training-on-the-job. In der Literatur finden sich auch andere Bezeichnungen; so spricht z. B. Blien (1986, 41 f.) von allgemeiner und spezifischer Ausbildung. Gemeint ist aber in allen Fällen das gleiche: schooling ist eine allgemeine Ausbildung, die den Arbeitnehmer in die Lage versetzt, verschiedene Tätigkeiten auszuüben, training-on-the-job hingegen ist eine spezifische Ausbildung für eine bestimmte Tätigkeit. Dabei kann nicht übersehen werden, dass die Übergänge zwischen den einzelnen Bereichen in der Praxis durchaus fließend sind, in der Tendenz scheint die Unterscheidung jedoch sowohl gerechtfertigt wie auch notwendig. „Allgemeine Ausbildung ist so definiert, dass sie die Produktivität eines Arbeiters in vielen Unternehmen erhöht, während spezifische Ausbildung sich nur für die Produktion in einem einzigen Unternehmen als nützlich erweist" (Blien 1986, 41).

Diese Differenzierung zwischen allgemeiner und spezifischer Ausbildung ist hinsichtlich der Frage von Interesse, wer wann die Kosten der Humankapitalinvestitionen tragen sollte.

So trägt die Kosten für Investitionen in allgemeine Qualifikationen der Arbeitnehmer selbst oder der Staat über eine seiner Institutionen wie Schule oder Universität, da diese Investitionen nicht mit dem Gewinnmaximierungskalkül der Unternehmer zu vereinbaren sind, weil der Unternehmer keinen spezifischen Nutzen daraus ziehen kann.

Demgegenüber liegt eine spezifische Ausbildung im originären Interesse des Unternehmers. Dieser wird die Ausbildung denn auch finanzieren, da umgekehrt der Arbeitnehmer kein Interesse daran hat, weil er sie am Markt nicht weiter verwerten kann. Der Lohnsatz, den der Arbeitnehmer am Markt realisieren könnte, ist sogar völlig unabhängig von der entsprechenden Ausbildung, wenn diese vollkommen spezifischer Natur war.

Da der Unternehmer aber auch die Fluktuation des von ihm spezifisch ausgebildeten Arbeitnehmers verhindern will, wird er diesem einen Lohn zahlen, der über dem Marktlohn liegt. Arbeit wird somit zum „quasi-fixen Faktor" (Oi 1962) für das Unternehmen, da dieses Arbeitnehmern mit allgemeiner Ausbildung den Lohn zahlt, den sie in anderen Unternehmen auch bekommen würden, spezifisch ausgebildete Arbeitnehmer erhalten allerdings einen höheren Lohn. „Wegen der Existenz von betrieblichen Humankapitalinvestitionen wird also nach Oi die Grenzproduktivitätsregel nur noch für Unqualifizierte wirklich anwendbar, während für alle anderen der Umfang fixer Beschäftigungskosten das Ausmaß der Arbeitsmarktchancen festlegt" (Lärm 1982, 133). Neben einer daraus folgenden geringeren Fluktuationsneigung der Arbeitnehmer mit unternehmensspezifischer Ausbildung, bedeutet deren Ausbildung aber auch eine spätere Entlassung im konjunkturellen Abschwung als auch eine günstige Verhandlungsposition gegenüber dem Unternehmer. Tatsächlich ist eine eindeutige Unterscheidung der beiden Ausbildungsarten schwer, sie besitzt jedoch für die Erklärung der Lohnstruktur und der Stabilität von Beschäftigungsverhältnissen hohe Relevanz. Hier wird vor allem die Vorläuferrolle der Humankapitaltheorie deutlich. Sie thematisiert etliche Probleme der Arbeitsmarktbeziehungen, deren Schlüsselbegriffe erst in späteren Theorien, die implizit oder explizit auf die Humankapitaltheorie in mehr oder weniger kritischer Form rekurrieren, geprägt werden.

**Kasten 11.1 Juristische Anwendung: Rückzahlung von Ausbildungskosten: Die Bewertung von human resources durch die Gerichte**

Kosten, die sich im Zusammenhang mit der Fortbildung eines Arbeitnehmers ergeben, werden häufig vom Arbeitgeber übernommen. Dieser handelt, wenn er die Fortbildungskosten trägt, in der Erwartung, dass der Arbeitnehmer nach Beendigung der Fortbildung dem Betrieb jedenfalls für einen gewissen Zeitraum weiterhin zur Verfügung steht. Dabei muss es der Arbeitgeber nicht bei der bloßen Hoffnung belassen. Vielmehr kann er seine Erwartungen grundsätzlich auch vertraglich absichern, indem er eine Klausel vereinbart, wonach der Arbeitnehmer zur Rückzahlung verpflichtet ist, wenn er nach Beendigung der Fortbildung innerhalb einer bestimmten Frist ausscheidet. Allerdings besteht insoweit keine volle Vertragsfreiheit. Denn Rückzahlungsklauseln greifen potentiell in das durch Art. 12 Abs. 1 Grundgesetz geschützte Grundrecht der freien Berufswahl ein, zu dem auch das Recht zählt, seinen Arbeitsplatz zu wechseln. Dementsprechend bewerten die Gerichte Rückzahlungsklauseln aufgrund einer Abwägung der Interessen des Unternehmers (der den Arbeitnehmer, wie gesagt, nach Möglichkeit zumindest eine

## 11.1 Darstellung

gewisse Zeit halten will) und des Arbeitnehmers (der nicht unabsehbar lang an den Arbeitgeber gebunden und an einer anderweitigen „Verwertung" seiner Arbeitskraft nicht dauerhaft gehindert sein will). Danach sind Rückzahlungsklauseln nur zulässig, wenn sie bei Abwägung aller Umstände des Einzelfalls dem Arbeitnehmer nach Treu und Glauben zumutbar sind und vom Standpunkt eines verständigen Betrachters einem begründeten und billigenswerten Interesse des Arbeitgebers entsprechen. Ob die Gerichte die Interessen von Arbeitgeber und Arbeitnehmer dabei „richtig" gewichten, wird indessen unterschiedlich beurteilt. So gibt es unter Juristen durchaus Stimmen, die den Gerichten eine Fehlbewertung von human ressources vorwerfen. Kritisiert wird insbesondere, dass der Berufswahlfreiheit des Arbeitnehmers in der Rechtsprechung stärkeres Gewicht beigemessen werde als dem Bedürfnis der Arbeitgeber an einer Bindung des Arbeitnehmers. Unabhängig von diesem Streit und unabhängig von der viel grundlegenderen Frage nach der Schutzfunktion des Arbeitsrechts insgesamt – so wird z. B. gelegentlich auch gefragt, ob die Förderung von Innovationen überhaupt Aufgabe des Arbeitsrechts sein könne (Däubler 2004) – bleibt indes in jedem Fall festzuhalten, dass die Gerichte mit ihren Entscheidungen das „Klima" für arbeitgeberseitige Investitionen in das Know-how von Arbeitnehmern nicht unwesentlich beeinflussen.

Der in der Humankapitaltheorie betrachtete Ausbildungsstand eines Individuums stellt im neoklassischen Sinne eine optimale Allokation der Ressourcen dar. Die Entscheidung eines Individuums für oder gegen Bildung lässt sich in dieser Perspektive als Optimierungsentscheidung des Individuums (und seiner Familie) hinsichtlich der Allokation von Investitionen in seinen Bestand an Humankapital im Lebenszyklus auffassen.

Bei der arbeitsrechtlichen Betrachtung spielt die Bildung von Humankapital häufig eine Rolle. So wird bei der Beantwortung der Frage, ob bestimmte vertragliche Vereinbarungen zu einem Betriebsübergang führen, u. a. auch darauf abgestellt, ob ein Unternehmer die immateriellen Aktiva eines anderen Unternehmers übernommen hat. Insoweit ist dann, neben dem „good will" des Unternehmens auch das im Betrieb befindliche „know how" von Bedeutung. Dieses „know how" wird nun aber durch nichts anders als durch die im Betrieb tätigen Arbeitnehmer verkörpert. Dementsprechend steht das Bundesarbeitsgericht auf dem Standpunkt, dass bei Übernahme der „Know how"-Träger ein durch diese repräsentiertes immaterielles Betriebsmittel übergegangen sein kann. Ist aber ein Betriebsübergang zu bejahen, so ergibt sich – nach § 613a Abs. 1 S. 1 Bürgerliches Gesetzbuch – die Rechtsfolge einer gesetzlichen Vertragsübernahme: Der Erwerber tritt in alle Rechte und Pflichten aus allen im Zeitpunkt des Übergangs bestehenden Arbeitsverhältnissen ein. Die Übernahme von „know how"-Trägern kann also weitreichende arbeitsrechtliche Folgen haben (Waas 2001).

## 11.2 Exkurs zur ökonomischen Theorie der Diskriminierung

An dieser Stelle soll kurz auf die Problematik der Diskriminierung am Arbeitsmarkt eingegangen werden, da diese diskriminierungstheoretischen Ansätze sowohl inhaltlich als auch personell eng mit der Humankapitaltheorie verbunden sind. Der Zusammenhang ergibt sich auch aus der Möglichkeit, (Lohn)diskriminierung mit Hilfe der Humankapitaltheorie zu konstatieren. Vor der Darstellung der eigentlichen Diskriminierungstheorien soll daher zunächst die mit Hilfe der Humankapitaltheorie erklärbare (Lohn)diskriminierung exemplarisch erläutert werden.

Auf die deutschen Verhältnisse bezogen sind vor allem die geschlechtsspezifischen Lohndifferenziale von Bedeutung, wenn auch in den letzten Jahren unter dem Eindruck relativ hoher Zuwanderungszahlen die Anzahl der Studien über nationenspezifische Lohndifferenziale stark zugenommen hat (vgl. bspw. Velling 1995; Haisken-De New 1996).

Ausgangspunkt des Gedankenspiels ist die übliche Annahme einer als ‚fair' angenommenen Entlohnung entsprechend der Grenzproduktivität des Arbeitnehmers. Da der Versuch, die Produktivitäten von Männer und Frauen direkt zu vergleichen, meist nicht gelingt, greift man auf die Hypothese der Humankapitaltheorie zurück, nach der ein direkter ursächlicher Zusammenhang zwischen Schulbildung oder training-on-the-job und der Produktivität des Arbeitnehmers besteht. Im nächsten Schritt lassen sich dann Durchschnittsverdienste für die repräsentative Frau bzw. den repräsentativen Mann berechnen, für den Fall, dass beide die gleichen produktivitätsrelevanten Merkmale aufweisen. Die Differenz zwischen diesem fiktiven Einkommen und dem tatsächlichen Verdienst dieser Durchschnittsfrau ergibt dann gerade den Teil der Entlohnung, der der Frau aus diskriminatorischen Gründen vorenthalten wird. Diese Lohndifferenz kann humankapitaltheoretisch eben nicht erklärt werden (vgl. Schasse 1985; Schubert 1993).

In den Diskriminierungstheorien selbst wird dagegen versucht, die einseitige Fixierung der Humankapitaltheorie auf die Arbeitsangebotsseite zu beseitigen, indem gezeigt werden soll, „dass bei gleicher zu erwartender Produktivität von Arbeitskräften aufgrund gleich hoher Bildungsinvestitionen zusätzlich noch persönliche Merkmale wie Geschlecht, Alter, Nationalität etc. benötigt werden" (Lärm 1982, 126), um Einstellungsentscheidungen zu treffen oder unterschiedliche Lohnhöhen zu rechtfertigen.

Die neoklassischen Diskriminierungstheorien engen den Diskriminierungsbegriff theoretisch auf den Tatbestand der Lohndiskriminierung bei ansonsten zu nicht diskriminierten Arbeitnehmern vollkommen homogenen und gleichwertigen Eigenschaften ein.

Neben der Lohndiskriminierung ist jedoch noch die Beschäftigungsdiskriminierung festzuhalten, die sich wiederum in Beförderungs-, Einstellungs- und Entlassungsdiskriminierungen aufteilen lässt. Diese Art der Diskriminierung wird im Allgemeinen als direkte Arbeitsmarktdiskriminierung bezeichnet im Gegensatz zur indirekten Diskriminierung, die den Umstand beschreibt, dass Individuen, die im

Arbeitsmarkt Diskriminierung erwarten, sich in ihrem pre-market-Verhalten bereits daran orientieren.[1]

Die pre-market-Diskriminierung kennzeichnet folglich die Diskriminierung vor Eintritt in den Arbeitsmarkt, also z. B. Diskriminierung beim Zugang zu verschiedenen Ausbildungsinstitutionen und damit bei der Bildung von Humankapital. Zu den vielfältigen Definitionen und Klassifikationen in der Literatur siehe z. B. Fleisher/Kniesner (1984³).

**Kasten 11.2  Juristische Anwendung: Antidiskriminierungsgesetz**

Nach einem mühevollen Gesetzgebungsprozess haben Bundestag und Bundesrat vor einiger Zeit das Gesetz zur Umsetzung verschiedener europäischer Antidiskriminierungsrichtlinien verabschiedet. Artikel 1 dieses Artikelgesetzes bildet das Allgemeine Gleichbehandlungsgesetz (AGG), das im August 2006 in Kraft getreten ist. Zweck des Gesetzes ist es, Benachteiligungen aus Gründen der Rasse oder wegen der ethnischen Herkunft, des Geschlechts, der Religion oder Weltanschauung, einer Behinderung, des Alters oder der sexuellen Identität zu verhindern oder zu beseitigen. So löblich diese Absicht auch ist, so umstritten ist das Gesetz. Ein grundlegender Einwand geht dabei dahin, dass die Vertragsfreiheit als Säule der Privatrechtsordnung durch die Diskriminierungsverbote zu stark eingeschränkt werde. Umstritten ist aber auch, ob es eines spezifischen Schutzes vor Diskriminierungen im deutschen Recht überhaupt bedarf. Illustrieren lässt sich dieser Streit insbesondere an dem Verhältnis der Neuregelung zum bestehenden Kündigungsschutz. Insoweit wird von vielen bemängelt, dass es sich bei der Antidiskriminierungsgesetzgebung letztlich um einen „Import" von Regeln aus dem anglo-amerikanischen Recht handele, der in Deutschland angesichts des bestehenden gesetzlichen Kündigungsschutzes (wie er insbesondere im Kündigungsschutzgesetz gewährleistet wird) zu einer Verdopplung des Arbeitnehmerschutzes führe, wohingegen der Kündigungsschutz in den USA oder Großbritannien von vornherein weitaus weniger ausgeprägt sei. Von diesen inhaltlichen Fragen einmal abgesehen, war das AGG auch deshalb bis zuletzt umstritten, weil dem deutschen Gesetzgeber der Vorwurf einer „Übererfüllung" europäischer Richtlinien gemacht wurde: Richtlinien der EG gelten nicht unmittelbar, sondern bedürfen der Umsetzung in das nationale Recht. Zuweilen begnügt sich aber der nationale Gesetzgeber nicht mit der Übertragung der europäischen Regelung in das

---

[1] Auch im Arbeitsrecht ist übrigens der Begriff der mittelbaren Diskriminierung bekannt, er hat aber dort einen anderen Inhalt. So liegt nach Art. 2 Abs. 2 Buchst. (a) der europäischen Richtlinie 2000/78/EG eine unmittelbare Diskriminierung vor, wenn eine Person wegen eines bestimmten Merkmals in einer vergleichbaren Situation eine weniger günstige Behandlung erfährt. Demgegenüber stellt es nach Art. 2 Abs. 2 Buchst. (b) eine mittelbare Diskriminierung dar, wenn dem Anschein nach neutrale Vorschriften, Kriterien oder Verfahren bestimmte Personen benachteiligen können.

> nationale Recht, sondern nimmt diese zum Anlass, den rechtlichen Schutz der Arbeitnehmer in dem betreffenden Bereich noch weiter auszubauen. Europarechtlich betrachtet ist dies grundsätzlich zulässig, da Richtlinien für die Arbeitnehmer günstigere nationale Regelungen nicht ausschließen. Davon ganz unabhängig ist indes die rechtspolitische Bewertung derartiger Gesetze (als zu arbeitnehmer- oder zu arbeitgeberfreundlich) – und diese fällt, je nach „Standort", meist recht unterschiedlich aus.

Im Folgenden sollen kurz zwei verschiedene ökonomische Diskriminierungstheorien skizziert werd en.

**The Economics of Discrimination (Becker 1957)** Becker legte mit dieser Arbeit den Grundstein der modernen Diskriminierungsforschung. Nahezu alle späteren Forschungsbeiträge orientierten sich an diesem Modell rassenspezifischer Diskriminierung, was eine generelle Konzentration der Forschung auf die rassenspezifische Diskriminierung mit sich brachte. Gleichwohl betonte Becker selbst die universelle Anwendbarkeit seines Modells auf die verschiedenen Ursachen der Diskriminierung.

Becker konstruiert sein Modell der Lohndiskriminierung bei vollkommener Konkurrenz auf Arbeits- und Gütermarkt. Die Unternehmen charakterisiert er dabei anhand der Präferenzfunktion „taste for discrimination", mit Hilfe derer der Unternehmer eigene oder fremde höhere Präferenzen für bestimmte Arbeitskräfte artikulieren kann. Eine Beschäftigung diskriminierter Arbeitnehmer würde zwar wegen der unterstellten Homogenität keine höheren Produktionskosten verursachen, dafür aber einen gewissen negativen Nutzen (disutility) erzeugen, der entweder zu Lohnsenkung bei dem Diskriminierten führt oder überhaupt nicht zu seiner Einstellung. Becker modelliert zwei nach schwarz und weiß getrennte Gesellschaften, mit jeweils Kapitalisten und Arbeitnehmern. Den weißen Kapitalisten unterstellt er eine Präferenz für weiße Arbeitnehmer und Kapitalisten, die erstere dazu veranlasst, eine Prämie zu leisten, wenn der Kontakt zu Schwarzen vermieden werden kann. Je stärker diese Präferenz ist, desto mehr verzichten die weißen Kapitalisten auf Einkommen, nur um den Kontakt zu Schwarzen zu vermeiden. Aus den Anpassungsmechanismen ergibt sich dann ein Lohndifferenzial zwischen schwarzen und weißen Arbeitnehmern, das positiv mit dem „taste for discrimination" korreliert. Daneben haben die weißen Kapitalisten Verluste aus der ineffizienten Allokation ihres Kapitals infolge der Diskriminierung zu tragen.

Der stärkste Kritikpunkt an diesem Modell ist allerdings seine eigene Instabilität. Hängen die Gewinneinbußen der weißen Kapitalisten von ihrer Präferenz ab, so brauchen sie ihren „taste for discrimination" nur zu verringern, um ihren Gewinn wieder zu erhöhen. Langfristig ergibt das Modell – soweit sich die Präferenz zur Diskriminierung sukzessive zur Gewinnsteigerung vermindert – ein Verschwinden der Diskriminierung. Dies führte zu einer Reihe von Weiterentwicklungen des Präferenzmodells.

**Statistische Diskriminierung** Den Theorien der statistischen Diskriminierung (z. B. Spence 1973) liegt die Annahme unvollkommener Information zugrunde. Im Unterschied zum Präferenzmodell werden hier weder Vorurteile noch individuelle Motive von Unternehmen oder Arbeitnehmer für oder gegen eine Diskriminierung unterstellt. Vielmehr benutzt das Unternehmen repräsentative Eigenschaften bestimmter Arbeitnehmergruppen zur Bestimmung der Charakteristika eines einzelnen Arbeitnehmers aus dieser Gruppe. Statistische Diskriminierung kann folglich als ein Bestandteil des Auswahlproblems neuer Mitarbeiter interpretiert werden.

Diskriminierung wird somit nach bestimmten Kriterien als rationales Unterscheidungsinstrument (screening device) benutzt. Da ein Arbeitgeber den „Produktivitätsbeitrag", den ein Arbeitsanbieter in der Lage ist beizutragen, nicht sofort beurteilen kann, wird er bei Einstellungen auf Signale achten, die er bezüglich der sozialen Gruppe, aus der der Bewerber kommt, wahrscheinlichkeitstheoretisch auswählt. Dies kann im Einzelfall zu falschen und damit diskriminierenden Entscheidungen führen (vgl. Gottfries/McCormick 1995; Leblanc 1995).

Am Arbeitsmarkt werden damit nicht mehr Humankapitalbestände, sondern Signale gehandelt. Diese Signale sollen positiv mit der erwarteten Produktivität des Arbeitnehmers korrelieren. Vorstellbare Signale sind z. B. Erziehung und Ausbildung, Berufserfahrung, Alter oder Ergebnisse von Einstellungstesten, aber auch die Dauer der Arbeitslosigkeit. Allerdings zeigte Schwab (1986) unter Verweis auf die Schwierigkeit von empirischen Studien über statistische Diskriminierung, dass diese nicht zu effizienten Lösungen führen muss. Daneben kann statistische Diskriminierung auch zu systematischer präferenzorientierter Diskriminierung führen (vgl. Mankiw/Taylor 2006, 385 ff).

## 11.3 Empirische Evidenz und Kritik

Die besondere Bedeutung der Humankapitaltheorie liegt ohne Zweifel in der Tatsache, dass sie die zu stark abstrahierende Homogenitätsbedingung in Bezug auf die Arbeitskräfte aufhebt und den Produktionsfaktor Arbeit einer differenzierten Analyse zugänglich macht. Da dies aber der einzige Punkt ist, in dem sie sich vom neoklassischen Basismodell lösen kann, kann dessen Kritik hier übernommen werden.

In der Literatur beschränkt sich die Diskussion der Humankapitaltheorie meist nur auf deren partiellen Erklärungscharakter und mangelnden Realitätssinn. Lärm (1982), Thurow (1984), Blien (1986) und Scheuer (1987) formulieren demgegenüber eine weitergehende Kritik, auf die hier im Wesentlichen abgehoben werden soll.

- Wie bereits oben erwähnt, wird Arbeitslosigkeit in der Humankapitaltheorie als freiwillig angesehen; auch in diesem Punkt kann sie sich nicht vom neoklassischen Basismodell lösen. Denn unfreiwillige Arbeitslosigkeit würde nur existieren, wenn eine die Humankapitalentwertung kompensierende Reallohnsenkung unterbliebe. „Es geht ihr in der Tat um die Aussage, Arbeitskräfte könnte man als Kapital- und Investitionsgüter wie andere auch ansehen. Damit sind fehlgeschlagene ‚Investitionen', die sich in einer Arbeitslosigkeit des Humankapitalbesitzers zeigen, individuelles Investitionsrisiko" (Scheuer 1987, 81). Hier wird eine Analogie zur Konsumentensouveränität aufgebaut, derzufolge Armut und Arbeitslosigkeit entsprechend dem Präferenzmuster und Rationalverhalten individuell verschuldet sind. „Poor and underemployed workers have ‚chosen' not to invest in the job with learning opportunities because it was not profitable for them to do so." (Gordon 1974, 38).

- Ein in der Literatur häufig geäußertes Argument ist die Vernachlässigung der Arbeitsnachfrageseite. Priewe (1984, 80) spricht sogar von einer „Hypostatisierung des Arbeitsangebots", also einer Überbetonung der Arbeitsangebotsseite, die jedoch den Menschen und seine Eigentümlichkeiten völlig vernachlässigt. Der statistische Zusammenhang zwischen Arbeitslosigkeit und geringer Qualifikation ist zwar offenkundig, ein kausaler Zusammenhang lässt sich daraus jedoch nicht eindeutig ableiten. Auch wenn es für das einzelne Individuum stimmt, dass eine bessere Ausbildung seine Chancen auf dem Arbeitsmarkt erhöht, bedeutet dies nicht zwangsläufig, dass entsprechende Qualifikationsmaßnahmen gesamtgesellschaftlich die gewünschte Wirkung zeigen. Zum einen wäre hierfür notwendig, dass Arbeitsplätze, die ein höheres Qualifikationsniveau erfordern, tatsächlich vorhanden sind, zum anderen wäre möglich, dass die Höherqualifizierten nicht bessere, sondern schlechtere Beschäftigungschancen hätten, wohingegen die verbliebenen gering Qualifizierten aufgrund ihrer verminderten Zahl nun bessere Chancen am Arbeitsmarkt hätten. Das gleichgerichtete Investitionsverhalten der Wirtschaftssubjekte würde somit zu Gefangenendilemmata, also Situationen in denen individuell rationales Verhalten zu suboptimalen Gesamtergebnissen führen. Ebenfalls wäre denkbar, dass höher qualifizierte Personen Arbeitsplätze mit geringeren Anspruchsniveaus annehmen, was dementsprechend Verdrängungseffekte für weniger Qualifizierte zur Folge haben kann und das gesamte Tarifgefüge möglicherweise verschiebt. Andererseits kann die Überwindung eines vorhandenen Fachkräftemangels durch zusätzlich hoch qualifizierte Erwerbstätige auch eine Mehrbeschäftigung von komplementären geringer Qualifizierten mit sich bringen.
- Die Humankapitaltheorie setzt voraus, dass höhere Qualifikationen – unter sonst gleichen Bedingungen – notwendigerweise immer auch besser bezahlt werden. Diese Annahme erscheint vor dem Hintergrund der tatsächlichen Marktverhältnisse, die nur die benötigten erhöhten Produktivitäten besser bezahlt, unrealistisch. „Für den Arbeitsmarkt bedeutet dies, dass man prinzipiell von suboptimaler Allokation ausgehen muss, wenn z. B. der Arbeitsmarkt nur bestimmte Qualifikationen verlangt, obwohl einige oder im Extremfall alle Individuen eventuell sogar höhere als vom Markt geforderte Qualifikationen anstreben möchten. Die Unbeeinflussbarkeit und Unabhängigkeit der Präferenzen sowie deren Realisierung am Markt finden also durch die Marktverhältnisse selbst ihre Beschränkung. Diese kann auch durch individuelle Anstrengungen nicht beseitigt werden, solange die Nachfrage nach Qualifikationen von den Unternehmen autonom bestimmt wird" (Lärm 1982, 123).

## 11.3 Empirische Evidenz und Kritik

- Ein wesentlicher Unterschied zwischen Humankapital und Kapital wird von den Vertretern der Theorie nicht selten übersehen, obwohl er die Gleichbehandlung von Arbeitskräften und Kapital (im ursprünglichen Sinne) in Frage stellt: es ist unverkäuflich. Stellt also jemand im Laufe seines Lebens fest, dass er überinvestiert hat, kann der Gleichgewichtszustand – Grenzkosten der Ausbildung = Grenzertrag – nicht wieder erreicht werden, „die Herstellung eines Gleichgewichts nicht über einen trial-and-error-Prozess ablaufen, bei dem Kapitalgüter verkauft werden, wenn sie nicht die Marktzinsen bringen" (Blien 1986, 29). (Andererseits ließe sich dieser Kritik insofern etwas an Härte nehmen, indem man einwendet, dass es auch bei Kapitalanlegern zu erheblichen Fehlinvestitionen und entsprechenden Verlusten kommen kann.) Insgesamt wird der Begriff des Kapitals jedoch einerseits wohl zu extensiv verwendet. Dies zeigt sich nicht nur in der methodischen Konstruktion eines Kapitalkoeffizienten unter Miteinbeziehung der Bildungsinvestitionen, sondern vor allem in der Technisierung und Versachlichung der Arbeitskraft, deren besonderer Charakter dadurch verloren geht, dass die Humankapitaltheorie sich damit auf eine „partielle Produktionstheorie" (Lärm 1982, 122) mit quasi technischen Beziehungen zwischen Humankapital und Verwertung reduziert. Analog gelangen Bowles/Gintis (1975, 74) zu der treffenden Bemerkung: „One gets the uneasy feeling that the operation was successful, but the patient vanished". Zu einer ähnlichen Einschätzung kommt Thurow (1984, 212): „Ganz generell gilt also, dass der Versuch, die Unterscheidung zwischen Arbeit und anderen Produktionsfaktoren aufzuheben, zwar bestimmte Erkenntnisse erbracht hat, letzten Endes Probleme jedoch stärker verschleiert als erhellt hat. Auf Grund ihrer spezifischen Merkmale lassen sich Humankapitalinvestitionen nicht mit Hilfe derselben Investitionsrechnung kalkulieren wie Sachkapitalinvestitionen, und deshalb besteht kein Grund zu der Annahme, dass die Verzinsung der beiden Investitionsformen jemals gleich sein sollte". Andererseits kann auch argumentiert werden, dass das Humankapital, in dem Bemühen es technisch in den Griff zu kriegen, zu eng gefasst wird und weiche Faktoren, wie etwa die Qualität der Erziehung oder der allgemeine Gesundheitsstandard einer Population dadurch nicht berücksichtigt werden (Gundlach 1997).
- Die Kritiker der Humankapitaltheorie werfen zudem die Frage auf, ob es möglich sei, diesen Ansatz über die schulische Ausbildung hinaus im Alltag eines Betriebs aufrecht zu erhalten. Die Unterscheidung zwischen Ausbildungs- und Arbeitszeit wird bei der Ausübung einer konkreten Tätigkeit schwer fallen. „Damit lassen sich auch die Kosten und Nutzen einer Ausbildung durch on-the-job training nicht exakt quantifizieren" (Scheuer 1987, 78). Die Messung von Bildung in Begriffen von Aufwand und Ertrag erscheint problematisch. Zum einen sind große Teile dessen, was wir unter Bildung verstehen, im Arbeitsleben nicht oder nur sehr selten verwendbar. Bezieht man Bildung jedoch, um sie für ein ökonomisches Modell kalkulierbar zu machen, lediglich auf Ausbildung, so müsste ein reines training-on-the-job als ausreichend angesehen werden.
- Dadurch, dass die Theorie Ursache und Wirkung, also Investition und Einkommen begrifflich nicht voneinander trennen kann, sondern beide Kategorien

wechselseitig aufeinander bezieht, ist die Humankapitaltheorie empirisch schwer prüfbar. Insbesondere die Existenz für die Theorie zentraler Kategorien wie das Investitionskalkül der Arbeitnehmer, das generell nicht beobachtbar ist, führen zu einer Immunisierung der Theorie durch die Empirie, da diese unbeobachtbaren Kategorien eben dadurch zu theoretisch richtigen Ergebnissen führen können. Dies ist auch deshalb möglich, weil die Ergebnisse immer ‚plausibel' waren bzw. sind.

Trotz oder vielleicht wegen der sehr umfangreichen Kritik muss die Humankapitaltheorie insgesamt positiv beurteilt werden. Dies deshalb, weil es sich hier um einen Ansatz handelt, der als Grundlage – implizit wie explizit und weiterführend wie ablehnend – für nahezu alle weiteren Theorien und Modelle dient und somit wesentlich zur Erklärung des Arbeitmarkts und seiner Struktur beiträgt. Besonders zur Erklärung unterschiedlicher Lohnniveaus und der Struktur der Arbeitslosigkeit kann sie herangezogen werden, weniger jedoch zur Erklärung der Entstehung und des Niveaus der Arbeitslosigkeit, außer eben in Kombination mit anderen Erklärungsansätzen.

## 11.4 Weiterführende Literatur

Kritische Darstellungen der Humankapitaltheorie finden sich bei Blien (1986), der typischerweise die Humankapitaltheorie vor der Darstellung verschiedener Segmentationsansätze placiert und damit deren impliziten Grundlagencharakter dokumentiert. Vergleiche auch beispielsweise Borjas (2007[4], 243–292 und 356–399). Holler (1986, 133–151) stellt das humankapitaltheoretische Maximierungskalkül in einfacher mathematischer Weise sowie noch Verhandlungslösungen bzgl. des potentiellen Mehrertrags spezifischer Qualifikationen zwischen Arbeitnehmer und Unternehmer dar; Lärm (1982, 120–135) übt ausführliche Kritik und zeigt Verbindungslinien zu den Segmentationstheorien auf. Anwendungen der Humankapitaltheorie zur Erklärung von Lohndifferenzialen und zur ökonomischen Analyse des dualen Berufsbildungssystems in Deutschland finden sich bei Grund (2005), Hiller (2006), Neubäumer/Somaggio (2006) sowie Plünnecke/Werner (2004).

Eingängliche Darstellungen verschiedener Diskriminierungstheorien im Rahmen einer insgesamt lesenswerten theoretischen und empirischen Untersuchung über Frauendiskriminierung finden sich bei Lorenz (1988) und Schubert (1993). Neuere Entwicklungen finden sich sehr anschaulich in Mankiw/Taylor (2006, 385–400) und in verschiedenen Beiträgen in dem äußerst lesenswerten Band von Abraham/Hinz (2005).

# Kapitel 12
# Suchtheorie

Die ersten Ansätze der Such- oder job search-Theorie reichen in die frühen 1960er Jahre zurück und waren ein Nebenprodukt der Entwicklung der „New Microeconomics" durch Stigler (1961, 1962). Ihren Hauptanstoß jedoch erhielt sie durch Phelps (1970), der neben anderen die Phillipskurve nur als temporäres Problem, das in einer stochastischen Welt mit Geldillusion und unvollkommener Information entsteht, interpretierte. Bei Inflation werden die Geldlöhne steigen. Dadurch entsteht bei den Arbeitnehmern der Eindruck, das Reallohnniveau sei gestiegen und sie werden eher geneigt sein, einen Arbeitsplatz anzunehmen – hierdurch verkürzt sich die Suchzeit.

Gemeinsamer Ausgangspunkt all dieser Modelle ist das arbeitslos gewordene Individuum. Während in späteren Ansätzen der Grund für die Arbeitslosigkeit außer Betracht bleibt, spielte er in den ersten Ansätzen von Stigler und Phelps eine Rolle. Sie gingen davon aus, dass der Arbeitsmarkt kein stationäres Gebilde darstellt, sondern große Ströme von Arbeitsangebot und Arbeitsnachfrage auf ihm bewegt werden. Damit kennzeichnet nicht das stabile Arbeitsverhältnis die individuelle Beschäftigungssituation im Zeitablauf, sondern der Wechsel der Arbeitsverhältnisse. Somit finden zu jeder Zeit große Veränderungen am Arbeitsmarkt statt, die normalerweise nicht bemerkt werden, weil Arbeitslosigkeit in einem gut funktionierenden Arbeitsmarkt in der Regel von kurzer Dauer sein wird. Sobald jedoch die Fluktuation gestört wird, also Friktionserscheinungen auftreten, tritt länger andauernde Arbeitslosigkeit in verstärktem Maße auf. An die Stelle einer isolierten Betrachtung des Beschäftigungsvolumens tritt somit die Untersuchung der Dynamik des Arbeitsmarkts, um die in der Realität immer wieder auftretenden Ungleichgewichte am Arbeitsmarkt so zu verarbeiten, dass die Grundstruktur der Allgemeinen Gleichgewichtstheorie erhalten bleibt.

Somit wurde die Suchtheorie zur Grundlage für einen neuen Zweig der Arbeitsmarktforschung, nämlich der Analyse von Stromgrößen anstelle von Bestandsgrößen, um auf diesen Wege mehr über das Zusammenspiel, das so genannte ‚matching', von Arbeitsangebot und Arbeitsnachfrage zu erfahren. Diese wichtige Funktion und Weiterentwicklung der Suchtheorie wird allerdings vor dem Hintergrund ihrer ursprünglichen Modelle und deren „Attraktivität" für die (wirtschafts-)politische Diskussion relativiert. Aus diesem Grunde wird im Folgenden zunächst das grundlegende suchtheoretische Modell dargestellt und hinsichtlich der daran geübten Kritik betrachtet. Erst danach werden die verschiedenen Modelle und Weiterentwicklungen im Rahmen der Stromanalyse separat aufbereitet.

## 12.1 Das grundlegende suchtheoretische Modell

Die Suchtheorie gibt zwei wesentliche Prämissen des neoklassischen Basismodells auf:

- das Postulat der vollkommenen Information und
- die Annahme homogener Arbeitsplätze.

Arbeitsplätze werden in Bezug auf Ausstattung (Art der Tätigkeit) und Entlohnung als inhomogen angesehen. Dies ist eine notwendige Voraussetzung für die Gültigkeit des Modells, denn wenn überall gleiche Löhne gezahlt würden bzw. die Arbeitsplätze keine sonstigen Unterschiede aufweisen würden, gäbe es für die Arbeitnehmer gar keinen Grund, sich nach einer neuen Stelle umzusehen.

Information wird vereinfachend als ein Gut wie jedes andere betrachtet. Die Beschaffung von Informationen „ist demzufolge ein Produktionsprozess, der Aufwendungen erfordert und Erträge bringt" (Pfriem 1979, 105). Ein Individuum auf der Suche nach einem neuen Arbeitsplatz muss sich zunächst einmal Informationen über die Angebots- und Nachfrageverhältnisse am Arbeitsmarkt verschaffen. Eine anschauliche Beschreibung der Entscheidungssituation, in der sich ein Arbeitsloser auf der Suche nach einer neuen Stelle befindet, stammt von Rees (1973, 96): „Consider the case of an experienced unemployed worker who is looking for a job in his usual occupation. A number of employers may be hiring workers with his competence and offering different wages. If he accepts the first offer he receives, he is unlikely to be making the best possible bargain. He will therefore look into a number of possibilities – a process that involves costs. The most important of these costs is his own time; by prolonging his period of unemployment to search further he sacrifices the income he could have earned during the search period, less any unemployment insurance benefits to which he is entitled. He may also encure direct costs such as carfare, postage, employment-agency fees, or the cost of placing an advertisement in a newspaper. These costs represent an investment on which the expected return is the present value of the difference in compensation between the first job offer he receives and the one that is finally accepted".

Um sich ganz auf die Suche nach einer neuen Stelle konzentrieren und die Kosten für die Suche möglichst gering halten zu können, sollte der bisherige Arbeitsplatz aufgegeben werden. „Like any other production activity, specialization in information is efficient. Gathering and disseminating about goods or about oneself is in some circumstances more efficiently done while the good or person is not employed, and thus able to specialize (i.e. while specializing) in the production of information. If seeking information about jobs while employed is more costly than while not employed, it can be economic to refuse a wage cut, become unemployed, and

## 12.1 Das grundlegende suchtheoretische Modell

look for job information" (Alchian 1969, 29 f). Durch diese Annahme wird Arbeitslosigkeit zur produktionstechnischen Notwendigkeit und „ist in diesem Kontext nichts anderes als eine Investition der Arbeitnehmer, um mehr Informationen über den Arbeitsmarkt zu erhalten und um durch einen Wechsel des Arbeitsplatzes das (Lebens-)Einkommen zu erhöhen" (König 1979, 98 f).

Basierend auf der Annahme, die Beschaffung von Informationen komme dem Prozess der Güterproduktion gleich, ist eine optimale Ressourcenallokation dann erreicht, wenn Grenzertrag und Grenzkosten der Suche übereinstimmen (Stigler 1962, 96); die Arbeitsplatzsuche ist also so lange sinnvoll, wie die erwarteten zukünftigen Mehreinnahmen die aktuellen Suchkosten übersteigen. Sucharbeitslosigkeit wird als „freiwillige Selbstbeschäftigung in der Produktion von Informationen" (Lärm 1982, 101) verstanden, Arbeitslosigkeit als dem ökonomischen Kalkül des Einzelnen entspringend angesehen.

Modelltheoretisch lässt sich der Suchprozess folgendermaßen darstellen (vgl. Mortensen 1970): Ausgangspunkt ist die in Abb. 12.1 dargestellte normalverteilte „Glockenfunktion" der Lohnangebote, bei der auf der Abszisse das Qualifikationsniveau (q) und auf der Ordinate die Anzahl der mit jedem Qualifikationsniveau verfügbaren Arbeitsplätze (n) abgetragen sind.

Punkt a symbolisiert das unterste Qualifikationsniveau und Punkt b das oberste. Der Arbeitnehmer kennt seine eigene Qualifikation. Unvollkommene Information besteht hingegen hinsichtlich der einzelnen angebotenen Arbeitsplätze. Dem Arbeitnehmer wird je Periode genau ein Arbeitsplatz angeboten, wobei er sich entscheiden muss, das Angebot anzunehmen oder weiter zu suchen. Unter der Annahme, dass der Arbeitnehmer die Lohnverteilung in seinem Segment des Arbeitsmarkts kennt, ergibt sich eine sequentielle Arbeitssuche als optimale Suchstrategie, wobei der Arbeitssuchende zu Beginn einen Akzeptanzlohn oder reservation wage ($w_0$) wählt, zu dem er indifferent ist zwischen der Akzeptanz eines Arbeitsplatzangebots und der weiteren Suche.

Bei vollkommenen Arbeitsmärkten spiegelt der Lohnsatz die jeweilige Qualifikation wider. Der Lohnsatz der dem Arbeitnehmer entsprechenden Qualifikation sei $w_q$ (siehe Abb. 12.2), für den im Allgemeinen eine steigende Funktion des poten-

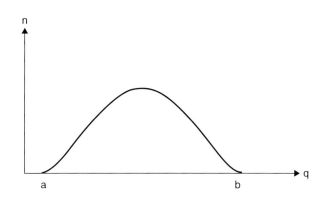

**Abb. 12.1** Verteilung der Lohnangebote

**Abb. 12.2** Akzeptable Lohnangebote

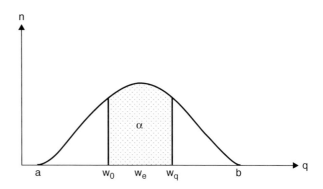

ziellen Leistungsniveaus des Arbeitnehmers unterstellt wird. Zudem wird davon ausgegangen, dass die Verteilung der Vakanzen bekannt ist.

Für den Arbeitnehmer kommen unter diesen Annahmen nur Arbeitsangebote in Frage, deren Entlohnung zwischen dem selbst gewählten Reservationslohn $w_0$ und $w_q$ liegen. Arbeitsplätze mit einem Lohn über $w_q$ kommen für den Arbeitnehmer nicht in Frage, da seine Qualifikation nicht den Anforderungen entspricht. Die optimale Entscheidungsregel der Arbeitssuche lautet folglich, dass der Suchprozess so lange fortgesetzt wird, solange das erwartete und diskontierte Mehreinkommen die Suchkosten übersteigt. Die schraffierte Fläche $\alpha$ in Abb. 12.2 gibt die Wahrscheinlichkeit an, dass der Arbeitssuchende ein für ihn akzeptables Arbeitsangebot erhält. Normiert man die Fläche unter der Kurve auf 1, d. h. man setzt die Gesamtheit aller Angebote gleich eins, so drückt das Verhältnis $1/\alpha$ die erwartete Suchdauer aus. Diese wird länger mit kleiner werdender Fläche. Das ist aber nur bei steigendem Reservationslohn $w_0$ möglich, denn $w_q$ ist durch das Qualifikationsniveau des Arbeitssuchenden fest vorgegeben. Daraus folgt, dass die Länge der Suchdauer und damit die Dauer der Arbeitslosigkeit mit dem Akzeptanzlohn ansteigen. Weitere Determinanten der Suchdauer sind der Diskontierungsfaktor und der Erwartungswert der Lohnverteilung. Ein höherer Diskontierungsfaktor reduziert die Suchdauer, da die erwarteten Mehreinnahmen eines zukünftigen Arbeitsplatzes sinken. Das gleiche bewirkt ein durch die Erwartung höherer Löhne bedingter gestiegener Reservationslohn. Dies entspricht grafisch einer Rechtsverschiebung der Lohnverteilung.

Bis zu diesem Punkt der Darstellung leistet die Suchtheorie in ihrer ursprünglichen Form einen gewinnbringenden Beitrag zur Erklärung kurzfristiger Arbeitslosigkeit. Was ihr in der Folge zum Teil harsche Kritik eingetragen war, ist ihr zeitweiser Anspruch, ‚die' Theorie der Arbeitslosigkeit zu liefern, m. a. W. jede Form von Arbeitslosigkeit aus Sicht mancher Ökonomen als freiwillige Sucharbeitslosigkeit zu definieren. Somit gelingt es mit Hilfe dieses Erklärungsansatzes nicht nur friktionelle, sondern darüber hinaus auch noch strukturelle sowie konjunkturelle Arbeitslosigkeit als Ergebnis individuell rationalen Verhaltens der Wirtschaftssubjekte am Arbeitsmarkt darzustellen. Unfreiwillige Arbeitslosigkeit im Sinne von Keynes, die infolge systemendogener Störanfälligkeiten eingetreten ist, wird somit zu freiwilliger und letztlich friktioneller Arbeitslosigkeit. Strukturelle Arbeitslosigkeit ist insofern freiwillig, als die Individuen entweder ihre spezifischen – am Markt nicht mehr geforderten Qualifikationen – den Marktverhältnissen anpassen oder durch eine dann selbst gewählte Abwertung ihres Humankapitals schlechter bezahlte Tätigkeiten annehmen müssen. Konjunkturell Arbeitslose können nur solange ohne Arbeit sein, wie sie ihre Lohnvorstellungen noch nicht den veränderten Marktbedingungen angepasst haben; wegen der überhöhten Lohnforderungen – so nicht wenige Verfechter der Suchtheorie der Arbeitslosigkeit – sei auch diese Arbeitslosigkeit freiwillig.

Die Suchtheorie will also die Faktoren erklären, die das Suchverhalten des arbeitslosen Individuums bestimmen; sie stellt damit auf einen speziellen Aspekt des Verhaltens am Arbeitsmarkt ab. Nutzenmaximierung heißt, dass sich das Individuum bei der Aufteilung seiner Zeit zu entscheiden hat zwischen:

- völliger „Muße" bzw. Freizeit,
- sich nach zeitweiliger Arbeit umzusehen (vorübergehende Tätigkeit, Teilzeit-, Saison- oder Schwarzarbeit),
- sich eine neue Stelle suchen.

Will man diese Aussage polarisieren, so lassen sich die Alternativen wie folgt formulieren: Ein Individuum, das sich in einem Arbeitsverhältnis befindet, teilt seine Zeit zwischen Arbeit und Freizeit auf; die Aufteilung der Zeit eines Arbeitslosen zwischen Suche und Freizeit ist dieser Bewertung gleichzusetzen (Hills 1975, 24).

## 12.2 Arbeitslosenunterstützung und Suchverhalten

(Wirtschafts-)politische Bedeutung erlangt die Suchtheorie im Zusammenhang mit der Existenz von Arbeitslosenversicherungen und den damit verbundenen möglichen Anreizwirkungen für das arbeitslose Individuum.

Der Begriff des „moral hazard" oder „moralischen Risikos" baut auf dem bereits 1913 von Pigou beschriebenen Zusammenhang auf, dass sich versicherte Personen, handele es sich nun um Arbeitslosenversicherung oder eine andere Versicherungsart, in versicherten Situationen nicht so verhalten, wie sie es in der gleichen Lage ohne Versicherung tun würden. In der Volkswirtschaftslehre wird heute – hier vereinfacht dargestellt – unter diesem Begriff das Ausnutzen von Informationsvorteilen nach Eintritt eines bestimmten Ereignisses, wie etwa einem Vertragsabschluss, verstanden (vgl. hierzu Fritsch/Wein/Evers 2003). Nach einer Untersuchung von Grubel (1971) werden Personen, die gegen ein bestimmtes Risiko versichert sind, wesentlich häufiger von Schadensfällen in Bezug auf das versicherte Risiko betroffen als nicht versicherte Personen. Bezogen auf die Arbeitslosenversicherung kommt Grubel (1974, 12) zu folgendem Schluss: „Je größer das Einkommen aus Arbeitslosenunterstützung relativ zum Arbeitseinkommen ist, um so größer ist auch die Tendenz der Arbeiter, Freizeit zu genießen und höhere Anforderungen an die Arbeitsstelle betreffs Lohn, Betriebsklima usw. zu stellen. Auf diese Weise geschieht es, dass eine Anzahl von Arbeitern angibt, sie sei auf Arbeitssuche die ohne die öffentliche Unterstützung oder Versicherung nicht auf Stellensuche wären".

Im Bereich der privatwirtschaftlichen Versicherungen wird dieses Problem zumeist durch ein gestaffeltes Prämiensystem gelöst. Ansätze hierfür schlägt z. B. Eisen (1976) vor. Eine Übertragbarkeit der Ansätze der privatwirtschaftlichen Versicherungen auf öffentliche Versicherungssysteme wird von Aab (1979) aber in Frage gestellt. „Allein die z. B. im deutschen ALV-System verankerte solidarische Finanzierung der ALV zwischen Arbeitnehmern und Arbeitgebern ... müsste neu überdacht werden, wobei ‚Aufwand' und ‚Ertrag' (Erfolg) solcher Strategien – bis heute jedenfalls – weder abgewogen noch konkretisiert worden sind" (Aab 1979, 46).

Das Problem des moral hazard führte dazu, dass neben Arbeit, Freizeit und Suchzeit noch eine weitere Determinante des Arbeitsangebotsverhaltens formuliert wurde: der Einfluss der Arbeitslosenversicherung. Ausgangspunkt der Suchtheorie ist die Überlegung, dass die Suchzeit von den Kosten der Suche abhängig ist. Bezieht man nun die Arbeitslosenversicherung in das Modell mit ein, so lässt sich völlig modellkonsistent begründen, dass die Opportunitätskosten der Suche durch die Zahlung von Arbeitslosengeld verringert und somit die Dauer der Arbeitslosigkeit verlängert wird. Letzten Endes laufen diese Ansätze darauf hinaus, eine eindeutige Korrelation zwischen der Höhe der Arbeitslosenunterstützung – in Bezug auf Höhe und daher der Lohnersatzleistungen – und dem Niveau der Arbeitslosigkeit – als gesamtwirtschaftliche Arbeitslosenrate oder als individuelle Periode der Arbeitslosigkeit – nachweisen zu wollen.

Der Anreiz eines Arbeitslosen nach einer offenen Stelle zu suchen, wird – jedenfalls tendenziell – durch ALV-Systeme ganz allgemein abgeschwächt. Diese These wurde bereits Anfang der 1930er Jahre von Douglas und Director formuliert. Anfang der 1960er Jahre wurde zum ersten Male empirisch untersucht, ob von der Arbeitslosenversicherung Einflüsse auf das Arbeitsangebotsverhalten der Arbeitnehmer ausgehen. Der Artikel von Linninger (1963) fand zunächst wenig Beachtung, da das Problem zur damaligen Zeit aufgrund der guten Wirtschafts- und Beschäftigungslage wenig interessant schien. Mit Beginn der Rezession im Jahre 1973 trat das Problem dann wieder schlagartig in den Blickpunkt der Öffentlichkeit, wobei Artikel von Gujarati (1972) und Feldstein (1974) den Auftakt einer äußerst strittig geführten Diskussion bildeten. Feldstein behauptete seinerzeit, dass die Arbeitslosigkeit durch eine Herabsetzung des Arbeitslosengelds und ein stärkeres Drängen der staatlichen Stellen auf aktive Beteiligung der Arbeitslosen an der Jobsuche gesenkt werden könnte. Für Kanada vermuteten Green/Cosineau (1976), dass das dortige Versicherungssystem besonders für niedrig bezahlte Arbeitskräfte ein Anreiz sei, zumindest zeitweilig ohne Beschäftigung zu sein.

Das arbeitslos gewordene Individuum hat zu Beginn seiner Suche keinerlei Informationen über die Arbeitsnachfrage. Zunächst müssen also Informationen beschafft werden, um sich dann für die beste Alternative entscheiden zu können. Der Arbeitslose wird seine Suche dort beenden, wo die Grenzkosten der Suche gleich ihren Grenzerträgen werden. In manchen Fällen werden die Grenzkosten jedoch als derart hoch angesehen werden, dass es gar nicht zu einem Suchprozess kommt; das erste Stellenangebot wird somit akzeptiert. Auf der anderen Seite – wenn die

Suchkosten gleich null sind – wird der Suchprozess keine zeitliche Begrenzung erfahren. Suchkosten, Reservationslohn und Dauer der Suche stehen nach Lippman/McCall (1976, 160) in einem unmittelbaren Zusammenhang: je geringer die Suchkosten, desto höher der Akzeptanzlohn und desto länger die Dauer der Suche (der Arbeitslosigkeit). Die Zahlung von Arbeitslosengeld, de facto also die Reduktion der Suchkosten des Individuums, führt zu einer längeren friktionellen Arbeitslosigkeit. Um auf das Individuum Druck auszuüben und seine Suchanstrengungen zu verstärken, wird in den meisten Ländern, in denen eine Arbeitslosenversicherung eingerichtet ist, das Arbeitslosengeld nach einer gewissen Zeit reduziert. Bezogen auf die hier dargestellte Suchtheorie bedeutet dies, dass von Seiten des Staats quasi eine „Höchstzeit", in der der bisherige materielle Lebensstandard tendenziell gehalten werden kann, für die Suche nach einem neuen geeigneten Arbeitsplatz festgelegt wird. Wer innerhalb dieser Zeit keinen geeigneten Job findet, muss mit deutlichen sozialen Folgen in Form von erheblich geminderten Lohnersatzleistungen rechnen. Katz/Meyer (1990) können für die USA zeigen, dass die Suchanstrengungen gegen Ende des Bezugszeitraums von Arbeitslosenunterstützung zunehmen und die Arbeitslosigkeitsdauer durch eine Verlängerung des Bezugszeitraums ebenfalls verlängert wird.

Daraus Schlüsse für die Arbeitsmarktpolitik in Deutschland zu ziehen, war allerdings lange Zeit kontrovers, da in früheren Studien unterschiedliche Lohnersatzzeiten Differenzen in den Arbeitslosigkeitsperioden zwischen den USA und Deutschland nur zu einem Bruchteil erklären können (Hunt 1995).

**Kasten 12.1  Wirtschaftspolitische Anwendung: Ist die Arbeitslosigkeit in der Suchtheorie freiwillig oder unfreiwillig?**

Friktionelle Arbeitslosigkeit oder Sucharbeitslosigkeit wird in der Regel als unfreiwillig angesehen, wenn die suchende Person keine Beschäftigung findet, für die die Ausbildung und das Erfahrungswissen angemessen sind (vgl. Ragan/Lipsey 2005, 793). Friktionelle Arbeitslosigkeit ist jedoch freiwillig, wenn der arbeitslosen Person verfügbare Arbeitsplätze bekannt sind, die ihrer Qualifikation und ihrem Wissen entsprechen, sie jedoch weiter unbeschäftigt nach besseren Angeboten Ausschau hält.

Wie sollen aber Personen beurteilt werden, die sich weigern, einen Arbeitsplatz zu akzeptieren, der ein geringeres Qualifikationsniveau erfordert und schlechter entlohnt ist als ein – (noch) nicht – verfügbarer Arbeitsplatz, für den die betreffende Person adäquat qualifiziert wäre. Wie ist es einzuschätzen, wenn die Person einen Arbeitsplatz ablehnt, für den sie qualifiziert ist, weil sie darauf hofft, ein höheres Lohnangebot für einen ähnlichen Arbeitsplatz von einem anderen Arbeitgeber zu erhalten.

Einerseits sind Menschen in Sucharbeitslosigkeit freiwillig arbeitslos, da sie – soweit volkswirtschaftlich die tatsächliche Zahl der offenen Stellen etwa der Zahl der Arbeitslosen entspricht oder höher liegt – fast immer irgend einen Arbeitsplatz finden könnte, soweit er nur gering entlohnt ist und ein niedrigeres Qualifikationsniveau erfordert als der Arbeitslose besitzt. Andererseits sind die Betroffenen (zumindest subjektiv) unfreiwillig arbeitslos, da es ihnen noch nicht gelungen ist einen Arbeitsplatz zu finden, den sie als ihrem Qualifikations- und Erfahrungshintergrund als angemessen erachten – und dies zu einer Bezahlung, die aus ihrer Sicht als erreichbar anzusehen ist. Anzumerken ist aber, dass diese subjektive Einschätzung objektiv falsch sein kann. Dies gilt insbesondere bei einem rasanten Strukturwandel, in dem etwa der Bestand an hoch qualifizierten Arbeitsplätzen in einer Branche stark abgebaut wird. Wenn dann viele der hierdurch arbeitslos gewordenen Arbeitnehmer hoffen, etwa über natürliche Fluktuation wieder eine der wenigen noch verfügbaren, sehr gut bezahlten Stellen zu erhalten, statt sich kostenträchtig umzuqualifizieren, wird es zu einer Verfestigung der Arbeitslosigkeit bei der Mehrzahl der Betroffenen kommen. Eine wesentliche Voraussetzung hierfür ist aber, dass der passive Bezug von Leistungen für Arbeitslose großzügig ausgestaltet wird, wie es in Deutschland mit der prozentualen Bindung an das vorherige Lohneinkommen im Rahmen der Arbeitslosenhilfe bis 2005 der Fall war.

Zu beachten ist auch, dass häufig ein regionaler Mismatch vorliegt: Ist eine arbeitslose Person freiwillig oder unfreiwillig arbeitslos, wenn sie ihren Arbeitsplatz in der Nähe von Hamburg verliert und eine ähnliche Stelle zu schlechteren Konditionen nur in München erhalten kann? Ist es ein Unterschied, ob die betroffene Person familiär gebunden ist oder nicht, einen Pflegefall in der Familie hat oder nicht usw.?

Die Antwort auf die oben gestellte Frage ist also nicht immer einfach. Bei der Bekämpfung der Sucharbeitslosigkeit kann es zu Zielkonflikten kommen, und es können unerwünschte Nebenwirkungen auftreten. So ist beispielsweise beim Auftreten von Arbeitslosigkeit die sehr schnelle Annahme der „nächstbesten" Arbeitsstelle keineswegs immer volkswirtschaftliche sinnvoll (effizient), wenn dies mit hohen Umzugskosten verbunden ist und gleichzeitig kurze Zeit später eine adäquate Stelle vor Ort verfügbar gewesen wäre. Mit zunehmender Dauer der Arbeitslosigkeit wächst allerdings die Gefahr der Langzeitarbeitslosigkeit und der „Dequalifikation" sowie damit der statistischen Diskriminierung durch die Arbeitgeber. Letzteres bedeutet, dass Langzeitarbeitslose aufgrund dieses Merkmals von Arbeitgebern aus der Gruppe der Bewerber „der Einfachheit halber" – um Kosten zu sparen – aussortiert werden, obwohl die angebotene Stelle im Einzelfall gut zu den aussortierten Personen passen könnte. Eine mögliche Nebenwirkung der schnellen Beseitigung von freiwilliger Sucharbeitslosigkeit, indem etwa die Arbeitsanreize durch eine verringerte Bezugsdauer von Lohnersatzleistungen erhöht werden, könnte bei stärkerer Ausfächerung der Qualifikationen darin liegen, dass Schlagzeilen wie „Ein Paar, zwei Orte" (Kals 2009) an Bedeutung gewinnen: „Aus beruflichen Gründen lebt heute jedes siebte Paar in einer Fernbeziehung. Und die Zahl steigt" (ebenda).

Letztlich ist gesellschaftlich eine Balance – etwa in Bezug auf die Zumutbarkeit der Annahme von Arbeitsplätzen, Höhe und Bezugsdauer von Lohnersatzleistungen usw. – zu finden, die sich je nach gesellschaftlichen Normen, Problemlage und Problemdruck wandeln kann und auch in verschiedenen Ländern unterschiedlich austariert wird. In Deutschland ist insgesamt die Zumutbarkeit bei der Annahme von Arbeitsplätzen deutlich erhöht worden, da sich bei den zuvor geltenden Anreizen bei der Arbeitsaufnahme durch Arbeitslose zunächst rezessionsbedingte und friktionelle Arbeitslosigkeit zunehmend in dauerhaft steigende gesamtwirtschaftliche Arbeitslosigkeit verfestigt hatte. Kennzeichen dieser Situation ist, dass die Zahl der offenen Stellen dauerhaft kleiner als die der Arbeitslosen in einer Volkswirtschaft ist. Dies deutet auf eine regelmäßig auch fiskalisch zunehmend teurer werdende Fehlfunktion des Arbeitsmarkts hin, die sich durch makroökonomische Politik in der Regel nicht nachhaltig auflösen lässt, sondern mikroökonomische Verbesserungen der Erwerbsanreize voraussetzt (vgl. grundsätzlich Klös 1998; Funk 1999b, 63 ff und zur aktuellen Einschätzung für Deutschland Enste/Fetchenhauer/Riesen 2008).

## 12.3 Kritik

Die Kritik an dieser grundlegenden Version der Suchtheorie beruht vor allem auf deren Anspruch und den damit verbundenen wirtschaftspolitischen Schlussfolgerungen.

- Besonders die Reduzierung jeder Form von Arbeitslosigkeit auf Sucharbeitslosigkeit stand dabei im Kreuzfeuer der Kritik. Sucharbeitslosigkeit ist grundsätzlich freiwillig und wird durch Kündigungen von Seiten der Arbeitnehmer verursacht. Entlassungen sind somit nicht vorgesehen, obwohl sie den normalen Entstehungsgrund von Arbeitslosigkeit darstellen. Alchian (1969, 117; ähnlich Brunner/Cukierman/Meltzer 1980) geht sogar so weit, auch Entlassungen als freiwillige Arbeitslosigkeit zu interpretieren, da die Arbeitgeber den Arbeitnehmern unterstellen, dass sie eine Weiterbeschäftigung bei Lohnsenkungen ablehnen und damit die Kündigung provozieren würden. Wollten die Arbeitnehmer wirklich wegen der geringeren Löhne kündigen, so könnten die Arbeitgeber einfach darauf warten. Viel eher ist zu vermuten, dass die Kosten aufgrund wirtschaftlicher Rahmenbedingungen gesenkt werden müssen und die Argumentation über die Arbeitsunwilligkeit der Arbeitnehmer den Arbeitgebern die Umsetzung dieser Maßnahmen erheblich erleichtert.
- Bezüglich der Annahme eine Akzeptanzlohns stellt Rothschild (1979, 25) die Gegenthese auf: „Tatsache ist jedoch, dass für die Mehrzahl der primären Arbeitnehmer die möglichst ständige Arbeit in einem zeitmäßig wenig variablen Job

ein vorrangiges Ziel ist. Lohnhöhe, Arbeitsbedingungen und Aufstiegsmöglichkeiten beeinflussen sicher die Auswahl eines Jobs unter den vorhandenen Möglichkeiten, aber weit weniger die Wahl zwischen Arbeit und freiwilliger Arbeitslosigkeit". In diesem Zusammenhang kritisiert er auch die Annahme notwendiger Lohnanpassungsvorstellungen, die wieder auf das von der Neoklassik zugrunde gelegte eindeutige Präferenzfeld des Individuums zurückgehen und stellt fest: „Orientierungsgrößen sind vielmehr herrschende Geldlöhne im eigenen und in angrenzenden Wirtschaftsbereichen und ein recht unscharfes Band von erwarteten Geld- und Reallohnsteigerungen".

- Helberger (1982, 400) kommt, abgesehen von den überzogenen Erklärungsansprüchen und den aus ihnen abgeleiteten wirtschaftspolitischen Empfehlungen zu einer insgesamt positiven Beurteilung. Seiner Meinung nach ist die Suchtheorie grundsätzlich ein Ansatz mit hoher Allgemeinheit und somit auf arbeitsmarktliche Suchprozesse jeglicher Art anwendbar. Für den deutschen Arbeitsmarkt allerdings habe das Argument, dass die Arbeitssuchenden kündigen, wohl kaum empirische Relevanz, da die Arbeitnehmer vorzugsweise aus der on-the-job Position suchen (vgl. in diesem Zusammenhang für das deutsche Recht auch die Regelung in § 629 Bürgerliches Gesetzbuch, wonach der Arbeitgeber dem Arbeitnehmer nach der Kündigung auf Verlangen Zeit zur Stellensuche zu gewähren hat). Bereits früh wurde darauf hingewiesen, dass Kündigung und Arbeitsplatzsuche aus dem Zustand der Arbeitslosigkeit heraus der Ausnahmezustand ist. In der großen Mehrzahl der Fälle wird das Arbeitsverhältnis in Deutschland nicht von Seiten der Arbeitnehmer aufgegeben. Zumindest hierzulande kann man in dieser Hinsicht nicht von Sucharbeitslosigkeit als dem dominanten Faktor im Hinblick auf das Gesamtproblem Arbeitslosigkeit sprechen.
- Die Suchtheorie „kann die Existenz der Phillips-Kurve mit ihren Annahmen nur dadurch vereinen, dass sie im Falle sinkender Inflationsraten steigende Sucharbeitslosigkeit annimmt, da der scheinbar fallende Reallohn Arbeitskräfte veranlasst, nach dem ‚notwendigen' Lohn Ausschau zu halten und den Suchprozess zu verlängern. Das würde bedeuten, dass in Zeiten der Rezession ... ein Ansteigen der Arbeitsplatzkündigungen seitens der Arbeitnehmer ... zu erwarten wäre; aber das Gegenteil ist der Fall" (Rothschild 1978, 25). Im Konjunkturabschwung werden die Suchzeiten allein deshalb schon länger werden, weil das Angebot an Arbeitsplätzen geringer ist. Neben diesem antizyklischen Kündigungsverhalten der Arbeitnehmer müssen auch Anpassungsreaktionen der Arbeitnehmer über „adaptive Lernprozesse" (Lärm 1982, 110) völlig ausgeschlossen werden, da dem Mechanismus der Phillipskurve eine immer wiederkehrende Geldillusion zugrunde liegt.
- Hübler (1988, 4) nennt zwei Dinge, die seiner Meinung nach vor allem an den Suchmodellen zu kritisieren sind: zum einen die „Annahme einer exogen vorgegebenen Wahrscheinlichkeit der Lohnangebote, die als bekannt vorausgesetzt wird (und zum anderen die) Beschränkung der Suchtheorie auf Arbeitslose". Denn im Allgemeinen wird es wesentlich sinnvoller sein, aus einem ungekündigten Arbeitsverhältnis heraus nach einer neuen Stelle zu suchen. Die

## 12.3 Kritik

Möglichkeiten, seine persönlichen Vorstellungen bei einem neuen Arbeitgeber durchzusetzen, steigen mit der persönlichen Unabhängigkeit. Die in der Theorie gemachte Voraussetzung der freien Entscheidung für oder gegen eine Tätigkeit ist mithin unrealistisch. Die weitaus größte Zahl der Menschen ist aus Sachzwängen heraus gezwungen, sich einen Arbeitsplatz zu suchen, da sie auf permanentes Einkommen angewiesen sind und nur aus dem Verkauf von Arbeit ausreichendes Einkommen erzielen können. Darüber hinaus werden mit dem Tatbestand der Arbeitslosigkeit bei Vorliegen asymmetrischer Informationen über die tatsächliche Produktivität eines Arbeitslosen Signale über dessen vermeintliche Produktivität übermittelt, die zu spezifischen Sortierprozessen bei den Unternehmen führen können.

Die Fülle empirischer Untersuchungen und ökonometrischer Tests der Suchtheorie und insbesondere ihrer Aussage, die Dauer der Sucharbeitslosigkeit steige mit der Höhe der Arbeitslosenunterstützung, ist nahezu unüberschaubar. Obwohl dieses Argument bei wirtschaftspolitischen Diskussionen und Entscheidungen oft im Mittelpunkt steht und in der Regel als argumentative Grundlage für Kürzungen bei den verschiedenen Formen der Arbeitslosenunterstützung dient, ist dieser Zusammenhang in seiner theoretisch unterstellten Eindeutigkeit hinsichtlich Richtung und Wirkung nicht ohne weiteres empirisch belegbar. „Meist lässt sich kein signifikanter Zusammenhang ... oder gar ein der Suchtheorie widersprechender positiver Zusammenhang zwischen Unterstützungszahlungen und den Wiederbeschäftigungschancen ... nachweisen" (Gerlach/Hübler 1992, 156; siehe auch Klär/Fritsche 2008). Neuere Studien zeigen jedoch, dass sich Höhe und Dauer der Lohnersatzleistung auf den Anspruchslohn und damit auf die Bereitschaft zur Arbeitsaufnahme und zur Mobilität auswirken. Mit zunehmendem Einkommen aus Transfers und steigender Bezugsdauer sinken die Anreize, für einen neuen Arbeitsplatz den Beruf, die Branche oder den Wohnort zu wechseln. Aus diesem Befund lässt sich schlussfolgern, dass es einer Austarierung der Einkommenssicherungsfunktion und der Aktivierungsstrategie bedarf. Soll die Ausgestaltung der Arbeitslosenversicherung bei hohem Versicherungsschutz nicht zur Verfestigung bestehender oder zum Aufbau neuer Arbeitslosigkeit mit beitragen, so ist sie gleichzeitig beschäftigungsfördernd und anreizkompatibel auszugestalten (vgl. Hardege 2008, 214 f). Dies ist in verschiedenen Ländern in sehr unterschiedlichem Maße gelungen (vgl. dazu auch Kasten 21.2 im letzten Kapitel).

Darüber hinaus konnten zum einen die suchrelevanten Komponenten der Arbeitslosigkeit nicht ausreichend isoliert werden und zum zweiten wurde immer wieder gezeigt, dass eine Mehrheit der arbeitssuchenden Arbeitnehmer dies on-the-job macht. Daneben muss gerade in einem segmentierten Arbeitsmarkt (vgl. Kap. 13) auch die individuelle Position eines Arbeitnehmers berücksichtigt werden. So kann eine längere Suchperiode auch einem individuellen Rationalkalkül hinsichtlich des Signalcharakters über die Fähigkeiten eines Arbeitnehmers in Verbindung mit der Annahme einer bestimmten Stelle entspringen (vgl. Gerlach/Hübler 1992; Mavromaras 1992). Insbesondere erscheint das Such- und Auswahlverfahren der Unternehmen ursächlich für längere Arbeitslosenzeiten zu sein (vgl. van Ours/Ridder

1993). Zum Abschluss dieses Abschnitts soll noch auf einen Aufsatz von Ben-Horim/Zuckerman (1987) hingewiesen werden, der auf einfache Weise das (Vor)urteil offenbart, welches hinter dem von der Suchtheorie stipulierten – objektiven, da modelltheoretisch erhaltenen – Zusammenhang steht. Methodisch entsprechend zeigen diese beiden Autoren, dass eine Arbeitslosenunterstützung die Dauer der Arbeitslosigkeit auch verringern kann, soweit insbesondere ärmeren Arbeitnehmern mit den Lohnersatzleistungen eine effizientere Suche nach einem neuen Arbeitsplatz ermöglicht wird.

Mit diesen Ausführungen wurden bereits einige – wichtige – Entwicklungstendenzen der Suchtheorie angedeutet, die im nächsten Abschnitt vorgestellt werden.

## 12.4 Erweiterung I: Suchverhalten der Unternehmen

Wurde bisher die Arbeitsnachfrageseite durch eine exogen gegebene Zahl offener Stellen modelliert, so wird jetzt der Suchprozess der Unternehmen analog zur Angebotsseite modelliert. Die wichtigste Implikation dieser Erweiterung ist in der Möglichkeit zu sehen, damit unfreiwillige Arbeitslosigkeit erklären zu können. Denn unter der Annahme von Unsicherheit über die Produktivität eines Bewerbers für eine offene Stelle lassen sich Kündigungen seitens der Unternehmen begründen (vgl. Steiner 1990, 14).

Eine offene Stelle verursacht dem Unternehmen Kosten in Höhe der Differenz von Grenzwertprodukt und Grenzkosten der Besetzung. In Analogie zum Reservationslohn setzt das Unternehmen eine optimale Mindestqualifikation; die Mindestproduktivität wird als Akzeptanzniveau bezeichnet. Zunächst wird unterstellt, dass das Unternehmen die Produktivität des Bewerbers kennt und das Akzeptanzniveau als Entscheidungsvariable zur Besetzung der Vakanz heranzieht. Das Optimierungsproblem des Unternehmens besteht darin, dass ein höheres Akzeptanzniveau zwar einen höheren Nettoertrag des Neueingestellten erbringt, gleichzeitig aber bei Normalverteilung die Wahrscheinlichkeit reduziert, einen geeigneten Bewerber zu finden, wodurch wiederum die Suchkosten steigen (Franz 1991, 211). Bei optimaler Besetzung der Stelle wird der Lohnsatz von den Kosten der Vakanz, der Zeitpräferenzrate des Unternehmens, der Produktivität des Arbeitsplatzes und der Produktivitätsverteilung der Bewerber determiniert (vgl. Steiner 1990, 36). Allerdings muss das Akzeptanzniveau während der Suchphase nicht notwendigerweise konstant bleiben, sondern kann auch sinken, da das Unternehmen während der Vakanz auf potentielle Zusatzgewinne verzichten muss (vgl. Franz 1991, 211).

Unter diesen Annahmen kann dann unfreiwillige Sucharbeitslosigkeit entstehen, wenn ein exogener Lohnanstieg die Anforderungen an die Produktivität der Bewerber erhöht. Somit werden auch Bewerber mit ausreichender Qualifikation für einen bestimmten Arbeitslohn abgelehnt, da das Unternehmen nach höher qualifizierten Bewerbern Ausschau hält.

## 12.5 Erweiterung II: Sortiermodelle

In den Sortiermodellen liegt der Schwerpunkt der Betrachtung auf der Fluktuation am Arbeitsmarkt, d. h. auf den Determinanten von Einstellungen, Kündigungen und Entlassungen. Wichtig für eine derartige Analyse sind denn auch nicht mehr Bestandsgrößen am Arbeitsmarkt, sondern vielmehr Stromgrößen, die die Zu- und Abgänge aus den verschiedenen Arbeitsmarktpositionen aufzeigen. Dies ist umso wichtiger, als hinter den Bestandsgrößen eine wesentlich höhere Zahl von Stromgrößen stehen.

Die Sortiermodelle beschäftigen sich somit mit der Frage der effizienten Reallokation von Arbeitskräften und Arbeitsplätzen unter der Annahme jeweiliger Heterogenität. Es geht also, wie in Kap. 2 mit der Beveridge-Kurve gezeigt, um die Frage des matching zwischen Arbeitsangebot und Arbeitsnachfrage bzw. um das Mismatch zwischen den Profilen der Arbeitslosen und den Anforderungen der Unternehmen.

Im Job-Match-Ansatz wird den Akteuren am Arbeitsmarkt optimierendes Verhalten bei unvollkommener Information über die Produktivität der Beschäftigungsverhältnisse unterstellt. Im Modell von Jovanovic (1979) besitzt der Arbeitnehmer eine Vorstellung über die Verteilung seiner Produktivität über die einzelnen Arbeitsplätze. Das Unternehmen hingegen besitzt eine Vorstellung über die Produktivitäten der Bewerber für einen bestimmten Arbeitsplatz. Aber „while all agents are assumed to know the parameters of distribution of this matching heterogeneity, the value of a particular match is only partially observable to both the worker and the firm. The longer an employment spell continues, the more precise is the estimate of the value of the match" (Flinn 1986, 89).

Der Matching-Prozess ist ein Suchprozess von Arbeitnehmer und Unternehmen unter unvollkommenen Informationen, dessen Länge und Effizienz analog zur Suchtheorie bestimmt werden (vgl. für eine ausführliche Darstellung und Weiterentwicklung Pissarides 1990 sowie die Zusammenfassung bei Apolte 2007, 155 ff). Zusätzlich rücken die Qualifikationsprofile und die Mobilität in den Vordergrund. Fluktuationen resultieren dann aus der Reallokation von Arbeitnehmern auf neue Arbeitsplätze als Folge der mit steigender Beschäftigungsdauer zunehmenden Information über die Produktivität des jeweiligen match (Steiner 1990, 56).

Bei realistischer Betrachtung spielen für die Fluktuationsentscheidung neben dem Lohnsatz eine Reihe von Nichtlohncharakteristika – bspw. Betriebsklima, Aufstiegsperspektiven, Arbeitsbedingungen usw. – eine wichtige Rolle für die Bewertung des Arbeitsverhältnisses. Diese Nichtlohncharakteristika sind dem Arbeitnehmer zu Beginn des Beschäftigungsverhältnisses in der Regel nicht bekannt, vielmehr werden sie erst während der Beschäftigung offenbar. Systematisch kann man diese Nichtlohncharakteristika in so genannte Inspektionsgüter und Erfahrungsgüter unterscheiden. Erstere sind Eigenschaften eines Beschäftigungsverhältnisses, welche der Arbeitsuchende durch Inspektion in Erfahrung bringen kann, während letztere nur durch die unmittelbare Erfahrung am Arbeitsplatz erkannt werden. Erst durch diese Erfahrung kann die Produktivität eines bestimmten Arbeitnehmers auf einem bestimmten Arbeitsplatz, also die Qualität eines matches umfassend eingeschätzt werden. Diese Erfahrungen werden häufig in der Anfangsphase eines Beschäftigungsverhältnisses gewonnen. Aus diesem Grund steigt zunächst die Wahrscheinlichkeit einer Auflösung des Arbeitsverhältnisses an, um in der Folgezeit wieder zu sinken, weil nur gute matches fortgesetzt werden.

Der Job-Matching-Ansatz liefert jedoch keine eindeutige Aussage über den Zusammenhang zwischen Kündigungsverhalten und Beschäftigungsdauer unter der Annahme produktivitätsgerechter Entlohnung. Dann nämlich verringern sich mit zunehmender Beschäftigungsdauer die Unsicherheiten über das Beschäftigungsverhältnis, so dass ein risikofreudiger Arbeitnehmer kündigt, um die Chance eines besseren Beschäftigungsverhältnisses wahrzunehmen. Gleichermaßen besteht jedoch auch ein Verlustrisiko des Arbeitnehmers. Insofern „entsprechen die Implikationen des Job-Matching-Ansatzes hinsichtlich einer mit zunehmender Beschäftigungsdauer sinkender Kündigungsrate und einem steigenden Lohnprofil weitgehend den Aussagen der Humankapitaltheorie" (Steiner 1990, 61). „Der wesentliche Unterschied zwischen beiden Theorien ist, dass der Humankapitalansatz zeigt, dass die Produktivität auf Grund einer speziellen und/oder allgemeinen Ausbildung steigt, während die Produktivität bei den (reinen) Sortiermodellen unverändert bleibt und die speziellen Informationen nur dafür verantwortlich sind, dass die Unsicherheit bezüglich der zu erwartenden Produktivität im Laufe der Lernprozesse abnimmt" (Franz 1982, 47).

Die Sortiermodelle beschreiben die Mobilität des Arbeitskräfteangebots und erklären die unterschiedlichen Fluktuationsraten von älteren und jüngeren Arbeitnehmern. Sie liefern jedoch keine Analyse der Arbeitslosigkeit im Konjunkturverlauf, da der Lernprozess erheblich von der konjunkturellen Lage beeinflusst wird, sondern tragen zur Erklärung der friktionellen Arbeitslosigkeit bei. Da die entscheidenden Variablen in der Humankapitaltheorie und bei den Sortiermodellen nicht direkt messbar sind, muss auf geeignete Hilfsvariablen zurückgegriffen werden. Allerdings benutzen beide Ansätze auch die gleichen Hilfsvariablen, so dass eine eindeutige Zurechenbarkeit empirischer Ergebnisse nicht möglich ist (vgl. Franz 1982).

**Kasten 12.2 Juristische Anwendung: Sortiermodelle – eine Betrachtung aus dem Blickwinkel des Arbeitsrechts**

Die zentrale Annahme, die Sortiermodellen zu Grunde liegt, dürfte sein, dass die Beteiligten am Arbeitsvertrag im Zeitpunkt der Begründung ihres Rechtsverhältnisses lediglich unvollkommene Informationen besitzen, sie erst im Stadium der Durchführung des Arbeitsverhältnisses (nach und nach) mehr Informationen gewinnen und nur gute matches fortgesetzt werden. Aus juristischer Sicht weitgehend zutreffend erscheint daran die auf den Zeitpunkt des Vertragsschlusses bezogene Beschreibung des Informationsstands der Vertragsparteien. In der Tat ist das Recht nicht zuletzt aus Gründen des

## 12.5 Erweiterung II: Sortiermodelle

Persönlichkeitsschutzes zurückhaltend, wenn es um die Gewährung „zusätzlicher" Informationen geht. So sind die Beteiligten beispielsweise nur in beschränktem Umfang verpflichtet, von sich aus Auskünfte über vertragsrelevante Gegebenheiten zu geben. Und auch auf bestimmte Fragen des Arbeitgebers hin ist der Arbeitnehmer nicht stets gehalten, die entsprechenden Umstände offenzulegen. Bei einzelnen Fragen wie z. B. der nach dem Bestehen einer Schwangerschaft hat der Arbeitnehmer sogar das „Recht zur Lüge" – mit der Konsequenz, dass sich der Arbeitgeber selbst dann nicht vom Arbeitsvertrag „lossagen" kann, wenn er den Vertrag ohne den vom Arbeitnehmer erregten Irrtum nicht abgeschlossen haben würde.

Bedenklich erscheint aber die Behauptung, dass schlechte matches nicht fortgesetzt würden. Dies geht insoweit an den Realitäten vorbei, als die Kündigungsfreiheit des Arbeitgebers (also die Befugnis, den Arbeitsvertrag einseitig zu beenden) weit gehenden Beschränkungen unterliegt. Dies gilt ganz besonders dann, wenn zu Gunsten des Arbeitnehmers der gesetzliche Kündigungsschutz eingreift. Von den vielfachen Restriktionen der Kündigungsfreiheit sollen hier nur zwei angeführt werden: Ist der Arbeitgeber mit der Leistung des Arbeitnehmers unzufrieden, so kommt zwar – allerdings nur als „letztes Mittel", da für das gesamte Kündigungsrecht der sog. ultima ratio-Grundsatz gilt – eine verhaltensbedingte Kündigung in Betracht. Doch ist diese an mehrere Voraussetzungen geknüpft, für deren Vorliegen grundsätzlich der Arbeitgeber beweispflichtig ist: Das Verhalten des Arbeitnehmers muss als vertragswidrig zu bewerten sein; das vertragswidrige Verhalten muss zu konkreten Störungen des Arbeitsverhältnisses führen; es darf nicht die Möglichkeit einer zumutbaren anderweitigen Beschäftigung auf einem freien Arbeitsplatz in demselben Betrieb oder in einem anderen Betrieb des Unternehmens bestehen und das Interesse des Arbeitgebers an einer Beendigung des Arbeitsverhältnisses muss gegenüber dem Interesse des Arbeitnehmers an der Erhaltung seines Arbeitsplatzes überwiegen. An jeder dieser Voraussetzungen kann eine Kündigung durch den Arbeitgeber „scheitern" mit der Konsequenz, dass auch ein schlechter match fortgesetzt werden muss. Auch einem „low performer" kann also nicht o. W. gekündigt werden (Wetzling/Habel 2009). Ein weiteres Beispiel für kündigungsschutzrechtliche Restriktionen: Kündigt der Arbeitgeber (z. B. infolge des Ausbleibens von Aufträgen) betriebsbedingt, so wird ihm daran gelegen sein, leistungsstarke Arbeitnehmer zu verschonen und stattdessen einem leistungsschwachen Arbeitnehmers zu kündigen. Doch wird dem kündigungsschutzrechtlich ein Riegel vorgeschoben. Unter vergleichbaren Arbeitnehmern muss der Arbeitgeber nämlich grundsätzlich dem in sozialer Hinsicht am wenigsten schutzbedürftigen Arbeitnehmer kündigen. Dies bedeutet, dass der Arbeitgeber auf die Dauer der Betriebszugehörigkeit, das Lebensalter, Unterhaltspflichten und eine evtl. Schwerbehinderung des Arbeitnehmers Rücksicht nehmen muss und leistungsstärkere Arbeitnehmer nur in sehr begrenztem Umfang von dieser sog. Verpflichtung zur

Sozialauswahl (vgl. § 1 Abs. 3 Kündigungsschutzgesetz) ausnehmen darf. An die gesetzlichen Kriterien der Sozialauswahl sind übrigens grundsätzlich auch die Tarifparteien sowie Arbeitgeber und Betriebsrat gebunden (vgl. § 1 Abs. 4 Kündigungsschutzgesetz).

Auch wenn der gesetzliche Kündigungsschutz nicht eingreift, etwa weil das Arbeitsverhältnis im Zeitpunkt der Kündigung noch nicht länger als sechs Monate bestanden hat (vgl. § 1 Kündigungsschutzgesetz), ist der Arbeitgeber aber noch immer nicht völlig frei. Die Gerichte haben nämlich u. a. auf der Grundlage des Grundsatzes von Treu und Glauben einen (außergesetzlichen) Kündigungsschutz entwickelt. Dieser richterrechtliche Kündigungsschutz geht zwar wesentlich weniger weit als der gesetzliche Kündigungsschutz (Stichwort: „Kündigungsschutz zweiter Klasse"). Nichtsdestoweniger gelten danach auch außerhalb des Kündigungsschutzgesetz gewisse Beschränkungen, die man keinesfalls unberücksichtigt lassen darf (Waas 2008b). Von alldem abgesehen ist stets zu bedenken, dass auch Tarifverträge häufig Kündigungsverbote, zumindest aber Beschränkungen der Kündigungsfreiheit des Arbeitgebers vorsehen.

## 12.6 Arbeitsmarktpolitische Schlussfolgerungen

Die arbeitsmarktpolitischen Schlussfolgerungen können zunächst einmal dahingehend formuliert werden, dass – wie weiter vorne bereits gezeigt wurde – den eingängigen Ableitungen aus der alten Suchtheorie, derzufolge hohe Lohnersatzleistungen eine hohe und andauernde Arbeitslosigkeit bedingen, zumindest große Skepsis entgegen zu bringen ist.

Von größerer Relevanz ist dagegen der Verdienst dieser Theorien, dass sie den Blick auf die Stromgrößen des Arbeitsmarkts gelenkt haben und hier insbesondere die Rolle der Informationen für das Zustandekommen von erfolgreichen matches herausstreichen. Dies hat dann auch dazu geführt, dass in den letzten Jahren nicht nur, aber auch in Deutschland die Effizienz der öffentlichen Stellenvermittlung in mehreren Schritten erhöht wurde (vgl. hierzu Walwei 1994 und die Debatte zu den Hartz-Reformen in Kap. 2). Zumindest für Deutschland kann eine zusätzliche Motivation dafür infolge der Zulassung privater Stellenvermittlungsagenturen nicht verschwiegen werden.

Allerdings ist kritisch anzumerken, dass eine Verbesserung der Informationssysteme des Arbeitsmarkts auch die Gesamtfluktuation und mithin die Sucharbeitslosigkeit verstärken könnte, wenn aufgrund verbesserter Informationen die eigene Arbeitssituation früher als sonst als relativ unbefriedigend erkannt werden würde (Lärm 1982, 119). Schließlich kommt noch hinzu, dass eine höhere Vermittlungszahl per se nicht zu einem höheren Beschäftigungsstand oder einem Abbau der Arbeitslosigkeit führen muss, sondern es sich dabei nur um einen Austausch von Arbeitskräften handeln kann (vgl. Walwei 1995). Eine Verbesserung der gesamtwirtschaftlichen Allokationseffizienz hätte somit im Sinne besserer matches zwischen Arbeitsangebot und Arbeitsnachfrage stattgefunden, nicht aber im Sinne eines höheren Beschäftigungsgrads.

## 12.7   Weiterführende Literatur

Darstellende Artikel zur Suchtheorie sind von König (1979), der darin einen breiten Überblick gibt, und von Rothschild (1979), der die Argumentation anhand eines Standardmodells nachzeichnet. Eine kritische und sehr verständliche Darstellung bietet Lärm (1982). Ein „Muss" ist die Kritik von Rothschild (1978). Für einen Überblick zu neueren Entwicklungen siehe Schettkat (1997). Eine kurze moderne Darstellung findet sich bei Apolte (2007).

# Kapitel 13
# Gewerkschaftstheorien

Auf der Grundlage des neoklassischen Arbeitsmarktmodells fordert der ökonomische Mainstream die verstärkte Flexibilisierung von Lohnniveau und -struktur zum Abbau der Arbeitslosigkeit. Adressaten dieser Forderung sind aufgrund des in Deutschland bestehenden institutionellen Rahmens die Tarifparteien, also die Gewerkschaften auf der einen Seite und die Arbeitgeberverbände bzw. jeder einzelne Arbeitgeber auf der anderen Seite, die auf der Grundlage von Art. 9 (3) GG die Tarifautonomie besitzen. Obwohl somit beide Arbeitsmarktseiten für die Lohnfindung verantwortlich sind, nehmen die Gewerkschaften eine besondere Rolle ein. Dies kann zum einen mit der zugrunde liegenden neoklassischen Theorie begründet werden, derzufolge aufgrund des Say'schen Theorems das Angebot die aktive Rolle und die Nachfrage die passive, reaktive Rolle inne hat, und zum anderen mit dem tatsächlichen Ablauf von Lohnverhandlungen, in denen zuerst die Gewerkschaften ihre Forderungen stellen, auf die die Arbeitgeber mit einem Gegenangebot reagieren. Demzufolge ist die Rolle der Arbeitgeber weitgehend unterbeleuchtet (vgl. dazu Brandenberg 1991; Holzherr 1991 und zur Rolle auf europäischer Ebene Funk 2006e), wohingegen die Literatur zum Verhalten der Gewerkschaften praktisch nicht mehr überschaubar ist.

Es soll deshalb im Folgenden zunächst ein Überblick über die grundlegenden Modelle der ökonomischen Gewerkschaftstheorien – Monopolmodell, Modell effizienter Verhandlungen – gegeben werden. Im Anschluss daran erfolgt die Erweiterung dieser Modelle im Hinblick auf deren „Innenleben". Diese Vorgehensweise gründet auf der so genannten Ross-Dunlop-Kontroverse aus den 1940er Jahren (vgl. dazu Farber 1986, 1046 f). In den Augen Dunlop (1944) bildete die Gewerkschaft eine homogene Einheit, welche zugleich gemäß dem neoklassischen Rationalitätsaxiom handelt und als kennzeichnende Zielsetzung die Einkommensmaximierung ihrer Mitglieder verfolgt. Ross (1948) betrachtete dagegen das gewerkschaftliche Verhalten in einem politische, soziologische und psychologische Aspekte umfassenden Rahmen und sah Gewerkschaften als eine politische Einheit, die in einem ökonomischen Umfeld handelt und bei der zwischen Führung und Basis zu unterscheiden ist, wobei erstere (auch) eigene Ziele verfolgt, um beispielsweise ihre Wiederwahl zu sichern.

An diese Modelle schließen sich zwei neuere Pfade der ökonomischen Gewerkschaftsforschung an. Zum einen wird der Frage nachgegangen, inwieweit Gewerkschaften auch produktivitätssteigernde Auswirkungen haben können, und zum anderen wird im Rahmen der ökonomischen Korporatismusforschung nach der Rolle der Verhandlungsebene und deren Auswirkungen auf die makroökonomische Performance gefragt.

Alle diese Modelle beziehen sich allerdings nur auf den Aspekt der Lohnfindung, andere im Zusammenhang mit Gewerkschaften relevante Gesichtspunkte – Determinanten der Gewerkschaftsmitgliedschaft und des Gewerkschaftswachstums, Streiks, die Rolle von Gewerkschaften in Bezug auf Einkommensverteilung oder Inflation – werden hier nicht weiter verfolgt (vgl. dazu Hirsch/Addison/Genosko 1990; Booth 1995; Addison/Schnabel 2003).

**Kasten 13.1    Juristische Anwendung: Lohnfindung durch Arbeitskampf**

Tarifverträge mögen gelegentlich das Ergebnis erfolgreicher Überzeugungsarbeit sein. Zumeist sind sie aber nicht denkbar ohne einen Arbeitskampf oder zumindest die Drohung mit einem Arbeitskampf. Die wichtigsten Kampfmittel sind Streik und Aussperrung. In welchem Umfang diese Kampfmittel von den Beteiligten eingesetzt werden dürfen, ergibt sich nicht aus einer gesetzlichen Regelung. Vielmehr hat es der Gesetzgeber den Gerichten überlassen, Regeln für die Rechtmäßigkeit von Arbeitskampfmaßnahmen zu entwickeln. Wie kaum anders zu erwarten, stoßen die entsprechenden Judikate des Bundesarbeitsgerichts, das insoweit gleichsam als „Ersatzgesetzgeber" fungiert, nicht selten auf Bedenken. Zeigen lässt sich dies etwa an den vom Bundesarbeitsgericht geprägten Grundsätzen der Kampfparität und der Verhältnismäßigkeit. Bedeutung haben diese Grundsätze u. a. für die Entscheidung der Frage, ob und in welchem Umfang Arbeitgeber auf einen Streik mit einer Aussperrung reagieren dürfen. Der Grundsatz steht im Mittelpunkt einer vielfach geäußerten Kritik an der Ausformung des Arbeitskampfrechts durch das Bundesarbeitsgericht. Der zentrale Vorwurf geht dabei, vereinfacht ausgedrückt, dahin, dass das Gericht, in Verkennung der das Arbeitskampfgeschehen prägenden wirtschaftlichen Realitäten, die Gewichte zwischen den Beteiligten nach und nach zulasten der Arbeitgeberseite verschoben habe. In der Tat hängt die Wirkung eines Streiks entscheidend von sich wandelnden außerrechtlichen Faktoren ab. Die Gewerkschaften sind sich dessen sehr wohl bewusst und haben ihre Streiktaktik entsprechend ausgelegt. Illustrativ sind insoweit die sog. Kurzstreiks, die v. a. in Form von sog. Wechsel- und Wellenstreiks häufig praktiziert werden. Bei den sog. Wechselstreiks überzieht die Gewerkschaft in rascher Folge unterschiedliche Unternehmen mit Streikmaßnahmen. Beim sog. Wellenstreik wird dagegen innerhalb ein und desselben Unternehmens zeitlich begrenzt zum Streik aufgerufen, ohne dass dem Arbeitgeber die Dauer und Zahl der streikenden Arbeitnehmer vorher mitgeteilt würde. Bedenkt man, dass beispielsweise die Unternehmen in der Automobilindustrie (Hersteller und Zulieferer) eng miteinander verzahnt sind, so wird ohne weiteres deutlich, dass bereits der Streikeinsatz weniger Arbeitnehmer weit reichende Wirkungen zeitigen kann, zumal die vom Streik betroffenen Arbeitgeber häufig mit Lohnansprüchen der arbeitswilligen Arbeitnehmer belastet bleiben. Ob das Bundesarbeitsgericht diesen Gegebenheiten in seiner Rechtsprechung ausreichend Rechnung trägt, ist in der Rechtswissenschaft, wie gesagt, nicht unumstritten. Zuletzt hat das Bundesarbeitsgericht mit Entscheidungen zur Zulässigkeit sog. Unterstützungsarbeitskämpfe und zur Zulässigkeit von Streiks um sog. Tarifsozialpläne viel Ablehnung, aber auch viel Zustimmung, erfahren.

## 13.1 Das Monopol-Modell

Das Monopol-Modell stellt die wohl bekannteste und in der Literatur am weitesten verbreitete mikroökonomische Darstellung des Gewerkschaftsverhaltens dar. Das gewerkschaftliche Verhalten wird hiernach von der gewerkschaftlichen Nutzenfunktion bestimmt, die sich über die Lohnhöhe und das Beschäftigungsniveau der Gewerkschaftsmitglieder definiert. Die Gewerkschaft versucht, die Löhne und die Beschäftigung zu beeinflussen und ihre Nutzenfunktion, in der diese beiden Parameter als Argumente enthalten sind, zu maximieren. Die Maximierung des gewerkschaftlichen Nutzens entspricht also der Zielfunktion des Optimierungsproblems. Die exogen gegebene Arbeitsnachfragefunktion stellt dabei die Nebenbedingung des Maximierungsproblems dar.

Das ökonomische Verhalten von Gewerkschaften wird somit im Rahmen des Monopolmodells mittels eines abstrakten Optimierungskalküls erklärt, dessen Ausgangspunkt die Benennung einer gewerkschaftlichen Nutzenfunktion ist. In der gewerkschaftstheoretischen Literatur finden sich hier verschiedene Ausprägungen, die hier im Einzelnen nicht erörtert werden müssen (vgl. Oswald 1985; Farber 1986; Althammer 1990 und zusammenfassend Sesselmeier/Blauermel 1997, 98–100).

Grafisch werden die Nutzenfunktionen üblicherweise als gewerkschaftliche Indifferenzkurven im Lohnsatz-Beschäftigungsmengediagramm abgetragen (vgl. Abb. 13.1). Bewegungen entlang einer gegebenen Indifferenzkurve symbolisieren demnach Lohn-Beschäftigungs-Kombinationen mit jeweils gleichen Nutzenniveaus. Höher (tiefer) liegende Indifferenzkurven symbolisieren höhere (niedrigere) Nutzenniveaus.

Neben den hier nicht weiter spezifizierten Annahmen über die Nutzenfunktionen liegen dem Monopol-Modell folgende Annahmen zugrunde:

- Alle Arbeitnehmer einer Branche oder eines Unternehmens werden von der Gewerkschaft vertreten.
- Die in der Gewerkschaft zusammengeschlossenen Arbeitnehmer sind bezüglich ihrer Produktivität und Präferenzen homogen.
- Die Mitgliederzahl der Gewerkschaft ist exogen vorgegeben und fix.

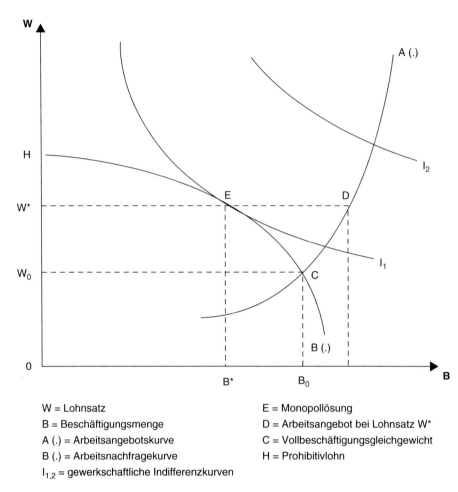

W = Lohnsatz
B = Beschäftigungsmenge
A (.) = Arbeitsangebotskurve
B (.) = Arbeitsnachfragekurve
$I_{1,2}$ = gewerkschaftliche Indifferenzkurven

E = Monopollösung
D = Arbeitsangebot bei Lohnsatz W*
C = Vollbeschäftigungsgleichgewicht
H = Prohibitivlohn

**Abb. 13.1** Gleichgewicht im Monopolmodell. (Quelle: Schnabel 1990, 236)

- Interessenskonflikte zwischen Gewerkschaftsführung und -basis sind ausgeblendet.
- Die Gewerkschaft steht einer großen Zahl kleiner Unternehmen ohne Markteinfluss gegenüber.
- Die Gewerkschaft ist als Angebotsmonopolist stark genug, die Höhe des Lohnsatzes zu kontrollieren.
- Der für die Gewerkschaft optimale Lohnsatz wird von ihr autonom festgelegt, das heißt auch:
  – Tarifverhandlungen finden nicht statt.
  – Unternehmen können Arbeitnehmer nicht unterhalb des Gewerkschaftslohns beschäftigen.
  – Die Unternehmen können nur durch Festlegung der Beschäftigungsmenge auf die gewerkschaftliche Lohnsetzung reagieren, sind aber darin nicht von der Gewerkschaft beeinflussbar („right to manage").

## 13.1 Das Monopol-Modell

Die Gewerkschaft maximiert unter diesen Annahmen somit ihren Nutzen unter der Nebenbedingung der unternehmerischen Nachfragekurve. Der maximale Lohnsatz W\* wird dort erreicht, wo die Grenzrate der gewerkschaftlichen Substitution von Lohn und Beschäftigung gleich der Steigung der Arbeitsnachfragekurve ist. Das Ergebnis ist in Abb. 13.1 im Punkt E zu sehen. Punkt E ist der Tangentialpunkt der gewerkschaftlichen Indifferenzkurve an der unternehmerischen Arbeitsnachfragekurve und beschreibt den bestmöglich zu erreichenden Punkt der Gewerkschaft, da jede darüberliegende Indifferenzkurve die Nachfragekurve nicht mehr tangiert und darunterliegende Indifferenzkurven die Nachfragekurven zweimal schneiden und damit Verbesserungsmöglichkeiten hin zum Tangentialpunkt bieten. Aus dem Vergleich mit dem Gleichgewichtspunkt bei vollkommener Konkurrenz, also ohne Gewerkschaften, C, zeigt sich, dass die Arbeitnehmer einen höheren Lohn erhalten, dass aber auch Arbeitslosigkeit herrscht in Höhe der horizontalen Differenz zwischen E und D. Diese Arbeitslosigkeitshöhe resultiert aus einem gegenüber der Marktlösung C höheren Arbeitsangebot aufgrund des im Monopolmodell höheren Lohnsatzes.

**Kasten 13.2   Juristische Anwendung: Monopol-Modell und Arbeitsrecht**

Aus juristischer Sicht verdient das Monopol-Modell besondere Beachtung. Dieses wirft ein helles Licht auf eine Reihe von rechtlichen Wertungen, die in der Tat eine Monopolisierung auf Gewerkschaftsseite begünstigen. So bleibt beispielsweise die verfassungsrechtliche Gewährleistung der Koalitionsfreiheit in Art. 9 Abs. 3 GG (sofern man, wie das BAG dies tut, einen sog. einheitlichen Gewerkschaftsbegriff zugrunde legt), zumindest aber die Fähigkeit zum Abschluss von Tarifverträgen, Gewerkschaften vorbehalten, die über eine gewisse Leistungs- und Durchsetzungsfähigkeit bzw. soziale Mächtigkeit verfügen. Dieses Erfordernis soll sicherstellen, dass Gewerkschaften in der Lage sind, Druck und Gegendruck auf die andere Seite auszuüben, um diese zum Abschluss eines Tarifvertrags zu bewegen. Auch muss ein Verband organisatorisch in der Lage sein, u. U. sehr komplizierte Tarifabschlüsse vorzubereiten und einmal abgeschlossene Tarifverträge dann auch durchzuführen. So sehr diese Gründe für die Aufrichtung des Erfordernisses der sozialen Mächtigkeit einleuchten, so wenig lässt sich die Gefahr einer Monopolisierung bestreiten. Allerdings ist sich das Bundesarbeitsgericht dieser Gefahr durchaus bewusst und hat beispielsweise in einer Entscheidung aus dem Jahr 2006 die Tariffähigkeit der „kleinen" Christlichen Gewerkschaft Metall (CGM) ausdrücklich anerkannt (Wank/Schmidt 2008[1]).

Die Gefahr einer gewissen Monopolisierung der Arbeitsbeziehungen ist auch mit dem sog. Industrieverbandsprinzip verbunden, nach dem die in Deutschland dominierenden DGB-Gewerkschaften organisiert sind. Für die Geltung dieses Prinzips gibt es gute Gründe. Vorteilhaft ist daran gerade auch bei einer Betrachtung der Verhältnisse im Ausland, dass es der Inhaber eines Betriebs in Deutschland grundsätzlich nur mit *einer* Gewerkschaft zu tun hat. Doch führt das Industrieverbandsprinzip zugleich zu einer gewissen Erstarrung, da beispielsweise Beschäftigte der Kantine eines metallverarbeitenden Betriebs ebenso wie ihre in der Produktion tätigen Kollegen nach dem Metalltarifvertrag entlohnt werden müssen; dies erklärt manche Ausgliederung von Unternehmensteilen. Nichtsdestoweniger wurde diese „Monopolisierung" der Arbeitsbeziehungen vom Bundesarbeitsgericht lange Zeit noch dadurch zementiert, dass es bei den vereinzelt auftretenden Konflikten zwischen Tarifverträgen der „großen" Gewerkschaften mit Tarifverträgen „kleiner", nicht dem DGB angehörender Gewerkschaften (sog. Tarifpluralität), den Grundsatz „Ein Betrieb, ein Tarifvertrag" (sog. Grundsatz der Tarifeinheit) postulierte und die Konkurrenz regelmäßig zu Lasten der letztgenannten Tarifverträge löste. Allerdings gibt es – insbesondere nach einem Beschluss des Gerichts im Januar 2010 – starke Anzeichen dafür, dass das Gericht den Grundsatz der Tarifeinheit in naher Zukunft aufgeben wird. Damit droht nun aber, umgekehrt, die Gefahr einer „Balkanisierung" der Arbeitsbeziehungen: Der Arbeitgeber könnte sich dann in die Situation versetzt sehen, mit unterschiedlichen Gewerkschaften über Tarifverträge verhandeln zu müssen und immer wieder in Arbeitskämpfe mit diesen Gewerkschaften verstrickt zu sein (Waas 2008a).

Auch wenn in Deutschland in weitem Umfang das Industrieverbandsprinzip gilt, so sollte dies übrigens nicht zu dem Missverständnis verleiten, dass die Gewerkschaften alle Arbeitnehmer einer Branche vertreten würden. Da nach dem deutschen Tarifrecht grundsätzlich nur die Arbeitnehmer an Tarifverträge gebunden sind, die der am Abschluss des Tarifvertrags beteiligten Gewerkschaft angehören (vgl. § 3 Abs. 1 Tarifvertragsgesetz), besteht auch nur zwischen der Gewerkschaft und den organisierten Arbeitnehmern ein „Vertretungsverhältnis". Allerdings enthält die rein tarifrechtliche Betrachtung nur die „halbe Wahrheit". Zu beachten ist nämlich, dass Arbeitgeber und Arbeitnehmer in den von ihnen abgeschlossenen Arbeitsverträgen weit überwiegend auf den Inhalt von Tarifverträgen verweisen. Zwar führt die Verweisung auf den Tarifvertrag nicht zu einer Tarifgebundenheit i. S. d. § 3 Abs. 1 Tarifvertragsgesetz, d. h. der Tarifvertrag gilt nicht normativ. Vielmehr wird der Inhalt des Tarifvertrags gewissermaßen auf die arbeitsvertragliche Ebene „hinabgezogen" mit der Konsequenz, dass von der tarifvertraglichen Regelung im Einverständnis von Arbeitgeber und Arbeitnehmer auch zulasten des letzteren abgewichen werden kann. Doch ändert dies nichts daran, dass der Inhalt von Tarifverträgen auch für die Mehrzahl der nicht organisierten Arbeitnehmer Bedeutung hat (Wiedemann 2007). Auch dieser Umstand trägt zu einer gewissen Monopolisierung der Arbeitsbeziehungen bei.

Das Monopol-Modell ist umfangreich kritisiert worden. Die Kritik wird hier kurz zusammengefasst:

- Als erstes erscheint die restriktive Annahme einer fixen und exogen vorgegebenen Mitgliederzahl als unrealistisch, da die Gewerkschaft durch ihre Lohnforderungen sowohl Beschäftigungseffekte als auch Anreizeffekte bezüglich des Ein- und Austritts in die Gewerkschaft auslöst.

- Ebenfalls problematisch ist die Annahme der Homogenität insbesondere der Präferenzen der Gewerkschaftsmitglieder, noch dazu wenn unterstellt wird, dass arbeitslos gewordene Mitglieder in der Gewerkschaft bleiben.
- Daneben erscheint die Annahme vollkommener Konkurrenz auf den Gütermärkten allzu vereinfachend und daher fragwürdig, da implizit von Extragewinnen ausgegangen wird, die die Entlohnung zum Gewerkschaftslohn ermöglichen (vgl. Althammer 1990, 24; Hirsch/Addison/Genosko 1990, 25). Trifft diese Kritik zu, so dürfte die Kernaussage des Monopolmodells, wonach die Gewerkschaften mit ihrer Lohnpolitik zu Wohlfahrtsverlusten und volkswirtschaftlichen Ineffizienzen beitragen, umstritten sein. Vielmehr könnten Monopolgewerkschaften im Sinne der Theorie des second best dann zu einer besseren Allokation beitragen.
- Der wohl stärkste Einwand gegen das Monopolmodell liegt in der Ausblendung des Verhandlungsprozesses zwischen Unternehmen und Gewerkschaft begründet. Die Annahme, dass die Gewerkschaft den Lohnsatz und die Unternehmen die Beschäftigungsmenge jeweils autonom festsetzen, führt nämlich zu einer Lösung, die bezüglich des Nutzens der Gewerkschaft und der Gewinne des Unternehmens gegenüber einem Alternativmodell mit Verhandlung über Lohn und Beschäftigung pareto-inferior ist (vgl. Oswald 1985, 169; Farber 1986, 1951; Hardes 1993, 370). Beide Seiten könnten bei einer solchen Verhandlungslösung ihren Nutzen erhöhen, wenn sie sich auf einen niedrigeren Lohnsatz und eine höhere Beschäftigung einigen würden. Das Ergebnis wäre eine auf einer Kontraktkurve liegende paretoeffiziente Verhandlungslösung. Die Ineffizienz des Monopolmodells steht somit im Widerspruch zur implizit zugrunde gelegten neoklassischen Annahme der individuellen Handlungsrationalität, derzufolge die Wirtschaftssubjekte die für sie vorteilhaftesten Handlungsalternativen ausschöpfen (vgl. Althammer 1990, 29).

Aus der Diskussion des letzten Kritikpunkts entstand als Modifikation des Monopolmodells das folgende Modell effizienter Verhandlungen.

**Kasten 13.3   Juristische Anwendung: Kritik am geltenden Tarifrecht**

Auch unter Juristen gibt es viele Stimmen, die das geltende Tarifrecht als zu rigide kritisieren. Bedenken begegnet beispielsweise die Rechtslage bei Austritt des Arbeitgebers aus dem Arbeitgeberverband. Denn der Arbeitgeber kann die Tarifgebundenheit nicht einfach „abschütteln", indem er den Arbeitgeberverband verlässt. Vielmehr bleibt er an den Tarifvertrag nach § 3 Abs. 3 Tarifvertragsgesetz über den Zeitpunkt der Beendigung der Mitgliedschaft hinaus gebunden; seine „exit-option" ist damit, so könnte man formulieren, Beschränkungen unterworfen. Überdies gelten nach § 4 Abs. 5 Tarifvertragsgesetz die Rechtsnormen des Tarifvertrags auch nach dessen Ablauf weiter und zwar solange, bis sie durch eine andere Abmachung ersetzt werden. Diese sog. Nachwirkung des Tarifvertrags tritt auch gegenüber dem Arbeitgeber ein, der den Verband zwischenzeitlich verlassen hat. Mit diesen und anderen Bestimmungen versucht der Gesetzgeber, das Tarifsystem zu stabilisieren. Arbeitgeber sollen dem Tarifvertrag nicht einfach dadurch die Grundlage entziehen können, dass sie den Verband verlassen. Doch hat er zugleich die Voraussetzungen für eine gewisse Erstarrung geschaffen, die zu Ausweichreaktionen der Beteiligten geführt hat. Als eine derartige Reaktion kann beispielsweise das weit verbreitete Phänomen sog. OT-Mitgliedschaften gelten, bei der ein Arbeitgeber zwar weiterhin dem Arbeitgeberverband angehört, an Tarifverträge, die im Namen des Verbands abgeschlossen werden, aber nicht gebunden ist. Eine andere Ausweichreaktion ist der Abschluss sog. betrieblicher Bündnisse für Arbeit. Derartige Bündnisse kommen in der Praxis zumeist zwischen Arbeitgeber und Betriebsrat oder im Wege der massenweisen Änderung von Arbeitsverträgen zustande und enthalten, als Reaktion auf wirtschaftliche Schwierigkeiten, Abweichungen von den zwingenden Tarifnormen zu Lasten der betroffenen Arbeitnehmer. Das Bundesarbeitsgericht hält derartige Bündnisse für unzulässig. Dabei hat es sich auch nicht von dem Argument beeindrucken lassen, eine (zeitweilige) Verschlechterung der Arbeitsbedingungen sei, gemessen an einem Verlust des Arbeitsplatzes, noch immer die günstigere Alternative, sodass die zwingende Wirkung des Tarifvertrags derartigen Abmachungen nicht entgegenstehe. Das Bundesarbeitsgericht spricht hier ausdrücklich von der fehlenden Vergleichbarkeit von „Äpfeln und Birnen" und gewährt der Gewerkschaft sogar einen entsprechenden Unterlassungsanspruch, wenn der Arbeitgeber mithilfe des Betriebsrats massenhaft Vertragsänderungen vornimmt (Waas 2008a). In der rechtspolitischen Diskussion wird als Reaktion auf diese Rechtsprechung von vielen eine Reform des Tarifsystems gefordert oder zumindest angeregt (vgl. zum Ganzen etwa Dieterich/Hanau/Henssler/Oetker/Wank/Wiedemann, 2004; Kordel 2005). Dabei geht es v. a. darum, auf untertariflicher Ebene Abweichungen vom Tarifvertrag zuzulassen und betriebliche Bündnisse für Arbeit jedenfalls dann zu gestatten, wenn sie der Sicherung von Arbeitsplätzen dienen.

## 13.2 Das Modell effizienter Verhandlungen

Im Modell effizienter Verhandlungen (McDonald/Solow 1981) verhandeln Gewerkschaften und Unternehmen simultan über Lohn und Beschäftigung. Dadurch ergibt sich ein Beschäftigungsgrad, der jenseits der Arbeitsnachfragekurve und eventuell sogar über dem Niveau bei vollkommener Konkurrenz liegt.

Ergänzend zur Darstellung des Monopolmodells werden hier noch die Isogewinnkurven G der Unternehmung abgetragen. Diese verkörpern den geometrischen Ort aller Lohn-Beschäftigungs-Kombinationen, die einem bestimmten Gewinn entsprechen. Den einzelnen Kombinationen je Isogewinnkurve steht das Unternehmen indifferent gegenüber. Je tiefer eine Isogewinnkurve liegt, umso höher ist der damit korrespondierende Gewinn, da annahmegemäß für jede angenommene Beschäftigung ein geringerer Lohnsatz zu einem höheren Gewinn führt. Die Arbeitsnachfragekurve, die aus diesem gewinnmaximierenden Verhalten resultiert und aufgrund

## 13.2 Das Modell effizienter Verhandlungen

der Konkavität der unterstellten Produktionsfunktion einen negativ ansteigenden Verlauf aufweist, kann als geometrischer Ort aller Maxima der Isogewinnkurven bezeichnet werden (vgl. für eine mathematische Darstellung Schnabel 1989, 94 ff).

Die Gewerkschaft maximiert ihren Nutzen entsprechend einer Nutzenfunktion mit konvexen Indifferenzkurven. Verhandeln Gewerkschaft und Unternehmen nun simultan über Lohn und Beschäftigung, so ergeben sich die effizienten Lösungen auf der Kontraktkurve, also der Kurve aller Tangentialpunkte von Indifferenzkurven und Isogewinnkurven zwischen dem Punkt C, in dem der Lohnsatz dem gerade noch von der Gewerkschaften akzeptierten Niveau entspricht, und dem Punkt K, bei dem alle Gewerkschaftsmitglieder beschäftigt wären und die Gewerkschaft ihre stärkste Verhandlungsmacht besäße. Umgekehrtes gilt für das Unternehmen. Die Kontraktkurve liegt dabei stets rechts von der Arbeitsnachfragekurve, so dass außer im Punkt C überall auf der Kontraktkurve der Lohnsatz das Grenzprodukt der Arbeit übersteigt. Der Arbeitgeber sieht sich somit veranlasst, mehr Arbeitnehmer zu beschäftigen als er eigentlich entsprechend seiner Nachfragekurve möchte. Die so von der Gewerkschaft produzierte Überbeschäftigung wird als „feather bedding" bezeichnet. Das genaue Verhandlungsergebnis lässt sich allerdings nicht angeben, sondern nur der Abschnitt der Kontraktkurve in der Tauschlinse, innerhalb dessen das Ergebnis entsprechend der jeweiligen Verhandlungsstärken liegen wird (Abb. 13.2).

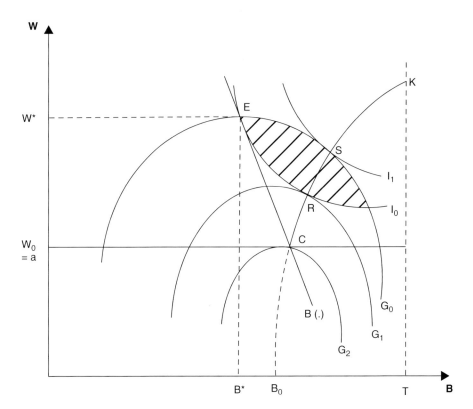

**Abb. 13.2** Gleichgewicht im Modell effizienter Verhandlung. (Quelle: Schnabel 1990, 238)

Als auffälligstes Ergebnis bleibt somit festzuhalten, dass das Modell der effizienten Verhandlung zu einer Aufhebung des trade-offs zwischen Lohn und Beschäftigung führen kann. Im Ergebnis wäre dann eine Erhöhung der Beschäftigung und des Lohnsatzes sowohl im Vergleich zum Monopolmodell als auch sogar zum Modell vollkommener Konkurrenz möglich.

Da es sich bei diesem Modell weniger um einen Gegenentwurf als vielmehr um eine Modifikation des Monopolmodells handelt, gelten ebenfalls die oben formulierten Einwände auch gegen das Modell effizienter Verhandlungen. Darüber hinaus kann noch folgende Kritik angeführt werden:

- Die interessante Erweiterung des Monopolmodells um simultane Verhandlungen über Lohn und Beschäftigung stößt auch aufgrund der empirischen Erfahrung, dass häufig vor allem über Löhne verhandelt wird – (vgl. allerdings für das deutsche Recht § 1 Abs. 1 Tarifvertragsgesetz, aus dem sich, entsprechend der weiten grundrechtlichen Gewährleistung der Tarifautonomie in Art. 9 Abs. 3 Grundgesetz, ergibt, dass die tarifvertraglich regelbaren Gegenstände über den bloßen Entgeltbereich deutlich hinausgehen) –, längere Zeit auf Kritik (Schnabel 1989, 138; Winkelhake 1994, 39).
- Daneben erscheinen simultane Verhandlungen in Branchen mit hohen Absatzschwankungen sowohl für die Unternehmen als für die Arbeitnehmer als unattraktiv, da durch das Verhandlungsergebnis der Bestand des Unternehmens gefährdet sein kann (Winkelhake 1994, 40).
- Als problematisch wird häufig auch das Fehlen einer eindeutigen Verhandlungslösung angesehen. Hierzu wären weitere Annahmen über die jeweilige Verhandlungsstärke und den Ablauf des Verhandlungsprozesses notwendig (vgl. Schnabel 1989, 138).
- Längere Zeit wurde auch der Realitätsgehalt des Ergebnisses vor allem unter den (west-)deutschen Bedingungen prinzipiell in Frage gestellt, da eine Zunahme des Beschäftigungsgrades über das ohne Gewerkschaften mögliche Niveau als nicht sehr wahrscheinlich anzusehen ist. Festzuhalten bleibt jedoch, dass im Zuge der seit Mitte der 1990er Jahre verstärkt fortschreitenden Deregulierung des deutschen Tarifsystems nicht nur die Tarifbindung stark gesunken ist und die Tarifverträge durch tarifliche Öffnungsklauseln für abweichende Betriebsvereinbarungen geöffnet wurden „Parallel hierzu sind in der betrieblichen Praxis zahlreiche Bündnisse für Arbeit geschlossen worden." (Lesch 2008a, 75 und zur Rolle der Betriebsräte hierfür Lesch 2008c). Der theoretische Hintergrund für diese mittlerweile in Deutschland stark verbreiteten beschäftigungspolitischen Innovation findet sich tatsächlich im Modell effizienter Verhandlungen: „Betriebliche ‚Bündnisse für Arbeit' sind üblicherweise derartige bindende Vereinbarungen, in denen die Beschäftigten im Gegenzug für Lohnzurückhaltung Beschäftigungsgarantien des Arbeitgebers erhalten. Sie können allerdings nur funktionieren, wenn sich die Einhaltung problemlos kontrollieren lässt. Hohe Kontrollkosten und die Tatsache, dass Arbeitgeberverbände für ihre Mitgliedsunternehmen keine bindenden Beschäftigungszusagen geben können, verringern deshalb die Erfolgschancen überbetrieblicher oder gar gesamtwirtschaftlicher ‚Bündnisse für Arbeit'" (Schnabel 2002, 338).

## 13.3 Das Medianwählermodell

Gemeinsam mit dem Monopolmodell hat auch die Kritik an der mangelnden Betrachtung des gewerkschaftlichen Innenlebens weiterhin Bestand. Dies führt uns zu den folgenden Modellen.

## 13.3 Das Medianwählermodell

Aufgrund der eben formulierten Kritik, wonach es den Modellen bisher an einer mikroökonomischen Fundierung des Gewerkschaftsverhaltens aus den Präferenzen der Mitglieder fehle, wurden das Innenleben und die Organisationsziele der Gewerkschaften in den Mittelpunkt der Modellbetrachtung gelenkt. Die dahinter stehende Annahme der Heterogenität der Gewerkschaftsmitglieder wird in aller Regel mit zwei unterschiedlichen Erklärungsmustern belegt: Zum einen werden Insider-Outsider-Ansätze herangezogen. Da diesen Ansätzen ein eigenes Kapitel gewidmet ist, werden sie an dieser Stelle nicht weiter verfolgt. Zum anderen wird auf das Median-Voter-Modell verwiesen, das hier im Mittelpunkt steht.

Mit Hilfe der Medianwählermodelle, die im Rahmen der Public Choice zur ökonomischen Analyse politischer Entscheidungsprozesse entwickelt wurden (vgl. hierzu allgemein Bernholz/Breyer 1994[3]; Hargreaves Heap/Hollis/Lyons/Sugden/Weale 1992), versucht die gewerkschaftstheoretische Literatur zu berücksichtigen, dass die gewerkschaftliche Organisation aus einer Vielzahl von Arbeitnehmern mit unterschiedlichen Interessen besteht. Dabei liegt der Analyse folgende Überlegung zugrunde: Gewerkschaften treten als kollektive Interessenvertreter von Arbeitnehmern in Tarifverhandlungen mit Arbeitgebern, um über Löhne, Arbeitszeit und Arbeitsbedingungen zu verhandeln. Die aus derartigen Verhandlungen resultierenden Tarifverträge können als gewerkschaftliche Dienstleistungen interpretiert werden, die typische Charakteristika öffentlicher Güter aufweisen. Dies ist deshalb möglich, weil die Arbeitgeber in der Regel tarifvertragliche Regelungen nicht allein den organisierten Arbeitnehmern gewähren, sondern ohne Beachtung der formellen Tarifgebundenheit von Mitgliedern der Tarifvertragsparteien auch nichtorganisierten Arbeitnehmern zukommen lassen.

Die Interessenheterogenität der Gewerkschaftsmitglieder, die für Mitglieder von Organisationen im allgemeinen charakteristisch ist, wird im Medianwählermodell in zweifacher Hinsicht berücksichtigt. Zum einen wird zwischen Führung und Basis der Gewerkschaft unterschieden: Die Basis wählt die Führung und betraut sie mit der Aufgabe, die lohnpolitischen Vorstellungen der Mitgliedermehrheit in Tarifverhandlungen durchzusetzen. Die Führung verfolgt neben den Gewerkschaftsinteressen aber auch eigene Ziele. Dazu gehört u. a. auch der Wunsch, von den Mitgliedern wiedergewählt zu werden. Die Möglichkeit der Mitglieder, mit einer Abwahl der Führung zu drohen, bindet andererseits diese wieder an die Mitgliederpräferenzen und verhindert deren Missachtung. Zum anderen wird im Modellrahmen berücksichtigt, dass die Interessen und Präferenzen der einzelnen Mitglieder innerhalb der Gewerkschaftsbasis heterogen sein können und somit zu unterschiedlichen Erwartungen hinsichtlich des Verhaltens der Gewerkschaftsführung beitragen.

Ein Ausgleich dieser Interessendivergenzen erfolgt durch die Einbeziehung eines demokratischen Abstimmungsmechanismus, bei dem alle Gewerkschaftsmitglieder mittels Mehrheitswahl über die Zielsetzung der Gewerkschaftspolitik entscheiden können. Dieses repräsentativ-demokratische Wahlverfahren führt dann zu einer Politik, bei der bevorzugt die Beschäftigungsinteressen einer Kernbelegschaft vertreten werden und die Interessen von Minderheitsgruppen unter den Mitgliedern in der gewerkschaftlichen Zielfunktion kaum Berücksichtigung finden. Im Mittelpunkt der Betrachtung steht das mittlere, das Medianmitglied der Gewerkschaft, dessen Präferenzen als Ausgangspunkt für die Darstellung gewerkschaftlicher Verhaltensweisen dienen und das folgendermaßen definiert werden kann: Die eine Hälfte der abstimmungsberechtigten Gewerkschaftsmitglieder wünscht sich weniger und die andere Hälfte wünscht sich mehr als der Medianwähler von dem durch die Gewerkschaft angebotenen Kollektivgut (vgl. Farber 1986, 1075; Mainusch 1992, 92). Die Modellierung der gewerkschaftlichen Organisation, insbesondere in Bezug auf die gewerkschaftliche Lohnniveaupolitik, erfolgt in der Regel auf der Grundlage des Monopolmodells. Erhalten bleiben als wesentliche Parameter die Arbeitsnachfragekurve, anhand der das Unternehmen seine Beschäftigungsentscheidung trifft, sowie die Annahme einer rationalen Lohnpolitik der Gewerkschaften, in deren Rahmen die maßgeblichen Interessen der Mitglieder unter der Bedingung einer gegebenen Arbeitsnachfragekurve maximiert werden (vgl. Hardes 1993, 369). Das gewerkschaftliche Durchschnittsmitglied, an dessen Präferenzen sich die Funktionäre beim Aufstellen des gewerkschaftlichen Leistungsangebots orientieren, weist bisher tendenziell folgende Merkmale auf: männlich, Arbeiter in einem Großbetrieb, Nicht-Akademiker, SPD-Wähler, mittleres Alter. Diesen Befund bestätigen neuere empirische Untersuchungen allerdings tendenziell weniger: „Bestimmte Eigenschaften eines Arbeitnehmers wie das Geschlecht, das Alter, die Ausübung einer Vollzeitbeschäftigung oder eines bestimmten Berufs erhöhen nicht mehr signifikant die Wahrscheinlichkeit dafür, dass ein Individuum Gewerkschaftsmitglied ist. Der einzelne Arbeitnehmer ist unabhängig von seinen Eigenschaften immer weniger bereit, sich gewerkschaftlich zu organisieren" (Biebeler/Lesch 2006, 54). Auch weisen die Kampagnen des Deutschen Gewerkschaftsbunds etwa gegen die Rente mit 67 auf die relativ abnehmende Bedeutung der Lohnpolitik im Vergleich zu anderen Politiken zugunsten einer im Schnitt älter werdenden und schrumpfenden Mitgliedschaft hin: „Wenn das Einkommen der älteren Beschäftigten stärker durch ihre Rente als durch die nächsten Lohnrunden geprägt ist, wird die Rentenpolitik zwangsläufig wichtiger als Lohnpolitik" (Funk/Lesch/Janssen 2005).

Als Resultat verschiedener in der angelsächsischen Literatur entwickelter Modelle ergibt sich eine an den Interessen des Medianwählermitglieds orientierte gewerkschaftliche Lohnpolitik, die zu Arbeitslosigkeit und inflexiblen Löhnen führt (vgl. hierzu Berthold 1989, 236). Voraussetzung für dieses Ergebnis sind diskriminierende Beschäftigungsregeln, die gewerkschaftlich organisierte Arbeitnehmer

## 13.3 Das Medianwählermodell

gegenüber nicht-gewerkschaftlich organisierten Beschäftigten begünstigen. Ein in diesem Zusammenhang häufig diskutiertes Medianwählermodell ist das Senioritätsmodell von Oswald (1985), das hier noch kurz dargestellt wird.

Das Senioritätsmodell von Oswald (1985) zeigt, dass sich Monopol- und Verhandlungslösungen nicht fundamental unterscheiden müssen und dass Arbeitsmarktgleichgewichte auf der Arbeitsnachfragekurve ebenfalls zu paretooptimalen Lösungen führen können. Dazu wird das Monopolmodell um die Annahme erweitert, dass die Arbeitnehmer nicht wie bisher nach dem Zufallsprinzip, sondern gemäß ihrer Gewerkschaftszugehörigkeit, also der Senioritätsregel last in first out, entlassen werden. Die gewerkschaftliche Zielfunktion entspricht der des Arbeitnehmers mit mittlerer Seniorität, was eine Aufhebung der Substitutionsbeziehung zwischen Lohn und Beschäftigung mit sich bringt, da es sich bei diesen Mitgliedern um eher ältere und bei mäßigem Beschäftigungsrückgang nicht entlassungsgefährdete Arbeitnehmer handelt. Dies hat zu Folge, dass die gewerkschaftlichen Indifferenzkurven horizontal verlaufen (Abb. 13.3).

Betrachtet man das Ergebnis dieses Modells, so zeigt sich, dass unter diesen Annahmen das effiziente Verhandlungsmodell einen Sonderfall des Monopolmodells darstellt, da die Lösung auf der Nachfragekurve liegt. Punkt K zeigt den Lohnsatz und die Beschäftigungshöhe, bei der das Medianmitglied gerade noch beschäftigt werden würde. Von diesem Punkt an verläuft auch die gewerkschaftliche Indifferenzkurve horizontal nach rechts. D. h. links von $B_S$ würde kein Medianmitglied beschäftigt und eine Beschäftigungserhöhung über $B_S$ hinaus – aufgrund von Lohnsenkungen – würde seinen Nutzen verschlechtern. Der horizontale Verlauf der Indifferenzkurven bedingt nun auch ein Zusammenfallen von Nachfragekurve und Kontraktkurve. Dabei beschreibt letztere den Teil der Nachfragekurve, der zwischen $w_S$ und dem Konkurrenzlohn w liegt. Die Gewerkschaften würden keinen höheren Lohn aushandeln, da ja sonst auch die Medianarbeitnehmer arbeitslos würden.

Das Medianwählermodell hat eine relativ hohe Wertschätzung, weil es, wie beispielsweise Turnbull (1988, 104) es sieht, das einzige operationale Modell sei, das

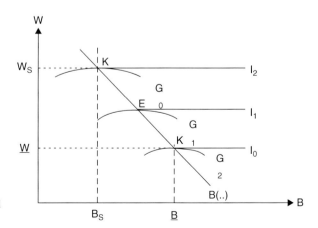

**Abb. 13.3** Senioritätsmodell nach Oswald

basierend auf den neoklassischen Annahmen konsistent in der Lage ist, die Aggregation verschiedener individueller Präferenzen in einer zusammenhängenden Zielfunktion abzubilden. Dennoch gibt es naturgemäß auch hier einige kritische Anmerkungen:

- Problematisch ist zunächst die auch in diesem Modell vorhandene Annahme der exogen gegebenen Mitgliederzahl, d. h. entlassene und junge Mitglieder bleiben in der Gewerkschaft. Denn unter dieser Annahme kann man praktisch nicht erklären, warum junge Arbeitnehmer in die Gewerkschaft eintreten sollen, wo sie doch nach der zugrunde liegenden Senioritätsregel als erste entlassen würden.
- Lässt man umgekehrt eine kontinuierliche Verringerung der Mitgliederzahl zu, so führt dies zu einer Linksverschiebung der Medianposition. In einem wie hier dem Monopolmodell angelehnten Medianwählermodell, bei dem es nach Tarifverhandlungen zu lohninduzierten Entlassungen kommt und sich die Gewerkschaft in ihren Lohnforderungen an dem gemäß der Senioritätsregel medianen Gewerkschaftsmitglied orientiert, würden in jeder Verhandlung die Hälfte der Mitglieder keine Beschäftigung finden, da die Nutzenposition des Median erst dann optimiert ist, wenn er der Beschäftigte mit der geringsten Seniorität ist (vgl. Farber 1986, 1077; Winkelhake 1994, 78). Als Folge würde er in der nächsten Periode entlassen werden – eine Entwicklung, die empirisch nicht feststellbar ist.
- Auch die Senioritätsregel, die sich an der Dauer der Gewerkschaftsmitgliedschaft und nicht an der Beschäftigungsdauer im Unternehmen orientiert, erscheint unrealistisch. Darüber hinaus stellt sich die Frage, inwieweit diese Entlassungsregel überhaupt plausibel ist. Zumindest für Deutschland muss das Fehlen einer eindeutigen Entlassungsregel konstatiert werden (Winkelhake 1994, 77). Eine Senioritätsregel existiert hier nur insoweit, als der Arbeitgeber im Fall betriebsbedingter Kündigungen bei der Auswahl der zu kündigenden Arbeitnehmer die Dauer der Betriebszugehörigkeit (!) zu berücksichtigen hat. Daneben müssen aber auch noch Lebensalter, Unterhaltspflichten sowie eine evtl. Schwerbehinderung des Arbeitnehmers in die Betrachtung miteinfließen (§ 1 Abs. 3 S. 1 Kündigungsschutzgesetz). Und auch für die USA gelten noch andere Entlassungsregeln (Turnbull 1988).
- Schließlich ist aus rechtlicher Sicht darauf hinzuweisen, dass Organisationsklauseln, die den tarifgebundenen Arbeitgeber verpflichten, nur Gewerkschaftsmitglieder zu beschäftigen („closed shop") nicht nur gegen die in Art. 12 Abs. 1 Grundgesetz garantierte Freiheit der Berufswahl der Arbeitnehmer, sondern v. a. auch gegen deren nach Art. 9 Abs. 3 Grundgesetz geschützte (negative) Koalitionsfreiheit verstoßen würden. Ganz abgesehen davon stellen derartige Klauseln auch eine Verletzung der nach Art. 11 der Europäischen Menschenrechtskonvention gewährleisteten Versammlungs- und Vereinigungsfreiheit dar.

Insgesamt wird die Senioritätsregel somit zum Schwachpunkt der Medianwählermodelle, die vielleicht deswegen, sicher aber auch wegen der generell dem Medianwähleransatz innewohnenden Schwächen nicht die von ihren Protagonisten erhoffte Bedeutung gewonnen haben.

## 13.4 Der Exit-Voice-Ansatz

Vor allem mit dem 1984 erschienenen Buch „What Do Unions Do?", aber auch mit bereits in früheren Jahren veröffentlichten Aufsätzen führten Freeman und Medoff eine alternative Sichtweise in die ökonomische Gewerkschaftsdebatte ein. Dem Monopolcharakter der Gewerkschaften und dessen negativen Wohlfahrtseffekten stellten sie positive, produktivitätssteigernde Effekte der Gewerkschaften gegenüber. Freeman/Medoff (1984, 6 ff) sprechen dabei von den „zwei Gesichtern" der Gewerkschaften: Auf der einen Seite das bereits erläuterte „Monopol-Gesicht" und auf der anderen Seite das „collective voice-Gesicht". Letzteres soll die Fähigkeit ausdrücken, die Arbeitnehmer eines Betriebs als kollektives Interessensorgan zu vertreten.

Auf der Grundlage des Werks von Hirschman (1970) „Exit, Voice, and Loyalty" wird argumentiert, dass Arbeitnehmer gegenüber ihrem Unternehmen zwei Reaktionsmuster bei Problemen zur Verfügung haben: Sie können entweder das Unternehmen verlassen (exit) oder über diese Probleme debattieren und damit über Diskussion, Verhandlung und Abstimmungen am Unternehmensprozess partizipieren (voice). Letzteres kann eine effiziente Alternative zur Exit-Option sein, da sie deren Transaktionskosten vermeidet oder zumindest vermindert (Hirschman 1970, 43).

Auf dem Arbeitsmarkt ist das Exit-Verhalten gleichbedeutend mit einer freiwilligen Kündigung oder einer Ablehnung von angebotenen Arbeitsplätzen. Der Arbeitnehmer signalisiert mit der Exit-Option, dass er einen für ihn weniger akzeptablen Arbeitsplatz zugunsten eines akzeptableren aufgibt oder dass er von vornherein auf einen schlechten Arbeitsplatz verzichtet, da er die Lohn-Beschäftigungs-Kombination eines anderen Unternehmen bevorzugt. Unter der Exit-Variante können zudem auch hohe Fluktuationsraten, hohe Fehlzeiten und häufige Arbeitskonflikte mit Mitarbeitern und Vorgesetzten zusammengefasst werden, die ebenfalls als Indikatoren für die Unzufriedenheit mit bestehenden Beschäftigungsbedingungen dienen können.

Die Voice-Option ist auf dem Arbeitsmarkt dagegen diejenige Alternative, bei der unzufriedene Arbeitnehmer nicht mit Kündigung reagieren, sondern über Kommunikation mit ihren Vorgesetzten versuchen, ihre Unzufriedenheit über spezifische Arbeitsbedingungen zu thematisieren und in Verhandlungen zu beseitigen oder zu verringern. Allerdings bieten nach Freeman/Medoff (1984) individuelle Gespräche keine Ausgangsbasis für eine effektive Kommunikation zwischen Arbeitgeber und Arbeitnehmer; vielmehr braucht es eine Organisation, die den Arbeitnehmern als Gruppe Kommunikationsmöglichkeiten verschafft. Hierfür werden zwei Argumente angeführt:

- Arbeitsbedingungen, wie etwa die Sicherheitsbedingungen, die Arbeitsgeschwindigkeit, Beleuchtung oder auch Temperatur, haben Kollektivgutcharakter (vgl. insoweit übrigens § 3 Abs. 2 Tarifvertragsgesetz, der von „Rechtsnormen über betriebliche Fragen" handelt). Demzufolge ist der Anreiz für einen einzelnen Arbeitnehmer, sich für diese Arbeitsbedingungen zu engagieren, klein, so dass eine kollektive Organisation notwendig ist (in Deutschland die Gewerkschaft bzw. der Betriebsrat).

- Zum zweiten kann eine individuelle Offenlegung der Präferenzen Vergeltungsmaßnahmen bis hin zur Entlassung durch den Arbeitgeber nach sich ziehen (vgl. allerdings für das deutsche Recht das sog. Maßregelungsverbot des § 612a Bürgerliches Gesetzbuch, wonach der Arbeitgeber einen Arbeitnehmer nicht benachteiligen darf, weil der Arbeitnehmer in zulässiger Weise seine Rechte ausübt).

Vergleicht man nun die Handlungsalternativen Exit und Voice hinsichtlich ihrer ökonomischen Effizienz bei der Informationsübermittlung, so erweist sich die Abwanderungsoption als die am Arbeitsmarkt unterlegene. Würde der durch die Exit-Alternative in Gang gesetzte Anpassungsmechanismus kostenfrei funktionieren, entstünde nach neoklassischer Argumentation ein paretooptimaler Zustand, in dem die Unternehmen die durch die Abwanderung gegebene Information aufnehmen und nach Ende des Anpassungsprozesses optimale Kombinationen von Löhnen und Arbeitsbedingungen anbieten. In der Realität sind freiwillige Kündigungen jedoch sowohl für den Arbeitnehmer als auch für den Arbeitgeber mit Transaktionskosten verbunden, die sich u. a. im Verlust betriebsspezifischer Fähigkeiten, der Suche nach Arbeitsplätzen bzw. Arbeitskräften und in neuen Ausbildungskosten niederschlagen. Zusätzlich wird die korrekte Identifikation der Arbeitnehmerpräferenzen durch die komplexen Arbeitsbeziehungen, die Konjunkturschwankungen und die unvollkommene Mobilität der Arbeitnehmer erschwert. Eine Institution, wie eben die Gewerkschaft erweist sich unter diesen Bedingungen als überlegen, indem sie die Informationen über die Arbeitnehmer aufnimmt, bündelt und gegenüber der Unternehmung als deren Sprachrohr fungiert.

Als Ergebnis dieser Institutionalisierung der Voice-Option sind positive Auswirkungen auf die Produktivität im Unternehmen zu erwarten. Verkürzt gilt folgende Kausalkette: Die Interessensvertreter der Belegschaft, häufig die Gewerkschaften, bieten der Belegschaft einen Kommunikationskanal an, über den unzufriedene Arbeitnehmer mit der Unternehmensleitung die betrieblichen Probleme diskutieren können. Sie sammeln die Unmutsäußerungen der Beschäftigten, vertreten die kollektiven Interessen der Mehrheit der Beschäftigten gegenüber der Unternehmensleitung und versuchen diese in Verhandlungen durchzusetzen. Die gewerkschaftliche Organisation ist so in der Lage, durch kollektive Voice-Prozesse an betrieblichen Entscheidungen teilzunehmen und die Unzufriedenheiten und Probleme von Arbeitnehmern in direkten Gesprächen mit dem Management zu reduzieren bzw. auszuräumen.

In der Folge wird die Exit-Option von den im Unternehmen beschäftigten Arbeitnehmern in geringerem Maße wahrgenommen, so dass die Fehlzeiten sinken, die Arbeitszufriedenheit steigt, die arbeitnehmerseitige Fluktuationsrate sich vermindert und die betrieblichen Arbeitsbeziehungen sich stabilisieren. Daneben werden durch die Stabilisierung der Beschäftigungsdauer innerbetriebliche Arbeitskonflikte abnehmen und sich die sozialen Beziehungen im Unternehmen, das Betriebsklima und die Arbeitsmoral verbessern. Die Wahrnehmung der „collective voice"-Funktion durch die Gewerkschaft beeinflusst dabei nicht nur die Arbeitnehmer, sondern auch das Management. So üben die Gewerkschaften einen „Schockeffekt" (Freeman/Medoff 1984, 15) auf die Unternehmensführung aus, der diese veranlasst, ihre

## 13.4 Der Exit-Voice-Ansatz

Kontroll- und Leitungsaufgaben sorgfältiger wahrzunehmen und die Effizienz des Managements und des Produktionsprozesses sprunghaft ansteigen lässt. Aufgrund der Informationsversorgung durch die Gewerkschaften verfügt die Unternehmensleitung darüber hinaus über detaillierte Information, um kompetente Entscheidungen treffen zu können.

Insgesamt bleibt dem Unternehmen somit betriebsspezifisches Humankapital erhalten, welches gleichzeitig motivierter ist. Das erspart den Unternehmen zudem Kosten für die Einarbeitung neuer Arbeitnehmer, so dass gewerkschaftliche die Produktivität prinzipiell steigern kann.

Auch dieser Ansatz ist einer Vielzahl unterschiedlicher Kritikpunkte ausgesetzt, die kurz wiedergegeben werden:

- Es bleibt unklar, warum die Unternehmensführung einen externen Anstoß zur Installation diese Informationskanals braucht und diesen nicht von selbst einrichtet, zumal damit die mit der Gewerkschaft zusammenhängenden Einschränkungen der unternehmerischen Entscheidungsfreiheit vermieden werden könnten. Eine wirklich produktivitätssteigernde Wirkung der Gewerkschaften ist somit nur für ineffizient und autoritär geführte Unternehmen vorstellbar.
- Bei der Vielzahl von Unternehmen in einer Volkswirtschaft ist diese Verhaltensweise für die Mehrheit dieser Unternehmen allerdings kaum vorstellbar. Vielmehr wird es im ureigensten Interesse eines effizienten Managements liegen, an Informationen über betriebliche Probleme zu gelangen und Wert auf Kommunikation sowie auf Entscheidungspartizipation zu legen, um das Betriebsklima positiv zu gestalten und die Fluktuationsrate niedrig zu halten. Eine exogene Einschränkung des Handlungsspielraums durch eine Gewerkschaft wird dann eher zu einer Verringerung als zu einer Erhöhung der betrieblichen Produktivität führen.
- Daneben können auch andere, dem Exit-Voice-Paradigma entgegengesetzte Kausalketten zu dem gleichen Ergebnis kommen: Geht man davon aus, dass zwischen einzelnen Unternehmen erhebliche Unterschiede in der Arbeitsplatzbelastung durch Druck von Vorgesetzten oder Arbeitsgeschwindigkeit besteht, so werden Arbeitnehmer, die unter schwierigeren Arbeitsbedingungen zu leiden haben, einen höheren Anreiz verspüren, einer Gewerkschaft beizutreten als Beschäftigte mit günstigeren Arbeitsbedingungen. Die einer Gewerkschaft beitretenden Arbeitnehmer werden dann durch ihre Mitgliedschaft versuchen, sich vor der Arbeitsbelastung zu schützen und einen kompensierenden Lohnzuschlag zu erhalten. Wirkt sich nun ein vom Management forcierter Arbeitsdruck positiv auf die Produktivität aus, entsteht eine wie im Exit-Voice-Ansatz beschriebene Situation, in der gleichzeitig eine hohe Produktivität, ein hoher gewerkschaftlicher Organisationsgrad und hohe Löhne zu beobachten sind. Dieser beobachtete Zusammenhang offenbart somit nicht zwingend die wahren Ursachen für betriebliche Effizienz, wenn das Kriterium der Arbeitszufriedenheit unberücksichtigt bleibt.
- Bei der Übertragung dieses Ansatzes auf deutsche Verhältnisse stößt man auf die Schwierigkeit, dass auf betrieblicher Ebene nicht die Gewerkschaften bzw. deren Vertreter (shop stewards), sondern die Betriebsräte das entscheidende Organ

der Interessenvertretung und Kommunikationskanal sind. Zwar kommt den Gewerkschaften und Arbeitgebervereinigungen im Rahmen der Betriebsverfassung durchaus eine gewisse Rolle zu; so arbeiten nach § 2 Abs. 1 Betriebsverfassungsgesetz Arbeitgeber und Betriebsrat „unter Beachtung der geltenden Tarifverträge vertrauensvoll und im Zusammenwirken mit den im Betrieb vertretenen Gewerkschaften und Arbeitgebervereinigungen ... zusammen". Doch ist nur der Betriebsrat und nicht etwa die Gewerkschaft Träger der weit reichenden Mitwirkungs- und Mitbestimmungsrechte, die das Gesetz vorsieht. Zudem spielen in jüngerer Zeit gewerkschaftlich dominierte Betriebsräte eine relativ geringere Rolle als früher.
- Schließlich ist die empirische Evidenz für diesen Ansatz sowohl in den USA als auch in Deutschland – unter Berücksichtigung der unterschiedlichen Arrangements – fraglich. Nur Brown/Medoff (1978) können einen im Sinne der Theorie positiven und signifikanten Einfluss der Gewerkschaft feststellen. Viele andere Untersuchungen kamen allerdings zu sowohl positiven wie negativen Einschätzungen, die zudem meist nicht signifikant sind. Eine Analyse von Addison/Schnabel/Wagner (1996) ermittelt, dass Betriebsräte zwar mit einer verringerten Rentabilität, nicht jedoch mit einer Verringerung der unternehmerischen Innovationstätigkeit einhergehen. Diese Grundtendenz haben auch spätere Studien oft bestätigt.

## 13.5 Die Korporatismusdebatte

Bisher stand die Einbettung der Gewerkschaftsmodelle in den Rahmen individueller Arbeitsbeziehungen sowie die sich daraus ergebenden Konsequenzen und Möglichkeiten für den Lohnfindungsprozess im Mittelpunkt der Darstellung. Referenzrahmen war somit immer das Modell vollkommener Konkurrenz ohne Berücksichtigung spezifischer institutioneller Arrangements, die wiederum das Gewerkschaftsverhalten beeinflussen können. Dieser Fragestellung wird im Folgenden mit Hilfe der so genannten Korporatismusansätze nachgegangen.

Im ersten Abschnitt werden zunächst die Entwicklung der ökonomischen Korporatismusforschung sowie deren wichtigste Untersuchungen und Ergebnisse – insbesondere der grundlegende Ansatz von Bruno/Sachs (1985) – kurz dargestellt. Anschließend wird auf die hump-shape-These von Calmfors/Driffill (1988) eingegangen. Dies bietet sich aus mehreren Gründen an:

- Die Untersuchung von Calmfors/Driffill rückte diese Analyserichtung in den Mittelpunkt breiter ökonomischer Forschung;
- theoretische Ausgangspunkte für das gewerkschaftliche Verhalten sind das Monopolmodell und das right-to-manage-Modell;
- der Ursache-Wirkungs-Zusammenhang wird gegenüber anderen Arbeiten auf einen Indikator – Zentralisationsgrad der Lohnverhandlungen – verengt, so dass sich ein – zunächst – eindeutig zuordnungsfähiges Resultat ergibt.

Die Kriterien der jeweiligen Untersuchungen erweisen sich dabei als sehr unterschiedlich. Dementsprechend teilt van Riel (1994) in Anlehnung an Calmfors/

13.5 Die Korporatismusdebatte                                               193

Driffill (1988) die verschiedenen Arbeiten in zwei Gruppen ein: Die erste Gruppe bezeichnet er als Makrokorporatismus und vereinigt darunter Studien, die aufgrund mehrerer Kriterien – z. B. Konfliktlösungsmechanismus, Verhandlungsebene, Staatseinfluss, organisatorische Dichte und Stärke der Gewerkschaften, Koordination von Gewerkschaften und Arbeitgeberverbänden – die unterschiedliche Performanz verschiedener Länder herausarbeiten. Dem Makrokorporatismus stellt er den Hump-shape-Ansatz von Calmfors/Driffill gegenüber, die vor allem ein einziges Kriterium – den Zentralisationsgrad der Lohnverhandlungen – für ihre Erklärung unterschiedlicher makroökonomischer Resultate heranziehen.

### 13.5.1 Der Makrokorporatismus

Die makrokorporatistische Forschung wurde lange Zeit durch die grundlegende Untersuchung von Bruno/Sachs (1985) dominiert. Das Modell von Bruno/Sachs (1985) dient nahezu allen späteren Korporatismusaufsätzen als Grundlage für deren jeweilige Argumentation. Insbesondere die Korporatismusrangordnung wird als Ausgangspunkt für jeweils eigene Analysen herangezogen. Bruno und Sachs untersuchen in ihrem Modell die weltwirtschaftlichen Entwicklungen der 1970er Jahre und ihre Auswirkungen auf einzelne OECD-Staaten. Insbesondere interessiert sie, inwieweit die Auswirkungen der beiden Ölkrisen 1973 und 1979 auf die jeweiligen Staaten von deren Strukturen und Institutionen auf dem Arbeitsmarkt abhingen. Hinter diesem Forschungsinteresse steht die Beobachtung, dass einige Nationen besser als andere mit dem weltweiten Abschwung fertig wurden, auch wenn sich kein Land dessen Folgen entziehen konnte. Bruno und Sachs führen dies auf ganz bestimmte Strukturen der verschiedenen Volkswirtschaften zurück und hier wiederum auf Unterschiede bezüglich der Gegebenheiten auf dem Arbeitsmarkt.

Nach Meinung von Bruno/Sachs (1985, 218) gibt es zwei wesentliche Merkmale der Arbeitsmarktverhältnisse, die zu einer Erklärung dafür beitragen können, warum einige Länder kaum Probleme hatten, in den Wirtschaftskrisen der 1970er Jahre eine gewisse Zurückhaltung bei der Erhöhung der Reallöhne zu erzielen. Zum einen handelt es sich hierbei um korporatistische Strukturen und zum anderen um das Ausmaß, in dem sich die Nominallöhne an exogene Einflüsse auf die Arbeitsnachfrage anpassen können (Nominal Wage Responsiveness). Diese beiden Merkmale werden zum Test verschiedener Hypothesen über den Zusammenhang von institutionellen Arrangement und volkswirtschaftlicher Anpassungsfähigkeit mit den Indikatoren Misery Index und Real Wage Gap kontrolliert.

Ganz allgemein sprechen Bruno und Sachs (1985, 222–224) von Korporatismus als einer Möglichkeit der gesellschaftlichen Organisation, in welcher Gruppeninteressen anstelle individueller Einzelinteressen formuliert und vertreten werden. Gruppen und Vereinigungen spielen die zentrale Rolle bei der Machtausübung und bei der Abwicklung von ausgehandelten Verträgen. Als wesentliche strukturelle Merkmale bei der Definition eines Korporatismusmodells gelten:

- die Zentralisation von Lohnverhandlungen,
- die Stärke der Arbeiterbewegung, also der Organisationsgrad der Gewerkschaften,
- der Organisationsgrad der Arbeitgeber,
- das Ausmaß der Zusammenarbeit zwischen Arbeitgebern und Arbeitnehmern auf Betriebs- und Unternehmensebene,
- die Frage von Urabstimmungen über Verhandlungsergebnisse,
- das Streikverhalten der Arbeitnehmer und
- die politische Ausrichtung der regierenden Parteien.

Aufgrund dieser Merkmale bilden Bruno/Sachs einen Index für die Größe Korporatismus. Dabei verwenden sie folgende vier Teilindikatoren:

- das Ausmaß der Zentralisation der Gewerkschaften,
- das Ausmaß der Gewerkschaftsmacht auf Betriebs- bzw. Unternehmensebene,
- die Koordination der Arbeitgeber,
- die Existenz von Betriebsräten oder ähnlichen Institutionen.

Durch einfache Addition aller vier Teilindikatoren wird ein Korporatismusindex für die untersuchten Länder gebildet.

Zur Überprüfung ihrer These stellen die Autoren einen Zusammenhang zwischen dem Grad des Korporatismus und dem Misery Index her. Der Misery Index nach Bruno und Sachs setzt sich zusammen aus dem Anstieg der durchschnittlichen Inflationsrate und der Abnahme der durchschnittlichen Wachstumsrate zwischen den Zeiträumen 1965–1973 und 1973–1979. Die Korrelation zwischen den Größen Korporatismus und Misery Index ist eindeutig, also signifikant, negativ. D. h. also: je ausgeprägter die korporatistischen Strukturen sind, umso geringer ist der Misery Index in der Periode 1973 bis 1979 im Verhältnis zu 1965 bis 1973.

Mit Hilfe der Größe real wage gap versuchen Bruno/Sachs dann einen Zusammenhang zwischen dem Korporatismusindex und einer Zurückhaltung bei der Erhöhung der Reallöhne nach den Versorgungskrisen der Jahre 1973 und 1979 aufzuzeigen. Eine zurückhaltende Lohnsteigerung hat eine geringere Differenz zwischen dem Anstieg der Reallöhne und dem Anstieg der Produktivität zur Folge. Für die Zurückhaltung bei den Lohnsteigerungen machen Bruno und Sachs korporatistische Strukturen verantwortlich. Eine Regressionsanalyse zwischen dem Korporatismusindex und dem durchschnittlichen Wert der Größe wage gap ergibt, dass korporatistische Strukturen tatsächlich einen mäßigenden Einfluss auf die Erhöhung der Reallöhne haben.

Neben den korporatistischen Strukturen arbeiten die Autoren noch mit der Größe Nominal Wage Responsiveness (NWR) zur Erklärung unterschiedlicher volkswirtschaftlicher Ergebnisse (Bruno/Sachs 1985, 232–240), denn die Anpassungsfähigkeit der Nominallöhne an exogene Einflüsse auf die Arbeitsnachfrage werden als wesentlich für die Erzielung gemäßigter Reallohnsteigerungen betrachtet. Auch hierzu wird wieder ein Index bestehend aus den Teilgrößen Laufzeit der Lohnabschlüsse, Anwendung von Indexklauseln und Synchronisation der Lohnverhandlungen eingeführt.

Für jedes Land werden die Werte der drei Teilindikatoren aufsummiert und der Index NWR gebildet. Aus den jeweiligen Werten der einzelnen Länder lässt sich

## 13.5 Die Korporatismusdebatte

dann eine Rangordnung für die untersuchten 17 Industrienationen bzgl. der Größe Nominal Wage Responiveness aufstellen.

Für einen Anstieg der Nominallöhne werden mit der Arbeitslosenquote und den Verbraucherpreisen üblicherweise zwei Faktoren verantwortlich gemacht. Zwischen der Arbeitslosenquote und den Nominallöhnen besteht ein inverser Zusammenhang. Je höher die Arbeitslosenquote ist, umso weniger lassen sich hohe Lohnforderungen durchsetzen, d. h. der Anstieg der Nominallöhne bleibt gering. Die Korrelation zwischen den Verbraucherpreisen und den Nominallöhnen ist dagegen positiv. Steigen die Verbraucherpreise stark an, so fordern die Arbeitnehmer bzw. die Gewerkschaften als Ausgleich für das gestiegene Preisniveau bzw. die gesunkene Kaufkraft höhere Nominallöhne.

Nach Ansicht von Bruno und Sachs hat die Größe Nominal Wage Responiveness zwei entscheidende Auswirkungen auf die makroökonomische Entwicklung einer Volkswirtschaft:

- Eine gewisse Starrheit bzw. Inflexibilität der Nominallöhne erscheint Bruno und Sachs oft geeignet, ungünstige Entwicklungen der Außenwirtschaftsbeziehungen zu mildern. Nach ihrer Meinung wird eine erhöhte Abhängigkeit der Nominallöhne von so genannten Indexklauseln eher dazu führen, die Folgen solcher Krisen noch zu verschärfen, als ihnen entgegenzuwirken. Folglich waren Ländern mit niedrigen Werten für Nominal Wage Responiveness eher in der Lage, einen verschärften Druck auf die Gewinne zu vermeiden, als Länder mit höheren Werten.
- Länder mit niedrigen Werten für die Größe Nominal Wage Responiveness sind besser gestellt, wenn es darum geht, eine expansive Nachfragepolitik zu betreiben, um die durch Krisen verursachte Arbeitslosigkeit zu bekämpfen.

Abschließend untersuchten Bruno/Sachs noch den Zusammenhang zwischen den von ihnen definierten Misery Index und den beiden Größen Korporatismus und Nominal Wage Responiveness. Im Ergebnis der aufgestellten Regressionsgleichung wird deutlich, dass ein Anstieg der Anpassungsfähigkeit der Nominallöhne mit einem Anstieg der Arbeitslosenrate bzw. mit einer Abnahme der Wachstumsrate verbunden ist, während eine Erweiterung korporatistischer Strukturen im Wirtschaftsleben eine Abnahme der Arbeitslosenquote bzw. eine Zunahme der Wachstumsrate bewirkt.

Bei einem Vergleich der Größe real wage gap mit den Größen Korporatismus und Nominal Wage Responiveness kommen Bruno und Sachs zu folgendem Ergebnis: Die Differenz zwischen Reallohnsteigerung und Produktivitätssteigerung wird mit zunehmendem Ausmaß des Korporatismus kleiner, während sie mit zunehmender Größe des Werts NWR ansteigt. Mit Hilfe der Regressionsgleichung ließ sich folgende Aussage treffen: Starke korporatistische Strukturen in einer Volkswirtschaft schienen zusammen mit einer geringen Anpassungsfähigkeit der Nominallöhne bestens dazu geeignet zu sein, die größten Bedrohungen durch weltweite Rezessionserscheinungen abzuwenden bzw. deren Auswirkungen abzuschwächen.

Tabelle 13.1 zeigt noch einmal alle 17 untersuchten Länder und ihre Einordnung nach den Größen Korporatismus und Nominal Wage Responiveness in einem Überblick.

**Tab. 13.1** Länderrangordnung nach Korporatismus und Anpassungsfähigkeit der Nominallöhne (Nominal Wage Responsiveness, NWR) (Bruno/Sachs 1985, 241)

|     |        | Korporatismus | | |
| --- | --- | --- | --- | --- |
|     |        | Niedrig | Mittel | Hoch |
| NWR | Hoch   | Australien<br>Neuseeland<br>Großbritannien | | Niederlande<br>Dänemark |
|     | Mittel | Belgien<br>Frankreich<br>Italien | Finnland<br>Japan | Österreich<br>Deutschland<br>Norwegen<br>Schweden |
|     | Niedrig | Kanada<br>USA | Schweiz | |

## 13.5.2 Der Hump-shape-Ansatz

Die bis zu diesem Zeitpunkt verfolgte Forschung und Diskussion des Korporatismus beinhaltet Calmfors/Driffill (1988) zufolge einen entscheidenden Nachteil. Die weithin übliche Vorgehensweise – Erklärung zu vieler Zusammenhänge zwischen zu vielen Variablen verbunden mit uneinheitlichen Definitionen des Forschungsgegenstands – verursacht vage und hinsichtlich des Ursache-Wirkungs-Zusammenhangs uneindeutige Ergebnisse. Die Konzentration auf das Merkmal Zentralisation der Lohnverhandlungen lässt sich außer mit dieser Kritik noch mit drei weiteren Argumenten begründen:

- In allen korporatistischen Erklärungsansätzen spielt dieser Indikator eine wichtige, wenn auch nicht die zentrale Rolle.
- Die (westlichen) Industrieländer unterscheiden sich gerade in der Art und Weise erheblich, wie über Löhne und Gehälter verhandelt wird. So ist beispielsweise eine Regelung, wonach die Festsetzung von Entgelten im wesentlichen den Tarifparteien vorbehalten bleibt – nach § 77 Abs. 3 S. 1 Betriebsverfassungsgesetz können Arbeitsentgelte, die durch Tarifvertrag geregelt sind oder üblicherweise geregelt werden, nicht Gegenstand einer Betriebsvereinbarung (zwischen Arbeitgeber und Betriebsrat) sein – in anderen europäischen Ländern völlig unbekannt.
- Schließlich können mit Hilfe der neoklassischen Theorie flexible Löhne und deren Bedeutung für einen funktionierenden Arbeitsmarkt aufgezeigt und empirisch der Erfolg dezentraler Lohnverhandlungen am Beispiel Japans und der Schweiz belegt werden. Umgekehrt zeigen die korporatistischen Ansätze, dass eine zunehmende Zentralisierung die Gewerkschaften zur Berücksichtigung gesamtwirtschaftlicher Faktoren motiviert. Dass auch dieses Modell erfolgreich sein kann, zeigen die Arbeitsmarktdaten der skandinavischen Länder und Österreichs (Calmfors/Driffill 1988, 15).

Aufgrund dieser Überlegungen entwickeln die Autoren eine höckerförmige Beziehung zwischen dem Zentralisierungsgrad der Lohnverhandlungen und der Höhe der

Reallöhne sowie implizit der Arbeitslosigkeit. Reallohnniveau und Arbeitslosigkeit steigen demnach in den Ländern am höchsten, die weder über stark zentrale noch über stark dezentrale Lohnverhandlungssysteme verfügen. Calmfors/Driffill (1988, 15) sehen sich damit auch in Einklang mit Olson (1982). Danach wirken sich organisierte Interessen für eine Volkswirtschaft am schädlichsten aus, wenn sie zwar stark genug sind, Störungen im gesamtwirtschaftlichen Ablauf zu produzieren, aber nicht umfassend genug, um die durch sie verursachten gesellschaftlichen Kosten zu tragen. Diese Externalisierung von Kosten ist somit genau typisch für jene Länder, die zwischen den beiden Extremformen der Zentralisation liegen.

Für eine ausführliche Darstellung des Ansatzes und seiner Ergebnisse sei verwiesen auf Sesselmeier/Blauermel 1997², 122–132.

### 13.5.3 Relevanz der Korporatismusansätze

Die beiden Modelle zum ökonomischen Korporatismus verdeutlichen die theoretische und empirische Diskussion auf diesem Forschungsgebiet Mitte und Ende der 1980er Jahre, nach der insbesondere von dezentralisierten und zentralisierten Tarifverhandlungssystemen eine starke Lohnzurückhaltung und ein damit einhergehender hoher Beschäftigungsgrad erwartet wurde. Während man also glaubte, die Frage, welches Lohnbildungssystem die besten makroökonomischen Ergebnisse bringe, eindeutig beantworten zu können, wird gegenwärtig davon ausgegangen, dass keine der beiden Hypothesen einen umfassenden und eindeutigen Erklärungswert für die gesamtwirtschaftliche Entwicklung einer Volkswirtschaft besitzt (vgl. zur Kritik am damaligen Stand der Diskussion Sesselmeier/Blauermel 1997², 132–135.)

Insgesamt zeigen diese Betrachtungen, dass die Auswirkungen der unterschiedlichen Lohnbildungssysteme auf Lohnhöhe und Beschäftigung weitgehend von den zugrunde liegenden Annahmen und Modellspezifikationen abhängen und von einem gesicherten U-förmigen Verlauf zwischen Beschäftigungshöhe und Zentralisierungsgrad von Lohnverhandlungen keineswegs ausgegangen werden kann (vgl. Franz 2001). Daher hat die Fragestellung nach dem optimalen Zentralisierungsgrad von Lohnverhandlungen bzw. der Regulierungsebene in der Debatte des ökonomischen Mainstreams weitgehend an Bedeutung verloren, auch wenn das der „Hump-shape-Analyse" zugrunde liegende Modell sich didaktisch gut zur Analyse auch jüngerer Entwicklung eignet (vgl. Lesch 2006, 21 ff; 2008b). Zudem wurden hierdurch zwei zentrale Entwicklungen in Gang gesetzt, die auch heute noch bedeutsam sind.

- Einmal: Parallel zu der abnehmenden praktischen Bedeutung nachfrageseitiger makrokorporatistischer Arrangements entstand die Idee, die bislang üblichen Ansätze zum Nachweis bzw. der Ebenbürtigkeit oder Überlegenheit des (Neo-)Korporatismus durch eine theoretisch etwas anders fundierte Neuordnung der Länder auf den zuvor gängigen Korporatismus-Skalen zu ersetzen (vgl. Höpner 2009, 307 f). Die dahinter stehende Theorie beruhte auf der Unterscheidung zwischen marktkoordinierten und strategisch koordinierten Volkswirtschaften. David Soskice (1990) „zeigte auf, dass sich der von Calmfors und Driffil nachgewiesene U-Kurven-förmige Zusammenhang in einen monotonen Zusammenhang rücktransformierte, wenn man Japan und die Schweiz nicht als marktkoordinierte, sondern als strategisch koordinierte Ökonomien behandelte. Zudem wurde Deutschland, seinerzeit noch eine Ökonomie mit beispielgebendem Mix aus geringer Inflation und allenfalls auf mittlerem Niveau ausgeprägter Arbeitslosigkeit, von einem Mischtyp zum Paradefall einer koordinierten Ökonomie umklassifiziert" (Höpner 2009, 308). Hinter dieser Umsortierung stand ein Theoriekonzept, das letztlich die Geburtsstunde des auch heute noch sehr wichtigen „Varieties of Capitalism"-Ansatzes werden sollte. Dieser Ansatz ist nicht nur in der Politikwissenschaft auch heute noch von zentraler Bedeutung, sondern ist auch eine bleibende Herausforderung der Hypothesen von Mainstream-Ökonomen, die im Extremfalls von einer „One best model"-Hypothese friktionsfreier Märkte ausgehen. Höpner (2009, 308) fasst die Grundideen knapp zusammen: „Erstens: Man musste sich von der Gewerkschaftsfixiertheit der Korporatismusdebatte lösen und stärker als bisher auf die Koordination auf der Arbeitgeberseite schauen. Zweitens: Man musste auch dezentrale Koordinationsformen, die nicht über zentralisierte Verbändesysteme zustande kamen, als nichtmarktliche Koordination werten. Weder Japan noch die Schweiz verfügten über starke Gewerkschaften, und in Japan erfolgte die arbeitgeberseitige Koordination über Industriegruppen statt über formale Verbände. Die logische Konsequenz lautete, dass sich der Fokus der Forschung von den Verbänden ablösen und den Unternehmen zuwenden musste. So lässt sich die Genese des ‚Spielarten des Kapitalismus'-Konzepts als graduelle und von einer spezifischen makroökonomischen Datenlage getriebene Weiterentwicklung des Korporatismuskonzepts verstehen."

- Zum anderen: Die unterschiedlichen institutionellen Arrangements im Sinne der ursprünglichen Korporatismusansätze in der Tradition von Bruno/Sachs (1985) haben im Zuge der Diskussion vor allem seit den 1990er Jahren um notwendige Arbeitsmarktreformen wieder an Relevanz gewonnen. Dabei ging es weniger um die Frage, welche Reformmaßnahmen ausgewählt werden sollen, sondern vielmehr um den Aspekt, welche Umsetzungskanäle dafür gewählt werden sollten. In der jüngeren beschäftigungspolitischen Debatte wurde sowohl auf die USA als auch auf die Niederlande oder Dänemark und deren jeweiligen Erfolge im Kampf gegen die Arbeitslosigkeit verwiesen, so werden damit ganz unterschiedliche gesellschaftliche Koordinationsmuster angesprochen. Will man Maßnahmenbündel in Deutschland anwenden, dann stellen sich damit auch Fragen nach der Kompatibilität der unterschiedlichen Koordinationsmuster und auch nach der Übertragbarkeit erfolgreicher Praktiken anderer Länder (z. B. Sozialpakte) auf Deutschland. Insofern kann die Korporatismusdebatte hilfreich sein. Anwendung findet sie bisweilen auch auf die europäische Ebene, auf der jedoch entscheidende Strukturvoraussetzungen fehlen: „Versuche einer Zentralisierung der Lohnverhandlungen auf europäischer Ebene, um so die Löhne aus dem Wettbewerb zu nehmen, sind bisher an der Heterogenität der nationalen Lohnverhandlungssysteme und anderen institutionellen Unterschieden, an unterschied-

## 13.5 Die Korporatismusdebatte

lichen nationalen Interessenlagen aufseiten der Arbeitnehmer sowie am passiven Widerstand der Arbeitgeber gescheitert" (Schäfer/Streeck 2008, 232 und vgl. zur speziellen Rolle der europäischen Währungsunion für die Lohnpolitik in Europa Enderlein 2008 sowie Hall/Franzese 2008).

**Kasten 13.4    Wirtschaftspolitische Anwendung: Warum scheiterte das nationale Bündnis für Arbeit in Deutschland?**

In den 1980er Jahren nahmen in einigen EU-Ländern Kooperationen zwischen den Regierungen und Tarifparteien mit dem Ziel der nachhaltigen Verbesserung der Beschäftigungssituation zu. Diese so genannten ‚Sozialen Pakte'
„... dokumentieren die Versuche staatlicher Akteure, politikfeldübergreifende Reformen in prinzipiell autonomen Politikfeldern auf zentraler Ebene über die Redefinition verbandlicher Interessen zu ermöglichen" (Hassel 1999, 6). In Deutschland blieb 1996 der Beschäftigungspakt „Bündnis für Arbeit und Standortsicherung" während der Kohl-Ära erfolglos. Die Idee eines institutionalisierten Dialogs unterschiedlicher Träger der Wirtschaftspolitik wurde am 7. Dezember 1998 unter der rot-grünen Regierung als „Bündnis für Arbeit, Ausbildung und Wettbewerbsfähigkeit" wieder ins Leben gerufen. Auch der zweite Anlauf des „Bündnisses für Arbeit" scheiterte in Deutschland, wohingegen andere EU-Staaten ‚Soziale Pakte' erfolgreich entwickelt und implementieren konnten. Vor allem die Niederlande und Dänemark können als Paradebeispiele eines erfolgreichen Beschäftigungspakts dienen (Hassel 1999; Braun 2006). Die Aufgabe eines ‚Sozialen Pakts' ist es durch Internalisierung externer Effekte, die von Tarifpartnern und Regierung ausgehen, die Position der Outsider auf dem Arbeitsmarkt zu verbessern (vgl. Funk 1999b, 167 ff., Kaiser 2006; Klump 2006). Um aber dieser Aufgabe gerecht zu werden, muss die Regierung folgende Bedingungen erfüllen:
Die Regierung muss eine Führungsrolle übernehmen:
Die Regierung muss Reformen auf die Agenda des „Bündnisses für Arbeit" setzen, die Zugeständnisse der Verbände verlangt. Diese Bedingung wurde in Deutschland nicht erfüllt. Die rot-grüne Regierung formulierte keine Agenda für das Bündnis und verzichtete so auf eine aktive beschäftigungspolitische Reformstrategie. Die enge personelle und organisatorische Verflechtung von SPD und Gewerkschaft führte dazu, dass wichtige Punkte für die Gewerkschaften im bilateralen Dialog ausgehandelt und im üblichen Gesetzgebungsverfahren realisiert wurden. Analog verhielt sich die Regierung auch gegenüber den Arbeitgeberverbänden, beispielsweise wurde die Frage der Reform der Unternehmensbesteuerung auf der bilateralen Ebene gelöst. Im Vergleich zu Deutschland hat die dänische Regierung innerhalb der Reformbemühungen des „Bündnisses für Arbeit" eine aktive wegweisende Rolle gespielt (Braun 2006).
Die strategische Handlungsfähigkeit der Regierung darf nicht eingeschränkt sein:

Bezogen auf Deutschland ist die Handlungsfähigkeit gerade bei einer aus mehreren Parteien bestehenden Regierung, die in einem föderalistischen System eingebettet und sich mit dem Bundesrat abstimmen muss, weitgehend eingeschränkt. Insofern ist der Grund für das Scheitern des „Bündnisses für Arbeit, Ausbildung und Wettbewerbsfähigkeit" vor allem auch die

„... Unfähigkeit der von gegenmajoritären Vetokräften gebremste Regierung, als dritte Partei die Einhaltung und Umsetzung korporatistischer Vereinbarungen garantieren zu können." (Czada 2004, 139).

Die Regierung muss ‚tauschen' oder ‚drohen' können:
Entweder muss die Regierung in bestimmten Bereichen Zugeständnisse von den Tarifpartnern fordern und dies in anderen Bereichen ausgleichen, oder die Regierung muss einseitige Eingriffsdrohungen aussprechen können. Beide Bedingungen waren in Deutschland nicht gegeben: Zum einen verhindert die in der Verfassung verankerte Tarifautonomie die Möglichkeit zur Eingriffsdrohung und zum anderen hat die rot-grüne Regierung ihr ‚Pulver', das sie zum Tausch hätte anbieten können, bereits im Voraus zur Einlösung des Wahlversprechens ‚verschossen' (Streeck 2003). In Falle des „dänischen Wunders" existierte eine Verhandlungslogik im Sinne von „given-and-take", wodurch ein korporatistischer Tauschprozesses vorhanden war (Braun 2006). Parallel dazu war in den Niederlanden deutlich, dass die Regierung in das Tarifsystem eingreifen würde, wenn die Tarifpartner die Reformen nicht vorantreiben würden. Demnach besitzt die niederländische Regierung ein hohes Drohpotenzial (Hassel 1999).

Nicht nur die Regierung muss Bedingungen erfüllen um das „Bündnis für Arbeit" zum Erfolg zu führen, sondern auch die Tarifparteien. Nötig sind starke, verpflichtungsfähige und kompromissbereite Spitzenorganisationen der Arbeitgeber und Gewerkschaften. In Deutschland werden aber sozialpartnerschaftliche Abstimmungen auf der sektoralen Ebene einzelner Politikfelder und Branchen vorgenommen, was die Delegation von Handlungsfähigkeit an die nationalen, branchen- und politikfeldübergreifenden Dachverbände verhindert (Eichhorst 2002). Verglichen mit Deutschland sind Dänemark und die Niederlande verhältnismäßig kleine und homogene Länder mit einer geringen Anzahl von arbeitsmarktpolitischen Akteuren, wodurch ein konzertierter Abschluss leichter zu erreichen ist als in Deutschland (Braun 2006).

**Kasten 13.5  Wirtschaftspolitische Anwendung: Die Zukunft von Gewerkschaften und Arbeitgeberverbänden**

Seit ihrer Gründung im 19. Jahrhundert erzielten die Gewerkschaften wesentliche Verbesserungen in der Arbeitswelt, die sich in Form erhöhter Lebensqualität und Wohlstand ausgewirkt haben. Errungenschaften wie hohe Löhne, menschenfreundliche Arbeitsplätze oder Mitbestimmung gehen auf die Politik

13.5 Die Korporatismusdebatte

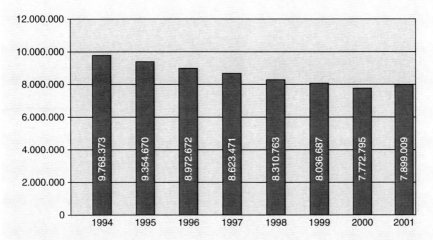

**Abb. 13.4** DGB-Mitglieder. (Quelle: Personal-Magazin 6/2003)

der Gewerkschaften, aber auch auf die Arbeitgeberverbände zurück (Wild 2003, 3). Diese Position der Mitgestaltung durch Gewerkschaften sowie durch Arbeitgeberverbände verändert sich aufgrund des Rückgangs der Mitgliederzahlen. Zwar konnten die Gewerkschaften 1991 mit der Übernahme der Mitglieder des in der DDR gegründeten Freien Deutschen Gewerkschaftsbunds (FDGB) einen Zuwachs um 4 Millionen realisieren (Schnabel 2005, 184). Dennoch ist seit den 1990er Jahren ein stetiger Rückgang der Mitgliederzahlen bei den Gewerkschaften zu erkennen (Schnabel 2005, 181 f), die unter das Niveau von 1990 fielen (Abb. 13.4).

Auch die Organisationsgrade, die den Anteil der Gewerkschaftsmitglieder an den Beschäftigten widerspiegeln, sind in dem betrachteten Zeitraum zurückgegangen. Mit dem Organisationsgrad ist auch die Einflussmacht der Gewerkschaften in sozial- und arbeitsrechtlichen Bereichen zurückgegangen. So wurden Reformen, wie die Riesterrentenreform und die Hartz-Gesetze trotz des Widerstands der Gewerkschaften, insbesondere der IG Metall, durchgeführt und konnten damit einen Kurswechsel in der Sozial- und Arbeitsmarktpolitik nicht verhindern (Trampusch 2005, 347).

Gründe für den sinkenden Organisationsgrad der Gewerkschaften sind auf soziostruktureller sowie auf makroökonomischer Ebene zu suchen. Zum einen ist die Veränderung der Bedeutung von Beschäftigungsverhältnissen zu nennen, die sich in einer Verschiebung weg vom Normalarbeitsverhältnis hin zu atypischen Beschäftigungsverhältnissen, vor allem im Dienstleistungssektor, widerspiegelt. Dieser neue Arbeitnehmerkreis, der insbesondere Frauen und Arbeitnehmer in einem atypischen Beschäftigungsverhältnis umfasst, wird von den Gewerkschaften (noch) nicht umfassend berücksichtigt. Darüber hinaus tragen verfehlte Organisationsstrategien und die finanzielle Krise der

Gewerkschaften ihren Teil zu dem Rückgang der Mitgliederzahlen bei (siehe auch Ebbinghaus 2003). Zum anderen ist ein Teil der langfristigen Beschäftigungskrise auf die überhöhte Lohnpolitik der Gewerkschaften, die trotz der Ölkrise in den 1970er Jahren und der daraus resultierenden Arbeitsmarktkrise weiterverfolgt wurde, zurückzuführen, die zur Folge hat(te), dass Arbeitskräfte durch Maschinen ersetzt oder die Arbeitsplätze in Billiglohnländer verlagert wurden. Als weiterer Grund ist der Transformations- und Deindustrialisierungsprozess in Ostdeutschland zu berücksichtigen (Schnabel 2005, 185). Der Trend nachlassender Mitgliederzahlen wird sich aufgrund der demografischen Entwicklung weiter fortsetzen. Bis 2050 wird zunächst das Erwerbspersonenpotenzial sinken und später die gesamte Bevölkerung schrumpfen. Potenzielle Mitglieder rücken folglich kaum nach (Funk 2003, 17).

Studien zu den Einflussfaktoren zu der Mitgliedschaft in den Arbeitgeberverbänden existieren noch recht wenig. Dennoch kann gesagt werden, dass Großunternehmen vor allem die Einfluss- und Gegenmachtfunktion von Arbeitgeberverbänden schätzen, während kleine und mittlere Unternehmen (KMU) besonders die Informations- und Beratungsleistungen als Gründe angeben (Schnabel 2005, 187). Allerdings sind die Arbeitgeberverbände ähnlich wie die Gewerkschaften von sinkenden Mitgliederzahlen betroffen. Besonders KMUs treten aus, weil sie mit der Tarifpolitik ihrer Verbände nicht zufrieden sind. Letztere werden weitestgehend von der Macht der Großbetriebe bestimmt, deren Interessen von den KMUs wirtschaftlich nicht umgesetzt werden können. Darüber hinaus werden Loyalitätsprobleme insbesondere in Ostdeutschland virulent, da Großbetriebe zwar organisiert, aber weniger präsent sind. Hinzu kommt die fehlende Tradition der Verbandspolitik für die kleinen Betriebe in Ostdeutschland, was ebenfalls zu einem geringeren Organisationsgrad führt (Schnabel 2005, 187).

Die Auswirkungen spiegeln sich an der rückläufigen Tarifbindung bzw. -orientierung wider. Für 69% der Beschäftigten in Westdeutschland und 56% der Beschäftigten in Ostdeutschland galt 1995 der Flächentarifvertrag. Im Jahr 2004 arbeiteten lediglich 61% der westdeutschen und 41% der ostdeutschen Beschäftigten in einem tarifgebundenen Unternehmen (Lesch 2005, 1 ff). In den letzten Jahren hat die Bedeutung von betriebsbezogenen Regelungen insbesondere bei kleineren und mittleren Betrieben immer mehr zugenommen, während sich vor allem Großbetriebe noch an die vereinbarten Flächentarifverträge halten (Schnabel 2003, 29 ff). Dabei ist zu beachten, dass sowohl betriebliche als auch überbetriebliche Vereinbarungen Vor- und Nachteile haben, die in der untenstehenden Tabelle aufgelistet sind (Tab. 13.2).

Der Hauptgrund für die abnehmende Tarifbindung liegt im Verlust des Transaktionskostenvorteils durch überbetriebliche Vereinbarungen. Viele Unternehmen schätzen den Vorteil von Flexibilitäts- und Informationsvorteil höher ein, den sie durch betriebliche Vereinbarungen oder Einzelvereinbarungen erhalten (Kohaut/Schnabel 2006).

**Tab. 13.2** Vor- und Nachteile betrieblicher und überbetrieblicher Regelungen

| Überbetriebliche Regelungen | Betriebliche Regelungen |
|---|---|
| + Verringerung der Transaktionskosten | − erhöhen Transaktionskosten |
| + nehmen Löhne aus dem Wettbewerb | + Differenzierung von Lohnabschlüssen möglich |
| + Orientierung an gesamtwirtschaftlichen Daten | + Orientierung an wirtschaftlicher Lage und Leistungsfähigkeit des Betriebs möglich |
| + Fernhalten von Arbeitskonflikten von Betrieben | + eröffnen größeren Gestaltungsspielraum, flexiblere und differenziertere Reaktionen möglich |
| − keine Berücksichtigung von Betriebsspezifika | − Belastung des Betriebsklimas durch Verhandlungen |
| + können Widerstandskraft der Arbeitgeber erhöhen | − Gefahr von Übermacht der Gewerkschaften |

Quelle: Schnabel 2003, 38

Damit der Flächentarifvertrag weiter für die Mehrzahl der Beschäftigten Allgemeingültigkeit besitzt und der Gefahr durch Unterschreitung von Tarifvereinbarungen, die zugleich einen Mindeststandard darstellen, entgegengewirkt wird, finden so genannte Öffnungsklauseln nach § 4 Abs. 3 des Tarifvertragsgesetzes (TVG) ihre Anwendung. Danach sind vom Tarifvertrag abweichende Regelungen nur dann zulässig, „soweit sie vom Tarifvertrag gestattet sind" (Schnabel 2003, 5). So können Unternehmen eine Lohnpolitik betreiben, die ihrer wirtschaftlichen Lage angemessen ist. Gleichzeitig sind sie weiterhin Mitglied in einem Arbeitgeberverband. Allerdings besteht die Gefahr einer Degradierung der erzielten Vereinbarung zu „unverbindlichen Orientierungsmarken" (Lesch 2005, 2), wenn die Anzahl der Betriebe zunimmt, die von den Öffnungsklauseln Gebrauch macht. Die Zukunft der Gewerkschaften und der Arbeitgeberverbände hängt davon ab, ob der Trend der rückläufigen Mitgliederzahlen und rückläufigen Tarifbindung anhält, was die Einflussmacht der Verbände auf die Gestaltung der Arbeitsmarkt- und Sozialpolitik nicht unberührt lässt.

## 13.6 Weiterführende Literatur

Eine verständliche Diskussion der hier vorgestellten Gewerkschaftsansätze findet sich in Booth (1995). Ebenfalls umfassend, aber bereits etwas älter ist der Band von Hirsch/Addison/Genosko (1990). Auf technisch höherem Niveau behandelt Pencavel (1991) die Gewerkschaftstheorien. Mit dem Exit-Voice-Ansatz und dessen Bedeutung für Deutschland beschäftigt sich Mainusch (1992). Die Korporatismusdebatte in Bezug auf den Zentralisierungsgrad kann vertieft werden in Sesselmeier (1993). Sehr lesenswert ist die auch politische, institutionelle und historische Aspekte berücksichtigende Studie von Crouch (1993).

Eine auch heute noch aktuelle Einschätzungen der Rolle von Lohnverhandlungsinstitutionen findet sich bei Teulings/Hartog (1997). Weitere Überblicke hierzu mit Schlussfolgerungen für das deutsche Lohnfindungssystem bieten Franz (1995c), Funk (2003; 2006b; 2008c), Gerlach/Stephan (2006), Lesch (2004; 2006) und Schnabel (1997; 2003). Verschiedene Beiträge zum aktuellen Stand der Forschung zur Rolle institutioneller Faktoren finden sich vor allem in Buscher/Dreger/Walwei (2006) und in Acocella/Leoni (2007). Lesenswert ist ebenfalls die Selbstbeurteilung der Calmfors-Driffill-Hypothese durch einen der beiden Urheber nach fast zwei Jahrzehnten (vgl. Driffill 2006).

# Teil IV
# Erweiterungen zu den Arbeitsbeziehungen im Unternehmen: Prinzipal-Agent-Ansätze

# Kapitel 14
# Einführung zu Teil IV

Die bisher vorgestellten Ansätze betrachten die Unternehmung als black box. Die Unternehmen waren nur technisch durch die jeweiligen Produktionsfunktionen determiniert. Die daraus resultierenden Schwachstellen des Ansatzes versuchte die neoklassische Theorie des Unternehmens in den letzten rund 50 Jahren nach und nach zu beseitigen. Grundlegende Werke dazu wurden aber bereits in der ersten Hälfte des letzten Jahrhunderts verfasst (Knight 1921; Coase 1937).

Die Frage, die es in diesem Zusammenhang als erstes zu beantworten gilt, ist die nach der Existenz von Unternehmen. Die Antwort darauf sah Coase in den durch den Preismechanismus verursachten Transaktionskosten.

Diese Transaktionskosten lassen sich aufteilen in:

- Such- und Informationskosten, welche anfallen, wenn den Marktteilnehmern die relevanten Marktpreise unbekannt sind;
- Verhandlungskosten, die bei Vertragsverhandlungen entstehen;
- Kontrollkosten, die bei einer notwendigen Überprüfung der Vertragserfüllung anfallen.

Mit dem Transaktionskostenargument verbunden sind Arbeitskontrakte, „die Gehorsam gegenüber den unternehmerischen Entscheidungen unterstellen und dafür eine gewisse Entschädigung, d. h. einen Lohn vorsehen" (Blien 1986, 79).

Um auch bei diesen Verträgen selbst die Transaktionskosten so gering wie möglich zu halten und dem Unternehmen größtmögliche Flexibilität zu ermöglichen, wenn unvorhergesehene Situationen eintreten, dürfen die Kontrakte inhaltlich nicht genau spezifiziert sein.

Die Folge ist also ein gegenüber dem herkömmlichen neoklassischen Standardmodell erheblich veränderter Produktionsfaktor Arbeit, da dessen Leistung eben nicht mehr ex ante festgelegt wird. Der Unternehmer erhält also aus dem Arbeitsvertrag nur mehr die Arbeitskraft, nicht mehr jedoch die Arbeit selbst: Tauschergebnis ist die „betriebliche Verweildauer" des Arbeitnehmers im Unternehmen (Rürup/Sesselmeier 1989, 16).

Ergebnis der Coase'schen Begründung der Existenz von Unternehmen sind also das Auftreten von Herrschaft und Hierarchie und der unspezifizierte Arbeitsvertrag. Hinsichtlich letzteren „besteht ein Interessenkonflikt zwischen Arbeitnehmer und Arbeitgeber; der eine hat ein Interesse, die vertragliche Verpflichtung eher restriktiv, der andere, sie möglichst expansiv auszulegen (Rothschild 1988, 50). Diese Eigenschaft des Arbeitsvertrags und die daraus folgende Möglichkeit für den Arbeitnehmer, sich nicht im Sinne des Unternehmers zu verhalten, bedeutet für Letzteren, dass er nur unvollkommene Information über das tatsächliche Verhalten des Arbeitnehmers hat und diese Information auch nicht durch ständige Kontrolle bekommt, da dies zu prohibitiv hohen Kosten führt. Notwendig ist also ein Abkommen, welches diese asymmetrische Informationsverteilung dadurch behebt, dass es den Arbeitnehmer zu unternehmensgerechter Leistung bringt. „The problem becomes how to structure an agreement that will induce agents to serve the Prinzipal's interest even when their actions and information are not observed by the Prinzipal" (Pratt/Zeckhauser 1985, 2).

Daneben haben auch Alchian/Demsetz (1972, 794) eine Erklärung für die Existenz von Unternehmen angeboten, die im Gegensatz zu Coase allerdings keine hierarchische, sondern eine „kontraktuelle Struktur" ohne autoritäre Beziehungen aufweist. Der Grund für die Unternehmung liegt bei diesen Autoren in der Teamproduktion, die sich immer dann durchsetzen wird, wenn der gemeinsam zu erzielende Output größer ist als die Summe der einzelnen Produktionen. Teamproduktion wird beschrieben als Produktion „in which (1) several types of resources are used and (2) the product is not a sum of separable outputs of each cooperating resource. An additional factor creates a team organization problem: (3) not all resources used in team production belong to one person" (Alchian/Demsetz 1972, 779). Das sich aus der Teamproduktion ergebende Problem der Entlohnung der Gruppenmitglieder stellt sich somit mit der Annahme, dass am Markt nur der Gesamtoutput, nicht jedoch die Leistung jedes einzelnen messbar ist. Daraus ergibt sich eine Trittbrettfahrerposition für die Teammitglieder. Um ein solches Gefangenendilemma zu vermeiden, bestellt das Team freiwillig einen „shirking-minimierenden Monitor" (Pirker 1991, 97) zur eigenen Überwachung. Gegenüber dem Monitor stellt sich allerdings das gleiche Problem. Damit dieser das Team richtig kontrolliert, soll er als Anreiz die durch seine Überwachungstätigkeit möglichen Residualerträge der Teamproduktion erhalten. Durch diese Konstruktion wird ein Zusammenschluss von Arbeitnehmern zu einem Unternehmen als ein Akt freiwilliger Unterwerfung unter eine Überwachungsinstanz charakterisiert. Dass diese Vorstellung nur eine Extremposition sein kann und auch Hierarchieelemente zu berücksichtigen sind, zeigt auch Arrow (1974, 64; zitiert nach Weise 1985, 179): „Innerhalb des Spielraums des (Arbeits-) Vertrags ist die Beziehung zwischen Arbeitgeber und Beschäftigten nicht länger eine Marktbeziehung, sondern eine Autoritätsbeziehung. Natürlich wird der Spielraum dieser Autorität gewöhnlich durch die Vertragsbedingungen begrenzt sein, und er ist im Grunde begrenzt durch die Freiheit der Beschäftigten zu kündigen. Aber da normalerweise die Ausübung dieser Freiheit mit einigen Kosten verbunden ist, ist der Spielraum dieser Autorität nicht unbedeutend" (vgl. zur Kritik an diesen Ansätzen Kubon-Gilke 1997).

Arbeitsrechtlich betrachtet findet diese Autoritätsbeziehung darin ihren Ausdruck, dass Rechtsprechung und Rechtslehre für das Vorliegen eines Arbeitsvertrags eine persönliche Abhängigkeit fordern. Von einem Dienstvertrag unterscheidet sich der Arbeitsvertrag gerade dadurch, dass der Arbeitnehmer seine Leistung fremdbestimmt erbringt. Dabei wird der Grad der persönlichen Abhängigkeit nach dem Umfang bestimmt, in welchem eine Gebundenheit an Weisungen besteht. Dementsprechend findet sich in § 84 Abs. 1 S. 2 Handelsgesetzbuch die Formulierung, dass „selbständig ist, wer im wesentlichen frei seine Tätigkeit gestalten und seine Arbeitszeit bestimmen kann". Besteht diese Freiheit nicht, ist vom Vorliegen eines Arbeitsvertrags auszugehen.

Diese Problematik wird allgemein in den Prinzipal-Agent-Ansätzen thematisiert. Vereinfacht wird diese Beziehung im Zwei-Personen-Fall betrachtet. Die erste Person, der Agent, wählt eine Aktion aus einer Anzahl unterschiedlicher Handlungsmöglichkeiten aus. Diese Handlung beeinflusst sowohl die Wohlfahrt des Agenten als auch die des Prinzipals, also der zweiten Person. Der Prinzipal seinerseits ist nun durch eine bestimmte Funktion von Auszahlungsregeln determiniert. Dies bedeutet, dass der Prinzipal – noch bevor der Agent seine spezifische Aktion wählt – eine Regel festsetzt, die die Entlohnung des Agenten als eine Funktion abhängig von den – durch den Prinzipal zu beobachtenden – Ergebnissen der Handlung spezifiziert. Pratt/Zeckhauser (1985, 2) liefern eine kürzere, wenn auch etwas grobe Definition: „Whenever one individual depends on the action of another, an agency relationship arises. The individual taking the action is called the agent. The affected party is the principal".

Dieses Problem ist natürlich nur dann von Interesse, wenn der Information, die beiden zugänglich ist, eine asymmetrische Verteilung zugrunde liegt.

In der ökonomischen Literatur werden dabei üblicherweise zwei Fälle unterschieden:

1. Fall: Die Handlung des Agenten ist nicht direkt durch den Prinzipal zu beobachten.
2. Fall: Das Ergebnis wird zwar durch die Handlung des Agenten beeinflusst, nicht aber vollkommen determiniert.

Nach Arrow (1985, 38 ff) lassen sich die Prinzipal-Agent-Beziehungen als zwei unterschiedliche Typen darstellen:

Der erste Typ ist der der hidden action, der den üblichen Problemen des moral hazard entspricht. Idealtypisch hierfür ist die Leistung bzw. Anstrengung des Agenten. Anstrengung ist für den Agenten – im relevanten Bereich des Interessengegensatzes – nutzenmindernd, für den Prinzipal hat sie jedoch einen gewissen Wert in dem Sinne, dass die Anstrengung des Agenten die Wahrscheinlichkeit eines gewünschten Ergebnisses erhöht. Als Beispiel mag hier das Verhältnis von Aktionären und Management einer Aktiengesellschaft dienen. Die Aktionäre sind die Prinzipale, die im Normalfalle nicht gänzlich beobachten können, ob die Agenten in Form des Managements die angemessenen Entscheidungen treffen.

Der zweite Typ ist das Problem der hidden information, das in der Literatur als adverse Selektion diskutiert wird. Hier wird von bestimmten Beobachtungen des Agenten ausgegangen, die jedoch der Prinzipal nicht gemacht hat. Der Agent nutzt nun diese Beobachtungen bei seinen Entscheidungen, wobei der Prinzipal nicht prüfen kann, ob der Agent diese Informationen in der für den Prinzipal besten Art und Weise genutzt hat. Dieses Problem ist bekannt aus Projekten dezentraler

Unternehmensplanung und -führung als auch aus der Versicherungsökonomie. Dort sehen sich die Versicherungen verschiedenen Risikogruppen gegenüber, die sie versuchen müssen zu identifizieren, um die Versicherungsprämien zu differenzieren und damit eine effiziente Risikoallokation zu generieren.

Insgesamt ist also festzuhalten, dass eine Vielzahl ökonomischer Beziehungen mit Hilfe der Prinzipal-Agent-Ansätze weitaus besser analysiert und verstanden werden können als mit der traditionellen ökonomischen Standardanalyse und dabei frühere Grenzen der Analyse ausgeweitet werden. Für den Arbeitsmarkt wird der Arbeitnehmer als Agent und der Unternehmer als Prinzipal betrachtet. Kurz zusammengefasst lautet also hier die zentrale Frage, wie der Unternehmer den Arbeitnehmer dazu bewegen kann, in seinem Sinne zu handeln, also ein Produkt mit einer bestimmten Leistungsintensität herzustellen.

Ausgangspunkt der Betrachtung sind zwei Parteien: Auf der einen Seite steht der Prinzipal, der einen anderen, den Agenten, damit beauftragt, eine bestimmte Arbeit durchzuführen. Das Ergebnis dieser Arbeit hängt dabei von den Bemühungen (bzw. der Arbeitsproduktivität) des Agenten ab, wobei verstärkte Bemühungen des Arbeiters, der sich ebenfalls als Nutzenmaximierer verhält, seinen Nutzen verringern. Gesucht wird also nach einer Lösung, wie Arbeitsverträge so abgeschlossen werden können, dass der Unternehmer die für seinen Lohn erhaltene Arbeitsleistung kontrollieren kann, wie er die Arbeiter so überwachen bzw. motivieren kann, dass er die durch den Kontrakt abgesicherte Arbeitsleistung erhält.

Diese für einen Großteil der Beschäftigungsverhältnisse generelle Problematik bildet die Grundlage für eine Reihe theoretischer Ansätze, in denen die Lohnfindung aus diesen Problemen asymmetrischer Informationsverteilung zwischen Unternehmen und Arbeitnehmern resultiert, die häufig mit Lohn- und Preisrigiditäten verbunden sind. Diese Ansätze – Kontrakttheorie, Effizienzlohntheorien, Insider-Outsider-Ansätze – werden in den folgenden Kapiteln diskutiert.[1] Eine weitergehende Betrachtung der Beschäftigungsverhältnisse erfolgt unter dem Stichwort „interner Arbeitsmarkt" in Kap. 19.

---

[1] Zur Kontrakttheorie siehe Sesselmeier/Blauermel 1997$^2$, 145–151

# Kapitel 15
# Effizienzlohnmodelle

## 15.1 Grundgedanken der Modelle

Den Vertretern der Effizienzlohnhypothesen geht es um eine mikroökonomische Fundierung von Lohnrigidität und unfreiwilliger Unterbeschäftigung.

Die Erklärung von Lohnstarrheiten bzw. der Frage, warum unfreiwillig arbeitslos gewordene Arbeitnehmer nicht einen arbeitsmarkträumenden Lohnsatz durchsetzen können, basiert der positiven Korrelation zwischen Arbeitsproduktivität und Reallohn. Konsequenz dieser Annahme ist, dass eine Lohnkürzung, die die Produktivität mindert, letztendlich nicht zu sinkenden realen Arbeitskosten führen muss: „If wage cuts harm productivity, then cutting wages may end up raising labor costs" (Yellen 1984, 200).

Der Grund, warum die Unternehmen nicht selbst daran interessiert sind, ihre Lohnofferten in Richtung Vollbeschäftigungs- bzw. Markträumungsgleichgewicht anzupassen, liegt also in der Möglichkeit begründet, den Gewinn mit Hilfe von Effizienzlöhnen steigern zu können. Die Unternehmung sorgt sich in erster Linie nicht um die gesamtwirtschaftliche Beschäftigungshöhe, sondern um einen Lohn, der ihr die Arbeitskosten pro Effizienzeinheit minimiert. Die Unternehmen beabsichtigen also Arbeit zu den günstigsten Konditionen je Einheit einzustellen. Die relevante Einheit stellt dabei gerade nicht der Arbeitnehmer als Person, sondern die Effizienzeinheit dar.

Das folgende Beispiel verdeutlicht diesen Sachverhalt: Wenn ein Arbeitnehmer mit einem Stundenlohn von 30 Euro mehr als doppelt so produktiv arbeitet wie ein Arbeitnehmer mit 15 Euro Stundenlohn, dann erweist sich – in Effizienzeinheiten gemessen – der erste Arbeitnehmer für ein Unternehmen als die kostengünstigere Variante. Wenn nun dieser Lohnsatz über dem Markträumungsniveau liegt, hat das Unternehmen bezüglich des Arbeitsangebots keinerlei Beschränkungen ihrer optimalen Beschäftigungspolitik zu befürchten. Vielmehr ist das Arbeitsmarktgleichgewicht durch die Existenz unfreiwilliger Arbeitslosigkeit charakterisiert. Denn das Unternehmen ist nicht bereit, den Effizienzlohn auf ein Vollbeschäftigungsniveau zu senken, weil sie damit eine Reduktion der Produktivität ihrer beschäftigten Arbeitnehmer riskiert, die durch die gesunkenen Lohnkosten nicht wettgemacht wird.

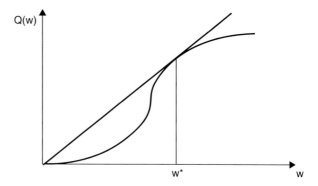

**Abb. 15.1** Arbeitseinsatz in Abhängigkeit vom Lohnsatz. (Quelle: Weiss 1990, 20)

Grafisch lassen sich die effizienzlohntheoretischen Zusammenhänge und ihre Auswirkungen auf den Arbeitsmarkt folgendermaßen verdeutlichen:

In Abb. 15.1 wird der erwartete Arbeitseinsatz eines zufällig ausgewählten Arbeitnehmers – $Q(w)$ – als eine Funktion des realen Lohnsatzes w dargestellt. Der optimale (Effizienz)lohn $w^*$ ergibt sich dort, wo der Fahrstrahl aus dem Ursprung die Kurve tangiert. Dies bildet gleichzeitig das Maximum von $Q(w)/w$. Dieser Lohn lässt sich allein durch die Annahme der Effizienzlohntheorien – Anreizmaßnahmen aufgrund unvollkommener und asymmetrischer Informationen – begründen. „Recall that in a perfect information model with no incentive effects of wage $w^* = 0$" (Weiss 1990, 20).

Überträgt man dieses Ergebnis in ein Diagramm mit Arbeitsangebots- und -nachfragekurven (Abb. 15.2), so ergibt sich daraus eine rückwärts geneigte Arbeitsnachfragekurve $N^D$ bei normal ansteigender Angebotskurve $N^s$.

Entsprechend der üblichen Argumentation sinkt die Nachfragemenge nach Arbeit mit steigendem Lohnsatz. Da die Unternehmen ihre Arbeitskräfte zu dem (Effizienz)lohn nachfragen, bei dem die Arbeit in Effizienzeinheiten am billigsten zu erhalten ist, wird in diesem Punkt – $w^*$ – die Nachfragemenge bestimmt. Von

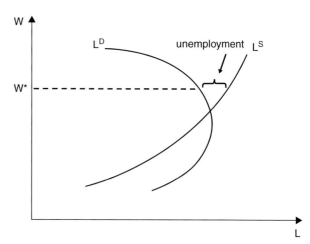

**Abb. 15.2** Effizienzlohntheoretische Nachfragekurve. (Quelle: Weiss 1990, 20)

## 15.1 Grundgedanken der Modelle

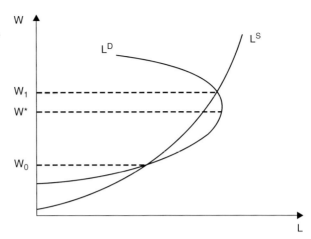

**Abb. 15.3** Gleichgewicht bei mehreren Schnittpunkten. (Quelle: Weiss 1990, 22)

letzterer wird nicht abgewichen, auch wenn zu einem niedrigeren Lohn eine höhere Arbeitsnachfragemenge realisiert werden könnte. Denn dieser niedrigere Reallohn erfüllt nicht die Ansprüche der Unternehmen. Das Ausmaß der Arbeitslosigkeit hängt dann natürlich von der Lage der Arbeitsangebotskurve ab. Generell wird unter bestimmten theoretischen Annahmen kein Unternehmen einen Reallohn unter $w^*$ leisten, da das eine Erhöhung der Arbeitskosten und folglich Wettbewerbsnachteile mit sich brächte. Ein Gleichgewicht ergibt sich also nur in $w^*$ oder darüber, falls die Arbeitsangebotskurve die Nachfragekurve links von $w^*$ schneidet. Bei einem Schnittpunkt rechts von $w^*$ entsteht Arbeitslosigkeit. Schneidet die Angebotskurve die Nachfragekurve zweimal (vgl. Abb. 15.3), so kann nur der obere Schnittpunkt $w_1$ ein Gleichgewicht darstellen, nicht jedoch $w_0$, da zwischen $w_0$ und $w_1$ ein Nachfrageüberhang besteht, dem die Unternehmen mit höheren Lohnofferten begegnen werden, bis $w_1$ erreicht ist.

Die Effizienzlohnhypothesen beinhalten somit in typischer Weise das Prinzipal-Agent-Problem. Die fehlende Möglichkeit, die zu erbringenden Leistungen genau festlegen zu können, führt zu einer Abkehr von der bisherigen Annahme, dass auf dem Arbeitsmarkt eine genau spezifizierte Arbeitsleistung gegen einen bestimmten Lohn getauscht wird. Inhaltlich genauer spezifizierte Arbeitsverträge wären bei wechselnden Erfordernissen von Markt und Produktion zu unflexibel und würden damit eine effiziente Produktion unmöglich machen. In diesem Zusammenhang verweist Yellen (1984, 201) zusätzlich auf die Schwierigkeiten bei der Messung der individuellen Produktivität, da eine Entlohnung auf Stückbasis häufig nicht möglich ist.

Gegenüber der herkömmlichen Arbeitsmarktanalyse ergeben sich also zwei wesentliche Modifikationen:

- Die Arbeitsangebotsseite ist in der Lage, das Niveau ihrer Leistungen zu variieren, ohne dass dies von den Unternehmern vollkommen beobachtbar ist. Bezüglich der Arbeitsintensität besteht also ein asymmetrisches Informationsverhältnis.

- Auf der Arbeitsnachfrageseite wird die Annahme des Lohnnehmers infolge eines rein technisch-ökonomisch bedingten Optimierungsprozesses dahingehend geändert, dass die Unternehmer jetzt Lohnsetzer sind, sie also den Effizienzlohn, der definitionsgemäß über dem Markträumungslohn liegt, und damit auch die Grenzproduktivität der Arbeitnehmer bestimmen können. Es gilt aber auch hier die übliche neoklassische Annahme, dass der Lohnsatz dem Wertgrenzprodukt der Arbeit entspricht.

Die Absorption von gesamtwirtschaftlichen Nachfragestörungen vollzieht sich hier nicht über eine Anpassung der Reallohnsätze, sondern über Verschiebungen der Arbeitsnachfragekurve, d. h. über quantitative Anpassungen der Beschäftigung. Damit bleibt allerdings auch die innerbetriebliche Lohnstruktur bestehen, die neben dem Effizienzlohn und mit den selben Zielen – Steigerung der Arbeitsproduktivität, Senkung von Informations- und Fluktuationskosten – offensichtlich unternehmerischen Optimalitätsüberlegungen entspricht.

Die verschiedenen Ansätze zur Erklärung von Effizienzlöhnen lassen sich nach folgenden Vorteilen für die Unternehmung bei höheren Lohnzahlungen unterteilen. Als positiv aus der Perspektive der Arbeitsnachfrager kann verzeichnet werden:

1. eine bessere Arbeitsmoral der Arbeitskräfte,
2. eine höhere Durchschnittsqualität der Arbeitsplatzbewerber,
3. geringere Fluktuationsraten qualifizierter Arbeitnehmer,
4. reduzierte ‚Drückebergerei' (shirking) wegen höherer Opportunitätskosten bei Entlassung.

Vor diesem allgemeinen Hintergrund werden die vier verschiedenen Erklärungsansätze in den nächsten Abschnitten diskutiert. Dabei erfolgt die variantenspezifische Kritik ebenfalls in den jeweiligen Abschnitten, während eine generelle Beurteilung dieser Ansätze nach den Einzelabschnitten durchgeführt wird.

## 15.2 Der „Gift-Exchange"-Ansatz

Mit dem „Gift-Exchange"-Modell bzw. dem Ansatz „gegenseitiger Geschenke" (Akerlof 1982, 1984) werden soziologische Elemente in das ökonomische Rahmenwerk zur Erklärung von Lohnstarrheiten einbezogen. Dies beruht auf der Einsicht, eine diesbezügliche Erweiterung der Annahmen bringe der ökonomischen Analyse neue Erkenntnisse. „The sociological model can explain phenomena which seem inexplicable in neoclassical terms – why firms don't fire workers who turn out to be less productive, why piece rates are avoided even when feasible and why firms set work standards exceeded by most workers" (Akerlof 1984, 204). Im Mittelpunkt dieses Ansatzes stehen die Wirkungen sozialer Konventionen und Gruppennormen. Die Loyalität der Mitarbeiter wird als wichtiger Bestimmungsfaktor für die Arbeitsproduktivität angesehen, Effizienzentlohnung als Ausdruck eines normativen Konsens zwischen den Arbeitsmarktparteien interpretiert.

## 15.2 Der „Gift-Exchange"-Ansatz

Das Modell von Akerlof beruht auf der Idee, dass abgeschlossene Arbeitsverhältnisse auf dem Prinzip des „gegenseitigen Beschenkens" (gift exchange) aufbauen. Danach werden den Arbeitnehmern Löhne über dem vergleichbaren Marktlohnniveau gezahlt, weshalb sie im Gegenzug zu einer höheren Arbeitsleistung bereit sind, als es der Unternehmer unter sonst üblichen Marktbedingungen erzwingen könnte. Akerlof argumentiert dabei aufgrund einer Studie von Homans (1968), der am Beispiel von zehn jungen Arbeiterinnen („cash posters") hatte beobachten können, dass deren Arbeitsleistung im Durchschnitt signifikant über den von der Unternehmung festgelegten Standardwerten lag, obwohl weder Leistungslöhne noch sonstige Anreize, insbesondere keine Aufstiegsmöglichkeiten zu konstatieren waren. Damit stellt sich nach neoklassischer Lesart sofort die Frage, warum das Unternehmen nicht die Mindestanforderungen hochschraubt und die unproduktiven Arbeitskräfte freisetzt bzw. warum nicht die Arbeitnehmer selbst ihre Leistungen auf das vom Arbeitgeber gerade noch kontrollierbare Mindestmaß senken. Zur Erklärung dieses Phänomens greift Akerlof (1982, 548) auf soziologische Modelle zurück, die die diesbezüglichen Erklärungsprobleme des neoklassischen Modells überbrücken sollen. Das neoklassische Modell kann diese Verhaltensweisen deshalb nicht erklären, weil zumindest eine der beiden Parteien gegen das Prinzip der individuellen Nutzenmaximierung verstößt.

Ausgangspunkt der Überlegungen ist dabei die traditionelle soziologische Sichtweise, wonach die Normen einer bestimmten Arbeitsgruppe letztendlicher Einflussfaktor für die Arbeitsleistung der Beschäftigten sind. Innerhalb der Gruppe ist es dem einzelnen Arbeitnehmer leichter möglich zu beurteilen, ob seine Arbeitsbedingungen bzw. der Lohn als „fair" anzusehen sind. Die gleichen Überlegungen sind auf das Prinzip des „Sich Beschenkens" anwendbar. Hier werden wechselseitig vorteilhafte Abmachungen getroffen, die auf bestimmten Normvorstellungen beruhen. Im Rahmen ihrer Tätigkeit erwerben also die Arbeitnehmer freundschaftliche Gefühle sowohl füreinander als auch gegenüber des Unternehmens. Ausdruck des besonderen, durch diese Einstellungen geprägten Verhältnisses ist der gegenseitige Austausch von Geschenken, der das Nutzenniveau der Arbeitnehmer erhöht und sich an bestimmten Normen orientiert, die allgemein anerkannt sind. Im Falle der Beschäftigten besteht das Geschenk in Arbeitsleistungen über die in dem jeweiligen Unternehmen geltenden Leistungsstandards hinaus, im Falle der Unternehmung erfolgt das Gegengeschenk in Form von Entlohnung in einer Höhe, die das Marktniveau übersteigt. Mit dieser Annahme fügt Akerlof den üblichen Variablen der Nutzenfunktion – Lohn und Anstrengung – eine weitere hinzu, die den Einfluss der Normen widerspiegelt. Diese Variable hängt unter anderem vom Niveau der Arbeitslosigkeit, der Höhe der Arbeitslosenunterstützung und dem jeweiligen Nutzenniveau der Kollegen ab. Durch solche Normen soll etwa der Druck auf die leistungsschwächeren Kollegen vermindert werden; beispielsweise kann das Unternehmen keine leistungsbezogenen Individuallöhne, sondern nur Gruppenlöhne zahlen. Der Nutzen des einzelnen Arbeiters wird hier also auch gesteigert, wenn der auf Kollegen lastende Druck vermindert wird. Durch dieses als Geschenk des Unternehmens interpretierte Verhalten „wird die soziologische Auffassung reflektiert, dass Arbeitsgruppen in verschiedenen Situationen als Einheiten reagieren, deren

Mitglieder jeweils gewisse Standards und Einstellungen teilen" (Blien 1986, 282). Auch der Gerechtigkeitssinn der Arbeitnehmer wird in die Überlegungen miteinbezogen: sie müssen den bezahlten Lohn sowohl in Anbetracht ihrer Leistung als auch im Vergleich mit den ihnen gleichgestellten Personen als gerecht empfinden. Dieser faire Lohn hängt dabei von den folgenden Kriterien ab:

- der Leistung, die der Arbeitnehmer über der Norm erfüllt,
- den Arbeitsnormen selbst,
- dem Lohn der übrigen Arbeitskräfte,
- dem Nutzenniveau bei Arbeitslosigkeit sowie
- der Anzahl der Arbeitslosen und
- dem Lohn, den der Arbeiter in früheren Perioden erhalten hat.

Das „Gift-Exchange"-Modell erklärt also das Entstehen unfreiwilliger Arbeitslosigkeit mit der Reaktion der Unternehmen auf das Verhalten der Arbeitnehmer, die, solange sie sich fair behandelt fühlen, mehr als die geforderte Leistung erbringen. Die über dem Markträumungslohnsatz liegenden Löhne induzieren in der Perspektive dieses Ansatzes unfreiwillige Arbeitslosigkeit. „If there is involuntary unemployment in an equilibrium situation, it must be that firms ... wish to pay more than the market-clearing wage. And that is the heart of any efficiency-wage theory" (Akerlof 1984, 79).

Der Ansatz von Akerlof ist nicht zuletzt wegen seiner originären Darstellung insgesamt recht positiv beurteilt worden. Insbesondere deshalb, weil erstmals auch näher spezifizierte soziologische Elemente in die ökonomische Theorie integriert werden, die man bislang nur in ‚verkürzten' Präferenzordnungen (Nutzenfunktionen) subsumiert hatte. Trotzdem werden auch einige – teils schwer wiegende – Kritikpunkte vorgebracht:

- Problematisch ist etwa der Rückgriff auf die Studien von Homans. „Nach dem Vergleich der soziologischen Studie Homans' mit der Interpretation Akerlofs muss man feststellen, dass beides nicht gut zueinander passt" (Scheuer 1987, 139). Die Begründungen des untersuchten Personenkreises für ihr Verhalten waren grundsätzlich anderer (meist egoistischer) Natur als von Akerlof vermutet. Die freundschaftlichen Gefühle, die er unterstellt, hängen sicherlich maßgeblich vom Betriebsklima und den Kollegen ab, so dass sich sowohl positive wie negative Effekte vermuten lassen.
- Auch die Bezugnahme auf die zweite soziologische Studie (vgl. Akerlof 1982) ist zu kritisieren, da bei diesen Studien gerade die Leistungszurückhaltung das Problem war. Man gewinnt folglich den Eindruck, dass die Bezugnahme auf soziologische Forschungsergebnisse nicht in der Absicht erfolgt, die dort dargestellten Erklärungen für das Gruppenverhalten der Arbeitnehmer in das ökonomische Modell aufzunehmen. Vielmehr scheinen sie lediglich dem Zweck der Präsentation des im Modell unterstellten Verhaltens zu dienen, obwohl Widersprüche auftreten.
- Weiter ist zu kritisieren, dass Akerlof den Arbeitern das Entwickeln positiver Gefühle für ihre Kollegen und des Unternehmens als ein „natürliches" Verhal-

ten unterstellt. „Jedes beliebige Verhalten lässt sich jedoch „erklären", indem dem betreffenden Handelnden einfach eine Präferenz, ein Verlangen, ein „Trieb" unterstellt wird, der dann genau dieses Verhalten zum Inhalt hat. Dieses Verhalten ist dann gleichzeitig Mittel und Zweck, wird also in der Theorie verdoppelt, weswegen man diese Vorgehensweise auch als tautologische Verdopplung bezeichnen kann" (Blien 1986, 283).

- „Eine in kalter Berechnung auf Gegenleistung überreichte Gabe (ist) weniger ein Geschenk" (Franz 1986, 58), sondern eher eine investitionstheoretisch kalkulierte Handlung. Trotzdem sollte nicht übersehen werden, dass selbst bei hohen Löhnen Mitarbeiter nur bis zu einem bestimmten Grade motiviert werden können; das, was eine bestimmte Leistung zur Spitzenleistung macht, muss immer auch aus Überzeugung getan werden.

Der Ansatz von Akerlof ist mit den Mitteln der neoklassischen Ökonomie nur schwer fassbar, enthält aber doch – oder aus der Perspektive mancher Kritiker neoklassisch argumentierender Ökonomen gerade deswegen – interessante Aspekte zur Erklärung des Arbeitsmarktgeschehens. Er kann zudem als der Ausgangspunkt gerade zu einer Flut von Aufsätzen in den letzten Jahren bezeichnet werden, die auf theoretischer Ebene das ökonomische Optimierungskalkül mit sozialpsychologischen und Gerechtigkeitsaspekten erweitert haben und dies dann vor allem mit experimentellen Methoden empirisch versucht haben zu untermauern.

## 15.3 Der „Adverse-Selection"-Ansatz

Als Ursache für die Zahlung von Effizienzlöhnen wird hier das betriebliche Streben nach einer höheren Durchschnittsqualität der Arbeitsplatzbewerber angesehen. Das Problem der asymmetrischen Informationsverteilung zwischen Arbeitgeber und -nehmer spiegelt sich in der unvollkommenen Kenntnis der Unternehmen über die Fähigkeiten und die Produktivität einer neu einzustellenden Arbeitskraft wider. Folglich wird in diesem Modell von der Annahme homogener Arbeitskräfte abgerückt. Aus der Heterogenität der Arbeitnehmer ergibt sich nun für das Unternehmen das Informationsproblem, da bestenfalls die Durchschnittsqualität der Arbeitnehmer, nicht jedoch die Produktivität einer bestimmten Arbeitskraft bekannt ist. Die Unternehmung braucht also ein Raster, mit dem sie gute von schlechten Bewerbern unterscheiden kann. Denn ihr Ziel ist nicht in erster Linie, ihre Arbeitskräftenachfrage zum minimal möglichen Lohn voll zu befriedigen, sondern den Lohn so zu setzen, dass damit die Arbeitskosten je Effizienzeinheit minimiert werden (vgl. Weiss 1980, 527). Daraus ist ersichtlich, dass auch hier der Zusammenhang zwischen Lohnsatz und Produktivität die entscheidende Rolle spielt.

Dieser Zusammenhang beruht auf zwei wichtigen Annahmen:

- Erstens sind die an die Arbeitnehmer ausbezahlten Löhne nichtproportional zu ihrer Arbeitsproduktivität.

- Zweitens stellen die Akzeptanzlöhne der Arbeitnehmer eine steigende Funktion ihrer Produktivität dar.

Daraus folgt: Ein höheres Lohnniveau eines Unternehmens beeinflusst nicht nur die Zahl der Arbeitsplatzbewerber positiv, sondern ebenfalls das zu erwartende Fähigkeitenpotenzial derer, die dann eingestellt werden. Höhere Lohnofferten ermöglichen somit der Unternehmung, befähigtere Arbeitskräfte aus dem Bewerberpool anzuziehen.

Durch diese für das Unternehmen optimale Strategie kann allerdings Arbeitslosigkeit entstehen, da die Nachfragemenge nach Arbeitskräften beim höheren Effizienzlohn geringer ist als beim Markträumungslohn und somit der Arbeitsmarkt nicht geräumt wird. Diese Arbeitslosigkeit ist unfreiwillig, weil der einzelne Arbeitslose seine Arbeitskraft nicht effektiv zu einem geringeren als dem herrschenden (Effizienz)lohn anbieten kann. Denn ein derartiges Angebot würde gemäß obiger zweiter Annahme für die Arbeitsnachfrageseite bedeuten, dass die Produktivität dieses Arbeitnehmers geringer wäre als die anderer Arbeitnehmer mit einem höheren Akzeptanzlohn.

Ebenso lässt sich anhand dieses Modells erklären, warum Unternehmen auf Nachfragerückgänge am Gütermarkt nicht mit Lohnkürzungen, sondern mit Entlassungen reagieren. Gemäß der skizzierten Logik würden Lohnkürzungen nur die Kündigungen der befähigteren Arbeitskräfte zur Folge haben, die auch gleich wieder eine Anstellung finden würden und so der Unternehmung nicht mehr zur Verfügung stünden.

Kritisch an diesem Ansatz ist dessen Grundannahme, dass sich ein Arbeitsanbieter selbst disqualifiziert, wenn er bereit ist, für einen niedrigeren Lohn zu arbeiten.

- Wollen Arbeitnehmer nicht dauerhaft der Fürsorge des Staats anheim fallen, sind sie in der Regel genötigt, eine Stelle anzunehmen, um ihren Lebensunterhalt zu verdienen. Die Annahme, die Qualität – in unserem Sinne die Produktivität – eines Arbeitnehmers anhand seines geforderten Preis (Lohns) zu beurteilen, ist nur möglich, wenn der Anbieter nicht unter Angebotszwang steht. Diese ‚Wahlfreiheit' zwischen Beschäftigung und Arbeitslosigkeit jedoch bleibt eine wesentliche – weitgehend unrealistische – Voraussetzung des Ansatzes.
- Die Signalfunktion des Lohnsatzes dürfte hier überstrapaziert werden. Denn Unternehmen verlangen bei Neueinstellungen etliche andere ‚Signale' wie etwa Zeugnisse oder Arbeitsproben, anhand derer die Produktivität des Bewerbers ebenfalls erkennbar wird.
- Problematisch ist dieser Ansatz auch deshalb, weil er mit der entsprechend der jeweiligen Lohnforderung hohen Produktivität bzw. Effizienz des Bewerbers gerade das voraussetzt, was zu erklären ist (Blien 1986, 270).

Allerdings spricht nichts gegen die Annahme, dass ein Unternehmen mit relativ niedrigen Löhnen auf Dauer keine guten Arbeitskräfte, die auch anderswo eine besser bezahlte Beschäftigung finden können, an sich binden können wird. Der Mechanismus der Stellenbesetzung ist jedoch fragwürdig.

## 15.4 Der „Labour-Turnover"-Ansatz

Im Zusammenhang mit dem Problem der Arbeitskräftefluktuation gehen die Effizienzlohnhypothesen davon aus, dass die Unternehmen durch eine geeignete Lohnpolitik das Entscheidungskalkül ihrer Beschäftigten zu ihren Gunsten beeinflussen können. Zur Stabilisierung einer bestimmten Belegschaftsstruktur und damit einer noch tolerierbaren Fluktuationsrate bedient sich das Unternehmen eines über dem Marktgleichgewicht liegenden Lohnsatzes. Insoweit erfüllt dieser betrieblich gewählte Lohnsatz auch hier die in den Effizienzlohnmodellen üblicherweise unterstellte Eigenschaft eines Anreiz- bzw. Steuerungsinstruments.

Im Mittelpunkt der Betrachtung steht das Optimierungskalkül eines Unternehmens, das die Mobilitätsbereitschaft ihrer Arbeitnehmer und die damit verbundenen Kosten ausdrücklich als einschränkende Nebenbedingung in ihrem Gewinnmaximierungsprogramm berücksichtigt.

Dabei interessieren zwei Korrelationen:

- zum einen der Zusammenhang zwischen Fluktuationsrate und Produktivität und
- zum anderen der Zusammenhang von Fluktuation und relativen Löhnen.

Nimmt man an, dass mit zunehmender Fluktuationsrate der Anteil relativ unerfahrener Arbeitnehmer an der Gesamtbelegschaft steigt, so lässt sich ein negativer Zusammenhang zwischen der durchschnittlichen Arbeitsproduktivität und der Fluktuationsrate herstellen: Je wichtiger ein Training-on-the-job für die Erlangung einer bestimmten Produktivität ist und je schwieriger es für den neu eingestellten Arbeitnehmer ist, sich mit der neuen Technik und Organisation vertraut zu machen, desto größer sind die Produktivitätsverluste, die ein Unternehmen infolge steigender Fluktuationsraten zu tragen hat. Eine Möglichkeit, sich gegen solche Fluktuationskosten zu schützen, hat die Unternehmung, indem sie ihren Belegschaftsmitgliedern das Verbleiben im Betrieb attraktiv genug macht. Hierzu kann. sie einen (realen) Lohnsatz anbieten, der über dem sonst erreichbaren Lohn eines qualifizierten Arbeitnehmers liegt. Dabei gilt: Je größer der relative Lohnsatz, desto geringer ist für den Arbeitnehmer der Anreiz, seinen Job zu kündigen. Bei Annahme einer normalverteilten Lohnangebotsfunktion sinken für einen Arbeitnehmer die Chancen, einen noch höheren Lohn zu bekommen umso stärker, je höher sein Ausgangsniveau bereits über dem Durchschnittslohn liegt. Im Extremfall stellt der Arbeitnehmer die Suche ganz ein.

Der Zusammenhang lautet hier also: niedrige Fluktuationsrate – hohe Durchschnittsproduktivität – hoher Lohnsatz.

Letzterer führt dann zu Arbeitslosigkeit, weil die Unternehmen eben wegen des hohen Lohnsatzes ihre Arbeitskräftenachfrage einschränken und der Arbeitsmarkt nicht mehr geräumt wird. Arbeitslosigkeit unterstützt somit zusätzlich die Bemühungen der Unternehmen via höherer Löhne die Fluktuationsrate zu senken, denn je höher die Arbeitslosenrate, desto geringer ist die Bereitschaft der Arbeitnehmer zu kündigen und desto mehr werden sie versuchen, Kündigungen zu vermeiden. Die Fluktuationsrate wird damit vergleichsweise niedrig sein und die Produktivitätskurve wird sich mit steigender Arbeitslosigkeit nach oben verschieben.

Der sich letztendlich ergebende, gleichgewichtige Effizienzlohn befindet sich dann zwischen den beiden folgenden möglichen Polen: Zum einen ergibt ein hohes Lohnniveau eine hohe Arbeitslosenrate, die die Fluktuation so stark reduziert, dass zusätzliche Lohnanreize nicht mehr notwendig sind. Zum anderen induziert ein niedriges Lohnniveau eine hohe Beschäftigungsrate mit einer entsprechend hohen Fluktuationsrate, wenn die Unternehmen keine Anreize in Form höherer Löhne bieten. So ergibt sich ein Gleichgewicht am Arbeitsmarkt bei einem – im Sinne der Unternehmungen – optimalen Lohnsatz gekoppelt mit einer optimalen Arbeitslosenrate.

Das Problem der Arbeitslosigkeit kann demnach auch auf ein zu ausgeprägtes Mobilitätsverhalten der Arbeitnehmer zurückgeführt werden. Dies steht offensichtlich in Widerspruch zur ursprünglichen neoklassischen Argumentation, nach der (natürliche) Arbeitslosigkeit nicht zuletzt über eine höhere Mobilität der Arbeitnehmer abgebaut werden könnte (vgl. Lärm 1982, 141).

Als Kritik soll an dieser Stelle nur ein zusätzlicher Punkt aufgeführt werden: Die diesem Ansatz angeblich systemimmanente Neigung zur Kündigung auf der Suche nach einem besseren Job – „Workers may quit their current jobs to enter the unemployment pool in order to search among available vacancies for a more preferred position" (Salop 1979, 117) – besteht keineswegs immer: Wenn die Ausbildung etwa stark betriebsspezifisch ist, so wird niemand seinen Job aufgeben und sich anderswo als Ungelernter bewerben wollen. Folglich sollte hier vielmehr von einer unterschiedlichen Betroffenheit der Arbeitnehmer ausgegangen werden.

Außerdem sei zu diesem Punkt an die bereits weiter vorne vorgebrachte Kritik an der Suchtheorie erinnert.

## 15.5 Der „Shirking"-Ansatz

Auch in diesem vierten und im Rahmen der Effizienzlohnmodelle meist diskutierten Ansatz steht das Problem der asymmetrischen Informationsverteilung zwischen Arbeitnehmer und Unternehmer im Mittelpunkt.

Im Gegensatz zu den beiden vorangehenden Ansätzen wird hier jedoch angenommen, dass die ausgewiesenen Fähigkeiten eines Arbeitnehmers vom Unternehmer vollständig identifiziert werden können, nicht dagegen aber seine (physische) Leistungsbereitschaft im laufenden Produktionsprozess.

Ausgangspunkt ist also die Ablehnung der neoklassischen Sichtweise, „dass auf dem Arbeitsmarkt eine genau spezifizierte Arbeitsleistung gegen einen bestimmten Lohn getauscht wird" (Fehr 1984, 68). Es handelt sich also auch hier wieder um das bereits bekannte Prinzipal-Agent Problem.

Dem Arbeitnehmer ist es möglich, seine Arbeitsintensität innerhalb einer gewissen Bandbreite selbst zu bestimmen, eröffnet sich dadurch einen gewissen Freiraum: Er kann neben dem fest vereinbarten Lohnsatz zusätzliche Nutzengewinne durch Abweichungen von der vertraglichen Arbeitsleistung realisieren. Dies ist solange möglich, wie ihm dieses vertragswidrige Verhalten nicht eindeutig nachgewiesen werden kann.

## 15.5 Der „Shirking"-Ansatz

Entscheidend ist hier das Problem der unvollständigen Kontrollmechanismen. Sofern die Arbeitsleistung der Arbeitnehmer nicht direkt am Output messbar ist, muss die Kontrolle über die Arbeitskräfte unvollkommen bleiben, da zum einen nicht alle Arbeitnehmer kontrolliert und zum anderen die einzelnen Arbeitnehmer während ihrer gesamten Arbeitszeit nicht ständig überwacht werden können. Eine vollkommene Kontrolle würde bisweilen zu prohibitiv hohen Kosten führen, die nicht selten den Nutzen aus der Überwachung übersteigen würden. In diesem Fall wird für die Unternehmen eine totale Kontrolle unrentabel.

Diese Nachteile infolge unvollkommener Information kompensiert nun das Unternehmen durch die Zahlung eines Effizienzlohns, mit dem es die Arbeitnehmer zu unternehmenskonformen Verhalten disziplinieren möchte. Für den Arbeitnehmer ist der Effizienzlohn ein Anreiz zu weniger Bummelei, insbesondere dann, wenn bei Entdeckung unproduktiven Verhaltens dem Arbeitnehmer die Entlassung droht. Der Unternehmer kann keine Lohnkürzungen vornehmen, da ja zentrale Annahme die positive Korrelation von Lohn und Arbeitsleistung ist. Eine Lohnkürzung würde die gerade zu vermeidende Leistungsminderung herbeiführen. Der Verlust des Arbeitsplatzes bedeutet für einen Arbeitnehmer, der nach dem Effizienzlohn bezahlt wird, eine größere Strafe als für einen Arbeitnehmer, der nur den Markträumungslohn erhält, da die Differenz zwischen dem Nutzen der Arbeit bei Effizienzlohn und dem Nutzen bei Arbeitslosigkeit größer ist als die Nutzendifferenz zwischen Markträumungslohn und Arbeitslosigkeit. Das heißt also: Je höher der Effizienzlohn ist, desto geringer ist die Neigung des Arbeitnehmers zu bummeln, da er bei einer eventuellen Kündigung deswegen mit höheren Opportunitätskosten zu rechnen hätte. Der Effizienzlohn alleine hätte aber noch nicht die im Unternehmenssinne notwendige Disziplinierungswirkung, so lange Entlassene eine adäquat bezahlte Stelle jederzeit bekommen könnten.

Weil aber der Effizienzlohn den Markträumungslohn übersteigt und alle Unternehmen gemäß der Theorie die gleiche Strategie anwenden, sinkt ganz theoriekonform die Nachfragemenge nach Arbeitskräften, und es entsteht ein Arbeitslosenpool, womit der zweite Effekt des Effizienzlohnes zum Tragen kommt. Neben dem direkten Druck, den ein Unternehmen über den Effizienzlohn und damit über den größeren potentiellen Verlust bei einer möglichen Entlassung auf den Arbeitnehmer ausübt, zeigt noch ein indirekter Effekt seine Wirkung: Außer dem Effizienzlohn veranlasst auch das Risiko, arbeitslos zu werden und zu bleiben, den Arbeitnehmer, sich den Unternehmensforderungen entsprechend zu verhalten. Arbeitslosigkeit wird in diesem Falle also nicht nur sozusagen als ein Nebenprodukt des Gleichgewichtsprozesses angesehen, sondern hat auch und vor allem eine wichtige Funktion zur Disziplinierung der Arbeitnehmerschaft.

Insoweit sind die Unternehmen in der Lage, durch eine geeignete Kombination von Lohnniveau, Kontrollintensität und Arbeitslosenquote diejenige Arbeitsdisziplin in den Betrieben zu schaffen, welche ihnen die effektiven Arbeitskosten minimiert. Diese Zusammenhänge sind nicht neu. Bereits Kalecki (1943) hat in seiner Arbeit über die politischen Implikationen eines potentiellen Vollbeschäftigungsgleichgewichts die Disziplinierungsfunktion der Arbeitslosigkeit herausgestellt. Eine wirkungsvolle Vollbeschäftigungspolitik durch den Staat würde demzufolge die Arbeitsmoral und nicht zuletzt auch die machtpolitische Konstellation untergraben helfen. Deshalb versuchen die Unternehmen durch ökonomische und politische Opposition gegen öffentliche Budgetdefizite immer wieder die ursprünglichen profitablen Marktverhältnisse zu etablieren. Kalecki nannte diesen Vorgang einen politischen Konjunkturzyklus, der letztlich durch periodische Kriseninszenierungen angetrieben werde. Bedeutsam ist auch hier die Charakterisierung dieser Arbeitslosigkeit als unfreiwillig. Der einzelne Arbeitnehmer ist aus Sicht der Verfechter des Ansatzes deshalb unfreiwillig arbeitslos, weil er zwar bereit wäre für weniger als den Effizienzlohn zu arbeiten, die Unternehmen aber auf dieses Angebot nicht eingehen. Denn die Unternehmen befürchten wegen der Annahme der positiven Lohn-Produktivitäts-Korrelation, dass dieser Arbeitnehmer sich trotz gegenteiliger Bekundungen infolge des geringeren Lohnsatzes nicht im Interesse des Unternehmens verhält, also zuviel ‚bummelt'.

In der Kritik an diesem Ansatz sollen drei Punkte kurz angesprochen werden:

- Die Tatsache des unspezifizierten Arbeitsvertrags beinhaltet den Schluss, dass die am Arbeitsmarkt gehandelte Ware nicht ‚die Arbeit', sondern die Arbeitskraft ist. Daher wird bisweilen gefragt, ob der ‚shirking'-Ansatz die Problematik überhaupt angemessen widerspiegelt. Da keine Vereinbarungen über den Arbeitsinhalt bestehen und beide Parteien sich nur gemäß ihrer jeweiligen Interessen verhalten, ist die Verwendung „moralisch besetzter Begriffe" fehl am Platze (Blien 1986, 278). Angesichts eines Direktivrechts der Arbeitgeber, erscheint diese Kritik jedoch als überzogen.
- Zu fragen ist auch nach der Stabilität und nachfolgend auch der Existenz der in diesem Ansatz postulierten gesamtwirtschaftlichen Arbeitslosigkeit. Ausgangspunkt dieser Überlegungen sind die Unternehmen. „Bei genereller und hoher Arbeitslosigkeit erhalten sie jetzt eine Arbeitsproduktivität, zu deren Erzeugung sie bei Vollbeschäftigung Löhne bewilligen mussten, die über den Markträumungslöhnen liegen. Die Arbeitslosigkeit mit ihrer disziplinierenden Wirkung beschert den Arbeitgebern also einen Zusatzgewinn" (Scheuer 1987, 124). Da aus Sicht des einzelnen Unternehmens Arbeitslosigkeit ein öffentliches Gut darstellt, also kein Unternehmen von der induzierten produktivitätssteigernden Motivationswirkung auf die beschäftigten Arbeitnehmer ausgeschlossen werden kann, liegt es im Interesse jedes einzelnen Unternehmens, seinen Lohn zu senken und mehr Arbeitskräfte nachzufragen. Dies geschieht unter der ‚ceteris-paribus'-Annahme, dass das isolierte Handeln, die Arbeitslosigkeit und deren produktivitätssteigernde Wirkung gerade nicht abbaut. Nur die Vernachlässigung dieses so genannten ‚Konkurrenzparadoxons', also die – wohl unrealistische – Annahme eines gemeinsamen Vorgehens aller Unternehmen, gewährleistet Stabilität und letztlich auch die Existenz ‚Shirking'-bedingter Arbeitslosigkeit aus der Sicht von Kritikern (vgl. hierzu etwa Knappe 1998).
- Schließlich führen manche Kritiker (beispielsweise Spahn 1987) noch das Argument an, die hier generierte Arbeitslosigkeit sei nicht unfreiwillig, sondern vielmehr freiwillig. Dabei wird das Argument zugrunde gelegt, dass die Ent-

scheidung des Arbeitnehmers bezüglich seiner Leistung aus einem freiwilligen Optimierungskalkül unter Berücksichtigung des Entlassungsrisikos resultiert.

## 15.6 Weitere Instrumente zur Steigerung der Arbeitsleistung

Eine wesentliche Kritik an den Effizienzlohnhypothesen argumentiert, dass sich die Effizienzlohnproblematik nur dadurch ergibt, dass alternative Lohnanreize außer Acht gelassen werden. Es müssten allein schon deshalb Alternativen zur Disziplinierung via Arbeitslosigkeit berücksichtigt werden, da es auch Arbeitnehmergruppen gibt, deren Entlassung sich wegen damit verbundener Humankapitalverluste nachteilig auswirken kann. Im Folgenden werden daher kurz drei Alternativen zum Effizienzlohn skizziert.

### *15.6.1 Die Senioritätsentlohnung*

Die am häufigsten genannte Alternative dürfte die Entlohnung gemäß der Senioritätsregel sein (Lazear 1981). Der Mechanismus dieser Senioritätsentlohnung entspricht in etwa einem Effizienzlebenslohn. Der Arbeitnehmer erhält in der Anfangszeit seiner Betriebszugehörigkeit einen Lohn, der unterhalb seines Wertgrenzprodukts liegt. Nur wegen der erwarteten künftig darüber liegenden Gratifikationen ist dies aus Arbeitnehmersicht akzeptabel. Mit zunehmender Betriebszugehörigkeit steigt auch der Lohn, erreicht schließlich den ‚break-even-point', also die Gewinnschwelle aus Arbeitnehmersicht, an dem der Lohnsatz dem Wertgrenzprodukt entspricht und steigt letztendlich darüber hinaus. Aufgrund dieses Mechanismus ergibt sich ein Anreiz für den Arbeitnehmer, seine Leistungsintensität nicht absinken zu lassen bzw. seine Fluktuationsneigung einzuschränken, da er sonst den Lohn für bereits geleistete Arbeit dem Unternehmen schenken würde. Damit hätte die Senioritätsentlohnung für das Unternehmen den weiteren Vorteil, dass das betriebsspezifische Humankapital erhalten bleibt, das bei der Disziplinierung über Entlassung verloren ginge. Somit entstehen auch keine Kosten für das Unternehmen, um neue Arbeitskräfte anzulernen, da die vorhandene Belegschaft diszipliniert und weiter beschäftigt wird.

Allerdings entsteht hier ein ‚moral hazard'-Problem in der Weise, dass sich für das Unternehmen ein Anreiz ergibt, dem Arbeitnehmer nach Erreichen seiner Gewinnschwelle mit der Begründung zu entlassen, er habe seine Leistungsintensität gesenkt und würde folglich bummeln. Die Ernsthaftigkeit dieses Problems hängt von der Möglichkeit ab, die der Arbeitnehmer hat, das Gegenteil zu beweisen, vor allem aber davon, ob externe, neutrale Personen den Vorwurf falsifizieren können oder nicht. Daneben lässt sich auch diese Problematik mit hinreichend komplexen Verträgen beseitigen. Auch erklärt dies vor allem in Phasen schnellen strukturellen Wandels, wenn betriebsspezifisches Humankapital als Folge davon an Bedeutung verliert, warum häufig zu Frühverrentungen gegriffen wird, wenn sie staatlich großzügig alimentiert werden.

**Kasten 15.1  Juristische Anwendung: Verbot der Altersdiskriminierung und Senioritätsentlohnung**

In Tarifverträgen lassen sich nicht selten Regelungen beobachten, wonach die Entlohnung von Arbeitnehmern mit zunehmendem Lebensalter und/oder zunehmender Beschäftigungsdauer höher ausfällt. Derartige Regelungen, die sich etwa, aber durchaus nicht nur, im öffentlichen Dienst finden (insbes. in Gestalt der Staffelung der Grundvergütung nach Lebensaltersstufen), werden in letzter Zeit zunehmend kritisch gesehen (Waas 2006b). Problematisch erscheint insbesondere das Verhältnis zum Verbot der Diskriminierung wegen des Alters. Denn dieses Verbot bezweckt nicht nur den Schutz Älterer gegenüber Jüngeren, sondern durchaus auch den Schutz Jüngerer gegenüber Älteren. Es sollen also nicht speziell ältere Arbeitnehmer geschützt werden. Verboten ist es vielmehr, bei bestimmten arbeitsrechtlich relevanten Maßnahmen überhaupt an das Merkmal des Alters anzuknüpfen. Vor diesem Hintergrund erhebt sich dann aber in der Tat die Frage, ob die Privilegierung älterer Arbeitnehmer unter dem Blickwinkel einer möglichen Diskriminierung wegen des Alters Bestand haben kann. Zu beachten ist allerdings, dass Diskriminierungen nicht schlechthin verboten sind. Vielmehr greifen hinsichtlich einer Diskriminierung wegen des Alters verschiedene Rechtfertigungsgründe ein, aufgrund derer eine unterschiedliche Behandlung älterer und jüngerer Arbeitnehmer u. U. als zulässig bewertet werden kann. So lassen sich beispielsweise schon nach Art. 2 Abs. 2 der einschlägigen Richtlinie 2000/78/EG Diskriminierungen rechtfertigen, wenn sie „durch ein rechtmäßiges Ziel sachlich gerechtfertigt, und die Mittel ... zur Erreichung dieses Ziels angemessen und erforderlich (sind)". Ob danach beispielsweise eine Staffelung der Vergütung nach Berufs- oder Beschäftigungsjahren zulässig ist, müssen letztlich die Gerichte entscheiden.

## *15.6.2  Die Tournamententlohnung*

Eine ähnliche Strategie der Anreizentlohnung stellen die Theorien „anreizorientierter Entlohnung der Beförderung" (Gerlach/Hübler 1985, 268) dar, die damit die Dynamik interner Arbeitsmärkte berücksichtigen und auch die Möglichkeit geringerer Risikoscheu bei den Arbeitnehmern einräumen (Akerlof 1982; Lazear/Rosen 1981; Carmichael 1983). Der Absicht entsprechend, die hinter diesen „rank-order tournaments" steht, hat derjenige die besten Beförderungs- und Aufstiegschancen, der die relativ größte Arbeitsleistung bringt. Ebenso hängt das Einkommen von der relativen Leistung ab, da nämlich die individuelle Leistung oft nicht messbar ist. Die Entlohnung ähnelt somit einer Preisverteilung, wie etwa bei Wettkämpfen oder Spielen, wobei hier die Anreize noch größer sind, weil der Gewinner an den Leistungen der übrigen partizipiert. Gerlach/Hübler (1985, 268) sprechen in diesem Zusammenhang auch von einer „Beförderungslotterie". Auch hier liegt der Vorteil neben der Disziplinierung im Erhalt des betriebsspezifischen Humankapitals für das Unternehmen.

Ein Nachteil kann sich allerdings unter anderem durch die ‚Verlierer' ergeben, deren Enttäuschung sich in geringerer Leistung und Motivation niederschlagen kann. Für die Arbeitnehmer kann sich ebenfalls wieder ein ‚moral hazard'-Problem ergeben, da etwa die Aussicht auf Beförderung nicht erfüllt werden muss und der Arbeitnehmer hier keine Möglichkeiten hat, dies einzufordern.

### *15.6.3 Die Leistung von Eintrittsgebühren*

Eine weitere Alternative zum Effizienzlohn und der sich daraus ergebenden Arbeitslosigkeit wäre die Entrichtung von Eintrittsgebühren („entrance fees", „performance bonds") bei Abschluss des Arbeitsvertrags, die der Arbeitnehmer verlieren würde, sollte er beim Bummeln erwischt werden (allerdings sind sog. Vertragsstrafen im Arbeitsvertrag nach deutschem Recht nur sehr eingeschränkt zulässig) oder das Unternehmen vor Ablauf einer bestimmten Frist wieder verlassen wollen. Die Vorteile für die Unternehmung sind die gleichen wie bei der Senioritätsentlohnung, also bessere Arbeitsleistung und weniger Fluktuation bei den Arbeitskräften als Folge ihres Opportunitätskostenkalküls und dazu der Erhalt betriebsspezifischen Humankapitals.

Neben diesen Vorteilen sind auch hier Nachteile zu bedenken. Es kann wiederum zu „moral hazard"-Problemen kommen, da für die Unternehmen ein Anreiz besteht, dem Arbeitnehmer mangelnde Leistung vorzuwerfen, umso dessen Eintrittsgebühr zu bekommen. Wie oben bereits erläutert, stellt der dadurch mögliche Reputationsverlust nur einen schwachen, weil unvollkommenen Abwehrmechanismus dar. Um diesen Problem vorzubeugen, gäbe es beispielsweise die Möglichkeit, die Eintrittsgebühr in einen Pensionsfonds einzuzahlen, so dass der Arbeitnehmer bei vertragsgemäßer Arbeitsleistung sein Geld zusätzlich der Verzinsung in Form einer betrieblichen Altersversorgung ausbezahlt erhält. Bei Anspruchsverwirkung würde dagegen die Einlage den übrigen Arbeitnehmern zu gute kommen, so dass der Anreiz für „moral hazard" bei den Unternehmungen entfällt.

Allerdings darf bei dieser Alternative nicht übersehen werden, dass es den Arbeitnehmern nicht möglich ist ihr Humankapital zu beleihen und somit das für die Eintrittsgebühren nötige Kapital zur Verfügung zu haben.

## 15.7 Empirische Evidenz

Die Effizienzlohnhypothesen haben sich aufgrund ihrer Plausibilität und trotz mancher theoretischen Schwächen (vgl. beispielsweise Knappe 1998) zu einem sehr einflussreichen Arbeitsmarktmodell entwickelt (vgl. jüngst Akerlof/Shiller 2009, 144 ff). Daher stellt sich als nächstes die Frage nach der empirischen Evidenz hierzu.

Die Überprüfung der theoretischen Ansätze stößt allerdings auf immanente Probleme, da Effizienzlöhne ja gezahlt werden, weil gewisse Phänomene gerade nicht beobachtbar sind. Die zweite Schwierigkeit ergibt sich aus der Tatsache, dass Effizienzlöhne nicht explizit ausgewiesen werden, da sie zunächst theoretische Konstrukte sind. Somit ergibt sich die Aufgabe, die Effizienzlöhne durch geeignete Äquivalente zu operationalisieren. Schließlich müssen die gewonnenen Daten noch dahingehend relativiert werden, dass sie auch durch andere motivationsfördernde Maßnahmen wie etwa anreizkompatible Lohnstrukturen begünstigt werden.

Interessant ist die Fallstudie von Raff/Summers (1987), die sich die Frage stellten: „Did Henry Ford pay efficiency wages?". Sie untersuchen die Umstände, die 1914 zur Einführung des für damalige Verhältnisse sensationellen 5-Dollar-Tags bei Ford führten und welche Folgen dies auf die Produktivität und das Fluktuationsverhalten der Arbeitnehmer hatte. Den Nachforschungen zufolge wollte Ford mit dieser Lohnerhöhung die Produktivität seiner Arbeitnehmer sowohl durch eine Verringerung der Fluktuation und der unerlaubten Abwesenheit als auch durch einen mit der Lohnerhöhung verbundenen moralischen Appell erhöhen. Bedingt durch die tayloristische Produktionsweise bei Ford, d. h. durch eine stark in sehr kleine Einzeltätigkeiten aufgegliederte Fließbandarbeit, sind hier nur der Fluktuationsansatz und der soziologische Ansatz von Relevanz. Betrachtet man die Fluktuationsrate, so ist auch unter Einbeziehung anderer Phänomene, wie etwa der Arbeitslosigkeit, ein durchschlagender Erfolg im Sinne der Effizienzlohnhypothesen festzustellen. Betrug die Fluktuationsrate 1913 noch 370%, so sank sie 1914 auf 54% und 1915 auf 16%. Ebenso deutlich sank auch die Zahl der unerlaubten Fehlzeiten. Gleichzeitig stieg, wie sich an Hand verschiedener Vergleichszahlen feststellen ließ, die Produktivität sehr stark an. Letzteres allein auf die Lohnpolitik zurückzuführen ist zwar gewagt, da die Produktivitätssteigerungen auch im Zusammenhang mit der Produktionsweise und der verwendeten Technologie zu sehen sind. Letztlich ist diese historische Fallstudie jedoch ein gelungener empirischer Beleg für die Wirkungsweise und Möglichkeiten von Effizienzlöhnen.

Des weiteren dürfen die Untersuchungen zur übertariflichen Entlohnung von Claus Schnabel (1994; 1995; 1997) nicht unerwähnt bleiben. Auf der Grundlage regionaler Daten aus dem Verarbeitenden Gewerbe kann er Unterschiede in der Lohnspanne sowohl zwischen den Beschäftigtenklassen – Arbeiter, Meister, kaufmännische Angestellte, technische Angestellte – als auch zwischen den Lohn- und Gehaltsgruppen – einfache, schwierigere und besonders verantwortliche Tätigkeiten – dergestalt feststellen, dass sie mit den Erklärungsansätzen der Effizienzlohntheorien konform gehen.

Die empirische Problematik der Effizienzlohntheorien liegt also vor allem in ihrer nur indirekten Messbarkeit und der Tatsache, dass die Ergebnisse auch mit anderen Theorien kompatibel sind. Gleichwohl haben diese Erklärungsansätze eine große Akzeptanz in der modernen Arbeitsmarkttheorie gefunden.

Aufgrund der realen Arbeitsbeziehungen kann man wohl dem Shirking-Ansatz eine hohe Evidenz für die USA zugestehen, wohingegen der Fluktuationsansatz auch und gerade für die deutsche Situation die empirisch relevanteste Version sein dürfte. In den Vordergrund gerückt ist in jüngerer Zeit gerade auch durch Ergebnisse der experimentellen Ökonomie der Gift-Exchange-Ansatz, dessen Hypothesen durch eine Vielzahl von Laborversuchen bestätigt wurden. Dort wurden bei der simulierten Arbeitgeber-Arbeitnehmer-Interaktion eindeutig altruistische, positive Reziprozität nachgewiesen (vgl. Diekmann 2009, 211 ff). Akerlof u. Shiller (2009, 155) fassen den „wahren" Zusammenhang in vielen Arbeitsverhältnissen wahrscheinlich treffend zusammen: „Unserer Meinung nach haben die meisten Arbeitnehmer aber eine komplizierte Beziehung zu ihrem Arbeitgeber, die man als Hassliebe bezeichnen könnte. Sie wünschen sich, dass ihre Brotgeber ihnen mehr zahlen würden. Und dass er ihre Dienste mehr schätzen würde. Gleichzeitig haben sie jedoch das Gefühlt, dass es ihre Pflicht ist, ihre Aufgaben zu erledigen. Dieses Pflichtgefühl hängt davon ab, wie fair sie sich von ihren Vorgesetzten behandelt fühlen. Glauben sie, dass sie unfair behandelt werden, werden sie sich überhaupt nicht verpflichtet fühlen, ihre Arbeit zu tun. Sie werden nur gerade so viel tun, dass sie damit durchkommen. Wenn sie wütend sind, werden sie vielleicht sogar die betrieblichen Prozesse sabotieren. Haben sie dagegen das Gefühl, mehr als fair behandelt zu werden (wofür ihr Lohn ein wichtiges Symbol ist), werden sie sich mit Leib und Seele für die Ziele des Unternehmens einsetzen."

Die effizienzlohntheoretisch begründete Lohnniveau- und Lohnstrukturrigidität muss vor dem Hintergrund der üblichen Flexibilisierungsforderungen beachtet werden. So lange keine Alternativen zum Effizienzlohn existieren, die dessen Funktionen erfüllen, laufen diese aus dem neoklassischen Grundmodell abgeleiteten Forderungen aufgrund des Gewinnmaximierungsverhaltens der Unternehmen ins Leere.

**Kasten 15.2  Wirtschaftspolitische Anwendung: Persistente Lohndifferenzen zwischen Wirtschaftszweigen**

Wie lässt sich der empirisch stabile Befund erklären, dass rentable Branchen für (anscheinend) gleiche Arbeit höhere Löhne zahlen, auch wenn keine sichtbaren Marktein- oder Marktaustrittsbarrieren existieren.

**Hintergrund:** Auf einem *Wettbewerbsmarkt* für homogene Arbeitskräfte müsste sich über verschiedene Wirtschaftszweige hinweg nach dem neoklassischen Grundmodell des Arbeitsmarkts ein tendenziell gleicher Reallohnsatz einpendeln. Dies gilt zumindest dann, wenn keine Eintritts- oder Austrittsbarrieren etwa durch Machteinsatz oder Regulierung geschaffen worden sind. In der Empirie zeigt sich hingegen, dass im Querschnitt über verschiedene Industriezweige rentablere Branchen höhere inflationsbereinigte Löhne für (anscheinend) gleiche Arbeit zahlen (Arnold 2006, 77). Letztlich hängt dies häufig damit zusammen, „dass die in verschiedenen Branchen gezahlten Löhne beschäftigungsübergreifend stark miteinander korrelieren. So zahlen Branchen, in denen die Chefs mehr bekommen, im Durchschnitt auch den Sekretärinnen mehr" (Akerlof/Shiller 2009, 151). Studien zu den USA zeigen außerdem, „dass Arbeitnehmer, die aus einer Branche mit hohem in eine Branche mit niedrigem Vergütungsniveau wechseln, sich häufig mit einem niedrigeren Lohn zufrieden geben müssen, und dass mit einem Wechsel in der entgegengesetzten Richtung oft eine Lohnerhöhung verbunden ist (Akerlof/Shiller 2009, 151).

**Konkurrierende Theorien:** Da sich *Produktionstechnologien* zwischen Branchen unterscheiden, liegen hierin laut einigen Studien mögliche Begründungen für beobachtbare interindustrielle Lohndifferentiale. Letztere müssten jedoch tendenziell im Zeitablauf auf Wettbewerbsmärkten abgebaut werden (vgl. Funk 2002a, XII f.). Unterschiedliche *Machteinflüsse* etwa aufgrund verschieden hoher Organisationsgrade von Gewerkschaften in unterschiedlichen Branchen können Lohndifferenzen zwar durchaus miterklären. Allerdings kann deren Einfluss tendenziell empirisch kontrolliert werden. So beziehen sich die oben zitierten US-Studien auf Phasen „in einer Periode, als die Gewerkschaftsbewegung sehr schwach war; diese dürfte daher nicht der Hauptfaktor der nachgewiesenen Lohndifferentiale sein" (Akerlof/Shiller 2009, 263). Andere Untersuchungen liefern Argumente dafür, dass wirklich dauerhafte bzw. persistente Lohndifferenzen vor allem Folge nicht (leicht) messbarer Unterschiede bei der Qualität der Arbeitnehmer seien (vgl. Bryson/Forth 2008, 498 f.). Nach dem *Ansatz kompensierender Lohndifferentiale* besteht die Kompensation für den Arbeitseinsatz nicht nur im Lohn. Zusätzlich ist der Kontext zu berücksichtigen, in dem die Leistung zu erbringen ist. „Thus one should not necessarily expect wage equality between jobs of equal value, but rather equality in the overall ‚job package', which includes not only money wages but also non-pecuniary benefits and the whole range of working conditions" (vgl. Bryson/Forth 2008, 501 f.). Als Implikation der Theorie ergeben sich mögliche Erklärungen für unter sonst gleichen Bedingungen höhere Löhne bei homogenen Arbeitskräften etwa aufgrund von schlechteren Arbeitsbedingungen.

Als wichtigste Erklärungen für branchenübergreifende Lohndifferenzen für homogene Arbeitskräfte scheinen sich jedoch einige *Effizienzlohnhypothesen* herauszubilden, wie sie im Haupttext erklärt werden. Einmal müssen nach dem *Gift-Exchange-* bzw. *Fairness-Ansatz* rentablere Unternehmen höhere Löhne zahlen, da die Arbeitskräfte nur dann entsprechende Leistung erbringen, „wenn sie das Gefühl haben, ein ‚faires' Stück vom Kuchen zu erhalten" (Arnold 2006, 77). Zudem sind nach dem *Shirking-Ansatz* die Anreize, durch gute Bezahlung aus den Arbeitskräften hohe Leistung hervorzubringen, unter sonst gleichen Bedingungen umso stärker, je rentabler die Geschäfte des Unternehmens potenziell sind.

**Experimentelle Evidenz:** Da sich die beiden Haupterklärungen persistenter Lohnunterschiede zwischen auf den ersten Blick homogen erscheinenden Arbeitnehmern auf ausdrücklich unbeobachtbare Sachverhalte stützen (unbeobachtbare Unterschiede und Fairnessüberlegungen), ist ein empirischer Test durch Beobachtung der tatsächlichen Entwicklungen auf Arbeitsmärkten nur schwer zu realisieren. Daher wurden hierzu Experimente durchgeführt, in denen die Probanden das Verhalten als Arbeitsmarktakteure simulieren (vgl. hierzu Fehr/Gächter 2008 und Überblicke bei Arnold 2006; Diekmann 2009, 210 ff.).

- Rentablere „Unternehmen" bezahlen hiernach höhere Löhne, wie die Fairness-Version der Effizienzlohn prognostiziert. Das Experiment unterstellt dabei, dass die „Arbeitnehmer" ihre Leistung entsprechend dem Lohnan-

gebot der „Arbeitgeber" wählen können. Letztere können dann gute Leistung belohnen und schlechte sanktionieren.
- In einem anderen Experiment zeigt sich, dass Unternehmen, die die 1,5-fache Rentabilität der am wenigsten profitablen Unternehmen hatten, einen rund doppelt so hohen Lohn zahlen. In der Versuchsanordnung setzen die Arbeitgeber mit dem Lohnangebot auch ein von den Probanden, also den Arbeitnehmern, zu erfüllendes Leistungsniveau. Da die Arbeitskräfte ihre Leistung wählen können und mit vorgegebener Wahrscheinlichkeit erwischt und bestraft werden, wenn sie die Leistungsvorgabe verfehlen, findet sich so eine experimentelle Bestätigung des Shirking-Ansatzes.

**Fazit:** Da in diese Experimente keine Machteinflüsse und keine nicht beobachtbaren Heterogenitäten eingebaut sind, die alternative Erklärungen für Lohndifferentiale bieten könnten, „ist dies *starke Evidenz für die empirische Relevanz von Effizienzlohnüberlegungen*" (Arnold 2006, 77).

## 15.8 Weiterführende Literatur

Eine Sammlung nahezu aller wichtigen Aufsätze zu den Effizienzlohnhypothesen der ersten Generation enthält Akerlof/Yellen (1986).

Ein grundlegendes Fluktuationsmodell stammt von Schlicht (1978). Der „Gift-exchange"-Ansatz wird ausführlich diskutiert in Kubon-Gilke (1990). Einen guten Überblick verschafft auch Weiss (1990). Pro- und Contraargumente werden diskutiert in Lang/Kahn (1990) und Carmichael, (1990). Ein interessanter, kommentierender und über die enge Argumentation hinausgehende Beitrag kam von Gerlach/Hübler (1985). Einen Überblick über die Diskussion in theoretischer wie auch empirischer Hinsicht bietet der Sammelband von Gerlach/Hübler (Hrsg) (1989). Neue kurze aktuelle Darstellungen zentraler Aspekte finden sich auch bei Akerlof/Shiller (2009, 144–168).

# Kapitel 16
# Insider-Outsider-Ansätze

## 16.1 Darstellung

Während in den Effizienzlohnhypothesen das Phänomen unfreiwilliger Arbeitslosigkeit aus einem Konflikt (im Sinne unterschiedlicher Interessen bzw. Informationsgrade) zwischen Unternehmer und Arbeitnehmer erklärt wird, wird in den seit Mitte der 1980er Jahre vor allem von Assar Lindbeck und Dennis Snower (1985) sowie Olivier Blanchard und Larry Summers (1986) entwickelten Insider-Outsider-Ansätzen ein Konflikt in erster Linie zwischen arbeitslosen und beschäftigten Arbeitnehmern als Ursache angesehen.

Im Unterschied zu den vorhergehenden Theorien liegt die Macht am Arbeitsmarkt hier bei einem Teil der Arbeitnehmerschaft.

Dabei werden drei Gruppen von Arbeitnehmern unterschieden:

- Personen, die sich in einem Beschäftigungsverhältnis befinden, also die Arbeitsplatzbesitzer ('Insiders'),
- Personen, die gerade eingearbeitet werden oder, anders ausgedrückt, 'Beschäftigte auf Probe' ('Entrants') und
- Personen, die nicht beschäftigt sind bzw. Arbeitsplatzsucher ('Outsiders').

Entsprechend dieser Hierarchie sind auch die Machtverhältnisse zwischen diesen drei Arbeitnehmergruppen geordnet. Diese Machtverhältnisse konkretisieren sich in den jeweiligen Verhandlungspositionen der drei unterschiedlichen Arbeitnehmergruppen gegenüber dem Unternehmen: So haben die Insider die stärkste Position, während die Outsider die schwächste Stellung einnehmen. Eine derartige Unterteilung beruht auf den unterschiedlichen Kosten, die diese Arbeitnehmergruppen in der Unternehmung verursachen können bzw. bereits verursacht haben. So sind die Insider dadurch gekennzeichnet, dass sie bereits vollkommen unternehmensspezifisch ausgebildet sind, also alle Einstellungs- und Ausbildungskosten getätigt wurden und im Falle einer Entlassung auch alle anstehenden Entlassungskosten fällig wären. Die Entrants dagegen befinden sich noch in der Einarbeitungsphase, so dass für diese bei Entlassung nur ein Teil der aufgeführten Kosten zum Tragen käme. Die Outsider verursachen demgegenüber der Unternehmung keine Kosten und können so auch keinen Druck via Kostenverursachung auf dieses ausüben.

Ausgangspunkt der Betrachtung ist die Tatsache, dass der Austausch einer betriebsspezifisch voll ausgebildeten Insider-Belegschaft gegen arbeitslose Arbeitnehmer bzw. Erwerbslose (Outsider) für eine Unternehmung kostenaufwendig ist. Sie ist deshalb im Prinzip daran interessiert, ihre Arbeitskräfte möglichst im Unternehmen zu halten. Die ‚Ersparnis', die sich durch Nichtaustausch der Beschäftigten ergibt, kann von den Insidern in Lohnverhandlungen abgeschöpft werden. Dadurch wird das Lohnniveau so stark über den markträumenden Gleichgewichtslohn angehoben, dass unfreiwillige Arbeitslosigkeit entsteht, weil die Outsider durch Unterbieten der herrschenden Löhne ihre Ausgangssituation nicht verbessern können. Denn die Insider können durch kooperatives strategisches Handeln sowohl gegenüber den Unternehmen als auch gegenüber den Outsidern die Anstellung von Arbeitslosen für die Unternehmen so kostspielig machen, dass die Existenz von Arbeitslosigkeit kein wirkungsvolles Druckmittel auf die Beschäftigen darstellt.

Die Insider können in Lohnverhandlungen ihren Lohn W(I) üblicherweise so weit über den Lohn der Entrants W(E) heben, bis die Differenz aus W(I) − W(E) den monetären Vorteilen der Insider gegenüber den Entrants entspricht. Analoges gilt für die Entrants gegenüber den Outsidern. Daneben können die Insider über diese Differenz, die dem korrespondierenden Produktivitätsdifferenzial entspricht, hinaus ihren Lohn erhöhen, wenn dem Unternehmen Fluktuationskosten wie z. B. Abfindungszahlungen entstehen, die nichts mit dem Produktionsprozess direkt zu tun haben. Diese Kosten beeinflussen nicht die Produktivitätsdifferenziale, wohl aber die korrespondierenden Lohndifferenziale, wenn die Arbeitnehmer die hier den Insidern unterstellte Marktmacht besitzen.

Im Weiteren differenzieren Lindbeck und Snower die kostenverursachenden Aktivitäten der Insider wie folgt:

- Kosten infolge der Personalfluktuation
  Zu diesen Kosten gehören die Einstellungs- und Entlassungskosten als direkt messbare Größen. Daneben sind noch indirekte Opportunitätskosten, sowohl durch die Zeitspannen, bis wieder eine vollwertige, betriebsspezifisch ausgebildete Kraft vorhanden ist, als auch infolge extensiver Verhandlungs- und Prozessphasen sowie durch das Humankapital, das in derartigen Aktivitäten gebunden ist und somit nicht zu produktiven Zwecken zur Verfügung steht, zu berücksichtigen. Dabei haben die Entrants gegenüber den Outsidern den Alternativkostenvorteil der hiring costs, die Gruppe der Insiders zusätzlich den der firing costs. „Folglich spricht das betriebliche Personalkostenkalkül prinzipiell zugunsten der Insiders, auch bei geringeren Bruttolöhnen der Outsiders (bis zur Höhe der marginalen Fluktuationskosten)" (Hardes 1988, 70).
- Kosten durch Kooperation und Belästigung
  Unter „Kooperation" wird verstanden, dass die Arbeitnehmer im Produktionsprozess einander helfen und dabei die jeweilige Produktivität steigern, während bei Belästigung (‚Harassment') an Aktivitäten gedacht wird, mit denen Arbeitnehmer sich die Arbeit gegenseitig erschweren und dadurch ihr Arbeitsleid erhöhen. Die Arbeitnehmer differieren hinsichtlich ihrer Kooperations- und Belästigungsaktivitäten gemäß der Annahme, dass jene mit längerer Betriebszugehörigkeit

## 16.1 Darstellung

ihre Aktivitäten effektiver als die vergleichsweise kürzer Beschäftigten einsetzen können. Die Fähigkeit, Kollegen im Produktionsprozess zu unterstützen, ist nämlich von detailliertem Wissen über den Prozessablauf abhängig, wie auch das Belästigungspotenzial Verständnis für den Arbeitsablauf, die administrativen Vorgänge und die Überwachungsmaßnahmen erfordert. Für die Beziehungen der drei Arbeitnehmergruppen bedeutet dies: Die Insider sind befähigt, alle Kooperations- und Belästigungsaktivitäten anzuwenden, während dies für die Entrants nur in beschränktem Maße gilt. Die Outsider dagegen können keine derartigen Aktivitäten ausüben. Entsprechend ergeben sich daraus wiederum die jeweiligen Machtpositionen. Von Unternehmensseite aus sind diese Aktivitäten allerdings nur möglich, weil angenommen wird, dass diese im Gegensatz zu den Arbeitnehmern jene Vorgänge nicht beobachten können.

- Kosten durch Demotivation der Arbeitnehmer
  Im Unterschied zur ersten Kostenart werden jetzt Kosten thematisiert, die durch die Auswirkungen von Fluktuationen auf die Leistung derjenigen entstehen, die im Unternehmen bleiben. Die Reaktionen der Insider werden dabei mit Hilfe zweier gegensätzlicher Effekte beschrieben:

  - Substitutionseffekt: Er besagt, dass die Leistung der Arbeitnehmer mit steigender arbeitgeberseitig verursachter Fluktuationsrate sinkt, weil für den einzelnen Arbeitnehmer bei einer solchen Unternehmenspolitik die Wahrscheinlichkeit steigt, entlassen zu werden. Hiermit zusammen hängend sinkt die Wahrscheinlichkeit, dass der Arbeitnehmer für seine erbrachte Leistung entsprechend entlohnt wird.
  - Einkommenseffekt: Hiernach nimmt mit steigender Fluktuationsrate die Leistung des einzelnen Arbeitnehmers zu. Begründen lässt sich dieser dem Substitutionseffekt entgegen laufender Effekt damit, dass der Arbeitnehmer mehr arbeitet, um die Wahrscheinlichkeit einer Entlassung zu vermindern und so sein erwartetes Einkommen zu erreichen.

Voraussetzung für den der Theorie in diesem Zusammenhang zugrunde liegenden Mechanismus ist, dass der Substitutionseffekt den Einkommenseffekt überwiegt. Dann hat eine hohe Fluktuationsrate einen negativen Effekt auf die Arbeitsmoral und folglich auf die Leistung der im Unternehmen verbliebenen Insider. Dieses Argument hat große Ähnlichkeit mit dem soziologischen Effizienzlohnansatz, so dass hier nicht weiter darauf eingegangen werden muss.

Diese verschiedenen Begründungsstränge werden nun nochmals zu einer einheitlichen Argumentation zusammengeführt: Die folgende Abbildung zeigt die Arbeitsnachfrage nach Insidern ($N_0^{DI}$) und nach Outsidern ($N_0^{DO}$) im Ausgangszeitpunkt $t_0$. Die marginalen Fluktuationskosten als Summe der marginalen Einstellungs- und Entlassungskosten entsprechen der vertikalen Differenz zwischen den beiden Nachfragekurven. Der Reservationslohn der Outsider beträgt – bedingt durch die Androhung der Insider zu Nichtkooperation und Belästigung – $w_{OS}$.

Parallel dazu wurde die Nachfragekurve nach Outsidern durch die Verhaltensandrohung der Insider nach unten gedrückt. Die RNB-Kurve (Relative Nützlichkeitsbeschränkung) gibt dann die für die Insider maximal erreichbare Lohnhöhe an, ab der sie durch Outsider ersetzt werden. Sie entspricht der Summe aus dem Outsiderlohn und den marginalen Fluktuationskosten. Unter diesen Annahmen beschäftigt eine exemplarische Unternehmung N0I Arbeitnehmer zu einem Lohnsatz $w_0$. Diese Ausgangssituation ist in Punkt A der Abb. 9.1 gegeben.

Ein exogener, kontraktiver Schock führt nun zu einer Verringerung der Arbeitsnachfrage auf $N_1^{DI}$. Auf diesen Nachfragerückgang können die Insider nun in unterschiedlicher Weise reagieren. Dabei sind zwei idealtypische Fälle zu unterscheiden.

Im ersten Fall präferieren die Insider die Erhaltung der Arbeitsplätze für alle bisherigen Beschäftigten und sind deshalb zu Reallohneinbußen bereit. Hierzu wäre eine Lohnsenkung von $w_0$ auf $w_1$ notwendig. Die Wahrscheinlichkeit für dieses Verhalten hängt von der Verteilung der Entlassungsrisiken über die Insider ab. Nur bei Gleichverteilung wird es zu der eben beschriebenen Reaktion kommen. Bei ungleicher Verteilung des Entlassungsrisikos, wie etwa bei einer Senioritätsregelung, gibt es Arbeitnehmergruppen, die eine geringere Entlassungswahrscheinlichkeit haben als andere und dadurch auch kaum Lohnzurückhaltung praktizieren werden. Im zweiten Fall erfolgt die Anpassung an die neue Situation nicht über eine Lohn-, sondern eine Mengenanpassung. Statt Punkt B würde jetzt Punkt C erreicht, in dem weiterhin der Reallohn $w_0$ gezahlt wird, aber nur noch Insider in Höhe von $N_1^I$ beschäftigt werden. Diese Situation ist eben bei unterschiedlichen Entlassungswahrscheinlichkeiten zu erwarten.

Als nächstes ist nun nach den Arbeitsmarktreaktionen nach dem vollständigen Abbau des temporären Schocks zu fragen. Auf der Unternehmensseite wird sich die Nachfrage wieder erhöhen, so dass sich die Nachfragekurve zur Ausgangslage zurückbewegt. Das Verhalten der Arbeitsangebotsseite hängt nun wiederum, entsprechend der beiden unterschiedlichen Fälle, von den Präferenzen der Insider ab. Be-

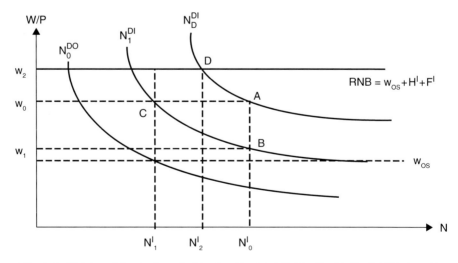

**Abb. 16.1** Gleichgewichte in einem Insider-Outsider-Modell. (Quelle: Lindbeck 1992, 28; 1993, 127)

rücksichtigen die Insider die Beschäftigungsmöglichkeiten der zuvor entlassenen Arbeitnehmer, so werden sie keine Lohnforderungen aufgrund der verbesserten Arbeitsmarktlage stellen, und das neue Gleichgewicht wird wieder im Ausgangspunkt A sein. Dieses Verhalten ist vor allem dann wahrscheinlich, wenn der exogene Schock nur kurzfristiger Natur war, und die entlassenen Arbeitnehmer ihren Insider-Status wahren konnten. Sind diese beiden Voraussetzungen nicht gegeben, können die Insider die günstigere Arbeitsmarktsituation zur Durchsetzung höherer Reallöhne nutzen. So könnten die Löhne der jetzt noch Beschäftigten auf $w_2$, also bis zur relativen Nützlichkeitsbeschränkung steigen, ohne dass die Insider durch die Outsider gefährdet wären. Das Unternehmen würde in dieser Situation allerdings nur noch eine zusätzliche Beschäftigung in Höhe von $N_2^1 - N_1^1$ realisieren, das neue Reallohn-Beschäftigungs-Gleichgewicht liegt dann im Punkt D.

**Kasten 16.1  Über das Grundwissen hinaus: Politischer Insider-Outsider-Ansatz**

Eine Arbeitsmarktreform, die zum Wegfall von Arbeitsmarktrigiditäten (z. B. ein sehr rigider Kündigungsschutz für die privilegierten Teile der Arbeitnehmer) führt und die Arbeit suchenden Arbeitsanbieter zu wettbewerbsfähigeren Konkurrenten um Arbeitsplätze macht, müsste aus der Perspektive der Insider-Outsider-Theorie mittelfristig gesamtwirtschaftlich verfestigte Arbeitslosigkeit abbauen helfen. „Dass dies Widerstände seitens der beschäftigten ‚Insider' provoziert, liegt auf der Hand. Aber warum ist es so schwierig, die Widerstände zu überwinden, wo doch der volkswirtschaftliche Nutzen einer substantiellen Verringerung der Arbeitslosigkeit ohne Zweifel bedeutend größer ist, als was an Besitzständen einzelner Gruppen auf dem Spiel stehen mag?" (Landmann 1998, 163). Dies lässt sich mit Hilfe einer Ergänzung der ursprünglichen Insider-Outsider-Theorie um politische Aspekte erklären (vgl. den Überblick bei Funk 1999a, 1268 ff). Vor allem drei polit-ökonomische Gründe sind zu nennen, die beschäftigungssteigernde Reformen in der Regel schwierig gestalten:

- Die durch die Reformen begünstigte Klientel ist klein, da viele beschäftigte Insider von den bestehenden Regulierungen profitieren, während die Zahl der Arbeitslosen, die einen Arbeitsplatz aufgrund sachgerechter Reformen finden und dies als Nutzensteigerung empfinden, klein ist.
- Die begünstigte Klientel ist heterogen und im Gegensatz zu den Insidern nur schwer organisierbar – z. B. profitieren neben den Langzeitarbeitslosen auch beispielsweise Kleinunternehmer und hoch qualifizierte Arbeitnehmer.
- Die spezifischen Auswirkungen jeder Reform sind für die einzelnen betroffenen Arbeitnehmer nur schwer zu prognostizieren – die Vorteile sind eher diffus verteilt, während Nachteile etwa in Form von Arbeitslosigkeit als Folge eines verlorenen Kündigungsschutzes konzentriert auftreten.

Dabei ist häufig ex ante individuell unklar, welcher Insider nach einer Reform von diesen individuellen Nachteilen betroffen ist.

Mit anderen Worten: Ursachenadäquate Reformen zur Bekämpfung dauerhaft hoher, verfestigter Arbeitslosigkeit beseitigen Schutzrechte am Arbeitsmarkt der privilegierten Arbeitsplatzbesitzer, die in der Regel auch die politische Mehrheit stellen. Vor allem deshalb wird auch hohe Arbeitslosigkeit in einer Demokratie keineswegs schnell und immer adäquat beseitigt bzw. „abgewählt", wie etwa auch das Beispiel Deutschland zeigt, da sie (vermeintlich) im Interesse der Mehrheit ist.

Ein konsistentes Reformpaket aus beschäftigungsfördernder Politik kann – in der Regel im Zusammenspiel mit einer akuten Krisenverschärfung am Arbeitsmarkt – dieses Problem relativ kurzfristig in den Griff bekommen. Dies geschieht häufig dann so, dass die damit verbundenen Anpassungslasten vor allem auf die Outsider konzentriert werden (z. B. durch Verringerung von Lohnersatzleistungen, verschärfte Zumutbarkeitsregeln für Arbeitslose, Ausbau der Zeitarbeit und der Befristungsmöglichkeiten von Arbeitsverträgen usw.), während die Insider ihre Privilegien formal behalten.

## 16.2 Empirische Evidenz und Kritik

Interessant ist hier prinzipiell wiederum, dass individuelles Nutzenmaximierungsverhalten nicht zu einem – in der traditionellen Neoklassik – unterstellten friktionsfreien, markträumenden Gleichgewicht führt.

- Zweifelhaft hingegen scheint die Behauptung, dass durch erhöhte Fluktuation innerhalb des Betriebs die Leistungsbereitschaft sinken soll. Im Gegenteil wird der einzelne wohl zu mehr Leistung angespornt, um nicht auch um seinen Arbeitsplatz fürchten zu müssen. Damit dürfte also eher der Einkommenseffekt den Substitutionseffekt überwiegen.
- Die mit den Insider-Outsider-Ansätzen propagierte Mikrofundierung der Gewerkschaften (vgl. zum Beispiel Solow 1985) erscheint zwar auf den ersten Blick einleuchtend, weist allerdings auch einige Probleme auf: Die Stärke der Insider ergibt sich zunächst nicht vorrangig aus ihrem Zusammenschluss. Vielmehr ist er in erster Linie eine mögliche Folge der vor allem humankapitaltheoretisch zu begründenden Position der Insider. Natürlich muss dieser Zusammenschluss auch keineswegs notwendigerweise eine Gewerkschaft sein bzw. so bezeichnet werden: Für Deutschland wäre etwa der Betriebsrat zu nennen, da der Insider-Outsider-Gegensatz auf Unternehmensebene als besonders relevant erscheint - aufgrund der Organisationsproblematik jedoch auf sektoraler Ebene bisweilen als weniger plausibel angesehen wird.

Insgesamt ist dieser Ansatz jedoch interessant, weil er Argumente theoretisch fundiert hat, die aus der wirtschaftspolitischen Diskussion bereits zuvor bekannt waren. Solche Argumente wären etwa die Relevanz von Lohnstrukturen, der Anspruch der Gewerkschaften, alle Arbeitnehmer zu vertreten und auch die Thematisierung entgegengerichteter Interessen einzelner Arbeitsmarktsegmente.

Bei der Begründung von Lohnträgheiten im Rahmen von Hysteresemodellen konzentrierte sich allerdings die überwiegende Anzahl der Analysen längere Zeit auf den Insider-Outsider-Ansatz und ließ die Effizienzlohnhypothesen außer Acht. Franz (1993, 23) begründet dies folgendermaßen: „Wenn die Macht der Insider und damit der von ihnen ausgehende Lohndruck steigen, dann besteht für das Unternehmen in geringerem Umfang die Notwendigkeit, aus Effizienzgesichtspunkten heraus ebenfalls für einen hohen Lohn Sorge zu tragen". Diese substitutive Betrachtung der beiden Erklärungsansätze erscheint jedoch problematisch zu sein, da für beide Theorien die gleichen Rahmenbedingungen gelten. Der Hinweis von Lindbeck (1992, 212), dass beide Ansätze komplementär wären, bezieht sich nur auf die Möglichkeit, beide in einem Modell zu integrieren und hat somit keine inhaltliche Aussagekraft. Demgegenüber behandelt Winter-Ebmer (1992, 80) die Effizienzlohnhypothesen als Ergänzung der Insider-Outsider-Ansätze zur Erklärung von Persistenz. Realitätsnäher erscheint die Komplementarität zwischen beiden Ansätzen jedoch mit der Berücksichtigung des Sachverhalts, dass Unternehmen genau aus den Überlegungen höhere (Effizienz)löhne zahlen, aus denen heraus die Insider entsprechend höhere Lohnforderungen durchsetzen können (vgl. zu dieser Diskussion auch Sesselmeier 1993; Rürup/Sesselmeier 1994).

Trotz aller Einwände hat der Ansatz gerade auch in der deutschen wirtschaftspolitischen Debatte viel Einfluss gehabt und war sicherlich auch eine der theoretischen Grundlagen jüngerer Reformen. Nach jetzigem Stand der Diskussion lässt sich hieraus zumindest die folgende wirtschaftspolitische Schlussfolgerung ziehen: „Wird eine höhere Arbeitsmarktintegration der Outsider angestrebt, so müssen Arbeitsmarktregulierungen, aber auch Regulierungen der übrigen Märkte, so ausgerichtet werden, dass sie die Vorteile der Insider nicht noch verstärken, wie es gegenwärtig der Fall ist, sondern relativieren. Eine höhere Erwerbsbeteiligung der Outsider wäre somit nicht nur im Sinne einer höheren Auslastung des Faktors Arbeit effizienter, sondern würde auch eine höhere (Beteiligungs)gerechtigkeit herstellen" (Sesselmeier 2004).

**Kasten 16.2  Die Diskussion um Reformen des Kündigungsschutzes**

Ob ein ausgeprägter Kündigungsschutz Beschäftigung eher verhindert oder, umgekehrt, zur Erhaltung von Arbeitsplätzen beiträgt, ist auch unter Juristen äußerst umstritten (Wolter 2003; Rüthers 2002, 2003; Jahn 2002). Dessen ungeachtet wird unter Arbeitsrechtswissenschaftlern seit einigen Jahren immer intensiver über mögliche Lockerungen des gesetzlichen Kündigungsschutzes diskutiert. Dabei geht es vor v. a. um zwei Fragen: den Anwendungsbereich der entsprechenden Schutzvorschriften sowie die Rechtsfolgen einer unzulässigen Kündigung. Beide Fragen bildeten auch den Gegenstand einer Neuregelung des Kündigungsschutzgesetzes, die zum 1. Januar 2004 in Kraft trat. Nach der Neufassung der sog. Kleinbetriebsklausel in § 23 Abs. 1 Kündigungsschutzgesetz gilt für Arbeitnehmer, deren Arbeitsverhältnis nach dem 31. Dezember 2003 begonnen hat, der Kündigungsschutz nicht in Betrieben und Verwaltungen, in denen in der Regel zehn oder weniger Arbeitnehmer beschäftigt werden. Mit dieser Heraufsetzung des Schwellenwerts (von fünf auf zehn Arbeitnehmer) verband sich die Erwartung, dass Arbeitgeber in Kleinbetrieben vermehrt Personal einstellen würden. Ähnliche Hoffnungen begleiteten den seinerzeit neu in das Gesetz eingefügten § 1a Kündigungsschutzgesetz. Nach dieser Vorschrift kann der Arbeitnehmer im Fall einer betriebsbedingten Kündigung mit dem Ablauf der Kündigungsfrist eine Abfindung vom Arbeitgeber verlangen, wenn er nicht innerhalb einer bestimmten Frist gerichtlich gegen die Kündigung vorgeht (und der Arbeitgeber in der Kündigungserklärung darauf hinweist, dass die Kündigung auf dringende betriebliche Erfordernisse gestützt wird und der Arbeitnehmer bei Verstreichenlassen der Klagefrist eine Abfindung beanspruchen kann). Mit der Regelung sollte nach den Vorstellungen des Gesetzgebers eine „einfach zu handhabende, moderne und unbürokratische Alternative zum Kündigungsschutzprozess" geschaffen werden. Die Neuregelungen haben indes die Diskussion um eine Flexibilisierung des gesetzlichen Kündigungsschutzes nicht zum Verstummen gebracht, sondern, da sie unter Juristen überwiegend skeptisch beurteilt werden, eher Anlass dazu gegeben, über weitere Flexibilisierungsschritte nachzudenken. Was den Anwendungsbereich des gesetzlichen Kündigungsschutzes betrifft, so zielen die Überlegungen z. B. auf eine Ausdehnung der sog. Wartefrist für das Eingreifen des gesetzlichen Kündigungsschutzes (von derzeit sechs Monaten). Im Gegenzug soll dann allerdings nach einer verbreiteten Vorstellung die Möglichkeit zur sachgrundlosen Befristung von Arbeitsverhältnissen eingeschränkt werden. Aufgrund der Beschränkung der Befristungsmöglichkeiten wäre eine derartige Reform des Kündigungsschutzes weitaus weniger tief greifend, als man zunächst annehmen könnte (Waas 2007). Zu einem echten Systemwechsel käme es demgegenüber dann, wenn man sich, wie von vielen gefordert, dazu durchringen würde, den Kündigungsschutz in Deutschland vom Gedanken des Bestandschutzes zu lösen (nach § 1 Abs. 1 S. 1 Kündigungsschutzgesetz ist eine nach dem Gesetz als „sozial ungerechtfertigt", d. h. als unzulässig, zu beurteilende Kündigung „rechtsunwirksam") und stattdessen, über § 1 a Kündigungsschutzgesetz hinaus, eine Abfindungslösung zu realisieren: Ein Arbeitnehmer, der erfolgreich gegen eine Kündigung des Arbeitgebers vorgeht, könnte danach nicht länger Weiterbeschäftigung (und Entgeltzahlung) verlangen, sondern wäre auf einen bloßen Abfindungsanspruch verwiesen (Preis 2003). Eine Novellierung des deutschen Kündigungsschutzrechts in diesem Sinne wäre verfassungsrechtlich wohl unbedenklich (Steiner 2005). Sie stünde überdies im Einklang mit vielen anderen europäischen Rechtsordnungen, die in der Tat entweder ausschließlich oder doch jedenfalls primär Abfindungsansprüche vorsehen; dies allerdings, wie man nicht übersehen sollte, häufig auch für den Fall der Rechtmäßigkeit einer Kündigung. Sie trüge v. a. auch der Praxis von Kündigungsschutzprozessen in Deutschland Rechnung. Denn diese enden überwiegend mit einer Abfindung und nicht etwa mit der Weiterbeschäftigung des Arbeitnehmers (Höland/Kahl/Zeibig 2007). Dementsprechend wird das Kündigungsschutzgesetz nicht ohne Grund zuweilen als bloßes „Abfindungsgesetz" qualifiziert. Allerdings spricht auch manches dagegen, den Grundsatz des Bestandschutzes aufzugeben. Zu bedenken ist dabei etwa, dass es – weit über den eigentlichen Bereich des Kündigungsschutzes hinaus – als zentraler Baustein des Arbeitnehmerschutzes betrachtet werden muss, dem Arbeitnehmer den Arbeitsplatz nach Möglichkeit zu erhalten, wenn der Arbeitgeber unberechtigt kündigt. Vor diesem Hintergrund konzentriert sich die Diskussion möglicher Reformen des Kündigungsschutzes zunehmend auf „kleinere Schritte", die z. B. darauf zielen, die gesetzliche Regelung transparenter zu machen und Risiken bei der Rechtsanwendung, wie sie sich etwa hinsichtlich der Pflicht des Arbeitgebers zur Anhörung des Betriebsrats ergeben (vgl. § 102 Betriebsverfassungsgesetz), zu minimieren.

## 16.3 Weiterführende Literatur

Die grundlegenden Artikel zu diesem Ansatz sind zusammengefasst in Lindbeck/Snower (1988). Im Zusammenhang mit einer kritischen Auseinandersetzung verschiedener Flexibilisierungsforderungen wird auch auf diesen Ansatz zurückgegriffen bei Hardes (1988) und Sesselmeier (2004). Einen umfassenden, makroökonomisch orientierten Erklärungsversuch von Arbeitslosigkeit auf der Grundlage insider-outsider-theoretischer Argumentation bietet Lindbeck (1993). Einen jüngeren Überblick auch mit der neueren Literatur zu diesem Ansatz liefert Sesselmeier (2004).

# Kapitel 17
# Zwischenbilanz

## 17.1 Abweichungen vom Grundmodell

Wie in den vorangegangenen Kapiteln deutlich geworden ist, kann keines der hier dargestellten Modelle die Funktionsweisen auf dem Arbeitsmarkt und die Entstehung von Arbeitslosigkeit befriedigend und vollständig erklären – trotz des häufig erhobenen Anspruchs. Diesen Befund bestätigen ebenfalls Bryson/Forth (2008) in ihrem „Survey" zu verschiedenen Theorien der Lohnfindung und zu deren empirischen Tragfähigkeit. Einerseits kann keine einzelne Theorie alle wichtigen Aspekte erklären; andererseits sind trotz umfangreicher bisheriger Forschungen nur Teilerklärungen für die Lohnfindung gefunden worden und viele Fragen offen geblieben. Dies wird vor allem daran deutlich, dass ökonometrische Analysen, die die Unterschiede bei Individuen sowie Arbeitsplatz- und Arbeitgebermerkmalen berücksichtigen, typischerweise nur wenig mehr als 50% der Unterschiede bei den Bruttolöhnen im Zeitpunktvergleich verschiedener Arbeitnehmer ökonometrisch erklären können. Dies zeigt die Schwierigkeiten beim Einsatz von Ersatzvariablen für eigentlich zu verwendende Größen, die nicht direkt messbar sind (z. B. Arbeitnehmerproduktivität, Verhandlungsmacht). Dies ist aber auch auf Grenzen bisheriger Ansätze zur Erklärung der komplexen Lohnsetzung zurückzuführen.

Der wesentliche Beitrag, den die hier vorgestellten Modelle aber leisten, ist jedoch, dass sie die nur als erste Annäherung an die Realität gedachten und daher für spezielle Analysen oft als ‚weltfremd' erscheinenden Annahmen des neoklassischen Basismodells problembezogen aufheben und dadurch zum Verständnis von Teilaspekten des Arbeitsmarktgeschehens beitragen.

Im Folgenden sollen die Prämissen des Basismodells, die von den einzelnen Ansätzen aufgegeben werden, noch einmal im Überblick dargestellt werden:

- Neben der kurzfristigen Einkommensmaximierung wird auch die langfristige Zielsetzung der Optimierung des Lebenseinkommens (Humankapitaltheorie) und die Sicherung eines konstanten Lohneinkommens (Kontrakttheorie) akzeptiert.
- Die Annahme vollständiger und kostenloser Information wird aufgegeben, indem sowohl ungewisse Absatzchancen (Kontrakttheorie) als auch ungewisse Lohnofferten (Suchtheorie) in das Modell einbezogen werden. Von großer

Relevanz ist hierbei die Thematisierung von asymmetrischer Informationsverteilung zwischen den Arbeitsmarktparteien.
- Auch die Annahme homogener Arbeitskräfte wird von einigen Ansätzen aufgegeben: So wird die Produktivität von Arbeitskräften auf der einen Seite als das Ergebnis von Investitionsprozessen (Humankapitaltheorie), auf der anderen Seite als von den Beschäftigten selbst steuerbar (Effizienzlohntheorie) betrachtet.
- Die unbeschränkte Flexibilität von Preisen und Löhnen wird zugunsten der Annahme rigider (und gleichzeitig rationaler) Löhne aufgegeben. So werden über dem Gleichgewichtslohn liegende Löhne als aus der Sicht der Unternehmen notwendig angesehen, da nur so eine ausreichende Kontrolle und ein geeignetes Druckmittel auf die Arbeitnehmer zur Verfügung stehen (Effizienzlohntheorie). Das Interesse der Arbeitskräfte an einem konstanten Einkommen (Kontrakttheorie) führt ebenso wie das Ziel der Unternehmen, eingearbeitete Arbeitskräfte zu halten (Labor-Turnover-Ansatz) zu rigiden Löhnen.
- Die Annahmen, dass Arbeitsangebot und Arbeitsnachfrage allein von den gezahlten Löhnen abhängen, wird von nahezu allen Ansätzen verworfen, war aber bereits bei Adam Smiths klassischem Ansatz auch nichtmonetärer Kompensationen für Arbeit angelegt. Neben dem Lohnmechanismus werden weitere Merkmale zur Beurteilung von Arbeitnehmern herangezogen (Diskriminierungstheorie).

## 17.2 Kritik der neoklassischen Arbeitsmarkttheorie

Da die jeweiligen neoklassisch motivierten Ansätze im Einzelfall bereits kritisch beleuchtet worden sind, beschränken wir uns hier auf eine die vorgestellten Theorien gemeinsam betreffende Kritik:

- Die erste Kritik beschäftigt sich mit dem zentralen Punkt, dass der Lohnsatz Angebot und Nachfrage ins Gleichgewicht bringt. Die Besonderheiten des Arbeitsmarkts widersprechen nämlich einem Gleichgewichtsmechanismus über Mengen- oder Preisanpassung infolge der Beschaffenheit des Arbeitsangebots. Ein Gleichgewichtsmechanismus ist nur dort möglich, wo Bestände gehandelt werden, die je nach Höhe des Preises ihren Besitzer wechseln. Liegen dagegen die Güter als Stromgrößen vor, so wird der Markt auf eventuelle Ungleichgewichte mit Mengenänderungen reagieren. In dieser Aufteilung nimmt der Arbeitsmarkt nun eine Sonderstellung ein. Das Arbeitspotenzial ist zwar eine Bestandsgröße, die Arbeitskräfte können jedoch nicht als Bestände gehandelt werden, da es sich sonst um einen Sklavenmarkt handeln würde. Somit erfüllt der Arbeitsmarkt nicht die Voraussetzungen des ersten Markttypus. Vielmehr werden auf dem Arbeitsmarkt Ströme von Arbeitsleistungen gehandelt, die allerdings nur potenziell vorhanden sind. Dies ist eine Folge der ex ante nicht vollständig festlegbaren Leistung, die sich aus dem unspezifizierten Arbeitskontrakt ergibt. Im Arbeitsrecht spricht man dabei vom Weisungs- oder Direktionsrecht

des Arbeitgebers, mit dem dieser die im Arbeitsvertrag nicht abschließend bestimmten und auch gar nicht abschließend bestimmbaren Leistungs- und Verhaltenspflichten konkretisiert. Somit weicht der Arbeitsmarkt auch vom zweiten Typus ab, da das Arbeitspotenzial infolge der fehlenden Spezifität nicht gleichgewichtskonform ist und es sogar zu so genannten ‚anomalen' Reaktionen des Arbeitsangebots kommen kann, die noch weiter vom Gleichgewicht wegführen statt dazu hin. Daneben beeinträchtigt die Partialanalyse die Wirkungen des Lohnmechanismus. Mit einer reinen Partialanalyse, die z. B. auch tatsächlich existierende Aggregationsprobleme bei Angebot und Nachfrage etwa bei Branchenbetrachtung nicht berücksichtigt, wird auch die makroökonomische Interdependenz der Märkte außer Acht gelassen. Auf dem Arbeitsmarkt entscheidet der Reallohn über ein Gleichgewicht von Angebot und Nachfrage. Von den Arbeitsmarktparteien wird aber nur der Nominallohn bestimmt, während das Preisniveau sich auf Güter- und Geldmarkt bildet. Dieses keynesianische Argument lautet also, dass eine Nominallohnsenkung am Arbeitsmarkt auch Auswirkungen auf den Gütermarkt hat und zwar in Form von sinkender Güternachfrage der Arbeitnehmerhaushalte. Dieses kann zu Preisrückgängen entsprechend den Lohnsenkungen führen, so dass im Extrem die Reallohnhöhe unverändert bleibt. In dieser Perspektive ist der Reallohn nicht das Ergebnis von Verhandlungs- oder Tauschprozessen am Arbeitsmarkt, sondern Ergebnis makroökonomischer Funktionszusammenhänge. Schließlich kann auch die Nichtbeachtung der institutionellen Verfassung des Arbeitsmarkts zu einer Überbewertung des reinen Lohnanpassungsmechanismus führen. Die Berücksichtigung von Institutionen, Gesetzen, Konventionen oder anderen Allokationsmechanismen wie z. B. Kooperation, Macht, Verhandlungen oder Bürokratie kann – wie bereits teilweise geschehen – zumindest die Inflexibilität von Löhnen und damit deren Versagen als Allokationsmechanismus begründen.
- Ebenso wird Macht als konstituierendes Prinzip des Verhältnisses der Arbeitsmarktparteien weitgehend ausgeblendet. Das Gleiche gilt zumindest für ältere Ansätze bezüglich des Auftretens von Interessenkonflikten. Diese Lücke füllende Forschungen, die allerdings im Wesentlichen den verschiedenen Weiterentwicklungen des neoklassischen Paradigmas – häufig aber angereichert um Aspekte der Neuen Institutionenökonomik – folgen, finden sich bei Duda/Fehr (1984), Duda (1987) und Vogt (1983; 1986).
- Mit dem vorhergehenden Punkt hängt auch das Problem des Charakters der Arbeitslosigkeit zusammen. So lautet eine häufige Kritik, dass sich letztendlich mit den neoklassischen Arbeitsmarkttheorien – auch den neueren – nur freiwillige Arbeitslosigkeit begründen lasse. Dies gilt allerdings nur in dem Sinn, wie Klös (1990, 44) es beschreibt: „Solange kein gesellschaftlicher ‚Opportunitätsertrag' der Arbeitslosigkeit, zum Beispiel durch Lohnersatzleistungen oder durch Sozialhilfeschwellen, definiert wird, wäre jede Arbeitslosigkeit freiwillig insofern, als nur der Anspruchslohn zurückgefahren werden müsste. In einer sozialen Marktwirtschaft werden diese Standards jedoch festgelegt. Der Umfang der freiwilligen Arbeitslosigkeit ist daher immer eine Funktion der sozialen Standards." Arbeitslose können aber in den neueren neoklassischen Ansätzen dann

als unfreiwillig arbeitslos angesehen werden, wenn sie bereit sind zu einem niedrigeren als dem herrschenden zu arbeiten, aber dennoch keine Beschäftigung finden (vgl. Funk 1999b, 75 ff).

## 17.3 Tabellarische Übersicht

Die Übersicht stellt den Versuch dar, die wesentlichen Aussagen der in den vorausgegangenen Kapiteln dargestellten Theorien in tabellarischer Form einander gegenüberzustellen. Diese Übersicht ist selbstverständlich nur rudimentär und kann zu Diskussionen Anlass geben. Denn zum Teil recht komplexe Zusammenhänge müssen auf Schlagwörter reduziert werden müssen. Eine derartige ‚Bündelung' hat immer auch interpretativen Charakter. Trotzdem wird hier dieser Versuch gewagt, um auf die substitutiven und komplementären Seiten der jeweiligen Ansätze und damit auf deren Interdependenzen hinzuweisen. Schließlich kann kein Ansatz allein das gesamte Arbeitsmarktgeschehen erklären sondern nur – mehr oder weniger große – einzelne Mosaikteile, zusammen betrachtet ergibt sich aber manches Bild.

## 17.3 Tabellarische Übersicht

| Theorien | Motivation | Modifikation | Aufgabe des Lohnsatzes | Arbeitslosigkeit generierender Mechanismus | betroffene Arbeitsmarktgruppe |
|---|---|---|---|---|---|
| Humankapital-theorie | unterschiedliches Lohnniveau | heterogenes Arbeitsangebot in Abhängigkeit vom Ausbildungsstand | Diskontierung von Humankapitalinvestitionen | | alle AN entsprechend ihrer Ausbildung Primäres Segment (Rationalitätskalkül) |
| Suchtheorie | unvollkommene Informationen der AN über das Arbeitsplatzangebot | unvollkommene Information; innerhalb enger Grenzen heterogenes Arbeitsangebot | Indikator für die Qualität des Arbeitsplatzes | Suche nach besserem Arbeitsplatz | junge Akademiker, junge, unabhängige AN oberes primäres Segment |
| Gewerkschafts-theorie | Zusammenschluss der AN | Monopolisierung der Arbeitsangebotsseite | Arbeitskräfteallokation | über dem Markträumungsniveau liegender Lohnsatz | alle AN |
| Kontrakttheorie | rigide Löhne größere Risikoaversion der AN | Unsicherheit der AN über zukünftige Einkommensentwicklung; Unsicherheit der Unternehmen über zukünftigen Absatz; Risikoaversion der AN | Sicherung konstanter Einkommen für die AN | Mengen- vor Preisanpassung | alle, außer oberes primäres Segment |
| Insider-Outsider-Theorie | träge Löhne Kostenvorteile der Insider aus Sicht der Unternehmen | ungleiche Beschäftigungschancen der Arbeitsmarktgruppen; heterogenes Arbeitsangebot | Abschottung der Insider gegenüber den Outsidern | Arbeitslosigkeit wird vorausgesetzt; Begründung für Persistenz | alle AN |

| Theorien | Motivation | Modifikation | Aufgabe des Lohnsatzes | Arbeitslosigkeit generierender Mechanismus | betroffene Arbeitsmarktgruppe |
|---|---|---|---|---|---|
| Effizienzlohntheorie | träge Löhne | Löhne über dem Markträumungsniveau | Anreizmittel | über dem Markträumungsniveau liegender Lohnsatz | alle AN |
| • „Shirking" | unbestimmte Arbeitsleistungen Sicherung der Arbeitsproduktivität | unbestimmte Arbeitsleistungen; unvollkommene Kontrolle | Anreizmittel | | alle AN |
| • „Labour-Turnover" | Vermeidung hoher Fluktuationskosten | höhere Allokationseffizienz durch geringere Fluktuation; heterogenes Arbeitsangebot | Anreizmittel | | primäres Segment |
| • „Adverse Selection" | Beurteilung der AN-Qualität | individuelle Produktivität | Signalfunktion bzgl. der AN-Qualität | | alle AN |
| • „Gift-Exchange" | „corporate identity" | Einbeziehung soziologischer Faktoren | Anreiz- und Signalfunktion | | alle AN |

# Teil V
# Interne Arbeitsmärkte aus transaktionskostentheoretischer Sicht und segmentationstheoretische Überlegungen

# Kapitel 18
# Einführung zu Teil V

## 18.1 Interne Arbeitsmärkte aus transaktionskostentheoretischer Sicht und segmentationstheoretische Überlegungen

Die bisherigen Ansätze der Arbeitsmarkttheorie sind der traditionellen neoklassischen Theorie dergestalt verhaftet, dass sie ein individuelles Arbeitsverhältnis einer entsprechenden Käufer-Verkäufer-Beziehung wie z. B. im Gütermarkt gleichsetzen. Damit „handelt es sich bei einem individuellen Arbeitsverhältnis um eine unpersönliche, diskrete Tauschbeziehung von Arbeit gegen Lohn" (Schrüfer 1988, 32). Für den Faktor Arbeit bedeutet dies, dass er eine nicht lagerfähige, beliebig teilbare Stromgröße ist. Der Tausch von Leistungen zwischen Arbeitnehmer und Arbeitgeber erfolgt aus dem hier üblichen Vorteilsstreben gleichzeitig und freiwillig. Aus der unterstellten Äquivalenz von Arbeitnehmer und Unternehmer folgt, dass letzterer in einem Arbeitsverhältnis keine Macht über ersteren ausübt, „weil Marktfaktoren die Bedingungen, zu denen der Tausch zwischen Arbeitgeber und Arbeitnehmer realisiert wird, vollständig und eindeutig bestimmen" (Schrüfer 1988, 33). Dies ist auch der Grund für Samuelson's (1957, 894) berühmten Satz: „Remember that in a perfectly competitive market it really doesn't matter who hires whom: so have labor hire capital".

Wie bereits erwähnt, wird in diesem Zusammenhang auch die Hierarchie in einem Unternehmen als nicht machtintendiert interpretiert. Vielmehr ist sie eine Notwendigkeit der Koordination, die einen „Monitor" benötigt, um alle Arbeitnehmer zu nicht opportunistischem Verhalten zu motivieren. Der hierarchische Aufbau als solcher ergibt sich aus der günstigeren Gewinnlage bei Teamproduktion, die eben irgendwie organisiert werden muss, gegenüber einer Vielzahl von Einzelproduktionen.

Darüber hinaus werden spezifische Merkmale einer solchen Arbeitnehmer-Arbeitgeber-Beziehung negiert. Auch in den zuvor diskutierten Prinzipal-Agent-Ansätzen steht die Frage nach den Auswirkungen bestimmter Arbeitnehmer-Arbeitgeber-Beziehungen hinsichtlich des Lohnsatzes und seiner Funktionen im Mittelpunkt der Analysen und weniger diese Beziehungen selbst.

Die Frage nach einer theoretischen Begründung der spezifischen Eigenheiten des Arbeitsverhältnisses und der sich daraus ergebenden Organisationskonsequenzen steht im Mittelpunkt des Transaktionskostenansatzes in der Tradition von Coase (1937) und Williamson (1985). Dessen allgemeine Grundlagen und die sich daraus ableitende Betrachtung innerbetrieblicher Arbeitsbeziehungen sind Gegenstand des ersten Teils dieses Kapitels (vgl. für eine allgemeine Einführung in die Neue Institutionenökonomik Richter/Furubotn $2003^3$ sowie zur Abgrenzung gegenüber dem älteren Institutionalismus Reuter 1994). Auch wenn der Transaktionskostenansatz im Rahmen der neoklassischen Tradition verharrt, so ist doch der Einfluss insbesondere segmentationstheoretischer Aussagen auf die institutionentheoretische Darstellung der Arbeitsmarktbeziehungen offensichtlich. Aus diesem Grunde werden im zweiten Abschnitt die verschiedenen Segmentationstheorien dargestellt.

# Kapitel 19
# Interne Arbeitsmärkte und Transaktionskosten

Der Hauptbeitrag dieses Erklärungsansatzes liegt vor allem in der Offenlegung der unterstützenden Funktion von Vertragsregeln hinsichtlich der Optimierungsziele von Unternehmen und Arbeitnehmern, wobei hier vor allem der Durchsetzungsaspekt bei langfristigen und unvollständigen Verträgen interessant erscheint. Dabei ist die der ökonomischen Analyse innewohnende Trennung von Effizienz- und Verteilungsfragen als Vorteil zu sehen. Schließlich können aufgrund der Weiterentwicklung der ökonomischen Theorie etliche Aspekte des internen Arbeitsmarkts, die früher unter dem Gesichtspunkt der Verteilung subsumiert wurden – wie etwa strategisches Verhalten – jetzt unter Effizienzaspekten analysiert werden. Daneben wird der interne Arbeitsmarkt – bevor er im Mittelpunkt der Analyse steht – dem externen Arbeitsmarkt gegenübergestellt. Schließlich dient letzterer meist als Referenzgröße im Sinne eines wettbewerblich funktionierenden Markts entsprechend des neoklassischen Grundmodells für die Analyse des ersteren, weil er für Unternehmer und Arbeitnehmer die Alternative und auch die damit verbundenen Opportunitätskosten darstellt. Der externe Arbeitsmarkt ist somit als Markt zwischen den Unternehmen aufzufassen, in dem diese um Arbeitnehmer konkurrieren. Im Extremfall sind dabei die sunk costs der Investitionen gleich null, so dass den Arbeitsmarktparteien durch die Beendigung ihrer Beziehungen keine Verluste entstehen. Die Beziehung dieser beiden Teilarbeitsmärkte darf nicht als eine vollkommene Abschottung gegeneinander gesehen werden. Vielmehr ist der interne Arbeitsmarkt eine Institution, die den Druck externer Arbeitsmärkte, dem das Unternehmen in seinem Außenverhältnis ausgesetzt ist, durch geeignete Maßnahmen und Organisationen wie etwa verschiedene ports of entry im Innenverhältnis kanalisiert (vgl. Lutz 1987, 19 ff; Wachter/Wright 1990, 89 f). Aus der Situation des Unternehmens im Verhältnis zu seiner relativ unsicheren Umwelt ergibt sich einerseits die Notwendigkeit, in wechselnden Umweltsituationen zu agieren, andererseits muss für das Unternehmen, insbesondere bei starker Kapitalbindung, zumindest ein bestimmtes Maß an Stabilität gewährleistet sein. Stabilität kann das Unternehmen jedoch nur erreichen, indem es sich teilweise dem Markt entzieht (vgl. Brandes/Liepmann/Weise 1982, 7).

## 19.1 Der Transaktionskosten-Ansatz

Zu Beginn der Darstellung des Transaktionskostenansatzes erscheint ein kurzer Rekurs auf die Property Rights-Theorie insbesondere aus zwei Gründen notwendig: Zum einen liefert dieser Ansatz grundlegende Argumente für die übrigen, oben aufgelisteten Ansätze des modernen Institutionalismus und zum anderen ist die Forschung auf diesem Gebiet stark mit den Arbeiten der Transaktionskostentheorie verflochten. Diese Verflechtung ergibt sich durch die Interdependenz zwischen spezifischen Property Rights-Strukturen und dementsprechenden Transaktionskosten. So unterstützen die spezifischen Transaktionskosten alternativer Systeme von Property Rights die Bestimmung konkreter vertraglicher und institutioneller Arrangements sowie deren Entwicklung und Veränderungen. Umgekehrt beeinflusst das System an Property Rights die Struktur der Transaktionskosten (De Alessi 1990, 8).

Bewusst wurde bisher noch nicht versucht, den Begriff der Property Rights zu definieren, denn selbst im Englischen wurden Alternativvorschläge für diesen diffusen Ausdruck diskutiert. Im deutschen Sprachgebrauch haben sich verschiedene Begriffe wie Eigentums-, Verfügungs- oder Handlungsrechte allein oder in Kombination eingebürgert. In allgemeiner Weise kann man Property Rights als Rechte definieren, „die das Verhältnis individueller Akteure untereinander in Bezug auf die Verfügung über knappe Ressourcen regeln" (Sauter 1985, 13). Property Rights stellen also Handlungsrechte für ein Wirtschaftssubjekt dar, die zugleich Handlungsbeschränkungen für andere Wirtschaftssubjekte sind (vgl. Kubon-Gilke 1997, 103–131). Meyer (1983, 19) spricht deshalb auch von einer „soziale(n) (Macht-) Relation zwischen Personen in Bezug auf Güterverwendungen". Hinsichtlich des Tauschvorgangs steht also nicht mehr der physische Güteraustausch im Vordergrund der Analyse, sondern der Tausch von Rechten an diesen Gütern.

Für eine effiziente Güter- und Faktorallokation müssen diese Property Rights nun vollständig spezifiziert, d. h. exklusiv, teilbar, transferierbar und allgemein sein. Exklusivität von Property Rights umschreibt die eindeutige und uneingeschränkte Zuordnung von Handlungs- und Verfügungsrechten auf einzelne Wirtschaftssubjekte. Diese Exklusivität ist auf das gesamte, eben aufgezeigte und aufgeteilte Rechtsbündel anzuwenden. Die Transferierbarkeit von Rechten setzt deren Teilbarkeit voraus. Die Allgemeingültigkeit von Property Rights ist eine notwendige Voraussetzung für deren Anwendbarkeit als Motivations- und Sanktionsmechanismus.

Der entscheidende Punkt im Zusammenwirken von Property Rights und Transaktionskosten besteht nun darin, dass infolge einer nicht vollständigen Spezifizierung eine Verdünnung von Property Rights vorliegt, also ein „Zustand, in dem alle Rechte zum Gebrauch oder zur Entscheidung bestimmten Beschränkungen unterliegen" (Böbel 1988, 17). Je unspezifizierter nun die Property Rights sind, umso mehr Transaktionskosten müssen aufgewandt werden, um einen Austausch von Property Rights und die damit zusammenhängenden Probleme wie Kontrolle oder Durchsetzung zu gewährleisten.

Die Property Rights-Theorie zeigt also zum einen, welche Bedingungen hinsichtlich der Anreize und Motivation der Wirtschaftssubjekte gegeben sein müssen, und leitet zum anderen die beiden Fälle ab, die zur Anreizschwächung führen (vgl. Homann 1989, 47): Dies sind die Verdünnung von Property Rights und die Unklarheit über deren Verteilung. Genau diese beiden Fälle, die in der Realität die Regel darstellen, in der herkömmlichen Neoklassik allerdings unter der Bezeichnung Marktversagen firmieren, bilden nun die Verbindung zur Transaktionskostenökonomie. Positive Transaktionskosten müssen von den Markt- oder Vertragspartnern immer dann aufgewendet werden, wenn die Allokation von Verfügungsrechten nicht vollständig spezifiziert ist.

Wesentlich ist im Vergleich zur traditionellen Neoklassik die Einsicht, dass eine bestimmte Spezifikation von Handlungs- und Verfügungsrechten ein dieser Spezifikation entsprechendes konkretes Anreizsystem generiert, welches das Verhalten der Wirtschaftssubjekte in ganz spezifischer Weise determiniert. Das führt somit zu einer Art der Ressourcennutzung, die eben in direktem Zusammenhang mit der ursächlichen Property Rights-Struktur steht, denn „Allokation und Distribution sind – über die Anreize – interdependent" (Homann 1989, 47).

Von juristischer Seite ist auf die Property Rights-Theorie z. B. mit dem Ziel zurückgegriffen worden, die Frage zu beantworten, ob durch die gesetzlichen Bestimmungen Effizienzsteigerungen in den betreffenden Unternehmungen zu beobachten sind (Kreutz 2001, 472; Nagel 2007; Hörisch 2007). Doch lässt sich gerade diese zentrale Frage auf der Grundlage der Anwendung der Property Rights-Theorie nicht eindeutig beantworten, da es letztlich an handhabbaren Maßstäben für eine Abwägung der mit der Mitbestimmung zweifellos verbundenen Verhandlungs- und Transaktionskosten auf der einen und dem (ohnehin schwer genug zu bestimmenden) Nutzen für das Unternehmen bzw. dessen Träger fehlt. Dies bedeutet nicht, dass der Property Rights-Theorie in diesem Zusammenhang jeglicher „Mehrwert" abgesprochen werden müsste. Doch hieße es, die Theorie mit unrealistischen Erwartungen zu befrachten, wollte man von ihrer Anwendung eine abschließende Entscheidung in der Diskussion um das Für und Wider der Mitbestimmung abhängig machen.

Aus dieser kurzen Beschreibung der Property Rights-Theorie sollte deren Bedeutung für den Transaktionskostenansatz deutlich geworden sein. Die Neue Institutionen Ökonomie, wie sie insbesondere von Williamson entworfen wurde, stellt gleichzeitig auch den Kernbereich des modernen Institutionalismus dar. Da dieser Ansatz und seine einzelnen Bausteine nicht speziell für den Bereich der Arbeitsbeziehungen entwickelt wurden, sondern auf unterschiedliche ökonomische Probleme anzuwenden sind, soll er zunächst allgemein dargelegt und erst im zweiten Schritt auf den Arbeitsmarkt übertragen werden. Dass der hinter der Transaktionskostentheorie stehende Anspruch sehr ambitioniert ist, verdeutlicht Williamson (1989, 136) in einer Aufzählung von Aspekten, die den Unterschied zu anderen, die Organisation ökonomischer Aktivitäten betreffenden Ansätzen herausstellt.

„(T)ransaction costs economics (1) is more microanalytic, (2) is more self-conscious about its behavioral assumptions, (3) introduces and develops the economic importance of asset specificity, (4) relies more on comparative institutional analysis, (5) regards the business firm as a governance structure rather than a production function, (6) places greater weight on the ex post institutions of contract, with special emphasis on private ordering (as compared with court ordering), and (7) works out of a combined law, economics and organization perspective".

Transaktionen wiederum entstehen durch Austauschbeziehungen insbesondere von Property Rights und stellen damit die kleinste zu untersuchende Einheit in einer arbeitsteilig organisierten Volkswirtschaft dar. Williamson (1989, 142) selbst definiert Transaktionen wesentlich enger und technikorientierter: „... a transaction occurs when a good or service is transferred across a technologically separable interface. One stage of activity terminates and another begins". Anschließend werden drei Dimensionen genannt, die zur Beschreibung der Transaktionen dienen: „... (1) the frequency with which they recur, (2) the degree and type of uncertainty to which they subject, and (3) the condition of asset specificity".

Transaktionskosten treten folglich bei der Übertragung, Durchsetzung und Bestimmung von Property Rights auf (vgl. Picot/Dietl 1990, 178) und sind die „costs of running the economic system" (Arrow, zitiert nach Williamson 1985, 18). Goldberg (1985, 399) versucht diese Größe allgemein zu fassen als „those costs most likely to differ under alternative institutional arrangements". Die Transaktionskosten könnten demnach als Opportunitätskosten unterschiedlicher, vom idealtypischen Markt abweichender Organisationsformen interpretiert werden, die als nicht beobachtbares Residuum wirken. In diesem Sinne erscheint eine Auffächerung der Transaktionskosten in verschiedene Kosten aufgrund von Marktunvollkommenheiten notwendig.

Differenziert man die Transaktionskosten weiter auf, so kann man mit Schüller (1983a, 158 f) von Such-, Informations-, Aushandlungs-, Durchsetzungs-, Wertsicherungs- und Kontrollkosten sprechen.

Die einzelnen Bausteine des Transaktionskostenansatzes lassen sich in zwei Gruppen unterteilen: Umweltfaktoren und Verhaltensannahmen. Die Kombination dieser beiden Bausteine wirft dann die Probleme auf, die in der Neoklassik meist als Marktversagen deklariert werden, weil sie aufgrund der in der Neoklassik getroffenen Annahmen als Externalitäten aufzufassen sind, wohingegen sie hier als systemimmanente Faktoren gesehen werden. Die Bausteine werden zuerst unabhängig voneinander erläutert, um sie dann in einem zweiten Schritt zusammenzuführen und damit die Tragweite der Argumentation herauszuarbeiten, die bei den einzelnen Bausteinen so noch nicht sichtbar wird.

- Unsicherheit und Komplexität
  Bei der Behandlung der Unsicherheit als einem der Hauptprobleme einer ökonomischen Organisation der Gesellschaft unterscheidet Williamson (beispielsweise 1975, 1985, 1989) drei Fälle von Unsicherheit:
  - primäre Unsicherheit im Sinne von Zufallsabhängigkeit;
  - sekundäre Unsicherheit: Mangel an Kommunikationsfähigkeit, in dem ein Wirtschaftssubjekt keinen Weg findet, etwas über die Pläne und Entscheidungen anderer Wirtschaftssubjekte zu erfahren;
  - „behavioral (or binary) uncertainty" (Williamson 1989, 144): Diese dritte Art von Unsicherheit tritt vor allem in Fällen bilateraler Abhängigkeit auf

und ist im Unterschied zur sekundären Unsicherheit, die „eher unschuldiger oder nicht-strategischer Natur" ist (Williamson 1990, 65), von strategischer, absichtlicher Natur.
Auf Knight bezugnehmend wird zwischen Risiko und Unsicherheit unterschieden. Der Schwerpunkt liegt hier aber nicht auf dem (statistischen) Risiko, sondern auf der echten Unsicherheit, die sich im Zusammenhang mit unvollkommenen Verträgen und Vermögensspezifitäten ergibt.

Komplexität hingegen beschreibt eine Situation, die zwar nicht durch Unsicherheit gekennzeichnet ist, die aber aufgrund der Zusammenhänge für das Wirtschaftssubjekt unüberschaubar wird.

- Häufigkeit
Die Häufigkeit und damit die Wiederholungsfrequenz einer Transaktion ist von entscheidender Bedeutung für die Organisation dieser Transaktion; insbesondere stellt sie einen wichtigen Aspekt für das Problem der vertikalen Integration dar. Hierbei handelt es sich in erster Linie um Überlegung zur Kosteneinsparung. Die Unterscheidung in einmalige und wiederkehrende Transaktionen ist deshalb relevant, weil unterstellt wird, dass sich wiederholende Transaktionen andere Organisationsformen benötigen als einmalige Transaktionen.

- Spezifität
Die Problematik der Vermögensspezifität aufgrund idiosynkratischer Investitionen stellt den wohl wichtigsten Umweltfaktor in der transaktionskostentheoretischen Diskussion dar (Riordan/Williamson 1985, 367). Idiosynkratische Investitionen verkörpern Investitionen, die nur aufgrund bestimmter Abmachungen und für bestimmte Zwecke getätigt werden, so dass der Wert dieser Investitionen in den nächstbesten alternativen Verwendungen wesentlich niedriger beurteilt werden muss als in der Verwendung, für die diese Investitionen getätigt wurden. Die Differenz der Erlöse aus der erstbesten und zweitbesten Verwendung dieser idiosynkratischen Investitionen kann als Quasirente bezeichnet werden, wobei gilt: „Der Spezifitätsgrad einer Ressource wird nun ceteris paribus um so höher eingestuft, je größer der Wert der ihr beizumessenden Quasi-Rente ist" (Picot/Dietl 1990, 179).

Die aufgezeigten Umweltfaktoren sind zwar notwendige Voraussetzungen zur Evaluation verschiedener Organisationsmuster, als hinreichende Bedingungen sind jedoch erst die folgenden Verhaltensannahmen und die sich daraus ergebenden möglichen Kombinationen von Verhaltensannahmen und Umweltfaktoren zu beurteilen.

Die Transaktionskostentheorie erhebt den Anspruch, die „human nature as we know it" (Knight 1965, 270) zu behandeln. Dazu weicht sie im Vergleich zur traditionellen Neoklassik von deren Verhaltensannahmen ab und postuliert für den „man as he is" (Coase 1984, 231) die Verhaltensannahmen der begrenzten Rationalität und des Opportunismus als wahrscheinlichere Verhaltensmuster.

- Die begrenzte Rationalität
Insgesamt können drei unterschiedlich starke Rationalitätsniveaus unterschieden werden:

- Die stärkste Form ist die Maximierung, so wie sie im Mittelpunkt der Neoklassik steht. Unternehmen werden dabei auf eine Produktionsfunktion und Haushalte auf eine Nutzenfunktion reduziert bei gegebenen Institutionen.
- Die schwächste Form der Rationalität ist die Prozess- oder organische Rationalität, die insbesondere in der evolutorischen Ökonomie und in den Austrian Economics Anwendung findet (vgl. Williamson 1986, 174).
- Die halbstarke Form der Rationalität, infolge derer die Wirtschaftssubjekte „intendedly rational, but only limitedly so" (Simon 1957, XXIV) handeln, ist die beschränkte Rationalität. Sie stellt die grundlegende kognitive Annahme der transaktionskostentheoretischen Überlegungen dar. Die Ursachen der beschränkten Rationalität sind in Problemen neurophysiologischer und kommunikativer Natur zu sehen. Den Wirtschaftssubjekten sind deshalb Grenzen sowohl bei der Informationswahrnehmung als auch bei deren Weitergabe gesetzt (vgl. Becker 1985, 58). Damit ist es den Individuen nicht möglich, einen Vertrag in seiner ganzen Komplexität zu erfassen, so dass eine nicht vollständige Spezifikation auch beabsichtigt sein kann (vgl. auch Balzer 1987, 168).

- Opportunismus
Analog zur Rationalität können drei verschiedene Niveaus von Eigennutzstreben unterschieden werden:

- Als schwächste Form des Eigennutzstrebens wird der Gehorsam angesehen. Folglich handelt es sich dabei eher um „nonself-interest seeking" (Williamson 1986, 176)
- Die Verhaltensannahme der Neoklassik kann als einfaches und offenes Eigennutzstreben betrachtet werden. Die egoistischen Wirtschaftssubjekte werden zwar über den Marktmechanismus miteinander konfrontiert. Da sie den Aussagen und Angaben der jeweilig anderen jedoch uneingeschränkt Glauben schenken können, ist mit dem Tauschakt die Beziehung zwischen den Akteuren beendet, weil der Tausch keine ex post-Auswirkungen hat. „There are no surprises thereafter" (Williamson 1986, 176). Aus diesem Grunde wird die Frage der ökonomischen Organisation in der Neoklassik wieder ein technisches Problem, worauf im vorhergehenden Kapitel bereits kurz hingewiesen wurde.
- Die stärkste Form des Eigennutzstrebens ist der Opportunismus. Darunter versteht Williamson die Durchsetzung der eigenen Interessen mit List, was bei ihm auch so verschiedene Mittel wie Lügen, Stehlen oder Betrügen mit einschließt. Opportunismus umfasst also auch sehr subtile Formen des Betrugs. Entsprechend der Versicherungsliteratur und den Prinzipal-Agent-Ansätzen muss zwischen ex ante- und ex post-Opportunismus unterschieden werden. Ex ante-Opportunismus – der adversen Selektion entsprechend – ergibt sich aus der Unfähigkeit, zwischen guten und schlechten Risiken diskriminieren zu können. Der Fall des moralischen Risikos als ex post-Opportunismus bezeichnet den Fall des absichtlichen Herbeiführens eines Versicherungsfalls. Das Problem des Opportunismus bezieht sich insbesondere auf die Problema-

tik unvollkommener und asymmetrischer Informationen, vor allem wenn eine absichtliche Vorenthaltung von Informationen vorliegt.

Organizational Failures Framework verkörpert das Zusammenwirken der verschiedenen und eben dargestellten, transaktionskostenrelevanten Faktoren. Zusätzlich sind diese Faktoren noch von „atmosphärischen Bedingungen" umgeben, die die Relevanz nichtökonomischer Faktoren im Umfeld der Akteure – wie z. B. funktionierende soziale Beziehungen – verdeutlichen sollen.

- Das Zusammenwirken von beschränkter Rationalität und Unsicherheit bzw. Komplexität
  Erst die Verknüpfung von Umweltfaktor und Verhaltensannahme verhindert eine marktliche Koordination. Der entscheidende Knoten in dieser Verknüpfung von Umweltfaktor und Verhaltensannahme besteht in der durch die beschränkte Rationalität bedingten subjektiven Unsicherheit des Wirtschaftssubjekts. Objektiv sichere Situationen können also infolge der beschränkten Rationalität mitunter nicht richtig beurteilt oder vorhergesehen werden. Dies führt im Rahmen von Williamsons Analyse zu Kontrahierungsproblemen, da zum einen Spot-Verträge aufgrund der hier getroffenen Annahmen nicht immer realisiert werden können und zum anderen Konditionalverträge aufgrund der beschränkten Rationalität in Verbindung mit den Faktoren Unsicherheit bzw. Komplexität ebenfalls nicht immer durchgeführt werden können.
- Das Zusammenwirken von Opportunismus und Spezifität
  Auch der hier den Wirtschaftssubjekten unterstellte Opportunismus wird erst mit der Spezifität zum Problem. Dabei ist es sinnvoll, zunächst zwischen ex ante-und ex post-Spezifität zu unterscheiden. Ex ante-Spezifität liegt vor, wenn Transaktionen bereits idiosynkratische Investitionen voraussetzen. Ex post-Spezifität entwickelt sich demgegenüber erst nach Vertragsabschluss aus einer Wettbewerbssituation heraus, wenn ein Wirtschaftssubjekt ausgewählt wird und dieses dann ex post transaktionsspezifische Investitionen tätigt, so dass es gegenüber anderen monopolartige Vorteile erhält. Diesen Vorgang bezeichnet Williamson (1985, 61) als fundamentale Transformation.

Diese fundamentale Transformation führt ex post zu Small-Number-Situationen aufgrund der nach Vertrag getätigten beziehungsspezifischen Investitionen. Hiermit sind Situationen bezeichnet, in denen beide Vertragsseiten kein Interesse an einer Vertragsauflösung zeigen, weil sonst jeder Seite die jeweilige Quasirente verloren gehen könnte. Diese Investitionen in bestimmte Vermögensspezifitäten können somit sunk costs darstellen, also Kosten, die bei Beendigung der Vertragsbeziehungen nicht mehr zu monetarisieren sind und in alternativen Beziehungen auch nicht mehr den gleichen Ertrag bringen (vgl. Williamson 1989, 142; Sesselmeier 1991, 84). Der Investor wird diese sunk costs nur auf sich nehmen, wenn er aufgrund dieser Investitionen einen um die Quasirente höheren Gewinn erwarten kann als bei Nichtdurchführung dieser spezifischen Investitionen.

Zusammen mit der anderen Vertragspartei entsteht somit eine Art bilaterales Monopol, verbunden mit einem „locked-in-Effekt" (Richter 1990, 584) aufgrund der transaktionskostenspezifischen Investitionen, die durch ihre Irreversibilität und die Tatsache, dass sie in alternativen Verwendungen einen geringeren Ertrag erbringen bzw. bei einem Wechsel der Beziehungen nicht mehr hereingeholt werden können, als sunk costs zu betrachten sind. Dies dürfte für jeden der beiden Vertragspartner gelten, wenn auch in unterschiedlichem, von der jeweiligen Höhe der idiosynkratischen Investitionen abhängigem Ausmaß. Dazu ist es notwendig, die Quasirente weiter zu spezifizieren in eine zusammengesetzte Quasirente, die den Teil der Quasirente darstellt, der von einer kontinuierlichen Zusammenarbeit mit anderen spezifischen Ressourcen abhängig und folglich der Gefahr der Ausbeutung ausgesetzt ist (vgl. Alchian/Woodward 1987, 113, die sich dabei auf Marshall berufen). Unterscheidet man nun die Ressourcen in abhängige und unabhängige (vgl. hierzu Alchian/Woodward 1987, 113 f; Eggertson 1990, 170 ff), so wird das Problem der Ausbeutung – Richter (1990, 584) spricht von „Raubüberfall" – zwischen den Transaktionspartnern deutlich. Da sich die Quasirente ja aus der Differenz zwischen dieser und der besten alternativen Verwendung ergibt, kann deren Ausbeutung nahezu 100% betragen, ohne dass der Inhaber dieser spezifischen Investition seine Ressource aus der momentanen Verwendung abzieht (vgl. Schmidtchen 1987, 144; Eggertson 1990, 172). Eine Ressource soll als abhängig bezeichnet werden, wenn sie durch eine Trennung von den übrigen Ressourcen einen Wertverlust hinnehmen müsste, wohingegen eine unabhängige Ressource auf die verbleibenden Ressourcen durch eine Trennung wertmindernd wirkt.

Von dieser Unterscheidung ausgehend, kann man nun zwischen zwei Fällen von Abhängigkeit differenzieren:

- Hat ein Investor nur hinsichtlich eines Projekts spezifische Investitionen getätigt, also eine abhängige Ressource gebildet, so ist er der Gefahr der Ausbeutung, des hold up, durch die anderen Transaktionspartner ausgesetzt, solange deren Ressourcen unabhängig sind. Der, der die geringeren sunk costs hat, kann nun durch opportunistisches Verhalten versuchen, die Quasirente des anderen zumindest teilweise zu erhalten. Durch diese Konstellation erhält die Mitgliedschaft zu diesem Verbund spezifischer Ressourcen einen eigenen, von der Quasirente abhängigen Wert (vgl. Schmidtchen 1987, 144).
- Die Ressourcen können aber auch gegenseitig voneinander abhängig sein, wobei zu beachten ist, dass „mutual dependence does not require an investment made by any of the resources, only that they are more productive in this assembly than in any other use" (Alchian/Woodward 1987, 114).

Nun wird man davon ausgehen können, dass in den meisten Zusammenschlüssen spezifischer Ressourcen einige anfälliger gegenüber hold up sein werden als andere, abhängig von der jeweiligen Fähigkeit, die übrigen Ressourcen von ihren Diensten auszuschließen. Schließlich wird ein Eigentümer unabhängiger Ressourcen umso stärker in Versuchung geraten, die Situation auszunutzen, je höher die zusammengesetzte Quasirente ist und je stärker er seine eigenen Aktivitäten kontrollieren kann. Je wahrscheinlicher dieses Verhalten wird und vorhergesehen werden kann, umso dringlicher und wichtiger sind vorbeugende Verträge, was wiederum den komplementären Aspekt von Vertragstheorie und Transaktionskostenökonomie bestätigt.

- Der Zusammenhang von Opportunismus und Unsicherheit bzw. Komplexität

Die aus dem Zusammenwirken von Opportunismus einerseits und dem Umweltfaktor Unsicherheit/Komplexität andererseits resultierende Situation wird als Informationsverkeilung (information impactedness) bezeichnet. Informationsverkeilung beschreibt Situationen, in denen ein Transaktionspartner den anderen durch opportunistisches Verhalten bei asymmetrisch verteilten Informationen zu übervorteilen versucht. Gleiches kann auch bei gleichverteilten Informationen geschehen, wenn vertragsabweichendes Verhalten eines Partners von dritter Seite nicht oder nur unter prohibitiv hohen Kosten nachgewiesen werden könnte. Diese Informationsverkeilung führt schließlich zu einer Verstärkung des Spezifitätsgrads. Unter diesem Gesichtspunkt kann die Transaktionskostentheorie als eine Erweiterung der Prinzipal-Agent-Ansätze betrachtet werden. Letztere behandeln ebenfalls die Problematik asymmetrisch verteilter Informationen, allerdings nur in der ex ante-Phase eines Vertragsabschlusses. Auf diesen Aspekt ist in den beiden nächsten Abschnitten zurückzukommen.

Die Analyse der Verknüpfungen verschiedener Umweltfaktoren und Verhaltensannahmen führte zunächst zum so genannten „Markt-Hierarchie-Paradigma" (Williamson 1975), wobei der hierarchischen Organisation gegenüber einer marktmäßigen Koordination komparative Kostenvorteile attestiert wurden. Diese zugespitzte und vereinfachende Dichotomie relativierte Williamson selbst und entwickelte seine Thesen weiter in Richtung einer Unterscheidung verschiedener hybrider Vertragstypen und -möglichkeiten, in denen nun der relationale Vertrag im Mittelpunkt steht. Dieser versucht, „den zunehmenden Anforderungen langfristiger, durch ein komplexes Geflecht idiosynkratischer Leistungsbeziehungen gekennzeichneter Austauschverhältnisse gerecht zu werden" (Picot/Dietl 1990, 181). Relationale Verträge sind hierbei durch „Lücken in den Vereinbarungen" (Richter 1990, 583) gekennzeichnet, die aufgrund der verschiedenen Verhaltensannahmen und Umweltfaktoren nicht geschlossen werden können. Als Gegensatz hierzu kann der klassische Vertrag, in dem alle Eventualitäten umfassend enthalten sind, aufgefasst werden und „ist sozusagen das juristische Korrelat zur Null-Transaktionskosten-Welt" (Richter 1990, 583).

Diese Weiterentwicklung erfolgte unter Bezugnahme auf die Arbeiten von MacNeil (1978), der zwischen klassischen, neoklassischen und relationalen Verträgen unterscheidet. Der klassische Vertrag ist dabei ein Vertrag, in dem alle Leistungen und Gegenleistungen ex ante vollständig festgehalten werden können. „Das ökonomische Gegenstück zur vollständigen Vorwegnahme ist der Vertrag mit bedingten Ansprüchen, der erschöpfende vertragliche Regelungen enthält, in denen alle relevanten zukünftigen Eventualitäten, die sich auf das Angebot einer Sach- oder Dienstleistung beziehen, beschrieben und im Hinblick sowohl auf ihre Wahrscheinlichkeit wie ihre zeitliche Entfernung diskontiert werden" (Williamson 1990b, 78). Der neoklassische Vertrag ist durch die Einsicht charakterisiert, dass der klassische Vertrag unter bestimmten Umständen unmöglich ist. Zur Einhaltung der Verträge muss dann ein zusätzlicher Kontrollmechanismus von dritter Seite beispielsweise von Gerichten erfolgen. Dies entspricht der üblichen neoklassischen Annahme, dass die Vertragseinhaltung von dritter Seite kostenlos nachprüfbar sei (vgl. Fehr 1990, 387). Aufgrund zunehmender Komplexitäten, Idiosynkrasien und längerfristiger

Beziehungen ist jedoch diese für neoklassische Verträge notwendige Voraussetzung häufig nicht zu erfüllen. Deshalb entstehen relationale Verträge mit absichtlichen Vertragslücken, die im Laufe der Zeit mit impliziten Vereinbarungen gefüllt werden und die nicht durch Dritte, sondern durch „private ordering" überwacht werden. Hierbei sollte der Begriff des relationalen Vertrags allerdings nicht auf einen justitiablen Vertrag verengt werden. Williamson (1990a) bezeichnet folgerichtig auch das Unternehmen nicht mehr als „nexus of contracts" sondern als „nexus of treaties", um den Unterschied zu verdeutlichen. In diesen weiten Vertragsbegriff fließen insbesondere die Eigenschaften der „Atmosphäre" des Organizational Failures Framework ein.

Die Umsetzung dieser Problematik auf den Arbeitsmarkt ergibt dann den internen Arbeitsmarkt als konkretes Beispiel transaktionskostentheoretischer Argumentation.

Bevor nun im Folgenden die Organisation interner Arbeitsmärkte und damit sowohl deren Eigenschaften als auch die Begründungen für deren Existenz dargestellt werden, wird – unter Vorwegnahme einiger Argumente – die Problematik des Arbeitsvertrags skizziert. Denn eine Betrachtung des internen Arbeitsmarkts aus transaktionskostenspezifischer Sicht sollte die Analyse und Charakterisierung des dem Arbeitsverhältnis zugrunde liegenden Arbeitsvertrages miteinschließen, wenn man der Ganzheitlichkeit dieses Ansatzes – Betrachtung der ex ante- und ex post-Situation – entsprechen will. Die Besonderheiten des Arbeitsvertrags spielen somit auch eine wichtige Rolle für die Gestaltung des internen Arbeitsmarkts.

## 19.2 Die Besonderheiten des Arbeitsvertrags

In der traditionellen Neoklassik – der Null-Transaktionskosten-Welt – stellt sich das Problem eines im Vergleich zu anderen Verträgen besonderen Arbeitsvertrags gar nicht, da auch auf dem Arbeitsmarkt Spotverträge zwischen Arbeitnehmer und Unternehmer möglich sind. Ein längeres Arbeitsverhältnis könnte nur über „sequential spot contracts", also einer Aneinanderreihung mehrerer Spotverträge realisiert werden. Für beide genannten Möglichkeiten liegen jedoch die dafür notwendigen Voraussetzungen nicht vor, denn „while imagining problems in contract design and execution and devising adequate safeguards against all possible sources of contract failure is a logical possibility, it remains (for everyone but the gods) a practical impossibility" (Coleman/Maser/Heckathorn 1991, 227 f).

Unter Heranziehung der im vorangegangenen Abschnitt dargestellten transaktionskostentheoretischen Argumentation kann ein unspezifischer und langfristig orientierter Arbeitsvertrag folgendermaßen begründet werden:

1. Die Verhaltensannahme der beschränkten Rationalität in Verbindung mit dem Umweltfaktor Unsicherheit/Komplexität verhindert, dass Arbeitnehmer und Unternehmer einen kontingenten Zukunftsvertrag abschließen können. Darin müssten zustandsabhängige Absprachen über Leistung und Gegenleistung getroffen werden. Nun können jedoch zukünftige Ereignisse nicht mit der für einen

## 19.2 Die Besonderheiten des Arbeitsvertrags

derartigen Vertrag notwendigen Sicherheit vorhergesehen werden. Beschränkte Rationalität und Unsicherheit können vielmehr auch dazu führen, dass sich die Vertragspartner über den Charakter eines bereits eingetretenen Umweltzustands nicht einigen können. Ein kontingenter Zukunftsvertrag ist also mit hohen Entstehungs- und Durchsetzungskosten belastet (vgl. Duda 1987, 82). Somit liegt es im Interesse beider Seiten, einen weitgehend unspezifischen Arbeitsvertrag, der ein hohes Maß an ex post-Flexibilität erlaubt, abzuschließen.

Diese Sichtweise wird auch durch die arbeitsrechtliche Interpretation von Arbeitsverträgen gestützt. Hier werden Arbeitsverträge gegenüber Werk- oder Dienstverträgen durch die nur allgemeinen Vertragsinhalte hinsichtlich der Leistungen des Arbeitnehmers abgegrenzt. Explizite Arbeitsverträge begründen demnach zwei generelle Pflichten für die Vertragsparteien: Der Arbeitnehmer ist verpflichtet, gemäß den unternehmerischen Anweisungen seine Arbeitsleistungen zu erbringen; der Arbeitgeber ist demgegenüber zur Lohnzahlung verpflichtet. In diesem Sinne liegt also kein vollständiger Vertrag vor, mit Hilfe dessen eine Zuordnung aller Risiken gelänge. Vielmehr lassen sich Arbeitsverträge als „unbefristete ‚Beziehungsverträge' mit personenbezogenen und betriebsspezifischen Bindungen" (Hardes 1989, 541) interpretieren.

2. Nimmt man Williamsons Argument von der Relevanz der Transaktionsatmosphäre für das Zusammenwirken der Transaktionspartner ernst, so lässt sich die Langfristigkeit eines Arbeitsvertrags eben damit begründen. Die Aussicht auf eine dauerhafte Arbeitsbeziehung fördert die Interpretation des Arbeitsverhältnisses als einer kooperativen Beziehung.

Die praktische Umsetzung dieser die Tauschbeziehung befriedigenden Atmosphäre muss dann der interne Arbeitsmarkt leisten.

Die Relevanz der Transaktionsatmosphäre ergibt sich eben gerade aus dem unspezifizierten expliziten Arbeitsvertrag, der zwei Folgerungen bedingt:

(a) Die Arbeitsverträge begründen – bei Abschluss – durch allgemeine Weisungsbefugnisse des Arbeitgebers ein asymmetrisches Autoritätsverhältnis zwischen den Vertragsparteien, da sich dann die verschiedensten Handlungsmöglichkeiten für die Unternehmer während der Vertragsdauer eröffnen. Arbeitsverhältnisse stellen somit hierarchische Autoritätsverhältnisse aufgrund freiwilliger Unterordnung des Arbeitnehmers dar (Simon 1957, 183 ff; Gerum 1988, 28; Hardes 1989, 542).

(b) Zum zweiten lassen diese expliziten Unbestimmtheiten implizite Vereinbarungen als Beitrag zu einem funktionierenden Arbeitsverhältnis als unerlässlich erscheinen. Implizite Vereinbarungen sind „nicht-vertragliche Verhaltensgewohnheiten und soziale Normen, die durch ökonomische Anreize oder Sanktionen eine Koordination des Verhaltens von Vertragsparteien oder Gruppenmitgliedern bewirken" (Hardes 1989, 542). Da diese Vereinbarungen sich nicht zur rechtlichen Anspruchsdurchsetzung eignen, erfordern sie die Transaktionsatmosphäre erst recht, denn das Arbeitsverhältnis ist eine gleichzeitige Konflikt- und Kooperationsbeziehung. Hardes (1989, 543) spricht von „strategischen Interdependenzen im Verhalten der betrieblichen Akteure, zwischen Arbeitnehmern einer Gruppe, einer

Betriebsabteilung oder eines Betriebs sowie in den ökonomischen Ergebnissen des Betriebs".

Diese parallelen Merkmale von Konflikt und Kooperation in Arbeitsbeziehungen können einen scheinbaren Widerspruch in der Argumentation erläutern. Die Annahme opportunistischen Verhaltens steht zunächst konträr zur Sichtweise des Arbeitsverhältnisses als kooperativer Beziehung. Gerade jedoch der interne Arbeitsmarkt kann als Versuch gesehen werden, das unterstellte opportunistische Verhalten zu begrenzen. Die Gleichzeitigkeit von Konflikt und Kooperation verdeutlicht schließlich, dass mit Hilfe einer geeigneten Anreizstruktur nur versucht wird, die Konfliktpotentiale zu minimieren. Von der Annahme des Opportunismus wird also gerade nicht abgerückt.

3. Der wesentliche Grund für einen unspezifischen Arbeitsvertrag dürfte jedoch in der Untrennbarkeit von Arbeit und Arbeitskraft zu sehen sein. Der Unternehmer kann nur „das Recht, während einer bestimmten Zeitspanne über die Arbeitskraft verfügen zu können", kaufen (Duda/Fehr 1984, 15). Die genau spezifizierte Arbeitsintensität und der konkrete Arbeitsinhalt kann jedoch in den überwiegenden Fällen nicht eindeutig im Arbeitsvertrag festgelegt werden. Dem trägt übrigens auch die arbeitsrechtliche Bewertung Rechnung, indem sie vom Bestehen eines so genannten Direktions- oder Weisungsrechts auf Arbeitgeberseits ausgeht, mit dem dieser „Inhalt, Ort und Zeit der Arbeitsleistung nach billigem Ermessen" näher bestimmt (so der Wortlaut des § 106 S. 1 Gewerbeordnung). In Punkt (1) wurde zudem gezeigt, dass eine nur allgemeine Festlegung der Arbeitsanforderungen im rationalen Interesse von Arbeitnehmer und Unternehmen liegen kann.

## 19.3 Die Organisation interner Arbeitsmärkte

Der interne Arbeitsmarkt stellt nun eine im Sinne Williamsons typische governance structure dar, die aufgrund der weiter oben beschriebenen Probleme nach Vertragsabschluss notwendig wird. Bei der Darstellung interner Arbeitsmärkte ist zunächst zwischen deren Beschreibung und deren Begründung zu unterscheiden.

- **Charakteristika interner Arbeitsmärkte**

Interne Arbeitsmärkte können allgemein durch folgende vier Kennzeichen beschrieben werden (vgl. beispielsweise Brandes/Buttler 1988):

*Langfristige Beschäftigungsverhältnisse* Die durch den Arbeitsvertrag bedingte Langfristigkeit der Beschäftigungsverhältnisse schafft damit eine Abweichung vom traditionellen Spotmarktmodell, die insbesondere mit der Transaktionsatmosphäre und der Schaffung unternehmensspezifischer assets begründet werden kann.

*Zugangsbeschränkungen auf bestimmte Eintrittspositionen* Eine Einstellung neuer Arbeitskräfte auf bestimmten, extra dafür vorgesehenen Positionen schafft die Voraussetzung für einen stabilen internen Arbeitsmarkt. Direkte Einstellungen

## 19.3 Die Organisation interner Arbeitsmärkte

von außen auf allen möglichen Positionen würden den internen Arbeitsmarkt und seine impliziten Allokationsmuster, die auch von vertrauensbildenden Maßnahmen des Unternehmens abhängig sind, destabilisieren. Andererseits macht diese Einstellungspraxis die für interne Arbeitsmärkte typische Allokation von Arbeitskräften erst notwendig.

*Existenz von Aufstiegsleitern* In engem Zusammenhang mit den spezifischen Eintrittspositionen stehen die vertikalen Mobilitätsprozesse im Unternehmen, bei denen auch eine Zuordnung von Arbeitskräften zu Arbeitsplätzen erfolgt. Allerdings würde man zu kurz greifen, wenn man vertikale Auf- oder Abstiege immer nur mit Arbeitsplatzwechsel identifizieren würde (vgl. Brandes/Buttler 1988, 96 f.). Denn neben dieser wichtigen Form der vertikalen Mobilität sind noch zwei Fälle zu konstatieren, die sich ohne Arbeitsplatzwechsel vollziehen: zum einen die Änderung von Arbeitsinhalten im Zusammenhang mit einer Umgruppierung in der Einkommensskala und zum anderen eine Umgruppierung ohne Änderung der Arbeitsinhalte. Innerbetriebliche Mobilitätsketten können folglich nur umfassend beurteilt werden, wenn man Arbeitsplatzwechsel und Verschiebungen in der Einkommensskala berücksichtigt.

*Das Nebeneinander von preislicher und nicht-preislicher Allokation* Interne Arbeitsmärkte sind schließlich durch eine Vielzahl von Anreiz- und Sanktionsmechanismen, die der Allokation der Arbeitskräfte dienen, gekennzeichnet. Die Ergänzung des Lohnsatzes wird dabei erforderlich, da diese Allokation nicht eindimensional und die Allokationsziele ebenfalls nicht komplementär zueinander sind, so dass ein einziger Allokationsmechanismus – der Lohnsatz – diese Aufgabe nicht erfüllen kann. Nach Brandes/Buttler (1988, 98) kann man drei Dimensionen der Arbeitskräfteallokation unterscheiden:

- Zuordnung von Arbeitskräften und Arbeitsplätzen,
- Abstimmung von angebotener und nachgefragter Qualifikation,
- Kongruenz von geforderter und tatsächlicher Leistung.

Diesen drei Dimensionen entsprechend müsste der Allokationsmechanismus über den Lohnsatz nun unterschiedlich funktionieren: Zur Erfüllung der ersten Dimension wären flexible Lohnsätze notwendig, wohingegen zur Schaffung unternehmensspezifischen Humankapitals sowie zur Leistungs- und Motivationssicherung zumindest kurzfristig rigide Löhne und starre Lohnstrukturen erforderlich sind. Durch diese sich widersprechenden Aufgaben kann der Lohnsatz alleine seine Allokationsaufgaben nicht erfüllen und benötigt eben nicht-preisliche, ergänzende Koordinationsmechanismen.

- **Begründungen für interne Arbeitsmärkte**

Im Zusammenhang mit dem unspezifizierten Arbeitsvertrag lassen sich mit Brandes/Buttler (1988, 99 ff.) zwei „zentrale Phänomene für die Unvermeidbarkeit interner Arbeitsmärkte" feststellen:

*Beschäftigungsfixkosten* Beschäftigungsfixkosten – der Begriff wurde bereits von Oi (1962) geprägt – umfassen alle Kosten im Zusammenhang mit der Einstellung von Arbeitnehmern, sobald die Voraussetzungen der idealtypischen Modellwelt nicht mehr gegeben sind. Denn in dieser wäre der Austausch von Arbeitskräften für ein Unternehmen kostenlos, und die Beschäftigungsfixkosten wären somit trivial. Allgemein sind Beschäftigungsfixkosten für das Unternehmen zusätzliche, überwiegend mit der Zahl der Beschäftigten variierende non wage labour costs, also Personalnebenkosten (vgl. Gerlach/Hübler 1987, 292 ff). Die Personalnebenkosten können weiter in variable und fixe Kosten unterteilt werden. Zu den variablen Personalnebenkosten zählen beispielsweise an das Einkommen gekoppelte Sozialversicherungsabgaben. Erreicht das Einkommen die Beitragsbemessungsgrenze, würden diese Kosten zu den fixen Personalnebenkosten zählen (vgl. Schasse 1991, 49). Den Schwerpunkt der Argumentation hier als auch der generellen theoretischen Diskussion von Beschäftigungsfixkosten bilden die betrieblichen Rekrutierungs- und Ausbildungskosten.

Hier ergibt sich zunächst ein quantitatives Problem für das Unternehmen, dessen sichtbares Ergebnis der interne Arbeitsmarkt darstellt. Gerade dort, wo der Wechsel von Arbeitskräften hohe Fluktuationskosten verursacht, wird das betroffene Unternehmen bemüht sein, diesen durch sowohl monetäre als auch nicht-monetäre Anreize zu verhindern, um eine optimale Amortisation der betrieblichen Humankapitalinvestitionen zu ermöglichen. Gemäß dieser Argumentation erscheint auch eine Hortung von Arbeitnehmern in rezessiven Phasen rational, solange die Hortungskosten über den Konjunkturverlauf gesehen unter den Neubeschaffungskosten liegen.

Formal liegt diesem Phänomen folgendes Arbeitsnachfrageverhalten zugrunde (vgl. Hart 1984, 46 ff.; Schasse 1991, 50 ff): Unter der Annahme, dass Beschäftigungsfixkosten nur einmal bei Einstellung eines Arbeitnehmers anfallen, wird ein Arbeitnehmer nur dann eingestellt, wenn sich die damit zusammenhängenden Beschäftigungsfixkosten in den folgenden Perioden amortisieren. Die Beschäftigungsfixkosten entsprechen im Gleichgewicht dem Gegenwartswert von Wertgrenzprodukt und Lohn. Um die Fixkosten zu amortisieren, muss die Entlohnung im Unterschied zum herkömmlichen Arbeitsnachfragemodell in mindestens einer Periode unter dem Wertgrenzprodukt liegen.

Je länger folglich das erwartete Beschäftigungsverhältnis andauert, desto höher können ceteris paribus die Beschäftigungsfixkosten sein oder desto geringer kann die Rente je Periode bei gegebenen Beschäftigungsfixkosten sein. Im Entlassungsfall werden die Beschäftigungsfixkosten vom Unternehmen als sunk costs gewertet. Die Entlassungswahrscheinlichkeit für den Arbeitnehmer sinkt mit steigendem Anteil der Rente am Wertgrenzprodukt.

Allerdings lassen diese quantitativen Probleme der Arbeitskräftebeschaffung die Frage offen, warum Unternehmen bei einer generellen Verbreiterung des Arbeitskräfteangebots am Arbeitsmarkt nicht doch Teile ihrer Belegschaft auswechseln sollten. Zur Beantwortung dieser Frage ist der Zusammenhang von Beschäftigungsfixkosten und der Klassifikation von Humankapitalinvestitionen von entscheidender Bedeutung. Das quantitative Problem muss folglich um qualitative Aspekte der Arbeitskräftebeschaffung und -beschäftigung erweitert werden. Dazu ist es sinnvoll, die Beschäftigungsfixkosten zunächst weiter zu differenzieren (vgl. Hart 1984, 50; Gerlach/Hübler 1987, 294; Schasse 1991, 52).

**Tab. 19.1** Zusammenhang von Qualifikation und Beschäftigungsfixkosten

| Beschäftigungs-fixkosten | Qualifikation | | |
|---|---|---|---|
| | unspezifisch | branchenspezifisch | intern-spezifisch |
| hoch | höheres Management mit strategischen Aufgaben | mittleres Management mit branchenspezifischen Aufgaben | interner Arbeitsmarkt |
| gering | Jedermanns-Arbeitsmarkt | berufsfachlicher Teilarbeitsmarkt | Angelerntenbereich |

Diese Differenzierung beruht auf der Idee, „dass fixe Beschäftigungskosten als Folge von unterschiedlichen Formen von Investitionen in Humankapital durch die Unternehmen entstehen" (Schasse 1991, 52). Insgesamt lassen sich drei Investitionsarten unterscheiden:

- Selektionsinvestitionen, die der Suche, Auswahl und Einstellung heterogener Arbeitnehmer dienen;
- Verbesserungsinvestitionen, die die Produktivität der Arbeitnehmer im Betrieb erhöhen helfen;
- Protektionsinvestitionen, die die Selektions- und Verbesserungsinvestitionen durch Vermeidung von Kündigungen und Verlängerung der Arbeitsverhältnisse sichern sollen.

Kombiniert man nun – unter Berücksichtigung der von Lutz und Sengenberger getroffenen Dreiteilung des bundesdeutschen Arbeitsmarkts – Beschäftigungsfixkosten und Qualifikationsebenen, so ergibt sich obiges Tableau, dem sich ein Unternehmen gegenübersieht (vgl. Brandes/Buttler 1988, 100).

Die drei verschiedenen Qualifikationsstufen geben allerdings nur funktionale Qualifikationen wieder. Genauso wichtig dürften für ein Unternehmen jedoch auch die extrafunktionalen Qualifikationen sein (vgl. hierzu und zum folgenden Schudlich 1987, 170 ff). Qualifikation als:

> Sammelbegriff für alle produktionsrelevanten menschlichen Grundeigenschaften ... umfasst alle kognitiven, physischen und sozialen Fähigkeiten, die zur Erfüllung einer konkreten Tätigkeit am Arbeitsplatz wichtig sind. Die kognitive Komponente des Qualifikationsbegriffs umfasst allgemeines und spezifisches Wissen sowie die im Rahmen des Produktionsvollzugs erlangte Erfahrung. Die physische Komponente beinhaltet Geschicklichkeit, Ausdauer und körperliche Kraft. Die soziale Komponente umfasst schließlich alle Einstellungsmuster und Verhaltensdispositionen, insbesondere Kommunikations- und Kooperationsfähigkeit, die für gruppenspezifische Prozesse outputrelevant werden (Fischer/Heier 1983, 181 f).

Diese sehr weite Definition verdeutlicht, dass sich das Qualifikationsproblem nicht nur in dem aus der Tabelle ersichtlichen Spektrum erschöpft, sondern darüber hinaus auch die Person des Arbeitnehmers sowie dessen Sozialisation umfasst. Hier ergeben sich für die Unternehmungen insbesondere screening-Probleme, denn während die funktionalen Qualifikationen mit Zertifikaten und Zeugnissen belegt werden können, kristallisieren sich die extrafunktionalen Qualifikationen erst im Laufe des Arbeitsverhältnisses heraus.

Obige Abbildung bedeutet natürlich nicht, dass zwischen den einzelnen Feldern keine Mobilitätsprozesse stattfinden. Vielmehr wäre es verkehrt, sich nur auf das Feld interner Arbeitsmarkt zu beschränken, denn gerade gegenüber diesem Feld sind die relevanten Mobilitätsprozesse zu sehen. So wird es Bewegungen aus dem Angelerntenbereich, aber auch aus dem Jedermannsarbeitsmarkt und dem berufsfachlichen Teilarbeitsmarkt hin zum internen Arbeitsmarkt geben. Schließlich ist auch die Fluktuation aus dem internen Arbeitsmarkt in den Bereich des branchenspezifischen Managements vorstellbar. Der interne Arbeitsmarkt ist also auch durch die Fluktuationen zwischen den Feldern charakterisiert. Diese sind von – für das Unternehmen externen – Schwankungen am Gütermarkt und von den Bedingungen am Arbeitsmarkt abhängig. Unter den hier diskutierten Phänomenen lässt sich feststellen, dass „Arbeitskräfte ein um so höheres Zugangsrisiko zur Arbeitslosigkeit haben, je geringer die Transaktionskosten ihres Austauschs am externen Arbeitsmarkt sind" (Brandes/Buttler 1988, 101).

***Zurechenbarkeit individueller Grenzproduktivitäten*** Auch die zweite Begründung für interne Regelungsmechanismen verdeutlicht die Relevanz der Vermögensspezifität für die Auswahl konkreter Koordinationsmechanismen.

Williamson (1985, 32 ff) entwickelt ein Vertragsschema auf der Grundlage zweier unterschiedlicher Technologien, von denen die eine nur allgemeine Investitionen ($k = 0$) benötigt, während die zweite Technologie transaktionsspezifische Investitionen ($k > 0$) erfordert, aber auch eine effizientere Produktion ermöglicht. Die Vertragspartner haben nun den Anreiz, sich gegen aus ihrer Beziehung resultierende Verluste abzusichern. Die Beziehung ist aufgrund der idiosynkratischen Investitionen längerfristiger Natur und mit sunk costs verbunden. Die Absicherung sei durch s ausgedrückt, wobei $s = 0$ eine Situation ohne Absicherung bedeute und $s > 0$ einen Zustand mit Absicherungsvorkehrungen darstelle. Notwendige Voraussetzungen für die Vergleichbarkeit der Ergebnisse sind: Risikoneutralität der Anbieter; deren Bereitschaft, jede der beiden Technologien einzusetzen; deren Akzeptanz von Absicherungsvorkehrungen (Williamson 1985, 33).

Die Punkte A, B und C stellen drei Vertragsergebnisse, gekennzeichnet durch die dazugehörigen und gerade noch kostendeckenden Preise $p_A$, $p_B$ und $p_C$, dar, die aufgrund unterschiedlicher Kombinationen von k und s differieren. Gemäß obiger Definition ist A das Ergebnis der allgemein einsetzbaren Technologie, für die keine speziellen Absicherungen erforderlich sind. Punkt B verkörpert das Vertragsergebnis bei Einsatz der spezifischen Technologie ohne Absicherungen und Punkt C das Ergebnis mit Absicherung.

Diese Absicherungen können weitgehend in drei Kategorien unterteilt werden: monetäre Entschädigungen, eigene, private Schiedsstellen (private ordering statt court ordering) und langfristige Tauschbeziehungen. Für das Verhältnis der Preise gilt: $p_A > p_B > p_C$. Der im Vergleich höchste Preis $p_A$ ergibt sich aus der weniger effizienten Technologie, während sich $p_B$ und $p_C$ durch die Sicherungsvorkehrungen unterscheiden, wobei eben unterstellt wird, dass diese zu einem effizienteren und damit günstigeren Einsatz der idiosynkratischen Technologie und der damit verbundenen transaktionsspezifischen Investitionen führen.

**Abb. 19.1** Kontraktschema. (Quelle: Williamson 1985, 33)

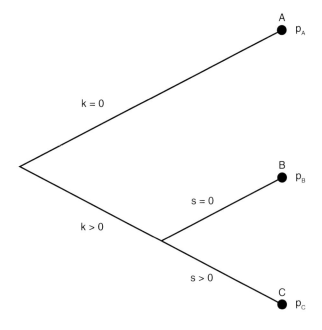

Kombiniert man nun dieses einfache Vertragsschema mit dem Problem der individuell zurechenbaren Grenzproduktivität, so ergibt sich folgendes idealtypisches Tableau unternehmensinterner Koordinationsmöglichkeiten (vgl. Williamson 1981, 566; 1985, 247).

Das erste Feld stellt den in der Neoklassik üblichen externen Arbeitsmarkt dar, der natürlich auch innerhalb eines Unternehmens im Sinne eines sekundären, internen Teilarbeitsmarkts, der Randbelegschaft (vgl. Kap. 20) existieren kann. Die Arbeitsbeziehungen sind hier dadurch gekennzeichnet, dass keine idiosynkratischen Investitionen getätigt werden und damit keine sunk costs entstehen. Das Vertragsverhältnis kann, ohne dass einer der beiden Vertragsseiten Verluste entstehen, jederzeit aufgelöst werden. Arbeitnehmer sind also nicht auf bestimmte Unternehmen angewiesen, da sie durch einen Wechsel keinen Produktivitätsverlust erleiden. Ebenso können die Unternehmen, ohne relevante beziehungsspezifische Kosten investieren zu müssen, Arbeitskräfte ersetzen. Deshalb ist für dieses Feld der Arbeitsbeziehungen keine spezielle, zum Marktmechanismus alternative Koordinationsform notwendig. Brandes/Buttler (1988, 102 f) wenden allerdings dagegen ein, dass auch in diesem Fall eine interne, hierarchische Kontrolle der Arbeitsleistung notwendig ist, wenn der Output als Vorprodukt zur unternehmensinternen Weiterverarbeitung dient und nicht der Kontrolle des externen Gütermarkts unterliegt.

Das als „einfaches Team" bezeichnete Koordinationsergebnis von Feld 2 ist das klassische Team von Alchian/Demsetz (1972). Zwar benötigen die Arbeitnehmer keine betriebsspezifischen Humankapitalinvestitionen zur Erfüllung ihrer Tätigkeiten, das Ergebnis ihrer Arbeit ist jedoch nicht individuell zurechenbar. Alchian/Demsetz wählen das Beispiel des Beladens eines LKWs durch zwei Arbeitnehmer. Die

**Tab. 19.2** Unternehmensinterne Koordinationsmöglichkeiten

| individuelle Outputmessung | Humankapital | |
|---|---|---|
| | unspezifisch (k = 0) | spezifisch (k > 0) |
| leicht | 1. Auktionsmarkt | 3. interner Arbeitsmarkt |
| schwer | 2. einfaches Team | 4. relationales Team |

Unmöglichkeit der individuellen Outputzurechnung eröffnet den Arbeitnehmern die Möglichkeit zu opportunistischem Verhalten gegenüber den anderen Teammitgliedern. Aus dieser Tatsache, dass nur das Teamergebnis, nicht aber die Leistung des einzelnen für das Unternehmen zu kontrollieren ist, erwächst für den einzelnen Arbeitnehmer der Anreiz, seine Leistung bei gegebenen Verhaltensweisen der restlichen Teammitglieder zu reduzieren. Das einfache Team verkörpert somit eine typische Gefangenendilemmasituation, indem individuell rationales Verhalten nicht zu einem effizienten, paretooptimalen Ergebnis führt. Daraus folgt, dass ein derartiges einfaches Team Koordinationsmuster verlangt, die in der Lage sind, ein Gefangenendilemma aufzulösen. Allgemein lassen sich dazu drei mögliche Auswege vorstellen: Als erstes ist eine direkte Kooperation zwischen den Akteuren möglich. Diese setzt allerdings gegenseitiges Vertrauen der Spieler sowie langfristige Beziehungen (genau: unendliche, iterative Spiele) und eine nicht allzu große Anzahl an Spielern voraus. Die zweite Möglichkeit wären motivationsorientierte Lösungen, gemäß denen der einzelne die kooperative Lösung höher bewerten würde als die individuelle. Schließlich sind auch noch regelorientierte Lösungen vorstellbar; Versuche, die Gefangenendilemmasituation durch Änderung der als Rahmenbedingungen wirkenden Institutionen und Regeln aufzulösen. Der interne Arbeitsmarkt stellt hier wiederum eine solche notwendige Institution zur Lösung dieser Situation dar.

Das dritte Feld ist durch die genau entgegengesetzte Kombination – spezifisches Humankapital, aber individuell zurechenbarer Output – charakterisiert. Probleme der Outputmessung treten also hier gegenüber dem Problem unternehmensspezifischer Humankapitalinvestitionen in den Hintergrund. Williamson (1981, 565) bezeichnet dieses Feld als „obligational market" und verweist dabei gleichzeitig auf Doeringer/Piore (1971), so dass hier die Bezeichnung „interner Arbeitsmarkt" gewählt wurde (analog Brandes/Buttler 1988; zu den Arbeiten von Doeringer/Piore siehe Kap. 13). Arbeitnehmer und Unternehmer haben ein gemeinsames Interesse – die Nutzung des unternehmensspezifischen Humankapitals – an dauerhaften Arbeitsbeziehungen und diese garantierende, wechselseitig verpflichtende („obligational") Sicherungsvorkehrungen. Die Arbeitnehmer würden schließlich durch einen Unternehmenswechsel einen Produktivitäts- und – damit verbunden – Einkommensverlust erleiden. Sie sind also aufgrund ihrer idiosynkratischen Investitionen in ihrer zwischenbetrieblichen Mobilität eingeschränkt. Den Unternehmen würden ebenfalls Kosten durch die Fluktuation ihrer Arbeitnehmer entstehen, so dass dies eine typische Situation für ein bilaterales Monopol verbunden mit den bereits beschriebenen hold up-Problemen im Zusammenhang mit der beziehungsspezifischen Quasirente darstellt.

Das letzte Feld als Kombination der Möglichkeiten 2 und 3 stellt auf „relationale Teams" ab, die „weiche Kontrahierungsformen" (Ochsenbauer 1989, 216) bedingen.

19.3 Die Organisation interner Arbeitsmärkte

Williamson (1981, 565) bezieht sich hierbei – unter Verweis auf Ouchi (1980) – auf die Organisationsform des Clan und beschreibt diese, indem:

> the firm here will engage in considerable social conditioning, to help assure that employees understand and are dedicated to the purposes of the firm, and employees will be provided with considerable job security, which gives them assurance against exploitation. Neither of these objectives can be realized independently of the other.

Die Teammitglieder sind also nicht nur durch ihre unternehmensspezifischen Humankapitalinvestitionen gekennzeichnet, sondern insbesondere durch von ihnen getätigte „Beziehungsinvestitionen" (Brandes/Buttler 1988, 102), in denen sowohl Teile der extrafunktionalen Qualifikationen als auch herausgebildete betriebliche Normen und Identifikationen mit dem Unternehmen und seinen Zielen zur Übernahme begrenzter Gruppenziele eine herausragende Rolle spielen. In diesem Zusammenhang erscheint die in den letzten Jahren verstärkt geführte Diskussion in Theorie und Praxis um die richtige Personalführung in einem neuen Licht. Die Berücksichtigung der Person des Arbeitnehmers im Rahmen des Human Ressource Managements, die Einführung von Gruppenarbeit, die Mitwirkung und Mitbestimmung von Arbeitnehmern unterhalb der gesetzlichen Mitbestimmungsorgane wie beispielsweise in Qualitätszirkeln zeigen die Relevanz dieses Ansatzes und die Schnittflächen mit der betriebswirtschaftlichen und organisationstheoretischen Forschung, aber auch mit der betrieblichen Umsetzung dieser Erkenntnisse.

Dieses Tableau unterschiedlicher Koordinierungsformen interner Arbeitsmärkte abhängig von den Faktoren unternehmensspezifisches Humankapital und individuelle Zurechenbarkeit der Grenzproduktivitäten zeigt zum einen die Spannbreite des internen Arbeitsmarkts, zum anderen aber auch das einheitliche Grundmuster einer Gefangenendilemmasituation aufgrund gleichzeitig konfligierender und kooperativer Elemente in den Arbeitsbeziehungen.

**Kasten 19.1    Wirtschaftspolitische Anwendung: Aktueller Strukturwandel und die zunehmende Bedeutung von Werkverträgen**

Im aktuellen Strukturwandel nehmen die Anforderungen an die Qualifikationen der Erwerbspersonen tendenziell zu steigen (vgl. hierzu allgemein Sesselmeier 2008 und speziell zum Folgenden Sesselmeier 2007). Dies scheint sich – anders als vielfach angenommen – vor allem auf allgemeines Humankapital zu beziehen. Dies können die Unternehmen einkaufen. Mit der daraus resultierenden Vermarktlichung der Personalpolitik relativieren sich das Problem der Beschäftigungsfixkosten sowie das der mangelnden Outputzurechnung bzw. Kontrolle und damit die Faktoren, die interne Arbeitsmärkte und typische Beschäftigungsverhältnisse begründen. Der Arbeitsvertrag wandelt sich als Folge in Richtung Werkvertrag.
Mit der zunehmenden Bedeutung von Dienstleistungstätigkeiten – Tertiarisierung – geht ein Trend zur Entberuflichung einher, der die Grenzen zwischen

allgemeinem und berufsspezifischem Humankapital auflöst und dessen Relevanz gegenüber unternehmensspezifischen Qualifikationen aufwertet. Die Ursachen hierfür sind vielfältig, wirken aber alle in die gleiche Richtung.
Die erste Ursache hierfür ist die Art und Weise der Leistungsorganisation. Denn während in der Industrie der Dienstleistungsanteil steigt, lassen sich Dienstleistungen selbst bzw. deren Erstellung zunehmend standardisiert anbieten. Dienstleistungsunternehmen bieten ihren Kunden vermehrt standardisierte Leistungspakete an Stelle individueller, auf den jeweiligen Kunden zugeschnittener Dienstleistungen an, was für die Kunden kostengünstiger ist. Diese Entwicklung ist u. a. eine Folge der Ausgliederungsstrategien der Unternehmen, die Unternehmensteile, die nicht zum Bereich der jeweiligen Kernkompetenz gehören, outsourcen, oder innerhalb des Unternehmens eigenverantwortliche Profitcenter generieren, deren Leistungen sie dann einkaufen, und die wiederum ihre Leistungen auch anderen Unternehmen anbieten. Statt den für die Existenz von internen Arbeitsmärkten unterstellten langfristigen Kooperationen kommt es zu sich aneinanderreihenden Projekten mit unterschiedlichen Auftraggebern. In der Folge steigt auch der Bedarf an allgemeinem Humankapital, das sich Unternehmen bei Bedarf einkaufen und das in verschiedensten Unternehmen einsetzbar ist – es kommt zu einer neuen Art von make-or-buy-Entscheidungen und zwar auf allen Qualifikationsstufen. Die zunehmende Standardisierung von EDV-Programmen verallgemeinert die dafür notwendigen Qualifikationen und schafft im Sinne der Segmentationsansätze primäre externe Arbeitsplätze. Verwendet ein Unternehmen bspw. SAP-Programme, so kauft es sich die dafür notwendigen Qualifikationen punktuell ein statt EDV-Mitarbeiter einzustellen. Mit der Standardisierung gehen Teile der beziehungsspezifischen Investitionen verloren und das Kontrollproblem wird durch Werkverträge an Stelle von Arbeitsverträgen gelöst. Im medizinischen Bereich stellen Leihärzte den neuesten Trend dar. Auch hier zeigt sich der Wandel des Humankapitals. Sie müssen hoch qualifiziert sein, aber eben nicht unternehmens-, sondern branchenspezifisch. Deren Qualifikation ist auf den externen Arbeitsmarkt ausgerichtet und gerade so formiert, dass es handelbar und nicht abhängig vom einem Arbeitgeber bzw. Nachfrager ist. Bei einfacheren Dienstleistungen etwa im Reinigungsgewerbe oder auch im Pflegebereich werden den Arbeitskräften immer mehr standardisierte Arbeitsabläufe verbunden mit entsprechenden Zeitvorgaben an die Hand gegeben, so dass die Leistungserstellung auch in diesen Bereichen fordistischer und unabhängiger vom jeweiligen Nachfrager werden. Auch hier ergibt sich daraus ein Abbau beziehungsspezifischer Investitionen und die Lösung des Kontrollproblems durch Outsourcing oder Fremdvergabe. Leiharbeit und befristete Beschäftigung als Konkretisierungen numerischer externer Flexibilität sind die Folge.
Die zweite Ursache findet sich im Bildungsbereich. Hier hat in den letzten Jahren insbesondere unter dem Eindruck der Massenarbeitslosigkeit ein Wandel weg von der Beruflichkeit der Ausbildung hin zur Beschäftigungsfähigkeit (employability) ergeben, der in der berufspädagogischen Forschung

seine Spiegelung in der Entwicklung von der Qualifikations- zur Kompetenzorientierung findet. Employability zielt weniger auf berufsfachliche Qualifizierung und den Erwerb arbeitsbezogener Kompetenzen, sondern vielmehr auf die berufliche Handlungskompetenz sowie den Ausbau der individuellen Fähigkeiten und eines arbeitsmarktorientierten Verhaltens der Individuen. Weiterbildung vollzieht sich in diesem Zusammenhang gegenwärtig als sogenanntes blended learning oder hybrides Lernen, was als eine Art standardisiertes E-learning kombiniert mit Elementen des Präsenzlernens verstanden werden kann, auch hier steht allgemeines Humankapital im Mittelpunkt. Weiterbildung als Instrument interner funktionaler Flexibilität wird somit arbeitnehmerseitig individualisiert und externalisiert.

Die dritte Ursache ist darin zu sehen, dass im Bereich der Dienstleistungen neben den formalen und arbeitsbezogenen Qualifikationen insbesondere soft skills bzw. extrafunktionales Humankapital gefragt sind, die üblicherweise auch eher unter allgemeinem Humankapital firmieren. Darunter versteht man Einstellungsmuster und Verhaltensdispositionen, also vor allem Kommunikations- und Kooperationsfähigkeit, die für gruppenspezifische Prozesse outputrelevant werden. Diese extrafunktionalen Qualifikationen sind im tertiären Bereich in allen Positionen mit Kundenkontakt von Nöten und zwar unabhängig von der formalen Qualifikation, der akademisch ausgebildete Softwareingenieur braucht sie genau so wie die angelernte Verkäuferin im Einzelhandel. Hierbei geht es um sicherlich nur teilweise erlernbare Fähigkeiten, die stark mit der jeweiligen Persönlichkeit verbunden sind, die im Zuge der zunehmenden Aktivierungs- und Eigenverantwortungsstrategien auf die Arbeitsangebotsseite verlagert werden und somit auch nicht vor temporalen Flexibilisierungsmustern schützen.

Viertens ist festzuhalten, dass durch die marktliche Spezialisierung und die Tertiarisierung die Unternehmensgröße sinkt und kleinere Unternehmen tendenziell durch offene Beschäftigungssysteme gekennzeichnet sind, wohingegen größere Unternehmen durch geschlossene Beschäftigungssysteme mit internen Arbeitsmärkten charakterisiert werden können (vgl. Hardes 1989). Dies führt zu einer generellen Betonung externer Flexiblisierungsmuster.

Zusammengefasst führt die Tertiarisierung und Informatisierung der Arbeit in Verbindung mit einer Standardisierung von Dienstleistungen zu einer Relativierung der für interne Arbeitsmärkte und Normalarbeitsverhältnisse notwendigen Voraussetzungen. Je weniger unternehmens- und beziehungsspezifisch die Qualifikationen sind, umso eher können sie punktuell eingekauft statt dauerhaft angestellt werden. Mit der Kaufentscheidung wird aus dem Arbeitsvertrag ein Werkvertrag, was dann wiederum die Problematik von Outputzurechnung und Kontrolle relativiert. Allgemeine Kompetenzen helfen beziehungsspezifische Investitionen zu vermeiden. Wenn letztere nicht in Form eines Normalarbeitsverhältnisses getätigt werden, dann entstehen keine Kontrollkosten auf Grund des unvollkommenen Arbeitsvertrags und ebenso keine Beschäftigungsfixkosten.

## 19.4 Weiterführende Literatur

Die transaktionskostentheoretische Argumentation kann vertieft werden in Williamson (1975; 1985), Williamson/Winter (1991) und Windsperger (1996). Einen aktuellen Überblick zu unterschiedlichen Ausprägungen der Rationalität beinhaltet Ruckriegel (2007, 200). Einen aktuellen Überblick mit einer Anwendung auf die Problematik atypischer Beschäftigung gibt Sesselmeier (2007).

# Kapitel 20
# Segmentationstheorien

Die Segmentationstheorien sind ein Ergebnis der Diskrepanz aus neoklassischen, theoretisch vollkommenen Arbeitsmarktmodellen und der demgegenüber zu beobachtenden unvollkommenen Realität des Arbeitsmarkts. Somit ist allen Segmentationsansätzen ihre kritische Auseinandersetzung mit der orthodoxen Arbeitsmarkttheorie gemeinsam, wobei sie sich u. a. auch durch eine unterschiedliche Distanz zur Neoklassik unterscheiden lassen. Obwohl seit Anfang der 1990er Jahre die Denkrichtung zeitweise stark an Bedeutung eingebüßt hatte, wird hierin in jüngerer Zeit wieder ein „gutes heuristisches Analyseinstrument" gesehen (Köhler u. a. 2008, 34 f und 61).

Prinzipiell lässt sich eine Reihe von inhaltlichen und konzeptionellen Differenzen zu neoklassischen Ansätzen konstatieren:

- Anspruch der Segmentationstheorien ist es, eine näher an der Wirklichkeit gelegenere Darstellung der Arbeitsmärkte zu liefern. Dabei werden sie als sozialwissenschaftliche Theorien bezeichnet, um somit anzudeuten, dass sie die Erklärung wirtschaftlicher Phänomene zumindest teilweise mit Hilfe anderer Prinzipien als denen der ökonomischen Rationalität anstreben.
- Im Gegensatz zur neoklassischen Arbeitsmarkttheorie verfügen die existierenden Segmentationsansätze über keine einheitliche und in sich geschlossene Struktur. Sie sind weniger als eigenständige Theorie, sondern eher als „Konglomerat von Theoremen" (Lutz 1987, 1) zu bezeichnen. Damit darf auch der Begriff der Theorie nicht im streng methodologischen Sinne verstanden werden, sondern vielmehr auf das Bestreben der verschiedenen Ansätze hinweisen, ein zur neoklassischen Arbeitsmarkttheorie alternatives Erklärungsmodell zu formulieren. „Gemeinsam ist … allen Ansätzen die grundlegende, von der Vielfalt und Komplexität des realen Arbeitsmarkts abstrahierende Vorstellung, dass der Arbeitsmarkt in Teilmärkte oder Segmente gegliedert ist. Die Arbeitskräfte oder die Arbeitsplätze oder beide sind nicht als homogene Mengen zu betrachten, in denen jeder gegen jeden substituierbar ist und jeder gegen jeden konkurriert, sondern als nach bestimmtem Merkmalen unterscheidbare Teilmengen, die untereinander nicht oder nur in eingeschränktem Maße austauschbar sind" (Sengenberger 1979, 4).
- Während die neoklassische Arbeitsmarkttheorie durch eine deduktive Vorgehensweise gekennzeichnet ist, indem sie eine allgemeine Theorie hervorbringt

und anschließend versucht, spezielle Arbeitsmarktprobleme aus ihr heraus zu erklären, geht die Segmentationsforschung in umgekehrter, Weise, also induktiv, vor. Sie erkennt Phänomene auf dem Arbeitsmarkt, versucht, sie empirisch zu belegen und dann Erklärungen im Rahmen eigenständiger Konzepte zu formulieren.

- Wie in den vorherigen Kapiteln sichtbar wurde, haben die neoklassischen Arbeitsmarkttheorien gemeinsam, dass sie als einzigen wirksamen Allokationsmechanimus am Arbeitsmarkt den Lohnwettbewerb ansehen. Die Neoklassik leugnet nicht die Existenz von Teilarbeitsmärkten. Zumindest ihre neueren Vertreter erkennen an, dass der Faktor Arbeit nach verschiedenen Kriterien inhomogen sein kann. Entscheidend ist jedoch die Annahme, dass die charakterisierten Submärkte nach identischen Prinzipien funktionieren und nicht durch Barrieren dauerhaft voneinander abgeschottet sind. Mobilität zwischen den Teilarbeitsmärkten wird vorausgesetzt, da als Steuerungsinstrument für die Übergänge Lohndifferenzen wirken. Demgegenüber vertreten die Segmentationstheoretiker die Meinung, dass „der Lohnmechanismus als dominante oder gar einzige Allokationsregel ein viel zu dürftiges Kriterium (ist), um die Vielfalt der Einflussgrößen auf die realen Arbeitsmarktvorgänge auch nur annäherungsweise wiedergeben zu können" (Lärm 1982, 144). Ebenso wird auch die neoklassische Sicht homogener, identisch funktionierender Submärkte abgelehnt. Aus segmentationstheoretischer Sicht sind Teilarbeitsmärkte „durch bestimmte Merkmale von Arbeitsplätzen oder Arbeitskräften abgegrenzte Struktureinheiten des Arbeitsmarkts, innerhalb derer die Allokation, Gratifizierung und Qualifizierung der Arbeitskräfte einer besonderen, mehr oder weniger stark institutionalisierten Regelung unterliegt" (Sengenberger 1979, 15).

Insgesamt erweisen sich die Segmentationsansätze in zweifacher Weise als fruchtbar: Einerseits eröffneten sie der Arbeitsmarkttheorie durch ihre breitere Vorgehensweise in Abgrenzung zur Neoklassik neue Forschungsfelder, andererseits konnte gerade die Neoklassik von den Ergebnissen der Segmentationsansätze zehren und so ihr Modell in Grenzen ein Stück der komplexen Realität annähern.

Schließlich behandeln die Segmentationstheorien in ihren verschiedenen Varianten eine Vielzahl von Problemen, wobei allerdings die Arbeitslosigkeit ein wichtiges, jedoch nicht das Kernproblem ist.

Insbesondere richten sich die Segmentationsansätze gegen folgende Aspekte:

- den stark angebotsseitigen Bias der traditionellen Arbeitsmarkttheorie bei der Analyse des Verhaltens der Arbeitsmarktakteure;
- die Betrachtung isolierter Individuen statt charakteristischer Arbeitnehmergruppen;
- die Dominanz bzw. Ausschließlichkeit des Lohnregulativs als einzigem Steuerungsmechanismus der Arbeitsmarktallokation;
- die uneingeschränkte Gültigkeit des mikroökonomischen Grenzproduktivitätskalküls auf der Arbeitsnachfrageseite;
- die Existenz eines vollbeschäftigungskonformen, arbeitsmarkträumenden Gleichgewichtslohnsatzes;

- die Wirksamkeit von Lohndifferenzen zur Beseitigung struktureller Engpässe und Mobilitätshindernisse;
- die Vernachlässigung historischer, sozialer, rechtlicher und institutioneller Faktoren, die auch eine langfristige Tendenz zum Gleichgewicht verhindern können;
- das Fehlen spezifischer arbeitsmarktpolitischer Instrumente zum Abbau ungleicher Arbeitsmarktstrukturen.

Allen segmentationstheoretischen Ansätzen ist gemeinsam, dass sie von einer Verfestigung gegenüber Marktkräften ausgehen. Dies wird zum einen mit der institutionellen Verfassung des Arbeitsmarkts, dem Bestehen gesellschaftlicher und sozialer Normen (z. B. Tarifverträge), die die volle Flexibilität der Löhne verhindern und zum anderen mit einer differenzierten Miteinbeziehung der Arbeitsnachfrageseite, die den Verzicht auf Lohnwettbewerb in bestimmten Teilarbeitsmärkten rational erscheinen lässt, begründet. Überhaupt betonen die Segmentationsansätze im Gegensatz zu den (zumindest älteren) neoklassischen Ansätzen die Nachfrageseite und stellen sie der Angebotsseite gleichbedeutend gegenüber. Damit können Friktionen auf dem Arbeitsmarkt in diesen Modellen nicht nur von der Angebotsseite, sondern auch von der Nachfrageseite ausgehen.

## 20.1 Konzepte der Arbeitsmarktsegmentation

Bei der Darstellung der unterschiedlichen Konzepte der Arbeitsmarktsegmentation ist zunächst einmal nach einer geeigneten Struktur dafür zu fragen, da sich verschiedene Gliederungsmöglichkeiten anbieten würden:

- So könnte man die einzelnen Segmentationsansätze einer Typologie zuordnen und die im Ergebnis gleichen Arbeitsmarktstrukturierungskonzepte parallel behandeln. Dies würde eine Gegenüberstellung der Theorien zum zweigeteilten und dreigeteilten Arbeitsmarkt nahe legen. Eine derartige Strukturierung würde jedoch zu einer starken Vermischung der Argumente verschiedener Ansätze führen und einen Vergleich der unterschiedlichen Hypothesen erschweren.
- Ähnliches gilt für eine Systematik, die den untersuchten Wirtschaftsraum eines Ansatzes zugrundelegt. Tatsächlich würde sich eine Gliederung in US-amerikanische und bundesdeutsche Konzepte ergeben. Der Heterogenität der Ansätze würde man so aber nicht gerecht.
- Schließlich könnten ähnlich argumentierende Forscher zu einem sich ergänzenden Ansatz zusammengefasst werden, so dass die theoretische Fundierung des jeweiligen Ansatzes gerade den Ansatzpunkt der Systematisierung bildet. Diese Vorgehensweise wird in der Sekundärliteratur favorisiert.

Die beiden ersten Möglichkeiten sollen hier keine Anwendung finden, und auch die dritte Variante wird nur in nachgeordneter Position stehen. Vielmehr erfolgt nachstehend eine eher künstliche Trennung zweier Segmentationslinien. Zunächst wird die Segmentierung in einen primären und sekundären Teilarbeitsmarkt dargestellt und anhand der verschiedenen Ansätze begründet. Im nächsten Schritt wird der Arbeitsmarkt dann in einen internen und externen Teilarbeitsmarkt unterteilt. Diese Trennung ist deshalb künstlich, weil die wohl bekanntesten amerikanischen Vertreter der Segmentationstheorien und trotz Vorläufer auch deren explizite Begründer – Doeringer und Piore – zuerst die Trennung des Arbeitsmarkts in einen internen und einen externen Teilarbeitsmarkt durchführten, daneben die Segmentierung in primäre und sekundäre Teilarbeitsmärkte vollzogen und schließlich das erste Konzept in das zweite derart integrierten, dass die Summe der internen Teilarbeitsmärkte das primäre Arbeitsmarktsegment bildeten, und der externe Arbeitsmarkt dem sekundären Arbeitsmarktsegment entsprach. Entsprechend dieser Trennung lässt sich dann eine Vier-Felder-Matrix bilden, die durch die horizontale Segmentation in primäre und sekundäre Arbeitsmärkte als auch durch eine vertikale Segmentation in interne und externe Arbeitsmärkte gekennzeichnet ist.

Damit können die verschiedenen Erklärungsansätze dann klar strukturiert werden, so dass die Darstellung übersichtlicher wird und an analytischer Schärfe gewinnt. Darüber hinaus lassen sich unterschiedliche Kombinationen der vier Felder schematisch darstellen und auch ergänzen, um damit die Differenzen in den verschiedenen Ansätzen aufzuzeigen.

### 20.1.1 *Primäre und sekundäre Arbeitsmärkte*

In diesem Abschnitt wird die horizontale Segmentation des Arbeitsmarkts in einen primären und einen sekundären Teilarbeitsmarkt anhand zweier unterschiedlicher Segmentationsansätzen dargestellt. Diese wären:

- der institutionalistische Ansatz,
- der alternativrollentheoretische Ansatz.

**Der institutionalistische Ansatz** Die zentrale These des institutionalistischen Ansatzes ist die der Spaltung des Gesamtarbeitsmarkts in ein primäres und ein sekundäres Arbeitsmarktsegment.

Der primäre Teilarbeitsmarkt ist dabei u. a. durch folgende Eigenschaften gekennzeichnet:

- relativ stabile Arbeitsplätze, gute Arbeitsbedingungen, stabiles Erwerbsverhalten, geringe Fluktuation, Aufstiegschancen und festgelegte Karrieremuster, formelle oder informelle Aufstiegskriterien, hohes Einkommen usw. (ein Interesse an einem solchen Segment lässt sich nicht nur auf der Arbeitnehmer-, sondern auch auf der Arbeitgeberseite indentifizieren, vgl. Funk 2002b, 496 ff).

Demgegenüber weist der sekundäre Teilarbeitsmarkt folgende Charakteristika auf:

- instabile Arbeitsverhältnisse mit schlechten Arbeitsbedingungen und geringen Qualifikationsanforderungen, instabiles Erwerbsverhalten, häufige Arbeitslosigkeit, hohe Fluktuation, keine oder nur geringe Aufstiegschancen.

**Kasten 20.1   Juristische Anwendung: Normalarbeitsverhältnis und atypische Arbeitsverhältnisse**

Lange Zeit dominierte in der betrieblichen Praxis das sog. Normalarbeitsverhältnis: Arbeitnehmer und Arbeitgeber waren durch einen unbefristeten Arbeitsvertrag miteinander verbunden; der Arbeitnehmer arbeitete Vollzeit. An diesem Normalarbeitsverhältnis war auch die arbeitsrechtliche Betrachtung orientiert. Allerdings gewinnen seit geraumer Zeit die sog. atypischen Arbeitsverhältnisse – befristete Arbeitsverhältnisse, Teilzeitarbeitsverhältnisse sowie die Zeit- oder Leiharbeit – an Bedeutung. Diese sind auch verstärkt in den Blickpunkt der Gesetzgebung geraten. Was zunächst Teilzeitarbeitsverhältnisse anbelangt, so ist v. a. zweierlei erwähnenswert: Zum einen das Verbot der Diskriminierung von Teilzeit- gegenüber Vollzeitarbeitnehmern und zum anderen der gesetzliche Anspruch auf Verringerung der Arbeitszeit. Das Diskriminierungsverbot, wonach Teilzeitarbeitnehmer nicht ohne sachlichen Grund schlechter gestellt werden dürfen als Vollzeitarbeitnehmer (vgl. § 4 Abs. 1 Teilzeit- und Befristungsgesetz), dient u. a. dem Ziel, Teilzeitarbeit attraktiver zu machen. Der Anspruch auf Verringerung der Arbeitszeit (vgl. § 8 Abs. 1 Teilzeit- und Befristungsgesetz) soll die Bereitstellung eines Teilzeitarbeitsplatzes vom Gutdünken des Arbeitgebers unabhängig machen. Zwar ist der Anspruch – und zwar auch unter verfassungsrechtlichen Gesichtspunkten – nicht unproblematisch, da er einen schwerwiegenden Eingriff in die Vertragsfreiheit des Arbeitgebers darstellt (dieser wird zum Abschluss eines bestimmten Vertrags gezwungen!). Überdies ist er für die Arbeitgeberseite mit nicht unerheblichen Kosten verbunden. Doch lässt sich auch eine Reihe guter Gründe für diesen Anspruch anführen wie etwa der, dass es zu einer besseren Vereinbarkeit von Familie und Beruf beiträgt, wenn Teilzeitchancen auch dann eröffnet werden, wenn der Arbeitgeber „von sich aus" nicht bereit wäre, Teilzeitarbeit zuzulassen.

Auch befristete Arbeitsverträge sind gesetzlich eingehend geregelt und zwar wiederum im Teilzeit- und Befristungsgesetz. Der Abschluss derartiger Verträge bedarf nach deutschem Recht grundsätzlich eines sachlichen Grunds (vgl. § 14 Abs. 1 Teilzeit- und Befristungsgesetz). Die wichtigsten Fälle bilden die Befristung wegen nur vorübergehenden Bedarfs an der Arbeitsleistung, die Befristung wegen der Vertretung eines anderen Arbeitnehmers, die Befristung wegen der Eigenart der Arbeitsleistung, die Befristung zur Erprobung, die Befristung wegen in der Person des Arbeitnehmers liegender Gründe sowie die Befristung des Arbeitsverhältnisses eines Arbeitnehmers, der aus (zweckgebundenen) Haushaltsmitteln vergütet wird. Kein sachlicher Grund erforderlich ist für eine Befristung bis zur Dauer von höchstens zwei Jahren. Allerdings ist hinsichtlich der sachgrundlosen Befristung eine wichtige Einschränkung zu beachten: Nach § 14 Abs. 2 S. 2 Teilzeit- und Befristungsgesetz kommt eine sachgrundlose Befristung nicht in Betracht, wenn mit demselben Arbeitgeber bereits zuvor ein Arbeitsverhältnis bestanden hat.

Dieses sog. Anschlussverbot wird von den Gerichten als absolutes Verbot in dem Sinne verstanden, dass eine sachgrundlose Befristung wegen eines vorangegangenen Arbeitsverhältnisses auch dann ausscheidet, wenn das frühere Arbeitsverhältnis zeitlich weit zurückliegt und/oder die beiden Arbeitsverhältnisse in keinerlei Sachzusammenhang miteinander stehen: Wer als Student, und sei es auch nur für einen einzigen Tag, bei einem bestimmten Arbeitgeber beschäftigt war, kann auch nach dem Universitätsabschluss bei diesem Arbeitgeber nicht (sachgrundlos) befristet beschäftigt werden. In der Rechtsliteratur gibt es Stimmen, die eine restriktive Interpretation des Anschlussverbots durch die Gerichte fordern. Unabhängig davon wird aber von vielen eine Neuregelung angeregt und zwar u. a. mit dem Hinweis, dass das Verbot der wiederholten befristeten Beschäftigung bei demselben Arbeitgeber die Beschäftigungschancen Arbeitsuchender mindere (Waas 2007).

Eine Regelung der Zeit- oder Leiharbeit findet sich im Arbeitnehmerüberlassungsgesetz. Die Leiharbeit wurde vom Gesetzgeber zuletzt in gewissem Umfang liberalisiert, indem beispielsweise auf eine gesetzliche Höchstdauer für die Überlassung von Arbeitnehmern an Dritte verzichtet wurde. Allerdings hat der Gesetzgeber zugleich den Schutz der Leiharbeitnehmer verstärkt. Insbesondere gilt seit einiger Zeit eine Regelung, wonach der Verleiher (als Arbeitgeber des Leiharbeitnehmers) diesem grundsätzlich dieselben Arbeitsbedingungen gewähren muss, wie sie für vergleichbare Arbeitnehmer des Entleihers gelten (vgl. § 3 Abs. 1 Nr. 3 Arbeitnehmerüberlassungsgesetz). Der Leiharbeitnehmer kann dementsprechend grundsätzlich denselben Lohn beanspruchen wie ihn Mitglieder der Stammbelegschaft des Arbeitgebers erhalten, dem der Leiharbeitnehmer zur Arbeitsleistung überlassen wurde. Dieser sog. equal pay-Grundsatz soll die Leiharbeit – nur für diesen Bereich gilt er, nicht etwa, wie verschiedentlich irrtümlich angenommen wird, allgemein für Dienstleistungsunternehmen, die mit eigenen Mitarbeitern Kundenaufträge erfüllen (Hanau 2005) – von einem Negativimage befreien, das ihr verschiedentlich anhaftet. Erkauft wird dies allerdings mit einer potentiellen Verteuerung der Leiharbeit. Nicht übersehen darf man aber, dass der Gesetzgeber den Grundsatz tarifdispositiv ausgestaltet hat (vgl. § 3 Abs. 1 Nr. 3 S. 2 Arbeitnehmerüberlassungsgesetz, wonach ein „Tarifvertrag ... abweichende Regelungen zulassen" kann). Dies bedeutet, dass Arbeitgeber bzw. Arbeitgeberverbände sowie Gewerkschaften von der gesetzlichen Regelung abweichen und tarifvertraglich einen geringeren Lohn vorsehen können. In der Tat ist es im Bereich der Leiharbeit zu derartigen tarifvertraglichen Regelungen gekommen. Problematisch hieran ist, dass sie z. T. von Gewerkschaften abgeschlossen wurden, deren Durchsetzungskraft gegenüber der Arbeitgeberseite, vorsichtig ausgedrückt, nicht über jeden Zweifel erhaben ist, so dass verschiedentlich – und zwar auch von manchen Gerichten – gar die Tariffähigkeit dieser Vereinigungen in Abrede gestellt wird (Franzen 2009).

## 20.1 Konzepte der Arbeitsmarktsegmentation

Diese Struktur differenziert Piore (1972) in einem späteren Schritt weiter aus, indem er den primären Teilarbeitsmarkt zusätzlich in ein oberes und ein unteres Segment unterteilt. Ergänzend zur bisherigen Charakterisierung des primären Arbeitsmarkts gelten für das obere primäre Segment nun noch folgende Eigenschaften: „Von den Organisations- und Arbeitsbedingungen her werden höhere, meist formal definierte Qualifikationen (Bildungsabschluss) verlangt, welche Kreativität, Eigeninitiative und individuelle Flexibilität ermöglichen. Dieses Segment besteht im wesentlichen aus ‚professional and management jobs' (Managementsektor), während das untere Segment des primären Arbeitsmarkts Tätigkeiten vorsieht, die auf einem gewissen Qualifikationsniveau vor allem Arbeitsdisziplin, Zuverlässigkeit und Monotonietoleranz von den Arbeitskräften erfordern (zu beziehen etwa auf den Industriefacharbeiter). Der sekundäre Arbeitsmarkt ist dann lediglich eine Residualkategorie für Arbeitskräfte, die den genannten Kriterien nicht genügen" (Lärm 1982, 175).

Der so differenzierte Arbeitsmarkt lässt sich plastisch als Pyramide begreifen, die horizontal so segmentiert ist, dass die erstrebenswerten Jobs auf höherem hierarchischen Niveau liegen, und dass die Größe der Segmente nach oben hin abnimmt. Freiburghaus (1976, 75 ff.) hat die Charakteristika der drei Segmente in einer Übersicht zusammengestellt, die sowohl zur Erläuterung als auch zur Abgrenzung der Segmente herangezogen werden kann.

Zur Unterscheidung und präziseren Beschreibung der drei Arbeitsmarktsegmente wird nun das Konzept der Mobilitätsketten eingeführt. Eine Mobilitätskette stellt dabei eine spezifische Abfolge beruflicher wie außerberuflicher allgemein sozialer Stationen dar. Damit ist dieses Konzept nicht nur auf die beruflichen Wege beschränkt, sondern auch das soziale Umfeld wird explizit berücksichtigt entsprechend der Annahme, dass die Chancen der einzelnen Arbeitnehmer bei Eintritt in das Berufsleben nicht gleich sind.

Die dahinter stehende Idee ist die spezifische Kennzeichnung der Segmente durch jeweilige zuzuordnende Mobilitätsprozesse:

- So ist das obere primäre Segment durch Mobilitätsketten gekennzeichnet, die in der sozialen Mittelschicht beginnen. Die Beschäftigten haben generell ein hohes (formales) Qualifikationsniveau, dass durch längere Ausbildung vor Eintritt in den Arbeitsprozess erworben wurde. Der Arbeitsplatzwechsel findet betriebsübergreifend statt und ist mit beträchtlichen Änderungen des Aufgabenbereichs verbunden.
- Die Mobilität im unteren primären Sektor verläuft dagegen betriebsintern. Eintritts- und Endpositionen sowie der Karriereverlauf sind weitgehend festgelegt. Beschäftigungsstabilität und Senioritätsrechte kennzeichnen dieses Segment, deren Vertreter größtenteils der sozialen Arbeiterschicht entstammen. Ihre vertikale Mobilität bedeutet für den Arbeitgeber eine Minimierung der Ausbildungskosten und für die Beschäftigten selbst einen permanenten Status- und Einkommensgewinn ohne eigene Ausbildungsinvestitionen.
- Die Beschäftigten des sekundären Arbeitsmarktsegments, deren erste Station in der Mobilitätskette das soziale Umfeld der Unterschicht ist, sind von den betriebsinternen Mobilitätsketten ausgeschlossen. Ihre Mobilität ist weniger ein

Aufstieg als vielmehr eine milieubedingte horizontale Bewegung, die eher zufällig verläuft und nicht wesentlich von ihrer Ausgangsposition wegführt.

Auch diese Mobilitätsketten haben bisher nur die verschiedenen Arbeitsmarktsegmente beschrieben. Zu fragen ist jetzt also nach den Ursachen dieser Segmentation in primäre und sekundäre Arbeitsmärkte. Zur Erklärung werden dabei zwei makrostrukturelle Argumente angeführt:

- das technologisch-wirtschaftliche Argument eines Wirtschaftsdualismus und
- das ökonomisch-soziale Argument entsprechend der Schichtungstheorie.

Die Grundprämisse, aus der der zunächst einmal duale Arbeitsmarkt abgeleitet wird, ist die eines güterwirtschaftlichen Dualismus. Danach ist die gesamte Wirtschaft in einen monopolisierten, stabilen Kernbereich („Core Economy") mit konjunkturunabhängiger, standardisierter Massenproduktion und einem peripheren Wettbewerbsbereich („Peripheral Economy") gespalten.

Während ersterer durch sichere Absatzmärkte, kapitalintensive Güterproduktion und wenige große Unternehmen gekennzeichnet ist, besteht letzterer hauptsächlich aus Klein- und Mittelbetrieben mit arbeitsintensiven Produktionen, die weder standardisiert noch massenhaft hergestellt werden können, und sich einer instabilen Güternachfrage gegenüber sehen. Der periphere Sektor befreit somit als „konjunkturelle Pufferzone" (Lärm 1982, 169) den Kernsektor weitgehend von Gütermarktrisiken.

Die Konsequenz der gleichgerichteten Dualisierung von Güter- und Arbeitsmärkten geschieht aber nicht direkt, sondern über die technologische Entwicklung. Zur theoretischen Fundierung seiner These greift Piore auf die ökonomische Klassik zurück. Er orientiert sich an Adam Smith, der festgestellt hatte, dass mit steigender Arbeitsteilung die Produktivität steigt, der Grad der Arbeitsteilung sich aber seinerseits proportional zur Größe des Absatzmarkts verhält. Piore (1972, 141) erweitert diese Überlegungen dahingehend, dass er den Grad der Arbeitsteilung zusätzlich von folgenden Größen abhängig macht: der Produktionsstandardisierung, der Nachfragestabilität und der Nachfragevorhersagbarkeit.

Die Begründung der Segmentation des Arbeitsmarkts durch die Nachfrageseite verläuft damit folgendermaßen: Alle Unternehmen produzieren zunächst mit sinkenden Stückkosten, weil die Produktivität nur von der Arbeitsteilung abhängt. Je größer ein Unternehmen, desto geringer seine Stückkosten, weil die Produktivität mit der Marktgröße positiv korreliert. Damit ist das Ergebnis der Überlegungen die Verdrängung von kleineren Konkurrenzunternehmen und letztendlich die Entstehung von monopolisierten Märkten. Durch die Modellerweiterungen wird erklärt, warum es zu keiner vollkommenen Monopolisierung kommt. Es existiert nämlich ein optimaler Grad der Arbeitsteilung, bei dessen Überschreitung das Unternehmen wirtschaftliche Nachteile erwarten muss. Kostenreduktion durch Arbeitsteilung kann nur soweit vorangetrieben werden, bis die gesamte stabile Nachfrage von dem Unternehmen versorgt wird. Mit dem optimalen Grad der Arbeitsteilung existiert nach klassischer Voraussetzung auch eine optimale Unternehmensgröße, die durch den stabilen Teil der Güternachfrage bestimmt wird. Die verbleibende,

## 20.1 Konzepte der Arbeitsmarktsegmentation

schwankende Nachfrage wird von kleinen, miteinander konkurrierenden Unternehmen abgedeckt, die aufgrund ihrer Größe nicht in der Lage sind, mit den Unternehmen des Kernbereichs zu konkurrieren. Damit unterteilt Piore die Wirtschaft wie Averitt (1968) in einen Bereich mit sinkenden Durchschnittskosten und einen Bereich mit U-förmig verlaufender Durchschnittskostenkurve. Aus der so begründeten Zweiteilung der Ökonomie wird dann die Struktur des Arbeitsmarkts abgeleitet. Im Wesentlichen entspricht der sekundäre Arbeitsmarkt dem peripheren Wettbewerbsbereich und der primäre Arbeitsmarkt dem monopolisierten Kernbereich. Dies ergibt sich aus der Tatsache, dass nur der Monopolbereich stabile Beschäftigungsverhältnisse, hohe Entlohnung, gute Arbeitsverhältnisse usw. bieten kann. Dies ist im peripheren Sektor mit seiner instabilen Produktion nicht möglich. Diese Zuordnung muss jedoch dahingehend modifiziert werden, dass auch im Wettbewerbsbereich Leitungsaufgaben zu erfüllen sind, deren Arbeitsplatzinhaber dem primären Arbeitsmarkt zuzurechnen sind.

Wie bei der Darstellung der Mobilitätsketten bereits angedeutet wurde, ergänzt Piore (1972 und 1973) die nachfrageseitige Segmentation des Arbeitsmarkts infolge des güterwirtschaftlichen Dualismus durch eine angebotsseitige Segmentierung der Arbeitnehmer aufgrund der jeweiligen soziokulturellen Gruppenzugehörigkeit. Anknüpfend an die soziologische Schichtungstheorie gliedert Piore die Bevölkerung in Unter-, Arbeiter- und Mittelschicht und überträgt dies auf den Arbeitsmarkt mit der These, dass das Milieu, dem der Arbeitnehmer entstammt, hauptsächlich für sein Verhalten verantwortlich ist.

- Die Arbeiterschicht zeichnet sich durch einen stabilen, routinemäßigen Lebensstil aus. Im Mittelpunkt des Lebens steht der erweiterte Familienverband und weitere feste soziale Bindungen, die sich zum Teil bereits in Kindeszeiten gebildet haben. In diesem System wird Arbeit und Ausbildung als notwendig akzeptiert. Der Beruf steht wertungsmäßig jedoch hinter der Familie. Damit zeigt die Arbeiterschicht typische Verhaltensweisen, die eine Zuordnung zum unteren primären Arbeitsmarktsegment angemessen erscheinen lassen.
- Die Mittelschicht zeichnet sich durch eine Bindung an lediglich die Kleinfamilie aus, was günstig auf die Mobilitätsbereitschaft der dieser Schicht entstammenden Arbeitnehmer wirkt. Arbeit und Ausbildung werden zum Selbstzweck, Karriere und damit hohes Einkommen zum obersten Ziel. Die Beziehung zu Freunden entspringt weitgehend beruflichen Kontakten. Diese schichtspezifischen Verhaltensweisen machen eine Zuordnung zum oberen primären Segment möglich.
- Im Gegensatz dazu scheint die Unterschicht an die Beschäftigung im sekundären Arbeitsmarkt angepasst zu sein. Freundschafts- und Familienbindungen sind flüchtig und instabil. Ihre Verhaltensweisen orientieren sich eher am spontanen Lustgewinn als an langfristigen Werten. Insofern passen auch unregelmäßige Beschäftigungsbedingungen des sekundären Arbeitsmarkts in dieses Schichtbild.

Die für die drei Sozialschichten genannten Verhaltensweisen treffen im Erwerbsleben auf entsprechend (un)günstige Arbeitsplätze, welche wiederum die (in)stabilen Verhaltensweisen fördern.

Die Kritik an der Segmentation in primäre und sekundäre Arbeitsmärkte entzündet sich vor allem an der Begründung des Wirtschaftsdualismus und der Schichtungstheorie:

- Bei der Begründung des güterwirtschaftlichen Dualismus scheint die Annahme problematisch zu sein, dass jede Steigerung des Arbeitsteilungsgrads mit einer Erhöhung des Sachkapitalaufwands einhergeht, denn nicht jede Änderung der Arbeitsteilung muss produktionstechnische Änderungen hervorrufen. Es ist auch nicht generell möglich von einem hohen Sachkapitaleinsatz auf eine hohe Arbeitsteilung zu schließen. Diese Zusammenhänge haben aber bei der Herleitung des Technologieeinsatzes für absatzstarke Unternehmen zentrale Bedeutung. Die Argumentation erscheint zu linear und knüpft zudem bereits an der Ungleichheit der Unternehmen an. Ausgangspunkt der Spaltung müssen ja bereits unterschiedliche Marktgrößen bzw. unterschiedliche Kapitalausstattungen unter den Unternehmen sein. Denn der Einsatz einer bestimmten Technologie, die für die divergierende Entwicklung verantwortlich gemacht wird, setzt notwendigerweise bereits eine Kapitalakkumulation voraus.
- Problematisch ist auch die Begründung der Nachfragespaltung. Piore geht in seiner Argumentation so vor, dass er wirtschaftliche Instabilität zur Voraussetzung für die Spaltung der Unternehmensgesamtheit macht. Das heißt, dass sich ohne Wirtschaftsschwankungen Monopolunternehmen entwickeln und in letzter Konsequenz Arbeitsmarktsegmentation verschwindet.
- Ebenso problematisch ist die Zuordnung dieser gespaltenen Nachfrage zu bestimmten Unternehmen. Realitätsnäher ist dagegen die Annahme, dass die Unternehmen im primären Wirtschaftsbereich zumindest begrenzt mit variablen Kapazitätsauslastungen kalkulieren und dadurch Instabilitäten auch dort hineintragen.
- Schließlich erscheint die angebotsseitige Begründung der Arbeitsmarktspaltung mit unterschiedlichen Verhaltensweisen der sozialen Schichten zu rigoros. Auch hier wird, akzeptiert man die Relevanz des sozialen Milieus für die Segmentation, eine echte Herleitung dieser nicht geliefert, sondern die Begründung verlagert. Es bleibt dann nämlich der eigentliche Ursprung der Teilung der Arbeitnehmerschaft ungeklärt, wie auch die Möglichkeit, dass die soziale Schichtung eine Folge der unterschiedlichen Beschäftigungsverhältnisse sein könnte.

Diese Kritikpunkte verdeutlichen die Ambivalenz des institutionalistischen Ansatzes, denn die unterschiedliche Qualität von Beschreibung und Erklärung der Arbeitsmarktsegmentation ist doch auffallend. Trotz vieler neuer Aspekte bleibt die Erklärung der Herausbildung einer dualen Ökonomie unbefriedigend und „reduziert sich somit letztlich auf eine Annahme" (Lärm 1982, 174).

**Der alternativrollentheoretische Ansatz** In der Literatur hat der Ansatz von Offe und seinen Mitarbeitern wenig Beachtung gefunden, obwohl er ein neues Begründungselement, das zudem angebotsseitig argumentiert, für die Existenz und Struktur sekundärer Arbeitsmärkte liefert. Offe geht in seinen Betrachtungen von einer Dualisierung des Arbeitsmarkts aus. Anders als die meisten anderen

## 20.1 Konzepte der Arbeitsmarktsegmentation

Segmentationsforscher betrachtet er aber nicht die bevorteilten, sondern die benachteiligten Arbeitnehmer. Ihm ist daran gelegen, Gründe dafür zu finden, weshalb der sekundäre Arbeitsmarkt aus ganz bestimmten Arbeitnehmergruppen besteht, die allgemein auch Problemgruppen des Arbeitsmarkts genannt werden. Das sekundäre Arbeitsmarktsegment beinhaltet die folgenden Arbeitnehmergruppen: Jugendliche, ältere Arbeitnehmer, Behinderte, Frauen, ausländische Arbeitnehmer und Arbeiterbauern. Ihre Beschäftigungsverhältnisse sind durch fehlende Aufstiegschancen, restriktive Arbeitsbedingungen und niedrige Löhne sowie hohe Fluktuationsraten gekennzeichnet.

Diese Problemgruppen am Arbeitsmarkt werden von den Unternehmern im Rahmen humankapitaltheoretischer Überlegungen diskriminiert, weil sie eine gesellschaftlich anerkannte Alternativrolle zur Erwerbstätigkeit besitzen. Zur Erläuterung der Funktionsweise des Arbeitsmarkts wird auf zwei Machtgefälle abgestellt:

- Ein primäres Machtgefälle zwischen Kapital und Arbeit, das zur Darstellung der strategischen Unterlegenheit der Arbeitsangebotsseite dient;
- ein sekundäres Machtgefälle innerhalb der Arbeitnehmerschaft, welches das primäre Machtgefälle überlagert und die gruppenspezifisch unterschiedlichen Chancen der Arbeitnehmer beschreibt.

Dieses anbieterinterne Machtgefälle beruht auf Beeinträchtigungen der marktstrategischen Optionen auf der Seite der Problemgruppen und hat seinen Grund in der Freistellung dieser Personengruppen von der Erwerbstätigkeit durch rechtliche und kulturelle Normen. Für diese Personengruppen sind gesellschaftlich anerkannte, außerhalb des Arbeitsmarkts gelegene Alternativrollen vorgesehen. Das heißt nicht, dass die Alternativrolleninhaber nicht auf dem Arbeitsmarkt auftreten, jedoch hat der arbeitsmarktexterne Verbleib dieser Arbeitnehmer „im allgemeinen den Charakter einer ‚zweitbesten' Lösung (und es wird im Notfall) die Übernahme der Alternativrolle als normal, dauerhaft zumutbar und verpflichtend angesehen" (Offe/Hinrichs 1977, 34).

Offe/Hinrichs unterscheiden nach der Analyse von Daten der Bundesanstalt für Arbeit folgende Problemgruppen mit dazugehörigen Alternativrollen:

- Jugendliche Arbeitnehmer werden auf das Schul- und/oder Bildungssystem verwiesen.
- Ältere Arbeitnehmer können in die eventuell zeitlich vorzuverlegende Subsistenzform der Rentenbezieher überwechseln.
- Behinderten wird die Unterbringung in Familie oder staatlichen Anstalten zugemutet.
- Weibliche Arbeitnehmer können notfalls die Hausfrauenrolle übernehmen.
- Ausländische Arbeitnehmer können abwandern.
- Nebenerwerbsbauern können notfalls in ihre landwirtschaftliche Rolle zurückwechseln.

Diese Problemgruppen werden – humankapitaltheoretisch begründet – nun von den Unternehmen diskriminiert.

Jede neue Arbeitskraft verursacht Kosten durch Anwerbung, Ausbildung und Einarbeitung sowie durch das Risiko, dass sie sich nicht bewährt. In einem gewinn- und konkurrenzgesteuerten Wirtschaftssystem ist es für den Unternehmer rational, dem Risiko einer vorzeitigen Abwanderung entgegenzutreten. Dies geschieht auf zweierlei Weise. Einmal werden Anreize und arbeitsvertragliche Abmachungen vorgesehen, um den Beschäftigten an den Betrieb zu binden, was zu internen Arbeitsmärkten führt, aber von den Autoren nicht näher behandelt wird; zum anderen ist der Arbeitgeber bestrebt, nur solche Arbeitskräfte zu rekrutieren, bei denen das Abwanderungsrisiko durch die Option auf eine Alternativrolle nur gering ist. Somit erfolgt, wenn überhaupt, der Einsatz von Arbeitskräften mit einer Alternativrolle auf Arbeitsplätzen, bei denen die Einstellungs- und Ausbildungskosten niedrig sind. Auf derartigen Jedermannsarbeitsplätzen ist der Substitutionsdruck entsprechend hoch, außerdem fehlen Aufstiegschancen, es herrschen restriktive Arbeitsbedingungen und es wird ein niedriger Lohn gezahlt. Die Existenz derartiger Beschäftigungsverhältnisse hat für den Unternehmer den Vorteil, dass bei konjunkturell schwankender Nachfrage eine Anpassung des Beschäftigungsvolumens mit vergleichsweise geringen Fluktuationskosten möglich ist.

Probleme des Ansatzes ergeben sich daraus, dass bei manchen Punkten Ursache und Wirkung unklar bleiben, da die Autoren zirkulär argumentieren:

- So bleibt ungeklärt: Ergibt sich die hohe Fluktuation(swahrscheinlichkeit) aus dem Diskriminierungsverhalten der Unternehmer oder setzen die Arbeitgeber die sekundären Arbeitskräfte im unternehmerischen Randbereich ein, weil sie eine hohe Fluktuation(swahrscheinlichkeit) besitzen oder handelt es sich nur um einen Stabilisierungskreislauf, der den Grund der hohen Fluktuation nicht nennt? Aufgrund widersprüchlicher Äußerungen ergibt sich letztlich, dass hier von den Autoren der Grund des instabilen Beschäftigungsverhältnisses nicht benannt werden kann, sondern nur gezeigt wird, dass sich die schlechte Situation der Problemgruppen reproduziert, diese also stabil ist.
- Auch muss die Alternativrolle nicht immer schon existieren. Sie kann ebenso erst Resultat unternehmerischer Diskriminierungsstrategien sein.
- Schließlich besitzt das Alternativrollenkonzept nur eine beschränkte Anwendbarkeit, da man damit z. B. rassistisch diskriminierte Problemgruppen nicht erklären kann.

Betrachtet man die angeführte Kritik, so muss festgestellt werden, dass in allen Bereichen der Analyse Mängel und Unklarheiten zu konstatieren sind.

## *20.1.2 Interne und externe Arbeitsmärkte*

Der Vier-Felder-Matrix entsprechend erfolgt in diesem Abschnitt die Segmentation des Arbeitsmarkts in interne und externe Teilarbeitsmärkte.

## 20.1 Konzepte der Arbeitsmarktsegmentation

Dabei werden die folgenden zwei Ansätze dargestellt:

- Der institutionalistische Ansatz und
- der betriebszentrierte Segmentationsansatz

**Der institutionalistische Ansatz** Ebenso wie der grundlegende Anstoß zur horizontalen Segmentation in primäre und sekundäre Arbeitsmärkte kam auch hier die erste Arbeit, die größere Beachtung fand, von Doeringer/Piore. Und ebenso handelte es sich wiederum um eine empirische Untersuchung, die diesmal eine Gliederung des Arbeitsmarkts in einen internen und einen externen Sektor zum Ergebnis hatte.

Zur theoretischen Fundierung ihrer Untersuchungsergebnisse griffen sie auf Überlegungen von Kerr (1954) zurück, der als erster umfassend dargelegt hatte, wie durch die Institutionalisierung von Rechten und Handlungsmöglichkeiten aus einem unstrukturierten Markt verschiedene Teilarbeitsmärkte hervorgehen können, der Arbeitsmarkt – in Anlehnung an die Veröffentlichung von Kerr (1954): The Balkanization of Labor Markets – somit „balkanisiert" wird.

Da diese Arbeit sowohl für den Ansatz von Doeringer/Piore als auch für weitere vertikale Segmentationsansätze von grundlegender Bedeutung ist, soll dieses Konzept kurz dargestellt werden.

*Kerr identifiziert insgesamt drei Arbeitsmarktsegmente.* Er untersucht speziell das Segment der ‚craft labor markets' – die Mitglieder der US-amerikanischen Gewerkschaften und gleichartige Arbeitsplätze und entspricht dem berufsfachlichen Teilarbeitsmarkt – und das Segment der ‚plant labor markets' – die Arbeitnehmer eines Unternehmens und entspricht dem betriebsinternen Teilarbeitsmarkt. Das dritte Segment – der offene Teilarbeitsmarkt – wird nicht näher bestimmt und steht als Arbeitskräftereservoir den beiden ersten Segmenten gegenüber. Lediglich auf diesem offenen Teilarbeitsmarkt gilt der neoklassische Lohnwettbewerb. Die beiden erstgenannten Segmente bilden den internen Arbeitmarkt, das letzte Segment entspricht dem externen Arbeitsmarkt.

Die unterschiedliche Struktur der beiden internen Segmente wird bei der Betrachtung der Mobilitätspfade und der Lohnsetzungsmechanismen deutlich:

- Im Gegensatz zum berufsfachlichen Teilarbeitsmarkt beginnt der Arbeitnehmer im betrieblichen Teilarbeitsmarkt seine Laufbahn auf hierarchisch niedrigem Niveau und steigt in der Betriebshierarchie kontinuierlich auf, solange er das Unternehmen nicht wechselt. Demgegenüber sind Betriebswechsel für die Mitglieder der craft unions nicht arbeitsplatzhierarchisch wirksam. Dies betont die unterschiedliche Lage der beiden Arbeitsmarktsektoren (inter- und intrabetrieblich) zueinander.
- Betrachtet man die Lohnhöhe, so zeigt sich, dass gegenüber der neoklassischen Auffassung das Lohnniveau auf dem berufsfachlichen Teilarbeitsmarkt nicht von Angebot und Nachfrage bestimmt, sondern in Tarifverhandlungen festgelegt wird. Die notwendige Abstimmung des Arbeitskräfteangebots auf die Arbeitskräftenachfrage übernehmen nun die Gewerkschaften, die alleinig die gewünschten Arbeitskräfte bereitstellen können. Sie steuern die benötigte Arbeitskräfteanzahl bei fixem Lohn durch Ausweitung oder Einschränkung ihrer Mitgliedschaft.

Auf dem betrieblichen Teilarbeitsmarkt sind die Arbeitnehmer dagegen nach dem Industrieverbandsprinzip gegliedert. Diese Gewerkschaften sind in Vertretung der Interessen ihrer Mitglieder um eine Stabilisierung der Arbeitsverhältnisse im betrieblichen Segment bemüht. Dies hat zur Folge, dass der betriebliche Lohnsatz von externen Lohnbewegungen abgekoppelt wird, dass Abfindungszahlungen bei Kündigungen eingeführt werden (vgl. für das deutsche Recht den sog. Sozialplan, der in § 112 Abs. 1 S. 2 Betriebsverfassungsgesetz definiert wird als „Einigung über den Ausgleich oder die Milderung der wirtschaftlichen Nachteile, die den Arbeitnehmern infolge der geplanten Betriebsänderung entstehen") und dass als Ausgleich für die Beschäftigungsstabilität der Lohn gegenüber dem eigentlichen Marktwert gesenkt wird, jedoch gleichzeitig ein Mindestlohn garantiert wird. Damit zeigt sich, dass der Lohnfindungsmechanismus in den beiden Sektoren des internen Arbeitsmarkts unterschiedlich ist und darüber hinaus von einer wie in der Neoklassik behaupteten teilarbeitsmarktüberschreitenden, ausgleichenden und mobilitätsinduzierenden Funktion des Lohnsatzes nicht gesprochen werden kann.

Als Entstehungsbedingungen für die internen Arbeitsmärkte führt Kerr institutionelle Regelungen auf Seiten der Arbeitnehmer- und Arbeitgebervereinigungen an. Auch staatliche Reglementierungen können in dieser Richtung wirksam sein. Insbesondere zwei Tatbestände können für die Beschränkung der Mobilität zwischen dem internen und dem externen Arbeitsmarktsegment und damit zur Begründung der Spaltung des Arbeitsmarkts verantwortlich gemacht werden: kollektivrechtliche und privatrechtliche Reglementierungen. Die Erstgenannten begründen die Existenz der berufsfachlichen Teilarbeitsmärkte, während privatrechtliche Institutionen die Abtrennung eines betrieblichen Teilarbeitsmarkts erklären.

An eben dieses Konzept anlehnend definieren Doeringer/Piore den internen Arbeitsmarkt als administrative Einheit, in der Lohnfestsetzung, Allokation und Ausbildung durch institutionelle Regeln bestimmt werden, während der externe Arbeitsmarkt neoklassisch funktioniert. Zwischen diesen beiden Segmenten ist Mobilität nur begrenzt über so genannte „ports of entry" möglich. Als Grund für die Tendenz zur Bildung interner Arbeitsmärkte wird auf verschiedene im mikrostrukturellen Bereich liegende Triebkräfte verwiesen. Dies sind die Ausbildung von betriebsspezifischen Fertigkeiten („enterprise specific-skills") im Rahmen eines on-the-job-trainings und die Entwicklung eines betriebsspezifischen Verhaltenskodexes („customs"):

- Bei der Begründung interner Arbeitsmärkte durch betriebspezifische Qualifikationen lehnen sich Doeringer/Piore implizit an die Humankapitaltheorie an. Sie unterscheiden „task-specific" und „general traits". Als „trait" werden neben fachlichen Kenntnissen und Fertigkeiten auch Eigenschaften wie Pünktlichkeit, Arbeitswilligkeit, anweisungskonformes Verhalten und Integrität gefasst. Die Differenzierung der „traits" wird nach ihrer Aufgabenspezifität vorgenommen. Aufgabenspezifische Eigenschaften werden demnach in einem Prozess des beiläufigen Lernens ‚on-the-job' und quasi automatisch erworben. Demgegenüber werden die „general traits" in formalen Ausbildungsgängen erworben und beinhalten abstrakte, analytische Problemlösungsfähigkeiten, die weitestgehend

## 20.1 Konzepte der Arbeitsmarktsegmentation

arbeitsplatzunspezifisch sind. Eine wesentliche Voraussetzung für das Funktionieren des On-the-Job-Trainings ist die Bereitschaft der Beschäftigten, ihre Kenntnisse und Fähigkeiten an den Auszubildenden weiterzugeben. Dies zwingt zu einer Ausschaltung der Lohnkonkurrenz zwischen den Arbeitnehmern, da sonst diejenigen, die die zu vermittelnden Kenntnisse besitzen, die Auszubildenden ‚sabotieren' würden, um ihren eigenen Arbeitsplatz vor Konkurrenz zu schützen. Die Gewährung von Arbeitsplatzsicherheit wird somit zur zentralen Voraussetzung für ein Funktionieren des innerbetrieblichen Ausbildungsapparats. Die Kollegen wissen, dass, auch bei Weitergabe ihrer Kenntnisse, sie ihren Arbeitsplatz nicht verlieren werden.
- Auf Arbeitnehmerseite stellen gewisse Handlungsüblichkeiten, so genannte „customs", einen wichtigen Existenzgrund für interne Arbeitsmärkte dar. Die Beschäftigten eines Unternehmens formen stabile Gemeinschaften, die dazu tendieren, feste Regeln des Miteinanders zu bilden. Sowohl die Arbeitnehmer als auch das Management sind gezwungen, sich an diese Regeln zu halten, da abweichendes Verhalten sanktioniert wird.

Im Gegensatz zu den neoklassischen Theorien wird der Arbeitsmarkt hier nicht auf die reine Ökonomie beschränkt, sondern werden vor allem die Faktoren, die das Verhalten von Menschen beeinflussen, in das Kalkül einbezogen. Was immer man auch an Kritik gegen einzelne Punkte dieses Ansatzes vorbringen mag, allein die Tatsache, dass soziologische und psychologische Einflussgrößen berücksichtigt werden, muss als Fortschritt innerhalb der theoretischen Diskussion angesehen werden. Besonders „die (Wieder-)Entdeckung der ökonomischen Relevanz soziologischer und psychologischer Einflussgrößen ... und die Thematisierung ihres Einflusses auf die Allokations- und Gratifikationsentscheidungen ... tragen nach unserer Ansicht dazu bei, dieser Theorie paradigmatische Qualität zuzusprechen" (Pfriem 1979, 146). Auch wenn man diese Ansicht nicht teilt, so wird die Leistung dieses Ansatzes daraus ersichtlich, dass etliche Argumente bereits aus den zuvor vorgestellten Theorien bekannt sind, die erst nach diesem Segmentationsansatz entwickelt wurden.

- Die Begründung interner Märkte durch Normen und Gewohnheitsrechte ist insofern problematisch, da die Entstehung von Normen stabile Beschäftigungsverhältnisse voraussetzt, die gerade begründet werden sollen. Soweit kann auch hier nur die Stabilisierung der Segmentation belegt werden.
- Der Ansatz bleibt ausdrücklich auf mikroökonomischer Ebene. Das Konzept unterliegt also den gleichen Restriktionen, die bereits im Zusammenhang mit der Konstruktion der Angebots- und Nachfragekurven diskutiert worden sind: Die Schlussfolgerungen von mikro- auf makroökonomische Größen ist nicht ohne weiteres möglich.
- Das Konzept gibt schließlich keine Antworten auf die Fragen nach den Ursachen von Beschäftigung und Arbeitslosigkeit, sondern beschränkt sich auf „die Dichotomisierung der Lebens- und Arbeitsbedingungen im Kontext der amerikanischen Sozialstruktur" (Priewe 1984, 106). Damit wird nicht nur die Erklärungskraft diese Ansatzes relativiert, sondern auch die Übertragbarkeit auf andere Länder erst in Frage gestellt.

**Der betriebszentrierte Segmentationsansatz** Der betriebszentrierte Segmentationsansatz wurde insbesondere von Lutz und Sengenberger am Münchener Institut für Sozialwissenschaftliche Forschung (ISF) entwickelt und hat in der bundesdeutschen Segmentationsdiskussion die bislang wohl breiteste Aufmerksamkeit erhalten. Der Ansatz geht von der Existenz dreier Teilarbeitsmärkte am bundesdeutschen Arbeitsmarkt aus:

- Der Markt für unspezifische Qualifikationen oder auch Jedermannsarbeitsmarkt genannt, der in etwa dem internen und externen Sekundärsegment entspricht.
- Der Markt für fachspezifische Qualifikationen oder berufsfachlicher Teilarbeitsmarkt, der dem externen Primärsegment entspricht.
- Der Markt für betriebsspezifische Qualifikationen oder betrieblicher Teilarbeitsmarkt, der dem internen Primärsegment entspricht.

Ähnlich wie bei den Institutionalisten wird auch hier versucht, ein Abgrenzungskriterium für die drei Segmente in den Vordergrund zu stellen. Dieses durchgängige Charakterisierungskriterium ist hier die Qualifikation. Dabei berücksichtigen Lutz/Sengenberger (1980, 294) bei der Typisierung der Teilarbeitsmärkte das ausgebaute bundesdeutsche Berufsbildungssystem, das eben eine eigene Form der Arbeitsmarktsegmentierung mit sich bringt. Insgesamt beziehen sich die Autoren bei der Beschreibung der Segmente stark auf die Arbeiten von Doeringer/Piore, so dass hier nicht mehr näher darauf eingegangen werden muss.

Die beiden wichtigsten Grundlagen der Analyse sind das Konzept des Teilarbeitsmarkts und die Humankapitaltheorie. Das Teilarbeitsmarktkonzept kann beschrieben werden als ein „Instrument, mit dem die ... Differenzierung eines Gesamtarbeitsmarkts in Teilmärkte sowie die innere Struktur von Teilmärkten untersucht werden kann". Ein Teilarbeitsmarkt wird definiert „als eine durch bestimmte Merkmale von Arbeitskräften abgegrenzte Struktureinheit des Gesamtarbeitsmarkts, innerhalb der die Allokation, Gratifizierung und Qualifizierung der Arbeitskräfte einer besonderen ... Regelung unterliegt" (Sengenberger 1978, 39 und 29).

Die Entstehung der Teilarbeitsmärkte wird mit Hilfe der Humankapitaltheorie und der in ihren Augen gleichzeitigen Wendung gegen diese begründet, indem dabei die zentrale Rolle der Unternehmung ins Spiel gebracht wird, weil „das Interesse der Unternehmen an der Sicherung und Amortisation eigener Humankapitalaufwendungen in den Vordergrund gerückt wird" (Lärm 1982, 210). Somit entstehen unterschiedliche Teilarbeitsmärkte, zwischen denen kein kostenloser Transfer mehr möglich ist, da eben durch spezifische Humankapitalinvestitionen die Mobilität der Arbeitnehmer behindert wird. Dabei können „Teilarbeitsmärkte und ihre Strukturen ... mehr oder weniger institutionalisiert sein, d. h. die Regeln und Entscheidungsprinzipien sind unterschiedlich normativ verfestigt" (Sengenberger 1978, 37). Hier wird der Rückgriff auf Doeringer/Piore nochmals sehr deutlich.

Aus der beschriebenen Arbeitsmarktstruktur wird dann eine Polarisierung der Beschäftigtenstruktur für verschiedene Arbeitnehmergruppen gefolgert, die sich in der Bildung von Stamm- und Randbelegschaften manifestiert. Die Stammbelegschaft setzt sich aus Arbeitern zusammen, die wegen ihrer spezifischen Ausbildung für das Funktionieren des Unternehmens besonders wichtig sind und denen darum höhere

Löhne und Aufstiegschancen eingeräumt werden. Sie werden bei Schwankungen des Auslastungsgrads des Betriebs zuletzt entlassen. Das Größenverhältnis von Stamm- und Randbelegschaft ist vom geschätzten, konjunkturunabhängigen Anteil an der Gütermarktnachfrage abhängig. Die Randbelegschaft konstituiert sich somit aus Arbeitsplätzen bzw. Arbeitnehmern, die in rezessiven Phasen wegfallen bzw. entlassen werden. Um diese Flexibilität hinsichtlich des Auslastungsgrads auch realisieren zu können, werden die qualifikatorischen Anforderungen an die zur Randbelegschaft zu zählenden Arbeitskräfte so stark minimiert, dass diese nach Möglichkeit nur Jedermann-Qualifikationen aufweisen müssen. Mit dieser Spaltung der Arbeitnehmerschaft in eine Stamm- und Randbelegschaft begründet Sengenberger eine weitere zentrale These, nämlich die der abnehmenden Bedeutung des berufsfachlichen gegenüber den betrieblichen Teilarbeitsmärkten im Zeitablauf. Die Spaltung der Arbeitskräfte in einen betrieblichen und einen Jedermannsarbeitsmarkt korrespondiert mit der Polarisation in Stamm- und Randbelegschaft, weil die hohen Fluktuationskosten von qualifizierten Arbeitskräften – z. B. Kosten für Suche, Einarbeitung, Weiterqualifizierung und Entlassung – die Unternehmen veranlassen, solche Arbeitskräfte möglichst im Betrieb zu halten. Sie werden also in die Stammbelegschaft integriert.

Zur Ergänzung des Humankapitalansatzes wird das Bild der Unternehmung prinzipiell neoklassisch gezeichnet, wobei die Dominanz der Nachfrageseite bei der Segmentation noch durch den so genannten „Betriebsansatz" (Altmann/Bechtle 1971) begründet wird. Darin wird das Unternehmen als ein nach Autonomie strebendes System beschrieben, das durch die damit verbundenen Strategien die betriebszentrierte Arbeitsmarktsegmentation verursacht. Die daraus abgeleitete Auswirkung für den Gesamtarbeitsmarkt und die Arbeitslosigkeit lautet dann: „Entlassungen bei Nachfragerückgang werden hinausgeschoben, Neueinstellungen bei Nachfragebelebung erfolgen nur zögernd" (Blien 1986, 200).

Der betriebszentrierte Ansatz stellt einen wichtigen Beitrag zur Erhellung des Arbeitsmarktgeschehens dar. Nichtsdestoweniger hat auch er etliche Kritik auf sich gezogen:

- Bemängelt wird vor allem, dass der Ansatz in weiten Teilen neoklassischen Denkstrukturen verhaftet ist, statt eine Gegenposition einzunehmen.
- Auch die behauptete Umkehrung der Humankapitallogik, indem primär die Nachfrageseite für die Strukturierung verantwortlich gemacht wird, stimmt so nicht, „da Neoklassiker gerade als Stärke des Humankapitalkonzepts ansehen, dass der Investor durch den Begriff nicht festgelegt wird" (Blien 1986, 196).
- Schwierig erweist sich auch die Zuordnung der Arbeitskräfte in das jeweilige Segment u. a. dadurch, dass die zugrunde gelegte Humankapitaltheorie zu allgemein ist. Dieses Problem bestätigt mit Schultz-Wild (1979, 93) gerade ein Mitarbeiter des ISF: „Überspitzt formuliert: Die Zugehörigkeit zur Stamm- oder Randbelegschaft ist – sofern diese Kategorisierung auf Beschäftigungssicherung bezogen sein soll – immer erst ex post, d. h. nach Personalabbauaktionen feststellbar". Die Bedeutung dieser Schwäche für den ISF-Ansatz bringt exemplarisch Lärm (1982, 232) auf den Punkt: „Damit reduziert sich der Segmentationsansatz auf

die schlichte, fast triviale Aussage, dass es bei Produktionsrückgang zu einer unterschiedlichen Betroffenheit von Arbeitslosigkeit kommen kann, eine wahrlich nicht sehr neue Erkenntnis".
- Auch die behauptete betriebszentrierte Polarisation durch rezessive Phasen und bestehende Arbeitslosigkeit wird kritisiert: So können bei hoher Arbeitslosigkeit qualifizierte Arbeitnehmer kostengünstiger am externen Arbeitsmarkt rekrutiert werden, so dass sie nicht unbedingt gehortet werden müssen. Bei Arbeitslosigkeit jedoch entfällt die Notwendigkeit, Arbeitnehmer zu horten, weil diese mangels Alternativen sowieso nicht kündigen werden.
- Das Drohpotential der Arbeitslosigkeit macht die Arbeitnehmer von selbst loyal, so dass das Unternehmen hier auf bestimmte Reize verzichten kann. „Den verschiedenen Argumenten ist gemeinsam, dass beim Auftreten von Massenarbeitslosigkeit zwar die Arbeitskräfte an den Betrieb gebunden sind, nicht jedoch umgekehrt das Unternehmen an die Arbeitskräfte. Die von Sengenberger konstatierte Symmetrie der Interessen hinsichtlich interner Märkte wird also in Zweifel gezogen" (Blien 1986, 194).
- Durch die Betrachtung betriebsinterner Arbeitsmärkte wird von der Makro- auf die Mikrostrukturebene gewechselt. Während zunächst bei der Analyse der fachlichen und unqualifizierten Teilarbeitsmärkte die horizontale Segmentation über den Gesamtarbeitsmarkt betrachtet wird, untersuchen die Autoren mit dem gleichen Konzept die einzelbetriebliche Spaltung. Dadurch kommt es zu Überlappungen, die sich durch die Verwendung eines einzigen Differenzierungskriteriums für beide Segmentationsdimensionen, nämlich dem der Qualifikation, noch vergrößern. So entstehen sogar stärkere Abgrenzungsschwierigkeiten als bei den Dualansätzen.
- Schließlich ist die Erklärung von Arbeitslosigkeit vor allem durch Mitarbeiter des IAB (vgl. Autorengemeinschaft 1976; Brinkmann 1979; Kaiser 1984) angegriffen worden, die die von Lutz/Sengenberger herausgehobene Bedeutung struktureller Arbeitslosigkeit im Sinne segmentierter Märkte anhand von empirischen Untersuchungen relativierten und zu dem Ergebnis kamen, dass „Strukturalisierungsphänomene bei lang anhaltender Arbeitslosigkeit mit Strukturkausalitäten für die Entstehung von Arbeitslosigkeit" (Mertens 1979, 411) auf keinen Fall verwechselt werden dürften.

Die Forscher des ISF waren offen für die vorgebrachte Kritik und rückten in der Folge davon verschiedentlich von der einen oder anderen zentralen Annahme ab. So verlor insbesondere die Humankapitaltheorie ihre überragende Stellung, was infolge der massiven und wohl auch gerechtfertigten Kritik nur logisch erscheint.

Auch die Rolle der Unternehmen sowie das Verhältnis von Unternehmer und Arbeitnehmer wurde neu bestimmt: „Statt von einem für Unternehmen und Arbeitskräfte symmetrischen Interesse an betrieblichen Märkten auszugehen, gelten ... die Arbeitskräfte nunmehr als abhängig von den Unternehmen" (Blien 1986, 204).

Daneben wurde der ISF-Ansatz dergestalt weiterentwickelt, dass mit Hilfe institutioneller Besonderheiten verschiedener Länder – und dadurch differenzierter Auswirkungen auf die Arbeitsmärkte – eine größere Variabilität der

## 20.1 Konzepte der Arbeitsmarktsegmentation

Arbeitsmarktstrukturen erforscht wird (vgl. Köhler 1981; Köhler/Sengenberger 1982, 1983) Folglich lässt sich nur noch bedingt von dem ISF-Ansatz sprechen, da es eben bereits eine facettenreiche Weiterentwicklung gibt.

**Kasten 20.2   Wirtschaftspolitische Anwendung: Mehr Markt zum Abbau von Arbeitsmarktsegmentierung?**

Aus neoklassischer Perspektive beruht Arbeitsmarktsegmentierung auf Unvollkommenheiten von Märkten (vgl. Wolff $2009^2$, 325 f). Auch der allein von Ökonomen besetzte Sachverständigenrat zur Begutachtung der gesamtwirtschatlichen Entwicklung (SVR 2008, 312) diagnostiziert Segmentationstendenzen am deutschen Arbeitsmarkt. „Der Arbeitsmarkt in Deutschland weist eine hohe Segmentierung auf, beispielsweise zwischen Beschäftigten und Arbeitslosen, zwischen qualifizierten und geringqualifizierten Arbeitnehmern und zwischen regulär und atypisch Beschäftigten." Die Mehrheit will diese durch ‚mehr Wettbewerb' überwinden, während das Minderheitsvotum von Peter Bofinger dies für den falschen Weg hält und pointiert eher für Reregulierungen (z. B. moderate nationale Mindestlöhne) und eine stärker direkt konsumsteigernde Lohnpolitik eintritt (SVR 2008, 350): „Die von der Mehrheit des Sachverständigenrats beklagte ‚ungleiche Verteilung von Chancen und Risiken auf dem Arbeitsmarkt' ist in der Tat bedauerlich, aber sie sollte keinesfalls zum Anlass dafür genommen werden, die rechtlichen Bestimmungen so zu ändern, dass es in Zukunft nur noch Arbeitsplätze zweiter Klasse gibt." Auch der US-Ökonom Wolff ($2009^2$, 326) sieht es kritisch, beim Abbau von Arbeitsmarktsegmentierungen alleine auf ‚mehr Markt' zu vertrauen: „The econometric evidence supports the existence of fundamental differences in factors which determine wages in the primary and secondary labor market segments."

Für gewisse Erfolge einer Strategie zur Forcierung von mehr Wettbewerb sprechen jedoch neuere Querschnittsbefunde etwa zum Abbau geschlechtsspezifischer Lohndifferenzen. Aus neoklassischer Perspektive kann Lohndiskriminierung nur kommen, falls auf den Güter- und Arbeitsmärkten der betreffenden Unternehmen die Wettbewerbsintensität gering ist. Denn nur dann könnten es Unternehmen sich leisten, ihre Arbeitnehmer nach anderen als strikt ökonomischen Maßgaben zu entlohnen. Daraus ist zu folgern, dass mehr Wettbewerb auf den Märkten, auf denen die diskriminierenden Unternehmen tätig sind, auch zu weniger Lohnungleichheit führen muss. Genau dies hat eine umfassende Länder vergleichende empirische Studie zur geschlechtsspezifischen Entlohnung auch herausgefunden (vgl. Wechselbaumer/Winter-Ebmer 2007). Die Kernaussage besagt: Je stärker die Wettbewerbsintensität, desto geringer die geschlechtsspezifische Lohnlücke. Insbesondere die Offenheit der Güter- und Faktormärkte sowie eine weitgehende Deregulierung gehen hiernach mit einem Abbau von Lohndiskriminierung einher. Empirisch unklar bleibt jedoch, ob so die Ungleichbehandlung von Frauen und Männern vollständig beseitigt werden kann. Zusätzlich kann jedoch auch an anderen

Hebeln angesetzt werden, wie weitere empirische Studien zeigen; „Eine bessere Vereinbarkeit von Familie und Beruf könnte daher dazu beitragen, den Lohnabstand zwischen Männern und Frauen zu verringern" (IW 2008, 6).
Eine ähnliche Diskussion wie hinsichtlich der Teilzeit existiert in Bezug auf die dauerhaft geringeren Entlohnungen von Frauen gegenüber Männern, die in Deutschland mit mehr als 20% allerdings deutlich ausgeprägter sind als in einer Reihe anderer Staaten der Europäischen Union (z. B. unter 10% in Belgien, Irland, Italien und Portugal sowie 15% im Durchschnitt der EU im Jahr 2006; vgl. Mau/Verwiebe 2009). Die Literatur führt derartige Einkommensdifferenzen unter anderem auf eine geringere Humankapitalausstattung von Frauen wegen z. B. kinderbedingt mehr Erwerbsunterbrechungen, eine teilweise auch darauf rückführbare geringe Vertretung von Frauen in Führungspositionen und in Arbeitsmarktsegmenten mit besseren Lohnchancen sowie auf die direkte Diskriminierung von Frauen wegen der Präferenzen eines Teils des vorwiegend männlichen Führungspersonals gegen die Beschäftigung von Frauen auf gut bezahlten Arbeitsplätzen, auch wenn dies dem Unternehmensgewinn schadet. Lohnunterschiede beispielsweise zwischen den Geschlechtern, Rassenangehörigen oder zwischen Arbeitnehmern in Voll- und Teilzeit sind noch kein empirischer Beleg für Diskriminierung. Vielmehr sind ökonometrische Studien erforderlich, die von der These ausgehen, dass die Entlohnung im Prinzip stark positiv mit dem Humankapital des Arbeitnehmers korreliert, dessen Ausdruck die marginale Arbeitsproduktivität ist. Dabei werden Unterschiede bei Berufserfahrung sowie Aus- und Weiterbildung statististisch kontrolliert. Dann ergibt sich der Erklärungsbeitrag der Lohndiskriminierung als Residualgröße: „Economists view discrimination as the ‚unexplained' difference in earnings between these groups. ... Proof of discrimination would entail evidence that one group continues to earn less than another even after controlling or standardizing for pertinent explanatory variables" (Wolff $2009^2$, 440). Auch heute gilt allerdings noch die bereits früh erkannte Kritik an der empirischen Schätzung von Diskriminierung: „The wage effects of discrimination are difficult to discern, not least because some of the impact on wages may arise indirectly through discrimination in access to employment, training opportunities or promotions" (vgl. Bryson/Forth 2008, 504). Statistische Analysen haben zwar regelmäßig eine Erklärungslücke von knapp 50%, wenn sie die Lohndifferenzen durch Unterschiede der Qualifikation und aufgrund anderer gängiger theoretisch fundierter messbarer Einflussgrößen auf Basis der neoklassischen Theorie im Querschnitt zu erklären versuchen. Der ‚offene Rest' kann jedoch keineswegs unbedingt völlig auf Probleme der Lohndiskriminierung zurückgeführt werden, da etwa Messprobleme bei komplexer Variablen existieren. Allerdings kann auch nicht von der Hand gewiesen werden, dass Diskriminierung durch Arbeitgeber für einen Teil der beobachtbaren Lohndifferenzen verantwortlich ist. „But one needs considerable faith in the comprehensiveness of the statistical specifications if one is to attribute the whole of the unexplained portion to wage discrimination" (vgl. Bryson/Forth 2008, 504).

## 20.2 Fazit

Allen Segmentationstheorien sind zwei zentrale Charakteristika gemeinsam:

- Teilmärkte werden, im Gegensatz zu traditionellen Teilarbeitsmarkttheorien, nicht mehr als stets gleichförmig funktionierend, mithin durch Lohndifferenzen gesteuert, angesehen, vielmehr wird davon ausgegangen, dass der Lohnmechanismus seine Allokationsfunktion nur zum Teil erfüllt und von anderen Allokationsmechanismen ergänzt oder ersetzt wird.
- Die Analyse von Mobilitätsströmen innerhalb bzw. von Mobilitätsbeschränkungen zwischen den Teilmärkten wird zum zentralen Forschungsgegenstand erhoben.

Das Trennende zwischen den verschiedenen Ansätzen liegt in den unterschiedlichen Begründungszusammenhängen. Gegenüber den meisten neoklassischen Ansätzen lässt sich insbesondere die Berücksichtigung der Nachfrageseite am Arbeitsmarkt positiv hervorheben. Auch die Berücksichtigung gesamtwirtschaftlicher Zusammenhänge führt zu einer breiteren Rezeption der Arbeitsmarktproblematik, auch wenn die Segmentationstheorien letztendlich mikroökonomisch verhaftet bleiben. Neben diesen beiden Punkten enthalten die skizzierten Ansätze noch eine Reihe von Elementen, die über die Neoklassik hinausweisen, so z. B. die Ablehnung der Grenzproduktivitätstheorie, die Auffassung der Dysfunktionalität von Lohnflexibilität im primären Sektor, die Betonung institutioneller Arbeitsmarktdeterminanten, die Einbeziehung von Gewerkschaftsanalysen und die intendierte Endogenisierung von Technologieentwicklungen oder die Entdeckung der soziologischen Dimension der Arbeitsmarkttheorie.

Aber auch Schwachstellen sind insgesamt zu registrieren. So werden die Arbeitsmarktsegmente meist schon exogen vorausgesetzt, endogen ergibt sich dann nur noch ihre Verstärkung. Entsprechend muss die Arbeitslosigkeit zumindest für den sekundären Teilarbeitsmarkt bereits vorausgesetzt werden und die Ansätze können auch nur die Struktur der Arbeitslosigkeit miterklären. Schließlich ist die Dominanz der Humankapitaltheorie bei nahezu allen Segmentationsansätzen deren große Achillesferse, da sie sich in diesem für sie so zentralen Punkt auf die Neoklassik beziehen, die auszuhebeln doch gerade ihr erklärtes Ziel ist.

So konnte entgegen der Meinung von Pfriem (1979, 146) lange Zeit wohl nicht davon ausgegangen werden, dass die Segmentationstheorien ein eigenständiges Paradigma darstellen. Allerdings mag sich dies zwischenzeitlich geändert haben, wie etwa die Behandlung des Ansatzes im Überblicksbeitrag von Bryson/Forth (2008, 503) zeigt. Hiernach stellen die Segmentationstheorien im Vergleich etwa zu Effizienzlohntheorien die Zusatzthese auf, dass die Struktureigenschaften solcher Arbeitsmärkte die Mobilität der Arbeitnehmer vom sekundären zum primären Segment stark einschränken (z. B. wegen interner Arbeitsmärkte, auf denen nur wenige Eintrittsmöglichkeiten existieren, oder da die Arbeitgeber die dort gesammelten Arbeitserfahrungen nur wenig wertschätzen oder sogar negativ bewerten). „In consequence, the segment in which an employee is located partly determines their wage, both now and in the future" (Bryson/Forth 2008, 503).

Da die trennscharfe Identifikation von Arbeitsmarktsegmenten sich in der Praxis jedoch seit Beginn der Debatte als schwierig erwiesen hat, zeigt die Empirie ein heterogenes Bild und wird äußerst kontrovers bewertet oder es wird sogar behauptet, der Ansatz sei nicht empirisch überprüfbar. Letzteres beinhaltet implizit wohl ein vernichtendes wissenschaftliches Urteil. „Jedoch ist die Feststellung der empirischen Unüberprüfbarkeit der Arbeitsmarktsegmentierung noch kein Grund, den theoretischen Gehalt in Frage zu stellen" (Farhauer 2003, 110). Ebenfalls lässt sich auch argumentieren, dass der Hinweis auf empirische Überprüfungen der verschiedenen Segmentationsansätze sich sowieso erübrigen würde, da diese im Gegensatz zu den neoklassischen Ansätzen durch ein induktives Vorgehen gekennzeichnet sind. Kennzeichen dieser Ansätze ist ja gerade ihre Entwicklung aus der empirischen Beobachtung heraus. Schließlich werden immer wieder Fallstudien zur Kontrolle der Stabilität einzelner Segmente oder zur Evaluation eventueller Verschiebungen der Segmentationslinien durchgeführt (siehe beispielsweise Baden/Kober/Schmid 1996). Auch findet sich bei Farhauer (2003, 110 f) ein Überblick zu Studien, die die Existenz dualer Arbeitsmärkte empirisch belegen (vgl. auch umfassend Köhler u. a. 2008). Zudem finden sich auch Befunde, die auch neoklassisch orientierte Autoren die Bedeutung von Segmentierung erkennen lassen, wie sich am Beispiel der Teilzeitarbeit demonstrieren lässt. Andere Faktoren als Präferenz- oder Fähigkeitsunterschiede dürften für die dort beobachtbaren Lohndifferenzen zur Vollzeitarbeit – etwa in Großbritannien nach Kontrolle anderer Einflussfaktoren von durchschnittlich 10% für Frauen (Manning/Petrongolo 2005) – relevant sein und auch die Arbeitnehmermobilität in besser bezahlte Arbeitsplätze behindern. Denn Teilzeitarbeit ist vor allem in einigen Branchen konzentriert und dann, wenn in einem Sektor zum Großteil Teilzeitarbeit eingesetzt wird (etwa bei Pflege- oder Reinigungsdienstleistungen), ist der Abschlag für Teilzeit mit im Schnitt 3% laut Maning und Petrongolo deutlich geringer. Dies betrachten Anhänger des Segmentationsansatzes als Evidenz für die Theorie: „This points to distinct segments in the labor market, with employees needing to offer full-time hours in order to access better-paid segments" (vgl. Bryson/Forth 2008, 503). Kritiker dieser Sichtweise würden hingegen die geringere Entlohnung von Arbeitnehmern mit Teilzeit als Teil der Gesamtkompensation ansehen, da sie für die niedrigeren Löhne durch höhere Flexibilität bei der Arbeitszeit kompensiert würden. Gegen die vollständige Erklärung der Problematik durch dieses Argument kompensierender Lohndifferenziale sprechen allerdings empirische Befunde begrenzter Mobilität zwischen Teilzeit und Vollzeit (vgl. White/Forth 1998) und eine geringere Vergütung von Teilzeiterfahrungswissen im Vergleich zur Vollzeit (vgl. etwa Myck/Paul 2004). Zu berücksichtigen ist jedoch auch, dass aus Arbeitgebersicht die Dispositionsmöglichkeiten des Arbeitgebers gegenüber Vollzeitbeschäftigten unter anderem in Bezug auf die Flexibilität des Arbeitseinsatzes vergleichsweise höher sind, so dass sich der dauerhafte Lohnaufschlag zumindest zum Teil ebenfalls hierdurch erklären lassen könnte.

Diese ausführliche Darstellung der verschiedenen Segmentationsansätze mag zunächst überraschen, da sie doch recht lange bis vor wenigen Jahren nicht mehr explizit diskutiert werden. Gerade neuere Debatten verdeutlichen aber, dass diese Konzepte immer noch – und vor dem Hintergrund der Auswirkungen des technologischen

Wandels auf den Arbeitsmarkt und der Folgen der Globalisierung auch wieder – einen hohen Stellenwert besitzen. Auch sollte berücksichtigt werden, dass etwa in der soziologischen Sozialstrukturforschung die Aufteilung des Arbeitsmarkts in relativ stark voneinander abgeschottete Segmente häufig als wichtiges Faktum und Ausgangspunkt weiterer Analysen genommen, wie folgendes Zitat zeigt: „Sie trägt zur Verfestigung von Strukturen unterschiedlicher sozialer Positionen oder Karriereverläufe und damit zur Verfestigung sozialer Ungleichheit im Lebenslauf bei. Die verschiedenen Segmente gehen nicht nur mit unterschiedlichen Statuspositionen im Ungleichheitsgefüge (Einkommen, Arbeitsbedingungen) einher, sondern sie sind auch mit unterschiedlichen Aufstiegschancen verknüpft" (Huinink/Schröder 2008, 241). Um eine fruchtbare fächerübergreifende sozialwissenschaftliche Debatte sicher zu stellen, sollten also auch Mainstreamökonomen sich „ohne ideologische Scheuklappen" mit Segmentationphänomenen auseinander setzen – da offensichtlich die Empirie zumindest keineswegs so eindeutig gegen diese Ansätze spricht, wie bisweilen behauptet wird.

Der Leser kann die Relevanz dieser Ansätze aber auch daran erkennen, dass – bis auf die Ablehnung der Grenzproduktivitätstheorie – alle anderen gemeinsamen und gerade aufgeführten Elemente auch in den zuvor behandelten Arbeitsmarkttheorien zu finden sind. Diese Elemente werden in den neuen Erklärungsansätzen neoklassisch fundiert sowie rigoros formuliert und tragen somit zur Weiterentwicklung der Arbeitsmarkttheorien bei. Deutlich wird diese Verquickung beispielsweise anhand von Arbeiten wie der von Erke (1993), die den Titel trägt „Arbeitslosigkeit und Konjunktur auf segmentierten Arbeitsmärkten. Eine makroökonomische Analyse auf der Grundlage der Effizienzlohntheorie". Allerdings ist diese Entwicklung nicht frei von Ambivalenzen, denn die rigorose und modellorientierte Neuformulierung der segmentationstheoretischen Argumente führte auch zu einem Verlust der über die ökonomische Betrachtung hinausgehende gesellschaftstheoretischen Aspekte, die jedoch auch von nicht zu vernachlässigender Relevanz für den Arbeitsmarkt sind (vgl. hinsichtlich dieser Vorgehensweise beispielsweise Saint-Paul 1996).

## 20.3 Weiterführende Literatur

Der institutionalistische Ansatz in seinen Grundzügen ist in Doeringer/Piore (1971) sowie in Piore (1973) zu finden. Der Sammelband von Sengenberger (1978) stellt die traditionellen Ansätze in Form übersetzter Originalartikel vor und ist somit unverzichtbar. Die Ideen des alternativrollentheoretischen Ansatzes sind in folgenden beiden Sammelbänden Offe/Hinrichs (1977) und Offe (1984). Der ISF-Ansatz und seine Entwicklung kann mit Hilfe von Lutz/Sengenberger (1974), Sengenberger (1975; 1987) und Lutz (1987) nachvollzogen werden.

Aus der Fülle kommentierender Literatur kann an dieser Stelle natürlich nur ein sehr kleiner und subjektiver Ausschnitt angeboten werden, der aber u. E. ein breites Spektrum abdeckt. Blien (1986) gibt einen kritischen Überblick über die hier besprochenen Segmentationsansätze auch und gerade in Abgrenzung zur Neoklassik. Der Sammelband von Brinkmann, C. et al. zeigt den Diskussionsstand nach der ersten Welle segmentationstheoretischer Ansätze. Die Aufsätze von Freiburghaus/ Schmid (1975) und Hofemann/Schmitt (1980) geben knappe und lesenswerte Überblicke. Lärm (1982) diskutiert ausführlich neoklassische und segmentationstheoretische Ansätze, um schließlich deren Vereinbarkeit zu prüfen.

Pfriem (1979) stellt diese Ansätze in grundsätzlicher Form gegenüber, so dass dieses Werk immer noch ein grundlegendes Buch zur Arbeitsmarkttheorie darstellt. Wolff (2009$^2$) liefert eine aktuelle Darstellung der segmentationstheoretischen Ansätze im Vergleich zur neoklassischen Analyse. Köhler u. a. (2008) zeigen auf, dass die segmentationstheoretische Perspektive trotz aller Kritik auch heute noch als fruchtbarer Forschungsansatz genutzt werden kann.

# Teil VI
# Integration der verschiedenen Ansätze in einem einheitlichen makroökonomischen Rahmen

# Kapitel 21
# Das „Konsensmodell"

Nachdem die bisherigen Kapitel die Vielfalt theoretischer Erklärungsmöglichkeiten für die Abläufe am Arbeitsmarkt aufzeigten, ist es Aufgabe dieses Kapitels, eine mögliche Integration dieser Ansätze darzustellen.

## 21.1 Hintergrund und zentrale Modellelemente

Die neuere internationale Evidenz zu Studien der Lohnrigidität basierend auf ökonometrischen Untersuchungen und Surveys zu Managerbefragungen (vgl. den Überblick bei Hyclack u. a. 2005, 444 ff) lässt insgesamt recht eindeutige Schlussfolgerungen zu. Hiernach spiegelt der empirisch feststellbare Mangel an kurzfristigen Lohnreaktionen auf ein Überschussangebot an Arbeit verschiedene Aspekte impliziter Kontrakte, des Effizienzlohns und des Insider-Outsider-Modells wider: „…the hypotheses about the causes of wage stickiness drawn from the implicit contract, efficiency wage, and insider-outsider theories are generally supported by econometric and survey evidence (Hyclack u. a. 2005, 447; vgl. auch Borjas 2007[4], 518; Kaufman/Hotchkiss 2005[7], 686 ff; McConnell u. a. 2005[7], 551 ff).

Die sich auch in diesem Zitat widerspiegelnde Vielfalt an Erklärungsansätzen ist aufgrund der empirischen Breite unterschiedlichster Arbeitsmarktphänomene zunächst als positiv zu beurteilen. Allerdings hat diese Zersplitterung auch ihre Nachteile. So produzieren die vorliegenden Theorien eine Reihe von Ergebnissen, die dann wiederum in einer Fülle ökonometrischer Arbeiten empirisch getestet werden. Dies führt wiederum zu einer nahezu unüberschaubaren Flut an Literatur zu den verschiedensten Einzelaspekten mit – gewollten und ungewollten – Widersprüchen aufgrund unterschiedlicher Datensätze, verschiedenster ökonometrischer Modelle und Verfahren und nicht zuletzt voneinander abweichender Fragestellungen. Dieser Reichtum an Resultaten hinterlässt somit auch einen etwas unbefriedigenden Eindruck, da die Relevanz unterschiedlicher Ansätze nicht mehr erkennbar ist. Wenn man sich nochmals den Verlauf der deutschen Arbeitslosenquote (vgl. Kap. 2) und auch der europäischen vor Augen hält, so ist für die Forschung zunächst eine grobe Zweiteilung der Fragestellungen zu erkennen: Zum einen geht es um die Frage der Entstehungsursachen für Arbeitslosigkeit und zum anderen um deren dauerhaften Charakter bzw. Persistenz (vgl. beispielsweise Bean 1994 oder Blanchard/ Illing 2006[4], 397 ff). Damit zeigt sich das theoretische Erkenntnisinteresse abhängig von der empirischen Entwicklung, denn während Fragen nach den Verursachungsfaktoren von Arbeitslosigkeit vor allem bis Mitte der achtziger Jahre dominierten, herrscht seitdem die Erklärung des Persistenzphänomens vor. Dies weist auch bereits auf eine zweite notwendige Erweiterung hin.

Auch wenn hier – wie generell in der Arbeitsmarktforschung – die mikroökonomische Perspektive präferiert wird, Arbeitsmarktphänomene also aus dem Rationalverhalten von Individuen abgeleitet wird, so erscheint eine ergänzende makroökonomische Betrachtung notwendig und sinnvoll. Denn viele Einflüsse auf den Arbeitsmarkt sind nicht aus diesem endogen bestimmbar, sondern kommen exogen von anderen Märkten. Beispielsweise braucht eine Lohnerhöhung über den Markträumungslohn, wie etwa in den Gewerkschaftsmodellen, den Effizienzlohntheorien oder den Insider-Outsider-Ansätzen, auch eine Begründung, wie die Unternehmen am Markt für Güter und Dienstleistungen das dafür notwendige Einkommen erwirtschaften. Schließlich wird die Beschäftigungssituation zwar mikroökonomisch fundiert, gleichzeitig aber als makroökonomisches Phänomen betrachtet. Dies erfordert daher einen makroökonomischen Erklärungsrahmen, in den die verschiedenen mikroökonomischen Erklärungsansätze integriert werden können.

Somit wird die Bedeutung der mikroökonomischen Erklärungsebene durch eine stärkere Berücksichtigung makroökonomischer Zusammenhänge relativiert. Der üblichen Vorstellung, dass Ergebnisse auf makroökonomischer Ebene als Resultat mikroökonomischer Verhaltensweisen aufzufassen sind und somit nur noch das Geschehen auf der Mikroebene interessiert, wird die Gegenposition gegenübergestellt und damit die Interdependenz beider Ebenen betont. „Mikroverhalten wird auch wesentlich vom sozialökonomischen Makrozusammenhang beeinflusst, um nicht zu sagen gesteuert, so dass eine realitätstüchtige Erklärung des mikroökonomischen Handelns gar nicht mehr ohne Rückgriff auf makroökonomische Fakten und deren Ausdeutung möglich erscheint. Nur mit Hilfe des axiomatischen Tricks eines sozial isolierten Individuums lässt sich die Mikroebene derart ‚auszeichnen', wie es die Neoklassik tut" (Zinn 1988, 14). Der Fortschritt gegenüber älteren Ansätzen ist allerdings der, dass die für den Arbeitsmarkt relevanten Marktergebnisse in anderen Märkten ebenfalls mikrofundiert werden.

Im Gegensatz zur neoklassisch geprägten Mikroökonomie ist die Makroökonomie jedoch aufgrund theoretischer und empirischer Unstimmigkeiten in den letzten gut 35 Jahren wesentlich heterogener geworden (Mankiw 1990, 1647; vgl. hierzu auch die Überblicke von Franz 1992a,b, Snowdon/Vane/Wynarczyk 1994, Benassi/Chirco/Colombo 1994, Flemmig 1995; Blanchard/Illing 2006). Die Bestimmung eines makroökonomischen Rahmens ergibt sich zum einen aus dem empirischen Persistenzphänomen und daraus, dass es bei Existenz von Hysterese nach Angebots- oder Nachfrageschocks von sich aus nicht notwendigerweise zu einem sozialen Optimum kommt (vgl. Summers 1988, 23). Kombiniert man zum anderen die bisher diskutierten Lohnrigiditäten mit der Annahme von Marktmacht im Sinne von Preissetzungsspielräumen aufgrund unvollkommener Märkte (vgl. Silvestre

1993, 106), so erschließt sich aus diesen beiden Punkten die Konzentration auf die Neue Keynesianische Makroökonomie (NKM) und den Neukeynesianismus, die hier trotz erheblicher Unterschiede nicht weiter differenziert werden sollen (vgl. hierzu beispielsweise Gordon 1990, Gahlen/Hesse/Ramser 1993; Funk 1999b, 98–112).

Im Unterschied zu den verschiedenen Ansätzen der Neuen Klassischen Makroökonomie (NCM; vgl. beispielsweise Utecht 1994) geht die NKM von – eben auch in der Empirie zu beobachtenden – Lohn- und Preisträgheiten auf den Arbeits- und Gütermärkten aus. Zudem wurde mit den diskutierten Erklärungsansätzen die Möglichkeit zur Mikrofundierung der NKM geschaffen, so dass man hier von einer Art Konsensmodell zur Analyse von Arbeitsmarktproblemen sprechen kann (vgl. Carlin/Soskice 1990, 2006; Layard/Nickell/Jackman 1991 bzw. 2005, 1994; Funke 1991; Franz 1995a). Darüber hinaus ist die NCM aufgrund ihrer Annahmen nicht in der Lage, langfristige Arbeitslosigkeit zu erklären. Dagegen besteht die neukeynesianische Klammer der verschiedenen Ansätze darin, dass Marktunvollkommenheiten wie asymmetrische Informationen, unvollkommener Wettbewerb oder Preisträgheiten für das Verständnis von Marktprozessen als zentral und unverzichtbar angesehen werden.

Insgesamt wird man jedoch die Arbeit mit Hysteresemodellen eher als Grenzgang zwischen neoklassischer und keynesianischer Theorie betrachten können, weil keynesianische Momente auf der Makroebene neoklassisch mikrofundiert werden und die Hysteresemodelle das Fortbestehen von Arbeitslosigkeit trotz konjunktureller Erholung thematisieren, unabhängig davon, ob der ursprüngliche Schock klassischer oder keynesianischer Natur war (vgl. Layard/Nickell/Jackman 1991, 11; Winter-Ebmer 1992). Vogt (1995, 4) geht sogar so weit, dass er makroökonomische Modelle der hier thematisierten Art eher als klassisch bezeichnen würde, „weil die Arbeitslosigkeit (gerade auch im Sinne von Keynes) klassisch, nämlich mit einem zu hohen Reallohn, begründet wird". Darüber hinaus könnte man auch argumentieren, dass der Begriff Makroökonomie insofern irrelevant ist, als „the development of the New Keynesian Economics has been one of tighter and tighter interweaving and cross fertilization between microeconomic and macroeconomic theory" (Benassi/Chirco/Colombo 1994, 427). Konsequenterweise sprechen diese Autoren daher nur von Neuer Keynesianischer Ökonomie und nicht von Makroökonomie.

Aufgabe eines derartigen Modells ist also die Integration und Diskussion von Hysterese sowie die modelltheoretische Berücksichtigung wesentlicher makroökonomischer stilisierter Fakten (Funke 1991, 531; Pflüger 1994, 33–37). Damit wird deutlich, dass mit dem hier vorzustellenden Modellrahmen, der je nach Autor in unterschiedlichen Versionen vorliegt, nicht nur Hystereseprobleme, sondern auch Fragen nach dem Entstehen von Arbeitslosigkeit analysiert werden können und werden (vgl. Franz 1995a; Wenzel 1995). Im Gegensatz zur NCM wird hier von der Situation unvollständigen Wettbewerbs auf den Güter- bzw. Dienstleistungsmärkten und den Faktormärkten ausgegangen, auf denen die Unternehmen als Gewinnmaximierer agieren.

Insgesamt lässt sich dieses Modell mit Hilfe von drei Kurven bzw. Verhaltensfunktionen darstellen:

- einer preisbestimmten Reallohnfunktion aufgrund des unternehmerischen Gewinnmaximierungsverhaltens bei unvollkommener Konkurrenz; sie wird häufig auch als Preissetzungsfunktion bezeichnet;
- einer lohnbestimmten Reallohnfunktion aufgrund des oben skizzierten Lohnfindungsprozess durch die Erwerbstätigen und ihre Gewerkschaftsvertreter (im Zusammenspiel mit der Arbeitgeberseite); für diese häufig auch als Lohnsetzungsfunktion bezeichnete Kurve „gibt es zahlreiche ökonomische Theorien – zu nennen wären hier Insider-Outsider-, Effizienzlohn-, Search-Matching- und Union-Bargaining-Theorien – die als Erklärung für einen derartigen Zusammenhang herangezogen werden können" (SVR 2005, 151); das sei beispielhaft erläutert: „Aus der *Perspektive gewerkschaftlicher Erklärungsansätze* und der *Insider-Outsider-Theorie* sind bei niedriger Arbeitslosigkeit ceteris paribus leichter höhere Lohnforderungen durchzusetzen als bei hoher, da mit steigender Beschäftigung das Drohpotenzial der Arbeitslosigkeit abnimmt. Aus Sicht der *Effizienzlohntheorie* müssen Arbeitgeber tendenziell bei niedriger Arbeitslosigkeit bzw. bei hoher Beschäftigung den Lohnaufschlag unter sonst gleichen Bedingungen im Vergleich zu einer Situation hoher Arbeitslosigkeit steigern, da so Bummelei (Shirking-Ansatz) und die Kündigungsneigung der Arbeitnehmer (Labor-Turnover-Ansatz) vermindert und eine hohe Qualität der Bewerber (Adverse-Selection-Ansatz) aufrecht erhalten werden können. Folglich ist in der Regel von einem positiven Zusammenhang zwischen aggregierter Beschäftigung und dem Konsumentenreallohn auszugehen." (Funk 2001a, 959).
- einer aggregierten individuellen Arbeitsangebotsfunktion, die hier vereinfachend als vollkommen unelastisch in Bezug auf den Reallohn eingezeichnet wird (ausführliche modelltheoretische Herleitungen finden sich u. a. bei Apolte 2007; Blanchard/Illing 2006[4]; Carlin/Soskice 1990, 2006; Englmann 2007, 276 ff; Franz 2006[6], 372 ff, Funke 1991; Görgens/Ruckriegel 2006, Hickel 2006, 183–195; Layard/Nickell/Jackman 1991, 2005; Lindbeck 1993, Pflüger 1994; Spahn 2009[2], 123 ff; Vogt 1995a; Wagner 2003, 261 ff.).

Ausgangsgleichgewicht zwischen den Märkten ist dabei häufig die inflationsstabile Arbeitslosenquote (NAIRU), wie sie in Kap. 2 dargestellt wurde. Eine alternative Darstellung mit Hilfe der natürlichen Arbeitslosenquote findet sich allerdings ebenfalls häufig in der Literatur.[1] In dem Punkt, in dem die preisbestimmte und die lohnbestimmte Reallohnfunktion im Gleichgewicht sind, ist auch die Preisentwicklung stabil und die Arbeitslosenquote in ihrem langfristigen Gleichgewicht. Weiterhin ist das aggregierte individuelle Arbeitsangebot abgetragen.

Die preisbestimmte Reallohnfunktion der Unternehmen gibt die mit ihrem Gewinnmaximierungskalkül zu vereinbarenden Preis-Beschäftigungs-Kombinationen

---

[1] Nach Snowdon/Vane (2005, 403) lässt sich dies folgendermaßen begründen: Trotz der Anerkennung der weitgehenden Anerkennung der konzeptionellen Differenzen zwischen „the concepts of the natural rate and the NAIRU, Ball and Mankiw (2002) argue that NAIRU is ‚approximately a synonym for the natural rate of unemployment'. Therefore, in the discussion that follows we will assume that the two concepts can be used interchangeably."

**Abb. 21.1** Neukeynesianisches Makromodell. (Eigene Darstellung)

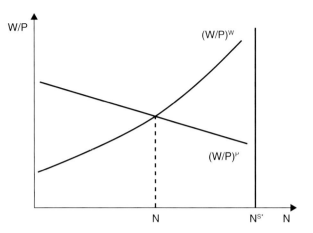

wieder. Grundlegend dafür ist die Annahme, dass bei unvollständiger Konkurrenz die Preise nicht stark von Nachfrageschwankungen abhängen und die preisbestimmte Reallohnfunktion deshalb relativ flach verläuft. Die Ursachen bzw. die Mikrofundierung für diese imperfekte, träge Preisanpassung wird im Rahmen dieser Ansätze üblicherweise mit drei Begründungen geliefert: Preisanpassungskosten (menu costs), Informationsunvollkommenheiten und mark up-pricing aufgrund heterogener Güter (vgl. bspw. Carlin/Soskice 1990, 140–143; Benassi/Chirco/Colombo 1994; Pflüger 1994). Insgesamt erscheint es als sowohl empirisch wie auch theoretisch gut abgesichert, dass die preisbestimmte Reallohnfunktion einen waagrechten Verlauf bzw. eine leicht negative Steigung besitzt. Die preisbestimmte Reallohnfunktion spiegelt somit das Preissetzungsverhalten der Unternehmen auf den Produktmärkten abhängig vom Beschäftigungsniveau wider. Der Fall vollständiger Konkurrenz könnte als Unterfall derart integriert werden, dass dann – bei Vernachlässigung von Anpassungsfriktionen – die preisbestimmte Reallohnfunktion der aus dem neoklassischen Grundmodell bekannten Arbeitsnachfragefunktion entspricht und die negative Steigung eben die abnehmende Grenzproduktivität von Arbeit verkörpert (vgl. Franz 1995a, 7).

Eine kurze und formal einfach gehaltene Darstellung verdeutlicht diese Zusammenhänge:

Auf den Gütermärkten wird unvollkommene Konkurrenz aufgrund der eben angeführten Gründe unterstellt. Für das einzelne Unternehmen wird von der Produktionsfunktion

$$y = f(K, L) \tag{21.1}$$

ausgegangen, wobei y für das vom Unternehmen produzierte Gut steht, K für Kapital und L für die Beschäftigung. Unterstellt man homothetische Nutzen- bzw. Gewinnfunktionen, so kann von einem repräsentativen Unternehmen ausgegangen werden; Indices werden somit nicht benötigt (vgl. Pflüger 1994, 51).

Die Gewinnmaximierung dieser Unternehmung kann unter der Annahme eines konstanten Kapitalstocks üblicherweise formuliert werden als

$$\max \ P(y)y - WL(y). \tag{21.2}$$

Löst man dieses Maximierungsproblem nach y auf, so erhält man den Preis als ein Produkt aus den Grenzkosten und dem Mark-up-Faktor in Abhängigkeit von der Preiselastizität der Nachfrage:

$$P = \frac{W}{dy/dL} \cdot \frac{1}{1 - (1/e)} \tag{21.3}$$

Der Spezialfall der vollständigen Konkurrenz ergibt sich somit aus einer unendlich großen Substitutionselastizität der Nachfrage, so dass der Mark-up-Faktor hier gleich eins ist. In diesem Fall wird der Gewinn maximiert, wenn der Preis gleich den Grenzkosten ist. Daraus ergibt sich weiterhin, dass der Reallohn dem Grenzprodukt der Arbeit entspricht. Bei vollständiger Konkurrenz stellt die preisbestimmte Reallohnkurve somit die Grenzproduktivitätskurve der Arbeit dar. Bei unvollständiger Konkurrenz hingegen ist der Mark-up-Faktor größer eins und korreliert negativ mit der Elastizität. Hier nun maximiert die Unternehmung ihren Gewinn bei einer Outputmenge, bei der das Grenzprodukt der Arbeit über dem Reallohn liegt. Die Unternehmung rationiert sich in diesem Fall selbst, weil sie bei einer Outputerhöhung diesen nicht mehr zu dem gewinnmaximalen Preis absetzen kann.

Die preisbestimmte Reallohnfunktion ergibt sich somit als

$$\frac{P}{W} = \frac{1}{1 - (1/e)} \cdot \frac{dL}{dy} \tag{21.4}$$

und hat einen relativ flachen oder sogar waagrechten Verlauf, weil eben die Preise bei unvollkommener Konkurrenz nur schwach von der Nachfrage abhängen. Daraus folgt, dass der preisbestimmte Reallohn nahezu oder vollständig unabhängig von der Beschäftigung ist (vgl. bspw. Funke 1991, 533; siehe hierzu ebenfalls Carlin/Soskice 1990, 436ff). „Wichtig ist jedoch, dass als empirisch gesichert angesehen wird, dass die Preise bei unvollkommener Konkurrenz relativ schwach im Konjunkturzyklus reagieren und damit der seitens der Unternehmen implizit bei ihrer Preissetzung akzeptierte Reallohn relativ unabhängig von der Höhe der Beschäftigung ist" (Flemmig 1995a, 78).

Die lohnbestimmte Reallohnfunktion kann nicht als Angebotsfunktion im eigentlichen Sinne verstanden werden. Sie ergibt sich aus den verschiedenen mikrofundierenden Lohnsetzungserklärungen, die entweder, wie die Effizienzlohntheorien, ihren Ausgangspunkt auf der Arbeitsnachfrageseite oder, wie die Insider-Outsider-Ansätze oder die verschiedenen Gewerkschaftstheorien, auf der Arbeitsangebotsseite haben. Im Unterschied zur aggregierten indivduellen Angebotsfunktion verkörpert die lohnbestimmte Reallohnfunktion somit das kollektive

## 21.1 Hintergrund und zentrale Modellelemente

Arbeitsangebot (vgl. Franz 1995a, 9). Formal kann diese Funktion dargestellt werden als

$$w = \frac{W}{P} = f(K, L, P/P_e, z) \tag{21.5}$$

Der lohnbestimmte Reallohn steht somit in positiver Abhängigkeit von Kapitalstock, Beschäftigungsniveau und der Größe z, die eine Reihe von so genannten wage-push-Faktoren bündelt. Der lohnbestimmte Reallohn ist negativ abhängig von dem Verhältnis des aktuellen zum erwarteten Preisniveau.

Wichtig hierbei ist eben, dass der Reallohn auch von der Variable z abhängt, die eine Art Sammelbecken für eine Vielzahl direkt und indirekt auf den Lohn wirkender Größen darstellt. Die Variablen mit direktem Einfluss auf den Reallohn sind die Stärke der Gewerkschaften, Mismatch zwischen Angebot an und Nachfrage nach Arbeit sowie Niveau und Dauer der Arbeitslosenunterstützung. Zu den indirekt wirkenden Variablen zählen Änderungen im Steuersystem und bei den Lohnnebenkosten sowie Importpreisschwankungen. Diese Variablengruppe ist insbesondere für die Schere zwischen dem Konsum- und dem Produktlohn verantwortlich. Letzterer umfasst alle das Unternehmen mit der Beschäftigung eines Arbeitnehmers belastenden Kosten – somit auch und gerade die fiskalischen Abgaben – und wird mit dem Outputpreis deflationiert. Der Konsumlohn dagegen entspricht dem Nettolohn ohne indirekte Steuern, deflationiert mit dem Konsumentenpreisindex (vgl. Franz 1995a, 29). Dieser Keil zwischen dem für das Arbeitsangebot entscheidenden Konsumlohn und dem die Arbeitsnachfrage determinierenden Produktlohn kann in vereinfachter Form folgendermaßen formuliert werden:

$$K = \frac{W_p}{W_c} = \frac{(1+s)W/P}{(1-t)W/P_c} = \frac{(1+s)P}{(1-t)P_c} \tag{21.6}$$

mit s = Lohnnebenkosten und t = Lohnsteuer.

Dieses makroökonomische Modell ist grundsätzlich kompatibel mit den in den voranstehenden Kapiteln diskutierten Erklärungsansätzen, und es lässt sich um die Bedingungen auf den Güter- und Kapitalmärkten erweitern (vgl. dazu beispielsweise Lindbeck 2006 oder Carlin/Soskice 2006). Auch lässt sich der Ansatz fruchtbar in der wirtschaftspolitischen Analyse und Politikberatung einsetzen, wie der folgende Kasten zeigt (vgl. zu weiteren wirtschaftspolitisch relevanten Anwendungen des Modells beispielsweise Hardege u. a. 2008; Sesselmeier 2008b).

**Kasten 21.1  Wirtschaftspolitische Anwendung: Modellanalyse der Kombilöhne im Konsensmodell**

Was ist die Grundidee von Kombilöhnen? Wie lassen sich dessen gesamtwirtschaftliche Nebenwirkungen im Rahmen des Konsensmodells des Arbeitsmarkts darstellen? Wie könnte das mit Kombilöhnen verbundene Problem des Sozialstaatsdilemmas überwunden werden?

*Grundproblematik:* Kombilöhne sind „Lohnsubventionen, welche an die Aufnahme oder weitere Ausübung einer abhängigen Beschäftigung gebunden sind" (SVR 2006b, S. 31; der folgende Überblick beruht auf Funk 2006b, 1234 ff; vgl. als Überblick auch Eichhorst 2008). Kennzeichnend ist folglich die Kombination aus Lohn- und Transferzahlungen. Nach diesem Kriterium gibt es in Deutschland faktisch seit einiger Zeit bereits Kombilöhne: Denn der Staat garantiert den Beziehern niedriger Einkommen durch die bedarfsabhängige Grundsicherung das soziokulturelle Existenzminimum, und Teile des Arbeitseinkommens werden nicht vollständig auf Sozialleistungen wie das Arbeitslosengeld II angerechnet. Ziel der Kombilöhne ist es, (Langzeit-) Arbeitslosigkeit von arbeitsfähigen Personen zu verringern, die wegen ihrer niedrigen Produktivität nur ein relativ niedriges Entgelt erzielen können. Hierbei ergibt sich jedoch insofern ein „Sozialstaatsdilemma", als „einerseits bei der Leistungshöhe der Grundsicherung und der hohen Transferentzugsrate die monetären Anreize zu Arbeit im Niedriglohnbereich meist zu gering sind, andererseits für Kombilohnregelungen mit geringeren Transferentzugsraten und stärkeren monetären Arbeitsanreizen aber Transferzahlungen bis in mittlere Lohnbereiche in Kauf genommen werden müssten." (Scherl 2006, 437; vgl. hierzu auch Boss 2006, 25). Anders ausgedrückt: Höhere Lohnzuschüsse als derzeit, die immer wieder politisch debattiert werden, würden unter sonst gleichen Umständen mit erheblichen fiskalischen Belastungen verbunden sein, die angesichts der hohen Staatsverschuldung und der hohen Steuerbelastung wirtschaftspolitisch schädlich wirken dürften, wie auch die Modellanalyse im Rahmen des neuen Konsensmodells einer quasi-gleichgewichtigen Arbeitslosigkeit verdeutlicht. Zentrale Elemente dieses Modells sind die im gesamtwirtschaftlichen Reallohn-Beschäftigungsdiagramm negativ geneigte Preissetzungsfunktion, die hier vereinfacht – und aus Sicht einigen Autoren durchaus kontrovers – als Arbeitsnachfrage interpretiert wird, die mit dem Reallohn steigende Lohnsetzungsfunktion und das – oberhalb der Unterstützungszahlungen – rechts davon liegende Arbeitsangebot. Das Zusammenspiel bestimmt die häufig auch als quasi-gleichgewichtig bezeichnete Höhe der Arbeitslosigkeit (Strecke AB in Abb. 21.2).

*Theoretische Analyse:* Es ist zu unterscheiden zwischen Lohnsubventionen an die Arbeitnehmer, die in der Regel mit Kombilöhnen gemeint sind und die Anreize der Arbeitslosen für die Arbeitsaufnahme zu Niedriglöhnen verbessern sollen, oder Lohnsubventionen an die Arbeitgeber. Eine solche Arbeitgebersubvention soll die Lohnkosten so weit verringern, dass eine Beschäftigung wenig produktiver Arbeitnehmer für die Unternehmen lohnend wird (vgl. SVR 2006b, 31). Graphisch ergibt sich hier ceteris paribus eine nicht eingezeichnete Rechtsverschiebung der Arbeitsnachfrage, was die quasi-gleichgewichtige Arbeitslosenquote verringert. Die Rechtsverschiebung

## 21.1 Hintergrund und zentrale Modellelemente

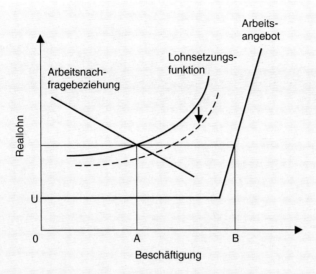

**Abb. 21.2** Quasi-gleichgewichtige Arbeitslosigkeit und Lohnsubventionen. (Quelle: SVR 2006b, 43)

fällt aber umso niedriger aus, je mehr die Unternehmen dies über eine zusätzliche Steuerbelastung finanzieren. Der Kombilohn als eine Lohnsubvention an Arbeitnehmer führt hingegen zu einem abgesenkten Reservationslohn, ab dem Arbeit angeboten wird. Graphisch verschiebt sich die Lohnsetzungskurve nach rechts und bewirkt c.p. eine niedrigere quasi-gleichgewichtige Arbeitslosigkeit. Bei Berücksichtigung des Finanzierungsaspekts verschiebt sich allerdings die Arbeitsnachfrage nach unten (Unternehmensfinanzierung) oder die Lohnsetzungsfunktion nach links (Arbeitnehmerfinanzierung) und kompensiert teilweise den positiven Effekt. Nehmen zudem die Gewerkschaften die Lohnsubventionen als Anlass zu höheren Lohnforderungen, verschiebt sich im Falle des Gelingens die Lohnsetzungskurve nach links. Möglicherweise unterbleibt in einem solchen Fall gesamtwirtschaftlich der intendierte positive Beschäftigungseffekt bzw. Arbeitslosigkeitsabbaueffekt von Lohnsubventionen gänzlich (vgl. SVR 2006b, 41–44) oder wirkt sich sogar langfristig negativ aus, etwa in Bezug auf die Anreize zur Weiterqualifizierung. Aus der Perspektive der makroökonomischen Analyse des SVR (2006b, 45) zeigt sich jedenfalls, „dass auf die Höhe der Beschäftigung zahlreiche Einflussfaktoren wirken und insbesondere die Rolle der Lohnsetzung und der Gegenfinanzierung eines Kombilohns zu beachten sind und ein Kombilohn kann in soweit immer nur eines unter mehreren Instrumenten zur Bekämpfung der Arbeitslosigkeit sein."

*Wirtschaftspolitische Schlussfolgerungen:* Mehrere in den letzten Jahren vorgestellte Ansätze könnten die mit Kombilöhnen verbundenen unerwünschten

Nebenwirkungen wohl großteils überwinden helfen. Dabei wird insbesondere Wert darauf gelegt, dass neue Haushaltsbelastungen als Folge einer Ausweitung von Kombilöhnen möglichst nicht entstehen, was allerdings eine Absenkung bisher verfügbarer Sozialleistungen erfordert:
Die Mehrheit des SVR will den Grundleistungssatz generell kürzen und parallel soll obligatorisch eine Beschäftigungsmöglichkeit angeboten werden (vgl. zu den Einzelheiten SVR 2006b, 134). Anknüpfungspunkt aus Sicht der Bundesbank könnte neben der Kürzung neu geschaffener Leistungen (z. B. großzügigere Vermögensgrenzen) vor allem die aktuelle Staffelung der Hinzuverdienstmöglichkeiten zugunsten der Bezieher geringer Einkommen sein, um den hiermit verbundenen finanziellen Anreiz zur Beschränkung auf Teilzeit zu beseitigen: „Mit verpflichtenden Vollzeitbeschäftigungsangeboten, deren Ablehnung eine merkliche Leistungskürzung zur Folge hat, könnte darauf hingewirkt werden, dass vor Bezug der staatlichen Transfers zunächst die eigenen Möglichkeiten der Einkommenserzielung ausgeschöpft werden. Die Attraktivität einer Vollzeitbeschäftigung würde dann im Vergleich zur Beschäftigungslosigkeit (und damit verbundenen Freizeitgewinn oder Einkommen durch Schwarzarbeit) erhöht (Deutsche Bundesbank 2006, 82).

## 21.2 Wirtschaftspolitische Modellimplikationen

Die Ergebnisse des Konsensmodells zeigen, dass die Lohnsetzung und die Beschäftigungsnachfrage die Höhe der inflationsstabilen Arbeitslosenquote bestimmen. Da Trendänderungen der Arbeitsproduktivität beide Kurven simultan beeinflussen, führen sie mittelfristig nicht zu Änderungen der NAIRU (vgl. Hyclak 2005, 453). Daher kristallisierten sich zunächst in der öffentlichen Debatte die folgenden wirtschaftspolitisch relevanten Determinanten der inflationsstabilen Arbeitslosigkeit heraus:

- die Arbeitnehmermacht,
- die Unternehmermacht und
- der Abgabenkeil.

Je niedriger die Marktmacht der Unternehmen, je geringer die Marktmacht der Arbeitnehmer und je kleiner der Abgabenkeil sind, desto niedriger liegt auch die gleichgewichtige Arbeitslosigkeit. In den Worten von Hyclak u. a. (2005, 457): [The model] „has clear policy implications for lowering the natural rate of unemployment: weaken union bargaining power, reduce benefits and taxes, and make the product market more competitive." Eine wesentliche Schlussfolgerung dieser Analyse ist daher, dass eine ursachenadäquate Wirtschaftspolitik auf eine Senkung der benannten Bestimmungsgründe einwirken muss, was auch politisch einen gewissen Niederschlag gefunden hat, wie auch Hyclak u. a. (2005, 457) bestätigen: „These conclusions have clearly driven policy in a large number of countries over the last 15 years, and they form the basis for the OECD Jobs Strategy." In den genannten Aspekten liegen allerdings nicht die einzigen wichtigen Einflussfaktoren. Weitere institutionelle Aspekte sind in der Realität zu berücksichtigen, etwa der Einfluss eines sehr hohen Zentralisierungsgrads der Lohnverhandlungen oder eine effiziente Koordinierung der Lohnverhandlungen. (vgl. zur einfachen Modellintegration dieses Aspekts Miles/Scott 2005, 152). Zu beachten ist auch die Möglichkeit von Hysterese. Hiernach lässt, wie am Buchanfang gezeigt, eine lange Zeit hohe Arbeitslosigkeit die inflationsstabile Höhe der Beschäftigung sinken bzw. die NAIRU zunehmen. Ein Grund hierfür ist ein Anstieg der Langzeitarbeitslosigkeit, die zu einer Minderung des volkswirtschaftlichen Humankapitals führt und in der Folge beispielsweise zu einer mangelnden Berücksichtigung erforderlicher Lohnabschläge in Tarifverhandlungen, die zur Reintegration dieser Problemgruppe erforderlich sein können. Eine volkswirtschaftlich suboptimal niedrige Beschäftigung bzw. eine dauerhaft hohe Arbeitslosenquote hat dann im Extremfall keinen Einfluss mehr auf die volkswirtschaftliche Lohnfindung. Grafisch bedeutet dies eine Verschiebung der Lohnsetzungsfunktion nach oben. „Auf den Lohnprozess hat dann nur mehr der Anteil der kurzfristig Arbeitslosen Einfluss" (Blanchard/Illing 2006[4], 397). Unter stärkerer Berücksichtigung solcher theoretischer Aspekte sind diese ursprünglich 1994 gemachten Strategievorschläge der OECD im Jahr 2006 auf der Basis neuerer empirischer Erkenntnisse und wegen Schwierigkeiten bei der politischen Durchsetzbarkeit von Teilen des ursprünglich vorgeschlagenen Reformpakets modifiziert worden, (vgl. hierzu den folgenden Kasten) was auch im Lichte neuerer empirischer Befunde angemessen erscheint (vgl. hierzu den Überblick bei Klär/Fritsche 2008).

**Kasten 21.2   Wirtschaftspolitische Anwendung: Neue OECD Beschäftigungsstrategie**

Im Juni 2006 hat die OECD – Organisation für wirtschaftliche Zusammenarbeit und Entwicklung – im Anschluss an die so genannte „Jobs Study" von 1994, in der sie weit reichende Deregulierungen des Arbeitsmarkts wegen der schlechten Beschäftigungsergebnisse vor allem in vielen europäischen Ländern in den neunziger Jahren gefordert hatte, eine Anschlussstudie basierend auf den Evaluationsergebnissen der früheren Ergebnisse veröffentlicht (vgl. zum Folgenden Funk 2006b, 908 f). Dort unterscheidet sie alternative „Varianten der Arbeitsmarktwelten" in OECD-Ländern und erläutert die wesentlichen Elemente der Neufassung ihrer Beschäftigungsvorschläge für eine gute Performanz der Arbeitsmärkte.
*Hintergrund:* Die OECD hatte Mitte der neunziger Jahre angesichts des über Jahrzehnte zu beobachtenden drastischen Anstiegs der Arbeitslosigkeit vor allem in Westeuropa eine Reihe von viel beachteten Politikempfehlungen

erarbeitet, die auf eine Senkung der Arbeitslosigkeit und die Verbesserung der Beschäftigungsperformanz abzielen. Ein Jahrzehnt und viele empirische Untersuchungen später zeigt sich: „Es gibt kein Universalrezept für bessere Arbeitsmarktergebnisse. Wichtig ist jedoch, dass alle Länder auf nationaler Ebene kohärente Maßnahmenpakete umsetzen" (OECD 2006a, 3). Bisweilen ist die von der OECD vorgeschlagene Arbeitsmarktstrategie so interpretiert worden, als ob es nur eine Ziel führende Strategie bei hoher Arbeitslosigkeit und einer niedrigen Erwerbsbeteiligung geben würde (vgl. Freeman 2006). Dies ist aber keineswegs der Fall, wie bereits seit längerem bekannt ist (vgl. zum Beispiel Funk 2001a, 26–28). Solche Interpretationen, wie sie bereits vorne im Rahmen der Varieties of Capitalism-Diskussion vorgestellt wurden, waren bzw. sind nur möglich, weil die Implikationen von Interaktionen zwischen Arbeitsmarkt- und Produktmarktpolitiken und Institutionen nicht systematisch herausgearbeitet wurden (vgl. OECD 2006b, 190 und aktuell Boeri/van Ours 2008, 277 ff). Zwar drohen beispielsweise hohe Transferleistungen mit langer Anspruchsdauer für Arbeitslose und sonstige Leistungen zu Gunsten der Nichterwerbstätigen in der Tat die Ergebnisse am Arbeitsmarkt negativ zu beeinträchtigen. Neuere Ergebnisse verdeutlichen aber, dass gewisse aktivierende arbeitsmarktpolitische Maßnahmen helfen können, diese negativen Anreize für die Erwerbsbeteiligung auszugleichen. Zudem erhöht dies für die Betroffenen die Chancen der Wiedereingliederung in den Arbeitsmarkt und trägt zum Erreichen sozialer Ziele bei (OECD 2006a, 10). Ein weiteres Beispiel für die Ausschöpfung des zwischen verschiedenen Politikfeldern bestehenden Synergienpotenzials ist die Besteuerung von Arbeitseinkommen in Verbindung mit gesetzlichen Mindestlöhnen. Eine höhere Besteuerung der Arbeitseinkommen ist offenbar mit besonders negativen Beschäftigungseffekten verknüpft, wenn die Löhne wegen verbindlicher Mindestlohnvorgaben bei steigendem Abgabenniveau nicht sinken können, was die Arbeitskosten für die betroffenen Arbeitskräfte erhöht und ihre Beschäftigung tendenziell senkt (vgl. OECD 2006a, 17).
Nach wie vor gelten aber einige zentrale ökonomische Grundzusammenhänge, die sich empirisch belegen lassen, etwa dass Maßnahmen zur Förderung von flexiblen Arbeitszeitregelungen und Teilzeitarbeit dazu beitragen, dass sich das Arbeitsangebot bestimmter Gruppen, z. B. junger Eltern und älterer Arbeitskräfte erhöht. Zudem beeinträchtigt ein zu strenger Beschäftigtenschutz die Mobilität der Arbeitskräfte, vermindert die Arbeitnehmermobilität und beeinträchtigt die dynamische Effizienz der Wirtschaft sowie die Arbeitsplatzschaffung. Auch sollten sich die Reallöhne bei angebots- oder nachfrageseitigen Spannungen flexibel anpassen. Schließlich ist noch wichtig, dass wettbewerbsschädliche Produktmarktregulierungen negative Beschäftigungseffekte haben (OECD 2006b, 185).
*Neuere Erkenntnisse zu den Varianten der Arbeitswelten:* Länder, die die gerade genannten Reformen in den letzten Jahre durchgeführt haben, haben ihre

## 21.2 Wirtschaftspolitische Modellimplikationen

**Tab. 21.1** Varianten der Arbeitsmarktwelten in OECD-Ländern

| | Ungewichteter OECD-Durchschnitt | Wirtschaftsliberale, vor allem englischsprachige Länder | Nördliches Europa | Kontinental- und Südeuropa | Mittel- und Osteuropa |
|---|---|---|---|---|---|
| Beschäftigungsraten in Prozent | 67,11 | 70,92 | 71,91 | 62,54 | 58,00 |
| Arbeitslosenquote in Prozent | 7,47 | 5,30 | 4,79 | 8,97 | 15,12 |
| Arbeitslosenleistungen[1] | 27,81 | 18,23 | 39,86 | 36,17 | 9,69 |
| Steuerkeil[2] | 27,10 | 18,54 | 27,42 | 34,33 | 32,43 |
| OECD-Index der Beschäftigungsregulierung (0 = keine, theoretisches Maximum = 6) | 2,01 | 1,38 | 2,13 | 2,71 | 1,83 |
| Deckungsgrad bei kollektiven Tarifverträgen in Prozent | 59,96 | 30,75 | 83,33 | 82,57 | 38,33 |
| OECD-Index der Produktmarkregulierung (0 = keine; 6 = theoretisches Maximum) | 1,42 | 1,20 | 1,28 | 1,55 | 1,97 |
| Programme aktiver Arbeitsmarktpolitik[3] | 29,25 | 15,76 | 64,14 | 25,84 | 3,46 |

Quelle: o.V. 2006 und vgl. zu genauen Erläuterungen der einzelnen Kriterien und der Zusammensetzung der einzelnen Ländergruppen OECD 2006b, 191
[1] in Prozent der Arbeitnehmereinkommen als Durchschnitt verschiedener Gruppen über einen Zeitraum von fünf Jahren
[2] Differenz zwischen Nettoeinkommen und Kosten des Arbeitgebers gemessen in Prozent der Arbeitgeberkosten
[3] Ausgaben pro Arbeitslosen in Prozent des Bruttoinlandsprodukts pro Kopf

Arbeitsmarktsituation im Großen und Ganzen deutlich verbessert (OECD 2006b, S. 191). Allerdings war eine solche Gesamtstrategie keineswegs die einzige Möglichkeit zu einer verbesserten Performanz. Vielmehr lassen sich vier Ländergruppen unterscheiden von denen zwei erfolgreich Beschäftigung gesteigert und Arbeitslosigkeit abgebaut haben, während es zwei anderen Gruppen nicht gelungen ist. Tabelle 21.1 zeigt diese Zusammenhänge auf. Die erste erfolgreiche liberale Ländergruppe, vor allem die meisten angelsächsischen Länder plus Japan, die Schweiz und Südkorea, kombinieren ein geringes Sozialleistungsniveau mit einem niedrigen Steuerniveau zur Finanzierung dieser Leistungen und zeichnen sich zugleich durch einen schwach ausgeprägten Beschäftigtenschutz aus. Tarifverträge spielen hier eine untergeordnete Rolle. Das Ergebnis sind hohe

Beschäftigungsquoten, die der Staatskasse nur geringe Kosten verursachen, aber auch relativ große Einkommensungleichheiten. Die zweite Gruppe wird als nördliches Europa bezeichnet und beinhaltet skandinavische Länder, Irland, die Niederlande und Österreich. Diese Erfolgsländer legen tendenziell größeres Gewicht auf koordinierte Tarifverhandlungen, ihre Sozialleistungen sind großzügiger und ihre Arbeitsmärkte sind stärker reguliert. Im Gegenzug „aktivieren" sie jedoch die Arbeitssuchenden durch Weiterbildungsprogramme und sonstige aktivierende Arbeitsmarktprogramme. Dennoch erzielen sie sowohl in Bezug auf Beschäftigung als auch auf Arbeitslosigkeit vergleichbar gute Ergebnisse als die erste Gruppe – teilweise sogar bessere – bei geringer Einkommensungleichheit. Diese Strategie ist aber mit hohen budgetären Kosten verbunden.

Es gibt vor allem zwei Gründe, warum die nordische Gruppe ähnlich erfolgreich wie die wirtschaftsliberalen Länder ist. Einmal herrscht in beiden Ländergruppen auf den Produktmärkten starker Wettbewerb, was die Dynamik dieser Volkswirtschaften anhebt. Zum anderen liegen die Ausgaben für die Aktivierung in der zweiten Gruppe deutlich höher, die eine schnelle Reintegration in den Arbeitsmarkt erlauben sollen. Pendant relativ hoher Lohnersatzraten ist eine starke Unterstützung und strenge Kontrolle der Bemühungen des Arbeitsplatzsuchenden um einen neuen Arbeitsplatz durch den Staat. In den Worten des „Economist": Es steht nach wie vor außer Frage, dass hohe Unterstützungsleistungen für Arbeitslose ein Fehlanreiz für eine intensive Arbeitssuche sind. Eine genügend sorgfältig und gut finanzierte Arbeitsagentur kann dieses Problem jedoch offensichtlich kompensieren. Wenn also Einkommensungleichheit zwischen Arbeitslosen und Arbeitssuchenden als Problem angesehen wird, so lassen sich sowohl die Einkommensungleichheit als auch der Anreiz zur Arbeitssuche aufrechterhalten werden, wenn hierfür höhere Steuerzahlungen aufgewendet werden (vgl. auch Funk 2006c 1234, 2007a).

Die kontinental- und südeuropäische Ländergruppe, zu der auch Frankreich und Deutschland gehören, zahlen ebenfalls relativ generöse Lohnersatzleistungen. Aber hier ist weder die aktivierende Arbeitsmarktpolitik in dem Maße aufgebaut wie in den Nordländern, noch sind die Gütermärkte genauso hohem Wettbewerb ausgesetzt wie bei den Erfolgsländern. Die sowohl bei Beschäftigung als auch bei Arbeitslosigkeit am schlechtesten abschneidenden Länder Mittelosteuropas, zu denen die Tschechische Republik, Polen und die Slowakei gehören, sind die Sozialleistungen niedrig, aber der regulatorische Beschäftigtenschutz liegt höher als in den wirtschaftsliberalen Ländern. Auch wird weniger für die Aktivierung Arbeitsloser ausgegeben und die Produktmärkte sind deutlich höher als in den erfolgreicheren Ländern reguliert – alles Faktoren, die das schlechte Abschneiden mitbegründen können (vgl. Sesselmeier 2009).

*Schlussfolgerungen:* Während der ursprüngliche Beschäftigungsbericht von Mitte der neunziger Jahre einen Abbau der Arbeitslosigkeit hauptsächlich über Regulierungsabbau forderte, enthält die empirisch besser abgesicherte neue Studie eine etwas weniger deutliche Deregulierungslinie. Grob gesprochen hat sich im Schnitt in den OECD-Ländern die Arbeitsmarktlage zwischen 1996 und 2006 verbessert. Die Arbeitslosenquoten sind gesunken, die Beschäftigungsraten – der Anteil der Menschen im erwerbsfähigen Alter, die tatsächlich arbeiten – sind gestiegen. In einigen Ländern (etwa in Deutschland, Frankreich, den südlichen Ländern und in Mittelosteuropa) sind die Erfolge jedoch noch zu gering. In den letzten Jahren hat vor allem die Beseitigung von Hindernissen für die Erwerbsbeteiligung und Arbeitssuche auch vor dem Hintergrund im Schnitt älter werdender und schrumpfender Bevölkerungen deutlich an Priorität gewonnen. Die OECD empfiehlt in diesem Zusammenhang vor allem eine Verbesserung der Anreize zur Arbeitsaufnahme sowie eine Erhöhung der Qualität der Vermittlungsleistungen und den Ausbau der Verknüpfung von „Fördern und Fordern" (vor allem Sanktionierung einer Verweigerung der Arbeitsaufnahme). Neben diesem Pfeiler sind noch drei weitere Strategiesäulen von maßgeblicher Bedeutung für die Arbeitsmarktergebnisse der OECD-Länder, nämlich Abbau von Hindernissen für die Nachfrage nach Arbeitskräften an den Arbeits- und Gütermärkten etwa durch Regulierungsabbau und die Beseitigung hoher Steuer- und Abgabenlasten, die Förderung der Entwicklung von Qualifikationen und Kompetenzen der Erwerbsbevölkerung (z. B. Ausbau des lebenslangen Lernens) sowie geeignete makroökonomische Weichenstellungen. Eine stabilitätsorientierte makroökonomische Politik kann unter anderem dazu beitragen, dass sich zusätzliche Beschäftigung in Verbindung mit Arbeitsmarkt- und Gütermarktreformen rascher einstellt. Laut OECD bedarf es unter Umständen geld-/ und oder fiskalpolitischer Maßnahmen, damit dem durch Strukturreformen bedingten höheren Angebotspotenzial der Wirtschaft Rechnung getragen werden kann und bereits früher makroökonomische Stabilität erreicht wird, als wenn die Anpassung nur dem Markt überlassen wird. Einige jüngere Studien thematisieren zudem die stilisierten empirischen Fakten von Reformprozessen, die insbesondere auch beschäftigungssteigernd wirken. Hierbei spielt vor allem auch die Reihenfolge von Reformen ein eine große Rolle (vgl, hierzu Funk 2005, 68 ff und 2006, 65 ff).

## 21.3 Einige kritische Anmerkungen zum Konsensmodell

Die vorgestellte modelltheoretisch integrierende Vorgehensweise erscheint zunächst erfolgsversprechend und hat in jüngerer Zeit recht starke Verbreitung gefunden. Sie ist ebenfalls mehrfach vom Sachverständigenrat zur Begutachtung der gesamtwirtschaftlichen Entwicklung aufgegriffen worden. Er erachtet den zugrunde liegenden Rahmen auch als „Konsensmodell…, um das Phänomen einer hohen und verfestigten Arbeitslosigkeit zu beschreiben und zu erklären" (SVR 2005, 150). Trotz der zunehmenden Verbreitung birgt diese Vorgehensweise allerdings auch einige Probleme in sich:

- Die mit den einzelnen mikroökonomischen Erklärungsansätzen verbundene Kritik bleibt auch bei Betrachtung der makroökonomischen Ebene bestehen. Dies gilt insbesondere für die schwierige Isolation einzelner Theorien mit oft sehr unterschiedlichen wirtschaftspolitischen Implikationen, die jedoch alle mit zentralen Aspekten der empirischen Realität vereinbar sein können (Phänomen der „observational equivalence"). Die Erklärung von Reallohnstarrheit durch mehrere Theorien und die Diskriminierung zwischen diesen Theorien wird durch den Makrorahmen letztlich nicht einfacher.
- Daneben bleibt die Frage der Aggregation ungeklärt: Führt eine beispielsweise effizienzlohntheoretisch begründete Arbeitslosigkeit in einem Unternehmen oder einem Sektor auch zu einer gesamtwirtschaftlichen Arbeitslosigkeit oder wird die sektorale Arbeitslosigkeit – etwa über eine Verlagerung von Anpassungslasten – in anderen Wirtschaftssektoren wieder kompensiert?
- Länderspezifische Eigenheiten können in einem allgemein gültigen Makromodell bisweilen nur unzureichend erfasst werden. Auch wenn bestimmte Spezifikationen von Lohnfunktionen an bestimmte Ländertypen angepasst werden können, so kann doch der in jedem Land spezifische Zusammenhang zwischen Institutionen und Normen auf der einen Seite und ökonomischem Handeln auf der anderen Seite „unterbelichtet" bleiben.

Eine (stärker) explizite Ergänzung der Arbeitsmarkttheorien im Sinne des letzten Kritikpunkts ist auch deshalb schon zu fordern, weil sie in etlichen der hier vorgestellten Theorien implizit bereits stattgefunden hat. Die Gleichsetzung von Insidern mit Gewerkschaften erklärt sich beispielsweise aus dem Fakt von Betriebsgewerkschaften in Großbritannien und den USA. Eine blaupausenähnliche Übertragung auf Deutschland mit seinen Branchengewerkschaften und Flächentarifverträgen kann zu falschen Einschätzungen führen. Gerade auch die soziologisch orientierten Effizienzlohnmodelle des „gift exchange" brauchen eine länderspezifische Fundierung, da der kulturell bedingte implizite Konsens – und damit dessen Auswirkungen auf den Lohnfindungsprozess – eine notwendige Voraussetzung für diese Erklärungsansätze darstellt. Vorarbeit hierzu leistet insbesondere die in jüngerer Zeit ständig bedeutender werdende experimentelle oder auf Interviewstudien basierende Volkswirtschaftslehre. Sie versucht durch standardisierte Befragungen und Experimente auch Unterschiede und Gemeinsamkeiten zwischen Ländern zu erfassen (vgl. Akerlof/Shiller 2009, 153 ff; Diekmann 2009, 210 ff; Voigt $2009^2$, 42 f).

Die Arbeitsmarkttheorie muss aus diesem Grunde als eine Theorie der Arbeitsbeziehungen, die sowohl durch Normen und Regeln, als auch durch Sitten, Gebräuche und Machtstrukturen gekennzeichnet ist, verstanden werden. Schließlich zeigten bereits Freeman/Katz (1995) anhand international vergleichender Studien, dass die Erklärung von Löhnen und Arbeitslosigkeit durch Angebot und Nachfrage durch die Berücksichtigung unterschiedlicher und sich verändernder Arbeitsmarktinstitutionen ergänzt und verbessert wird.

## 21.3 Einige kritische Anmerkungen zum Konsensmodell

Verglichen mit den traditionellen neoklassischen Modellen versucht ein institutionalistischer Ansatz auch die historisch gewachsenen Institutionen und Beziehungsgeflechte eines Wirtschaftssystems zu analysieren und deren Einfluss auf die individuellen Verhaltensweisen der Wirtschaftssubjekte bzw. die Aktionsdeterminanten von Verbänden, Organisationen oder Parteien etwa unter Berücksichtigung von psychologischen, soziologischen, historischen und politischen Faktoren zu bestimmen. Damit endogenisieren die politisch-institutionellen Ansätze in ihren Analysen solche Faktoren, die in der traditionellen ökonomischen Theorie entweder als exogen gegeben oder als nicht das ökonomische Entscheidungskalkül betreffend betrachtet werden und zeigen die Interdependenz zwischen individuellen Verhaltensweisen und existenten Institutionen. Mit Hilfe dieser Ansätze zu ermittelnde Funktionszusammenhänge am Arbeitsmarkt sind dann naturgemäß im Vergleich zu den allgemeineren neoklassischen Ansätzen land- und zeitabhängig und somit nicht einfach übertragbar. Dies erscheint aber nicht als gravierender Nachteil bei einem Vergleich alternativer Theorieansätze. Denn es ist schließlich zu fragen, „ob nicht ein trade off zwischen Rigorosität, Bestimmtheit, Generalität usw. einerseits und anderen möglichen Anforderungen an eine Theorie (wie Problemadäquanz, Operationalität, prognostische Effizienz, kausale Plausibilität usw.) andererseits bestehen kann" (Rothschild 1988, 112).

Die daraus folgende Konsequenz für die Wirtschafts- und Arbeitsmarktpolitik lautet, dass es nicht einfach um Deregulierung gehen kann – so notwendig diese auf einer abstrakt formulierenden Ebene auch sein mag –, sondern um eine die soziokulturellen Gegebenheiten mit berücksichtigende Reregulierung der Arbeitsmarktbeziehungen. Die sich daraus ergebende – und mit der theoretischen Erklärungsvielfalt durchaus kompatible – Breite an arbeitsmarkt- und beschäftigungspolitischen Möglichkeiten wird auch in mehreren neueren und umfangreichen Veröffentlichungen zur arbeitsmarkttheoretisch fundierten und international vergleichenden Arbeitsmarktpolitik deutlich (vgl. Boeri/van Ours 2008; Bosch/Lehndorff/Rubery 2009; Bethfeld/Sesselmeier/Schmid 2008; Bogedan/Sesselmeier/Bothfeld 2009; Sesselmeier/Somaggio 2009). Der nachfolgende Kasten deutet an, wie fruchtbar eine Analyse sein kann, die systematischen Länderdifferenzen mehr Aufmerksamkeit schenkt als bisweilen gerade in weiten Teilen der Wirtschaftswissenschaft üblich ist.

Hier – in der Evaluation der unterschiedlichen Arbeitsmarktinstitutionen und ihrer Wirkung auf die Arbeitskräfteallokation – liegt noch immer Ansatzpunkt für weitere Arbeitsmarktforschung.

**Kasten 21.3  Wirtschaftspolitische Anwendung: Absicherung gegen Arbeitsmarktrisiken durch alternative Typen von Wohlfahrtsstaaten**

Arbeitsmarktregulierung, Arbeitslosenunterstützung und aktive Arbeitsmarktpolitik sind alternative Sicherungsmechanismen gegen Risiken des Arbeitsmarkts (vgl. zum Folgenden Funk 2006a, 474–476). Diese Mechanismen können einerseits ein gewisses Maß an Einkommens- und Beschäftigungssicherheit garantieren. Andererseits können sie aber auch die Anpassungsstrategien der Akteure und folglich Struktur sowie Dynamik der Arbeitsmärkte volkswirtschaftlich unerwünscht beeinflussen. Die wichtigsten isolierten Effekte und Wechselwirkungen der Instrumente werden hier kurz vorgestellt. Im Anschluss wird jeweils ein charakteristisches Land entsprechend der jeweiligen Ausgestaltung der Instrumente typisiert.

Die Arbeitsmarktperformanz hängt insbesondere von der institutionellen Ausgestaltung der arbeitsmarktrelevanten Rahmenbedingungen ab (vgl. Funk 1999b). Das Zusammenspiel von Arbeitsmarktregulierung (Kündigungsschutz sowie Regulierung von befristeter und Zeitarbeit), passiver Arbeitsmarktpolitik (Arbeitslosenunterstützung) und aktiver arbeitsmarktpolitischer Maßnahmen beeinflusst dabei wesentlich die Anpassungsfähigkeit von Arbeitsmärkten sowie das Ausmaß von Transferabhängigkeiten (vgl. hierzu und zum Folgenden Eichhorst/Konle-Seidl 2005).

*Einzeleffekte:* Die verschiedenen hier diskutierten Sicherungssysteme der Arbeitnehmer haben jeweils sowohl positive als auch negative Effekte. So können beispielsweise strenge Kündigungsschutzregeln einerseits Beschäftigung und Einkommen mitunter im Konjunkturzyklus stabilisieren, Arbeitnehmer stärker an Unternehmen binden und die Anreize für die Bildung unternehmensspezifischen Humankapitals erhöhen. Restriktive Regulierung hemmt jedoch andererseits die Mobilität auf den Arbeitsmärkten und verringert so die Anpassungsfähigkeit der Arbeitsmärkte im Strukturwandel. Eine generöse Arbeitslosenunterstützung kann einerseits bisweilen zu stabileren und produktiveren Beschäftigungsverhältnissen beitragen, indem diese „Subventionierung" des Prozesses der Arbeitssuche eine höhere Passgenauigkeit von Arbeitsverhältnissen insbesondere im Falle qualifizierter Arbeitnehmer ermöglicht. Denn es muss nicht jedes „erstbeste" Angebot aus finanziellen Gründen angenommen werden, obwohl große Profildiskrepanzen zwischen Arbeitsangebot und -nachfrage bestehen. Andererseits kann eine großzügige Arbeitslosenunterstützung die Arbeitslosigkeitsdauer über ein optimales Maß hinaus erhöhen, da als Folge weniger Anreize zur Arbeitssuche existieren. Aktive Arbeitsmarktpolitik kann einerseits positive Effekte haben, wenn sie integrationsorientiert bzw. aktivierend nach dem Prinzip „Fördern und Fordern" ausgestaltet wird und dabei der Leistungsbezug an effektive Arbeitssuche geknüpft wird. Andererseits kann diese Maßnahme auch zum Beispiel zu unerwünschten Verdrängungseffekten führen und die Suchaktivitäten der Begünstigten mindern.

*Wohlfahrtsstaatstypen:* Im Hinblick auf Ausgestaltung und Kombination von Arbeitsmarktregulierungen mit aktiver und passiver Arbeitsmarktpolitik bestehen zwischen den Staaten Europas bei angemessener Vereinfachung erhebliche Differenzen, wie Tab. 21.2 verdeutlicht.

*Wechselwirkungen:* Das in den jeweiligen nationalen Systemen deutlich unterschiedliche Zusammenspiel von Kündigungsschutzregelungen und aktiver und passiver Arbeitsmarktpolitik kann mit ähnlich guten Ergebnissen in

**Tab. 21.2** Unterschiedliche Kombinationen verschiedener Sicherungssysteme der Arbeitnehmer in verschiedenen Wohlfahrtsstaatstypen

| Politikbereich/ Länderbeispiel Typ des Wohlfahrtsstaats | Arbeitsmarktregulierung | Aktive Arbeitsmarktpolitik | Arbeitslosenunterstützung | Charakteristisches Länderbeispiel |
|---|---|---|---|---|
| Liberal | gering | gering | gering | Großbritannien |
| konservativ | eher streng | eher hoch | eher hoch | Deutschland |
| „Flexicurity"-Prinzip | gering | hoch | eher hoch | Dänemark |
| Mediterran | streng | gering | gering | Spanien |

Quelle: eigene Erstellung auf Basis von Eichhorst/Konle-Seidl (2005) und Madsen (2006)

Bezug auf Beschäftigung und Arbeitslosigkeit einhergehen. Dies gilt etwa für den liberalen Wohlfahrtsstaat Großbritannien mit einer insgesamt geringen Bedeutung der hier untersuchten Sicherungsmechanismen im Vergleich zum Beispiel zum Flexicurity-Ansatz der Dänen, bei dem ein Ausgleich zwischen „flexibility" und „security" angestrebt wird. Das Flexicurity-Konzept verknüpft einen wenig regulierten Arbeitsmarkt mit einer finanziell großzügige Arbeitslosenversicherung, wobei jedoch der Unterstützungsanspruch von der individuellen Arbeitssuche und der Annahme von Arbeitsangeboten oder Weiterbildungsmaßnahmen abhängt (vgl. Madsen 2006). Daher bestehen zum Beispiel in kontinentaleuropäischen Ländern mit schlechter Arbeitsmarktperformance Spielräume, durch adäquate Reformen in Richtung „Flexicurity" die Arbeitsmarktlage zu verbessern, ohne diese Sicherungssysteme in einem Ausmaß wie etwa in Großbritannien abbauen zu müssen. Die Idee besteht darin, systematisch potenzielle Win-Win-Reformen, also für alle Beteiligten vorteilhafte Reformoptionen herauszuarbeiten, statt die mit Änderungen verbundenen Anpassungslasten relativ einseitig auf bestimmte Gruppen zu konzentrieren (vgl. grundsätzlich Janßen 2005, 163 ff sowie Hardes 2008 und eher kritisch Funk 2008c). Dies ist ein Ansatz, der bei genügend beschäftigungsfreundlicher Interpretation zur Erneuerung der Sozialen Marktwirtschaft entscheidend beitragen könnte. Seine Übertragbarkeit ist allerdings unter anderem angesichts verschiedener kultureller Hintergründe und institutioneller Komplemetaritäten umstritten.

## 21.4 Weiterführende Literatur

Ausführliche Darstellungen des makroökonomischen Rahmens finden sich in Carlin/Soskice (1990) und Layard/Nickell/Jackman (1991). Die Werke liegen mittlerweile grundlegend überarbeitet vor (Carlin/Soskice 2006; Layard/Nickell/Jackman 2005).

Zudem findet das Konsensmodell zunehmend Verbreitung auch in der makroökonomischen Lehrbuchliteratur. Vgl. hierzu etwa Blanchard/Illing (2006). Einen Überblick über die verschiedenen mikroökonomischen Erklärungsansätze in der NKM und deren Zusammenwirken erhält man in den Artikeln von Flemmig (1995) sowie in den beiden Sammelbänden von Mankiw/Romer (1991). Die Rolle von Institutionen und Normen für das ökonomische Verhalten kann vertieft werden in Kubon-Gilke (1997), Priddat/Wegner (1996), Voigt (2009) und Yollu-Tok (2010).

# Literaturverzeichnis

Aab, H. R. (1979): Arbeitslosenversicherung und Arbeitslosigkeit. Eine Analyse ausgewählter theoretischer und ökonometrisch-empirischer Zusammenhänge, Dissertation, Universität Konstanz

Abraham, M./Hinz, T. (2005a): Wozu Arbeitsmarktsoziologie?, in: Abraham, M./Hinz, T. (Hg.), 11-16

Abraham, M./Hinz, T. (Hg.) (2005): Arbeitsmarktsoziologie. Probleme, Theorien, empirische Befunde, Frankfurt am Main

Achatz, J. (2005): Geschlechtersegregation im Arbeitsmarkt, in: Abraham, M./Hinz, T. (Hg.), 263-301

Acocella, N./Leoni, R. (eds.) (2007): Social Pacts, Employment and Growth, Heidelberg

Addison, J.T./Schnabel, C. (eds.) (2003): International Handbook of Trade Unions, Cheltenham

Addison, J.T./Schnabel, C./Wagner, J. (1996): German Work Councils, Profits, and Innovation, in: KYKLOS 49, 555-582

Akerlof, G. (1982): Labor Contracts as Partial Gift Exchange, in: Quarterly Journal of Economics 97, 543-569

Akerlof, G. (1984): Gift Exchange and Efficiency-Wage Theory: Four Views, in: American Economic Review 74, 79-83

Akerlof, G./Yellen, J. (eds.) (1986): Efficiency wage models of the labor market, Cambridge u. a.

Akerlof, G.A./Shiller, R.J. (2009): Animal Spirits, Frankfurt/New York

Alchian, A. (1969): Information Costs, Pricing, and Resource Unemployment, in: WEJ, vol. 7, 109-128, wiederabgedruckt in: Phelps, E. S. (eds.) (1970): Microeconomic Foundations of Employment and Inflation Theory, London

Alchian, A. A./Demsetz, H. (1972): Production, Information Costs, and Economic Organization, in: American Economic Review 62, 777-795

Alchian, A. A./Demsetz, H. (1973): The Property Rights Paradigm, in: Journal of Economic History 33, 16-27

Alchian, A. A./Woodward, S. (1987): Reflections on the Theory of the Firm, in: Journal of Institutional and Theoretical Economics 143, 110-136

Alchian, A. A./Woodward, S. (1988): The Firm Is Dead; Long Live the Firm. A Review of Oliver E. Williamson's The Economic Institutions of Capitalism, in: Journal of Economic Literature 26, 65-79

Allmendinger, J./Eichhorst, W./Walwei, U. (Hg.) (2005): IAB Handbuch Arbeitsmarkt. Analysen, Daten, Fakten, Frankfurt am Main

Althammer, J. (2002): Erwerbsarbeit in der Krise? Zur Entwicklung und Struktur der Beschäftigung im Kontext von Arbeitsmarkt, gesellschaftlicher Partizipation und technischem Fortschritt, Berlin

Althammer, W. (1990): Zur ökonomischen Theorie der Gewerkschaften, Regensburg

Altmann, N./Bechtle, G. (1971): Betriebliche Herrschaftsstruktur und industrielle Gesellschaft, München

Apolte, T. (2007): Arbeitsmarktökonomik, in: Apolte, T. u.a. (Hg.): Vahlens Kompendium der Wirtschafstheorie und Wirtschaftspolitik, Bd. 2, München, 141-193
Arnold, L.: Makroökonomik, 2. Aufl., Tübingen 2006.
Arrow, K. J. (1974): The Limits of Organization, New York
Arrow, K. J. (1985): The Economics of Agency, in: Pratt, J. W./Zeckhauser, R. J. (eds.): Prinzipals and Agents: The Structure of Business, Boston, 37-50
Ashenfelter, O./Layard, R. (1986): Handbook of Labor Economics, Amsterdam
Autorengemeinschaft (1976): Zum Problem „struktureller Arbeitslosigkeit", in: Mitteilungen aus der Arbeitsmarkt- und Berufsforschung 10, 70ff.
Averitt, R. S. (1968): The Dual Economy, New York
BA – Bundesagentur für Arbeit (2006): Der Arbeits- und Ausbildungsmarkt in Deutschland: Dezember und Jahr 2006, Nürnberg
BA – Bundesagentur für Arbeit (2006a): Arbeitsmarkt 2005 (auch: Sondernummer Amtliche Nachrichten der Bundesagentur für Arbeit vom 24.8.2006, 54), Nürnberg
Bach, H.-U. u.a. (2009a): Arbeitsmarkt im Sog der Rezession, IAB-Kurbericht, Nr. 6/2009, Nürnberg
Bach, H.-U. u.a. (2009b): Der deutsche Arbeitsmarkt – Entwicklung und Perspektiven, in: Möller/Walwei (Hg.), 11-78
Bach, H.-U./Klinger, S./Rothe, T./Spitznagel, E. (2007): Arbeitslosigkeit sinkt unter vier Millionen, IAB Kurzbericht, 5/2007, Nürnberg
Bach, H.-U./Spitznagel, E. (2007): Aufschwung am Arbeitsmarkt: Die Entwicklungsmuster wandeln sich, in: IAB-Forum, Nr. 2, 36-43
Bach, H.-U./Spitznagel, E. (2008): Kosten der Arbeitslosigkeit sind gesunken, IAB-Kurzbericht, Nr. 14/2008, Nürnberg
Backes-Gellner, U./Lazear, E.P./Wolff, B. (2001): Personalökonomik. Fortgeschrittene Anwendungen für das Management, Stuttgart
Baden, C./Kober, T./Schmid, A. (1996): Arbeitsmarktsegmentation im technologischen Wandel. Wirkungen neuer Informationstechnologien auf Struktur und Funktionsweise von Arbeitsmärkten, Berlin
Balzer, A. (1987): Firmeninterne Arbeitsmärkte, Frankfurt u. a.
Barro, R. (2007): Macroeconomics. A Modern Approach, Boston u.a.
Bauer, J.-H. (2009): Der „Fall Bsirske" und die Webfehler der Mitbestimmung, in: Neue Zeitschrift für Arbeitsrecht (NZA), 23-24
Bean, C. (1994): European Unemployment: A Survey, in: Journal of Economic Literature 32, 573-619
Bean, C. (2006): European unemployment: the evolution of facts and ideas, in: Economic Policy 1/2006, 47-51
Beck, B. (2006): Volkswirtschaft verstehen, Zürich
Becker, G. S. (1957): The Economics of Discrimination, Chicago
Becker, G. S. (1964): Human Capital, New York
Becker, H. (1985): Eine transaktionskostentheoretische Interpretation interner Arbeitsmärkte, Berlin
Beckert, J. (2007[3]): Wirtschaft und Arbeit, in: Joas, H.: Lehrbuch der Soziologie, Frankfurt/New York, 449-480
Bellmann, L./Fischer, G./Hohendanner, C. (2009): Betriebliche Dynamik und Flexibilität auf dem deutschen Arbeitsmarkt, in: Möller/Walwei (Hg.), 359-403
Benassi, C./Chirco, A./Colombo, C. (1994): The New Keynesian Economics, Oxford und Cambridge
Ben-Horim, M./Zuckerman, D. (1987): The Effect of Unemployment Insurance on Unemployment Duration, in: Journal of Labor Economics 5, 386-390
Bernholz, P./Breyer, F. (1994[3]): Grundlagen der Politischen Ökonomie, Band 2: Ökonomische Theorie der Politik, Tübingen
Bertelsmann Stiftung (2007): Standort Check Deutschland, Gütersloh
Berthold, N. (1987): Lohnstarrheit und Arbeitslosigkeit, Freiburg im Breisgau

Berthold, N. (1989): Tariflöhne und Tariflohnrelationen - Flexibilitätsdefizite am Arbeitsmarkt? in: Scherf, H. (Hg.): Beschäftigungsprobleme hochentwickelter Volkswirtschaften, Berlin, 233-250
Biebeler, H./Lesch, H. (2006): Mitgliederstruktur der Gewerkschaften in Deutschland, in: IW-Trends 4/2006, 45-58
Biesecker, A./Kesting, S. (2003): Mikroökonomik. Eine Einführung aus sozial-ökologischer Perspektive, München/Wien
Blanchard, O. (2006): European unemployment: the evolution of facts and ideas, in: Economic Policy 1/2006, 7-47
Blanchard, O./Diamond, P. (1989): The Beveridge Curve, in: The Brookings Papers on Economic Activity 1/1989, 1-76
Blanchard, O./Illing, G. (2006[4]): Makroökonomie, München
Blanchard, O./Summers, L. (1986): Hysteresis and the European Unemployment Problem, in: Fischer, S. (ed.): NBER Macroeconomics Annual 1986, Cambridge/Mass., 15-78
Blanchflower, D. G./Oswald, A. J./Garett, M. D. (1990): Insider power in wage determination, in: Economica 57, 143-170
Blanchflower, D./Oswald, A. (1994): The Wage Curve, Cambridge/ Mass.
Blien, U. (1986): Unternehmensverhalten und Arbeitsmarktstruktur: Eine Systematik und Kritik wichtiger Beiträge zur Arbeitsmarkttheorie, Nürnberg
Blien, U. (1995): The Impact of Unemployment on Wage Formation. Estimating Wage Curves for Western Germany with Multilevel Linear Models, in: Gerlach/Schettkat (1995), 117-141
Blümle, G./Patzig, W. (1999[4]): Grundzüge der Makroökonomie, Berlin/München
Blyton, P./Bacon, N./Fiorito, J./Heery, E. (eds.) (2008): The SAGE Handbook of Industrial Relations, London/Thousan Oaks
Böbel, I. (1988): Eigentum, Eigentumsrechte und institutioneller Wandel, Berlin u.a.
Boeri, T./van Ours, J. (2008): The Economics of Imperfect Labour Markets, Princeton/Woodstock
Bogai, D./Hess, D./Schröder, H./Smid, M. (1994): Binnenstruktur der Langzeitarbeitslosigkeit älterer Männer und Frauen, in: Mitteilungen aus der Arbeitsmarkt- und Berufsforschung 27, 73-93
Bogedan, C./Sesselmeier, W./Bothfeld, S. (2009): Arbeitsmarktpolitik in der sozialen Marktwirtschaft. Vom Arbeitsförderungsgesetz zum SGB II und III. Eine Einleitung, in: Bothfeld/Sesselmeier/Bogedan, 7-18
Boockmann, B./Dietz, M./Walwei, U./Stolz, W. (2006): Zukunft der Arbeitswelt, in: Orientierungen zur Wirtschafts- und Gesellschasftpolitik, Heft 109, 3/2006, 17-33
Booth, A. (1995): The Economics of the Trade Union, Cambridge
Borjas, G. J. (2007[4]): Labor Economics, New York u.a.
Bosch, G./Lehndorff, S./Rubery, J. (eds.) (2009): European Employment Models in Flux. A Comparison of Institutional Change in Nine European Countries, Basingstoke
Boss, A. (2006): Brauchen wir einen Kombilohn?, in: Institut für Weltwirtschaft, Kieler Arbeitspapier Nr. 1279, Kiel
Boss, A./Dovern, J./Meier, C.-P./Oskamp, F./Scheide, J. (2007): Verbessertes Arbeitsmarktumfeld stärkt Wachstum des Produktionspotentials in Deutschland, Kieler Diskussionsbeitrag 441/442, Kiel
Bowles, S./Gintis, H. (1975): The Problem with Human Capital Theory - A Marxian Critique, in: American Economic Review 65, 74ff.
Brandenberg, A. (1991): Eine mikroökonomische Analyse der Sozialpartnerschaft, Bern und Stuttgart
Brandes, W. /Buttler, F. (1988): Die Unvermeidbarkeit interner Arbeitsmärkte, in: Reyher, L./Kühl, J. (Hg.): Resonanzen, Nürnberg, 94-113
Brandes, W./Liepmann, P./Weise, P. (1982): Unternehmungsverhalten und Arbeitsmarkt, in: mehrwert 22, 6-45
Braun, T. (2006): Erfolgreiche arbeitsmarktpolitische Konzertierung: Dänemarks Reformweg „vom Rande des Abgrunds" zum Flexicurity-Modell. In: Sozialer Fortschritt 6/2006
Bräutigam (2004): Arbeitsmarktökonomie. Marktlogik – Marktpolitik – Marktkonsequenzen, Aachen

Breyer, F./Buchholz, W. (2007): Ökonomie des Sozialstaates, Berlin/Heidelberg
Brinkmann, C. et al. (Hg.) (1979): Arbeitsmarktsegmentation - Theorie und Therapie im Lichte empirischer Befunde, Nürnberg
Brinkmann, G. (1999): Einführung in die Arbeitsökonomik, München/Wien
Brown, C./Medoff, J. L. (1978): Trade Unions in the Production Process, Journal of Political Economy, vol. 46, 355-378
Brox, H./Rüthers, B./Henssler, M. (2004[16]): Arbeitsrecht, Stuttgart
Brunner, K./Cukierman/Meltzer, A.H. (1980): Stagflation, Persistent Unemployment, and the Permanence of Economic Shocks, in: Journal of Monetary Economics 6, S. 467-492
Bruno, M./Sachs, J. D. (1985): Economics of Worldwide Stagflation, Cambridge/Mass
Bryson, A./Forth, J. (2008): The Theory and Practice of Pay Setting, in: Blyton, P./Bacon, N./Fiorito, J./Heery, E. (Hg.): The SAGE Handbook of Industrial Relations, London/Thousand Oaks, 491-512
Büchel, F. (1993): Perforierte Langzeitarbeitslosigkeit als Strukturtyp der Arbeitslosenforschung, in: Konjunkturpolitik 39, 49-75
Buscher, H.S./Dreger, C./Walwei, U. (2006): Institutionen und Arbeitsmarkt: Messkonzepte, Wirkungszusammenhänge und internationaler Vergleich, Nürnberg
Buttler, F./Cramer, U. (1991): Entwicklung und Ursachen von Mismatch-Arbeitslosigkeit in Westdeutschland, in: Mitteilungen aus der Arbeitsmarkt- und Berufsforschung 24, 483-500
Cahuc, P./Zylberberg, A. (2004): Labor Economics, Cambridge, Mass.
Calmfors, L./Driffill, J. (1988): Bargaining Structure, Corporatism and Macroeconomic Performance, in: Economic Policy 6, 13-61
Carlin, W./Soskice, D. (1990): Macroeconomics and the Wage Bargain. A Modern Approach to Employment, Inflation and the Exchange Rate, Oxford
Carlin, W./Soskice, D. (2006): Macroeconomics. Imperfections, Institutions and Policies, Oxford
Carmichael, H. (1990): Efficiency Wage Models of Unemployment - One View, in: Economic Inquiry 28, 269-295
Carmichael, L. (1983): The Agent - Agents Problem: Payment by Relative Output, in: Journal of Labour Economics 1, 50-65
Carstensen, V. (1995): Die Lohnkurve im Oligopol bei alternativer Bestimmung der Entlohnung, in: Gerlach/Schettkat (1995), 114-158
Christensen, B. (2001): Beveridge-Kurve und Motivations-Mismatch, Kieler Arbeitspapier, Nr. 1044, Institut für Weltwirtschaft, Kiel
Coase, R. H. (1984): The new institutional economics, in: Journal of Institutinal and Theoretical Economics 140, 229-231
Coase, R.H. (1937): The Nature of the Firm, in: Economica 4, 386-405
Coleman, J./Maser, S./Heckathorn, D. (1991): Bargaining and Contract, in: Koford/Miller, 227-256
Commons, J. R. (1934): Institutional Economics, Madison
Crouch, C. (1993): Industrial Relations And European State Traditions, Oxford
Czada, R. (2004): Die neue deutsche Wohlfahrtswelt. Sozialpolitik und Arbeitsmarkt im Wandel, in: Lütz, S.; Czada, R. (Hg.): Wohlfahrtsstaat. Transformation und Perspektiven, 127-154
Däubler, W. (2004): Erleichterung von Innovationen – eine Aufgabe des Arbeitsrechts?, Betriebs-Berater (BB) 2004, 2521-2526
De Alessi, L. (1990): Form, Substance, and Welfare Comparisons in the Analysis of Institutions, in: Journal of Institutinal and Theoretical Economics 146, 5-23
Dell'Aringa, C. (2007): Wage Setting Institutions and Economic Performance, in: Acocella/Leoni (eds.), 159-174
Deutsche Bundesbank (2000): Bestimmungsgründe und gesamtwirtschaftliche Bedeutung von Produzenten- und Konsumentenlohn. Deutsche Bundesbank Monatsbericht. Juli 2000
Deutsche Bundesbank (2006): Zur Entwicklung der arbeitsmarktbedingten Staatsausgaben, in: Monatsbericht, 9/2006, 63-86
Deutsche Bundesbank (2007): Der Arbeitsmarkt in Deutschland: Grundlinien im internationalen Vergleich, in: Monatsbericht, 1/2007, 33-54

Diekmann, A. (2009): Spieltheorie, Reinbek bei Hamburg
Dieterich, T./Hanau, P./Henssler, M./Oetker, H./Wank, R./Wiedemann, H. (2004): Empfehlungen zur Entwicklung des Tarifvertragsrechts, Recht der Arbeit, 65-78
Dietz, M. (2006): Der Arbeitsmarkt in institutionentheoretischer Perspektive, Stuttgart
Doeringer, P. B./Piore, M. J. (1971): Internal Labor Markets and Manpower Analysis, Lexington/ Mass.
Douglas, P.H./Director, H. (1931): The Problem of Unemployment, New York (reprinted 1976)
Dow, J. Ch. R./Dicks-Mireaux, L.A. (1958): The Excess Demand for Labour: A Study of Conditions in Great Britain, 1946-56, in: Oxford Economic Papers 10, 1-33
Dow, S.C. (2002): Economic methodology: an inquiry, Oxford
Driffill, J. (1988): Macroeconomic Policy Games With Incomplete Information, in: European Economic Review 32, 533-541
Driffill, J. (2006): The Centralization of Wage Bargaining Revisited: What Have we Learnt?, in: Journal of Common Market Studies 44, 731-756
Duda, H. (1987): Macht oder Effizienz? Eine ökonomische Theorie der Arbeitsbeziehungen im modernen Unternehmen, Frankfurt/New York
Duda, H./Fehr, E. (1984): Die radikale Theorie der Firma. Ein interpretierender Überblick, SAMF - Arbeitspapier 1984-2, Paderborn; wieder abgedruckt unter: Macht, Effizienz und Profitabilität - Eine radikale Theorie der Unternehmung, in: Leviathan 14, 1986, 546-568
Dunlop, J.T. (1944): Wage Determination under Trade Unions, New York
Ebbinghaus, B. (2003): Die Mitgliederentwicklung deutscher Gewerkschaften im historischen und internationalen Vergleich, in: Schröder, W./Wessels, B. (Hg.): Die Gewerkschaften in Politik und Gesellschaft der Bundesrepublik. Wiesbaden, 174-203
Eggertson, T. (1990): Economic behaviour and institutions, Cambridge/NJ u.a.
Ehlers, M. (2008): Personalkosten und betriebliche Bündnisse für Arbeit, in: Recht der Arbeit (RdA), 81-86
Ehrenberg, R.G./Smith, R.S. ($2008^{10}$): Modern Labor Economics. Theory and Public Policy, New York u.a.
Eichhorst, W. (2002): Bündnis für Arbeit. Chancen geben? In: Sozialer Fortschritt 11/2002, 274-278
Eichhorst, W. (2008): Kombilöhne und Mindestlöhne als Instrument der Beschäftigungspolitik – Erfahrungen und Handlungsoptionen, in: Funk, L. (Hg.) (2008a), Marburg 2008, S. 547-577
Eichhorst, W./Konle-Seidl, R. (2005): The Interaction of Labor Market Regulation and Labor Market Policies in Welfare State Reform, IZA Discussion Paper No. 1718, Bonn
Eichhorst, W./Sesselmeier, W./Yollu, A. (2008): Akzeptanz von Arbeitsmarktreformen, in: Sesselmeier, W./Schulz-Nieswandt, F. (Hrsg.): Normative Grundlagen des Sozialstaates – Sozialpolitische Grundlagendiskurse, Berlin, 15-45
Eichhorst, W./Thode, E./Winter, F. (2004): Benchmarking Deutschland 2004. Arbeitsmarkt und Beschäftigung. Berlin; Heidelberg; New York
Eisen, R. (1976): Unsicherheit und Information, unkontrollierbares Verhalten und das Problem des moralischen Risikos, in: Jahrbücher für Nationalökonomie und Statistik, 191
Elmeskov, J./MacFarlan, M. (1993): Unemployment Persistence, in: OECD Economic Studies 21, 59-88
Enderlein, H. (2008): Wandel durch den Euro: Wie die Währungsunion die nationale Fiskal- und Lohnpolitik verändert, in: Höpner, M./Schäfer, A. (Hg.), 415-448
Englmann, F.C. (2007): Makroökonomik, Stuttgart
Enste, D. H./Hardege, S. (2006): Regulierung und Beschäftigung – eine empirische Wirkungsanalyse für 22 OECD-Länder, in: IW-Trends, 2/2006, 33-46
Enste, D.H./Fetchenhauer, D./Riesen, I. (2008): Sozialstaatsfallen, Erwerbsanreize und soziale Mobilität – Eine ökonomische, soziologische und sozialpsychologische Analyse, Köln
Erke, B. (1993): Arbeitslosigkeit und Konjunktur auf segmentierten Arbeitsmärkten. Eine makroökonomische Analyse auf der Grundlage der Effizienzlohntheorie, Heidelberg

Erke, B. (2001): Grundlagen der modernen Makroökonomik, Berlin
EZB (2007) – Europäische Zentralbank: Strukturelle Entwicklungen an den Arbeitsmärkten des Euro-Währungsgebiets in den letzten zehn Jahren, in: EZB Monatsbericht 1/2007, 67-81
Farber, H. (1986): The Analysis Of Union Behavior, in: Ashenfelter, O./Layard, R. (eds.): Handbook of Labor Economics, Volume II, 1039-1089
Farhauer, O. (2003): Qualifizierung, Betriebsspezifität und Arbeitslosigkeit, Baden-Baden
Fassmann, H./Meusburger, P. (1997): Arbeitsmarktgeographie. Erwerbstätigkeit und Arbeitslosigkeit im räumlichen Kontext, Stuttgart
Fehr, E. (1984): Unfreiwillige Arbeitslosigkeit, Macht und asymmetrische Mobilitätskosten, in: Quartalshefte der Girozentrale 19, S. 67-82
Fehr, E. (1989): (Un)freiwillige Arbeitslosigkeit durch Effizienzlöhne? Eine Gegenkritik, in: Gerlach, K./Hübler, O. (Hg.): Effizienzlohntheorie, Individualeinkommen und Arbeitsplatzwechsel, Frankfurt/New York, 27-51
Fehr, E. (1990): Die Auswirkungen der Gewerkschaften auf die Allokationseffizienz im Lichte einiger Besonderheiten des Arbeitsmarktes, in: WSI-Mitteilungen 6/90, 385-391
Fehr, E./Gächter, S.: Wage Differentials in Experimental Efficiency Wage Markets, in: Plott, C.R./ Smith, V. R. (eds.): Handbook of Experimental Economics Results, Vol. 1, Amsterdam 2008, S. 120-126
Felderer, B./Homburg, S. (2005[9]): Makroökonomik und neue Makroökonomik, Berlin u.a.
Feldstein, M. (1974): Unemployment Compensation: Adverse Incentives and Distributional Anomalies, in: NTJ 27, 231-244
Fischer, C./Heier, D. (1983): Entwicklungen der Arbeitsmarkttheorie, Frankfurt/New York
Fischer, Chr. (2002): Richterliche Rechtsfindung zwischen „Gesetzesgehorsam" und „ökonomischer Vernunft", in: Zeitschrift für Arbeitsrecht (ZfA), 215
Fischer, G./Wahse/Dahms, V./Frei, M./Riedman, A./Janik, F. (2007): Standortbedingungen in den Regionen West- und Ostdeutschlands. Ergebnisse des IAB-Betriebspanels 2006, IAB Forschungsbericht, 5/2007, Nürnberg
Fischer, U. (2007): Das Ehrenamtsprinzip der Betriebsverfassung „post Hartzem" – antiquiert oder Systemerfordernis?, in: Neue Zeitschrift für Arbeitsrecht (NZA), 484
Fitzenberger, B./Kohn, K./Wang, Q. (2006): The Erosion of Union Membership in Germany: Determinants, Densities, Decompositions, in: IZA Discussion Paper No. 2193
Fleisher, B.M./Kniesner, T. (1984[3]): Labor Economics. Theory, Evidence, and Policy, Englewood Cliffs, N.J.
Flemmig, J. (1995a): Moderne Makroökonomie: Eine kritische Bestandsaufnahme, in: Flemmig (Hg.), 11-90
Flemmig, J. (Hg.) (1995): Moderne Makroökonomik - Eine kritische Bestandsaufnahme, Marburg
Flinn, C. J. (1986): Wages and Job Mobility of Young Workers, in: Journal of Political Economy 94, S88–S110
Franz, W. (1982): Der Beitrag einiger neuerer mikroökonomischer Arbeitsmarkttheorien zur Erklärung der Arbeitslosigkeit, in: Jahrbücher für Nationalökonomie und Statistik 197, 43-59
Franz, W. (1986): Arbeitslosigkeit und ihre Ursachen in der Arbeitsmarkttheorie der achtziger Jahre: Einige mikro- und makroökonomische Aspekte, in: Krupp, H.-J./Rohwer, B./Rothschild, K.W. (Hg.): Wege zur Vollbeschäftigung, Freiburg im Breisgau, 32-49
Franz, W. (1991): Match and Mismatch on the German Labour Market, in: Schioppa, F. P. (ed.): Mismatch and Labor Mobility, Cambridge 1991, 105-139
Franz, W. (1992a): Neuere Makroökonomische Kontroversen, in: WiSt 6/1992, 275-283
Franz, W. (1992b): Arbeitslosigkeit: Ein makrotheoretischer Rahmen, in: Franz, W. u.a. (Hg.): Mikro- und makroökonomische Aspekte der Arbeitslosigkeit, Nürnberg, 9-24
Franz, W. (1993): Der Arbeitsmarkt: Eine ökonomische Analyse, Mannheim u.a.
Franz, W. (1994): Chancen und Risiken einer Flexibilisierung des Arbeitsrechts aus ökonomischer Sicht, in: Zeitschrift für Arbeitsrecht (ZfA) 1994, 439-462
Franz, W. (1995a): Theoretische Ansätze zur Erklärung der Arbeitslosigkeit: Wo stehen wir 1995?, CILE-Diskussionspapier 27-1995, Universität Konstanz

Franz, W. (1995b): Ursachen der Arbeitslosigkeit: Einige Ergebnisse der Arbeitsmarktanalyse im Jahresgutachten 1994/95 des Sachverständigenrates, in: Franz/Steiner (Hg.), 9-28
Franz, W. (1995c): Die Lohnfindung in Deutschland in einer internationalen Perspektive: Ist das deutsche System ein Auslaufmodell?, in: Beihefte der Konjunkturpolitik Heft 43: Wege aus der Arbeitslosigkeit, Berlin, 31-57
Franz, W. (2001): Lohnverhandlungssysteme und Beschäftigung, in: Milleker, D.F. (Hg.): Beschäftigungspolitik in Europa, Bad Homburg, 73-85
Franz, W. (2006$^6$): Arbeitsmarktökonomik, Berlin u.a.
Franz, W. (ed.) (1992): Structural Unemployment, Heidelberg
Franz, W./König, H. (1990): A Disequilibrium Approach to Unemployment in the Federal Republic of Germany, in: European Economic Review, Vol. 34, 413-422
Franz, W./Steiner, V. (Hg.) (1995): Der westdeutsche Arbeitsmarkt im strukturellen Anpassungsprozess, Baden-Baden
Franzen, M. (2001): Tarifrechtssystem und Gewerkschaftswettbewerb - Überlegungen zur Flexibilisierung des Flächentarifvertrags, in: Recht der Arbeit (RdA) 1/2001, 1-10
Franzen, M. (2009): Tarifzuständigkeit und Tariffähigkeit im Bereich der Arbeitnehmerüberlassung, in: Betriebs-Berater (BB) 2009, 1472-1477
Freeman, R./Katz, L. (eds.) (1995): Differences and Changes in Wage Structures, Chicago/London
Freeman, R./Medoff, J. (1984): What Do Unions Do?, New York
Freeman, R.B. (2006): Labour Market Institutions without Blinders: The Debate over Flexibility and Labour Market Performance, NBER Working Paper No. 11286, Cambridge/Mass.
Freeman, R.B. (2007): Labor Economics Redux, in: NBER Reporter, 1/2007, 1-4
Freeman, R.B. (2008): Labour Market Institutions around the World, in: Blyton et al. (eds.), 640-658
Freiburghaus, D. (1976): Zentrale Kontroversen der neueren Arbeitsmarkttheorie, in: Bolle, M. (Hg.): Arbeitsmarkttheorie und Arbeitsmarktpolitik, Opladen, 71-91
Freiburghaus, D./Schmid, G. (1975): Theorie der Segmentierung von Arbeitsmärkten, in: Leviathan, 417ff
Frenkel, M./Fendel, R. (2005): Die neue Phillips-Kurve, in: WISU 10/2005, 1279-1286
Friedman, M. (1970): Die Rolle der Geldpolitik, in: derselbe (Hg.): Die optimale Geldmenge und andere Essays, München
Fritsch, M./Wein, T./Ewers, H.-J. (2003$^5$): Marktversagen und Wirtschaftspolitik, München
Funk, L. (1999a): Die Themen im Herbst 1999 – Magische Vielecke/Reformstau bei verfestigt hoher Arbeitslosigkeit, in: WISU 10/1999, 1266-1274
Funk, L. (1999b): Institutionell verhärtete und politisch rationale Arbeitslosigkeit in der Bundesrepublik Deutschland, Münster
Funk, L. (2001a): Die Themen im Sommer 2001 – Langfristige Phillips-Kurve/Grundmodell quasi-gleichgewichtiger (Unter-)Beschäftigung, in: WISU, 7/2001, 957-962
Funk, L. (2001b): Towards a Transformed Federal Republic of Germany? Structural Change and the Renewal of Social Democratic Economic Policy, in: Stierle M.H./Birringer, T. (Hg.): Economics of Transition – Theory, Experiences and EU Enlargement, Bonn, 17-35
Funk, L. (2002a): Arbeitsmarkttheorie und –politik, WISU-Lexikon, in: WISU, 6/2002, I-XV
Funk, L. (2002b): Die Themen im Frühjahr 2002 – Regulierungsgrad, Erwerbstätigkeit und Arbeitsstundenrestriktionen/Neue Arbeitswelt, in: WISU 4/2002, 494-500
Funk, L. (2003): Der Strukturwandel: Herausforderung und Chance für die Gewerkschaften, in: Aus Politik und Zeitgeschichte, 48-49/2003, 14-23
Funk, L. (2004): Mehr Beschäftigung für Ältere. Lehren aus dem Ausland, Köln
Funk, L. (2005): Neuer Strukturwandel: Herausforderung für die Tarifpolitik, in: Akademie, 1/2005, 6-12
Funk, L. (2006a): Die Themen im Frühjahr 2006 – Wachstumshemmnisse in Deutschland/Absicherung gegen Arbeitsmarktrisiken, in: WISU, 4/2006, 472-476
Funk, L. (2006b): Die Themen im Sommer 2006 – Neuer deutscher Kapitalismus/Neue OECD-Beschäftigungsstrategie, in: WISU, 7/2006, 907-909

Funk, L. (2006c): Die Themen im Herbst 2006 – Lehren aus der britischen und deutschen Wirtschaftspolitik/Modellanalyse der Kombilöhne, in: WISU, 10/2006, 1228-1236

Funk, L. (2006d): Die Themen im Winter 2005/2006 – Wettbewerbs- als Industriepolitik?/Beschäftigungsfördernde institutionelle Faktoren, in: WISU, 1/2006, 64-67

Funk, L. (2006e): Rolle und Zukunft der Arbeitgeberverbände in Europa, in: Aus Politik und Zeitgeschichte, 15-16/2006, 24-32

Funk, L. (2007a): Convergence in Employment-Related Public Policies? A British-German Comparison, in: German Politics, 1/2007, 16, 116-136

Funk, L. (2007b): Die Themen im Frühjahr 2007 - Evaluation der Arbeitsmarktreformen/Neuere neoklassische Analyse des Mindestlohnes, in: WISU, H. 4/2007, 498-502

Funk, L. (2007c): Die Themen im Herbst 2007 - VWL für Betriebswirte/Arbeitslosenquote ist nicht gleich Arbeitslosenquote in: WISU, H. 1000/2007, 1252-1256

Funk, L. (Hg.) (2008a): Anwendungsorientierte Marktwirtschaftslehre und Neue Politische Ökonomie, Festschrift für Eckhard Knappe, Marburg 2008

Funk, L. (2008b): Die Themen im Winter 2008 – Spitzeneinkommen und Grenzproduktivität/ Lohnzurückhaltung, in: WISU 1/2008, 70-73

Funk, L. (2008c): Observations on European Flexicurity Policies, in: Funk, L. (2008a), 633-670

Funk, L. (2009): Die Themen im Frühjahr 2009 – Markttheoretisches Vollbeschäftigungsgleichgewicht/Deflation, in: WISU, 4/2009, 514-518

Funk, L./Janßen, P./Lesch, H. (2005): Arbeitsbeziehungen und Personalwirtschaft, in: Institut der deutschen Wirtschaft Köln (Hg.): Perspektive 2050. Ökonomik des demografischen Wandels, 193-217

Funk, L./Klös, H.-P./Schäfer, H./Allen, M. (2007): The Impact of the International Movement of Labour: The Case of Western Germany with Special Reference to Germany, in: Egbert, H./ Esser, C. (eds.): Migration and Labour Markets in Social Sciences, Berlin, 31-55

Funk, L./Knappe, E. (1997): Neukeynesianismus und Sockelarbeitslosigkeit, WISU-Studienblatt in: WISU 7/1997, I-III

Funk, L./Optendrenk, S. (1996): Warten, bis die Arbeitslosigkeit verschwindet?, in: Orientierungen zur Wirtschafts- und Gesellschaftspolitik, 4/96, 21-25

Funk, L./Voggenreiter, D./Wesselmann, C. (2008$^8$): Makroökonomik, Stuttgart

Funke, M. (1991): Das Hysteresis-Phänomen, in: Zeitschrift für Wirtschafts- und Sozialwissenschaften 11, 527-551

Gahlen, B./Hesse, H./Ramser, H.J. (Hg.) (1993): Makroökonomik unvollkommener Märkte, Tübingen

Galler, H. (1996): Arbeitsangebote einer Mehrwertsteuerfinanzierung der Sozialen Sicherung, in: Steiner, V./Zimmermann, K. (Hg.): Soziale Sicherung und Arbeitsmarkt - Empirische Analyse und Reformansätze, Baden-Baden, 11-34

Gärtner, M. (2006): Macroeconomics, 2. A., Harlow u.a.

Gerlach, K./Hübler, O. (1985): Lohnstruktur, Arbeitsmarktprozesse und Leistungsintensität in Effizienzlohnmodellen, in: Buttler, F./Kühl, J./Rahmann, B. (Hg.): Staat und Beschäftigung. Angebots- und Nachfragepolitik in Theorie und Praxis, Nürnberg, 249-290

Gerlach, K./Hübler, O. (1987): Personalnebenkosten, Beschäftigtenzahl und Arbeitsstunden aus neoklassischer und institutionalistischer Sicht, in: Buttler, F./Gerlach, K./Schmiede, R. (Hg.): Arbeitsmarkt und Beschäftigung. Neuere Beiträge zur institutionalistischen Arbeitsmarktanalyse, Frankfurt/New York

Gerlach, K./Hübler, O. (1992): Zuschläge zum Lohnpotential und individuelle Arbeitslosigkeit, in: Franz, W. (Hg.): Mikro- und makroökonomische Aspekte der Arbeitslosigkeit, Nürnberg, 146-174

Gerlach, K./Hübler, O. (Hg.) (1989): Effizienzlohntheorie, Individualeinkommen und Arbeitsplatzwechsel, Frankfurtam Main/New York

Gerlach, K./Schettkat, R. (Hg.) (1995): Determinanten der Lohnbildung. Theoretische und empirische Untersuchungen, Berlin

Gerlach, K./Schettkat, R. (Hg.) (1996): Beiträge zur Neukeynesianischen Makroökonomie, Berlin

Gerlach, K./Wagner, J. (1995): Regionale Lohnunterschiede und Arbeitslosigkeit in Deutschland. Ein Beitrag zur Lohnkurven-Diskussion, in: Gerlach/Schettkat (1995), 94-111

Gerlach. K./Stephan, G. (2006): Tarifverträge und betriebliche Entlohnungsstrukturen, in: Clemens, C./Heinemann, M./Soretz, S. (Hg.): Auf allen Märkten zu Hause. Gedenkschrift für Franz Haslinger, Marburg, 123-143

Gey, A./Ziegler, U. (2009): Arbeitnehmermitbestimmung im Aufsichtsrat der Europäischen Gesellschaft (SE) im Vergleich zum Mitbestimmungsgesetz, in: Betriebs-Berater (BB), 1750

Glastetter, W. (1986): Der Beitrag der Lohnpolitik zur Verminderung der Arbeitslosigkeit, in: Krupp, H.-J./Rohwer, B./ Rothschild, K.W. (Hg.): Wege zur Vollbeschäftigung, Freiburg im Breisgau, 188-204

Goldberg, V. (1985): Production Functions, Transaction Costs and the New Institutionalism, in: Feiwel, G. (ed.): Issues in contemporary microeconomics and welfare, London, 395-402

Gordon, D.F. (1974): A Neoclassical Theory of Keynesian Unemployment, in: Economic Inquiry 12, 431-459

Gordon, R. (1976): Recent Developments in the Theory of Inflation and Unemployment, in: Journal of Monetary Economis 2, 185-219

Gordon, R. (1990): What Is New-Keynesian Economics?, in: Journal of Economic Literature 28, 1115-1171

Görgens, E./Ruckriegel, K. (2006): Das AS-AD-Modell (I): Unvollkommene Arbeitsmärkte und gesamtwirtschaftliches Angebot, in: WISU 11/06, 1427-1432

Gottfries, N./McCormick, B. (1995): Discrimination and open unemployment in a segmented labour market, in: European Economic Review 39, 1-15

Grassinger, R. (1993): Verfestigte Arbeitslosigkeit. Das Hysteresis-Phänomen unter besonderer Berücksichtigung des Humankapitalansatzes, Nürnberg

Green, C./Cosineau, J.-M. (1976): Unemployment in Canada: The Impact of Unemployment Insurance, Ministry of Supply and Services, Ottawa

Greiner, S. (2007): Der Arbeitskampf der GDL – Überlegungen zur Parität im Sparten- und Spezialistenarbeitskampf, in: Neue Zeitschrift für Arbeitsrecht (NZA) 2007, 1023-1028

Grubel, H. G. (1971): Risk, Uncertainty and Moral Hazard, in: JRI, vol. 38, 100

Grubel, H. G. (1974): Soziale Sicherung und Weltinflation, in: Giersch, H. (Hrsg.) (1974): Kieler Verträge, Neue Folge, Bd. 78

Grund, C. (2005): Das duale Ausbildungssystem in Deutschland aus ökonomischer Perspektive – Warum bilden Betriebe (nicht mehr) aus?, in: WiSt, 12/2005, 685-690

Gujarati, D. (1972): The Behaviour of Unemployment and Unfilled Vacancies: Great Britain 1958-1971, in: Economic Journal 82, 195ff

Gundlach, E. (1997): Human Capital and Economic Development: A Macroeconomic Assessment, in: Intereconomics January/February 1997, 23-35

Hahn, F.H. (1980): Unemployment from a Theoretical Viewpoint, in: Economica 47, 301ff

Haisken-De New, J. (1996): Migration and the Inter-Industry Wage-Structure in Germany, Berlin u. a.

Hall, P.A./Franzese, R.J. (2008): Die Europäische Wirtschafts- und Währungsunion als work in progress – Eine Nachbetrachtung, in: Höpner, M./Schäfer, A. (Hg.), S. 407-413

Hanau, P. (2005): Arbeitsrecht im ökonomischen (Zerr-)Spiegel – Ein Kommentar zu zwei prominenten Neuerscheinungen, in: Neue Juristische Wochenschrift (NJW) 2005, 1173

Hanau, P./Adomeit, K. (2007[14]): Arbeitsrecht, Neuwied

Hardege, S. (2008): Regulierung und Flexibilität, in: IW (2008), 199-224

Hardege, S./Neumann, M./Stettes, O. (2008): Auswirkungen der Megatrends auf die Beschäftigung, in: IW (2008), 173-198

Hardes, H.-D. (1988): Vorschläge zur Differenzierung und Flexibilisierung der Löhne, in: Mitteilungen aus der Arbeitsmarkt- und Berufsforschung 21, 52-73

Hardes, H.-D. (1989): Zur Bedeutung längerfristiger Arbeitsbeziehungen und betriebsinterner Arbeitsmärkte, in: Mitteilungen aus der Arbeitsmarkt- und Berufsforschung 22, 540-552

Hardes, H.-D. (1993): Ausgewählte Ansätze ökonomischer Gewerkschaftstheorien, in: WISU 4/93, 365-374

Hardes, H.-D. (2008): Flexicurity als beschäftigungspolitische Strategie in der Europäischen Union, in: Funk. L. (2008a), 609-632

Hargreaves Heap, S./Hollis, M./Lyons, B./Sugden, R./Weale, A. (1992): The Theory Of Choice. A Critical Guide, Oxford

Hart, R. (1984): The Economics of Non-Wage Labour Costs, London

Hassel, A. (1999): Bündnisse für Arbeit: Nationaler Handlungsfähigkeit im europäischen Regimewettbewerb, MPIfG Discussion Paper 99/5, Köln

Heidra, B.J./van der Ploeg, F. (2002): The Foundations of Modern Macroeconomics, Oxford

Heinemann, F. (2007): Fit für die Zukunft? Deutschland im Wandel, Informationen zur politischen Bildung – Info aktuell, Bonn

Heise, A. (2005): Einführung in die Wirtschaftspolitik. Grundlagen, Institutionen, Paradigmen, Paderborn

Helberger, C. (1982): Arbeitslosigkeit als Gegenstand mikroökonomischer Theorien zur Funktionsweise der Arbeitsmärkte, in: DIW Vierteljahreshefte, 398-412

Henneberger, F. (2005): Arbeitslosigkeit, in: Schubert, K. (Hg.): Handwörterbuch des ökonomischen Systems der Bundesrepublik Deutschland, Wiesbaden, 26-35

Henning, A. (1999): Die Beveridge-Kurve, in: WiSt, 11/1999, 608-612

Hensche, D. (2009): Verfassungsrechtlich bedenkliche Neujustierung des Verhältnisses zwischen Individualwille und kollektiver Ordnung, in: Neue Zeitschrift für Arbeitsrecht (NZA) 2009, 815-820

Henssler, M. (2009): Erfahrungen und Reformbedarf bei der SE – Mitbestimmungsrechtliche Reformvorschläge, Zeitschrift für das gesamte Handels- und Wirtschaftsrecht (ZHR) 2009, 222-249

Henssler, M: Bewegung in der deutschen Unternehmensmitbestimmung, in: Recht der Arbeit (RdA) 2005, 330-337

Hickel, R. (2006): Kassensturz, Reinbek bei Hamburg

Hiller, T. (2006): Die Humankapitaltheorie. Ein theoretischer Erklärungsansatz für Lohndifferenziale, in: WiSt, 5/2006, 285-288

Hills, S.M. (1975): Unemployment Insurance, Job Search and the Duration of Unemployment, Madison

Hinrichs, J./Schäfer, M. (2006): Entwicklung des Arbeitsmarktes seit 1962 – Eröffnungsbilanz für die Legislaturperiode 2005-2009, Arbeitspapier/Dokumentation Nr. 152/2006, Konrad-Adenauer-Stiftung, Sankt Augustin

Hinz, T./Abraham, M. (2005): Theorien des Arbeitsmarktes: Ein Überblick, in: Abraham, M./Hinz, T. (Hg.), 17-68

Hirsch, B. T./Addison, J. T./Genosko, J. (1990): Eine ökonomische Analyse der Gewerkschaften, Regensburg

Hirschman, A.O. (1970): Exit, Voice, and Loyalty, Cambridge/Mass.

Hofemann, K./Schmitt, R. (1980): Arbeitsmarktsegmentation – die Karriere eines Konzepts, in: WSI-Mitteilungen 1

Höland, A./Kahl, U./Zeibig, N. (2007): Kündigungspraxis und Kündigungsschutz im Arbeitsverhältnis

Holler, M. (1986): Ökonomische Theorie des Arbeitsmarktes, Darmstadt

Holzherr, C. (1991): Lohnverhandlungen mit unterschiedlichen gesamtwirtschaftlichen Ideologien. Ein Beitrag zur Verhandlungstheorie des Lohnes, Heidelberg

Homann, K. (1989): Vertragstheorie und Property-Rights-Ansatz - Stand der Diskussion und Möglichkeiten der Weiterentwicklung, in: Biervert, B./Held, M. (Hg.): Ethische Grundlagen der ökonomischen Theorie. Eigentum, Verträge, Institutionen, Frankfurt/New York, 37-69

Homann, K./Suchanek, A. (2005$^2$): Ökonomik: Eine Einführung, Tübingen

Homans, G.C. (1968): Elementarformen sozialen Verhaltens, Köln, Opladen

Höpner, M. (2009): „Spielarten des Kapitalismus" als Schule der vergleichenden Staatstätigkeitsforschung, Paper für die Tagung „Kapitalismustheorien am 24. und 25.4.2009 in Wien (Download unter: www.oegpw.at/tagung09/papers/PA1_hoepner.pdf; heruntergeladen am 25.4.2009)

Höpner, M./Schäfer, A. (Hg.) (2008): Die Politische Ökonomie der europäischen Integration, Frankfurt/New York

Hörisch, F. N. (2007): Unternehmensmitbestimmung – Ökonomische Auswirkungen und internationaler Vergleich, Diss. Heidelberg

Horn, G. (2009): Geringer Nutzen, großer Schaden, in: Frankfurter Rundschau vom 8.1.2009, 17.

Horn, G./Möller, J. (1985): Keynesianische oder klassische Arbeitslosigkeit in der Bundesrepublik Deutschland? Empirische Überprüfung eines Mengenrationierungsmodells mittels Kalman-Verfahren für den Zeitraum 1970-1982, in: Ifo-Studien 31, 203-238

Hübler, O. (1988): Arbeitsplatzsuch- und Kündigungsmodelle, SAMF - Arbeitspapier 1988-11, Paderborn

Huninink, J./Schröder, T. (2008): Sozialstruktur Deutschlands, Konstanz

Hunt, J. (1995): The Effect of Unemployment Compensation on Unemployment Duration in Germany, in: Journal of Labor Economics 13, 88-120

Hyclak, T./Johnes, G./Thornton, R. (2005): Fundamentals of Labor Economics, Boston/New York

Issing, O. (Hg.) (2002[4]): Geschichte der Nationalökonomie, München

IW (2008) – Institut der deutschen Wirtschaft Köln (Hg.): *Die Zukunft der Arbeit in Deutschlands. Megatrends, Reformbedarf und Handlungsoptionen*, Köln 2008

Jahn, E. (2002): Zur ökonomischen Theorie des Kündigungsschutzes — Volatilität der Arbeitsnachfrage und duale Arbeitsmärkte, Berlin

Janßen, P. (2005): Arbeitsmarktflexibilisierung in der Sozialen Marktwirtschaft, Hamburg

Jerger, J. (2003): NAIRU – Theorie, Empirie und Politik, in: Hein, E./Heise, A./Truger, A. (Hg.): Neu-Keynesianismus – der neue wirtschaftspolitische Mainstream?, Marburg, 57-86

Jovanovic, B. (1979): Job Matching and the Theory of Turnover, in: Journal of Political Economy 87, 972-990

Junker, A. (2006[5]): Grundkurs Arbeitsrecht, München

Kaiser, C. (2006): Korporatismus in der Bundesrepublik Deutschland. Marburg

Kaiser, M. (1984): Berufliche Flexibilität - Konzeption, Befunde, Schlußfolgerungen, Kritik und Forschungsperspektiven, in: Mertens, D. (Hg.): Konzepte der Arbeitsmarkt- und Berufsforschung, Nürnberg

Kalecki, M. (1943): Political Aspects of Full Employment, in: Political Quarterly 14, 322-331; wiederabgedruckt in: Hunt, E./Schwartz, J.G. (eds.) (1972): A Critique of Economic Theory, Penguin Books

Kals, U. (2009): Ein Paar, zwei Orte, in: Frankfurter Allgemeine Zeitung, 30./31. 5. 2009, C1

Karanassou, M./Sala, H./Snower, D.J. (2006): The Macroeconomics of the Labour Market: Three Fundamental Views, IZA Discussion Paper No. 2480, Bonn

Karr, W. (1997): Die konzeptionelle Untererfassung der Langzeitarbeitslosigkeit, in: Mitteilungen aus der Arbeitsmarkt- und Berufsforschung 30, 37-46

Katz, L./Meyer, B. (1990): The Impact of the Potential Duration of Unemployment Benefits on the Duration of Unemployment, in: Journal of Public Economics 41, 45-72

Kaufman, B.E./Hotchkiss, J.L. (2005[7]): The Economics of Labor Markets, Chicago

Keller, B. (2008[7]): Einführung in die Arbeitspolitik. Arbeitsbeziehungen und Arbeitsmarkt in sozialwissenschaftlicher Perspektive, München/Wien

Keller, B./ Seifert, H. (2002): Flexicurity- Wie lassen sich Flexibilität und soziale Sicherheit vereinbaren, in: Mitteilungen aus der Arbeitsmarkt- und Berufsforschung 35, 90-106

Kerr, C. (1954): The Balkanization of Labor Markets, in: Bakke, W. et al. (eds.) (1954): Labor Mobility and Economic Opportunity, Cambridge/Mass., 92-110.; wieder abgedruckt in: Kerr, C. (1977): Labor Markets and Wage Determination, Berkeley u.a., 21-37

Klär, E./Fritsche, U. (2008): Mehr Beschäftigung durch weitere Arbeitsmarktreformen?, in: Wirtschaftsdienst, 7/2008 (88. Jg.), 451-460

Klebe, T. (2009): Alle Jahre wieder: Die Mitbestimmung, ein „Fall" und ein Webfehler, in: Neue Zeitschrift für Arbeitsrecht (NZA) 2009, 22-25

Klös, H.-P. (1990): Mikroökonomik der Arbeitslosigkeit, Köln

Klös, H.-P. (1992): Die Okun-Kurve, in: WiSt 21, 349-352

Klös, H.-P. (1998): Beschäftigung und Arbeitsmarktinstitutionen – ein mikroökonomischer Ansatz, in: Institut der deutschen Wirtschaft Köln (Hg.): Mehr Arbeit durch weniger Bescheidenheit? – Grenzen makroökonomischer Wirtschaftspolitik, Köln, 64-85
Klump, R. (2006): Wirtschaftspolitik. Instrumente, Ziele und Institutionen. München
Klumpp, S. (2007): Folgenabschätzung im Arbeitsrecht, Neue Zeitschrift für Arbeitsrecht (NZA) 2007, 135-136
Knappe, E. (1997): Arbeitsmarktordnung und Arbeitsmarktpolitik, in: Jahrbücher für Nationalökonomie und Statistik, Bd. 216, H. 4/5, 498-523
Knappe, E. (1998): Einige Irrtümer der Arbeitsmarktdebatte, in: E. Knappe/N. Berthold (Hg.), 168-193
Knappe, E./Berthold, N. (Hg) (1998): Ökonomische Theorie der Sozialpolitik. Bernhard Külp zum 65. Geburtstag, Heidelberg
Knappe, E./Funk, L. (1997): Irritationen über den Zusammenhang zwischen Arbeitsproduktivität und Beschäftigung, in: List Forum für Wirtschafts- und Finanzpolitik, 23, 1/1997, S. 65-81
Knappe, E./Rosar, A. (1990): Deregulierung, Lohnstruktur und Beschäftigung, in: WiSt, 4/1990, 165-170
Knight, F. (1921): Risk, Uncertainty, and Profit, Boston
Knight, F. H. (1965): Risk, Uncertainty and Profit, New York
Koch, W.A.S./Czogalla, C./Ehret, M. (2008[3]): Grundlagen der Wirtschaftspolitik, Stuttgart
Koford, K./Miller, J. (eds.) (1991): Social Norms and Economic Institutions, Ann Arbor
Kohaut, S./Schnabel, C. (2006): Tarifliche Öffnungsklauseln: Verbreitung, Inanspruchnahme und Bedeutung, in: Sozialer Fortschritt 2/2006, 33-40
Köhler, C. (1981): Betrieblicher Arbeitsmarkt und Gewerkschaftspolitik, Frankfurt/New York
Köhler, C./Sengenberger, W. (1982): Personalabbau und gewerkschaftliche Politik - das Beispiel der Automobilindustrie der USA und der Bundesrepublik, in: mehrwert Nr. 23
Köhler, C./Sengenberger, W. (1983): Konjunktur und Personalanpassung, Frankfurt/New York
Köhler, C./Struck, O./Grotheer, M./Krause, A./Krause, I./Schröder (2008): Offene und geschlossen Beschäftigungssysteme, Wiesbaden
König, H. (1979): Job-Search Theorien, in: Bombach, G./Gahlen, B./Ott, A. (Hg.): Neuere Entwicklungen in der Beschäftigungstheorie und -politik, Tübingen, 63-121
Konle-Seidl, R. (2008): Arbeits- und Erwerbslosigkeit in der Statistik – Springreglement international, in: IAB-Forum, Nr. 2/08, 48-52
Kopp, D. (2005): Zur Funktionslogik sozialer Pakte. Oder Antworten auf die Frage, warum Totgesagte länger leben, Wirtschaft & Politik Working Paper Nr. 25, Tübingen
Kordel, G. (2005): Das Günstigkeitsprinzip des § 4 III TVG aus der Sicht der ökonomischen und verhaltenswissenschaftlichen Analyse des Rechts, in: Zeitschrift für Arbeitsrecht, 459
Krause, R. (2009): Gewerkschaften und Betriebsräte zwischen Kooperation und Konfrontation, in: Recht der Arbeit (RdA) 2009, 129-143
Kraushaar, M./Berg, K. U. (2005): Mitbestimmung als Umsetzung von Corporate-Governance-Prinzipien, in: BB-Special 2005 Nr. 1, 16
Kreutz, M. (2001): Arbeitnehmermitbestimmung als Berührungspunkt von Recht und Ökonomie – Eine Einführung in die Property-Rights-Theorie am Beispiel der gesetzlichen Mitbestimmung, in: Neue Zeitschrift für Arbeitsrecht (NZA) 2001, 472-477
Krieger, H./Pintar, R. (1977): Regionale Arbeitsmarktstrukturen und ihre Implikationen auf objektive Arbeitsmarktchancen von Arbeitslosen, Köln
Kromphardt, J. (2006[3]): Grundlagen der Makroökonomie, München
Kubon-Gilke, G. (1990): Motivation und Beschäftigung. Eine sozialpsychologische Beurteilung der Effizienzlohntheorien und ihrer Kritik, Frankfurt/New York
Kubon-Gilke, G. (1997): Verhaltensbindung und die Evolution ökonomischer Institutionen, Marburg
Külp, B. (1994[3]): Verteilung. Theorie und Politik, Stuttgart/Jena
Kugler, F./Hanusch, H. (1994): Inflation und Arbeitslosigkeit - Der Phillips-Kurvenzusammenhang, in: WISU 5/94, 454-459
Lachmann, W. (2006[5]): Volkswirtschaftslehre 1: Grundlagen, Berlin/Heidelberg/New York

Lampert, H./Althammer, J. (2007[8]): Lehrbuch der Sozialpolitik, Berlin u.a.
Landmann, O. (1998): Die anhaltende Massenarbeitslosigkeit: Theorieversagen oder Politikversagen?, in: Knappe, E./Berthold, N. (Hg.), 147-167
Landmann, O.; Jerger, J. (1999): Beschäftigungstheorie. Berlin u.a.
Lang, K./Kahn, S. (1990): Efficiency Wage Models of Unemployment: A Second View, in: Economic Inquiry 28, 296-306
Langlois, R. N. (eds.) (1986): Economics as a process. Essays in the New Institutional Economics, Cambridge u.a.
Lärm, T. (1982): Arbeitsmarkttheorie und Arbeitslosigkeit: Systematik und Kritik arbeitsmarkttheoretischer Ansätze, Frankfurt am Main
Layard, R./Nickell, S./Jackman, R. (1991): Unemployment. Macroeconomic Performance and the Labour Market, Oxford (2005: new edition)
Layard, R./Nickell, S./Jackman, R. (1994): The Unemployment Crisis, Oxford
Lazear, E. (1981): Agency, Earnings Profiles, Productivity, and Hours Restriction, in: American Economic Review 71, 606-620
Lazear, E./Rosen, S. (1981): Rank-Order Tournaments as Optimum Labor Contracts, in: JPE 89, 841-864
Leblanc, G. (1995): Discrimination in the labour market, in: Canadian Journal of Economics 28, 702-717
Lesch, H. (2002): Streitpunkt „lohnpolitischer Verteilungsspielraum", Köln
Lesch, H. (2004): Arbeitsbeziehungen im Wandel, Köln
Lesch, H. (2005): Lohnpolitik und Beschäftigung in Deutschland, in: IW-Trends, 4/05, 33-46
Lesch, H. (2006): Ökonomik des Tarifrechts, Köln
Lesch, H. (2007): Lohnpolitik, Beschäftigung und Konsum, in: IW-Trends, 1/07, 31-45
Lesch, H. (2008a): Betriebliche Bündnisse für Arbeit in der Metall- und Elektro-Industrie, in: IW-Trends 4/2008, 75-87
Lesch, H. (2008b): Das deutsche Tarifsystem zwischen Regulierung und Fragmentierung, in: Wirtschaftsdienst, 1/2008, 11-15
Lesch, H. (2008c): Tarifrechtsökonomik, in: Funk, L. (2008a), S. 579-607
Lindbeck, A. (1992): Macroeconomic Theory and the labor market, in: European Economic Review 36, 209-235
Lindbeck, A. (1993): Unemployment and Macroeconomics, Cambridge/Mass.
Lindbeck, A. (2006): Market Reforms, Welfare Arrangements and Stabilization Policy: A Triple Interaction in Employment Policy, Diskussionspapier für die OECD Minister Conference, June 15-16, Toronto
Lindbeck, A./Snower, D. (1988): The Insider-Outsider Theory of Employment and Unemployment, Cambridge/Mass.
Lindbeck, A./Snower, D.J. (1985): Explanations of Unemployment, in: Oxford Review of Economic Policy 1, 34-59, wiederabgedruckt in: Jenkinson, T. (2000): Readings in Macroeconomics, Oxford, 173-195
Linninger,C.A. (1963): Unemployment Benefits and Duration: A Study of the Effect of Weekly Unemployment Benefit Amounts on the Duration of Unemployment, Institute for Sozial Research, University of Michigan
Lipperheide, P.J. (2005): Arbeitsrecht, Stuttgart
Lippman, S.A./McCall, J. (1976): The Economics of Job Search: A Survey, in: Economic Inquiry 14, 155-189 und 347-368
Lipsey, R./Chrystal, A. (2007[11]): Economics, Oxford
Lorenz, W. (1988): Geschlechtsspezifische Einkommensdifferenzen und Diskriminierung, Dissertation, Hannover
Löwisch, M. (2003): Die kündigungsrechtlichen Vorschläge der „Agenda 2010", in: Neue Zeitschrift für Arbeitsrecht (NZA) 2003, 689-695
Lutz, B. (1987): Arbeitsmarkt und betriebliche Arbeitskräftestrategie: Eine theoretisch-historische Skizze zur Entstehung betriebszentrierter Arbeitsmarktsegmentation, Frankfurt/New York
Lutz, B. (1989[2]): Der kurze Traum immerwährender Prosperität, Frankfurt/New York

Lutz, B./Sengenberger, W. (1974): Arbeitsmarktstrukturen und öffentliche Arbeitsmarktpolitik: Eine kritische Analyse von Zielen und Instrumenten, Göttingen
Lutz, B./Sengenberger, W. (1980): Segmentationsanalyse und Beschäftigungspolitik, in: WSI-Mitteilungen, 291ff
MacNeil, I. R. (1978): Contracts: Adjustments of Long-Term Economic Relations under Classical, Neoclassical and Relational Contract Law, in: Northwestern University Law Review 72, 854-906
Madsen, P. K. (2006): Das dänische Modell der Flexicurity, in: Die Neue Gesellschaft, H. 1-2/2006, 65-68
Mainusch, S. (1992): Die Gewerkschaft als Determinante von Produktivität und Profitabilität. Eine empirische Analyse zur ökonomischen Bedeutung der Gewerkschaft in der Bundesrepublik Deutschland, Regensburg
Mankiw, N.G. (1990): A Quick Refresher Course in Macroeconomics, in: Journal of Economic Literature 28, 1645-1660
Mankiw, N.G. (2006): The Macroeconomist as Scientist and Engineer, in: Journal of Economic Perspectives 20, No. 4, 29-46
Mankiw, N.G./Romer, D. (eds.) (1991): New Keynesian Economics, vol. 1: Imperfect Competition and Sticky Prices, Vol 2: Coordination Failures and Real Rigidities, Cambridge/Mass.
Mankiw, N.G./Taylor, M.P. (2006): Economics, London
Manning, A./Petrongolo, B. (2005): The Part-Time Pay Penalty, London
Marshall, A. (1946[8]): Principles of Economics, London
Mattila, J. P. (1974): Job Quitting and Frictional Unemployment, in: AER 64, S. 235-239
Mau, S./Verwiebe, R. (2009): Die Sozialstruktur Europas, Konstanz
Mavromaras, K. (1992): Zur Arbeitslosigkeits- und Beschäftigungsdauer, in: Mitteilungen aus der Arbeitsmarkt- und Berufsforschung 25, 84-90
McConnell, C.R./Brue, S.L./Macpherson (2005[7]): Contemporary Labor Economics, Boston u.a.
McDonald, I.M./Solow, R. (1981): Wage Bargaining and Employment, in: American Economic Review 71, 896-908
Mertens, D. (1979): Zeitsouveränität und Segmentation, in: Leviathan 3, 408ff.
Meyer, W. (1983): Entwicklung und Bedeutung des Property Rights-Ansatzes in der Nationalökonomie, in: Schüller (1983), 1-44
Miles, D./Scott, A. (2005[2]): Macroeconomics – Understanding the Wealth of Nations, London et al., Chichester
Miller, R.L./VanHoose, D.D. (2004): Macroeconomics. Theories, Policies, and International Applications, Mason
Mincer, J. (1962): On-the-job training: costs, returns and some implications, Journal of Political Economy 70 (supplement), 50-79
Möller, J. (2009): Jobsuchende sind zu mehr Kompromissen bereit, in: Frankfurter Rundschau vom 8.1.2009, 16
Möller, J./Walwei, U. (Hg.) (2009): Handbuch Arbeitsmarkt 2009, Nürnberg/Bielefeld
Mortensen, D. T. (1970): Job search, the duration of unemployment and the Phillips curve, in: American Economic Review 60, 847-862
Möschel, W. (2002): Das Spannungsverhältnis zwischen Individualvertrag, Betriebsvereinbarung und Tarifvertrag, in: Betriebs-Berater (BB) 2002, 1314-1318
Möschel, W. (2003): Dezentrale Lohnfindung und Tarifautonomie, in: Betriebs-Berater (BB) 2003, 1951-1955
Möschel, W. (2005): Lohndumping und Entsendegesetz, in: Betriebs-Berater (BB) 2005, 1164-1167
Möschel, W. (2005): Tarifvertragsreform zwischen Ökonomie und Verfassung, in: Betriebs-Berater (BB) 2005, 490-494
Myck, M./Paul, G. (2004): The Role of Employment Experience in Explaining the Gender Wage Gap, Institute for Fiscal Studies Working Paper 04/116, London
Nagel, B. (2007): Unabhängigkeit der Kontrolle im Aufsichtsrat und Verwaltungsrat: Der Konflikt zwischen der deutschen und der angelsächsischen Konzeption, in: Neue Zeitschrift für Gesellschaftsrecht (NZG) 2007, 166-169

Neubäumer, R./Somaggio, G. (2006): Die duale Berufsausbildung aus humankapitaltheoretischer und institutioneller Sicht, in: WISU, 5/2006, S. 690-697
Neubäumer, R.; Hewel, B. (2005[5]): Volkswirtschaftslehre, Wiesbaden
Neumann, M. (2002): Neoklassik, in: Issing, 271-288
O.V. (2006): Economics Focus, in: The Economist vom 17.6.2006, 78.
Ochel, W. (1998): Mehr Beschäftigung und weniger Arbeitslosigkeit – Amerika hast du es besser? In: Mitteilungen aus der Arbeitsmarkt- und Berufsforschung, 2/1998, Nürnberg
Ochsenbauer, C. (1989): Organisatorische Alternativen zur Hierarchie, München
OECD (1994): Beschäftigungsstudie. Fakten, Analysen, Strategien, Paris
OECD (2006b): OECD Employment Outlook, Paris
OECD (2008): OECD Employment Outlook, Paris
OECD (206a): Mehr Arbeitsplätze, höhere Einkommen, Paris
Offe, C. (1984): „Arbeitsgesellschaft". Strukturprobleme und Zukunftsperspektiven, Frankfurt am Main/New York
Offe, C./Hinrichs, K. (1977): Sozialökonomie des Arbeitsmarktes und die Lage "benachteiligter" Gruppen von Arbeitnehmern, in: Projektgruppe Arbeitsmarktpolitik, Offe, C. (Hg.) (1977): Opfer des Arbeitsmarktes, Darmstadt/Neuwied
Oi, W. (1962): Labor as a Quasi-fixed Factor, in: Journal of Political Economy 70, 538-555
Olson, M. (1982): The Rise and Decline of Nations, New Haven
Oswald, A. J. (1985): The Economic Theory of Trade Unions: An Introductory Survey, in: Scandinavian Journal of Economics 87, 160-193
Otto, A.H. (2009): Konjunktuschlaglicht: Wende am Arbeitsmarkt, in: Wirtschaftsdienst, H. 1/2009, S. 62-63
Ouchi, W. G. (1980): Markets, Bureaucracies, and Clans, in: Administrative Science Quarterly 25, 120-142
Pencavel, J. (1991): Labor Markets Under Trade Unionism. Employment, Wages, and Hours, Oxford
Pfeiffer, F. (2003): Lohnrigiditäten im gemischen Lohnbildungssystem, Baden-Baden
Pflüger, M. (1994): Neukeynesianismus und Marktmacht, Makroökonomische Implikationen unvollkommener Konkurrenz auf den Gütermärkten, Freiburg im Breisgau
Pfriem, H. (1979): Konkurrierende Arbeitsmarkttheorien. Neoklassische, duale und radikale Ansätze, Frankfurt/New York
Phelps, E.S. (ed.) (1970): Microeconomic Foundations of Employment and Inflation Theory, London
Picker, E. (2002): Tarifautonomie – Betriebsautonomie – Privatautonomie, in: Neue Zeitschrift für Arbeitsrecht (NZA) 2002, 761-769
Picker, E. (2009): Ursprungsidee und Wandlungstendenzen des Tarifvertragswesens, in: Zeitschrift für Arbeitsrecht (ZfA) 2009, 215-279
Picot, A./Dietl, H. (1990): Transaktionskostentheorie, in: WiSt 4/1990, 178-184
Pies, I. (1998): Theoretische Grundlagen demokratischer Wirtschafts- und Gesellschaftspolitik – Der Beitrag Gary Beckers, in: Pies, I./Leschke, M. (Hg.): Gary Beckers ökonomischer Imperialismus, Tübingen, 1-29
Pindyck, R./Rubinfeld, R. (2005[6]): Mikroökonomie, München
Piore, M. (1972): Notes for a Theory of Labor Market Stratification, MIT Working Paper No. 95, abgedruckt in: Edwards, R. et al. (eds.) (1975): Labor Market Segmentation, Lexington u. a., 125-150
Piore, M.J. (1973): On the Technological Foundations of Economic Dualism, (MIT) Working Paper, No. 110, Cambridge (Mass.)
Pirker, R. (1991): Das Problem der Macht in der ökonomischen Theorie der Firma, in: Kurswechsel 4/1991, 93-103
Pissarides, C. A. (1990): Equilibrium Unemployment Theory, Basil Blackwell, Cambridge/Mass.
Plünnecke, A./Werner, D. (2004): Das duale Ausbildungssystem. Die Bedeutung der Berufsbildung für Jugendarbeitslosigkeit und Wachstum, Köln
Pratt, J. W./Zeckhauser, R.J. (eds.) (1985): Pricipals and Agents: The Structure of Business, Boston

Pratt, J. W./Zeckhauser, R. J. (1985a): Pricipals and Agents: An Overview, in: Pratt, J. W., Zeckhauser, R. J. (eds.), Principals and Agents: The Structure of Business, Boston, 1-35

Preis, U. (2000): Bekämpfung der Arbeitslosigkeit – Eine Herausforderung für Arbeits- und Sozialrecht?, in: Neue Juristische Wochenschrift (NJW) 2000, 2304-2311

Preis, U. (2003): Reform des Bestandsschutzrechts im Arbeitsverhältnis, in: Recht der Arbeit (RdA) 2003, 65-81

Preis, U. (2009$^2$): Arbeitsrecht, Köln

Preis, U. (2008): Ein modernisiertes Arbeits- und Sozialrecht für eine alternde Gesellschaft, in: Neue Zeitschrift für Arbeitsrecht (NZA) 2008, 922-926

Priddat, B./Wegner, G. (Hg.) (1996): Zwischen Evolution und Institution. Neue Ansätze in der ökonomischen Theorie, Marburg

Priewe, J. (1984): Zur Kritik konkurrierender Arbeitsmarkt- und Beschäftigungstheorien und ihrer politischen Implikationen, Frankfurt u.a.

Projektgruppe Gemeinschaftsdiagnose (2009): Im Sog der Weltrezession – Gemeinschaftsdiagnose Frühjahr 2009, Essen

Radke, P. (1996): Zeitallokation im Familienzusammenhang. Modellierung des Arbeitsangebots unter Einbezug des sozialen Tausches, Frankfurt/New York

Raff, D.M.G./Summers, L.H. (1987): Did Henry Ford pay Efficiency Wages?, in: Journal of Labor Economics 5, 57-86

Ragan, C.T.S./Lipsey, R.G. (2005$^{11}$): Economics (Canadian Edition), Toronto

Rees, A. (1973): Economics of Work and Pay, New York

Reichold, H. (1999): Betriebsverfassung ohne „Betrieb"? – Zur Strukturreform des Betriebsverfassungsgesetzes aus privatrechtsdogmatischer Sicht, in: Neue Zeitschrift für Arbeitsrecht (NZA) 1999, 561-570

Reichold, H. (2002): Mitbestimmung bei Prämienlohn – Grenzen der mitbestimmungsrechtlichen „Umdeutung" durch die Einigungsstelle, in: Recht der Arbeit (RdA) 2002, 239-244

Reichold, H. (2005): Der Arbeitskampf als Dilemma-Situation, in: Rieble (Hg.): Zukunft des Arbeitskampfes, München

Reichold, H. (2005): Der Arbeitskampf als Dilemma-Situation, in: Rieble (Hrsg.), Zukunft des Arbeitskampfes, ZAAR (Zentrum für Arbeitsbeziehungen und Arbeitsrecht) Schriftenreihe Band 2, München, 9

Reichold, H. (2006$^2$): Arbeitsrecht, München

Reinberg, A./Hummel, M. (2007): Qualifikationsspezifische Arbeitslosigkeit im Jahr 2005 und die Einführung der Hartz-IV-Reform, IAB Forschungsbericht, 9/2007, Nürnberg

Reuter, D. (2004): Unternehmerische Freiheit und betriebsbedingte Kündigung, in: Recht der Arbeit (RdA) 2004, 161-167

Reuter, N. (1994): Der Institutionalismus. Geschichte und Theorie der evolutionären Ökonomie, Marburg

Richardi, R. (2008): Arbeitsgesetzgebung und Systemgerechtigkeit, in: Neue Zeitschrift für Arbeitsrecht (NZA) 2008, 1-6

Richter, R. (1990): Sichtweise und Fragestellung der Neuen Institutionenökonomik, in: Zeitschrift für Wirtschafts- und Sozialwissenschaften 110, 571-591

Richter, R./Furubotn, E. (2003$^3$): Neue Institutionenökonomik. Eine Einführung und kritische Würdigung, Tübingen

Rieble, V. (2008): Die Betriebsratsvergütung, in: Neue Zeitschrift für Arbeitsrecht (NZA) 2008, 277-280

Rieble, V. (Hrsg) (2005): Zukunft des Arbeitskampfes, in: ZAAR (Zentrum für Arbeitsbeziehungen und Arbeitsrecht) Schriftenreihe Band 2, München

Riese, M. (1986): Die Messung der Arbeitslosigkeit, Berlin

Riordan, M. H./Williamson, O. E. (1985): Asset specificity and economic organization, in: International Journal of Industrial Organization 3, 365-378

Ross, A.M. (1948): Trade Union Wage Policy, Berkeley

Rothengatter, W./Schaffer, A. (2006): Makro kompakt, Heidelberg

Rothschild, K. W. (1978): Arbeitslose: Gibt's die?, in: KYKLOS 31, S. 21-35

Rothschild, K.W. (1979): Unvollkommene Information und Arbeitsmarkt. Suchtheorie der Arbeitslosigkeit, in: WiSt, Heft 11, 518-523
Rothschild, K. W. (1980): Kritik marktwirtschaftlicher Ordnungen als Realtypus, in: Streißler, E./Watrin, Ch. (Hg.): Zur Theorie marktwirtschaftlicher Ordnungen, Tübingen, 13-37
Rothschild, K.W. (1980): Kritische Darstellung der theoretischen Grundlagen der Vollbeschäftigung, in: DIW Vierteljahreshefte, 1980/1, 10-17
Rothschild, K.W. (1981): Einführung in die Ungleichgewichtstheorie, Berlin u.a.
Rothschild, K.W. (1988): Theorien der Arbeitslosigkeit, München/Wien
Ruckriegel, K. (2007): Quo vadis, Homo oeconomicus?, in: WISU, 2/2007, 198-201
Rudolph, H. (1992): Struktur und Dynamik der Langzeitarbeitslosigkeit in der Bundesrepublik Deutschland 1980-1990, in: Brinkmann, C./Schober, K. (Hg.): Erwerbsarbeit und Arbeitslosigkeit im Zeichen des Strukturwandels. Chancen und Risiken am Arbeitsmarkt, BeitrAB 163, Nürnberg, 147-188
Rüthers, B. (2002): Vom Sinn und Unsinn des geltenden Kündigungsschutzrechts, in: Neue Juristische Wochenschrift (NJW) 2002, 1601-1609
Rüthers, B. (2003): Mehr Beschäftigung durch Entrümpelung des Arbeitsrechts?, in: Neue Juristische Wochenschrift (NJW) 2003, 546-552
Rürup, B. (2006): Koordination der Wirtschaftspolitik in Zeiten schnellen strukturellen Wandels, in: Institut der deutschen Wirtschaft Köln (Hg.): Miteinander statt gegeneinander. Synergiepotenziale der Wirtschaftspolitik, Köln, 12-26
Rürup, B./Sesselmeier, W. (1989): Lohnpolitische Flexibilisierungsforderungen im Lichte der Effizienzlohnhypothesen, Discussion Paper FS I 89 - 10, Wissenschaftszentrum Berlin für Sozialforschung
Rürup, B./Sesselmeier, W. (1994): Die politischen weißen Flecken der Arbeitsmarkttheorien, in: Matzner, E./Nowotny, E. (Hg.): Was ist relevante Ökonomie heute? Festschrift für Kurt W. Rothschild, Marburg, 177-192
Sadowski, D. (2002): Personalökonomie und Arbeitspolitik, Stuttgart
Saint-Paul, G. (1996): Dual Labor Markets. A Macroeconomic Perspective, Cambridge/Mass.
Salop, S. (1979): A Model of the Natural Rate of Unemployment, in: American Economic Review 69, 117-125
Samuelson, P./Solow, R. (1960): Analytical Aspects of Anti-Inflation Policy, in: American Economic Review Papers and Proceedings 50, 177-194
Sauermann, J. (2005): Registrierte Arbeitslosigkeit oder Erwerbslosigkeit: Gibt es das bessere Messkonzept?, in: Wirtschaft im Wandel, 4/2005, 104-108
Sauter, F. (1985): Transaktionskostentheorie der Organisation, München
Schäfer, A./Streeck, W. (2008): Korporatismus in der Europäischen Union, in: Höpner, M./Schäfer, A. (Hg.), 203-240
Schäfer, H. (2004): Arbeitsmarkt, IW-Dossier 26, Köln
Schäfer, H. (2005): Beschäftigungs- und Arbeitslosenschwellen-Interpretation und internationaler Vergleich. In: IW-Trends, 2/2005
Schäfer, H. (2009): IW-Dossier: Der Arbeitsmarkt, Köln (Download unter www.iwkoeln.de (Stand: 15.2.2009)
Schasse, U. (1985): Empirie der Diskriminierung: Empirische Untersuchungen zur Einkommensdiskriminierung von Frauen, in: Hübler,O. (Hg.) (1985): Beiträge zur Mobilität und Diskriminierung auf dem Arbeitsmarkt, SAMF - Arbeitspapier 1985-5, Paderborn
Schasse, U. (1991): Betriebszugehörigkeitsdauer und Mobilität. Eine empirische Untersuchung zur Stabilität von Beschäftigungsverhältnissen, Frankfurt/New York
Scherl, H. (2005): Beveridge-Kurve und Mismatch-Kurve: zwei Arten von U-V-Kurven mit unterschiedlichen Interpretationen von Mismatch-Arbeitslosigkeit, Diskussionspapier, Universität Erlangen-Nürnberg
Scherl, H. (2006): Hartz IV: Ein richtiger Ansatz – nur mangelhaft umgesetzt?, in: Wirtschaftsdienst, 7/2006, 434-437
Schettkat, R. (1992): The Labor Market Dynamics Of Economic Restructuring. The United States and Germany in Transition, New York u.a.

Schettkat, R. (1996): Was ist neu an der neukeynesianischen Arbeitsmarkt- und Beschäftigungstheorie? Ein Überblick, in: Gerlach, K./Schettkat, R. (Hg.): Beiträge zur Neukeynesianischen Makroökonomie, Berlin, 13-32

Schettkat, R. (1997): Der Stromansatz in der Arbeitsmarktforschung, in: WISU 2/97, 151-156

Scheuer, M (1987): Zur Leistungsfähigkeit neoklassischer Arbeitsmarkttheorien, Bonn

Schlicht, E. (1978): Labour Turnover, Wage Structure, and Natural Unemployment, in: Zeitschrift für die gesamten Staatswissenschaften, 134, 337-346.

Schmalensee, R./Willig, R. D. (eds.) (1989): Handbook of Industrial Organization, Vol. 1, Amsterdam u.a.

Schmid, G. (2006): Der kurze Traum der Vollbeschäftigung: Was lehren 55 Jahre deutsche Arbeitsmarkt- und Beschäftigungspolitik?, in: Schmidt, M.G./Zohlnhöfer, R. (Hg.): Regieren in der Bundesrepublik Deutschland. Innen- und Außenpolitik seit 1949, Wiesbaden, 177-201

Schmid, G. (2008): Full Employment in Europe. Managing Labour Market Transitions and Risks, Cheltenham

Schmid, H. ($2000^2$): Ökonomik des Arbeitsmarktes, Bern u.a.

Schmid, H./von Dosky, D./Braumann, B. ($1996^2$): Ökonomik des Arbeitsmarktes 1, Bern u.a.

Schmidtchen, D. (1987): "Sunk Costs", Quasirenten und Mitbestimmung, in: Jahrbuch für Neue Politische Ökonomie, Band 6, 139-163

Schnabel, C. (1989): Zur ökonomischen Analyse der Gewerkschaften in der Bundesrepublik Deutschland - Theoretische und empirische Untersuchungen von Mitgliederentwicklung, Verhalten und Einfluß auf wirtschaftliche Größen, Frankfurt

Schnabel, C. (1990): Ökonomische Modelle gewerkschaftlichen Verhaltens, in: WiSt 5/90, 235-240

Schnabel, C. (1994): Die übertarifliche Bezahlung, Köln

Schnabel, C. (1995): Die übertarifliche Entlohnung, in: WiSt 7/1995, 348-353

Schnabel, C. (1997): Tariflohnpolitik und Effektivlohnfindung. Eine empirische und wirtschaftspolitische Analyse für die alten Bundesländer, Frankfurt am Main u.a.

Schnabel, C. (2002): Betriebliche Bündnisse für Arbeit, in: WISU, 3/2002, 337-338

Schnabel, C. (2003): Tarifpolitik unter Reformdruck. Benchmarking Deutschland Aktuell. Bertelsmann-Stiftung, Gütersloh

Schnabel, C. (2005): Gewerkschaften und Arbeitgeberverbände: Organisationsgrade, Tarifbindung und Einflüsse auf Löhne und Beschäftigung. In: Zeitschrift für Arbeitsmarktforschung 3/2005, 181-196

Schnabel, C./Wagner, J. (Hg.) (2007): Einführung: Gewerkschaftsmitgliedschaft in Deutschland: Strukturen, Determinanten und Tendenzen, Schwerpunktheft der Industriellen Beziehungen 2/2007, 93-96

Schneider, H./Eichhorst, W. (2008): Bald erstmals weniger als 3 Mio. Arbeitslose in Deutschland, IZA Research Report No. 20, Bonn, Oktober

Schrüfer, K. (1988): Ökonomische Analyse individueller Arbeitsverhältnisse, Frankfurt/ New York

Schubert, R. (1993): Ökonomische Diskriminierung von Frauen. Eine volkswirtschaftliche Verschwendung, Frankfurt am Main

Schüller, A. (1983a): Property Rights, Theorie der Firma und wettbewerbliches Marktsystem, in: Schüller (1983), 145-184

Schüller, A. (Hg.) (1983): Property Rights und ökonomische Theorie, München

Schultz, T. W. (1961): Investment in Human Capital, in: AER March 1961, 1-17

Schultze, Ch.L. (1985): Microeconomic Efficiency and Nominal Wage Stickiness, in: American Economic Review 75, 1-15

Schultz-Wild, R. (1979): Betriebliche Beschäftigungspolitik und Arbeitsmarkt: Zum Zusammenhang zwischen Personalanpassung und Arbeitsmarktstruktur und -entwicklung, in: Brinkmann, C. et al. (Hg.)

Schumann, J. (2002): Die Wegbereiter der modernen Preis- und Kostentheorie, in: Issing, 169-202

Schupp, J./Wagner, G.G. (2007): Was Glücksforschung kann, in: Die Tageszeitung vom 14./15.7.2007, 11
Schwab, S. (1986): Is Statistical Discrimination Efficient?, in: American Economic Review 76, 228-234
Sengenberger, W. (1975): Arbeitsmarktstruktur. Ansätze zu einem Modell des segmentierten Arbeitmarktes, München
Sengenberger, W. (1978²): Arbeitsmarktstruktur, Frankfurt/New York
Sengenberger, W. (1979): Zur Dynamik der Arbeitsmarktsegmentierung, in: Brinkmann, C. et al. (1979)
Sengenberger, W. (1987): Struktur und Funktionsweisen von Arbeitsmärkten: Die Bundesrepublik Deutschland im internationalen Vergleich, Frankfurt / New York
Sesselmeier, W. (1991): Brauchen Unternehmen in der ehemaligen DDR Mitbestimmung?, in: Sesselmeier (Hrsg.), 81-94
Sesselmeier, W. (1993): Gewerkschaften und Lohnfindung. Zur arbeitsmarkt- und gewerkschaftstheoretischen Analyse flexibler Lohnstrukturen, Heidelberg
Sesselmeier, W. (1997): Einkommenstransfers als Instrumente der Beschäftigungspolitik. Negative Einkommensteuer und Lohnsubventionen im Lichte moderner Arbeitsmarkttheorien und der Neuen Institutionenökonomik, Frankfurt am Main u.a.
Sesselmeier, W. (2004): Arbeitsmarktökonomische Bedeutung von Deregulierung im Lichte der Insider-Outsider-Theorie, in: WSI-Mitteilungen 3/2004, 125-131
Sesselmeier, W. (2006): Auf dem Weg zu schweizerischen Verhältnissen?, in: Carigiet, E./Mäder, U./Opielka, M./Schulz-Nieswandt (Hg.): Wohlstand durch Gerechtigkeit. Deutschland und die Schweiz im sozialpolitischen Vergleich, Zürich, 215-226
Sesselmeier, W. (2007): (De)Stabilisierung der Arbeitsmarktsegmentation? Überlegungen zur Theorie atypischer Beschäftigung, in: Keller, B./Seifert, H. (Hg.): Atypische Beschäftigung – Flexibilisierung und soziale Risiken, Berlin, 67-80
Sesselmeier, W. (2008): Sozio-ökonomischer Wandel: Ein Überblick, in: Funk, L. (2008a), S. 633-670
Sesselmeier, W. (2009): Arbeitsmärkte und soziale Sicherung in den MOEL: Richtig aufgestellt für einen EWWU-Beitritt?, in: Ohr, R. (Hrsg.): Internationalisierung der Wirtschaftspolitik, Berlin, 9-37
Sesselmeier, W. (Hrsg.) (1991): Der Arbeitsmarkt - Probleme, Analysen, Optionen, Probleme der Einheit Band 1, Marburg
Sesselmeier, W./Blauermel, G. (1997²): Arbeitsmarkttheorien. Ein Überblick, Heidelberg
Sesselmeier, W./Haupt, M./Somaggio, G./Yollu-Tok, A. (2009): Auswirkungen der Finanz- und Wirtschaftskrise auf die Soziale Sicherung, in: Sozialer Fortschritt 58 (8), 183-188
Sesselmeier, W./Somaggio, G. (2009): Die Stellung der Arbeitsmarktpolitik im Rahmen der Wirtschafts- und Sozialpolitik im wohlfahrtsstaatlichen Vergleich, in: Bothfeld/Sesselmeier/Bogedan, 21-34
Shapiro, C./Stiglitz, J. (1984): Equilibrium Unemployment as a Worker Discipline Device, in: American Economic Review 74, 433-444
Sieg, G. (2008²): Volkswirtschaftslehre. Mit aktuellen Fallstudien, München/Wien
Siegel, N. A. (2003): Die politische Ökonomie der Konzertierung in Deutschland: Das Beispiel Bündnis für Arbeit, in: Jochem, S.; Siegel, N.A. (Hg.): Konzertierung, Verhandlungsdemokratie und Reformpolitik im Wohlfahrtsstaat. Opladen. S. 35-69
Silvestre, J. (1993): The Market-Power Foundations of Macroeconomic Policy. Journal of Economic Literature XXXI, 105-141
Simon, H. A. (1957/1976³): Administrative Behaviour, New York
Simon, H. A. (1965): Administative Behavior, 2. Aufl., New York
Singer, R. (2006): Flexible Gestaltung von Arbeitsverträgen, in: Recht der Arbeit (RdA) 2006, 362-374
Smith, A. (1976/1776): The Wealth of Nations, Chicago
Smith, S. (2003²): Labour Economics, London

Snowdon, B./Vane, H./Wynarczyk, P. (1994): A Modern Guide To Macroeconomics. An Introduction to Competing Schools of Thought, Aldershot

Snowdon, B./Vane, H.R (2005): Modern Macroeconomics. Its Origins, Development and Current State, Cheltenham (UK)/Northampton (USA)

Sodan, H./Zimmermann, M. (2009): Tarifvorrangige Mindestlöhne versus Koalitionsfreiheit – Die Neufassungen des Mindestarbeitsbedingungengesetzes und des Arbeitnehmer-Entsendegesetzes, in: Neue Juristische Wochenschrift (NJW) 2009, 2001-2006

Solow, R. (1980): On Theories of Unemployment, in: American Economic Review 70

Solow, R. (1985): Insiders and Outsiders in Wage Determination, in: Scandinavian Journal of Economics 87, 411-428

Solow, R. (1986): Unemployment: Getting the Questions Right, in: Economica 53, 23-34

Sørenson, P.B./Whitta-Jacobson, H.J. (2005): Introducing Advanced Macroeconomics. Growth and Business Cycles, London u.a.

Soskice, D. (1990): Wage Determination: The Changing Role of Institutions in Advanced Industrialized Countries, in: Oxford Review of Economic Policy 6, 36-61

Spahn, H.-P. (1987): Sind „effiziente" Löhne zu hoch für die Vollbeschäftigung? Zur Erklärung von unfreiwilliger Arbeitslosigkeit in der Effizienzlohntheorie, in: Jahrbücher für Nationalökonomie und Statistik 203, 225-243

Spahn, H.-P. ($2009^2$): Geldpolitik, München

Spence, M. (1973): Job Market Signalling, in: Quarterly Journal of Economics, 355-377

Statistisches Bundesamt (2007): Statistisches Jahrbuch 2006, Wiesbaden

Statistisches Bundesamt (Hrsg.) (2006): Datenreport 2006 - Zahlen und Fakten über die Bundesrepublik Deutschland [in Zusammenarbeit mit dem Wissenschaftszentrum Berlin für Sozialforschung (WZB) und dem Zentrum für Umfragen, Methoden und Analysen, Mannheim (ZUMA)], Bonn

Steiner, U. (2005): Beschäftigung und Beschäftigungsförderung aus grundgesetzlicher Sicht, in: Neue Zeitschrift für Arbeitsrecht (NZA) 2005, 657-662

Steiner, V. (1990): Determinanten individueller Arbeitslosigkeit. Mikroökonomische Erklärungsansätze und empirische Analysen für Österreich, Wien

Stigler, G.J. (1961): The Economics of Information, in: Journal of Political Economy 69, 213-225

Stigler, G.J. (1962): Information in the Labor Market, The Economics of Information, in: Journal of Political Economy 70, 94-105

Stoffels, M. (2002): Gestaltungsmöglichkeiten durch Änderungskündigungen, in: Zeitschrift für Arbeitsrecht (ZfA) 2002, 401-426

Streeck, W. (2003): No Longer the Century of Corporatism. Das Ende des „Bündnisses für Arbeit". MPIfG Working Paper 03/04. Köln

Streit, M. ($2005^6$): Theorie der Wirtschaftspolitik, Stuttgart

Summers, L. (1988): Relative Wages, Efficiency Wages, and Keynesian Unemployment, in: American Economic Review Papers and Proceedings 78, 383-388

SVR (1994) – Sachverständigenrat zur Begutachtung der gesamtwirtschaftlichen Entwicklung : Jahresgutachten 1994/95, Stuttgart

SVR (2003) – Sachverständigenrat zur Begutachtung der gesamtwirtschaftlichen Entwicklung: Jahresgutachten 2003/2004, Stuttgart

SVR (2005) – Sachverständigenrat zur Begutachtung der gesamtwirtschaftlichen Entwicklung: Die Chancen nutzen – Reformen mutig voranbringen, Jahresgutachten 2005/2006, Stuttgart

SVR (2006a) – Sachverständigenrat: Widerstreitende Interessen - ungenutzte Chancen, Jahresgutachten 2006, Stuttgart

SVR (2006b) – Sachverständigenrat: Arbeitslosengeld II reformieren: Ein zielgerichtetes Kombilohnmodell, Stuttgart

SVR (2008) – Sachverständigenrat: Jahresgutachten

Teulings, C./Hartog, J. (1997): Corporatism or competition? Labour contracts, institutions and wage structures in international comparison, Cambridge

Thurow, L. (1984): Gefährliche Strömungen, FaM, NY (amerikanisches Original: Dagerous Currents: The State of Economics, 1983)

Trampusch, C. (2005): Postkorporatismus in der Sozialpolitik – Folgen für die Gewerkschaften, in: WSI Mitteilungen, 6/2005, 347-352

Turnbull, P. J. (1988): The Economic Theory of Trade Union Behaviour: a Critique, in: British Journal of Industrial Relations 26, 99-118

Utecht, B. (1994): Neuklassische Theorie, Marktunvollkommenheit und Beschäftigungspolitik, Berlin

van Ours, J./Ridder, G. (1993): Vacancy Durations: Search or Selection?, in: Oxford Bulletin of Economics and Statistics 55, 187-198

van Ours, J./Ridder, G. (1995): Job matching and job competition: Are lower educated workers at the back of job queues?, in: European Economic Review 39, 1717-1731

van Riel, B. (1994): Unemployment Divergence and Coordinated Systems of Industrial Relations, Frankfurt am Main u.a.

Varian, H.R. ($1992^3$): Microeconomic Analysis, London u.a.

Varian, H.R. ($2007^7$): Grundzüge der Mikroökonomik, München

Velling, J. (1995): Immigration und Arbeitsmarkt. Eine empirische Analyse für die Bundesrepublik Deutschland, Baden-Baden

Vogt, W. (1983): Eine Theorie des kapitalistischen Gleichgewichts, in: Ökonomie und Gesellschaft, Jahrbuch 1: Neoklassik, Frankfurt/New York, 161-208

Vogt, W. (1986): Theorie der kapitalistischen und einer laboristischen Ökonomie, Frankfurt/New York

Vogt, W. (1995): Überlegungen zur makroökonomischen Modellbildung, Beitrag zum 25. Wirtschaftswissenschaftlichen Seminar Ottobeuren

Vogt, W. (1995a): Makroökonomische Auswirkungen von beschränkter Marktmacht auf dem Güter- und Arbeitsmarkt, in: Flemmig (Hg.), 167-209

Voigt, S. ($2009^2$): Institutionenökonomik, München

Waas, B. (2001): Zur Konsolidierung des Betriebsbegriffs in der Rechtsprechung von EuGH und BAG zum Betriebsübergang, Zeitschrift für Arbeitsrecht (ZfA) 2001, 377-395

Waas, B (2006a): Decentralising Industrial Relations and the Role of Labour Unions and Employee Representatives in Germany, in: Japan Institute for Labour Policy and Training Report 3/2006; Internetdownload: http://www.jil.go.jp/english/reports/jilpt_02.html#01

Waas, B. (2006b): Die Beschäftigungssituation älterer Arbeitnehmer als Herausforderung für den arbeitsrechtlichen Gesetzgeber, Zeitschrift für Rechtspolitik (ZRP) 2006, 118-121

Waas, B. (2007): Kündigungsschutz und Befristungskontrolle: Optionen für eine Flexibilisierung des Arbeitsrechts, in: Zeitschrift für Arbeitsmarktforschung, 1/2007, 99-114

Waas, B. (2007): Überlegungen zur Fortentwicklung des deutschen Arbeitsrechts – Diskussion im Inland, Anstöße aus dem Ausland, in: Recht der Arbeit (RdA) 2007, 76-83

Waas, B. (2008a): Die Tariflandschaft im Umbruch – eine Betrachtung aus der Perspektive des Arbeitsrechts, in: Sozialer Fortschritt 2008, 137-144

Waas, B. (2008b): Fairness und Arbeit – eine Betrachtung aus der Perspektive des Arbeitsrechts, in: Sozialer Fortschritt 2008, 55-59

Waas, B. (2008c): Tarifdispositive Normen und der Schutz der Koalitionsfreiheit in Art. 9 Abs. 3 GG, in Konzen u. a. (Hg.), in: Festschrift Birk, Tübingen 2008, 899-914

Wachter, M. L./Wright, R. D. (1990): The Economics of Internal Labor Markets, in: Mitchell, D. J. B./Zaidi, M. A. (eds.) (1990): The Economics Of Human Ressource Management, Oxford, 86-108

Wagner, H. (2003): Makroökonomie, München

Wagner, T./Jahn, E.: ($2004^2$): Neue Arbeitsmarkttheorien, Stuttgart

Walter, C. (1995): Wie effizient ist die aktive Arbeitsmarktpolitik in der Bundesrepublik Deutschland? Ein Überblick über vorliegende Untersuchungen, in: Die Weltwirtschaft 2/1995, 180-192

Walwei, U. (1994): Reform der Arbeitsvermittlung in OECD-Ländern: Modernisierung öffentlicher Dienste und Zulassung privater Anbieter, in: Mitteilungen aus der Arbeitsmarkt- und Berufsforschung 27, 94-107

Walwei, U. (1995): Brutto- und Nettoeffekte der Arbeitsvermittlung, in: Mitteilungen aus der Arbeitsmarkt- und Berufsforschung 28, 516-526

Walwei, U. (2006): Vom Wandel der Erwerbsformen, in: Handelsblatt vom 4.7.2006, 8
Walwei, U./Koch, S. (2009): Die Hartz-IV-Bilanz: Erfolge, aber Verbesserungsbedarf, in: Frankfurter Allgemeine Zeitung vom 28.1.2009, 10
Wank, R./Schmidt, B. (2008): Neues zur sozialen Mächtigkeit und organisatorischen Leistungsfähigkeit einer Arbeitnehmervereinigung – Die Entwicklungslinien der BAG-Rechtsprechung und konkrete Folgerungen, in: Recht der Arbeit (RdA) 2008, 257-276
Weise, P. (1985): Neue Mikroökonomie, Würzburg/Wien
Weise, P./Brandes, W./Eger, T./Kraft, M. (2005$^5$): Neue Mikroökonomie, Heidelberg
Weiss, A. (1980): Job Queues and Layoffs in Labor Markets with Flexible Wages, in: Journal of Political Economy 88, 526-538
Weiss, A. (1990): Efficiency Wages. Models of Unemployment, Layoffs, and Wage Dispersion, Princeton
Wenzel, J.-O. (1995): Arbeitslosigkeit in der OECD und die Suche nach ihren Ursachen: Ein Überblick über erklärende Faktoren in neu-keynesianischen Empiriemodellen, in: Flemmig (Hg.), 135-166
Wetzling, F./Habel, M. (2009): Die Beanstandung der Arbeitsleistung und die leistungsbedingte Kündigung, Betriebs-Berater, 1638
White, M./Forth, J. (1998): Pathways through Unemployment: The Effects of a Flexible Labor Market, York
Wiedemann, H. (2007): Der nicht organisierte Arbeitnehmer im kollektiven Arbeitsrecht, in: Recht der Arbeit (RdA) 2007, 65-70
Wild, G. (2003): Streik ist wie Krieg – Die Zukunft der Gewerkschaften, in: Aus Politik und Zeitgeschichte Nr. 48-49, 3-5
Willemsen, H. J./Sagan, A. (2008): Mindestlohn und Grundgesetz, in: Neue Zeitschrift für Arbeitsrecht (NZA) 2008, 1216-1222
Williamson, O. E. (1975): Markets and Hierarchies: Analysis and Antitrust Implications, New York
Williamson, O. E. (1981): The Economics of Organization: The Transaction Cost Approach, in: American Journal of Sociology 87, 548-577
Williamson, O. E. (1985): The Economic Institutions Of Capitalism, New York (deutsch: Die ökonomischen Institutionen des Kapitalismus, Tübingen, 1990)
Williamson, O. E. (1986): The economics of governance: framework and implications, in: Langlois (1986), 171-202
Williamson, O. E. (1989): Transaction Cost Economics, in: Schmalensee/Willig, 135-182
Williamson, O. E. (1990): The Firm as a Nexus of Treaties: an Introduction, in: Aoki, M./Gustafsson, B./Williamson, O. E. (eds.): The Firm as a Nexus of Treaties, London u.a., 1-25
Williamson, O. E. (1990b): Die ökonomischen Institutionen des Kapitalismus, Tüb.
Williamson, O. E./Winter, S. (eds.) (1991): The Nature of the Firm. Origins, Evolution, and Development, Oxford
Willke, G. (2006): Das politische Element in der Ökonomik, in: Weißeno, G. (Hg.): Politik und Wirtschaft unterrichten, Bonn, 37-60
Windsperger, J. (1996): Transaktionskostenansatz der Entstehung der Unternehmensorganisation, Heidelberg
Winkelhake, O. (1994): Eine ökonomische Analyse deutscher Gewerkschaften - Unter besonderer Berücksichtigung der Möglichkeit von Free-Rider-Verhalten, Frankfurt am Main u.a.
Winker, P. (2007$^2$): Empirische Wirtschaftsforschung und Ökonometrie, Berlin u.a.
Winter-Ebmer, R. (1992): Persistenz der Arbeitslosigkeit, Frankfurt/New York
Wolff, E.N. (2009$^2$): Poverty and Income Distribution, Chichester
Wolter, H. (2003): Reformbedarf beim Kündigungsrecht aus Arbeitnehmersicht – Praxiserfahrungen und Schlussfolgerungen, in: Neue Zeitschrift für Arbeitsrecht (NZA) 2003, 1068-1076
Wörlen, R. (2005$^7$): Arbeitsrecht, Köln
Yashiv, E. (2006): The Beveridge Curve, IZA Discussion Paper No. 2479, Bonn 2006
Yellen, J.L. (1984): Efficiency Wage Models of Unemployment, in: American Economic Review Papers and Proceedings 74, S. 200-205

Yollu-Tok, A. (2010): Die fehlende Akzeptanz von Hartz IV - Eine Realanalyse individuellen Verhaltens jenseits des Homo Oeconomicus Modells, Baden-Baden.

Zerche, J./Schönig, W./Klingenberger, D. (2000): Arbeitsmarktpolitik und –theorie, München

Zika, G. (1999): Lohnzurückhaltung, Fiskus und Arbeitsmarkt, IAB-Werkstattbericht N3. 13, Nürnberg

Zinn, K.G. (1988): Einleitung, in: Zinn, K.G. (Hrsg.): Keynes aus nachkeynesscher Sicht, Wiesbaden, 4-16

Zöllner, W. (2006): Vertragskontrolle und Gerechtigkeit, in: Neue Zeitschrift für Arbeitsrecht Beilage Heft 3, 99-107

 springer.de

2009. XX, 397 S. 36 Abb.
(Springer-Lehrbuch) Brosch.
ISBN 978-3-540-00041-9

2., überarb. Aufl. 2009.
XIV, 320 S. 57 Abb.
(Springer-Lehrbuch) Brosch.
ISBN 978-3-540-87739-4

3., durchges. u. aktual. Aufl.
2008. XX, 295 S. 43 Abb.
(Springer-Lehrbuch) Brosch.
ISBN 978-3-540-78348-0

7., vollst. überarb. Aufl. 2009.
XIX, 490 S. (Springer-Lehrbuch)
Brosch.
ISBN 978-3-642-02353-8

5., verb. Aufl. 2009. XX, 458 S.
(Springer-Lehrbuch) Brosch.
ISBN 978-3-540-93866-8

4., überarb. u. erw. Aufl. 2010.
XV, 937 S. 232 Abb.
(Springer-Lehrbuch) Brosch.
ISBN 978-3-642-04114-3

Printed by Books on Demand, Germany